WITHDRAWN
HARVARD LIBRARY
WITHDRAWN

Religiöser und kirchlicher Wandel in Ostdeutschland 1989-1999

Veröffentlichungen der Sektion
„Religionssoziologie"
der Deutschen Gesellschaft
für Soziologie

Band 3

Detlef Pollack
Gert Pickel (Hrsg.)

Religiöser und kirchlicher Wandel in Ostdeutschland 1989-1999

Leske + Budrich, Opladen 2000

Gedruckt auf säurefreiem und alterungsbeständigem Papier.

Die Deutsche Bibliothek – CIP-Einheitsaufnahme

Religiöser und kirchlicher Wandel in Ostdeutschland / Detlef Pollack ... (Hrsg.) - Opladen :
Leske + Budrich, 2000
   (Veröffentlichungen der Sektion „Religionssoziologie" der Deutschen
   Gesellschaft für Soziologie ; Bd. 3)
   ISBN 3-8100-2477-5

© 2000 Leske + Budrich, Opladen

Das Werk einschließlich aller seiner Teile ist urheberrechtlich geschützt. Jede Verwertung außerhalb der engen Grenzen des Urheberrechtsgesetzes ist ohne Zustimmung des Verlages unzulässig und strafbar. Das gilt insbesondere für Vervielfältigungen, Übersetzungen, Mikroverfilmungen und die Einspeicherung und Verarbeitung in elektronischen Systemen.

Druck: Druck Partner Rübelmann, Hemsbach
Printed in Germany

Inhalt

Einleitung:
Detlef Pollack/Gert Pickel 9

Der Wandel der religiös-kirchlichen Lage in Ostdeutschland
nach 1989. Ein Überblick
Detlef Pollack 18

Internationale Vergleichsstudien

Religiöse Stagnation in den Neuen Bundesländern:
Fehlt das Angebot oder fehlt die Nachfrage?
Wolfgang Jagodzinski 48

Postmodernisierung von Religion in Deutschland –
Ost-West-Vergleich im europäischen Kontext
Hermann Denz 70

Religion und Toleranz gegenüber Ausländern
Eine vergleichende Trendanalyse fremdenfeindlicher Gesinnung
nach der Vereinigung Deutschlands
Allan L. McCutcheon 87

Vergleiche zwischen Ost- und Westdeutschland

Moralische Striktheit und Religiosität in Ost- und Westdeutschland
1990-1994. Über den Einfluß unterschiedlicher Sozialverfassungen
auf die Korrelationen zwischen Einstellungen
Heiner Meulemann 105

Kirche und Zukunftsfurcht: Ut sibi sui liberi superstites essent
Michael Terwey 140

Die konfessionell-religiöse Spannungslinie am Beispiel
der Bundestagswahlen 1994 und 1998
Jörg Jacobs 165

*Kirchenorganisatorische Probleme nach
der Wiedervereinigung*

Die „Professional Guardians of the Sacred" und die deutsche
Verfassunggebung
Barbara Thériault 186

Kirche und Konfessionslosigkeit

Konfessionslose in Ost- und Westdeutschland – ähnlich oder anders?
Gert Pickel 206

Jugendweihe zwischen Familie, Politik und Religion
Eine empirische Studie zum Fortbestand der Jugendweihe in
Ostdeutschland
Albrecht Döhnert 236

Kontingenzbewältigungen – Eine qualitative Untersuchung über
den Zusammenhang von Konfessionalität bzw. Konfessionslosigkeit
und der Bewältigung des kritischen Lebensereignisses „Wende"
Kersten Storch 259

Wider den Strom – Kircheneintritte in Ostdeutschland
Über den Zusammenhang von Religion, Lebensgeschichte und
Zeitgeschichte vor der Wende und danach
Klaus Hartmann 276

Außerkirchliche Religiosität in Ostdeutschland

Der Zusammenhang zwischen kirchlicher und außerkirchlicher
Religiosität in Ostdeutschland im Vergleich zu Westdeutschland
Detlef Pollack 294

„Alternative Religiosität" in Ostdeutschland im Kontinuum zwischen
cult-movements und Esoterik-Angeboten
Frank Usarski 310

Jenseits der Grenze – Todesnäheerfahrungen in Ost und Westdeutschland
Ina Schmied 328

Religionen und Religiosität – Begriffliche Überlegungen und empirische Untersuchungen zum Wandel der Religiosität in der Oberlausitz und in Nordböhmen
Harald Wagner 348

Kommentare

Kommentar
Monika Wohlrab-Sahr 371

Kirche und Konfessionslosigkeit
Kommentar
Ehrhart Neubert 377

Einleitung

Der Umbruch von 1989/90 in Ostdeutschland hat alle gesellschaftlichen Bereiche erfaßt, nicht nur den politischen Bereich, sondern auch den wirtschaftlichen, den rechtlichen und den kulturellen. Die sozialen Veränderungen erstreckten sich vom Berufsleben bis in das Konsum- und Freizeitverhalten und den Wohn- und Lebensstil der neuen Bundesbürger hinein. Die Veränderungen betrafen ihr Verhältnis zur Bürokratie, zum Geld, zur Zeit, ja sogar zum eigenen Körper. Liegt es angesichts dieses umfassenden, radikalen Wandels nicht nahe, auch auf dem religiösen Feld mit deutlich wahrnehmbaren Veränderungen zu rechnen?

Zunächst könnte man vermuten, daß mit der Liberalisierung der politischen Verhältnisse in Ostdeutschland eine neue Zuwendung zu Religion und Kirche einsetzte. Jahrzehntelang waren Religion und Kirche gesellschaftlich ausgegrenzt, ideologisch stigmatisiert und politisch unterdrückt. 1989 gehörten nur noch etwa 30 Prozent der Ostdeutschen einer der christlichen Kirchen an. 1949, zum Zeitpunkt der Gründung der DDR, waren noch über 90 Prozent Mitglied in einer Kirche, dabei über 80 Prozent Mitglied der evangelischen Kirche. Innerhalb von 40 Jahren hatte sich der Anteil der Konfessionslosen fast verzehnfacht. Viele erwarteten daher, daß die Entspannung der politischen Verhältnisse – die Beendigung der Benachteiligungen von Christen im öffentlichen Leben und in der schulischen und beruflichen Ausbildung sowie die Entideologisierung der Erziehung – zu einem neuen Aufschwung in den Kirchen und Religionsgemeinschaften führen würde. Diese Erwartung verstärkte sich angesichts der besonderen katalytischen Rolle, die die Kirchen im Prozeß des gesellschaftlichen Umbruchs von 1989/90 gespielt hatten. Und sie verstärkte sich noch einmal angesichts der Beobachtung, daß in fast allen Ländern des sowjetischen Herrschaftsbereiches der Zusammenbruch des Kommunismus mit einem Wiedererstarken von Religion und Kirche einherging (Pollack/Borowik/Jagodzinski 1998).

Tatsächlich kann von einem religiös-kirchlichen Aufschwung in Ostdeutschland, im Gegensatz zu den Ländern Mittel- und Osteuropas, jedoch kaum die Rede sein. Eher ist es berechtigt, einen weiteren Rückgang der sozialen Bedeutung von Religion und Kirche zu konstatieren. Nach 1989 stieg die Zahl der Kirchenaustritte dramatisch an, das Vertrauen in die Kirchen, das in der Zeit des unmittelbaren Umbruchs außergewöhnlich hoch war, ging wieder zurück. Die Zahl der aktiven Kirchenmitglieder, der Gottesdienstbesucher und derjenigen, die sich am kirchlichen Leben beteiligten, blieb klein. Zwar lassen sich im Mitgliederbestand der Kirchen auch leichte Zuwächse beobachten. So stieg nicht nur die Zahl der Austritte, sondern auch die Zahl der Eintritte, wenn auch auf einem niedrigeren Niveau an, und es erhöhte sich die Taufrate. Insgesamt muß man aber doch feststellen, daß der von vielen erwartete religiöse Aufschwung nach 1989 weitgehend ausblieb, und dies nicht nur innerhalb der Kirchen, sondern auch außerhalb von ihnen. Auch wenn es zu gewissen Umschichtungs- und Wandlungsprozessen auf dem religiösen Feld in Ostdeutschland kam, sind diese Prozesse insgesamt doch geringer ausgefallen als erwartet.

Auf die Frage nach den Ursachen des Ausbleibens des religiösen Aufschwungs lassen sich unterschiedliche Antworten finden. Einmal wird man darauf hinweisen müssen, daß die Prozesse der politischen, wirtschaftlichen und kulturellen Transformation in Ostdeutschland überlagert wurden durch die Veränderungen im Zuge der deutsch-deutschen Vereinigung. Aufgrund der Wiedervereinigung Deutschlands vollzog sich ein Positionswandel der Kirchen. Standen die Kirchen vor 1989 in den Augen der meisten auf der Seite des unterdrückten und politisch entmündigten Volkes, so stehen sie heute für viele eher auf der Seite des Staates. Fast alle der DDR-Institutionen lösten sich auf oder verwandelten ihre Form. Die Kirchen hingegen gehörten zu den wenigen Institutionen, die aufgrund sofort anlaufender westlicher finanzieller Unterstützungen den Zusammenbruch des administrativen Sozialismus einigermaßen unbeschadet überstanden. Während die meisten der DDR-Institutionen durch westliche Institutionen, Organisationen, Verbände und Vereine ersetzt wurden, vermochten die Kirchen ihre Kontinuität zu bewahren und stellen sich nun als Institutionen dar, die in das neu entstandene westliche Institutionensystem bruchlos eingebettet sind. Das Verhältnis vieler Ostdeutscher zur Kirche wird daher auch durch den Konflikt zwischen der Durchsetzungskraft der westlichen Institutionen und den nur partiell befriedigten Anerkennungsbedürfnissen und Gestaltungsinteressen der Ostdeutschen bestimmt. Der vielerorts entstandene Eindruck, als besäßen die Kirchen eine besondere Nähe zum demokratischen Staat und zu den anderen westlichen Institutionen und wären daher nicht geeignet, die Interessen der Ostdeutschen zu vertreten, wurde unterstützt durch die Einführung des Religionsunterrichtes an den Schulen, die Übernahme des westlichen Modus des staatlichen Kirchensteuereinzuges sowie durch die Gewährleistung von Militär- und Gefängnisseelsorge.

Weiterhin muß man darauf hinweisen, daß die Kirche nach 1989 ihren politischen Ausnahmestatus verloren hat. War sie vor 1989 Stimme des Volkes und Schutzraum der Opposition, so ist sie nunmehr zu einer Institution unter vielen geworden. Wie andere Organisationen und Institutionen muß sie

Einleitung 11

heute um gesellschaftliche Beachtung ringen, wo ihr früher aufgrund ihres abweichenden Status öffentliche Aufmerksamkeit gleichsam automatisch gesichert war.

Will man das geringe Interesse der Menschen in Ostdeutschland an Religionen und Kirche nach 1989 erklären, so wird man außerdem darauf aufmerksam machen müssen, daß die Menschen in der turbulenten Zeit des Umbruchs schlicht anderes zu tun hatten, als ihr Verhältnis zur Religion und Kirche zu klären. Probleme der beruflichen Weiterbildung, der Umschulung, des Erhalts des Arbeitsplatzes standen im Vordergrund, nicht aber Probleme der Sinnfindung und der Beantwortung letzter Fragen. Offenbar trauten viele der Religion und der Kirche nicht zu, in diesem erforderlichen Umorientierungsprozeß Orientierungs- und Sicherungsfunktionen wahrzunehmen. Es scheint fast, als hielten viele Religion und religiöse Sinnstiftung für die Führung ihres Lebens für entbehrlich. Angesichts dieser weit verbreiteten Religionslosigkeit, wie man sie in Ostdeutschland selbst in Zeiten der Krise beobachten kann, stellt sich die Frage, ob man soziologisch noch an der These festhalten kann, daß Religion ein konstitutiver Bestandteil der Gesellschaft ist (Luhmann 1991)[1]. Ist Religion tatsächlich in jeder Gesellschaft notwendig (Luckmann 1967)?

Für die Tendenzen des religiös-kirchlichen Bedeutungsrückgangs nach 1989 könnte man weiterhin auch Prozesse der „nachholenden Modernisierung" verantwortlich machen. Zwischen Moderne und der Religion wird in der Soziologie schon seit Durkheim und Weber ein Spannungsverhältnis wahrgenommen. Auch in der neueren Forschung halten nicht wenige Religionssoziologen an der These einer Kontradiktion von Moderne und Religion fest (Wilson 1982). Sollte dies richtig sein, so wäre es einleuchtend, daß mit Prozessen einer forcierten Modernisierung, Rationalisierung und funktionalen Differenzierung Religion und Kirche an gesellschaftlicher Bedeutung verlieren.

Es könnte freilich auch sein, daß der Rückgang der sozialen Relevanz von Religion und Kirche in Ostdeutschland weniger mit den spezifischen gesellschaftlichen Umständen in Ostdeutschland als mehr mit einer inneren Schwäche des Protestantismus zu tun hat. Dann müßte man für diesen Rückgang vor allem charakteristische Merkmale des Protestantismus, etwa seine Relativierung der Innen/Außen-Differenz, seine flache Hierarchie oder Prozesse der internen Pluralisierung und Individualisierung, wie sie für den Protestantismus charakteristisch sind, verantwortlich machen. Ostdeutschland war 1949, zum Zeitpunkt der Gründung der DDR, ein mehrheitlich protestantisches Land. Möglicherweise ist der Protestantismus von Prozessen der Modernisierung stärker negativ betroffen als der Katholizismus. Dafür würde

---

1   Luhmann hält Religion zwar individuell für entbehrlich, aber gesellschaftlich für notwendig. Angesichts des Funktionsverlustes von Religion und Kirche in der Gesellschaft läßt sich freilich auch diese Annahme noch kritisch hinterfragen.

auch sprechen, daß in ganz Europa, sowohl in Ost- als auch in Westeuropa, die Abbruchtendenzen im Protestantismus stärker sind als im Katholizismus (vgl. Pollack 1998; Zulehner/Denz 1993). So gehören etwa in Estland, in dem der Protestantismus jahrhundertelang die Mehrheitskonfession darstellte, heute noch weniger der Kirche an als in Ostdeutschland (Lehtsaar 1998: 411).

Schließlich muß man darauf hinweisen, daß die evangelischen Kirchen in Deutschland seit Jahrhunderten eine besondere Nähe zum Staat besitzen. Nicht wenige Religionssoziologen vertreten die Auffassung, daß eine solche Nähe die Verankerung der Kirchen in der Bevölkerung schwächt (Höllinger 1996). Die Kirchen würden in Deutschland traditionell mehr als Interessenvertretung der Obrigkeit denn als Interessenvertretung des Volkes wahrgenommen. Sollte dies richtig sein, dann würde auch dies erklären, warum sich die soziale Position der Kirchen in Ostdeutschland nach 1989 nicht verstärkt, sondern abgeschwächt hat.

Die dramatischen Wandlungsprozesse auf dem politischen, sozialen, rechtlichen und wirtschaftlichen Feld legen eine zweite Vermutung nahe. Es ist anzunehmen, daß der Zusammenbruch des Staatssozialismus und die Entstehung einer modernen funktional differenzierten, demokratischen und kulturell pluralisierten Gesellschaft auch auf dem religiösen Feld zu Pluralisierungs- und Individualisierungsprozessen führt. An die Stelle der zentral bürokratisch geleiteten Organisationsgesellschaft ist ein Institutionensystem getreten, das individuelle Freiräume eröffnet, ja individuelle Entscheidungen geradezu erzwingt. Hat die auf der Grundlage struktureller Differenzierungen und kultureller Pluralisierungen erfolgende Individualisierung Folgen für den religiösen Bereich? Zu denken wäre an eine Vervielfältigung der Religiositätsstile innerhalb der Kirche. Aber auch ein steigendes Interesse an außerkirchlichen Formen von Religion, die es so in der DDR kaum gab, eine zunehmende Aufmerksamkeit für religiöse Formen wie Meditation, Yoga, Esoterik, New-Age oder religiöse Gruppierungen wie Hare Krishna, Scientology, Transzendentale Meditation oder Osho könnten in diesem Zusammenhang genannt werden.

Hat sich also mit der politischen und gesellschaftlichen Öffnung 1989/90 auch das religiöse Feld verbreitet und damit das Verhalten des einzelnen individualisiert? Religiöse Individualisierung und religiöse Pluralisierung sind nicht dasselbe. Zwischen dem religiösen Angebot und der individuellen Wahrnehmung dieses Angebots muß unterschieden werden. Die religiöse Pluralisierung ist lediglich die notwendige Voraussetzung für Prozesse der religiösen Individualisierung, nicht aber ihre hinreichende Voraussetzung.

Falls es tatsächlich zu einer Pluralisierung der religiösen Angebote gekommen sein sollte, stellt sich die Frage, was dies für die etablierten traditionellen Religionsgemeinschaften und Kirchen bedeutet. Stellen sie sich dem damit entstandenen weltanschaulichen und religiösen Wettbewerb? Versu-

Einleitung 13

chen sie ihre rechtlich privilegierte Situation zu bewahren, bemühen sie sich um Ausgrenzung der konkurrierenden Religions- und Weltanschauungsgemeinschaften?

Die amerikanische Religionssoziologie geht davon aus, daß Konkurrenz und Wettbewerb zwischen den religiösen Gemeinschaften die gesellschaftlichen Chancen dieser Religionsgemeinschaften nicht verschlechtern, sondern verbessern. Die Entstehung eines religiösen Marktes habe also in erster Linie nicht eine Relativierung des religiösen Weltdeutungs- und Sinnstiftungsangebots zur Folge, sondern eine Vitalisierung der religiösen Aktivitäten. Eine wichtige, wenn nicht die wichtigste Bedingung für diese Vitalisierung besteht freilich darin, daß die Religionsgemeinschaften und Kirchen vom Staat weder finanziell unterstützt noch rechtlich privilegiert werden. Kirche und Staat müssen radikal getrennt sein, dann können die Kirchen von der Situation eines religiösen Marktes profitieren, denn dann sind alle Religionsgemeinschaften in gleicher Weise dazu herausgefordert, die Bedürfnisse ihrer Mitglieder ernstzunehmen, ihre Mitglieder zu mobilisieren, neue Mitglieder zu gewinnen und sich so selbst zu organisieren. Angesichts einer solchen Annahme läßt sich fragen, ob die Kirchen in Ostdeutschland gut beraten waren, das westliche System der rechtlich und finanziell bevorzugten Stellung der Kirchen zu übernehmen. Der Meinung amerikanischer Religionssoziologen wie Roger Finke, Rodney Stark, Laurence Iannaccone, Stephen Warner und anderen (Finke/Stark 1988; 1992; Iannaccone 1991; Chaves/Cann 1992; Warner 1993; Stark/Iannaccone 1994) zufolge hätte es der religiösen Vitalität der Kirchen und Religionsgemeinschaften gut getan, wenn sie auf diese Privilegierung verzichtet hätten, denn dann wären sie gezwungen gewesen, sich aus eigener Kraft zu reorganisieren und nicht auf die Unterstützung durch den Staat zu vertrauen. Freilich kann auch das Gegenargument vertreten werden, daß Pluralisierung und marktförmige Konkurrenz die Vitalität der Kirchen und Religionsgemeinschaften nicht stärkt, sondern schwächt und daß die Kirchen in Mittel- und Westeuropa – im Unterschied zu ihrer Lage in den USA – von der Unterstützung durch den Staat profitieren (Bruce 1992; Olson 1999).

Wenn wir danach fragen, welche Auswirkungen der rapide gesellschaftliche Wandel in Ostdeutschland auf das religiöse Feld hat, dann liegt eine weitere Annahme nahe: nämlich daß Religion in der biographischen Krisen- und Übergangssituation in der Lage ist, stabilisierende Funktionen wahrzunehmen. Der Religion wird dann die Funktion der Kontingenzbewältigung zugetraut. Einige Beobachter der religiösen Szene erwarteten, daß es nach dem Zusammenbruch des Staatssozialismus mit seiner marxistisch-leninistischen Weltanschauung zur Entstehung eines weltanschaulichen Vakuums kommen würde. Sie gingen davon aus, daß die Entstehung dieses weltanschaulichen Vakuums eine Rückwendung zur Religion und religiösen Sinndeutungsangeboten begünstigen würde. Manch einer meinte sogar, daß die

Ostdeutschen, ideologisch und weltanschaulich verunsichert, zu einer leichten Beute von Sekten und neuen religiösen Bewegungen werden würden (Gandow 1990). Überraschenderweise ist der erwartete Sektenboom in Ostdeutschland jedoch weitgehend ausgeblieben. Weder gegenüber traditionellen Religionsformen noch gegenüber neuen religiösen Bewegungen kam es zu einer Wiederbesinnung auf Religion als einem kollektiven Phänomen. Das schließt nicht aus, daß Religion individuell als sinnvoll erlebt, ja von einigen sogar als notwendig empfunden wird. Religion ist nicht nur eine abhängige Variable, sondern auch eine unabhängige. Sie kann durchaus die Verarbeitungsprozesse des gesellschaftlichen Umbruchs in Ostdeutschland beeinflussen und zur Bewältigung der neuen Herausforderungen beitragen. Dies hat aber kaum zu einem quantitativ bemerkbaren Zuwachs an Religiosität oder Kirchlichkeit geführt.

Schließlich läßt sich vermuten, daß, wenn es schon nicht zu einem religiösen Wiedererwachen in Ostdeutschland gekommen ist, sich möglicherweise alte Schichten der Volksreligiosität doch bewahrt haben oder sogar reaktiviert wurden. Auf jeden Fall ist auffällig, welch hohe Akzeptanz Formen populärer Religiosität in Ostdeutschland genießen, etwa der Glaube an Wunderheiler, an Glücksbringer, an Astrologie oder aber auch an die Möglichkeit, die Zukunft vorherzusagen. Diese magischen und okkultistischen Vorstellungen sind im Osten Deutschlands genauso stark bejaht wie im Westen, währenddessen hochkulturelle Religionsformen wie etwa der Glaube an Gott oder an ein Leben nach dem Tode im Osten eine weitaus geringere Akzeptanz finden als im Westen. Handelt es sich bei der Bejahung dieser Vorstellungen um ein Übergangsphänomen der Jahre 1989 bis 1991? Noch können wir diese Frage nicht eindeutig beantworten, da es an vergleichbaren Daten für die zweite Hälfte der neunziger Jahre weithin fehlt.[2]

Es ist deutlich geworden, daß der religiöse Wandel in Ostdeutschland eine Fülle von empirisch interessanten und theoretisch relevanten Fragen aufwirft, die der sozialwissenschaftlichen Bearbeitung bedürfen. Dazu zählen Fragen wie die nach der Funktion von Religion in gesellschaftlichen Übergangsprozessen, nach ihrer Stabilisierungs- und Orientierungsfunktion, nach ihrer Kontingenzbewältigungsfunktion angesichts anomischer Zustände. Zu ihnen zählen weiterhin solche Fragen wie die nach der Notwendigkeit von Religion in der Gesellschaft, nach der Konstanz religiöser Bedürfnisse und nach der Entstehung von religiösen Ersatzriten wie etwa der Jugendweihe. Die Prozesse des religiösen Wandels in Ostdeutschland fordern aber auch

---

2 Die vorliegenden Daten des Allbus 1998 legen freilich die Vermutung nahe, daß es sich bei dem Interesse an okkultistischen und abergläubischen Phänomenen nicht um eine Übergangserscheinung, sondern eher um eine tief verwurzelte Orientierung handelt. Die Zustimmung zu den Glaubenssätzen populärer Religiosität ist 1998 in Ostdeutschland jedenfalls ungebrochen hoch.

Einleitung 15

dazu heraus, die religionssoziologisch einschlägige Frage nach dem Verhältnis von religiöser Individualisierung und religiöser Traditionsbewahrung, die bislang im Kontext westlicher Gesellschaften untersucht wurde, auf die Verhältnisse in Ostdeutschland anzuwenden und danach zu fragen, inwieweit es nicht nur zu religiösen Reaktivierungsprozessen oder Säkularisierungsprozessen gekommen ist, sondern auch zu Prozessen der Umbildung der Formen von Religion. Schließlich stellt sich auf dem Hintergrund des religiösen Wandels in Ostdeutschland aber auch die Frage, was eigentlich geschieht, wenn religiöse Gemeinschaften und Kirchen gezwungen sind, sich marktförmig zu organisieren. Sind sie von der Pluralisierung der religiösen Verhältnisse und der Konkurrenz zwischen unterschiedlichen religiösen Anbietern eher negativ oder eher positiv betroffen? Und von welchen Bedingungen hängt ihre Aktivierungsfähigkeit ab?

Die in diesem Band versammelten Beiträge nehmen die gestellten Fragen auf, aber sie geben auf sie natürlich keine erschöpfende Antwort. Ihre Aufgabe besteht darin, die religiöse Situation in Ostdeutschland zehn Jahre nach dem Zusammenbruch des Staatssozialismus zu erfassen. Durch ländervergleichende Studien (vgl. die Beiträge von Wolfgang Jagodzinski, Hermann Denz, Allan McCutcheon) soll die Spezifik der ostdeutschen religiösen Situationen herausgearbeitet werden. Diesem Ziel dienen auch die Vergleiche zwischen Ost- und Westdeutschland (vgl. die Beiträge von Heiner Meulemann, Michael Terwey, Jörg Jacobs). Dabei ist die religiöse Situation in Ostdeutschland wie kaum in einem anderen europäischen Land durch Konfessionslosigkeit und Areligiosität gekennzeichnet. Den Merkmalen von Konfessionslosigkeit in Ostdeutschland, den Formen von quasi religiösen Ersatzriten, der Bedeutung von Religion für die Bewältigung der Umbruchssituation im Vergleich zwischen Konfessionsangehörigen und Konfessionslosen sowie dem Übergang von der Konfessionslosigkeit zur Konfessionszugehörigkeit gehen die Beiträge von Gert Pickel, Albrecht Döhnert, Kersten Storch und Klaus Hartmann nach. Die Beiträge von Detlef Pollack, Frank Usarski, Ina Schmied und Harald Wagner beschäftigen sich mit außerkirchlichen Formen von Religiosität. Damit sind wichtige Fragen aufgenommen, die sich aus den Prozessen des religiösen Wandels in Ostdeutschland ergeben. Andere Fragen, die ebenfalls wissenschaftlicher Beachtung bedurft hätten, bleiben in diesem Band ausgespart, so etwa der Vergleich zwischen Katholiken und Protestanten, der nur in dem Beitrag von Jörg Jacobs eine Rolle spielt, Probleme der kirchlichen Organisation, die lediglich in dem Beitrag von Barbara Thériault behandelt werden, sowie die Frage nach der Bedeutung einer allgemeinen Zivilreligion in einer entkirchlichten Gesellschaft. Die am Schluß des Bandes plazierten Kommentare von Monika Wohlrab-Sahr und Ehrhart Neubert nehmen wichtige in den Einzelbeiträgen verhandelte Fragen wie etwa die Frage nach dem Verhältnis von Säkularisierung und Individualisierung oder nach der religiösen Selbstorganisationsfähigkeit der Kirchen noch einmal auf und stellen sie in einen allgemeineren religionstheoretischen und kirchensoziologischen Zusammenhang.

Die hier versammelten Beiträge gehen auf eine Tagung zurück, die vom 16. bis 18. Oktober 1998 an der VIADRINA in Frankfurt (Oder) durchgeführt wurde. Dem Frankfurter Institut für Transformationsstudien sei für die finanzielle Unterstützung dieser Tagung gedankt. Frau Inike Rosenbach besorgte die redaktionelle Bearbeitung der Beiträge sowie Korrektur- und Formatierungsarbeiten. Auch ihr sei herzlich gedankt.

Frankfurt (Oder), im Juli 1999

Die Herausgeber

Literatur

Bruce, Steve, (Hg.) 1992: Religion and Modernization: Sociologists and Historians Debate the Secularization Thesis. Oxford.
Chaves, Mark/Cann, David E., 1992: Regulation, Pluralism and Religious Market Structure. Explaining Religion's Vitality, in: Rationality and Society 4, 272-290.
Finke, Roger/Stark, Rodney, 1988: Religious Economies and Sacred Canopies: Religious Mobilization in American Cities, 1960, in: American Sociological Review 53, 180-192.
Finke, Roger/Stark, Rodney, 1992: The Churching of America, 1776-1990: Winners and Losers in Our Religious Economy. New Brunswick.
Gandow, Thomas, 1990: Jugendreligionen und Sekten auf dem Vormarsch in die DDR, in: Materialien der Evangelischen Zentralstelle für Weltanschauungsfragen (EZW) 53, 221-233. 253-261.
Höllinger, Franz, 1996: Volksreligion und Herrschaftskirche: Die Wurzeln religiösen Verhaltens in westlichen Gesellschaften. Opladen.
Iannaccone, Laurence R. 1991: The Consequences of Religious Market Structure: Adam Smith and the Economics of Religion, in: Rationality and Society 3, 156-177.
Lehtsaar, Tonu, 1998: Religiöse Entwicklungen in Estland nach 1989, in: Pollack, Detlef/Borowik, Irena/Jagodzinski, Wolfgang, (Hg.): Religiöser Wandel in den postkommunistischen Ländern Ost- und Mitteleuropas. Würzburg, 409-427.
Luckmann, Thomas, 1967: The Invisible Religion: The Problem of Religion in Modern Society. New York.
Luhmann, Niklas, 1991: Religion und Gesellschaft, in: Sociologia Internationalis 29, 133-139.
Olson, Daniel V.A., 1999: Religious Pluralism and Church Membership: A Reassessment, in: Sociology of Religion 60/2, 149-173.
Pollack, Detlef, 1998: Religiöser Wandel in Mittel- und Osteuropa. Pollack, Detlef/Borowik, Irena/Jagodzinski, Wolfgang, (Hg.): Religiöser Wandel in den postkommunistischen Ländern Ost- und Mitteleuropas. Würzburg, 11-52.

Einleitung

Pollack, Detlef/Borowik, Irena/Jagodzinski, Wolfgang, (Hg.) 1998: Religiöser Wandel in den postkommunistischen Ländern Ost- und Mitteleuropas. Würzburg.

Stark, Rodney/Iannaccone, Laurence R., 1994: A Supply-Side Reinterpretation of the „Secularization" of Europe, in: Journal for the Scientific Study of Religion 33, 230-252.

Warner, Stephen R., 1993: Work in Progress toward a New Paradigm for the Sociological Study of Religion in United States, in: American Journal of Sociology 98, 1044-1093.

Wilson, Bryan R., 1982: Religion in Sociological Perspective. Oxford.

Zulehner, Paul M./Denz, Hermann, 1993: Wie Europa lebt und glaubt. Europäische Wertstudie. Düsseldorf.

Detlef Pollack

Der Wandel der religiös-kirchlichen Lage in Ostdeutschland nach 1989

Ein Überblick

Nach dem Zusammenbruch des kommunistischen Regimes erwarteten nicht wenige Beobachter der Transformationsprozesse in Ostdeutschland eine neue Zuwendung der ostdeutschen Bevölkerung zu Religion und Kirche. Diese Erwartung gründete sich nicht nur auf die Tatsache, daß mit der Überwindung der Herrschaft des Kommunismus auch die über Jahrzehnte hinweg erfolgte systematische Ausgrenzung, Stigmatisierung und Unterdrückung von Religion und Kirche ein Ende gefunden hatte, sondern auch auf die besondere Rolle, die die Kirchen in der DDR im Übergangsprozeß vom administrativen Sozialismus zur parlamentarischen Demokratie gespielt hatten. Waren sie nicht Wegbereiter der friedlichen Revolution in der DDR? Gingen die großen Demonstrationen des Jahres 1989 nicht von den Friedensgebeten in den Kirchen aus? Und bewährten sich die Kirchen nicht sogar noch im Prozeß des gesellschaftlichen Umbruchs selbst, als sie an dem im Dezember 1989 eingesetzten Runden Tisch die Aufgabe der Moderation zwischen den sich mißtrauisch gegenüberstehenden Vertretern des Staates und der Opposition wahrnahmen?

In allen Ländern des Einflußbereiches der Sowjetunion war der Zusammenbruch des kommunistischen Regimes mit einem Wiedererstarken von Religion und Kirche verbunden. Die einzigen Ausnahmen bildeten Polen, wo das Niveau der Religiosität und Kirchlichkeit ohnehin schon überdurchschnittlich hoch war, und Ostdeutschland. Der hier vorliegende Überblick nimmt sich zunächst vor, die religiös-kirchliche Ausgangslage, wie sie in der Zeit unmittelbar nach Zusammenbruch des Staatssozialismus in Ostdeutschland bestand, zu skizzieren (1.). Danach sollen die Veränderungsprozesse auf dem religiösen Feld in den Jahren seit 1990 beschrieben werden (2.). Dabei wird es nicht nur darum gehen, den Bedeutungsrückgang der Kirchen und Religionsgemeinschaften zu erfassen, sondern auch darum, danach zu fragen, ob es nicht auch gegenläufige Prozesse gab, die das Bild des religiös-kirchlichen Niedergangs in der Lage sind zu differenzieren und zu korrigieren. Weiterhin muß die Frage aufgeworfen werden, ob es nicht möglicherweise jenseits der Kirchen und der traditionellen religiösen Gemeinschaften zu einer Wiederentdeckung der Religion gekommen ist, zu einem verstärkten Interesse an außerchristlichen, moderneren, möglicherweise stark synkretisti-

Religiös-kirchlicher Wandel in Ostdeutschland 19

schen und individualisierten Formen von Religion (3.). Schließlich soll abschließend der Versuch unternommen werden, die religiös-kirchlichen Veränderungsprozesse der letzten Jahre zu erklären (4.).

1. Zur Situation von Religion und Kirche nach dem Zusammenbruch des Staatssozialismus

Gehörten 1949, als die DDR gegründet wurde, noch über 90 Prozent der ostdeutschen Bevölkerung einer der beiden großen Kirchen an – 81 Prozent der evangelischen und elf Prozent der katholischen Kirche[1] –, so betrug der Anteil der Konfessionsangehörigen im Jahr des Untergangs der DDR – 1990 – kaum mehr als 30 Prozent. Etwas mehr als 25 Prozent zählten sich zur evangelischen, etwa vier Prozent zur katholischen Kirche. Die größte Gruppe bildeten die Konfessionslosen, deren Anteil sich auf fast 70 Prozent belief (Pollack 1994: 374). Das heißt, der Anteil der Konfessionslosen, der 1950 nicht mehr als fünf bis acht Prozent ausgemacht hatte (Statistisches Jahrbuch der DDR 1, 1955: 33), hat sich innerhalb der 40jährigen Geschichte der DDR auf etwa das Zehnfache erhöht.

Vergleicht man diese Entwicklung mit den Veränderungen, wie sie sich im Mitgliederbestand der evangelischen und der katholischen Kirche in der Bundesrepublik vollzogen haben, dann sieht man, wie außergewöhnlich sie ist. In der Bundesrepublik betrug der Anteil der Kirchenmitglieder im Jahr 1950 etwa 96 Prozent der Gesamtbevölkerung (Pittkowski/Volz 1989: 95) – ein Prozentsatz, der dem im Osten Deutschlands in dieser Zeit vergleichbar war. Zum Zeitpunkt der Wiedervereinigung hingegen gehörten in der alten Bundesrepublik noch immer etwas mehr als 85 Prozent der Bevölkerung zu einer der beiden Großkirchen, wobei sich die Anteile auf die katholische und die evangelische Kirche in etwa gleich verteilten (ALLBUS 1991, Variable 315).[2] Das heißt, der Anteil der Konfessionslosen ist in Westdeutschland im Laufe von 40 Jahren nur auf etwas mehr als das Doppelte, von 4 auf etwa 10 Prozent, gestiegen.[3]

---

1 Die Zahl der Katholiken wird in neuesten Veröffentlichungen von Pilvousek (1998: 133) höher veranschlagt. Danach gehörten nicht 2,021 Mill. Einwohner Ostdeutschlands der katholischen Kirche an, sondern 2,772 Mill. Das würde nicht einen Prozentsatz von 11,0 Prozent, sondern von 13,9 Prozent ausmachen. Offenbar benutzt Pilvousek kirchliche Quellen (vgl. Pilvousek 1993: 10, Anm. 6). Ob diese zuverlässiger als die Daten des hier zugrunde gelegten Statistischen Jahrbuchs der DDR (1, 1955: 33) sind, bedarf weiterer Klärung.
2 Seit Mitte der achtziger Jahre liegt die Zahl der Katholiken leicht über der Zahl der evangelischen Kirchenmitglieder (vgl. Statistisches Jahrbuch 1992: 104f.)
3 Etwa drei Prozent gehörten einer evangelischen Freikirche, einer anderen christlichen oder einer nicht-christlichen Religionsgemeinschaft an (ALLBUS 1991, Variable 315). Daraus

Die dramatischen Einbrüche, die die christlichen Kirchen in ihren Mitgliederbeständen in Ostdeutschland während der Zeit des Staatssozialismus hinnehmen mußten,[4] wurden nun aber keineswegs dadurch kompensiert, daß die verbleibenden Kirchenmitglieder sich besonders stark kirchlich engagierten oder sich ihrer Kirche besonders eng verbunden fühlten. Obwohl die Kirchenleitungen das Leitbild des mündigen Christen, der der Kirche nicht mehr aus Gründen der Tradition angehört, sondern angesichts der entkirchlichten Umwelt seine Entscheidung für die Kirche bewußt trifft und mit seinem Verhalten öffentlich für sein Christsein einsteht, propagierten, haben sich Merkmale eines intensiven Christseins nur bei einer Minderheit herausgebildet.

Vergleicht man etwa die Zahl der *Gottesdienstbesucher* innerhalb der evangelischen Kirchen im Osten Deutschlands mit der in den westlichen evangelischen Kirchen (vgl. Tabelle 1), so fällt auf, daß der Anteil der häufig den Gottesdienst besuchenden Evangelischen im Westen 1991 eher noch höher lag als im Osten. Bei den Katholiken scheint zwar der Anteil derer, die mindestens jede Woche oder ein- bis dreimal pro Monat zur Kirche gehen, im Osten höher zu liegen als im Westen. Betrachtet man indes den Anteil der Katholiken, die nie den Gottesdienst besuchen, so gleicht sich der leichte Vorsprung des Ostens gegenüber dem Westen wieder aus.

Tabelle 1: Kirchgangshäufigkeit in Ost- und Westdeutschland 1991 (in %) („Wie oft gehen Sie zum Gottesdienst?")

	Alte Bundesländer (n=1.507)				Neue Bundesländer (n=1.531)			
	römisch-katholisch	evangelisch	konfessionslos	gesamt	römisch-katholisch	evangelisch	konfessionslos	gesamt
1x pro Woche	27,0	4,1		14,6	28,5	4,1		3,5
1-3x pro Monat	12,6	9,3	0,6	9,8	19,5	6,5	0,1	3,3
Mehrmals im Jahr	20,7	28,6	1,9	21,8	10,3	32,3	1,7	11,3
Seltener	26,7	40,8	25,8	32,4	24,1	36,1	16,1	21,9
Nie	13,0	17,3	71,7	21,3	17,2	21,0	82,1	60,0
Gesamt	42,0	44,1	10,6	100,0	5,7	27,1	64,5	100,0

Allbus 1991: Variable 315 und 316

Ein ganz ähnliches Bild zeigt sich bei einem Blick auf die Verbreitung des *Gottesglaubens* in Ost- und Westdeutschland. Auch hier liegen die Werte bei den Kirchenmitgliedern im Osten nicht über denen im Westen, eher darunter. Sowohl bei den Katholiken als auch bei den Protestanten war der Anteil der

---

erklärt sich die Differenz der Summe von Konfessionsangehörigen und Konfessionslosen auf 100 Prozent.
4 Zu den Gründen dieses Entkirchlichungsprozesses vgl. Pollack (1994: 425-443).

Religiös-kirchlicher Wandel in Ostdeutschland

nicht an Gott Glaubenden im Jahr 1991 im Osten Deutschlands höher als im Westen (vgl. Tabelle 2). Auffällig ist hier der vergleichsweise hohe Anteil insbesondere von evangelischen Kirchenmitgliedern in Westdeutschland, die an eine höhere geistige Macht glauben – ein Anteil, der zur Verringerung des Prozentsatzes der Nichtglaubenden beiträgt.

Tabelle 2: Gottesglauben in Ost- und Westdeutschland 1991 (in %) („Glauben Sie an Gott?")

	Alte Bundesländer (n=1.342)				Neue Bundesländer (n=1.480)			
	römisch-katholisch	evangelisch	konfessionslos	gesamt	römisch-katholisch	evangelisch	konfessionslos	gesamt
Glaube nicht an Gott	5,4	8,2	39,4	10,2	10,7	13,1	69,1	48,9
Weiß nicht, ob Gott exist.	7,3	12,2	12,0	9,8	8,3	13,4	14,8	14,0
Höhere geistige Macht	18,4	25,8	28,2	22,1	15,5	17,8	6,5	10,3
Manchmal Glaube	8,7	10,8	5,6	9,2	7,1	17,1	5,6	8,8
Gottesglaube	60,2	42,9	14,8	48,6	58,4	38,6	4,0	18,1
Gesamt	42,6	43,4	10,6	100,0	5,7	27,3	64,3	100,0

Quelle: Allbus 1991, Variable 465 und 315.

Ein Vergleich zwischen Katholiken und Protestanten in Ost- und Westdeutschland macht also deutlich, daß die Kirchen im Osten Deutschlands ihre Mitglieder weder zu einer höheren Partizipation am gottesdienstlichen Leben als dem rituellen Kern der kirchlichen Aktivitäten zu motivieren vermochten noch zu einer engeren Bindung an zentrale Inhalte des christlichen Glaubens, wie sie sich etwa im Glauben an Gott ausdrücken. Vielmehr stoßen wir in den Kirchen im Osten Deutschlands – freilich mit den bekannten Unterschieden zwischen Katholiken und Protestanten – auf ein ähnlich hohes Maß an mittlerer Verbundenheit der Mitglieder mit ihren Kirchen wie im Westen. Akzeptiert man Kirchgangshäufigkeit und Gottesglaube als zwei wichtige Indikatoren für Religiosität und Kirchlichkeit, so muß man die erstaunliche Feststellung machen, daß der Minderheitenstatus der Kirchen im Osten Deutschlands nicht zu einem höheren Grad an Religiosität und Kirchlichkeit innerhalb der Kirchen geführt hat.

Auch wenn man andere Indikatoren heranzieht, bestätigt sich dieser Eindruck. Weiterführende Analysen liegen hier insbesondere für den protestantischen Bereich vor. Danach ist das Verbundenheitsgefühl der evangelischen Kirchenmitglieder mit ihrer Kirche in Ostdeutschland nicht stärker ausgeprägt als das der Evangelischen im Westen. Auf die Frage, wie stark sie sich mit der Kirche verbunden fühlten, gaben ein Drittel der Befragten in Ost und West gleichermaßen zur Antwort, daß sie sich ziemlich oder sehr verbunden fühlten, ein weiteres Drittel, daß sie sich etwas verbunden fühlten, und wiederum ein Drittel, daß sie sich kaum oder überhaupt nicht mit ihrer Kirche verbunden fühlten (Studien- und Planungsgruppe der EKD 1993: 24). Der Anteil der Hochverbundenen ist im Osten zwar etwas höher als im Westen, insgesamt aber weicht die Antwortverteilung in Ost und West nur unwesentlich voneinander ab.

Eine ähnliche Struktur zwischen Ost und West treffen wir auch an, wenn wir die evangelischen Kirchenmitglieder nach den Gründen für ihre Kirchenmitgliedschaft fragen. „Weil ich Christ bin" und „weil ich der christlichen Lehre zustimme" antworten auf diese Frage die meisten sowohl in Ost als auch in West. Etwa genauso viele sagen, „ich bin in der Kirche, weil ich auf kirchliche Trauung oder Beerdigung nicht verzichten möchte" und „weil meine Eltern auch in der Kirche waren" (Studien- und Planungsgruppe der EKD 1993: 26). Der Einsatz der Kirche für Gerechtigkeit in der Welt, das kirchliche Angebot von Gemeinschaft oder die Möglichkeit zu sinnvoller Mitarbeit in der Gemeinde treten demgegenüber als Mitgliedschaftsgründe zurück (ebd.). Man ist in der Kirche aufgrund einer inhaltlichen Wertübereinstimmung, aus Traditionsgründen und weil man ein Interesse an der rituellen Begleitung an den individuellen Lebenswenden hat, weniger weil man sich in der Kirche engagieren will oder die Gemeinschaft der Gläubigen sucht.

Ein ähnlich konventioneller Charakter von Kirchenmitgliedschaft zeigt sich auch bei den Antworten auf die Frage, was unbedingt zum Evangelisch-Sein hinzugehört. Partizipationsspezifische Merkmale wie Kirchgang, Bibellesen oder Information über das kirchliche Leben werden nur ganz selten als wichtig angegeben. Am wichtigsten finden die Befragten, daß man getauft, konfirmiert und Mitglied der evangelischen Kirche ist (Studien- und Planungsgruppe der EKD 1993: 28). Die Befragten bejahen also in besonders hohem Maße institutionsspezifische Merkmale. Außerdem meinen sie, daß es unbedingt zum Evangelisch-Sein gehört, seinem Gewissen zu folgen und ein anständiger und zuverlässiger Mensch zu sein (ebd.). Das Evangelisch-Sein sehen sie also auch durch die Erfüllung humanistischer Kriterien gekennzeichnet. Bei dieser Frage kann man feststellen, daß die ostdeutschen Evangelischen die partizipationsspezifischen Merkmale etwas stärker und die institutionsspezifischen Merkmale etwas schwächer als die westdeutschen Befragten bejahen. Die Differenzen sind freilich gering.

Besonders deutlich wird der konventionelle Charakter von Kirchenmitgliedschaft an der Einstellung der Befragten zur Konfirmation. Dieser Akt, der gewöhnlich als die Gelegenheit angesehen wird, zu der der Heranwachsende seine Mitgliedschaft in der Kirche durch eine persönliche Entscheidung bekräftigt, wird von den Evangelischen in Ost und West vor allem als feierlicher Abschluß der Kindheit und Beginn eines neuen Lebensabschnittes,

Religiös-kirchlicher Wandel in Ostdeutschland 23

also als rite de passage, interpretiert. Die Aussage „die Konfirmation ist die persönliche Entscheidung darüber, ob man in der Kirche bleiben will" findet dagegen unter allen angebotenen Antwortvorgaben in Ost und West die geringste Zustimmung (Studien- und Planungsgruppe der EKD 1993: 29). Sowohl religiös-kirchliche Verhaltensweisen als auch religiös-kirchliche Einstellungen sind in den evangelischen Kirchen in Ost- und Westdeutschland weitaus stärker durch Traditionalität, Konventionalität und Kirchendistanz charakterisiert als durch Offenheit, Partizipationsbereitschaft und individuelle Bindung.

Eine Ausnahme bilden hier nur die Jugendlichen und jungen Erwachsenen in Ostdeutschland. Diese weisen eine höhere Partizipationsbereitschaft als die älteren Kirchenmitglieder auf, gehen durchschnittlich häufiger zum Gottesdienst und sind sogar eher bereit, auch noch weitere Aufgaben zu übernehmen, sofern diese zeitlich begrenzt sind und sofern man sich in ihnen selbstverwirklichen kann (Studien- und Planungsgruppe der EKD 1993: 37f.). In ihrer Partizipationsbereitschaft unterscheiden sich die jungen Evangelischen im Osten aber nicht nur von den älteren Kirchenmitgliedern in Ostdeutschland, sondern auch von den jugendlichen Evangelischen im Westen, die in der Regel dem kirchlichen Leben distanzierter gegenüberstehen als ihre Eltern.[5] Die Gruppe der jugendlichen Kirchenmitglieder im Osten ist übrigens auch insofern interessant, als sie im Unterschied zu den gleichaltrigen Kirchenmitgliedern im Westen eher unkonventionelle Lebenseinstellungen bevorzugt, sich durch politische und gesellschaftliche Offenheit auszeichnet und – darin ebenfalls unterschieden von den jungen Evangelischen im Westen – in der Regel höher gebildet ist als die Gruppe ihrer konfessionslosen Altersgenossen.[6] Die höhere Engagementsbereitschaft der jüngeren Evangelischen im Osten schlägt im kirchlichen Leben insgesamt aber kaum zu Buche, da sie in der Gesamtheit der Kirchenmitglieder nur einen verschwindend kleinen Prozentsatz ausmachen und die Älteren deutlich überrepräsentiert sind.

Insgesamt betrachtet kann man also weder in Westdeutschland noch in Ostdeutschland davon sprechen, daß sich das Verhältnis der Mehrheit der Evangelischen zu ihrer Kirche durch Entschiedenheit, Bewußtheit und hohe Engagementsbereitschaft auszeichnet. Die Partizipation an den kirchlichen Angeboten liegt im Osten prozentual nicht erkennbar höher als im Westen. Die Zustimmung zu Glaubensaussagen erreichen ebenfalls keine höheren Werte. Die Einstellung zur Kirche trägt zuweilen ein nicht ganz so konventionelles Gewand, unterscheidet sich aber nur graduell von der im Westen. Die volkskirchlichen Verhältnisse haben sich im Osten Deutschlands weitgehend reproduziert, nur eben auf einem quantitativ niedrigeren Niveau. Die engagierte, mündige kleine Schar bewußter Christen war stets mehr das Leitbild der Kirchenleitungen und einiger Pfarrer als eine gelebte Wirklichkeit.

Ein solches Ergebnis irritiert, denn die Verkleinerung der Gemeinden,

---

5 Vgl. hierzu und zum folgenden ausführlicher Grabner/Pollack (1994: bes. 96ff., 110ff.).
6 Vgl. dazu auch Eiben (1992: 98ff.).

wie sie sich im Osten vollzogen hat, zwingt die Kirchenmitglieder, völlig unabhängig davon, welches theologische Leitbild die Kirchen von dem Verhalten ihrer Mitglieder entwerfen, zu einem höheren Grad an Bewußtheit und Entschiedenheit in ihrem Verhältnis zur Kirche. Die Zugehörigkeit zur Kirche hört auf, eine gesellschaftlich abgestützte Selbstverständlichkeit zu sein; angesichts der Entkirchlichung weiter Teile der Bevölkerung muß man sich über sie Gedanken machen. Es liegt nahe anzunehmen, daß bei einem höheren Entscheidungszwang vor allem diejenigen in der Kirche bleiben, die zu ihr eine innere Bindung besitzen und sich an ihren Aktivitäten auch beteiligen wollen. Warum aber läßt sich sowohl in der katholischen Kirche als auch in den evangelischen Kirchen in Ostdeutschland kein signifikant höherer Anteil an kirchlich Hochengagierten und religiös stark Gebundenen aufweisen als im Westen?

Um diese Frage zu beantworten, muß man zunächst auf das Sozialprofil der Kirchenmitglieder, wie es sich nach dem Zusammenbruch des Staatssozialismus darstellte, hinweisen. In beiden Konfessionen, vor allem aber in den evangelischen Kirchen, war 1990/91 der Anteil der über 60jährigen überdurchschnittlich hoch. Darüber hinaus besaßen die Evangelischen auch geringere Bildungsabschlüsse als der Durchschnitt der Bevölkerung. Außerdem waren Protestanten ebenso wie Katholiken unter den Erwerbslosen überrepräsentiert, und sie fanden sich verstärkt auf dem Lande und bei Handwerkern und Selbständigen (vgl. Pollack 1994: 391ff.). Bedenkt man, daß die aktiveren Bevölkerungsteile eher in der Stadt als auf dem Lande, eher in den jüngeren als in den älteren Bevölkerungsgruppen, eher bei den höher als bei den niedriger Gebildeten, eher in Aufsteigerberufen als in ständisch geprägten Berufen anzutreffen sind, so kann das soziale Profil der Kirchenmitglieder eine Teilerklärung dafür liefern, warum in Ostdeutschland die Verkleinerung der Gemeinden nicht zu einer Intensivierung des Mitgliedschaftsverhältnisses geführt hat.

Eine weitere Erklärung liegt darin, daß die parochialen Strukturen in Ostdeutschland trotz Ausdünnung des kirchlichen Mitgliederbestandes nicht aufgegeben wurden und man am Prinzip der flächendeckenden Versorgung festhielt,[7] so daß es für eine Umstellung des kirchlichen Verhaltens keine Notwendigkeit gab. Schließlich wird man zur Erklärung des volkskirchlichen Befundes aber auch darauf hinweisen müssen, daß Kirche und Religion für viele einen traditionell geprägten lebensweltlichen Hintergrund darstellen, den sie nicht missen möchten, den sie aber auch nur fallweise abrufen, und daß Religion und Kirche für weite Teile der Bevölkerung schon seit langem eine solche nachgeordnete Funktion wahrnehmen. Vielleicht stellt die Erwartung der Herausbildung einer lebendigen, hochaktiven Freiwilligkeitskirche einfach eine Überforderung der Menschen dar, die in vielen gesellschaftlichen Bereichen ihre Rolle auszufüllen haben und die ihr gesamtes Leben nicht nur von einem Bereich her zu steuern vermögen.

---

7 Die Möglichkeit dazu war unter anderem aufgrund der reichlichen Finanzhilfen aus dem Westen gegeben (vgl. Volze 1991).

Tabelle 3: Austritte und Eintritte: evangelische Kirchen in Ostdeutschland (1950-1997)

Jahr	Aus- und Eintritte	Sachsen	Berlin-Brandenburg[1]	Kirchenprovinz	Thüringen	Mecklenburg	Pommern	Anhalt	Schles. Oberlausitz	Aus-/Eintr. gesamt	Verhältnis Aus-/Eintr.
1950	Austritte	27.178	14.447	21.637	8.462	2.826	615	1.407	1.394	77.966	4,9 : 1
	Eintritte	5.156	4.025	2.521	2.407	802	335	432	258	15.936	
1970	Austritte	21.793	7.411	6.830	760	2.145	188	911	1.017	49.595	10,4 : 1
	Eintritte	1.386	688	1.111	1.100	172	115	125	55	4.752	
1989	Austritte	3.898	1.514	1.670	2.530	510	779	164	1.007	11.172	1,6 : 1
	Eintritte	3.748	802	754	541	481	210	235	77	6.848	
1991	Austritte	37.748	10.709	7.474	10.558	9.100	3.643	1.585	1.944	82.761	3,5 : 1
	Eintritte	5.814	3.617	6.292	2.280	3.500	1.089	1.073	315	23.980	
1992	Austritte	33.964	21.140	9.501	17.736	16.062	3.767	2.548	2.132	106.850	7,0 : 1
	Eintritte	5.171	2.744	3.482	1.967	504	767	352	250	15.237	
1993	Austritte	20.832	22.822	16.998	10.510	6.597	3.212	2.730	1.475	85.176	7,3 : 1
	Eintritte	3.821	1.492	3.146	1.544	617	529	354	177	11.680	
1994	Austritte	15.076	13.887	11.377	6.279	5.985	2.490	2.088	966	58.148	5,9 : 1
	Eintritte	3.276	1.298	2.051	1.574	657	465	402	143	9.866	
1995	Austritte	18.032	14.053	8.353	6.006	4.904	2.346	1.768	756	56.218	6,4 : 1
	Eintritte	2.962	1.536	1.561	1.349	669	365	244	162	8.848	
1996	Austritte	11.840	9.559	6.008	4.278	2.787	1.445	1.596	781	38.294	4,4 : 1
	Eintritte	2.715	1.766	1.446	1.133	662	470	331	156	8.678	
1997	Austritte	8.644	7.048	4.359	3.511	2.352	1.013	679	361	7.967	3,5 : 1
	Eintritte	2.692	1.447	1.168	1.184	684	494	168	181	8.018	

1 Nur Ost-Bereich, ohne West-Berlin

Quellen: Kirchenstatistiken der Kirchenämter und Konsistorien der evangelischen Landes- und Provinzialkirchen Ostdeutschlands; statistischer Bericht TII 90/91; Statistischer Bericht TII 92; Statistischer Bericht TII 93/94. 1 Nur Ost-Bereich, ohne West-Berlin.

Tabelle 4: Aus- und Eintritte: katholische Kirche in Ostdeutschland (1989-1997)

Jahr	Aus- und Eintritte	Berlin[1]	Dresden-Meißen	Erfurt-Meiningen	Görlitz	Magdeburg	Schwerin	Aus-/Eintritte gesamt	Verhältnis Ein-/Austritte
1989	Austritte	134	218	200	26	143	44	765	2,5 : 1
	Eintritte	46	74	78	41	43	21	303	
1990	Austritte	11.571	9.860	5.309	3.540	9.659	4.674	44.613	123 : 1
	Eintritte	43	102	116	12	66	24	363	
1991	Austritte	4.345	1.968	1.244	483	2.417	1.185	11.642	35 : 1
	Eintritte	50	79	89	12	71	30	331	
1992	Austritte	2.687	2.124	3.535	407	3.134	2.485	14.372	54 : 1
	Eintritte	41	76	79	8	47	14	265	
1993	Austritte	(1.781)[2]	2.359	3.052	324	4.377	722	12.615	60 : 1
	Eintritte	(38)[2]	40	73	7	35	16	209	
1994	Austritte	1.602	1.830	1.424	242	2.519	987	8.604	42 : 1
	Eintritte	37	52	50	8	42	14	203	
1995	Austritte	(1.563)[2]	1.624	1.212	241	1.933		6.673	33 : 1
	Eintritte	(45)[2]	59	46	18	33		201	
1996	Austritte	1.226	1.494	1.283	162	2.636		6.801	35 : 1
	Eintritte	22	47	58	23	42		192	
1997	Austritte	(1.045)	1.164	801	127	1.094		4.231	22 : 1
	Eintritte	(40)	52	48	17	38		195	

1 Nur Ost-Bereich, außer West-Berlin; 2 Aufgrund von Vergleichszahlen geschätzt.

Quelle: Statistisches Jahrbuch Bundesrepublik Deutschland; Institut für kirchliche Sozialforschung des Bistums Essen IKSE 1997; Deutsche Bischofskonferenz 1990ff.

Ich danke dem Pressereferat des Erzbistums Berlin und seiner Zentralen Meldestelle dafür, daß es mir die Dekanatstabellen des Bistums Berlin zur Verfügung gestellt hat. Aufgrund dieser Dekanatstabellen konnte ich die Angaben für den Ost-Bereich des Bistums getrennt von den Zahlen für West-Berlin errechnen.

Religiös-kirchlicher Wandel in Ostdeutschland 27

2. Veränderungen auf dem kirchlichen Feld nach 1989

Betrachtet man die religiös-kirchliche Entwicklung nach 1989, so muß zunächst auf die beachtlichen gesellschaftlichen Positionsverluste der Kirchen eingegangen werden. Als Indikatoren dieser Positionsverluste sei hier die Entwicklung der Austrittszahlen seit 1989 und die Entwicklung des Vertrauens in die Kirche als Institution angeführt.

Gingen die Austrittszahlen in den siebziger und achtziger Jahren stetig zurück und näherten sie sich Ende der achtziger Jahre den Eintrittszahlen nahezu an, so kam es nach dem Ende der DDR und der Einführung der westlichen Währung zu einer breiten Austrittswelle. Der Höhepunkt dieser Austrittsbewegung mit über 100.000 Austritten aus der evangelischen Kirche lag im Jahr 1992. Das entspricht einer Austrittsquote von 2,7 Prozent. Seitdem ging die Zahl der Austritte aus der evangelischen Kirche zwar auf ein Viertel zurück, bewegt sich aber noch immer deutlich über dem Niveau Ende der achtziger Jahre.

Als Gründe für die Kirchenaustritte werden von den Ausgetretenen selbst vor allem die Ersparnis der Kirchensteuer angegeben. Bei den nach 1989 Ausgetretenen liegt dieser Grund von allen angegebenen Gründen mit weitem Abstand an der Spitze der Nennungen. Bei einer faktorenanalytischen Betrachtung der Austrittsmotive zeigt sich, daß der finanzielle Austrittsgrund in keinem Zusammenhang zu anderen Austrittsmotiven wie Distanz zur Kirche, zum Glauben oder schlechte Erfahrungen mit dem Pfarrer oder öffentlichen Äußerungen der Kirche steht. Obwohl dies ebenfalls wichtige Austrittsgründe darstellen können, bildet das finanzielle Argument ein relativ isoliertes Motiv (Engelhardt/Loewenich/Steinacker 1997: 329).

Die Entwicklung der Kirchenein- und austritte in der katholischen Kirche Ostdeutschlands zeigt ein ähnliches Bild wie die in den evangelischen Kirchen. Auch in der katholischen Kirche lag der Höhepunkt der Austrittswelle 1992 – die hohen Kirchenaustrittszahlen von 1990 lassen sich nicht zählen, denn vielfach handelte es sich bei diesen Kirchenaustritten nur um eine Bereinigung der Mitgliedschaftsverhältnisse von ehemaligen Katholiken, die sich schon lange nicht mehr dazugehörig fühlten, aber den Kirchenaustritt formal bislang nicht vollzogen hatten, bzw. um Kirchenaustritte von Leuten, die gar nicht mehr der Kirche angehörten. Die Austrittsrate machte im Jahr 1992 1,8 Prozent aus, womit sie niedriger lag als in den evangelischen Kirchen. Allerdings war auch die Zahl der Eintritte in die katholische Kirche deutlich niedriger als die der Eintritte in die evangelischen Kirchen.

Bei einer Betrachtung der Entwicklung des Vertrauens in die Kirche von 1991 bis 1995 können wir beobachten, wie das Vertrauen der Ostdeutschen in die Kirche von Jahr zu Jahr abnimmt. Bei den Westdeutschen bleibt es hingegen über die Jahre hinweg fast gleich. Dabei muß man allerdings in Rechnung ziehen, daß die Vertrauenswerte unmittelbar nach dem Zusam-

Tabelle 5: Entwicklung der Stärke des Vertrauens in die Kirche in Ost- und Westdeutschland, 1991-1995 (Mittelwerte)

	1991	1992	1993	1995
Neue Bundesländer	0,51	- 0,21	- 0,39	- 0,65
Alte Bundesländer	0,70	0,49	0,61	0,61

Angaben als Skalenmittelwerte (- 5 = gar kein Vertrauen, + 5 = sehr hohes Vertrauen)
Quelle: IPOS 1991-1993 und 1995 (nach Weßels 1997: 197)

menbruch des Staatssozialismus außergewöhnlich hoch waren. 1991 erreichten die Werte in Ostdeutschland fast die von Westdeutschland. Der Europäischen Wertestudie zufolge lagen sie ein Jahr zuvor – im Jahr 1990 – sogar leicht über den Westwerten. In Ostdeutschland gaben zu diesem Zeitpunkt 43,8 Prozent der Befragten an, sehr viel bzw. ziemlich viel Vertrauen in die Kirche zu besitzen. Im Westen Deutschlands waren es damals nur 39,8 Prozent, die das von sich behaupteten (Zulehner/Denz 1993: 13). Diese hohen Vertrauenswerte entsprachen in keiner Weise der kirchlichen Partizipationsbereitschaft der Ostdeutschen oder der Verbreitung des Gottesglaubens unter ihnen. Sie waren offenbar ein Effekt der besonderen Rolle der Kirchen, die diese vor dem politischen Umbruch und während des Umbruchs in der DDR gespielt hatten. Den Kirchen, die sich in einer politischen Krisensituation als Moderatoren und Kristallisationskerne des gewünschten soziopolitischen Wandels bewährt hatten, traute man zu, auch in der Zeit danach auf politische und soziale Probleme Antwort geben zu können. Wie in kaum einem anderen Land Europas erwarteten die Befragten in Ostdeutschland von der Kirche, daß sie sich zu Themen der Dritten Welt, der Rassendiskriminierung, der Abrüstung, der Umwelt, der Euthanasie, der Arbeitslosigkeit und der Regierungspolitik äußert (Zulehner/Denz 1993: 23). Ging es hingegen um individuelle Probleme wie etwa die moralischen Nöte einzelner, das Familienleben oder Fragen des Lebenssinns, so wurde der Kirche – auch im Vergleich zu den Antworten der Befragten in den anderen Ländern – weitaus weniger Kompetenz zugetraut, und es wurde auch weniger erwartet, daß sie sich zu solchen mehr individualistischen Themen, zum Beispiel zu außerehelichen Beziehungen oder Homosexualität, äußert (22). Mit anderen Worten, die Kirche wurde vor allem als eine öffentliche Institution mit hoher politisch-sozialer Kompetenz wahrgenommen und geschätzt, für die Behandlung privater Probleme wurde sie hingegen weniger als zuständig und bedeutsam empfunden. Darin drückt sich unter anderem der Sachverhalt aus, daß viele in Ostdeutschland trotz ihres Vertrauens in die Kirche Glaube, Religion und Kirche für sich persönlich als nicht besonders wichtig ansahen.

Zieht man die Entwicklung der beiden hier behandelten Variablen – Kirchenaustritt und Vertrauen in die Kirche – als Indikatoren kirchlichen Wandels heran, so muß man feststellen, daß die gesellschaftliche Verankerung der Kirche in den letzten Jahren deutlich abgenommen hat. Sowohl ihre Bindungskraft als auch ihre gesellschaftliche Reputation ist zurückgegangen. Die

Gründe dafür mögen vielfältig sein. Wir wollen auf sie am Ende dieses Beitrages zu sprechen kommen. Schon hier können wir allerdings sagen, daß der soziale Bedeutungsverlust der Kirchen in den Jahren 1990 bis 1995 auch ein Reflex ihrer Hochschätzung in der Zeit davor ist. Offenbar vermag die Kirche in Zeiten, die nicht durch dramatische Umbrüche und Krisen gekennzeichnet sind, weniger soziale Energien zu bündeln und anzuziehen als in Zeiten rapiden gesellschaftlichen Wandels und hoher gesellschaftlicher Spannungen.

Auch wenn der Reputations- und Bindungsrückgang der Kirchen nach 1989/90 in Ostdeutschland unübersehbar ist, schließt dies doch nicht aus, daß die Kirchen an anderen Stellen auch an Bedeutung gewonnen haben. Eine solche Vermutung liegt sogar besonders nahe, denn mit dem Wegfall der staatlichen Repressionen und der Aufhebung der gesellschaftlichen Ausgrenzung der Kirchen eröffneten sich für die Kirchen völlig neue Wirkungsmöglichkeiten. Sie können nun ohne Behinderungen in die Öffentlichkeit hineinwirken, ohne Zensur gesellschaftlich ihre Position vertreten, in staatlichen und öffentlichen Gremien mitarbeiten, in den Schulen Religionsunterricht anbieten, für ihre caritativen und diakonischen Dienste staatliche Hilfe in Anspruch nehmen, die Kirchensteuer über die staatlichen Finanzämter einziehen lassen usw. Insbesondere müssen nun die Christen, wenn sie sich zu ihrem Glauben bekennen, nicht mehr mit Nachteilen in Schule, Ausbildung und Beruf rechnen. Sollte die Entstehung demokratischer und rechtsstaatlicher Verhältnisse nicht auch positive Effekte auf die kirchliche Arbeit haben? In der Tat läßt sich nicht nur eine breite Austrittswelle, sondern auch ein leichter Anstieg von Kircheneintritten konstatieren. In der katholischen Kirche sind die Eintrittszahlen nach 1989 zwar kaum angestiegen (vgl. Tab. 4). Anders sieht es aber in den evangelischen Kirchen aus. Lagen die Eintrittszahlen in den evangelischen Kirchen Ostdeutschlands vor 1989 30 Jahre lang zwischen 4.500 und 7.000, so wuchs die Eintrittszahl 1991 auf knapp 24.000 an (vgl. Tabelle 3)[8] und verdreifachte sich damit. Auch wenn sie inzwischen wieder im Absinken begriffen ist, so hat sie 1997 doch noch nicht wieder den Ausgangswert von 1989 erreicht, sondern bewegt sich nach wie vor darüber. Das heißt, wir haben es nach 1989 nicht nur mit einer massiven Abwendung von den Kirchen zu tun, sondern gegenläufig dazu auch mit einer verstärkten, wenn auch unter dem Niveau der Austritte bleibenden Zuwendung zu ihnen. Der Mitgliederbestand schichtet sich um. Genaue Angaben über das Sozialprofil der Austretenden liegen uns leider nicht vor. Es ist allerdings zu vermuten, daß diesen Schritt vor allem die Jüngeren, Großstädter und Höhergebildete vollziehen. In einer etwas besseren Lage sind wir hinsichtlich unserer Aussagemöglichkeiten über die Eintretenden. Aufgrund einer Studie, die ich gemeinsam mit Klaus Hartmann in der Großstadt Leipzig sowie im ländlichen Umfeld von Leipzig durchgeführt habe, läßt sich

---

8 Ich danke Frau Sawade, Konsistorium der Ev. Kirche in Berlin-Brandenburg, für die Bereitstellung der kirchenstatistischen Daten der Ev. Kirche in Berlin-Brandenburg getrennt nach Berlin-West, Berlin-Ost und Brandenburg.

sagen, daß vor allem Jugendliche zwischen 14 und 17 (über die Hälfte) sowie junge Erwachsene zwischen 18 und 30 (etwa ein Drittel) in die evangelische Kirche eintreten. Die Eintrittsrate ist, insbesondere zum Zeitpunkt des Höhepunktes der Eintrittswelle, auf dem Lande deutlich höher als in der Stadt. Arbeiter und Angehörige der Unterschichten sind unter den Eintretenden eher unterrepräsentiert; die Entscheidung zum Eintritt wird vor allem von Angehörigen der Mittelschicht und Höhergebildeten getroffen (Hartmann/Pollack 1998: 33ff.). Bedenkt man, daß die jüngeren Altersgruppen und die Höhergebildeten sowohl vermehrt von Austritten als auch vermehrt von Eintritten betroffen sind, so muß man damit rechnen, daß es in diesen Bevölkerungsgruppen zu einer gewissen Polarisierung in ihrem Verhältnis zur Kirche gekommen ist.

Doch nicht nur hinsichtlich der Kircheneintrittszahlen läßt sich ein gegenläufiger Trend zur dominierenden Abwärtstendenz beobachten. Auch die Taufrate ist gestiegen. Und dies nicht nur in den evangelischen Kirchen, sondern auch in der katholischen Kirche. Die Erhöhung der Taufrate – das heißt, des Anteils der getauften Kinder an der Zahl der Neugeborenen – fällt zwar in der katholischen Kirche nicht so deutlich aus wie in den evangelischen Kirchen (vgl. Tabelle 6 und 7), aber sie hält über einen längeren Zeitraum – zumindest bis 1994 – an, während in den evangelischen Kirchen nach der von 1989 bis 1991 sich vollziehenden Verdopplung der Taufrate von 14,6 auf 29,4 Prozent die Anteilswerte schnell wieder abgesunken sind und sich inzwischen auf einem Niveau bewegen, das nur leicht über dem Ausgangswert von 1989 liegt. Ausschlaggebend für die Verdopplung der Taufrate unmittelbar nach 1989 dürfte der Effekt einer nachholenden Entwicklung sein. Nachdem viele Eltern während der DDR-Zeit darauf verzichtet hatten, ihre Kinder taufen zu lassen, um ihnen Auseinandersetzungen mit dem politischen System der DDR zu ersparen, entschlossen sie sich nach dem Untergang des staatssozialistischen Regimes dann doch zur Taufe ihrer Kinder, auch wenn diese das Säuglingsalter bereits überschritten hatten. Nicht zufällig lag die Zahl der Nachtaufen, d.h. der Taufen, die nach dem ersten Lebensjahr, aber vor dem 14. Lebensjahr vorgenommen wurden, zwischen 1991 und 1993 kurzzeitig über der Zahl der Säuglingstaufen (Statistischer Bericht TII 90/91: 54; Statistischer Bericht TII 92: 29; Statistischer Bericht TII 93/94: 33). Mittlerweile baut sich der Berg an Nachtaufen jedoch schrittweise wieder ab, und mit dem Abbau sinkt auch die Taufrate insgesamt. Freilich ist es bis heute weder in der katholischen noch in der evangelischen Kirche zu einer vollständigen Angleichung der Taufrate an die Werte von 1989 gekommen, so daß man davon ausgehen darf, daß der Anteil der Säuglingstaufen nach wie vor leicht über dem von 1989 liegt.[9]

---

9 Dies wird bestätigt durch einen Blick auf die Statistik der Evangelisch-Lutherischen Landeskirche Sachsens. Machte der Anteil der Säuglingstaufen (bis ein Jahr) an der Zahl der Neugeborenen in Sachsen in der zweiten Hälfte der achtziger Jahre durchschnittlich etwa 11,5% aus, so erhöhte er sich 1991 auf 17,1% und fiel in den folgenden Jahren dann stetig um etwa einen Prozentpunkt: 1994: 14,3%, 1995: 13,3% (Statistischer Bericht über die Verhältnisse in der Evangelisch-Lutherischen Landeskirche Sachsens 1995: 8).

Tabelle 6: Evangelische Taufen (ohne Erwachsenentaufen) 1950 - 1997 in Ostdeutschland (absolute Zahlen)

Jahr	Sachsen	Berlin-Brandenburg	Kirchenprovinz	Thüringen	Mecklenburg	Pommern	Anhalt	Schlesische Oberlausitz	Taufen gesamt	Geburten gesamt	Taufrate (in%)
1950	70.077	38.000	53.127	29.113	20.296	12.000	6.777	4.129	233.519	303.866	76,9
1970	15.231	10.834	11.000	8.600	4.656	2.479	1.264	1.100	55.164	236.929	23,4
1989	9.305	4.500	5.000	6.000	2.373	950	454	544	29.126	198.922	14,6
1991	9.714	3.510	5.975	6.542	2.600	1.814	670	599	31.424	107.769	29,4
1992	7.723	2.961	4.989	4.911	2.348	1.463	583	487	25.465	88.320	28,8
1993	6.279	2.368	4.401	4.014	1.949	1.038	466	351	20.866	80.532	25,9
1994	5.811	2.223	1.499	3.743	1.611	862	308	312	16.369	78.698	20,8
1995	5.273	2.342	1.927	3.574	1.397	703	305	333	15.854	83.847	18,9
1996	5.523	3.002	2.263	3.449	1.376	772	303	313	17.001	93.325	18,2
1997	5.684	2.891	2.001	3.437	1.519	734	240	356	16.862	100.258	16,8

Quellen: Kirchenstatistiken der Kirchenämter und Konsistorien der evangelischen Landes- und Provinzialkirchen Ostdeutschlands; Statistischer Bericht TII 90/91; Statistischer Bericht TII 92; Statistischer Bericht TII 93/94; Statistisches Jahrbuch der DDR; Statistisches Jahrbuch Bundesrepublik Deutschland.

Tabelle 7: Katholische Taufen 1950 - 1997 in Ostdeutschland (absolute Zahlen)

Jahr	Berlin	Dresden-Meißen	Erfurt-Meiningen	Görlitz	Magdeburg	Schwerin	Taufen gesamt	Geburten gesamt	Taufrate (in Prozent)
1950		5.647		1.238			27.075	303.866	8,9
1965	2.464	(2.600)	4.004	845	3.948	1.518	15.379	281.058	5,5
1980	(1.100)	1.761	2.823	531	1.473	538	8.226	245.132	3,4
1988							7.257	215.734	3,4
1989	777	1.509	2.444	425	1.008	437	6.600	198.922	3,3
1990	808	1.466	2.287	375	1.033	437	6.406	178.476	3,6
1991	584	1.161	1.716	252	830	344	4.887	107.769	4,5
1992	508	1.042	1.385	240	627	308	4.110	88.320	4,7
1993	(484)	881	1.252	200	604	262	3.683	80.532	4,6
1994	464	852	1.140	180	546	218	3.400	78.698	4,3
1995	(456)	850	1.089	190	515	(220)	3.320	83.847	4,0
1996	495	914	1.164	131	596	(230)	3.530	93.325	3,8
1997	(470)	1.017	1.294	245	606	(250)	3.882	100.258	3,9

Quellen: Kaul 1995; Kirchliches Handbuch; Institut für kirchliche Sozialforschung des Bistums Essen IKSE 1997; Deutsche Bischofskonferenz 1990ff.; Statistisches Jahrbuch der DDR; Statistisches Jahrbuch Bundesrepublik Deutschland.

Religiös-kirchlicher Wandel in Ostdeutschland

Neben den Eintrittszahlen und der Taufrate sei an dieser Stelle auf einen dritten Indikator verwiesen, der in der Lage ist, die These einer dem dominierenden Abwärtstrend entgegenlaufenden leichten Aufwärtsbewegung zu erhärten: auf die Entwicklung der Gottesdienstbesucherzahlen. In der katholischen Kirche ist der Anteil der durchschnittlichen Gottesdienstbesucher pro Sonntag zwar leicht rückläufig, bewegt sich aber insgesamt auf einem durchaus hohen Niveau (Vgl. Tabelle 9). In den evangelischen Kirchen hingegen läßt sich nach 1989 jedoch eine Steigerung des Gottesdienstbesuchs beobachten. Dies ist besonders deutlich, wenn man die Entwicklung der Anteile der durchschnittlichen Zahl der Gottesdienstbesucher pro Sonntag am Gesamtbestand der Kirchenmitglieder betrachtet (vgl. Tab. 8). Diese Steigerung muß freilich vor allem auf den Rückgang der Kirchenmitgliederzahlen zurückgeführt werden, der nicht nur durch hohe Austrittszahlen und einen Überschuß der Gestorbenen gegenüber den Getauften, sondern auch durch die nach 1989 vorgenommene Bereinigung der Kirchenmitgliedschaftskarteien, die in der Zeit davor viele ehemalige Kirchenmitglieder mit ruhenden Rechten und Zahlungsverweigerer enthielten, bedingt ist. Vergleicht man indes die Entwicklung der absoluten Zahlen in den einzelnen Landeskirchen – eine Gesamtbilanz für die evangelischen Kirchen in ganz Ostdeutschland kann aufgrund der fehlenden Angaben einzelner Landes- und Provinzialkirchen nicht gezogen werden –, so fällt auch hier auf, daß die Zahlen leicht zunehmen oder doch zumindest nicht absinken. Geht der Anteil der Gottesdienstbesucher an der Zahl der Kirchenmitglieder in der katholischen Kirche Ostdeutschlands eher leicht zurück, obschon er sich nach wie vor auf einem hohen Niveau bewegt, so erhöht er sich in den evangelischen Kirchen Ostdeutschlands, auch wenn er natürlich immer noch weit unter dem der Katholiken liegt. Heute gehen in Ostdeutschland prozentual mehr Evangelische zur Kirche als in Westdeutschland. Mitte der achtziger Jahre war das Verhältnis noch umgekehrt. Damals lag der durchschnittliche Gottesdienstbesuch pro Sonntag bei den Evangelischen in Westdeutschland noch bei knapp über fünf Prozent und der in Ostdeutschland, wenn wir den wenigen verfügbaren Daten, die wir für diese Zeit haben, trauen dürfen, zwischen 2,6 und 4,1 Prozent. Heute ist er im Osten Deutschlands auf über fünf Prozent gestiegen, während er im Westen auf unter fünf Prozent fiel (Statistischer Bericht TII 93/94: 56; 95/96: 36).

Auch wenn die leichte Erhöhung der Taufrate und der leichte Anstieg des Anteils der Gottesdienstbesucher auf eine gewisse Verbesserung der inneren kirchlichen Verhältnisse hindeuten, so überwiegt doch insgesamt der Eindruck des Rückgangs der sozialen Anziehungskraft der Kirchen in Ostdeutschland. Obwohl den Kirchen viele neue Wirkungsmöglichkeiten zur Verfügung stehen, vermögen sie sie nur eingeschränkt zu nutzen. Die personelle und finanzielle Situation der Kirchen, wiederum insbesondere der evangelischen Kirchen, ist äußerst angespannt. Nur durch finanzielle Unter-

Tabelle 8a: Durchschnittlicher Gottesdienstbesuch pro Sonntag in den evangelischen Kirchen Ostdeutschlands 1956 - 1997

Jahr	Sachsen Durchschnitt	Rate	Berlin-Brandenburg Durchschnitt	Rate	Kirchenprovinz Sachsen Durchschnitt	Rate	Thüringen Durchschnitt	Rate	Mecklenburg Durchschnitt	Rate
1956	153.309	3,8								
1960	104.843	2,9								
1970	77.063	2,8								
1980	58.782	3,0								
1985	69.959	4,1			22.276	3,1			12.470[1]	2,6
1989	68.943	4,6							10.164	2,4
1990	68.540	5,4								
1991	71.088	5,6	21.622	2,5			29.192	4,3		
1992	72.877	6,0	27.634	3,2			30.454	4,6		
1993	67.004	5,8	24.637	3,7			29.154	4,5	9.757	3,8
1994	73.112	6,6	23.398	3,5			28.184	4,4	11.515	4,5
1995	68.952	6,4	27.280	4,2	28.192	4,7	29.951	5,1	12.554	5,0
1996	75.925	7,3	33.561[5]	5,3	24.810	4,2	27.243	4,8	11.266	4,6
1997	72.902	7,1	34.438	5,5	22.164	3,8	24.248	4,5	10.926	4,5

Tabelle 8b: Durchschnittlicher Gottesdienstbesuch pro Sonntag in den evangelischen Kirchen Ostdeutschlands 1956 - 1997

Jahr	Greifswald - Pommern Durchschnitt	Rate	Anhalt Durchschnitt	Rate	Görlitz – Schles. Oberlausitz Durchschnitt	Rate	GDB[A] gesamt	Kmgl.[B] gesamt	GDB-Rate
1956	23.904	3,5							
1960									
1970									
1980					3.442	3,1			
1985					3.154	3,3			
1989								4.786.000	
1990									
1991					3.967	4,9	125.869[2]	4.151.000	4,3[2]
1992			4.497	5,3	4.857	6,2	137.450[3]	3.971.000	4,7[3]
1993	5.102	3,2	3.676	4,3	4.096	5,4	143.426[4]	3.681.000	4,7[4]
1994	6.108	4,3	3.493	4,4	4.098	5,5	149.908[4]	3.582.000	5,1[4]
1995	6.162	4,4	3.884	5,0	4.311	5,9	181.286	3.454.000	5,2
1996	4.960	3,6	3.754	5,2	4.523	6,3	186.041	3.360.000	5,5
1997	5.840	4,2	3.469	5,0	3.690	5,1	177.677	3.294.000	5,4

GDB = Gottesdienstbesucher; Kmgl. = Kirchenmitglieder

1 Zahlen von 1987
2 Ohne Kirchenprovinz Sachsen, Mecklenburg, Pommern und Anhalt
3 Ohne Kirchenprovinz Sachsen, Mecklenburg und Pommern
4 Ohne Kirchenprovinz Sachsen
5 Geschätzt aufgrund des Abgleichs der Gesamtzahlen der Berlin-Brandenburgischen Kirche von 1995 mit den Vorjahreszahlen für West-Berlin

Quellen: Kirchenstatistiken der Kirchenämter und Konsistorien der evangelischen Landes- und Provinzialkirchen Ostdeutschlands; Statistischer Bericht TII 90/91; Statistischer Bericht TII 92; Statistischer Bericht TII 93/94; Statistisches Jahrbuch der DDR; Statistisches Jahrbuch Bundesrepublik Deutschland.

Tabelle 9: Durchschnittlicher Gottesdienstbesuch pro Sonntag in der katholischen Kirche in Ostdeutschland 1989 – 1997

Jahr	Berlin	Dresden-Meißen	Erfurt-Meiningen	Görlitz	Magdeburg	Schwerin	GDB insgesamt	Kmgl. insgesamt	GDB-Quote
1989	(26.000)	48.000	77.000	13.000	35.000	15.000	214.000	921.000	23,2
1990	24.859	45.568	73.122	11.750	33.032	13.964	202.295	829.000	24,4
1991	23.624	44.241	68.538	11.150	30.497	13.207	191.257	791.000	24,2
1992	22.849	41.828	66.923	11.276	29.495	12.843	185.214	765.000	24,2
1993	(22.966)	40.137	63.826	10.910	28.374	12.417	178.630	756.000	23,6
1994	21.543	41.164	58.541	10.762	27.633	11.740	171.383	776.000	22,1
1995	(22.363)	40.960	55.850	10.541	26.707	(11.200)	167.762	788.000	21,3
1996	21.114	40.155	54.298	10.381	25.689	(11.000)	162.114	782.000	20,7
1997	(21.120)	39.242	52.822	10.095	24.904	(10.700)	158.883	776.000	20,5

GDB = Gottesdienstbesucher; Kmgl. = Kirchenmitglieder.

Quelle: Institut für kirchliche Sozialforschung des Bistums Essen IKSE 1997; Deutsche Bischofskonferenz 1990ff.; Statistisches Jahrbuch Bundesrepublik Deutschland.

stützung durch die westlichen Kirchen sind die Kirchen im Osten in der Lage, ihre Aufgaben zu erfüllen. Um intensiver in die Gesellschaft hineinzuwirken, wären weitere finanzielle und personelle Mittel erforderlich. Schon jetzt aber ist das Netz der kirchlichen Dienste stark belastet. Viele Pfarrer und kirchliche Mitarbeiter klagen über Überlastung. Insbesondere die neuen verwaltungstechnischen Aufgaben belasten sie und halten sie, wie sie sagen, vom 'Eigentlichen' – von der Erfüllung seelsorgerischer Aufgaben, der Vorbereitung der Predigt, dem Besuch der Gemeindeglieder – ab. Teilweise herrscht auch eine gewisse Ratlosigkeit, welche Schwerpunkte in der kirchlichen Arbeit zu setzen sind. Soll man sich stärker auf die diakonische Arbeit, auf Verkündigungsaufgaben, auf Präsenz in der Öffentlichkeit, auf die Unterstützung von Arbeitslosen oder auf Besuchsdienste konzentrieren? Alles gleichzeitig sollte getan werden. Dazu aber reichen die Ressourcen nicht, so daß dann oft nur das institutionell Erforderliche getan wird. Die Kirche wird zwar von außen als eine sozial mächtige Institution wahrgenommen, im Innern aber sind die Probleme inzwischen überdeutlich. Und auch das gewachsene Problembewußtsein führt nicht unbedingt zu einem höheren Selbstbewußtsein in der kirchlichen Arbeit, sondern wirkt oft zusätzlich entmutigend.

Teilweise haben sich die Kirchen, und hier ein weiteres Mal vor allem die evangelischen Kirchen, auch selbst in eine prekäre Lage manövriert. In dem Versuch, in der DDR gewachsene Traditionen zu erhalten, haben sie sich nicht selten kritisch gegen die neuen gesellschaftlichen Wirkungsmöglichkeiten gestellt. Der Kirchensteuereinzug durch staatliche Behörden fiel dabei ebenso der Kritik anheim wie die Seelsorge von Geistlichen im Militär oder die Einführung des Religionsunterrichtes an den Schulen. So berechtigt es, insbesondere unmittelbar nach 1989, war, jeden Anschein einer neuen besonderen Staatsnähe zu vermeiden, so sehr wurden kirchliche Kräfte durch interne Auseinandersetzungen gebunden. Teilweise begegneten einige Kirchenvertreter den westlichen Institutionen, angefangen von der EKD über die Marktwirtschaft bis hin zur Demokratie mit einer derart scharfen Kritik, wie sie sie nicht einmal an der DDR geübt hatten. Fast hatte man zuweilen den Eindruck, als würden einige Kirchenrepräsentanten jenen Ungehorsam nachholen, den sie in der DDR-Zeit hatten vermissen lassen.

Der Religionsunterricht zum Beispiel wurde von vielen lediglich als Konkurrenz zur in den Räumen der Kirche durchgeführten Christenlehre gesehen. Er höhle die Christenlehre aus, aber führe die jungen Menschen – anders als diese – nicht in die Kirchen hinein, sondern bleibe weltanschaulich unverbindlich und neutral. Nicht wahrgenommen aber wurden die durch den Religionsunterricht gegebenen neuen Möglichkeiten, über den Kreis der Kirchenmitglieder hinaus junge Menschen auf das Christentum und den Glauben hin anzusprechen und in einer wichtigen Sozialisationsinstitution für die Kirche außerhalb ihrer zu werben. Einer Studie von 1994 zufolge sind von den Kindern, die am Religionsunterricht teilnehmen, etwa zwei Fünftel nicht getauft (Hanisch/ Pollack 1997: 38). Zwar war auch der Anteil der Nichtgetauften an den Teilnehmern der Christenlehre erstaunlich hoch (Lohmann 1996: 4), aber nach den verfügbaren Zahlen doch nicht so hoch wie im Religionsunterricht. Außerdem bietet der Religionsunterricht die Chance, mit den die Erziehung der Kinder stark beeinflussenden Lehrern in Kontakt zu kommen und in der Schule als eine gesellschaftliche mächtige Institution präsent zu sein. Allerdings muß man auch hier wieder die andere Seite der Medaille sehen. Das Anliegen vieler Kritiker des Religionsunterrichtes, jeden Anschein zu vermeiden, als wollte die Kirche Privilegien in Anspruch nehmen, also gewissermaßen das Erbe des Staatsbürgerkundeunterrichtes antreten, ist verständlich. Die Kirchen in Deutschland und in vielen Staaten Europas sind durch das Erbe des Staatskirchentums geprägt. Die Wiedervereinigung der Kirchen in Ost- und Westdeutschland wäre eine Chance gewesen, die Wirkung dieses Erbes zurückzudrängen. Sie wurde nicht genutzt – ob zum eigenen Vorteil oder nicht, diese Frage ist schwer zu entscheiden.[10]

3. Formen außerkirchlicher Religiosität

Auch wenn die Bedeutungsabnahme des kirchlich verfaßten Christentums in Ostdeutschland – so lautet das Fazit der soeben angestellten Überlegungen – durch leichte Gegenbewegungen konterkariert wird, so ist ein Aufschwung an kirchlicher Religiosität nach 1989 in Ostdeutschland ausgeblieben. Möglicherweise ist es jedoch außerhalb der Kirchen zu einem neuen Interesse an Religion gekommen, so daß sich die Frage ergibt, ob die Verluste an kirchlich vorgegebener Religiosität vielleicht durch Zugewinne außerkirchlicher, privatisierter Religiosität ausgeglichen worden sind. Diese Frage soll als nächstes behandelt werden, bevor wir darauf zu sprechen kommen, wie sich die religiösen Entwicklungen in Ostdeutschland nach 1989 erklären lassen.

Nach dem Zusammenbruch des Sozialismus rechneten nicht wenige mit einem enormen Aufschwung neureligiöser Sekten und Psychogruppen, deren Angeboten die nach Orientierung suchenden Ostdeutschen angesichts der krisenhaften Umbruchprozesse angeblich besonders leicht verfallen würden

---

10 Neuere Forschungen, insbesondere aus den USA, betonen die negativen Effekte, die die staatliche Privilegierung einzelner Kirchen und Religionsgemeinschaften auf deren religiöse Vitalität ausübt (Finke 1990; Iannaccone 1991; Chaves/Cann 1992; Warner 1993). Allerdings scheinen mir bei einer solchen Betrachtung die positiven Wirkungen des Staatskirchentums auf die religiöse Mobilisierungsfähigkeit der privilegierten Kirchen und Religionsgemeinschaften unterschätzt zu sein. Die negativen Wirkungen der Nähe von Staat und Kirche zeigen sich genau besehen eigentlich erst im 20. Jahrhundert, also nach dem Ende des Staatskirchentums, als für die privilegierten Kirchen der staatliche Rahmen und damit die gesamtgesellschaftliche Stützung wegfiel. In dieser Situation erweisen sich die Kirchen und Religionsgemeinschaften, die ehemals eng mit dem Staat verbunden waren, in der Tat als vergleichsweise schwach.

(Gandow 1990: 226f.). Tatsächlich ist trotz gegenteiliger Behauptungen einiger Sektenbeauftragter der Sektenboom in Ostdeutschland weitgehend ausgeblieben (Fincke 1993: 317; 1995: 3; 1996). Das Interesse an neureligiösen Praktiken liegt deutlich unter dem Niveau in Westdeutschland.[11] Weder kam es nach der Wende zu einer Rückbesinnung auf die Kirche noch zu einer Hinwendung zu alternativen Religionspraktiken.[12]

Religiosität ist im Osten Deutschlands vielmehr noch immer vor allem kirchlich definiert (es mag sein, daß sich das jetzt zu ändern beginnt[13]). Religiosität – gemessen zum Beispiel am Glauben an Gott oder an der Selbsteinschätzung als religiös – und Kirchlichkeit – gemessen zum Beispiel am Got-

---

11 Vgl. die statistischen Angaben bei Zinser (1993), der in einer repräsentativen Befragung von Ost- und Westberliner Schülern feststellte, daß der Anteil derjenigen Schüler, die schon einmal die eine oder andere okkulte Praktik ausgeübt haben, in Ostberlin in etwa um die Hälfte niedriger lag als in Westberlin. Im Osten gaben etwa zwölf Prozent der Jugendlichen an, mit okkulten Praktiken schon Erfahrungen gemacht zu haben, im Westen etwa ein Viertel. Der EKD-Studie Fremde Heimat Kirche (Studien- und Planungsgruppe der EKD 1993: 11) zufolge gaben etwa ein Viertel der ostdeutschen Befragten, zu denen Jugendliche und Erwachsene gleichermaßen gehörten, an, daß sie mit alternativ religiösen Phänomenen wie Astrologie, Kartenlegen, Handlinienlesen, Pendeln, Anthroposophie, Zen-Meditation, Yoga u.ä. schon einmal Erfahrungen gemacht hätten. Zieht man von diesen diejenigen ab, die nur Horoskope und Astrologie persönlich kennengelernt haben, bleiben noch etwa 15 Prozent, die mit alternativen religiösen Praktiken in Berührung gekommen sind. Von dieser Zahl ist deutlich die Zahl derjenigen zu unterscheiden, die Mitglieder in okkulten und esoterischen Gruppierungen sind und regelmäßig an der Praktizierung alternativer Kulte teilnehmen. Ihre Zahl liegt deutlich unter dem Anteil derjenigen, die punktuelle Erfahrungen mit solchen Praktiken aufzuweisen haben. Nach der EKD-Untersuchung scheinen freilich die Differenzen zwischen Ost und West geringer zu sein, als es die Studie von Zinser nahelegt, denn die EKD-Studie ermittelte (Studien- und Planungsgruppe der EKD 1993: 11), daß 28 Prozent der Befragten in Westdeutschland mit außerchristlichen Religionspraktiken Erfahrungen gemacht haben und daß, wenn man von diesen diejenigen, die sich nur mit Astrologie befaßt haben, abzieht, noch 18 Prozent verbleiben, die mit okkulten Praktiken und esoterischen Ideen in Kontakt gekommen sind. Das sind nur unbedeutend mehr als im Osten. Dieses Ergebnis wird bestätigt durch die Analyse von Terwey/McCutcheon (1994), die hinsichtlich der Para-Gläubigkeit zwischen Ost und West nur erstaunlich geringe Differenzen feststellen konnten. Durchschnittlich etwas mehr als ein Viertel der Westdeutschen räumte Glücksbringern, Wahrsagern, Wunderheilern und Sterneneinflüssen jeweils eine wenigstens wahrscheinliche Wirkung ein, in Ostdeutschland lag die Akzeptanzbereitschaft durchschnittlich bei etwas unter einem Viertel (vgl. Terwey 1992).

12 Einzig die Jugendweihe erfreut sich als pseudo-religiöses Ritual einer steigenden Beliebtheit. Waren es zu DDR-Zeiten Ende der achtziger Jahre etwa 97 Prozent der Jugendlichen des betreffenden Jahrganges, die sich jugendweihen ließen (170.000), so ging die Zahl 1991 auf 80.000 und 1992 noch einmal auf 50.000 zurück (Gandow 1994: 5). 1993 stieg die Zahl indes wieder auf circa 70.000 an (Welt am Sonntag vom 21. März 1993), und 1995 waren es 86.000, die an der Jugendweihe teilgenommen haben (Nüchtern 1995).

13 In diese Richtung weisen erste Ergebnisse der bereits erwähnten Kircheneintrittsstudie, in der wir auf den Typ nachholender religiöser Individualisierung und damit auf eine kirchliche Karriere stießen, die über den nach der Wende vollzogenen Kircheneintritt zur Kritik an der Kirche und zur Hinwendung zu alternativ religiösen Inhalten und Formen führte (vgl. Hartmann/Pollack 1998: 55ff.).

tesdienstbesuch oder am Grad des Verbundenheitsgefühls mit der Kirche – hängen eng miteinander zusammen. Wer häufiger zum Gottesdienst geht, tendiert auch stärker dazu, sich für religiös zu halten. Je stärker sich jemand mit der Kirche verbunden fühlt, desto wahrscheinlicher ist es, daß er auch an Gott glaubt. Dies zeigt Tabelle 10. Von den Evangelischen, die sich mit ihrer Kirche sehr verbunden fühlen, glauben auch fast alle, ohne Zweifel zu bekunden, an Gott. Von den Evangelischen, die sich nicht verbunden fühlen, gibt dagegen keiner an, an Gott zu glauben. Von ihnen sagte die Hälfte, daß sie weder an Gott noch an eine höhere Kraft glaube, bzw. daß sie überzeugt sei, daß es keinen Gott gebe. Wenn die Kirchen an Bedeutung verlieren, dann tut das, sofern man bereit ist, den Glauben an Gott als einen Indikator für Religion zu akzeptieren, also auch Religion. Zugleich zeigt aber Tabelle 10 auch, daß Religiosität und Kirchlichkeit nicht identisch sind. Auch unter denen, die sich mit der Kirche ziemlich verbunden fühlen, gibt es einige, die nicht an Gott glauben, und umgekehrt findet man Gottesgläubige auch unter denen, die der Kirche überhaupt nicht angehören.

Tabelle 10: Grad der Verbundenheit mit der Kirche nach Glaube an Gott bei den Evangelischen und Konfessionslosen in Ostdeutschland (in Prozent)

Glaube an Gott	Evangelische (n = 370) Verbundenheit					Konfessionslose (n = 550)
	sehr	ziemlich	etwas	kaum	gar nicht	
Ich glaube, daß es einen Gott gibt, der sich in Jesus Christus zu erkennen gegeben hat.	87	51	15	8	0	1
Ich glaube an Gott, obwohl ich immer wieder zweifle und unsicher werde.	13	32	50	23	0	4
Ich glaube an eine höhere Kraft, aber nicht an einen Gott, wie ihn die Kirche beschreibt.	0	13	28	52	49	20
Ich glaube weder an Gott noch an eine höhere Kraft.	0	1	5	15	20	34
Ich bin überzeugt, daß es keinen Gott gibt.	0	2	1	2	30	41

Quelle: Studien- und Planungsgruppe der EKD 1993: 56

Der Zusammenhang zwischen Religiosität und Kirchlichkeit gilt übrigens, wenn auch nicht ganz so stark, auch für den Westen Deutschlands (Pickel 1997). Zwar ist in den letzten Jahren das Interesse an außerkirchlichen Formen der Religiosität stark gewachsen.[14] Das gewachsene Interesse an diesen Religionsformen vermag den Rückgang an traditioneller Kirchlichkeit, wie er sich seit den sechziger Jahren vollzieht, jedoch nicht zu kompensieren.[15] Viel-

---

14 Vgl. die überraschend hohen Zahlen der sog. BRIGITTE-Untersuchung, zitiert in Terwey 1995: 114.
15 Noch immer treten weitaus mehr aus der Kirche aus, als sich den neuen religiösen Bewe-

mehr läßt sich zwischen abnehmendem Verbundenheitsgefühl mit der Kirche und steigender Akzeptanz außerkirchlicher Religionsformen kein statistischer Zusammenhang nachweisen (Studien- und Planungsgruppe der EKD 1993: 11).[16] Auch im Westen Deutschlands gilt, wenn auch nicht ganz so streng wie im Osten: Je häufiger der Gottesdienstbesuch und je höher das Verbundenheitsgefühl mit der Kirche, desto ausgeprägter auch die individuelle Religiosität.[17]

Selbst dort, wo man eine weite Definition von Religion zuläßt und danach fragt, ob man etwa „Staunen über die Wunder der Natur" oder „frohe Zuversicht ohne äußeren Grund" oder „innere Zwiesprache halten" oder „Ergriffenheit beim Hören von bestimmter Musik" oder „Erfahrung von Gemeinschaft" mit Religion assoziiert, sind es wiederum eher die Kirchennäheren, die eine solche Assoziation herstellen können, als die kirchlich Distanzierten und Konfessionslosen (Studien- und Planungsgruppe der EKD 1993: 12). Ein weiteres Mal zeigt sich: Religiosität und Kirchlichkeit hängen, auch wenn sie nicht identisch sind, sehr eng miteinander zusammen.[18]

Das ist durchaus kein Zufall, bedarf doch jede religiöse Vorstellung der Veranschaulichung und der Konkretisierung und vermögen doch gerade religiöse Institutionen akzeptierte Bilder, Symbole, Räume, Zeiten, Rollen und Geschichten bereitzustellen, um das Unanschauliche der Religion zur Darstellung zu bringen. Die hohen Austrittszahlen, die die Kirchen zur Zeit hinnehmen müssen, betreffen daher durchaus nicht nur die Kirchen selbst, sondern zeigen einen kulturellen Wandel an, der über die Kirchen weit hinausgeht. Das von den Ausgetretenen genannte Motiv für den Austritt ist nicht nur die Entlastung von der Kirchensteuer. Ebenso wird im Osten Deutschlands als Grund für den Austritt sehr häufig geltend gemacht, daß einem der Glaube nichts bedeute und daß man in seinem Leben keine Religion brauche (Studien- und Planungsgruppe der EKD 1993: 54).[19] In den Austritten drückt sich also ein Rückgang

---

gungen anschließen (vgl. Pollack 1998).
16 Vgl. Pollack in diesem Band: Der Zusammenhang zwischen kirchlicher und außerkirchlicher Religiosität in Ostdeutschland im Vergleich zu Westdeutschland.
17 Jagodzinski und Dobbeleare (1993: 85ff.) sprechen anstelle von individueller Religiosität von christlicher Religiosität. Sie weisen nach, daß Kirchgangshäufigkeit und christliche Religiosität – gemessen am Glauben an Gott, an der Bejahung christlicher Glaubenssätze und an dem Einfluß, den die Befragten dem Glauben auf ihre alltägliche Lebensgestaltung einräumen – nicht nur in Deutschland, sondern in ganz Europa einen engen statistischen Zusammenhang bilden.
18 Das heißt, die These Thomas Luckmanns (1967), daß zwar die Bedeutung der institutionalisierten Sozialform der Religion, nicht aber die der subjektiven Religiosität abnehme, muß in ihrer Gültigkeit stark eingeschränkt werden. Natürlich finden sich Formen gelebter Religiosität – christlicher und außerchristlicher – auch außerhalb der Kirchen, dominant aber ist die Tendenz, derzufolge mit dem Rückgang der institutionalisierten Religionsformen auch die Bedeutung der individuell konstituierten Religiosität sinkt.
19 Im Westen findet darüber hinaus die Aussage, man könne auch ohne Kirche christlich sein und halte die Kirche für unglaubwürdig, eine hohe Zustimmung, die über dem Akzeptanzniveau im Osten liegt. Darin zeigt sich, daß Konfessionslosigkeit im Westen Deutschlands einen stärker kirchenkritischen Charakter trägt als im Osten. Gleichzeitig neigen die Kon-

an Religiosität überhaupt aus, nicht nur eine kritische Haltung zur Kirche. Wie groß inzwischen die Distanz gegenüber allen Formen von Religion in Ostdeutschland geworden ist, zeigt sich auch darin, daß die Konfessionslosen im Westen Deutschlands religiöse Vorstellungen weitaus stärker bejahen als ostdeutsche Konfessionslose. Von den Konfessionslosen im Westen Deutschlands glauben immerhin 38 Prozent an eine höhere Kraft und weitere 13 Prozent an Gott, wenn auch die meisten von ihnen mit Zweifeln (Studien- und Planungsgruppe der EKD 1993: 56). In Ostdeutschland hingegen macht der Anteil derjenigen Konfessionslosen, die an eine höhere Kraft glauben, nur 20 Prozent aus und der Anteil derer, die – mit mehr oder weniger starken Zweifeln – an Gott glauben, nur fünf Prozent (vgl. Tabelle 10).

Betrachtet man diese Zahlen, so muß man auf der anderen Seite allerdings konzedieren, daß sich eine gewisse Religiosität in Ostdeutschland also auch außerhalb der Kirche findet. Aber selbst wenn es unbestimmte religiöse Vorstellungen bei einem Viertel der Konfessionslosen gibt, heißt dies noch nicht, daß sich diese in konkreten religiösen Überzeugungen und Handlungen oder gar in Interaktionen mit religiösen Gemeinschaften und in religiösen Erfahrungen niederschlagen. Charakteristisch für die Funktion der Religion in modernen Gesellschaften ist vielmehr, daß der einzelne sein Verhältnis zu ihr im Unbestimmten belassen kann. Im Gegensatz zu Fragen der schulischen Ausbildung, der beruflichen Laufbahn, der Partnerwahl oder Familiengründung muß der einzelne in religiösen Fragen keine Entscheidung fällen. Selbst für diejenigen, die gegenüber religiösen Fragen eine gewisse Offenheit mitbringen, bleibt daher eine mehr oder weniger gefestigte Akzeptanz religiöser Vorstellungen nicht selten folgenlos. Für die Mehrheit der kirchlich Entfremdeten stellen religiöse Überzeugungen ohnehin keine ernstzunehmende Alternative dar. Für sie geht die Abkehr von Religion und Kirche einher mit einem Desinteresse an religiösen Problemen. Nicht nur die Antworten, die Religion und Kirche auf die Grundfragen des Lebens geben, sind für sie nicht überzeugend, vielmehr sind für sie schon religiöse Fragen nicht von Interesse. Ihre Areligiosität ist teilweise ein überzeugter Atheismus – 41 Prozent der Konfessionslosen sind überzeugt, daß es keinen Gott gibt (vgl. Tabelle 10) –, aber mehr noch eine Form der religiösen Indifferenz. Daß sie Religion in ihrem Leben nicht brauchen und sie mit dem Glauben nichts anfangen können, sagen deutlich mehr als die Hälfte der aus der Kirche Ausgetretenen im Osten Deutschlands von sich (Engelhardt/Loewenich/Steinacker 1997: 327).

Das wiederum bedeutet nicht, daß die Konfessionslosen und Ungläubigen die Frage nach dem Sinn des Lebens nicht stellen würden. Fragt man sie, ob sie

---

fessionslosen im Westen dem christlichen Glauben stärker zu als die Konfessionslosen im Osten (Studien- und Planungsgruppe der EKD 1993: 55), wenn auch ihre Orientierung an den Werten des christlichen Glaubens insgesamt nur schwach ist. Daß sie aus der Kirche ausgetreten seien, weil sie eine andere religiöse Überzeugung gefunden haben, sagen im Westen freilich nur neun Prozent und im Osten nur drei Prozent der Ausgetretenen.

nicht daran interessiert seien, über den Sinn des Lebens nachzudenken, so wird dies nur von einer verschwindenden Minderheit bejaht (Engelhardt/Loewenich/ Steinacker 1997: 410). Die meisten stellen die Frage nach dem Sinn des Lebens, aber sie beantworten sie anders als die Christen: nicht durch Rückgriff auf Transzendenz, Gottesglaube oder Schicksal, sondern durch den Hinweis auf die Bedeutung des eigenen Tuns. 'Das Leben hat nur dann einen Sinn, wenn man ihm selber einen gibt' – diese Aussage wird von mehr als 85 Prozent der Konfessionslosen in Ostdeutschland bejaht, immerhin aber auch von etwa zwei Drittel der evangelischen Kirchenmitglieder in Ostdeutschland (ebd.), was zeigt, wie stark die Auffassung der menschlichen Herstellbarkeit von Sinn, seiner immanenten Konstituierbarkeit, nicht nur außerhalb, sondern auch innerhalb der Kirchen bereits Fuß gefaßt hat.

4. Versuch einer Erklärung des religiös-kirchlichen Wandels nach 1989

Fragt man nun abschließend, aus welchen Gründen es nach 1989 nicht zu einem kirchlichen Aufschwung gekommen ist, so wird man zunächst darauf hinweisen müssen, daß die Menschen in der turbulenten Zeit nach dem Untergang des Sozialismus schlichtweg anderes zu tun hatten, als ihr Verhältnis zu Religion und Kirche zu klären. Probleme der Sicherung der materiellen Existenz, der beruflichen Weiterbildung und Umschulung, der Erhaltung des Arbeitsplatzes und der alltäglichen Umorientierung standen im Vordergrund, nicht aber Probleme der Sinnfindung, der weltanschaulichen Orientierung oder der Beantwortung letzter Fragen. Offenbar hielten viele Religion und Kirche bei der Lösung dieser Probleme für entbehrlich, was insofern verwundert, als der Religion traditionell eine Orientierungs- und Sicherungsfunktion zugeschrieben wird. Daß Religion und Kirche in der Zeit des Umbruchs der ostdeutschen Biographien von herausgehobener Bedeutung waren, läßt sich allerdings nur für eine äußerst kurze Zeit nachweisen.[20]

Dann wird man das Ausbleiben eines kirchlichen Aufschwungs, wie es sich zum Beispiel an der Erhöhung der Austrittszahlen nach 1989 ablesen läßt, mit der durch die Währungsunion im Juli 1990 vollzogenen Aufwertung des Geldes in Verbindung bringen müssen. Während der DDR-Zeit, als das im Umlauf befindliche Geld nicht viel wert war, als es eher einen Geldüberhang gab und sich der einzelne für sein Geld wenig leisten konnte, bedeutete es trotz der politischen Stigmatisierung der Kirchenzugehörigkeit für viele offenbar keine Belastung, Kirchensteuern zu bezahlen, auch wenn sich ihre Beziehung zur Kirche längst gelockert hatte. Möglicherweise war für einige

---

20 Vgl. den Beitrag von Kersten Storch in diesem Band.

die Kirchenmitgliedschaft auch eine Form des indirekten Protests. Mit der Aufwertung des Geldes stellte sich für jedes Kirchenmitglied jedoch zunehmend die Frage, welchen persönlichen Gewinn die Kirchenmitgliedschaft ihm bringt und wie stark er sich mit den von der Kirche vertretenen Lehren in Übereinstimmung befindet. Offenbar war für viele die Zugehörigkeit zur Kirche nicht mehr so viel wert, daß sie noch länger bereit gewesen wären, dafür besondere finanzielle Lasten auf sich zu nehmen.

Daß es auf der anderen Seite so wenige waren, die nach 1989 den während der DDR-Zeit abgerissenen Kontakt zur Kirche zu erneuern versuchten, hängt wohl vor allem damit zusammen, daß viele derjenigen, die während der DDR-Zeit aus der Kirche ausgetreten sind, inzwischen von Religion und Kirche so weit entfremdet sind, daß für sie ein Wiedereintritt außerhalb des Blickfeldes liegt. Möglich, daß sie in der DDR-Zeit mehr aufgrund des ausgeübten politischen Drucks als aufgrund von Glaubenszweifeln die Kirche verlassen haben. Im Laufe der Jahre aber ist für viele zur Kirche eine solche Distanz entstanden, daß die Barriere für einen Wiedereintritt einfach zu hoch geworden ist.

Die soziale Bedeutung der Kirchen wird auch unter der 1991 einsetzenden Stasi-Debatte gelitten haben. Galt die Kirche in der Zeit des Umbruchs noch als integre Institution, deren Vertreter in der Zeit der DDR, als sie sich für Verfolgte einsetzten und der freien Meinungsäußerung Raum gaben, Mut bewiesen hätten, so kehrte sich das öffentliche Meinungsbild bald danach um. Nun galt die Kirche als staatssicherheitsdienstlich infiltriert und politisch und moralisch diskreditiert. Allerdings sollte man die Bedeutung der Stasi-Debatte für das Image der Kirche nicht überschätzen. Wie die Wahl Manfred Stolpes zum Ministerpräsidenten von Brandenburg zeigt, geben die Ostdeutschen auf das von den Medien erzeugte Meinungsbild nicht allzu viel, sondern greifen für die eigene Meinungsbildung auf die eigenen Erfahrungen mit den politischen Verhältnissen in der DDR zurück. Schon 1992 auf dem Höhepunkt der Stasi-Debatte stimmte die Mehrheit der Ostdeutschen der Aussage zu: „Um eine gewisse Bewegungsfreiheit zu erhalten und etwas für die Menschen zu erreichen, mußte die Kirche auch mit der Stasi sprechen" (Engelhardt/Loewenich/Steinacker 1997: 416).

Vorbehalte aus ganz anderer Richtung dürften in geringem Maße ebenfalls zum Bedeutungsrückgang der Kirchen nach der Wende beigetragen haben. Diese Vorbehalte entzündeten sich vor allem an der gewandelten sozialen Funktion der Kirchen. Waren die Kirchen vor 1989 die einzigen nicht in das offizielle Staatssystem eingemeindeten Institutionen, in denen man seine Meinung relativ offen sagen konnte, in denen alternativ gedacht und diskutiert wurde und in denen ein besonders intensives, gesellschaftskritisch orientiertes gemeinschaftliches Leben gepflegt wurde, so verloren sie nach 1989 ihren Status als kritische Alternativinstitutionen und wurden zu einem Bestandteil des öffentlich anerkannten, gesellschaftlich legitimierten Institutionensystems. Wollte man sich von anderen unterscheiden, so war es nun nicht mehr attraktiv, sich zur Kirche zu halten. Vielmehr müssen heute Distinktionsbedürfnisse jenseits der Kirche ihre Befriedigung suchen. Die Kirche hat ihren Ausnahmestatus und ihren dadurch bedingten Reiz verloren.

Ein besonders wichtiger Grund für den Vertrauens- und Reputationsverlust, den die Kirchen nach 1989 hinnehmen mußten, dürfte schließlich darin liegen, daß die Kirchen, die vor 1989 Anwalt der politischen und sozialen Interessen des Volkes waren, mit einem Schlag auf der Gegenseite zu stehen kamen. Mit dem nach 1989 einsetzenden Institutionentransfer von West nach Ost wurde die Kirche trotz ihrer teilweise harschen Kritik an den neuen gesellschaftlichen Verhältnissen, die man außerhalb der Kirche offenbar kaum zur Kenntnis nahm, auf einmal als westliche Institution und damit als Siegerinstitution wahrgenommen, nicht mehr jedoch als Vertreterin der Interessen der Bevölkerung. Der schon 1990 sich herausbildende Konflikt zwischen den Anerkennungsbedürfnissen der Menschen in Ostdeutschland und der Durchsetzungskraft westdeutscher Institutionen spielt auch in das Verhältnis der Ostdeutschen zur Kirche mit hinein. Die massive öffentliche Präsenz der Kirchen in der ersten Zeit nach der Wende dürfte den Kirchen so insgesamt eher geschadet als genützt haben. Durch ihre öffentliche Sichtbarkeit und die öffentliche Nachfrage nach ihnen erhielten sie in der Wahrnehmung der Bevölkerung eine Staatsnähe, die sie ihnen entfremdete. So paradox es klingen mag: Gerade diejenige Kirche, die in der deutschen Geschichte erstmals die Nähe zum Volk gesucht hatte und dem Staat so kritisch gegenübergestanden hatte wie keine Kirche in der deutschen Geschichte zuvor, wurde nun wieder als Herrschaftskirche und nicht als Kirche des Volkes wahrgenommen. Damit verlor sie all jene Sympathien, die sie sich vorher durch ihr unangepaßtes und mutiges Verhalten erworben hatte.

Warum aber kam es, wenn man denn schon den Kirchen distanziert und kritisch gegenüberstand, nicht wenigstens zu einem Aufschwung außerkirchlicher Religiosität? Die Ursachen dafür liegen einmal darin, daß der Entfremdungsprozeß vom Christentum bei vielen Ostdeutschen bereits so weit vorangeschritten ist, daß ihnen *alle* religiösen Ideen und Vorstellungen suspekt und abseitig erscheinen. Der Weg zu alternativen religiösen Vorstellungen und Praktiken läuft aber, auch im Westen, häufig über das Christentum als Sozialisationsinstanz, also über ein sich langsam distanzierendes Verhältnis zur Kirche (Waßner 1991: 25f.; Barz: 1994: 25). Zum zweiten entspricht die Orientierung an Formen alternativer Religiosität, an Meditation, Yoga, Theosophie, Mystik oder New Age nicht der in Ostdeutschland weit verbreiteten Abneigung gegenüber allem Auffälligen, Extravaganten, Bunten und Exzentrischen, jener typisch ostdeutschen Ausrichtung auf die Normalität der Mitte (Woderich 1992). Und schließlich spielt hier natürlich auch wieder die Konzentration auf die Probleme der Sicherung der materiellen Existenz mit hinein. Wenn man schon den Kirchen nicht zutraute, daß sie zur Lösung dieser Probleme beitragen könnten, um wieviel weniger dann jenen außerkirchlichen neureligiösen Gruppierungen mit ihren weltdistanzierenden Vorstellungen und Praktiken.

Die Frage, warum sich trotz des Bedeutungsrückgangs von Religion und Kirche eine leichte Konsolidierung volkskirchlicher Verhältnisse nach 1989 einstellte, läßt sich relativ leicht beantworten. Meines Erachtens ist diese leichte Konsolidierung als ein unmittelbarer Effekt der Entspannung der kirchenpolitischen Situation in Ostdeutschland und der neu gewonnenen öffentlichen Anerkennung von Religion und Kirche zu interpretieren. Angesichts der neuen gesellschaftlichen Stellung von Kirche und Religion ist es für viele attraktiv, wieder zur Kirche zu gehören und die Kinder zur Taufe zu schicken. Heute muß man nicht mehr mit Nachteilen rechnen, wenn man das tut. In der oben bereits erwähnten Kircheneintrittsstudie konnte gezeigt werden, daß tatsächlich der Wegfall des staatlichen Drucks nach 1989 ein wichtiger Faktor für die zunehmende Bereitschaft zum Kircheneintritt ist (Hartmann/Pollack 1998: 146ff.).

Ob der Zuzug von westdeutschen Christen nach Ostdeutschland eine Wirkung auf die Lebendigkeit der christlichen Gemeinden in Ostdeutschland ausübt, läßt sich nur schwer generell beurteilen. In Einzelfällen aber dürfte hier durchaus ein positiver Effekt vorliegen. Dies würde darauf hindeuten, daß für die Stabilität der Kirchen im mitteleuropäischen Raum, insbesondere der Volkskirchen, selbst wenn es sich um zahlenmäßig derart reduzierte Volkskirchen wie die in Ostdeutschland handelt, das allgemeine gesellschaftliche Klima von ausschlaggebender Bedeutung ist. Wo ein Klima der Sympathie fehlt, bricht für die Volkskirchen eine wichtige gesellschaftliche Stütze weg und sie verlieren an Stabilität. Die Geschichte der Kirchen in Ostdeutschland in den letzten 50 Jahren ist ein Beleg für diese These.

Literatur

ALLBUS 1991: Allgemeine Bevölkerungsumfrage der Sozialwissenschaften: Codebuch/ hrsg. vom Zentralarchiv für Empirische Sozialforschung an der Universität zu Köln.
Barz, Heiner, 1994: Jugend und Religion in den neuen Bundesländern, in: Aus Politik und Zeitgeschichte B 38, 21-31.
Chaves, Mark/Cann, David E., 1992: Regulation, Pluralism, and Religious Market Structure: Explaining Religion's Vitality, in: Rationality and Society 4, 272-290.
Deutsche Bischofskonferenz 1990ff.: Kirchliche Statistik der Bistümer in der Bundesrepublik Deutschland: Jahreserhebung 1990-1995; Dekanatstabelle des Bistums Berlin, masch.
Eiben, Jürgen, 1992: Kirche und Religion: Säkularisierung als sozialistisches Erbe?, in: Jugend '92: Lebenslagen, Orientierungen und Entwicklungsperspektiven im vereinigten Deutschland/hrsg. vom Jugendwerk der Deutschen Shell. Bd. 2: Im Spiegel der Wissenschaften. Opladen, 91-104.
Engelhardt, Klaus/Loewenich, Hermann von/Steinacker, Peter, (Hg.) 1997: Fremde Heimat Kirche: Die dritte EKD-Erhebung über Kirchenmitgliedschaft. Gütersloh.
Fincke, Andreas, 1993: Die geistig-religiöse Lage in den neuen Bundesländern, in: Materialdienst der Evangelischen Zentralstelle für Weltanschauungsfragen 56, 313-319.

Fincke, Andreas, 1995: Bericht an die Kirchenleitung. Berlin, masch.
Fincke, Andreas, 1996: Invasion der Seelenfänger? Sekten und religiöse Randgruppen finden in den neuen Bundesländern weniger Zuspruch als befürchtet, in: Psychologie heute 8, 58-63.
Finke, Roger, 1990: Religious Deregulation: Origins and Consequences, in: Journal of Church and State 32, 609-626.
Gandow, Thomas, 1990: Jugendreligionen und Sekten auf dem Vormarsch in die DDR, in: Materialien der Evangelischen Zentralstelle für Weltanschauungsfragen (EZW) 53, 221-233; 253-261.
Gandow, Thomas, 1994: Jugendweihe: Humanistische Jugendfeier. München.
Grabner, Wolf-Jürgen/Pollack, Detlef, 1994: Jugend und Religion in Ostdeutschland, in: Jugend, Religion und Modernisierung. Kirchliche Jugendarbeit als Suchbewegung. Opladen, 91-116.
Hanisch, Helmut/Pollack, Detlef, 1996: Religion – ein neues Schulfach: Eine empirische Untersuchung zum religiösen Umfeld und zur Akzeptanz des Religionsunterrichts aus der Sicht von Schülerinnen und Schülern in den neuen Bundesländern. Stuttgart/Leipzig.
Hartmann, Klaus/Pollack, Detlef, 1998: Gegen den Strom: Kircheneintritte in Ostdeutschland nach der Wende. Opladen.
Iannaccone, Laurence R., 1991: The Consequences of Market Regulation: Adam Smith and the Economics of Religion, in: Rationality and Society 3, 156-177.
Institut für kirchliche Sozialforschung des Bistums Essen IKSE, 1997: Statistische Daten der deutschen Bistümer in Zeitreihen: Daten der Statistischen Jahreserhebung ab 1960. Essen.
Jagodzinski, Wolfgang/Dobbelaere, Karel, 1993: Der Wandel kirchlicher Religiosität in Westeuropa, in: Kölner Zeitschrift für Soziologie und Sozialpsychologie, Sonderheft 33, 68-91.
Kaul, Wolfgang, 1995: Zu Verlauf und Resultaten des Säkularisierungsprozesses in der DDR, in: Institut für vergleichende Staat-Kirche-Forschung, (Hg.): Säkularisierung in Ost und West. Berlin, 56-73.
Kirchliches Handbuch: Amtliches statistisches Jahrbuch der katholischen Kirche Deutschlands. Köln 1951ff.
Luckmann, Thomas, 1967: The Invisible Religion: The Problem of Religion in Modern Society. New York.
Nowak, Kurt, 1995: Historische Wurzeln der Entkirchlichung in der DDR, in: Sahner, H./Schwendtner, St., (Hg.): Gesellschaften im Umbruch: 27. Kongreß der Deutschen Gesellschaft für Soziologie. Kongreßband II. Opladen, 665-669.
Nüchtern, Michael, 1995: Jugendweihe und Konfirmation. Berlin, masch.
Obst, Helmut, 1992: Zwischen Geistheilung und Konsum: Religion nach dem einst existierenden Sozialismus, in: Lutherische Monatshefte 31, 8-11.
Pickel, Gert, 1997: Individualisierte Religiosität außerhalb der Kirche oder areligiöse Konfessionslosigkeit? Arbeitspapier anläßlich der Herbsttagung der Sektion Religionssoziologie der DGS in Naumburg, November 1997.
Pilvousek, Josef, 1993: Flüchtlinge, Flucht und die Frage des Bleibens: Überlegungen zu einem traditionellen Problem der Katholiken im Osten Deutschlands, in: März, Claus-Peter, (Hg.): Die ganz alltägliche Freiheit: Christsein zwischen Traum und Wirklichkeit. Leipzig, 9-23.
Pilvousek, Josef, 1998: Die katholische Kirche in der DDR, in: Gatz, Edwin, (Hg.): Mittel-, West- und Nordeuropa: Kirche und Katholizismus seit 1945. Paderborn, 132-150.
Pittkowski, Wolfgang/Volz, Rainer, 1989: Konfession und politische Orientierung:

Das Beispiel der Konfessionslosen, in: Daiber, K.-F., (Hg.): Religion und Konfession: Studien zu politischen, ethischen und religiösen Einstellungen von Katholiken, Protestanten und Konfessionslosen in der Bundesrepublik Deutschland und in den Niederlanden. Hannover, 93-112.

Pollack, Detlef, 1994: Kirche in der Organisationsgesellschaft: Zum Wandel der gesellschaftlichen Lage der evangelischen Kirchen in der DDR. Stuttgart.

Pollack, Detlef, 1998: Entzauberung oder Wiederverzauberung der Welt? Die Säkularisierungsthese auf dem Prüfstand, in: Vietinghoff, E. von/May, H., (Hg.): Wendezeiten – Zeitenwende. Hannover, 125-150.

Statistisches Jahrbuch der DDR. Berlin 1955ff.

Statistisches Jahrbuch für die Bundesrepublik Deutschland. Wiesbaden.

Statistischer Bericht TII 90/91: Statistik über Äußerungen des kirchlichen Lebens in den Gliedkirchen der EKD in den Jahren 1990 und 1991. Statistische Beilage Nr. 88 zum Amtsblatt der EKD, Heft 11 vom 15. November 1993. Hannover 1993.

Statistischer Bericht TII 92: Statistik über Äußerungen des kirchlichen Lebens in den Gliedkirchen der EKD im Jahre 1992. Statistische Beilage Nr. 90 zum Amtsblatt der EKD, Heft 1 vom 15. Januar 1995. Hannover 1995.

Statistischer Bericht TII 93/94: Statistik über Äußerungen des kirchlichen Lebens in den Gliedkirchen der EKD in den Jahren 1993 und 1994. Statistische Beilage Nr. 91 zum Amtsblatt der EKD, Heft 2 vom 15. Februar 1997. Hannover 1997.

Statistischer Bericht TII 95/96: Statistik über Äußerungen des kirchlichen Lebens in den Gliedkirchen der EKD in den Jahren 1995 und 1996. Statistische Beilage Nr. 92 zum Amtsblatt der EKD, Heft 11 vom 15. November 1998. Hannover 1998.

Statistischer Bericht über die Verhältnisse in der Evangelisch-Lutherischen Landeskirche Sachsens. Dresden, masch.

Studien- und Planungsgruppe der EKD, (Hg.) 1993: Fremde Heimat Kirche: Ansichten ihrer Mitglieder; Dritte EKD-Umfrage über Kirchenmitgliedschaft. Hannover.

Terwey, Michael, 1992. Zur aktuellen Situation von Glauben und Kirche im vereinigten Deutschland: Eine Analyse der Basisumfrage 1991, in: ZA-Information 30/Mai, 55-79.

Terwey, Michael, 1995: Para-Gläubigkeit, Art. in: Eberlein, G.L., (Hg.): Kleines Lexikon der Parawissenschaften. München 1995, 112-117.

Terwey, Michael/McCutcheon, Allan L., 1994: Belief und Practice in the Unified Germanies, in: ZA-Information 34, 47-69.

Volze, Armin, 1991: Kirchliche Transferleistungen in die DDR, in: Deutschland Archiv 24, 59-66.

Warner, R. Stephen, 1993: Work in Progress toward a New Paradigm for the Sociological Study of Religion in the United States, in: American Journal of Sociology 98, 1044-1093.

Waßner, Rainer, 1991: Neue Religiöse Bewegungen in Deutschland: ein soziologischer Bericht, in: EZW-Texte 1991/1, Information Nr. 113.

Weßels, Bernhard, 1997: Einstellungen zu den Institutionen der Interessenvermittlung, in: Gabriel, Oscar W., (Hg.): Politische Orientierungen und Verhaltensweisen im vereinigten Deutschland. Opladen, 189-210.

Woderich, Rudolf, 1992: Mentalitäten zwischen Anpassung und Eigensinn, in: Deutschland Archiv 25, 21-31.

Zinser, Hartmut, 1993: Moderner Okkultismus als kulturelles Phänomen unter Schülern und Erwachsenen, in: Aus Politik und Zeitgeschichte B 41-42/1993, 16-24.

Zulehner, Paul M./Denz, Hermann, 1993: Wie Europa lebt und glaubt: Europäische Wertestudie; Tabellenband. Wien.

Wolfgang Jagodzinski

Religiöse Stagnation in den neuen Bundesländern: Fehlt das Angebot oder fehlt die Nachfrage?

Einleitung[1]

Der folgende Beitrag setzt sich zum Ziel, den Wandel der Religiosität in den Neuen Bundesländern theoretisch und quantitativ-empirisch zu untersuchen. Ausgehend von der religiösen Lage zu Beginn des Jahrzehnts wird überlegt, was die in der Religionssoziologie verbreiteten theoretischen Ansätze zur Erklärung dieser Situation beitragen können und was aus ihnen für den künftigen religiösen Wandel folgt. „Folgt" ist dabei nicht im logischen Sinne zu verstehen, denn keiner der Ansätze ist so weitgehend systematisiert und in sich abgeschlossen, daß eine und nur eine Konkretisierung möglich wäre. Vielmehr kann es nur darum gehen, plausible Ausdeutungen von Säkularisierungs- und Privatisierungsthesen oder von ökonomischen Theorien des religiösen Wandels zu finden, die mit dem „Geist" oder dem „Grundgedanken" des jeweiligen Ansatzes vereinbar sind. In Abgrenzung zu den eben genannten Ansätzen wird eine eigene theoretische Perspektive entwickelt, die Überlegungen von Jagodzinski und Greeley (1998) fortführt und die ökonomischen Theorien in wesentlichen Punkten modifiziert. Übernommen wird jedoch deren Kernthese, daß religiöse Angebote und religiöser Wettbewerb einen positiven Einfluß auf das in einer Gesellschaft verbreitete religiöse Engagement und den religiösen Glauben haben. Zwei zentrale Annahmen des eigenen Ansatzes, nämlich die Sozialisationshypothese und die These einer durch die Öffnung des religiösen Marktes bedingten Zunahme der Religiosität, werden dann empirisch überprüft.

Die Ausgangslage 1990/91: Empirische Befunde

Was den von uns gewählten Ausgangspunkt Anfang der neunziger Jahre anbelangt, so kann mittlerweile fast als ein Gemeinplatz gelten, daß in der DDR

---

1 Ich danke Frau Stephanie Bous für die Hilfe bei der Erstellung der Grafiken und des Literaturverzeichnisses.

eine weitgehend entkirchlichte Gesellschaft entstanden ist (vgl. etwa Jagodzinski 1998; Pollack 1998). Das gilt aber nicht nur für die kirchliche Bindung selbst, das gilt auch für den Glauben an jene Dogmen, die zentraler Bestandteil einer kirchlichen Religiosität sind. Jagodzinski und Greeley (1998) haben in einer international-vergleichenden Untersuchung herauszufinden versucht, welche Personen in einzelnen Gesellschaften überhaupt für religiöse Fragen ansprechbar sind. Ziel war die Überprüfung einer Annahme der sog. ökonomischen Theorie der Religion, wonach die Nachfrage nach Religion in allen Gesellschaften konstant ist (Iannaccone et al. 1997). Zwei Kriterien wurden benutzt, um den Kreis der Personen, die für religiöse Anbieter nicht ansprechbar sind, näherungsweise zu bestimmen: Es müssen – jedenfalls in Ländern mit langen monotheistischen Traditionen – erstens Personen sein, die nicht an Gott glauben; zweitens müssen diese Personen ein Weiterleben nach dem Tod mit Sicherheit ausschließen. Nur wenn eine Person beide Bedingungen erfüllt, gilt sie als „religiös unmusikalisch" und für die Kirchen oder andere religiöse Anbieter nicht erreichbar. Grund für die Auswahl der Kriterien war zum einen, daß der Glaube an Gott relativ resistent zu sein scheint und selbst dort häufig noch fortbesteht, wo der Glaube an viele andere Dogmen längst erloschen ist (vgl. Jagodzinski, 1994). Wer sich daher zumindest den Glauben an Gott bewahrt, mag eine minimale Empfänglichkeit für religiöse Themen behalten haben. Gleiches gilt vielleicht auch für solche Personen, die ein Weiterleben nach dem Tode für möglich, wenn auch vielleicht für sehr unwahrscheinlich, halten. Es ist dies ein – zugegebenermaßen – kruder Versuch, den religiösen Bedarf einer Bevölkerung quantitativ zu bestimmen.

Zur Messung des Glaubens an ein Weiterleben nach dem Tode wird im International Social Survey Program 1991 (ISSP 1991)[2] eine Skala benutzt, die Abstufungen nach verschiedenen Graden der Sicherheit zuläßt. Sie trägt damit dem Umstand Rechnung, daß Menschen in mehr oder minder starkem Maße zweifeln können, aber nicht völlig ungläubig sind. Die drei Fragen nach Gott, die in der Umfrage ebenfalls enthalten sind, sehen eine solche Abstufung leider nicht vor. Daher hängt die Verteilung der Antworten auf die Antwortalternative „ich glaube nicht an Gott" in geringem Maße auch davon ab, welche Antwortalternativen zusätzlich angeboten werden. Die Folge ist, daß man zwischen knapp 46 und über 50 Prozent religiös nicht ansprechbarer Personen ermittelt, je nachdem welche Frage nach Gott man zugrunde legt. In der Abbildung haben wir jene gewählt, die uns einen „mittleren" Prozentsatz in der Nähe von 48 Prozent produzierte.

Auf den exakten Prozentsatz kommt es in diesem Zusammenhang nicht an, weil wir ohnehin mit großen Meßfehlern zu rechnen haben. Dies zeigt ein weiteres Maß für mangelnde religiöse Erreichbarkeit, das aus den Fragen des

---

2   ZA-Nr. 2150.

World Value Surveys 1990 (WVS 1990)[3] gebildet wird. Leider verfügt der World Value Survey über gar keine abgestuften Skalen, sondern läßt bei den Glaubensfragen nur die Antworten „Ja" und „Nein" zu. Natürlich wird dadurch die Zahl derer, die ein Weiterleben nach dem Tode verneinen, ungleich größer als im ISSP. Um diesen Effekt auszugleichen, werden bei Bestimmung der religiös nicht Erreichbaren auch die weiteren, im WVS 90 enthaltenen Glaubensfragen berücksichtigt, nicht nur die Frage nach Gott und dem Weiterleben nach dem Tode. Ein religiöses Bedürfnis wurde nur dann verneint, wenn Personen auch nicht an Seele, Himmel, Hölle, Teufel und Sünde glaubten. Obwohl diese Variable völlig anders gebildet ist als die erste, erbringt sie in den meisten Ländern doch recht ähnliche Resultate, wie ein Vergleich der grauen und schwarzen Säulen in Abbildung 1 zeigt. Dort werden die Prozentsätze der religiös nicht erreichbaren Personen in ausgewählten (europäischen und nordamerikanischen) Ländern graphisch durch Säulen wiedergegeben. Die größten Abweichungen finden wir in Ostdeutschland, wo wir mit dem einen Maß circa 35 Prozent berechnen, mit dem anderen dagegen fast 50 Prozent.

Abbildung 1: Wer ist für religiöse Unternehmer nicht erreichbar?

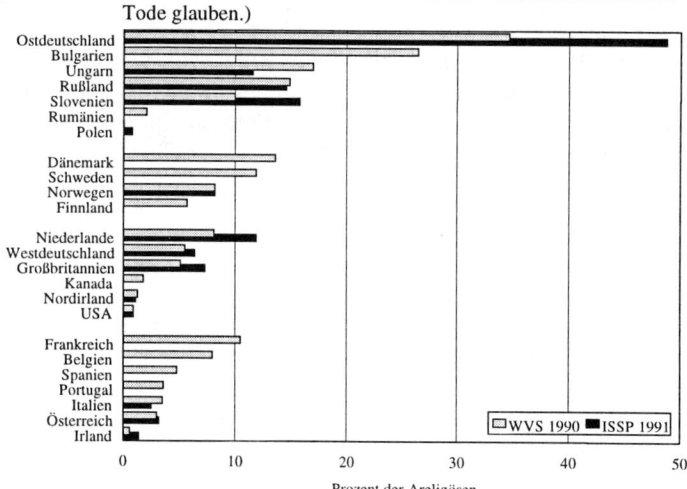

Datenbasen: ISSP 1991 (International Survey Program) und WVS 1990 (World Value Survey)

Unter inhaltlichen Gesichtspunkten ist der ISSP-Index sicher vorzuziehen, weil er näher bei dem liegt, was wir tatsächlich messen wollen. Orientiert man sich also an den schwarzen Säulen, so stellt man zunächst einmal fest,

---

3 ICPSR Nr. 6160.

daß in den meisten Gesellschaften weniger als 20 Prozent der Befragten „religiös unmusikalisch" sind. Eine potentielle Nachfrage nach Religion besteht also in diesen Fällen bei mehr als 80 Prozent – eine Zahl, die weit über der von Iannaccone et al. (1997) bezifferten Nachfrage liegt. Der Prozentsatz liegt in katholischen Ländern im Durchschnitt höher als in protestantischen, aber selbst in den letztgenannten ist er erstaunlich hoch: selbst in den Niederlanden erreicht er fast 90 Prozent.

In den vormals kommunistischen Gesellschaften ist der Anteil der Areligiösen zwar durchschnittlich höher, aber er kann selbst hier nicht beeindrucken. Mit Ausnahme der ehemaligen DDR hat also der Kommunismus bei der Bekämpfung von Religion keine allzu großen Erfolge zu verzeichnen, schon gar nicht in Polen, wo kaum eine Person religiös nicht erreichbar ist.

Da das Religionsmodul des ISSP (1991) in weniger Ländern durchgeführt worden ist als der WVS 1990, fehlen in der Abbildung in vielen Ländern die dunklen Säulen. Deshalb wollen wir auch die grauen Linien berücksichtigen, obwohl sie weniger gut das messen, was wir messen wollen. Was die Abstufung zwischen vormals kommunistischen, protestantischen und katholischen Gesellschaften anbelangt, so reproduzieren wir auch mit dem WVS 90 recht gut das bereits bekannte Muster. Die Unterschiede zwischen der ehemaligen DDR und den anderen vormals kommunistischen Gesellschaften werden zwar etwas geringer, sie bleiben aber immer noch beachtlich. Selbst wenn wir also dem WVS-Index den Vorzug geben, kommen wir nicht um die Feststellung herum, daß in Ostdeutschland bei einem Großteil der Bevölkerung ein Bedürfnis nach Religion im Jahre 1990 nicht mehr bestand. Das zeigt sich auch an anderen Indikatoren: 70 Prozent der Ostdeutschen gaben 1991 an, nie zu beten. Nie zur Kirche gingen laut Umfrage circa 60 Prozent (weitere Daten bei Pollack 1998).

Die theoretischen Erklärungen

1. Versucht man den Beobachtungsbefund zu erklären, so wird man relativ rasch gewahr, daß die gängigen Makrotheorien religiösen Wandels eher versagen. Säkularisierungstheorien[4] pflegen die Abnahme der Religiosität auf sozialstrukturelle Faktoren wie funktionale Differenzierung (Beyer 1994; Luhmann 1977; 1991; 1997) oder Rationalisierung (Wilson 1982, 1976; Bruce 1996) zurückzuführen, vielleicht auch auf den Prozeß der Individualisierung (Beck 1986; Dobbelaere 1995), aber keiner dieser Prozesse war in der DDR besonders weit vorangeschritten. Weder war die DDR in besonders

---

4 Vgl. dazu allgemein: Dobbelaere (1981, 1989); Bruce (1996); Beyer (1994), Jagodzinski (1994), Jagodzinski und Dobbelaere (1995); Wilson (1985).

hohem Maße funktional differenziert – im Gegenteil hatte der umfassende Herrschaftsanspruch der SED funktionale Differenzierungsprozesse eher unterbunden –, noch hatte sie eine herausragende Stellung im Prozeß der okzidentalen Rationalisierung, wenn man Planbarkeit und Berechenbarkeit menschlichen Handelns als die Leitidee dieses Prozesses versteht. Besonders evident und für jeden Besucher unmittelbar erfahrbar war dies auf dem Gebiet des Rechts, wo ein dem westdeutschen Rechtsstaat vergleichbares Maß an Rechtssicherheit und Berechenbarkeit nie erreicht wurde. Auch auf wirtschaftlichem Gebiet hat die Planwirtschaft die ehrgeizigen Planziele regelmäßig verfehlt und die für die innerbetriebliche Steuerung und Kontrolle entwickelten Instrumentarien waren denen westlicher Betriebe gleichfalls unterlegen. Mit einem hohen Grad an Rationalisierung der DDR-Gesellschaft kann man den Abbau der Religiosität also ebenfalls nicht erklären. Allenfalls wenn man mit Inglehart (1989) die Funktion der „alten", kirchlichen Religiosität dahingehend bestimmt, daß sie dem einzelnen Halt und Sicherheit in einer unsicheren und bedrohlichen Welt geben sollte, könnte man argumentieren, daß die in der DDR erreichte hohe soziale Sicherheit das Bedürfnis nach traditioneller Religiosität habe absterben lassen. Aber dann müßte diese Art der Religiosität in der Phase des Übergangs zum Kapitalismus, der für viele Ostdeutsche mit erheblichen Unsicherheiten und Frustrationen verbunden war, eigentlich wieder aufleben. Zudem war die soziale Sicherheit erkauft mit einem im Vergleich zum Westen niedrigen Niveau an Wohlstand und einem hohen Maß an staatlicher Willkür, so daß man bezweifeln kann, ob – wenn denn die Theorie von Inglehart zuträfe – die Bedingung für den Abbau der alten Religiosität überhaupt erfüllt ist.

Vielleicht kann man den Säkularisierungstheorien einen allgemeinen Grundgedanken entnehmen, daß nämlich Prozesse religiösen Wandels grundsätzlich nicht reversibel sind. Den Theorien liegt in aller Regel ein Bild des beständigen Niedergangs von Religion zugrunde, mag dieser nun sprunghaft verlaufen oder stetig. Die Religiosität mag weiter abnehmen, sie wird aber nie dauerhaft auf ein früheres, höheres Niveau zurückkehren. Akzeptiert man dies als eine zulässige Interpretation von Säkularisierungsthesen, so kann man daraus zwar keine Erklärung, wohl aber eine Prognose für die weitere Entwicklung in Ostdeutschland ableiten: Religiöse Partizipation und andere Formen der Religiosität werden auf dem niedrigen Niveau von 1990 bleiben oder weiter zurückgehen.

2. Die meisten Säkularisierungstheorien überschätzen den Einfluß der Sozialstruktur auf die Religion. Diesen Einwand kann man auch gegenüber Luckmann (1991; 1995; 1996) erheben, auch wenn dieser das Verhältnis von Sozialstruktur und Religion nicht im Sinne einer Ursache-Wirkungsbeziehung konzipiert, sondern im Sinne eines Entsprechungsverhältnisses oder einer Wahlverwandtschaft. Aber auch unter diesem Blickwinkel stellt sich die Frage, ob und gegebenenfalls warum die (Ersatz-)Religion des Kommu-

nismus und die Sozialstruktur der DDR einander in besonderer Weise entsprachen. War es eine Wahlverwandtschaft von Anfang an, oder hat sie sich erst nach und nach unter der Herrschaft der SED herauskristallisiert? Welche sozialstrukturellen Merkmale sind überhaupt für Transzendentalsysteme mittlerer Reichweite wie den Kommunismus charakteristisch? Und wenn sich irgendwann eine dem Kommunismus adäquate Sozialstruktur entfaltet haben sollte, warum wird sie dann in den achtziger Jahren ausgehöhlt?

Es scheint jedenfalls nicht einfach, die religiöse Entwicklung in der DDR im Rahmen des theoretischen Ansatzes von Luckmann zu rekonstruieren. Etwas einfacher ist, Hypothesen über die zukünftige Religionsentwicklung zu formulieren, wenn man davon ausgeht, daß auch Luckmann einen irreversiblen Prozeß unterstellt. Erstens ist es relativ unwahrscheinlich, daß die alte institutionalisierte Religion zurückkehrt. Ihre Organisationsform paßt – und nur insoweit stimmt Luckmann mit den Säkularisierungstheorien überein – nicht mehr zur Struktur der modernen Gesellschaft. Da der Kommunismus die tradierte Religion radikaler beseitigt hat als alle anderen Systeme, wird sie wahrscheinlich sogar rascher ganz verschwinden. Zweitens müßte die Tatsache, daß der Kommunismus als Transzendentalsystem mittlerer Reichweite selbst in die Krise gekommen ist, eigentlich dazu führen, daß sich jetzt neue Systeme kleiner Transzendenzen relativ ungebremst durchsetzen können.[5] Drittens sollte auch der in der DDR erreichte hohe Privatisierungsgrad der Religion unumkehrbar sein. Versteht man die Privatisierungsthese so, daß damit ein Rückzug aus der Öffentlichkeit behauptet wird (vgl. dazu Casanova 1994a und b, Beyer 1990)[6], so wird Religion in diese Öffentlichkeit nicht mehr zurückkehren. Viertens wird, da sie durch Plausibiliätsstrukturen nicht mehr gestützt werden kann, die neue Religiosität weniger fest in der Persönlichkeit verankert sein. Der religiöse Glaube wird eher einem Flikkerlteppich gleichen als einem kohärenten System von religiösen Überzeugungen. Religion wird an Einfluß auf das alltägliche Handeln verlieren und Synkretismen werden sich ausbreiten.

3. Die besonders in den Vereinigten Staaten anzutreffenden Anhänger der ökonomischen Theorie der Religion[7] stimmen mit Luckmann darin über-

---

5   Wenn der Prozeß vielleicht doch langsamer abläuft als im Westen, so deshalb, weil die solche religiöse Formen begünstigende Strukturen sich in der DDR noch nicht entwickeln konnten.
6   Vgl. zu den unterschiedlichen Interpretationsmöglichkeiten der Privatisierungsthese Knoblauch (1991)
7   Vgl. zum ökonomischen Ansatz Finke und Iannaccone (1993); Iannaccone (1988, 1993, 1991, 1990, 1994); Iannaccone et al. (1997); Stark und Iannaccone (1994); Warner (1993). Die Arbeiten von Finke (1992, 1990) oder Finke und Stark (1993, 1988) enthalten einige Annahmen der Theorie. Die Theorie von Stark und Bainbridge (1987, 1985, 1980) kann eher als Vorläufer der ökonomischen Theorie gelten, weil sie zumindest die zentrale These nutzenmaximierenden Verhaltens teilt. Eine wirkliche Integration ist jedoch bislang nicht erfolgt. Zur kritischen Auseinandertzung mit der ökonomischen Theorie vgl. Bruce (1993, 1995a, 1995b, 1996), Box-Steffensmaier (1992), Chaves (1995), Demerath (1995),

ein, daß Religion in modernen Gesellschaften nicht verschwindet. Allerdings differenzieren sie nicht zwischen alter und neuer Religion, ja es wäre zweifelhaft, ob es sich bei Luckmanns mittleren und kleinen Transzendenzen tatsächlich um Religionen handelt. Eine politische Ideologie etwa kann nur eingeschränkt generelle Kompensatoren für solche Bedürfnisse zur Verfügung stellen, die im Diesseits nicht oder nur schwer erfüllbar sind. Weltanschauungen wie der Kommunismus leisten beispielsweise keine Kompensation für den Wunsch nach einem ewigen Leben. Sie offerieren weniger als die tradierten Religionen und sollten *insoweit* eigentlich auch nicht mit diesen in Wettbewerb treten. Andererseits erkennen Stark und Bainbridge (1987: 44, 49) ausdrücklich an, daß auch politische Ideologien und Religion in ein Konkurrenzverhältnis geraten können.

Es gibt aber nach diesen Autoren keinen Modernisierungstrend, der die kleinen Transzendenzen gegenüber den mittleren und großen begünstigt. Ob sich eine Kirche, eine kleine Religionsgemeinschaft oder eine politische Ersatzreligion langfristig durchsetzt, hängt von der Organisation des religiösen Marktes ab. Wo freier Wettbewerb herrscht, da wird auch Religion im traditionellen Sinne nicht absterben. Genau so wenig wird der religiöse Glaube verflachen. Ganz im Gegenteil, je mehr religiöse Gruppen oder religiöse Unternehmer auf dem religiösen Markt konkurrieren, desto besser werden die religiösen Bedürfnisse der Menschen befriedigt, desto stärker werden sich diese religiös engagieren und desto fester werden sie glauben. Ausmaß und Intensität der Religiosität sind also eine positive Funktion des religiösen Angebots und damit des Wettbewerbs. Geschwächt wurde die Religion in der DDR deshalb, weil die SED den Marxismus als quasireligiöses Monopol durchgesetzt hat. Damit waren (echte) Religionen zwar vom Markte ausgeschlossen, aber die Nachfrage nach Religion ist nicht erloschen.

Nach der Wiedervereinigung ist zwar unter der Geltung des Art. 140 GG kein völlig freier religiöser Markt entstanden, aber es ist jetzt doch etwas mehr an Konkurrenz möglich als zuvor. Dementsprechend müßte man nach dem ökonomischen Ansatz erwarten, daß schon relativ bald eine Wiederbelebung religiöser Aktivitäten stattfinden wird. Ganz ohne zeitliche Verzögerung geht das sicher nicht, da religiöse Unternehmen erst aufgebaut werden müssen und weil es bekanntlich einige Zeit in Anspruch nimmt, bis Diffusionsprozesse auch quantitativ faßbar werden. So gesehen würden geringe Veränderungen zwischen 1991 und 1998 die ökonomische Theorie nicht zwingend widerlegen. Anderseits wäre es doch erstaunlich, wenn beinahe ein Jahrzehnt nach der Liberalisierung des religiösen Marktes in den Neuen Bundesländern immer noch keine Spuren einer wieder erwachenden Religiosität erkennbar wären.

Greeley (1997); Iannaccone (1995a, 1995b), Jagodzinski (1997); Lechner (1991), Montgomery (1992, 1996), Stark und Iannaccone (1995).

4. In allen bislang diskutierten Ansätzen wird das Verhältnis von Religion und Politik eher am Rande thematisiert. Das ist sicher primär durch das Forschungsinteresse der Autoren bedingt und weniger durch die Eigenheiten der Ansätze selbst. Allenfalls von Theorien funktionaler Differenzierung ließe sich behaupten, daß sie tendenziell die Interdependenzen von Religion und Politik unterbewerten, weil sie eine wachsende Autonomie und Unabhängigkeit der Subsysteme unterstellen. Wenn dies tatsächlich eine Verlagerung der Religion in die Privatsphäre zur Folge hätte, dann würde sie für die Politik weniger relevant, dann entstünde im Verhältnis der Subsysteme zueinander wechselseitige Indifferenz. David Martin (1978) ist einer der wenigen makrotheoretisch orientierten Religionssoziologen, die diese Beziehungen genauer untersucht haben. Seine Vorgehensweise ist über weite Strecken historisch und induktiv: er verfolgt die geschichtliche Entwicklung von Religion und Politik in einzelnen Staaten, um daraus allgemeinere Aussagen abzuleiten. Manche davon mag man als unzulässige Generalisierungen empfinden, so etwa die These, daß der Protestantismus sich rascher als der Katholizismus an die politischen Machtverhältnisse anpaßt. Insbesondere Lutheraner und Anglikaner überantworteten politische Entscheidungen dem individuellen Gewissen, was dem Pluralismus Vorschub leiste und die politische Konsensfindung erschwere (Martin 1978: 23). Die Rolle der evangelischen Kirchen in der Zeit vor der Wende würde dem nicht unbedingt widersprechen, weil die innere Opposition zum Regime zu einem großen Teil außerhalb der Kirchen entstanden ist und weil sich der Widerstand nur über einen vergleichsweise kurzen Zeitraum öffentlich artikuliert hat. Dennoch wird man in Anbetracht des politischen Aktivismus protestantischer Gruppen in den USA bezweifeln können, ob dies ein genereller Zug des Protestantismus ist.

5. Wie dem auch sei, richtig ist sicherlich, daß der Protestantismus in der DDR nicht imstande war, eine ähnlich starke Opposition gegen den Kommunismus zu errichten wie etwa die katholische Kirche in Polen. Die Gründe dafür mögen vielfältig sein. Sie hängen vielleicht damit zusammen, daß die protestantischen Kirchen schon in der Weimarer Zeit und später im Dritten Reich unter einem erheblichen Mitgliederschwund zu leiden hatten, so daß sie in der Bevölkerung schon in den fünfziger Jahren weniger Rückhalt hatten. Wahrscheinlich verfolgte die SED ihre Ziele auch systematischer und beharrlicher als ihre kommunistischen Brüder im Osten. Man konnte zudem dem Vorbild der NSDAP folgen, die ja schon in den dreißiger Jahren vorgemacht hatte, wie man die intermediären Kräfte ideologisch und politisch gleichschaltet und eine effiziente Propagandamaschine aufbaut. Die SED hatte zudem leichtes Spiel, die evangelische Kirche der Kollaboration mit den Nazis zu bezichtigen, weil Hitler ja tatsächlich für eine kurze Zeit das Luthertum zur deutschen Religion erklärt hatte.

Der SED ist es gelungen, die Religion an zwei ganz entscheidenden Stellen zu schwächen. Zum einen wurde durch das umfassende staatliche

Erziehungsprogramm die familiale Sozialisation zurückgedrängt. Kinder konnten in Kindergärten, Schulen, Horten und von der Partei gelenkten Jugend- und Sportverbänden umfassend kommunistisch indoktriniert werden. Die religiöse Sozialisation im Elternhaus wurde so, selbst wenn sie noch stattfand, in ihrer Wirksamkeit erheblich eingeschränkt. Zum anderen gelang es der SED auch, die religiöse Kommunikation in intermediären Gruppen und in der Öffentlichkeit weitgehend zu unterbinden. Religion wurde weitgehend unsichtbar, dies aber nicht als unentrinnbare Tendenz des Modernisierungsprozesses, sondern weil die SED durch eine gezielte Politik genau diese Situation herbeigeführt hatte.

Die Wurzeln der Religiosität werden in der Kindheit gelegt, genauer in der Phase bis zum 14. Lebensjahr. Wichtigster Sozialisationsagent ist sicher das Elternhaus, doch daneben gehen Einflüsse auch von Schulen, religiösen Organisationen oder Peers aus. Je weniger Religion über solche sekundäre Institutionen vermittelt wird, desto wichtiger wird die Sozialisation in der Familie. Vermutlich entscheidet die frühe religiöse Sozialisation nicht in erster Linie über das Ausmaß der Religiosität im Erwachsenenalter, sondern darüber, in welchem Maße man für religiöse Fragen aufgeschlossen ist. Der religiöse Glauben wie auch das religiöse Engagement können sich im Erwachsenenalter noch erheblich verändern, wie nicht zuletzt die Entwicklung in Westeuropa gezeigt hat (vgl. Jagodzinski und Dobbelaere 1995). Ob sie es tun, wird nicht zuletzt durch die Angebote des religiösen Marktes bestimmt. Es ist jedoch unwahrscheinlich, daß Personen, die in der Jugend nicht für religiöse Themen sensibilisiert worden sind, sich im Erwachsenenalter für solche interessieren. Religiöses Engagement und religiöser Glaube werden bei ihnen die Ausnahme bleiben.

Faßt man die bisherigen Überlegungen zusammen, so gilt es zunächst einmal festzuhalten, daß die Führung der DDR die kommunistische Weltanschauung gegen das Christentum durchzusetzen versucht hat. Die einzelnen Stationen dieses Weges hat Pollack (1994) nachgezeichnet. Der Marxismus-Leninismus als Ersatzreligion hat die alten Religionen verdrängt, nicht als Folge der Modernisierung, sondern als Ergebnis einer massiven Einflußnahme der Politik auf die Religion. Die Konsequenz war nicht nur die weitgehende Ausschaltung von Konkurrenten auf dem religiösen Markt, vielmehr gelang es der SED tatsächlich, große Teile der Jugend für religiöse Fragen zu desensibilisieren und auf diesseitige Ziele und Bedürfnisse zu fixieren. Zurückzuweisen ist damit sowohl die Annahme von Stark und Bainbridge (1985; 1987), die ein universelles Bedürfnis nach generellen Kompensatoren postulieren, wie auch die These einer konstanten Nachfrage nach Religion in angebotsorientierten ökonomischen Theorien der Religion. Die Nachfrage nach Religion variiert, wenn vielleicht auch nicht im gleichen Maße wie das Angebot. Wie groß sie ist, hängt weitgehend von der religiösen Sozialisation im Elternhaus und von der Präsenz von Religion in sekundären Sozialisationsinstanzen, in Vereinen und in Verbänden und in der Öffentlichkeit ab. Weil die religiöse Sozialisation eine fast notwendige Bedingung für die Religiosität im Erwachsenenalter ist, folgt außerdem, daß durch eine Vermehrung des religiösen Angebots allein kein sprunghafter Anstieg der Religiosität zu erwarten ist. Wenn eine Wiederbelebung religiöser Aktivitäten stattfindet, dann am wahrscheinlichsten in den jüngeren und älteren Generationen. Am resistentesten gegen religiöse Einflüsse sollte sich jene Generation erweisen, die unter der Herrschaft des Marxismus nach dem Zweiten Weltkrieg aufgewachsen ist.

Mit dieser Einschränkung ist aber der ökonomischen Theorie der Religion zuzustimmen, wonach religiöser Wettbewerb einen positiven Effekt auf die Religiosität hat. Er wirkt sich direkt auf die religiöse Partizipation von solchen Jugendlichen und Erwachsenen aus, die für religiöse Themen empfänglich sind. Er beeinflußt indirekt auch die Sozialisation, weil Kinder von religiös aktiven Eltern auch religiös erzogen werden. Der ökonomischen Theorie ist auch darin zu folgen, daß weder die Kirchen noch andere Anbieter von großen Religionen in diesem Wettbewerb strukturell – im Sinne der De-Institutionalisierungsthese – benachteiligt sind. Wenn und soweit insbesondere die evangelischen Kirchen auch ein Jahrzehnt nach der Wiedervereinigung ihre Klientel nicht vergrößern können, so hat das andere Gründe. Teils mögen die alten Vorurteile gegenüber den Kirchen, die in der DDR verbreitet waren, immer noch nachwirken. Teils mögen institutionelle Gegebenheiten und persönliche Gründe die Geistlichen hindern, offensive Wettbewerbsstrategien zu entwickeln und einzusetzen. Die Ursachen wären primär im Erscheinungsbild und im strategischen Verhalten der Kirchen zu suchen und nicht in Prozessen funktionaler Differenzierung, Rationalisierung und Individualisierung.

Empirische Überprüfung der Sozialisationshypothese

Während ökonomische Theorien in der Regel davon ausgehen, daß sich Individuen „opportunistisch" den aktuellen Gegebenheiten anpassen, also sofort auf eine Veränderung des religiösen Angebots reagieren, postuliert die hier vertretene Theorie einen komplexeren Prozeß. Nur diejenigen werden auf religiöse Angebote reagieren, die für religiöse Themen empfänglich sind, und das wiederum ist eine Frage der religiösen Erziehung. Personen, die es nicht sind, werden von Jagodzinski und Greeley (1998) als Atheisten bezeichnet. Obwohl man gewiß darüber diskutieren kann, ob als Atheist gelten kann, wer nicht an Gott glaubt und ein Weiterleben nach dem Tode mit Sicherheit ausschließt, wird dieser Begriff in Ermangelung eines prägnanteren beibehalten. Ausdrücklich sei hinzugefügt, daß es sich hierbei um eine Nominaldefinition handelt.

Wenn die oben aufgestellten Überlegungen richtig sind, dann sollten zwei Faktoren die Entstehung eines Atheismus im Erwachsenenalter verhindern oder erschweren: die religiöse Sozialisation im Elternhaus und die gesellschaftliche Präsens von Religion in Schulen, Vereinen und Verbänden und in der Öffentlichkeit. Beides können wir mit den ISSP-Daten nur eingeschränkt messen. Für die religiöse Sozialisation haben wir die Frage, wie oft der Befragte selbst, die Mutter und der Vater in die Kirche gegangen sind. Alle drei Indikatoren mögen erinnerungsbedingt verzerrt sein, doch dürfte dieser Effekt bei Verhaltensvariablen etwas weniger stark ins Gewicht fallen als bei Einstellungen oder Persönlichkeitsmerkmalen.

Schlechter noch als die religiöse Sozialisation im Elternhaus läßt sich die gesellschaftliche Präsens von Religion messen. Dies läßt sich indirekt nur dadurch erreichen, das wir für alle Länder sog. Dummyvariablen (LDVen) vorsehen, welche die länderspezifischen Einflüsse auf den Atheismus erfassen. Wenn die Dummyvariablen wirklich den Einfluß des gesellschaftlichen „Klimas" messen, dann sollten sie in jenen Ländern einen hohen positiven Effekt auf den Atheismus haben, wo Religionen unterdrückt und politische Ersatzreligionen verbreitet sind.

Drittens wurde oben postuliert, daß die religiöse Sozialisation im Elternhaus einen um so stärkeren negativen Effekt auf den Atheismus haben sollte, je weniger Religion gesellschaftlich präsent ist. Wir postulieren also einen zusätzlichen negativen Effekt der religiösen Sozialisation auf den Atheismus in jenen Ländern, in denen die Religion gesellschaftlich kaum noch präsent ist. Technisch gesprochen handelt es sich dabei um Interaktionseffekte.

Gemäß diesen Vorgaben wurden mehrere Regressionsmodelle geschätzt, wobei zusätzlich solche Variablen als Prädiktoren einbezogen wurden, die in fast allen Kulturen einen Effekt auf die individuelle Religiosität haben, nämlich Alter und Geschlecht. Da die abhängige Variable dichotom verschlüsselt ist (1=>Atheist, 0=>sonst), ist die logistische Regression in der rechten Tabellenhälfte das angemessene Modell. Da jedoch die lineare Regression den meisten Lesern vertrauter sein dürfte und ähnliche Resultate liefert, werden diese in der linken Tabellenhälfte berichtet, einmal unter Einschluß (linke Doppelspalte) und einmal unter Ausschluß der Interaktionsterme (rechte Doppelspalte). In der Tabelle werden nur jene LDVen aufgeführt, die signifikant sind (vgl. aber die Anmerkung unter der Tabelle).

Die Analysen wurden in zwei Schritten durchgeführt. Zunächst wurden Modelle spezifiziert, die alle LDVen und Interaktionsterme mit sämtlichen Sozialisationsindikatoren enthielten. Dabei zeigte sich, daß viele Regressionskoeffizienten nicht signifikant werden und daß sich mit viel sparsameren Modellen eine praktisch gleich gute Anpassung an die Daten erreichen läßt. Nur diese einfachen Modelle werden hier berichtet, wobei es sich durchweg

Tabelle 1: Alter, Geschlecht, religiöse familiale Sozialisation und nationaler Kontext als Determinanten des Atheismus ISSP 1991 (Paarweiser Ausschluß der fehlenden Werte; Gesamt-N=24970)

	Lineare Regression $R^2 = 22,7\%$				Logistische Regression Pseudo $R^2 = 27,6\%$; PRE = 11 %		
	Interaktionseffekte zugelassen		$R^2 = 19,4\%$ ausgeschlossen		Interaktionseffekte zugelassen		
	$b^{1)}$	beta$^{2)}$	$b^{1)}$	beta$^{2)}$	$b^{1)}$	exp(b)$^{3)}$	Std$^{4)}$
Kirchgang im Alter von 12	-0,011	-0,096	-0,026	-0,225	-0,240	0,787	0,506
der Mutter	-0,006	-0,058	-0,006	-0,051	-0,100	0,905	0,770
des Vaters	-0,004	-0,043	-0,004	-0,038	-0,120	0,887	0,718
Alter	0,001	0,030	0,000	0,023	0,009	1,009	1,158
Geschlecht	-0,038	-0,065	-0,036	-0,062	-0,577	0,562	0,750
Ostdeutschland	0,636	0,523	0,305	0,251	2,622	13,758	1,943
Slovenien	0,318	0,347	0,097	0,106	1,413	4,106	1,517
Ungarn	0,180	0,152	0,059	0,050	0,911	2,488	1,211
Niederlande	0,174	0,172	0,056	0,055	0,857	2,356	1,255
Israel	0,144	0,114	0,026	0,021	0,731	2,076	1,165
USA	-0,143	-0,127	-0,024	-0,021	-1,636	0,195	0,672
Kirchg. mit 12 in Ostdtl.	-0,078	-0,295			-0,131	0,877	0,864
Slovenien	-0,036	-0,258					
Ungarn	-0,019	-0,109					
Niederl.	-0,019	-0,119					
Israel	-0,021	-0,082					
USA	0,017	0,107					

1 Unstandardisierte Regressionskoeffizienten
2 Standardisierte Regressionskoeffizienten
3 Unstandardisierte Effekte
4 Standardisierte Effekte

Anmerkungen: Die Tabelle berichtet Effekte, die auf dem 5%-Niveau in einem zweiseitigen Test signifikant sind. Eine Ausnahme gilt für die Regressionen mit Interaktionstermen, die immer auch die linearen Komponenten des Interaktionsterms enthalten. Die t-Werte sind nicht invariant gegenüber Lineartransformationen der Komponentenvariablen und daher zur Selektion der signifikanten Effekte ungeeignet. Folgende Länder waren in die Analyse eingeschlossen: Deutschland (Ost und West), Großbritannien, Nordirland, USA, Ungarn, Niederlande, Italien, Irland, Norwegen, Österreich, Slowenien, Polen, Philippinen, Israel, Neuseeland, Russland.

um Regressionen mit Interzept handelt. Die Vorgehensweise hat allerdings zur Folge, daß die Signifikanzkoeffizienten nicht mehr in der üblichen Weise interpretiert werden können. Sie werden nur als Mittel benutzt, substantiell völlig unbedeutende Effekte zu eliminieren. Die Erklärungskraft der Modelle ist mit circa 20 Prozent und mehr beachtlich.

Tabelle 1 bestätigt die theoretischen Erwartungen in vollem Umfang, zunächst einmal insofern, als die Sozialisationsindikatoren in allen Modellen den vorhergesagten negativen Effekt auf den Atheismus haben. Wenn dabei der Kirchgang der Eltern etwas schwächer wirkt, dann deshalb, weil der Kirchgang des Kindes der vermutlich beste Indikator für die religiöse Erziehung des Kindes ist. Kirchgang mißt direkt die Religiosität der Eltern, die dann ihrerseits einen starken Einfluß auf die Religiosität des Kindes hat.[8] Geschlecht hängt in der erwarteten Weise mit dem Atheismus zusammen, d.h. Frauen sind etwas weniger atheistisch als Männer. Alter hat keinen substantiell bedeutsamen Effekt, der zudem das falsche Vorzeichen hat. Auf die Beziehung von Alter und Religion wird zurückzukommen sein.

Die LDVen im Modell ohne Interaktionsterme müssen immer relativ zu den Ländern interpretiert werden, für die sich in den ersten Regressionen kein signifikanter Effekt der jeweiligen LDV ergab. Dazu zählen so unterschiedliche Länder wie Norwegen, Italien oder Irland, in denen das Niveau der Religiosität allein aufgrund der Sozialisationseinflüsse recht gut vorhergesagt werden kann. Ein dem Atheismus günstiges Klima findet man, ganz im Einklang mit unseren theoretischen Erwartungen, in drei vormals kommunistischen Ländern (Ostdeutschland, Slowenien, Ungarn) sowie in Israel und den Niederlanden – zwei Länder, in denen in der Tat große Bevölkerungsteile als säkularisiert und areligiös gelten. Umgekehrt scheint Religion in den USA in so hohem Maße gesellschaftlich präsent, daß der Atheismus weniger verbreitet ist, als es nach den Sozialisationsvariablen zu erwarten wäre.

In den Modellen mit Interaktionsterm zeigt sich der theoretisch postulierte Zusammenhang, daß familiale religiöse Sozialisation gegenüber dem Atheismus um so stärker immunisiert, je weniger Religion in der Gesellschaft präsent ist[9]. Wenn Religion nicht durch gesellschaftliche Institutionen abgestützt ist, kann allein die religiöse Sozialisation in der Familie das Interesse an Religion wach halten. Dementsprechend hat der Kirchgang im 12. Lebensjahr in der linearen Regression in den vormals kommunistischen Ländern einen besonders starken negativen Effekt auf den Atheismus. Insgesamt[10] hat die religiöse Sozialisation auch in den USA einen negativen Effekt

---

8   Wenn außerdem ein direkter Effekt auf den Atheismus bestehen bleibt, so wohl deshalb, weil die Kirchgangshäufigkeit die Erziehungseinflüsse nur unvollständig erfaßt.
9   Ein ähnliches Ergebnis finden Kelley und de Graaf (1997) in ihrer Analyse der Kirchgangshäufigkeit, interpretieren das Ergebnis allerdings etwas anders.
10 Man muß bei Betrachtung eines einzelnen Landes den linearen Effekt und den Interaktionseffekt addieren, um den Gesamteffekt zu ermitteln.

auf den Atheismus, aber er ist etwas schwächer ausgeprägt als im Durchschnitt der Länder.

Es wundert nicht, daß in der logistischen Regression von den zahlreichen Interaktionseffekten nur ein einziger signifikant bleibt, weil dieses statistische Modell, wenn man so will, eine Art Interaktionseffekt schon eingebaut hat (vgl. Jagodzinski und Kühnel 1990; Jagodzinski und Klein 1997). Aber auch diese Form der Interaktion reicht nicht aus, um die Zusammenhänge in Ostdeutschland angemessen zur reproduzieren. Es liegt ganz auf der Linie der hier vertretenen Argumentation, daß der in dieser Gesellschaft verbreitete Atheismus die religiöse Sozialisation fast vollständig auf das Elternhaus zurückschnitt. Unter diesen Bedingungen geht von der religiösen Erziehung in der Familie eine stärker immunisierende Wirkung aus als in Gesellschaften, in denen Religion zusätzlich durch andere Institutionen abgestützt wird.

Religiöser Wandel in den neunziger Jahren

Die vorstehende empirische Analyse hat Sozialisationseinflüsse zwar nicht zwingend belegt, aber zumindest plausibilisiert. Die Annahme einer konstanten Nachfrage nach Religion ist also revisionsbedürftig. Eine hohe Plausibilität behält jedoch die andere Kernannahme der angebotsorientierten Religionstheorien, daß mit der Liberalisierung des religiösen Marktes das religiöse Angebot wächst und dies wiederum Ausmaß und Intensität der Religiosität positiv beeinflußt. Eine gewisse Öffnung des religiösen Marktes mag nicht erst 1989 erfolgt sein, sondern etwas früher. Ob dies eine nennenswerte Vermehrung des religiösen Angebots zur Folge hatte und ob diese gegebenenfalls bereits positive Effekte auf die in diesem Zeitraum ablaufenden Sozialisationsprozesse hatte, ist eine völlig offene Frage. Ganz ausgeschlossen ist es jedoch nicht. Dehnen wir um der größeren Fallzahlen willen die Sozialisationsphase etwas aus oder/und verlegen den Zeitpunkt der Öffnung des religiösen Marktes in die frühen achtziger Jahre. Dann könnten theoretisch alle ab Mitte der sechziger Jahre geborenen Generationen (jüngere Generationen) eine geringfügig andere Form der religiösen Sozialisation erfahren haben, nicht mehr ausschließlich eine marxistische Indoktrination, sondern eine etwas stärkere Sensibilisierung für genuin religiöse Fragen. Auf die zwischen 1946 und 1965 Geborenen (DDR-Generationen) hingegen sollte diese neue Entwicklung allenfalls marginale Effekte haben, weil sie zu einer Zeit aufgewachsen sind, in der die SED den Marxismus als staatliche Ersatzreligion weitgehend durchgesetzt hatte. Die Vorkriegsgenerationen (ältere Generationen) hingegen könnten in stärkerem Umfang auf die religiösen Angebote angesprochen werden, was sich in einer ansteigenden religiösen Partizipation dieser Generationen niederschlagen könnte. Wenn es denn eine wieder erwachende Religiosität in den Neuen Bundesländern gibt, läßt sie sich auf allen Dimensionen der Religiosität nachweisen? Im folgenden wollen wir uns nur auf zwei dieser Dimensionen konzentrieren, nämlich zum einen auf das religiöse Verhalten in Form des Kirchgangs und zum anderen auf den religiösen Glauben. Dort unterscheiden wir nochmals zwischen dem Glauben an Gott, dem Glauben an ein Weiterleben nach dem Tode und an den Himmel.

Abbildung 2: Kirchgang der 18-24jährigen in Ost- und Westdeutschland, 1991-96 (Forschungsgruppe Wahlen, e.V., Politbarometer)

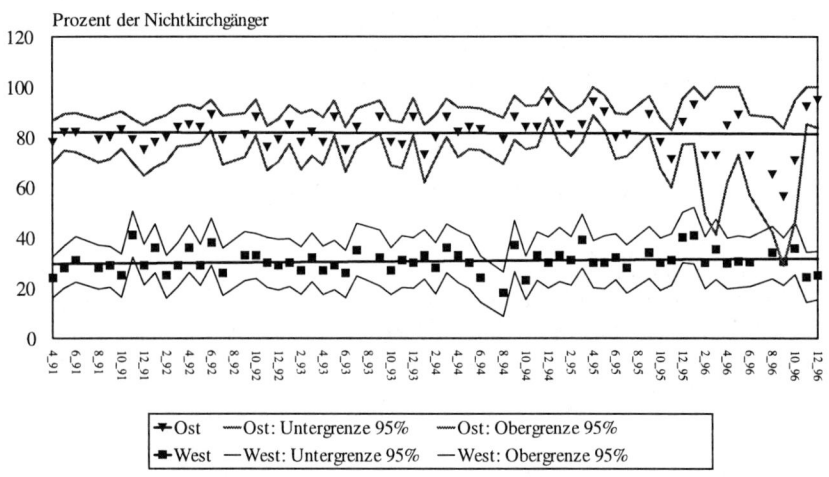

Fallzahlen: Minimum N=55, Maximum N=111; Durchschnitt ungefähr 75 Fälle pro Umfrage

Was zunächst die Kirchgangshäufigkeit anbelangt, so wird in Abbildung 2 überprüft, ob sich in den Altersgruppen der 18-24jährigen irgendwelche Veränderungen ergeben. Der Analyse liegen die im Zentralarchiv erhältlichen Politbarometer zugrunde, wobei auf der Abszisse Erhebungsmonat und Jahr abgetragen sind. Die erste Untersuchung stammt also aus dem April 1991 (4_91). In der Abbildung als Datenpunkt (Quadrate und Dreiecke) wiedergegeben ist der Prozentsatz der Befragten, die angeben, nie in die Kirche zu gehen. Um die Punkte herum wird die Unter- und Obergrenze des 95%-Konfidenzintervalls für einfache Zufallsauswahlen gelegt, so daß man einen ungefähren Eindruck von der Größe des Stichprobenfehlers bekommt. Wie man sieht, liegt der Wert für die neuen Bundesländer bei etwas über 80 Prozent und verändert sich im Zeitverlauf kaum. Auch in Westdeutschland bleiben die Werte relativ konstant, so daß sich ein Fazit bereits jetzt ziehen läßt: Auf die Kirchgangshäufigkeit der 18-24jährigen hat die Öffnung des religiösen Marktes in den Neuen Bundesländern keinen spürbaren Effekt gehabt.

Religiöse Stagnation in den Neuen Bundesländern 63

Das gleiche Fazit läßt sich ziehen, wenn man die Prozentsätze in den beiden Religionsmodulen des ISSP 1991 und 1998[11] für Ostdeutschland miteinander vergleicht. In Abbildung 3A ist diesmal der Anteil derer wiedergegeben, die überhaupt zur Kirche gehen, wenn auch nur weniger als einmal im Jahr.[12] Wir schätzen in den Politbarometern Ost knapp 20 Prozent Kirchgänger in der Gruppe der 18-24jährigen. Einen vergleichbaren Anteil finden wir in den beiden ISSP-Befragungen für die nach 1964 geborenen Generationen, wobei der Prozentsatz 1991 etwas höher, 1998 etwas niedriger liegt. Die Veränderung zwischen 1991 und 1998 ist aber nicht signifikant. Hinsichtlich des Kirchgangs unterscheidet sich die jüngste Generation nicht wesentlich von der DDR-Generation, die zwischen 1946 und 1964 geboren wurde. Einen deutlich höheren Anteil findet man hingegen in den vor 1946 geborenen Generationen (vgl. Abbildung 3A).

Die intergenerationellen Differenzen sehen beim Glauben an Gott in Abbildung 3B ganz ähnlich aus. In den älteren Generationen sind es immerhin um die 60 Prozent, die glauben oder zweifeln, also die Existenz Gottes nicht ausschließen. In den mittleren und jüngeren Generationen ist dieser Glauben signifikant niedriger, er liegt um die 40 Prozent. Veränderungen innerhalb der Generationen und Differenzen zwischen mittleren und jüngeren Generationen werden auch hier nicht signifikant.

Es scheint also nach den bisherigen Analysen so, als habe die Öffnung des religiösen Marktes keinen spürbaren Effekt auf die Religiosität gehabt, weder auf die religiöse Partizipation noch auf den religiösen Glauben. Ein völlig anderes Muster zeigen jedoch die Abbildungen 3C und 3D. Während in den DDR-Generationen deutlich unter 40 Prozent ein Leben nach dem Tode für möglich halten, sind es in den jüngsten Generationen zwischen 40 und 50 Prozent. Der Anteil liegt sogar etwas höher als in den Vorkriegsgenerationen, die Differenzen zwischen diesen Generationen wie auch die intragenerationellen Veränderungen sind aber nicht signifikant. Wohl aber unterscheiden sich die jüngsten Generationen signifikant von den DDR-Generationen.

Auch beim Glauben an den Himmel stimmen die beiden Prozentsätze für die jüngsten Generationen mit denen für die älteren Generationen viel besser überein als mit denen für die DDR-Generationen (Abbildung 3D). Bei den nach 1964 Geborenen nimmt der Anteil der Personen, die die Existenz eines Himmels nicht völlig ausschließen, leicht zu. Die jüngeren und älteren Generationen unterscheiden sich 1998 kaum noch voneinander, während der Abstand zu den DDR-Generationen beträchtlich ist.

---

11 Für die deutsche Erhebungen ist ZUMA, e.V. in Mannheim verantwortlich. Ich danke Peter Mohler, daß er mir die Daten so rasch zugänglich gemacht hat.
12 Dabei ergibt sich beim Vergleich von 1991 und 1998 allerdings das Problem, daß 1998 die Konfessionslosen nach der Kirchgangshäufigkeit nicht befragt wurden, 1991 hingegen schon. Um insofern Vergleichbarkeit herzustellen, wurden die Konfessionslosen in beiden Fällen den Nichtkirchgängern zugerechnet.

Dieses vielleicht überraschende Ergebnis ist nun auf vielfältige Weise interpretierbar. Zunächst einmal könnte man es im Sinne der Überlegungen von Luckmann deuten, also als Anzeichen dafür, daß die institutionalisierte Religion in den Neuen Bundesländern in der Auflösung begriffen ist und sich neue Formen der Religiosität bereits ankündigen. Die De-Institutionalisierung wäre nicht allein von einer abnehmenden Kirchgangshäufigkeit begleitet, sondern zugleich von dem schwindenden Glauben an das zentrale Dogma theistischer Religionen, nämlich den Glauben an Gott. Konsistent mit dem theoretischen Ansatz wären die empirischen Ergebnisse aber nur, wenn Himmel und Weiterleben als Chiffren für „kleine Transzendenzen" fungieren würden. Das Weiterleben nach dem Tode wäre dann eher ein Weiterleben in dieser Welt (Reinkarnation) oder in den Genen der Nachkommen, der Himmel eher ein allgemeines Symbol für eine bessere Zukunft. Ob dem so ist, ließe sich nur mit sehr viel präziseren Fragen herausfinden, und hierzu könnte die qualitative Forschung vielleicht einen Beitrag leisten.

Ich halte es allerdings für sehr wahrscheinlich, daß die meisten Befragten mit Himmel und Jenseits noch keine sehr konkreten Vorstellungen verbinden. Die Unterschiede zwischen den DDR-Generationen und den jüngeren kommen vor allem dadurch zustande, daß die einen wieder zu zweifeln beginnen, während die anderen ganz im Sinne des Materialismus die Existenz eines Himmels oder eines Jenseits schlechterdings ausschließen. Die jüngeren Generationen scheinen für Fragen von Immanenz oder Transzendenz etwas offener zu sein, ohne daß dies sich bereits zu einem spezifischen religiösen Glauben verdichtet hätte. Eine gewisse Sensibilität für religiöse Themen ist zurückgekehrt. Angesichts der geringen Prozentsatzdifferenzen, die wir gefunden haben, sollte man sich allerdings vor weitreichenden Schlußfolgerungen hüten.

Abbildung 3: **Kirchgang und religiöser Glaube in Ostdeutschland**
ISSP 1991 und 1998

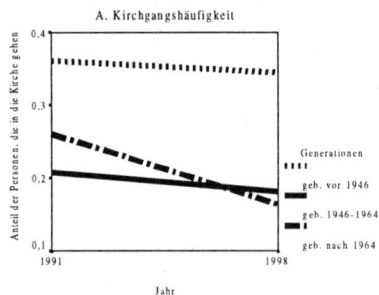
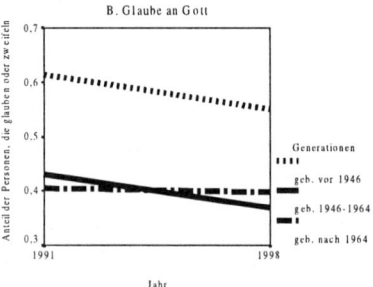

Religiöse Stagnation in den Neuen Bundesländern 65

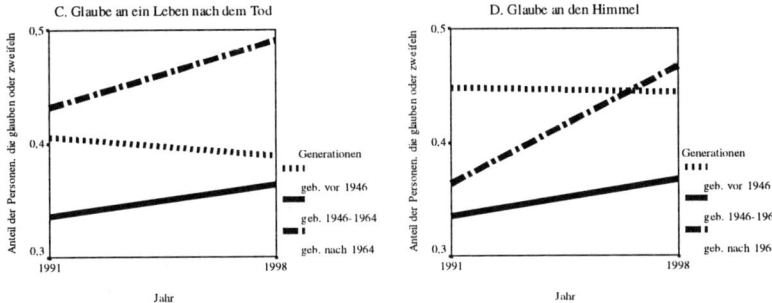

Schlußbemerkung

Die vorgelegten empirischen Befunde sind gewiß kein schlagender Beleg für eine neu erwachende Religiosität in den jüngeren ostdeutschen Generationen. Die intergenerationellen Differenzen, die wir gefunden haben, sind substantiell nicht beeindruckend und treten zudem bei Items auf, die alles andere als klar und eindeutig formuliert sind. So kann man mit dem Argument, daß härteren Indikatoren wie der Kirchgangshäufigkeit mehr zu trauen sei, als Säkularisierungstheoretiker einstweilen an der Auffassung festhalten, daß sich an der religiösen Situation in Ostdeutschland seit der Wende wenig oder gar nichts geändert hat. Man kann als Anhänger ökonomischer Theorien darauf verweisen, daß Diffusionsprozesse sehr lange Zeit brauchen, bis sie quantitativ sichtbar werden. Möglicherweise bahnt sich unter der Oberfläche also bereits eine Entwicklung an, die wir mit Umfragen noch gar nicht erfassen können. Man kann schließlich als Anhänger von De-Institutionalisierungs- und Individualisierungsthesen argumentieren, daß die Daten doch beides zeigen, den Niedergang der institutionalisierten Religion und das Aufkommen einer neuen, spirituellen Religiosität außerhalb der Kirchen.

Daß alle diese Positionen momentan noch mit mehr oder minder guten Gründen vertreten werden können, macht die Entwicklung der kommenden Jahre spannend. Aus der hier vertretenen theoretischen Perspektive weisen die Daten allerdings in eine noch etwas andere Richtung. Sie zeigen zum einen die Rückkehr des religiösen Zweifels in den jüngeren ostdeutschen Generationen, was zugleich bedeuten kann, daß man für genuin religiöse Fragen wieder in stärkerem Maße ansprechbar wird. Es zeichnet sich also ein potentieller Bedarf ab, auf den die Kirchen und andere religiöse Organisationen bislang anscheinend noch nicht mit adäquaten Angeboten reagiert haben. Noch viel weniger konnten die evangelischen Kirchen die Liberalisierung des religiösen Marktes dazu nutzen, um Teile ihres einstmals großen Klientels zurückzugewinnen. Das läßt auf Defizite in den Wettbewerbsstrategien schließen. Man wird sich unter diesem Aspekt zum Beispiel fragen müssen, ob eine Kirchensteuer förderlich ist, wenn man größere Marktanteile zurückerobern will. Man wird sich auch fragen müssen, ob man nicht sehr viel offensiver mit den immer noch verbreiteten quasi-religiösen Angeboten marxistischer Provenienz, etwa der Jugendweihe, umgehen muß. So menschlich verständlich es ist, daß Geistliche, die unter der kirchenfeindlichen Politik der SED zu leiden hatten, solchen Strategien nur begrenzte Sympathien entgegenbringen, so nachteilig ist dies unter dem Gesichtspunkt des religiösen Wettbewerbs.

Die Antwort auf unsere Ausgangsfrage muß also lauten: es fehlt sowohl die Nachfrage als auch das Angebot. Sicher war die Erziehungspolitik der SED besonders in jenen Kohorten erfolgreich, die nach dem Zweiten Weltkrieg aufgewachsen sind. Viele Angehörige der DDR-Generationen sind an Religion nicht interessiert und für religiöse Themen nicht empfänglich. Die Nachfrage nach Religion ist dementsprechend gering. Solange an die Kinder die gleichen Werte und (quasi-)religiösen Überzeugungen weitergegeben werden, wird sich daran nicht viel ändern. Es gibt jedoch erste Anzeichen für eine größere religiöse Sensibilität in den jüngeren Generationen. Wenn sie bislang auf Distanz zu den Religionsgemeinschaften geblieben sind, so wohl auch deshalb, weil ein ausreichend attraktives religiöses Angebot noch nicht entwickelt werden konnte.

Literatur

Beyer, Peter F., 1994: Religion and Globalization. London.
Beyer, Peter F., 1990: Privatization and the Public Influence of Religion and Global Society, in: Theory, Culture & Society 7, 373-394.
Beck, Ulrich, 1986: Risikogesellschaft. Auf dem Weg in einen andere Moderne. Frankfurt/M.
Bruce, Steve, 1996: Religion in the Modern World. Oxford.
Bruce, Steve, 1995: The Truth about Religion in Britain, in: Journal for the Scientific Study of Religion 34, 417-430.
Bruce, Steve, 1995: A Novel Reading of Nineteenth-Century Wales: A Reply to Stark, Finke, and Iannaccone, in: Journal for the Scientific Study of Religion 34, 520-522.
Bruce, Steve, 1993: Religion and Rational Choice: A Critique of Economic Explanations of Religious Behavior, in: Sociology of Religion 54, 193-205.
Box-Steffensmeier, Janet M., 1992: An Empirical Test of Iannaccone's Sophisticated Model of Regulated Religious Markets, in: Rationality and Society 4, 243-247.
Casanova, José, 1994: Public Religions in the Modern World. Chicago.
Casanova, José, 1994: Religion und Öffentlichkeit. Ein Ost-/Westvergleich, in: Transit 8, 21-41.

Chaves, Mark, 1995: On the Rational Choice Approach to Religion, in: Journal for the Scientific Study of Religion 34, 96-104.
Demerath, N. J. II, 1995: Rational Paradigms, A-Rational Religion, and the Debate over Secularization, in: Journal for the Scientific Study of Religion 34, 105-112.
Dobbelaere, Karel, 1995: Religion in Europe and North America, in: de Moor, Ruud, (Hg.): Values in Western Societies. Tilburg, 1-29.
Dobbelaere, Karel, 1989: The Secularization of Society? Some Methodological Suggestions, in: Hadden, Jeffrey K./Shupe, Anson, (Hg.): Religion and the Political Order. Bd 3. Secularization and Fundamentalism Reconsidered. New York 1989, 27-44.
Dobbelaere, Karel, 1981: Secularization: A Multi-dimensional Concept, in: Current Sociology 29.
Finke, Roger, 1992: An Unsecular America, in: Bruce, Steve, (Hg.): Religion and Modernization: Sociologists and Historians Debate the Secularization Thesis. Oxford, 145-169.
Finke, Roger: Religious Deregulation: Origins and Consequences, in: Journal of Church and State 32, 609-626.
Finke, Roger, 1989: Demographics of Religious Participation: An Ecological Approach, 1850-1980, in: Journal for the Scientific Study of Religion 28, 45-58.
Finke, Roger/Iannaccone, Laurence R., 1993: Supply-Side Explanations for Religious Change, in: Annals of the American Academy of Political and Social Science 527, 27-39.
Finke, Roger/Stark, Rodney, 1993, (Hg.): The Churching of America, 1776-1990. Winners and Losers in Our Religious Economy. New Brunswick/New Jersey.
Finke, Roger/Stark, Rodney, 1988: Religious Economies and Sacred Canopies: Religious Mobilization in American Cities, 1906, in: American Sociological Review 53, 41-49.
Gabriel, Karl, 1996, (Hg.): Religiöse Individualisierung oder Säkularisierung: Biographie und Gruppe als Bezugspunkte moderner Religiosität. Gütersloh.
Greeley, Andrew M., 1996/7: The New American Paradigm: A Modest Critique, in: Rehberg, Karl-Siegbert, (Hg.): Differenz und Integration. Die Zukunft moderner Gesellschaften. 28. Kongreß der Deutschen Gesellschaft für Soziologie – Dresden 1996/Opladen 1997, 451-455.
Greeley, Andrew M., (Hg.), 1995: Sociology and Religion. New York.
Iannaccone, Laurence R., 1995: Voodoo Economics? Reviewing the Rational Choice Approach to Religion, in: Journal for the Scientific Study of Religion 34, 76-89.
Iannaccone, Laurence R., 1995: Second Thoughts: A Response to Chaves, Demerath, and Ellison, in: Journal for the Scientific Study of Religion 34, 113-120.
Iannaccone, Laurence R., 1994: Why Strict Churches are Strong, in: American Journal of Sociology 90, 1180-1211.
Iannaccone, Laurence R., 1993: Heirs to the Protestantic Ethic? The Economics of American Fundamentalists, in: Marty, Martin E./Appleby, Scott R., (Hg.): Fundamentalism and the State. Chicago, 342-366.
Iannaccone, Laurence R., 1991: The Consequences of Religious Market Structure, in: Rationality and Society 3, 156-177.
Iannaccone, Laurence R., 1990: Religious Practice: A Human Capital Approach, in: Journal for the Scientific Study of Religion 29, 297-314.
Iannaccone, Laurence R., 1988: A Formal Model of Church and Sect, in: American Journal of Sociology 94, 241-268.

Iannaccone, Laurence R./Finke, Roger/Stark, Rodney, 1997: Deregulating Religion: The Economics of Church and State, in: Economic Inquiry 35, 350-364.
Inglehart, Ronald, 1989: Kultureller Umbruch. Wertwandel in der westlichen Welt. Frankfurt/M.
Jagodzinski, Wolfgang, 1998: De-Institutionalisierung von Religion in Deutschland und Polen?, in: Pollack,Detlef/Borowik, Irena/Jagodzinski, Wolfgang, (Hg.): Religiöser Wandel in den postkommunistischen Ländern Ost- und Mitteleuropas. Würzburg, 151-177.
Jagodzinski, Wolfgang, 1997: Comments on „Deregulating Religion: The Economics of Church and State" by Laurence R. Iannaccone, Roger Finke, and Rodney Stark, in: Differenz und Integration. Die Zukunft moderner Gesellschaften. 28. Kongreß der Deutschen Gesellschaft für Soziologie – Dresden 1996. Opladen, 466-470.
Jagodzinski, Wolfgang, 1994: Säkularisierung und religiöser Glaube. Rückgang traditioneller Religiosität und religiöser Pluralismus in Westeuropa, in: Best, Heinrich/Pappi, Franz Urban/Reuband, Karl-Heinz, (Hg.): Die deutsche Gesellschaft in vergleichender Perspektive. Festschrift zum 65. Geburtstag von E. K. Scheuch. Opladen, 261-285.
Jagodzinski, Wolfgang/Karel Dobbelaere, 1995: Secularization and Church Religiosity, in: Deth, Jan van/Scarbrough, Elinor, (Hg.): The Impact of Values. Oxford, 68-91.
Jagodzinski, Wolfgang/Greeley, Andrew, 1998: The Demand of Religion: Hard Core Atheism and „Supply Side" Theory. Unpublished manuscript. Chicago (www/agreeley.com/articles/hardcore.html).
Jagodzinski, Wolfgang/Klein, Markus, 1997: Interaktionseffekte in logistischen und linearen Regressionsmodellen und in CHAID. Zum Einfluß von Politikverdrossenheit und Rechtsextremismus auf die Wahl der Republikaner, in ZA-Information 41, 33-57.
Jagodzinski, Wolfgang/Kühnel, Steffen, 1990: Zur Schätzung der relativen Effekte von Issueorientierungen, Kandidatenpräferenz und langfristiger Parteibindungen auf die Wahlabsicht, in: Schmitt, K., (Hg.): Wahlen, Parteieliten, politische Einstellungen. Neuere Forschungsergebnisse. Band 6. Frankfurt/M., 5-63.
Kelley, Jonathan/Nan Dirk de Graaf, 1997: National Context, Parental Socialization, and Religious Belief. Results from 15 Nations, in: American Sociological Review 62, 639-659.
Knoblauch, Hubert, 1991: Die Verflüchtigung der Religion ins Religiöse: Thomas Luckmanns Unsichtbare Religion. Frankfurt/M., 7-41.
Lechner, Frank J., 1991: The Case against Secularization: A Rebuttal, in: Social Forces 69, 1103-1119.
Luckmann, Thomas, 1996: Privatisierung und Individualisierung: Zur Sozialform der Religion in spätindustriellen Gesellschaften, in: Gabriel, Karl, (Hg.): Religiöse Individualisierung oder Säkularisierung: Biographie und Gruppe als Bezugspunkte moderner Religiosität. Gütersloh, 17-28.
Luckmann, Thomas, 1995: The Social Forms of Religion, in: Greeley, Andrew M., (Hg.): Sociology and Religion. New York, 218-230.
Luckmann, Thomas, [1967] 1991: Die unsichtbare Religion. Frankfurt/M.
Luckmann, Thomas/Greeley, Andrew M., 1995: An Argument about Secularization, in: Greeley, Andrew: Sociology and Religion. New York, 231-248.

Religiöse Stagnation in den Neuen Bundesländern 69

Luhmann, Niklas, 1997: Die Gesellschaft der Gesellschaft. 2 Bände. Frankfurt/M.
Luhmann, Niklas, 1991: Religion und Gesellschaft, in: Sociologia Internationalis 29, 133-139.
Luhmann, Niklas, 1977: Funktion der Religion. Frankfurt/M.
Martin, David, 1991: The Secularization Issue: Prospect and Retrospect, in: The British Journal of Sociology 42, 465-474.
Martin, David, 1978: A General Theory of Secularization. London.
Montgomery, James D., 1996: Dynamics of the Religious Economy. Exit, Voice and Denominational Secularization, in: Rationality and Society 8, 81 -110.
Montgomery, James D., 1992: Pascal's Wager and the Limits of Rational Choice, in: Rationality and Society 4, 117-120.
Pollack, Detlef, 1998: Bleiben Sie Heiden? Religiös-kirchliche Einstellungen und Verhaltensweisen der Ostdeutschen nach dem Umbruch von 1989, in: Pollack, Detlef/Borowik, Irena/Jagodzinski, Wolfgang, (Hg.): Religiöser Wandel in den Postkommunistischen Ländern Ost- und Mitteleuropas. Würzburg, 207-252.
Pollack, Detlef, 1994: Kirche in der Organisationsgesellschaft: Zum Wandel der gesellschaftlichen Lage in den evangelischen Kirchen in der DDR. Stuttgart.
Stark, Rodney/Bainbridge, William S., 1987: A Theory of Religion. New York.
Stark, Rodney/Bainbridge, William S., 1985: The Future of Religion: Secularization, Revival, and Cult Formation. Berkeley.
Stark, Rodney/Bainbridge, William S., 1980: Toward a Theory of Religion: Religious Commitment, in: Journal for the Scientific Study of Religion 19, 114-128.
Stark, Rodney/Iannaccone, Laurence R., 1995: Truth? A Reply to Bruce, in: Journal for the Scientific Study of Religion 34, 516-519.
Stark, Rodney/Iannaccone, Laurence R., 1994: A Supply-Side Reinterpretation of the 'Secularization' of Europe, in: Journal for the Scientific Study of Religion 33, 230-252.
Warner, R. Stephen, 1993: Work in Progress towards a New Paradigm for the Sociological Study of Religion in the United States, in: American Journal of Sociology 98, 1044-1093.
Wilson, Bryan R., 1985: Secularization: The Inherited Model, in: Hammond, Philip E., (Hg.): The Sacred in a Secular Age. Berkeley, 9-20.
Wilson, Bryan R., 1982: Religion in Sociological Perspective. Oxford.
Wilson, Bryan R., 1976: Contemporary Transformation of Religion. Oxford.

Hermann Denz

Postmodernisierung von Religion in Deutschland – Ost-West-Vergleich im europäischen Kontext

Im Mittelpunkt dieser Untersuchung steht ein Vergleich der westlichen und östlichen Bundesländer Deutschlands, weil diese beiden Teile in den Jahren von 1945 bis zur Wiedervereinigung, bedingt durch die unterschiedlichen politischen Systeme, völlig verschiedene Modernisierungswege gegangen sind. Kirchen, Kirchenbindungen, persönliche Religiosität usw. haben sich – so die Hypothese – dadurch sehr unterschiedlich entwickelt. Den Hintergrund bildet immer die Frage nach der Postmodernisierung von Religion. Nicht näher eingegangen wird auf die Veränderungen seit der Wiedervereinigung (eine Zusammenfassung dieser Veränderungen: Pollack 1996; 1998). Ohne nun die Diskussion um die Postmoderne ausführlicher darzustellen, sollen einige Thesen als Zusammenfassung dieser Überlegungen formuliert werden, die dann auch empirisch überprüft werden (allgemein: Beck 1986b; Welsch 1988; Preglau/Richter 1998; zur postmodernen Religion: Dubach/ Campiche 1993; Gabriel 1993; Denz 1994; 1995; 1998).

- *These 1: Die Befreiung von institutionellen Zwängen:* Die Menschen vertrauen nicht mehr den vorgegebenen Lösungsmustern, suchen sich neue und lösen sich dadurch auch von tradierten Normen. An die Stelle der traditionellen Ehe treten neue Formen des Zusammenlebens, an die Stelle der Mitgliedschaft in organisierten Kirchen tritt eine individuelle Religiosität, die frei ist vom traditionellen organisatorischen Rahmen einer Kirche.
- *These 2: Die Auflösung von ganzheitlichen Ideologiekonstruktionen:* Religionen boten bisher einen alle Bereiche des Lebens regelnden und deutenden Katalog von Glaubenssätzen an. Zwar gibt es immer noch diesen Anspruch der Kirchen und insbesondere von Sekten, daß ihre Mitglieder diese Religion in ihrer Gesamtheit zu glauben haben – z.B. der neue Weltkatechismus der katholischen Kirche –, aber diese Vorstellung wird von immer weniger Menschen geteilt.
- *These 3: Primat der Subjektivität:* Religiosität bestimmt sich in erster Linie subjektiv. Nicht mehr die Zugehörigkeit zu Kirchen oder der Glaube an bestimmte kanonisierte Inhalte bestimmen die Religiosität, sondern die eigene Definition.

- *These 4: Die individuelle Neukonstruktion von Religion = Bastelreligion:* Wenn die vorgegebenen Muster nicht mehr gelten, hat das Individuum die Möglichkeit, für sich Neues zu schaffen oder sich für das tradierte Modell zu entscheiden. Es besteht die Notwendigkeit, eine Entscheidung zu treffen, – und neue Möglichkeiten gibt es genügend: Aus dem Fundus der verschiedenen Religionen, Weltanschauungen oder Philosophien werden bisher als unvereinbar gesehene Elemente zu einer neuen individuellen Religion zusammengebastelt.
- *These 5: Die Ablösung institutioneller Bindungen von ihrer sozialstrukturellen Bedingtheit:* In der traditionellen bis hin zur modernen Gesellschaft sind institutionelle Bindungen noch sehr stark mit bestimmten sozialen Milieus oder Soziallagen gekoppelt (Stadt-Land-Differenzierung, Schichten, Geschlechterrollen usw.). Die Postmoderne bringt neue Wahlmöglichkeiten, die nur mehr bedingt mit den bisherigen Soziallagen zusammenfallen (Beck 1986a).

„Nicht nur verändert Modernisierung den industriegesellschaftlichen Rahmen von Modernisierung. Vielmehr: Weil alles Feste und Ständische auch innerhalb der Industriemoderne verdampft, weil das Institutionen- und Organisationsgefüge der Industriegesellschaft entselbstverständlicht wird, entsichert wird, zerbricht das Rollengefüge, das 'Gehäuse der Hörigkeit' (Max Weber), das die industrielle Moderne errichtet und gepanzert hat. Es zerfällt in die Entscheidungen der Individuen" (Beck 1993: 63).

Diese fünfte These bezieht sich nicht auf inhaltliche Dimensionen wie die ersten vier, sondern bezeichnet eine strukturelle Eigenschaft, die allen Inhalten zukommt. Diese These wird also immer in Kombination mit den anderen auftauchen. Die Hypothesen dazu sind: Je älter und je weniger Bildung, desto mehr Religiosität und Kirchlichkeit; Menschen in kleineren Gemeinden und Frauen sind religiöser und stärker kirchengebunden (empirische Belege dazu: Zulehner et al. 1991; Zulehner/Denz 1993; die Längsschnittanalysen zeigen aber auch, daß die Höhe der Korrelationen in den letzten 30 Jahren deutlich zurückgegangen ist). Um diese These 5 zu überprüfen, werden die Korrelationen mit diesen vier sozialstrukturellen Indikatoren in jedem inhaltlichen Bereich analysiert.

Zur Überprüfung dieser Thesen werden die Daten der Europäischen Wertestudie 1990 herangezogen, die ganz knapp nach der Wiedervereinigung erhoben wurden. Es sind also noch keine Effekte des sozialen Wandels durch das Leben unter den neuen sozialen Bedingungen enthalten. Ein zweiter Grund für die Verwendung dieser Daten ist ihre internationale Vergleichbarkeit, da diese Analyse immer wieder auch in den europäischen Rahmen eingebettet werden soll, um einen größeren Kontext für den Vergleich zu gewinnen. Die Unterschiede zwischen den westlichen und östlichen Bundesländern können sich dadurch relativieren oder als Besonderheiten noch deutlicher hervortreten.

These 1: Die Befreiung von institutionellen Zwängen

Fünf Indikatoren stehen für die Kirchenbindung (alle Indikatoren sind auf den Maximalwert 1.0 normiert):
a. Anteil derer, die Mitglied einer Kirche sind;
b. Anteil derer, die im Laufe ihres Lebens aus einer Kirche ausgetreten sind;
c. Anteil derer, die sehr viel oder ziemlich viel Vertrauen in die Kirche haben;
d. Index aus der Nachfrage nach den kirchlichen Riten Taufe, Hochzeit, Beerdigung;
e. Anteil derer, die regelmäßig (wöchentlich) einen Gottesdienst besuchen.

Tabelle 1: Indikatoren für die Kirchenbindung (relative Häufigkeiten)

Anteil ...	Kirchenmit-glieder	Ausgetretene	Vertrauen in die Kirchen	wollen kirchliche Riten	regelmäßiger Gottesdienst-besuch
Deutschland-West	0,89	0,09	0,39	0,68	0,18
Deutschland-Ost	0,35	0,31	0,43	0,42	0,13

Obwohl im westlichen Teil Deutschlands der Anteil an Kirchenmitgliedern mehr als doppelt so hoch ist wie im östlichen, unterscheidet sich der Gottesdienstbesuch nicht so stark. Was im östlichen Teil besonders auffällt, ist das große Vertrauen, das die Kirchen genießen, und eine die Mitgliederzahl übersteigende hohe Nachfrage nach Riten. Besonders der Wunsch nach einer kirchlichen Beerdigung geht weit über den Kreis der Kirchenmitglieder hinaus. Dieses Vertrauen in die Kirchen hat allerdings in der Zwischenzeit deutlich abgenommen (Pollack 1998: 229).

Tabelle 2: Korrelation der beiden Indikatoren Kirchenmitgliedschaft (KM) und Gottesdienstbesuch (GB)[1] mit sozialstrukturellen Indikatoren

Korrela-tionen	Alter mit KM	Alter mit GB	Geschl. mit KM	Geschl. mit GB	Ortsgröße mit KM	Ortsgröße mit GB	Bildung mit KM	Bildung mit GB
Deutsch-land/West	0,10	0,32	0,08	0,17	-0,16	-0,18	-0,10	-0,16
Deutsch-land/Ost	0,19	0,15	0,09	0,09	-0,11	-0,07	-0,06	-0,05

Wie Tabelle 2 zeigt, korreliert Alter mit Kirchenmitgliedschaft und Gottesdienstbesuch sowohl in den westlichen als auch in den östlichen Bundesländern positiv. Allerdings muß hier differenziert werden: In den westlichen Bundesländern korreliert der Gottesdienstbesuch deutlich höher, in den östlichen die Mitgliedschaft. Im Westen ist die Mitgliedschaft (immer noch) fast

---

1 Zur Berechnung des Korrelationskoeffizienten wird hier wie bei allen anderen quantitativen Variablen die nicht zusammengefaßte Variable verwendet; die Korrelationen beruhen auf den Individualdaten.

eine kulturelle Selbstverständlichkeit. Aber immer dann, wenn es zu bewußten Entscheidungen kommt, spielt eben die Tradition, die sich in der Korrelation mit dem Alter niederschlägt, eine große Rolle (im Westen beim Gottesdienstbesuch, im Osten bei der Mitgliedschaft). Alle weiteren Korrelationen entsprechen den Hypothesen (Zulehner et al. 1991: 113ff.), sind allerdings im Westen immer etwa doppelt so hoch wie im Osten. Im Osten hängt die Entscheidung, bei einer Kirche zu bleiben, etwas von der Ortsgröße und am stärksten vom Alter ab. Sehr hoch sind aber alle Korrelationen nicht. Die Entscheidung ist jedoch erstaunlich unabhängig von Geschlecht und Bildung. Die östlichen Bundesländer sind zumindest in dieser Dimension postmoderner – im Sinne einer freien Entscheidung für die institutionelle Zugehörigkeit – als die westlichen.

Alle diese Informationen über alle europäischen Länder werden durch eine Clusteranalyse zu einer Typologie der analysierten Länder zusammengefaßt, die den Vergleich zwischen Ost- und Westdeutschland in den europäischen Kontext stellt. Verwendet wurde das k-means-Verfahren; die Variablen wurden nicht gewichtet, da sie alle das theoretische Maximum von 1.0 haben. Die Korrelationen sind immer in Richtung der Hypothesen gerechnet, so daß auch hier nahezu alle Werte zwischen 0 und 1.0 liegen. Fehlen einzelne Werte in den Daten, wurden diese für die Clusteranalyse proportional ersetzt: Der Mittelwert der fehlenden Variablen wurde um die Abweichung dieses Landes vom Gesamtmittelwert korrigiert, damit alle Länder klassifiziert werden konnten. Bei Estland fehlen bei zwei Dimensionen (Tabelle 6 und Tabelle 12) alle oder nahezu alle Werte; deshalb wurde es bei diesen beiden Analysen nicht berücksichtigt (zum Verfahren vgl. Bacher 1994: 308ff.). Aus Tabelle 3 ergibt sich folgendes:

- ñ *Cluster 1* (Irland, Nordirland, Polen): Länder mit hoher Kirchenmitgliedschaft, wenig Kirchenaustritte, hohes Vertrauen in die Kirche, hohe Nachfrage nach kirchlichen Riten, sehr viele regelmäßige Gottesdienstbesucher, Alter korreliert wenig, Geschlecht und Ortsgröße spielen beim Gottesdienstbesuch eine Rolle – traditionell *hoch kirchliche* Länder, vielleicht ein schwaches Nachlassen der sozialen Kontrolle im städtischen Bereich.
- ñ *Cluster 2* (Dänemark, Finnland, Norwegen, Schweden, Frankreich, Großbritannien): Wenig Vertrauen in die Kirchen, geringe Nachfrage nach Riten, ganz wenig Gottesdienstbesuch, Bildung spielt sowohl bei der Mitgliedschaft als auch beim Gottesdienstbesuch keine Rolle – *wenig kirchliche* Länder mit einer gewissen formalen Mitgliedschaft, aber extrem geringer Kirchenbindung.
- ñ *Cluster 3* (Belgien, Deutschland-West, Österreich, Portugal, Slowenien, Slowakei): Überdurchschnittlich viele Mitglieder, Riten und Gottesdienstbesuch liegen auch etwas über dem Durchschnitt, das Vertrauen darunter. Die Ortsgröße spielt bei der Mitgliedschaft und dem Gottesdienstbesuch eine große Rolle (= soziale Kontrolle): noch traditionell kirchliche Länder im Sinne hoher Mitgliederzahlen *(formal kirchlich)*, solange die Tradition noch sozial gestützt ist.
- ñ *Cluster 4* (Deutschland-Ost, Niederlande, Estland, Lettland, Tschechische Republik): Wenig Kirchenmitglieder, hohe Austrittsraten, wenig Vertrauen, wenig Glaube an Riten, wenig Gottesdienstbesuch – *unkirchliche* Länder.

ñ Cluster 5 (Island, Italien, Spanien, Litauen, Ungarn, Canada, USA): Leicht überdurchschnittliche Mitgliedschaft, wenig Austritte, hohes Vertrauen und großer Glaube an kirchliche Riten, Bildung spielt bei der Kirchenbindung eine gewisse Rolle (weniger Bildung führt zu mehr Kirchenbindung) – *kirchliche* Länder; es besteht eine deutliche Kirchenbindung, aber nicht ganz so hoch wie beim Cluster 1.

Tabelle 3: Clusteranalyse der Kirchenbindungs-Variablen[2]

Cluster	1	2	3	4	5	Erklärung Eta**2
Anzahl Länder	3	6	6	5	7	
Kirchenmitglieder	11.73	1.04	2.02	-5.96	1.08	0.728
Ausgetretene	-5.49	0.44	-0.59	1.24	-1.05	0.266
Vertrauen in die Kirchen	7.50	-3.91	-1.32	-1.39	3.07	0.655
Kirchliche Riten	16.74	-1.88	1.72	-5.49	4.66	0.864
Regelm. Gottesdienstbesuch	4.74	-9.08	1.25	-3.36	0.14	0.766
Alter mit Mitgliedschaft	-1.71	-0.79	-0.46	1.05	0.72	0.157
Alter mit Gottesdienstbesuch	-0.81	0.57	0.53	-2.02	1.12	0.219
Geschlecht mit Mitgliedschaft	0.00	-1.30	0.11	0.90	0.67	0.099
Geschlecht mit Gottesdienstbesuch	1.51	-0.95	-0.05	-2.61	1.50	0.355
Ortsgröße mit Mitgliedschaft	0.22	-0.97	4.04	-1.11	-1.64	0.472
Ortsgröße mit Gottesdienstbesuch	1.46	-1.92	5.67	-1.73	-1.29	0.601
Bildung mit Mitgliedschaft	-0.60	-3.63	0.88	-0.76	1.89	0.362
Bildung mit Gottesdienstbesuch	-0.66	-3.99	2.46	-1.16	2.29	0.558

These 2: Die Auflösung eines ganzheitlichen Glaubenssystems

Die Indikatoren für das Glaubensgebäude sind:

a. das Ausmaß der Zustimmung zu folgenden Fragen:
   Glaube an Gott, an ein Leben nach dem Tod, an die Seele, an den Teufel, an die Hölle, an den Himmel, an Sünde, an die Auferstehung der Toten;
b. Anteil derer, die an einen personalen Gott glauben;
c. Anteil derer, die sagen, es gebe keinen Gott oder ein höheres Wesen;
d. Anteil derer, die sagen, daß Gott in ihrem Leben wichtig sei (Ausprägungen 8-10 auf einer 10-stufigen Skala).

Die Zustimmung zu allen Glaubenssätzen ist im Westen höher als im Osten, aber im Verhältnis zur unterschiedlichen Anzahl an Kirchenmitgliedern nur

---

2 Die Clusteranalysen beruhen auf Länderdaten: Anteilswerte bzw. Korrelationskoeffizienten. Die Clusterung zeigt also das typischerweise gemeinsame Auftreten bestimmter Merkmale, wie z.B. wenig Vertrauen in die Kirchen und ein hoher Anteil an Ausgetretenen. Das bedeutet aber nicht unbedingt, daß die Ausgetretenen wenig Vertrauen in die Kirchen haben; dies wäre ein ökologischer Fehlschluß. Dies trifft auch auf die Interpretation der Tabelle 13 zu. Deshalb wird zur Verdeutlichung für die beiden Teile Deutschlands die Korrelationsmatrix der Indikatoren ausgewiesen (Tabelle 14 und 15).

Postmodernisierung von Religion in Deutschland

Tabelle 4: Indikatoren für Glaubensstrukturen (relative Häufigkeiten)

Anteil in %	Glaubenssätze	Glaube an personalen Gott	Es gibt keinen Gott	Gott ist wichtig
Deutschland-West	0.38	0.24	0.12	0.30
Deutschland-Ost	0.22	0.17	0.49	0.22

sehr gering. Die Zahl derer, die sagen, es gebe keinen Gott, ist mit 49 Prozent in den östlichen Bundesländern sehr hoch: es ist der höchste Wert aller europäischen Länder. In den westlichen Bundesländern ist das Auswahlprinzip vorherrschend, in den östlichen gibt es viel klarere Entscheidungen (ausführlicher in Denz 1994): Mitglied sein und alles akzeptieren auf der einen Seite, eine (fast) konsequente Ablehnung auf der anderen. Nur „fast", weil es auch eine kleine Inkonsequenz gibt: das Bedürfnis nach religiösen Riten findet sich auch bei Atheisten im Osten, insbesondere bei der Beerdigung – man kann ja nie wissen.

Weitere Untersuchungen zeigen, daß sich nach 1990 hinsichtlich der Religiosität sehr viel verändert hat – die klare Polarisierung hat sich aufgelöst: Das Glaubensgebäude ist nun auch bei den östlichen Kirchenmitgliedern nicht mehr so konsistent, der Gottesdienstbesuch nicht mehr so konsequent (Pollack 1998: 210f.).

Tabelle 5: Korrelation der beiden Indikatoren Glaubenssätze (GS) und Wichtigkeit Gottes (WG) mit sozialstrukturellen Indikatoren

Korrelationen	Alter mit GS	Alter mit WG	Geschl. mit GS	Geschl. mit WG	Ortsgröße mit GS	Ortsgröße mit WG	Bildung mit GS	Bildung mit WG
Deutschland-West	0.26	0.32	0.19	0.19	-0.14	-0.17	-0.15	-0.16
Deutschland-Ost	0.17	0.25	0.08	0.13	-0.07	-0.11	-0.05	-0.10

Wiederum sind in Deutschland-West alle Korrelationen höher, und zwar diesmal durchgehend. Die sozialstrukturelle Bedingtheit des Glaubens ist also im Westen deutlich stärker: Am deutlichsten zeigt sich die Abhängigkeit vom Alter, dann vom Geschlecht; Ortsgröße und Bildung korrelieren etwas schwächer. Postmodernisierung im Sinne eines nicht mehr ganzheitlichen Glaubensgebäudes ist im Westen (zu diesem Zeitpunkt) sicher stärker, aber im Sinne der Unabhängigkeit des Glaubens von sozio-kulturellen Milieus sicher schwächer.

Tabelle 6 gibt eine Clusteranalyse der Glaubenstruktur-Variablen wider:

ñ Cluster 1 (Irland, Nordirland, Italien, Polen, USA): Länder, die ein christliches Glaubensgebäude haben, an einen personalen Gott glauben, nicht atheistisch sind und denen Gott im Leben wichtig ist. Die Korrelationen liegen alle im Durchschnitt, nur mit der Ortsgröße sind sie wiederum etwas höher – traditionell auch in der Struktur des Glaubens *hoch christliche* Länder, wieder ein schwaches Nachlassen der sozialen Kontrolle im städtischen Bereich.

Tabelle 6: Clusteranalyse der Glaubensstruktur-Variablen

Cluster	1	2	3	4	Erklärung
Anzahl Länder	5	4	7	10	Eta**2
Glaubenssätze	5.28	2.63	-2.65	-3.43	0.734
Glaube an personalen Gott	12.44	3.33	-3.16	-6.30	0.877
Es gibt keinen Gott	-13.25	-12.37	1.01	1.75	0.451
Gott ist wichtig	7.83	1.58	-1.24	-8.22	0.855
Alter mit Glaubenssätze	-1.22	0.71	1.68	-1.66	0.256
Alter mit Wichtigkeit Gottes	-0.64	0.37	0.77	-0.22	0.062
Geschlecht mit Glaubenssätze	0.36	1.73	-0.21	-1.30	0.162
Geschlecht mit Wichtigkeit Gottes	0.06	2.63	0.06	-1.45	0.233
Ortsgröße mit Glaubenssätze	2.54	-0.76	1.69	-1.60	0.242
Ortsgröße mit Wichtigkeit Gottes	1.25	-1.02	2.26	-2.37	0.367
Bildung mit Glaubenssätze	-0.09	2.17	1.54	-5.01	0.498
Bildung mit Wichtigkeit Gottes	1.42	2.39	1.16	-4.80	0.530

ñ   Cluster 2 (Island, Portugal, Spanien, Canada): Zustimmung zu christlichen Glaubenssätzen, personaler Gott, nicht atheistisch, Gott ist einigermaßen wichtig (in der Struktur ähnlich wie Cluster 1, aber alle Werte sind niedriger). Korrelationen mit Bildung und Geschlecht (Frauen und Menschen mit weniger Bildung haben eher eine *christliche* Glaubensstruktur) – *christliche* Länder, aber mit Auflösungstendenzen.

ñ   Cluster 3 (Belgien, Deutschland-West, Österreich, Litauen, Slowenien, Slowakei, Ungarn): wenig Zustimmung zu Glaubenssätzen, wenig Glauben an einen personalen Gott, relativ viele Atheisten, Gott ist nicht besonders wichtig (in der Struktur ähnlich wie Cluster 4, aber alle Werte sind niedriger). Die Korrelationen mit Ort und Bildung sind relativ hoch, also ist dieses Muster vor allem städtisch und bei Menschen mit höherer Bildung aufzufinden – *wenig christliche* Länder mit einer Tendenz zur Auflösung der christlichen Grundstruktur von städtischen Bildungsschichten her.

ñ   Cluster 4 (Deutschland-Ost, Niederlande, Dänemark, Finnland, Norwegen, Schweden, Frankreich, Großbritannien, Lettland, Tschechische Republik): Ablehnung der Glaubenssätze, kein personaler Gott, der höchste Anteil Atheisten, Gott ist nicht wichtig. Alle Korrelationen liegen unter dem Durchschnitt. Diese Einstellungen sind also ziemlich unabhängig von sozialstrukturellen Determinanten – Länder mit einer *unchristlichen* bis atheistischen Grundstruktur.

These 3: Religiosität bestimmt sich in erster Linie subjektiv

Die Indikatoren für diese Dimension sind:

a. die subjektive Wichtigkeit von Religion (Anteil derer, die Religion für sehr wichtig oder ziemlich wichtig halten).
b. „Einmal abgesehen davon, ob Sie in die Kirche gehen oder nicht – würden Sie sagen, daß Sie ein religiöser Mensch sind?"
c. „... daß Sie ein überzeugter Atheist sind?"
d. Anteil der Zustimmung zu den folgenden drei Aussagen:
   - Das Leben hat nur einen Sinn, weil es Gott gibt.
   - Der Tod hat nur eine Bedeutung, wenn man an Gott glaubt.
   - Meiner Ansicht nach haben Kummer und Leid nur einen Sinn, wenn man an Gott glaubt.

Postmodernisierung von Religion in Deutschland 77

Tabelle 7: Indikatoren dafür, wie religiös man sich selbst einschätzt (relative Häufigkeiten)

Anteile	Religion ist wichtig	Selbsteinschätzung religiös	Selbsteinschätzung atheistisch	Religiöse Sinndefinition
Deutschland-West	0.36	0.54	0.02	0.24
Deutschland-Ost	0.30	0.33	0.18	0.19

Wiederum sind die Unterschiede zwischen den westlichen und den östlichen Bundesländern nicht sehr groß: Religion ist im Westen etwas wichtiger, und es gibt auch etwas mehr Menschen, die sich selbst für religiös halten und ihr Leben religiös deuten. Der Unterschied liegt meist jedoch nur bei circa fünf Prozent. Deutlich höher ist im Osten der Anteil derer, die sich als atheistisch bezeichnen.

Tabelle 8 zeigt folgendes: Sowohl in den westlichen als auch in den östlichen Bundesländern hängt es von sozialstrukturellen Faktoren ab, wie religiös man ist. Die Zusammenhänge sind in den westlichen Bundesländern auch diesmal etwas größer.

Tabelle 8: Korrelation der beiden Indikatoren Wichtigkeit von Religion (WR) und Religiöse Sinndefinition (RS) mit sozialstrukturellen Indikatoren

Korrelationen	Alter mit WR	Alter mit RS	Geschlecht mit WR	Geschlecht mit RS	Ortsgröße mit WR	Ortsgröße mit RS	Bildung mit WR	Bildung mit RS
Deutschland-West	0.38	0.34	0.19	0.16	-0.14	-0.09	-0.15	-0.16
Deutschland-Ost	0.22	0.23	0.14	0.09	-0.10	-0.10	-0.11	-0.12

Tabelle 9: Clusteranalyse der Variablen zur Definition der subjektiven Religiosität

Cluster	1	2	3	4	Erklärung
Anzahl Länder	8	6	8	5	Eta**2
Wichtigkeit von Religion	-4.36	0.65	4.86	-11.98	0.811
Selbsteinschätzung: religiös	-1.18	0.62	5.74	-8.48	0.802
Selbsteinschätzung: religiös	0.64	-0.60	-4.52	0.99	0.248
Religiöse Sinndefinition	-3.92	-0.03	4.44	-10.21	0.764
Alter mit Wichtigkeit von Religion	2.32	1.15	-0.21	-2.46	0.308
Alter mit religiöser Sinndefinition	4.86	1.38	-0.13	-3.41	0.531
Geschlecht mit Wichtigkeit von Rel.	-0.35	0.86	0.34	-0.76	0.060
Geschlecht mit religiöser Sinndefinition	-0.63	0.90	2.52	-2.39	0.296
Ortsgröße mit Wichtigkeit von Religion	-1.23	-0.39	2.43	-1.81	0.239
Ortsgröße mit religiöser Sinndefinition	-1.81	-0.62	3.33	-2.42	0.372
Bildung mit Wichtigkeit von Religion	-5.53	3.79	1.65	-3.60	0.640
Bildung mit religiöser Sinndefinition	-1.98	2.86	1.18	-6.72	0.577

ñ   *Cluster 1* (Belgien, Deutschland-West, Frankreich, Großbritannien, Niederlande, Dänemark, Finnland, Norwegen): Religion ist nicht besonders wichtig, wenige schätzen sich als religiös ein, einige als atheistisch, wenig religiöse Sinndefinition. Hohe Korrelation mit dem Alter, die niedrige Religiosität ist eher eine Sache der Jungen, während die Älteren sich in sehr viel höherem Ausmaß als religiös verstehen – *unreligiöse* Länder, wobei sich dieser Prozeß verstärken wird.

ñ   Cluster 2 (Island, Spanien, Litauen, Slowenien, Ungarn, Canada): Bei allen Indikatoren liegen diese Länder in der Mitte – ein kleines Stückchen auf der Seite der Religiosität. Korrelationen mit Alter und Bildung sowie Geschlecht (ältere Menschen und solche mit weniger Bildung sehen sich selbst als religiöser) – *religiöse* Länder, aber mit Auflösungstendenzen.

ñ   Cluster 3 (Irland, Nordirland, Österreich, Italien, Portugal, Polen, Slowakei, USA): *sehr religiöse* Länder und das quer durch alle Bevölkerungsgruppen. Religion ist sehr wichtig, viele bezeichnen sich selbst als religiös, sehr wenig Atheisten, religiöse Sinndefinition, wobei diese Religiosität mit Ortsgröße, Bildung und etwas mit dem Geschlecht zusammenhängt: sehr religiöse Länder, wobei sich diese Religiosität doch auf die traditionellen Gruppen konzentriert.

ñ   Cluster 4 (Deutschland-Ost, Schweden, Estland, Lettland, Tschechische Republik): Religion extrem unwichtig, ganz wenige halten sich für religiös oder interpretieren den Sinn von Leben, Leid und Tod religiös, dafür der höchste Anteil an Atheisten; keine Korrelationen mit sozialstrukturellen Merkmalen, diese Haltung ist also quer durch alle Milieus vorherrschend – Länder mit einer *sehr unreligiösen* Grundstruktur.

These 4: Die individuelle Neukonstruktion von Religion = „Bastelreligion"

Für diese Dimension gibt es nur einen Indikator: den Glauben an die Wiedergeburt,[3] der ja eigentlich ein Element ist, das der europäischen Tradition fremd ist. Die Rezeption geschieht allerdings meist in einer Weise, die dem ursprünglichen Konzept diametral entgegengesetzt ist. In der asiatischen Tradition war es die Aufgabe, durch die Wiedergeburt das Karma abzuarbeiten, um endlich aus diesem Kreis ins Nirwana entlassen zu werden. Die europäische Rezeption hat daraus sehr oft eine Art Unsterblichkeit gemacht.

Tabelle 10: Indikator für Bastelreligion (Anteil derer, die an eine Wiedergeburt glauben) und Korrelationen mit diesem Indikator:

	Glaube an Wiedergeburt	Alter mit Wiedergeburt	Geschlecht mit Wiedergeburt	Ortsgröße mit Wiedergeburt	Bildung mit Wiedergeburt
Deutschland-West	0.19	0.01	0.04	-0.04	0.00
Deutschland-Ost	0.12	0.08	0.06	-0.06	-0.04

In den westlichen Bundesländern glauben 19 Prozent an die Wiedergeburt, in den östlichen zwölf Prozent. Es sind eher die Kirchengebundenen und diejenigen, die sich als religiös verstehen, welche die Wiedergeburt bejahen (aus-

---

3   Der Meßfehler ist bei dieser Variablen sicherlich ziemlich groß, weil die Formulierung wahrscheinlich doch von einigen falsch verstanden wurde. Vergleicht man aber die einzelnen europäischen Länder miteinander, so gibt es doch auch Anhaltspunkte dafür, daß überwiegend das gemessen wurde, was beabsichtigt war – eine eingeschränkte Gültigkeit ist also anzunehmen.

Postmodernisierung von Religion in Deutschland 79

führlich Denz 1994: 212f.). Von sozialstrukturellen Faktoren ist dieser Glaubensinhalt weitgehend unabhängig.

Die folgende Tabelle soll verdeutlichen, wie der Glaube an die Wiedergeburt mit dem traditionellen christlichen Glauben an die Auferstehung der Toten verknüpft wird:

Tabelle 11: Die Verbindung von Auferstehung und Wiedergeburt (in %)

	Glaube an Auferstehung	Glaube an Wiedergeburt	Beides	Keines	Unsicher	Summe (Anzahl)
Deutschland-West gesamt	13.0	5.2	12.2	36.3	33.3	100.0 (2073)
Konfessionslos	3.0	11.6	4.7	58.6	22.0	100.0 (232)
Katholisch	19.4	4.2	14.4	27.8	34.2	100.0 (936)
Protestantisch	9.0	4.6	11.0	40.0	35.4	100.0 (905)
Deutschland-Ost gesamt	7.2	1.9	9.4	70.6	10.9	100.0 (1324)
Konfessionslos	0.5	1.3	1.2	90.6	6.5	100.0 (865)
Katholisch	30.3	0.9	33.3	16.7	18.9	100.0 (228)
Protestantisch	9.5	4.8	16.0	50.2	19.5	100.0 (231)

In den westlichen Bundesländern sind es etwa gleich viele, die an die Auferstehung im christlichen Sinn glauben wie an beides, in den östlichen sogar mehr. Nur an die Wiedergeburt, nicht aber an die christliche Auferstehung glauben (vor allem im Osten) sehr wenige. Die Frage nach der Wiedergeburt ist offensichtlich doch ein typischer Indikator für eine „Bastelreligion", weil dieser Glaubensinhalt meist dazukommt und nicht an die Stelle eines anderen Glaubens tritt. Diese Bastelreligion ist aber vor allem bei den Mitgliedern einer Kirche ausgeprägt. Konfessionslose glauben – wenn sie schon an irgend etwas glauben – eher an die Wiedergeburt.[4]

Tabelle 12: Clusteranalyse der Variablen zur Bastelreligion

Cluster	1	2	3	Erklärung
Anzahl Länder	10	7	9	Eta**2
Glaube an Wiedergeburt	3.24	0.25	-4.08	0.478
Alter mit Wiedergeburtsglaube	0.00	4.54	-7.06	0.677
Geschlecht mit Wiedergeburtsglaube	1.98	-1.43	0.52	0.160
Ortsgröße mit Wiedergeburtsglaube	-1.74	3.40	-1.83	0.475
Bildung mit Wiedergeburtsglaube	0.71	4.75	-3.71	0.620

---

4   Vgl. dazu auch den Beitrag von Detlef Pollack, der zu etwas anderen Schlußfolgerungen gelangt, die aber auf Daten nach 1990 beruhen.

ñ *Cluster 1* (Deutschland-West, Großbritannien, Österreich, Island, Italien, Spanien, Litauen, Polen, Canada, USA): Bei allen diesen Ländern ist der Anteil derer, die an eine Wiedergeburt glauben, relativ hoch (im Durchschnitt 27 Prozent). Diese Zustimmung korreliert etwas mit dem Geschlecht – Länder, in denen der Glaube an eine Wiedergeburt *verbreitet* ist.

ñ *Cluster 2* (Deutschland-Ost, Irland, Nordirland, Finnland, Portugal, Slowakei, Ungarn): Diese Länder liegen in der Mitte, etwas Zustimmung, aber nicht besonders viel (durchschnittlich 18 Prozent), wobei die Mischung der Länder zeigt, daß es unterschiedliche Gründe sein müssen, welche das Eindringen dieses fremden religiösen Elements verhindern: In einigen Ländern die Unreligiosität, in anderen die hohe Kirchlichkeit. In diesen Ländern korreliert der Wiedergeburtsglaube relativ hoch (insgesamt sind alle Korrelationen sehr niedrig) mit Alter, Ortsgröße und Bildung – Länder mit *mittlerem* Wiedergeburtsglauben.

ñ *Cluster 3* (Belgien, Frankreich, Niederlande, Dänemark, Norwegen, Schweden, Lettland, Slowenien, Tschechische Republik): Durchgehend wenig Glaube (durchschnittlich 11 Prozent) an die Wiedergeburt: sehr niedriges Ausmaß der Zustimmung, und diese korreliert auch nicht mit strukturellen Faktoren – Länder, in denen man *nicht* an die Wiedergeburt glaubt.

Zusammenfassung

Tabelle 13 faßt die Clusteranalysen noch einmal zusammen. Durch diese Analysen zeichnen sich einige sehr eindeutige und deutliche Ländergruppen ab, aber auch ein paar Mischtypen, die nicht so leicht zugeordnet werden können. In diesen europäischen Rahmen können nun auch die beiden Teile Deutschlands eingeordnet werden:

ñ *Die religiösen Länder* – Irland, Nordirland Polen: Hoch kirchlich, hoch christlich, sehr religiös, was sich offensichtlich auch mit dem Glauben an die Wiedergeburt verträgt (wie immer er dann inhaltlich bestimmt sein mag).

ñ *Die kirchlichen, hoch christlichen und sehr religiösen Länder* – Italien, USA.

ñ *Die kirchlichen, christlichen und religiösen Länder* – Island, Spanien, Canada.

ñ *Die kirchlichen, wenig christlichen, aber religiösen Länder* – Litauen, Ungarn. Mit Ausnahme von Ungarn gibt es in allen diesen kirchlichen Ländern eine größere Gruppe, die an die Wiedergeburt glaubt.

ñ *Portugal* nimmt eine Sonderstellung ein, weil es zwar zu den formal kirchlichen Ländern gehört, aber christlich und sehr religiös ist.

ñ *Die formal kirchlichen Länder, die zwar wenig christliches Glaubensgut vertreten, sich selbst aber für religiös oder sehr religiös halten* – Slowenien, Österreich, Slowakei. Dem Glauben an die Wiedergeburt stehen sie aber sehr unterschiedlich gegenüber.

ñ *Die formal kirchlichen Länder, die wenig christlich und unreligiös sind* - Belgien und *Deutschland-West*, wobei die Unterschiede beim Glauben an die Wiedergeburt nicht so groß sind (19 Prozent bzw. 14 Prozent), wie es auf den ersten Blick aussehen mag. Deutschland-West ist zwar formal kirchlich (hoher Anteil an Mitgliedern), aber wenig Bindung, von der Zustimmung zu Glaubenssätzen her wenig christlich, sieht sich auch selbst als eher unreligiös, ein durchschnittlicher Anteil (19 Prozent), die an Wiedergeburt glauben (obwohl

Postmodernisierung von Religion in Deutschland 81

die Clusteranalyse es ganz knapp dem Cluster mit hohem Wiedergeburtsglauben zuordnet).
ñ *Die wenig kirchlichen, unchristlichen und unreligiösen Länder:* Schweden (sogar sehr unreligiös), Dänemark, Finnland, Norwegen, Frankreich, Großbritannien (hier glaubt eine größere Gruppe an die Wiedergeburt).
ñ *Die Niederlande: unkirchlich, unchristlich, unreligiös.*
ñ . *Die unreligiösen Länder – Deutschland-Ost,* Tschechische Republik, Lettland, Estland (so weit Daten verfügbar). Diese Länder sind konsistent unreligiös, unkirchlich und unchristlich, wie die erste Gruppe konsistent religiös war. Außer Deutschland-Ost keine größere Neigung zum Glauben an die Wiedergeburt. Deutschland-Ost ist von der Mitgliedschaft her ein unkirchliches, vom Glaubensgebäude her ein unchristliches und von der Selbstbeschreibung her ein extrem unreligiöses Gebiet. Was es von anderen derartigen Ländern unterschiedet, ist ein etwas höherer Hang zum Glauben an die Wiedergeburt.

Tabelle 13: Zusammenfassung der Clusteranalysen

	Institutionelle Bindung	Glaubensgebäude	Subjektive Religiosität	Bastelreligion (WG)[1]
Irland	hoch kirchlich	hoch christlich	sehr religiös	mittel WG
Nordirland	hoch kirchlich	hoch christlich	sehr religiös	mittel WG
Polen	hoch kirchlich	hoch christlich	sehr religiös	WG
Italien	kirchlich	hoch christlich	sehr religiös	WG
USA	kirchlich	hoch christlich	sehr religiös	WG
Canada	kirchlich	christlich	religiös	WG
Island	kirchlich	christlich	religiös	WG
Spanien	kirchlich	christlich	religiös	WG
Litauen	kirchlich	wenig christlich	religiös	WG
Ungarn	kirchlich	wenig christlich	religiös	mittel WG
Portugal	formal kirchlich	christlich	sehr religiös	mittel WG
Österreich	formal kirchlich	wenig christlich	sehr religiös	WG
Slowakei	formal kirchlich	wenig christlich	sehr religiös	mittel WG
Slowenien	formal kirchlich	wenig christlich	religiös	kein WG
Belgien	formal kirchlich	wenig christlich	unreligiös	kein WG
Deutschland-West	*formal kirchlich*	*wenig christlich*	*unreligiös*	*WG*
Dänemark	wenig kirchlich	unchristlich	unreligiös	kein WG
Finnland	wenig kirchlich	unchristlich	unreligiös	mittel WG
Frankreich	wenig kirchlich	unchristlich	unreligiös	kein WG
Großbritannien	wenig kirchlich	unchristlich	unreligiös	WG
Norwegen	wenig kirchlich	unchristlich	unreligiös	kein WG
Schweden	wenig kirchlich	unchristlich	sehr unreligiös	kein WG
Niederlande	unkirchlich	unchristlich	unreligiös	kein WG
Deutschland-Ost	*unkirchlich*	*unchristlich*	*sehr unreligiös*	*mittel WG*
Estland	unkirchlich	-	sehr unreligiös	-
Lettland	unkirchlich	unchristlich	sehr unreligiös	kein WG
Tschech. Republik	unkirchlich	unchristlich	sehr unreligiös	kein WG

1   WG = Wiedergeburtsglaube

Damit nicht nur die Koinzidenz der Merkmale interpretiert wird (ökologischer Fehlschluß), sondern Zusammenhänge, sollen auch die Korrelationsmatrizen (für Deutschland-West und -Ost) der einzelnen Indikatoren berechnet werden (vgl. dazu Tabelle 14 und 15).

Tabelle 14: Korrelationsmatrix der Indikatoren – Deutschland-West

	Mitgl.	Austritt	Vertrauen	Riten	GB[1]	GS[2]	Person. Gott	Kein Gott	Wichtigk. Gottes	Wichtigk. Religion	SSE[3] religiös	SSE atheist.	Religiöser Sinn	Wiedergeburt
Kirchenmitgliedschaft	1,00	-0,88	0,32	0,42	0,36	0,24	0,16	-0,31	0,33	0,27	0,25	-0,28	0,17	0,01
Kirchenaustritt	-0,88	1,00	-0,29	-0,38	-0,31	-0,20	-0,14	0,27	-0,28	-0,25	-0,21	0,27	-0,15	0,00
Vertrauen in Kirche	0,32	-0,29	1,00	0,55	0,64	0,58	0,50	-0,35	0,64	0,64	0,51	-0,17	0,54	0,13
Nachfrage nach Riten	0,42	-0,38	0,55	1,00	0,56	0,49	0,35	-0,37	0,55	0,50	0,46	-0,23	0,37	0,13
Gottesdienstbesuch	0,36	-0,31	0,64	0,56	1,00	0,60	0,48	-0,35	0,63	0,62	0,50	-0,17	0,54	0,13
Glaubenssätze	0,24	-0,20	0,58	0,49	0,60	1,00	0,60	-0,38	0,71	0,64	0,57	-0,14	0,61	0,37
Glaube an pers. Gott	0,16	-0,14	0,50	0,35	0,48	0,60	1,00	-0,21	0,55	0,55	0,42	-0,08	0,52	0,18
Es gibt keinen Gott	-0,31	0,27	-0,35	-0,37	-0,35	-0,38	-0,21	1,00	-0,45	-0,33	-0,33	0,31	-0,23	-0,13
Wichtigkeit Gottes	0,33	-0,28	0,64	0,55	0,63	0,71	0,55	-0,45	1,00	0,72	0,64	-0,19	0,61	0,20
Wichtigkeit von Religion	0,27	-0,25	0,64	0,50	0,62	0,64	0,55	-0,33	0,72	1,00	0,56	-0,15	0,60	0,16
SSE religiös	0,25	-0,21	0,51	0,46	0,50	0,57	0,42	-0,33	0,64	0,56	1,00	-0,17	0,46	0,17
SSE atheistisch	-0,28	0,27	-0,17	-0,23	-0,17	-0,14	-0,08	0,31	-0,19	-0,15	-0,17	1,00	-0,09	-0,04
Rel. Sinn	0,17	-0,15	0,54	0,37	0,54	0,61	0,52	-0,23	0,61	0,60	0,46	-0,09	1,00	0,18
Wiedergeburt	0,01	0,00	0,13	0,13	0,13	0,37	0,18	-0,13	0,20	0,16	0,17	-0,04	0,18	1,00

Abkürzungen: 1 GB = Gottesdienstbesuch; 2 GS = Glaubenssätze; 3 SSE = subjektive Selbsteinschätzung

Tabelle 15: Korrelationsmatrix der Indikatoren – Deutschland-Ost

	Mitgl.	Austritt	Vertrauen	Riten	GB[1]	GS[2]	Person. Gott	Kein Gott	Wichtigk. Gottes	Wichtigk. Religion	SSE[3] religiös	SSE atheist.	Religiöser Sinn	Wiedergeburt
Kirchenmitgliedschaft	1,00	-0,49	0,67	0,74	0,73	0,71	0,56	-0,61	0,75	0,71	0,73	-0,34	0,60	0,38
Kirchenaustritt	-0,49	1,00	-0,23	-0,30	-0,31	-0,31	-0,26	0,21	-0,31	-0,31	-0,30	0,09	-0,28	-0,17
Vertrauen in Kirche	0,67	-0,23	1,00	0,67	0,67	0,68	0,55	-0,58	0,75	0,70	0,67	-0,36	0,60	0,37
Nachfrage nach Riten	0,74	-0,30	0,67	1,00	0,71	0,70	0,54	-0,63	0,77	0,71	0,75	-0,38	0,62	0,37
Gottesdienstbesuch	0,73	-0,31	0,67	0,71	1,00	0,75	0,66	-0,57	0,76	0,74	0,71	-0,34	0,64	0,42
Glaubenssätze	0,71	-0,31	0,68	0,70	0,75	1,00	0,76	-0,59	0,83	0,77	0,75	-0,30	0,74	0,59
Glaube an pers. Gott	0,56	-0,26	0,55	0,54	0,66	0,76	1,00	-0,44	0,66	0,63	0,60	-0,22	0,64	0,46
Es gibt keinen Gott	-0,61	0,21	-0,58	-0,63	-0,57	-0,59	-0,44	1,00	-0,68	-0,62	-0,61	0,43	-0,47	-0,30
Wichtigkeit Gottes	0,75	-0,31	0,75	0,77	0,76	0,83	0,66	-0,68	1,00	0,82	0,82	-0,37	0,73	0,46
Wichtigkeit von Religion	0,71	-0,31	0,70	0,71	0,74	0,77	0,63	-0,62	0,82	1,00	0,75	-0,38	0,68	0,44
SSE religiös	0,73	-0,30	0,67	0,75	0,71	0,75	0,60	-0,61	0,82	0,75	1,00	-0,34	0,67	0,40
SSE atheistisch	-0,34	0,09	-0,36	-0,38	-0,34	-0,30	-0,22	0,43	-0,37	-0,38	-0,34	1,00	-0,25	-0,15
Rel. Sinn	0,60	-0,28	0,60	0,62	0,64	0,74	0,64	-0,47	0,73	0,68	0,67	-0,25	1,00	0,43
Wiedergeburt	0,38	-0,17	0,37	0,37	0,42	0,59	0,46	-0,30	0,46	0,44	0,40	-0,15	0,43	1,00

Abkürzungen: 1 GB = Gottesdienstbesuch; 2 GS = Glaubenssätze; 3 SSE = subjektive Selbsteinschätzung

Tabelle 14 zeigt für Deutschland-West zunächst folgendes: Die Korrelationen sind mit einigen Ausnahmen durchweg hoch. Diese Ausnahmen sind: Mit Wiedergeburt korrelieren alle anderen Indikatoren recht wenig, Kirchenmitgliedschaft korreliert mit den inhaltlichen Indikatoren ebenfalls nicht besonders hoch. Führt man eine Faktorenanalyse dieser Variablen durch, so ergibt sich ein Faktor, der 44 Prozent der Varianz erklärt. Extrahiert man einen zweiten Faktor, so sieht man, daß die drei negativen Indikatoren (Kirchenaustritt, es gibt keinen Gott, subjektive Selbsteinschätzung = SSE atheistisch) zwar richtig auf dem negativen Ast der x-Achse liegen, aber nicht ganz einheitlich sind. Aber noch wichtiger: Die Kirchenmitgliedschaft liegt relativ weit von den inhaltlichen Indikatoren entfernt, sie gehört zu einer anderen Dimension als das, was man glaubt. Die durchschnittliche Korrelation (absolute Werte ohne Berücksichtigung der Diagonalelemente) ist 0.366, was auch für eine gewisse Homogenität der Indikatoren spricht.

Tabelle 15 gibt die Korrelationsmatrix der Indikatoren für Deutschland-Ost wider. Nun sind die Korrelationen noch höher (Durchschnitt: 0.541); in der Faktorenanalyse erklärt der erste Faktor 60 Prozent der Varianz. Diese Steigerung geht vor allem auf die Wirkung der Kirchenmitgliedschaft zurück, die nun viel bedeutsamer für die Religiosität ist und im Zentrum der inhaltlichen Indikatoren liegt. Auch der Glaube an eine Wiedergeburt korreliert sehr hoch mit den anderen Indikatoren. Dies bestätigt wiederum die Annahme: Wer an nichts glaubt, glaubt auch nicht an die Wiedergeburt. Dieser Glaube ist keine Alternative für Ungläubige, sondern tritt vor allem in den östlichen Bundesländern zu bestehenden Glaubensinhalten dazu (siehe Tabelle 11).

In der Korrelation zwischen Kirchenmitgliedschaft und Kirchenaustritt zeigt sich der Anteil derer, die nie in einer Kirche waren – und dies ist in den östlichen Bundesländern doch bereits ein erheblicher Prozentsatz.

Schlußfolgerungen

Hinsichtlich der Religiosität und Kirchlichkeit sind die westlichen und die östlichen Bundesländer 1990 als Ergebnis völlig verschiedener geschichtlicher Prozesse auch zwei deutlich unterschiedliche Länder.

Im Westen eine zur Hälfte katholische, zur Hälfte protestantische Bevölkerung, die trotz einer hohen Kirchensteuer noch in großem Umfang Mitglied dieser Kirchen bleibt. Die Bindung an diese Kirchen nimmt aber deutlich in dem Maße ab, in dem es keine soziale Kontrolle des kirchlichen Verhaltens mehr gibt. Aber noch funktioniert diese einigermaßen, vor allem in kleineren Orten. Auch ältere Menschen, Personen mit weniger Bildung und Frauen sind noch kirchlicher und religiöser. Die Mitgliedschaft hat wenig

Konsequenzen hinsichtlich der Glaubensinhalte und auch hinsichtlich des religiösen Selbstverständnisses – bei den Protestanten noch weniger als bei den Katholiken. Die meisten definieren sich nicht mehr religiös, aber auch ganz sicher nicht atheistisch.

Im Osten, der weitgehend protestantisch war, haben 50 Jahre einer atheistischen Staatsdoktrin zum höchsten europäischen Anteil an deklarierten Atheisten geführt. Diejenigen, die noch Kirchenmitglieder geblieben sind, glauben in einem hohen Ausmaß die kirchlichen Glaubenslehren und sehen sich selbst als religiös – in viel stärkerem Maße als im Westen. Der Zusammenhang aller religiösen Indikatoren (also Gottesdienstbesuch, Zustimmung zu Glaubenssätzen, Wichtigkeit Gottes und von Religion sowie eine religiöse Sinndefinition – nicht allerdings der Glaube an Wiedergeburt) mit den sozialstrukturellen Faktoren Alter, Geschlecht, Bildung und Ortsgröße ist im Osten deutlich geringer als im Westen. Dieses Ergebnis kann so interpretiert werden, daß Religiosität im Osten viel stärker das Ergebnis einer individuellen Entscheidung ist, als daß sie auf soziale Kontrolle (die Wirkung kleiner Gemeinden evtl. auch des Geschlechts) oder Tradition (ältere Personen und Personen mit weniger Bildung) zurückgeführt werden kann wie im Westen.

Zwei Randbemerkungen: Es gibt im Osten ein – für ein ansonsten so unreligiöses Land – erstaunlich religiöses Verhältnis zum Tod. Dies drückt sich in dem Wunsch nach religiösen Beerdigungsriten auch bei deklarierten Atheisten und in einem relativ hohen Anteil an Menschen aus, die an eine Wiedergeburt glauben.[5] Dennoch scheint das religiöse Interesse so niedrig zu sein, daß auch an solchen neuen Formen von Religiosität kein größeres Interesse besteht. Vergleicht man die verschiedenen europäischen Länder, dann scheint es so zu sein, daß Bastelreligion genau dort einsetzt, wo noch traditionelle Religiosität vorhanden ist, aber die kirchlichen Normen bereits relativiert werden. In Ländern, die unreligiös sind, wird auch kaum versucht, neue Formen von Religion zu basteln. In diesen Ländern (wie z.B. auch in Deutschland-Ost) sollten dadurch auch Sekten kaum Erfolge haben (wie neuere Zahlen zeigen, stimmt diese Hypothese für Deutschland-Ost (siehe dazu Pollack 1996: 607ff.).

Bei der Frage der Postmodernisierung stand es also 1:1. Im Westen war 1990 die innere Struktur der Religion deutlich postmoderner, im Osten die soziale Einbettung von Religiosität im Sinne größerer individueller Entscheidungsmacht. Zu diesem Zeitpunkt war nicht klar, welcher Prozeß schneller oder tiefgreifender sein würde: Die Auflösung der konsistenten Glaubensstrukturen durch den Wegfall des äußeren staatlichen Drucks im Osten oder die weitere Erosion von Tradition und sozialer Kontrolle im Westen. Die Untersuchungen zeigen, daß sich die innere Struktur der Religiosität in den östlichen Bundesländern sehr schnell westlichen Mustern angenähert hat

---

5   Die Analyse von Todesnäheerfahrungen im Beitrag von Ina Schmied bietet auch einige
    Anhaltspunkte für eine solche Interpretation

(Pollack 1998) – allerdings auf einem deutlich niedrigeren Niveau der Kirchenmitgliedschaft – und daß es nicht zu einer Wiederbelebung der Religion wie in anderen ehemaligen Ostblockländern gekommen ist.[6]

Literatur

Bacher, Johann, 1994: Clusteranalyse. München/Wien.
Beck, Ulrich, 1986a: Individualisierung sozialer Ungleichheit. Kurs 3634 der Fern-Universität Hagen.
Beck, Ulrich, 1986b: Risikogesellschaft. Frankfurt.
Beck, Ulrich, 1993: Die Erfindung des Politischen. Frankfurt.
Denz, Hermann, 1994: Wie Europa lebt und glaubt – einige Erkenntnisse aus der Europäischen Wertestudie für Deutschland. Pastoraltheologische Informationen 14, 203-219.
Denz, Hermann, 1995: Wertewandel in den Gesellschaften Europas – Wandel von Religion, Religiosität und Kirchlichkeit, in: Evangelische Akademie Iserlohn (Hg): Wertewandel und religiöse Umbrüche in Europa. Iserlohn, 2-23.
Denz, Hermann, 1998: Postmoderne Religion, in: Preglau, Max/Richter, Rudolf, (Hg.): Postmodernes Österreich? Wien, 331-351.
Dubach, Alfred/Campiche, Roland J., (Hg.) 1993: Jede(r) ein Sonderfall? Religion in der Schweiz. Zürich/Basel.
Gabriel, Karl, 1993: Christentum zwischen Tradition und Postmoderne. Freiburg/Basel.
Pollack, Detlef, 1996: Zur religiös-kirchlichen Lage in Deutschland nach der Wiedervereinigung, in: Zeitschrift für Theologie und Kirche 93, 586-615.
Pollack, Detlef, 1998: Bleiben sie Heiden? Religiös-kirchliche Einstellungen und Verhaltensweisen der Ostdeutschen nach dem Umbruch von 1989, in: Pollack, Detlef/Borowik, Irena/Jagodzinski, Wolfgang, (Hg.): Religiöser Wandel in den postkommunistischen Ländern Ost- und Mitteleuropas. Würzburg, 207-252.
Preglau, Max/Richter, Rudolf, (Hg.) 1998: Postmodernes Österreich? Konturen des Wandels in Wirtschaft, Politik und Kultur. Wien.
Welsch, Wolfgang, 1988: Wege aus der Moderne. Weinheim.
Zulehner, Paul Michael/Denz, Hermann, 1993: Wie Europa lebt und glaubt. Düsseldorf.
Zulehner, Paul Michael et al., 1991: Vom Untertan zum Freiheitskünstler. Freiburg/Basel/Wien.

---

6 Ausnahmen bilden hier Polen und die Tschechische Republik: Polen, weil es dort durchgehend ein hohes Maß an Religiosität gab, die eng mit der nationalen Identität verknüpft war. Hier nimmt die Religiosität eher ab. Die Tschechische Republik wies eine fast so niedrige Kirchenbindung und Religiosität auf wie die ehemalige DDR – weniger deklarierte Atheisten. Hier gab es keine Neubelebung des kirchlichen Lebens. Hypothese: Die Entwicklung hängt nicht vom Protestantismus oder Katholizismus ab, sondern es fehlt, wenn die kirchlichen Strukturen unter eine gewisse Grenze („kritische Masse") abgesunken sind, die Dynamik zur Wiederbelebung.

Allan L. McCutcheon

Religion und Toleranz gegenüber Ausländern

Eine vergleichende Trendanalyse fremdenfeindlicher Gesinnung nach der Vereinigung Deutschlands

Wenige hätten vorhersehen können, daß Forscher und Analytiker sich innerhalb eines Jahrzehnts nach dem Zusammenbruch des europäischen Kommunismus mit einem scheinbar rapiden Anwachsen rassisch und ethnisch motivierter Gewaltfälle in den neuen Bundesländern beschäftigen müssen.[1] Obwohl es möglich ist, daß diese Angriffe einmalige Fälle extremistischen Verhaltens darstellen, deuten jüngste Medienberichte an, daß einige Forscher diese Angriffe als symptomatisch für ein ansteigendes Niveau der Intoleranz gegenüber Ausländern, besonders rassischen und ethnischen Minderheiten, betrachten. Eine Anzahl dieser Analytiker hat über eine anwachsende Tendenz zur Xenophobie unter Ostdeutschen, besonders jungen Männern, berichtet (vgl. z.B. Die Zeit, 10. September 1998: 1).

Nebst mehreren rassisch und ethnisch motivierten Gewaltepisoden bemerken viele Forscher besorgt die abträglichen Manifeste rechtsextremer politischer Parteien. Diese Parteien haben einen gewissen Wahlerfolg errungen, und einige Forscher suggerieren, daß das relative Schweigen der Politiker, Parteien und Presse der politischen Mitte als Reaktion auf die extreme Rechte die Verbreitung fremdenfeindlicher Gesinnungen in der ehemaligen DDR geschürt hat (vgl. z.B. Atkinson 1993).

Diese Arbeit benutzt Überblicksdaten in einer vergleichenden Untersuchung fremdenfeindlicher Gesinnung in den Ländern der ehemaligen DDR und BRD in den ersten paar Jahren nach der deutschen Vereinigung. In den folgenden Analysen werden zunächst Veränderungen in der fremdenfeindlichen Gesinnung in der jeweiligen Öffentlichkeit untersucht, bevor sich diese Arbeit der Analyse einiger der möglichen Ursachen für Fremdenfeinlichkeit zuwendet. Wie von diesen Analysen abzulesen sein wird, ist die rassische und ethnische Intoleranz wenigstens ein Teil des sozialistischen Erbes der ostdeutschen Säkularisierung.

Vor der Darlegung der Untersuchungsergebnisse fasse ich kurz einige der Theorien bezüglich des Aufkommens von Intoleranz gegenüber Außenstehenden zusammen. Daraufhin wird, wie bei anderen Arbeiten auch, eine

---

1   Obwohl mehrere Forscher einen parallel verlaufenden Anstieg in anderen nachkommunistischen europäischen Nationen bemerkt haben (vgl. z. Bsp. Björgo/Witte 1993), wird sich diese Arbeit ausschließlich auf das vereinigte Deutschland konzentrieren.

kurze Geschichte der Rolle der Religion in der ehemaligen DDR folgen, nämlich daß die Kirche als vielleicht einzige halbautonome Institution im ehemaligen kommunistischen Staat fungierte. Nach einem Überblick über einige Trends in der öffentlichen Meinung seit der Vereinigung wird eine multivariate Analyse einiger sozialer Ursachen für Intoleranz präsentiert.

I. Theorien der Intoleranz

Viele Theorien sind vorgebracht worden, die zum Verständnis der Existenz von Vorurteilen und Intoleranz beitragen sollen. Die meisten beinhalten eine vielfältige Auswahl an kulturbasierenden Dimensionen, welche ein Schlaglicht auf erkennbare Unterschiede zwischen den Untersuchungsgruppen werfen: sprachliche Unterschiede, kulinarische Gewohnheiten, religiöse Bräuche, eheliche und sexuelle Gewohnheiten u.a. (Husbands 1993; Bobo/Hutchings 1996). Während sich solche sichtbaren Unterschiede obligatorisch auf die Existenz von Intoleranz und Xenophobie beziehen, haben zwei Theorien, die besonders bedeutsam für den ostdeutschen Fall scheinen – Wettbewerbstheorien (competition-based theories) und Massengesellschaftstheorien (mass society theories), ihre Aufmerksamkeit auf die Entstehung und Zunahme dieser Phänomene konzentriert. Da wir uns mit dem Wachstum an Intoleranz beschäftigen, werden diese zwei Theorien im groben Umriß in diesem Abschnitt betrachtet.

I.1 Wettbewerbstheorien der Intoleranz

Wettbewerbstheorien der Intoleranz richten ihr Augenmerk auf die Rolle des Eigeninteresses und des Wettbewerbs von Gruppenmitgliedern in deren Streben nach materiellen Ressourcen, besonders in den Fällen, in denen Mitglieder der wetteifernden Gruppen im Bezug auf ihre Zugehörigkeit leicht identifiziert werden können. Dieser Wettbewerb kann auf jedem Gebiet stattfinden, auf dem der Vorrat an materiellen Ressourcen begrenzt ist oder wo man glaubt, der Vorrat sei begrenzt. Die vielleicht am häufigsten identifizierte Arena ist die des Arbeitsmarktes, einschließlich eigentlicher Möglichkeiten (d.h. Arbeit gegen Arbeitslosigkeit), Beförderung, Einkommen und Lebensstandard. Veränderungen am Arbeitsplatz können auch Leistungserwartungen, Muster der Interaktion und Erwartungen einer Belohnung modifizieren (Waldinger 1986). Eingeschlossen ist auch die Verfügbarkeit sozialer oder privater Wohnungen, einschließlich des Zugangs zu solchen Wohnungen, die für qualitativ hochwertig befunden werden. Wie Bobo und Hutchings (1996; vgl. auch Rieder 1985) angemerkt haben, können Veränderungen im Erscheinungsbild von Wohnungen einen Einfluß auf die Nachbarschaft haben, indem sie die Verfügbarkeit von Dienstleistungen und Netzwerken verändern. Sozialleistungen, einschließlich der Wahrnehmung der Legitimität solcher Leistungen, und Bildung – die Verfügbarkeit von Bildung überhaupt, die Verfügbarkeit von Bildung in der Muttersprache, der Glaube, daß einer Mehrheitsgruppe durch eine Minderheitsgruppe ihre Bildungschancen genommen werden – bieten die Basis für einen Wettbewerb zwischen Gruppen.

Wettbewerbstheorien der Vorurteile legen nahe, daß das höchste Maß an Vorurteilen wahrscheinlich bei Mitgliedern der Mehrheitsgruppe, die in der untersten Schicht der Statushierarchie sind, zu finden ist – denjenigen, die arbeitslos sind, die einen geringen beruflichen Status haben, die nur ein geringes Einkommen haben oder mit Veränderungen des Arbeitsplatzes oder des Wohnortes konfrontiert sind. Diese Individuen bemerken die aktuelle oder wahrgenommene Wettbewerbssituation wahrscheinlich am stärksten. Mehr noch, es ist sehr wahrscheinlich, daß die Manifestation des Wettbewerbs in dieser Gruppe direkt oder stellvertretend durch Familie und Freunde erfahren wird. Aus diesem Grund sind Vorurteile, die auf Wettbewerb basieren, sehr wahrscheinlich bei jüngeren, weniger gebildeten, arbeitslosen und männlichen Mitgliedern der Mehrheitsgruppe mit einem geringen Status zu beobachten.

I.2 Massengesellschaftstheorien der Intoleranz

Eine alternative Erklärung für das Ansteigen der Intoleranz in der ehemaligen DDR basiert auf der Theorie der Massengesellschaft, wie sie zuerst von Kornhauser (1959) eingeführt wurde. Nach der Massengesellschaftstheorie sind die Individuen unter normalen Umständen in einer Reihe von formalen und informalen Verbänden eingebunden, welche einen Sinn für Gemeinschaft vermitteln. Diese Gemeinschaften verhindern die Übernahme von extremistischen Ideologien, indem sie ihren Mitgliedern Verhaltensnormen, welche die Einstellungen und das Verhalten leiten, aufdrängen. Fremdenfeindlichen Vorurteilen zum Beispiel, könnte mit sozialer Mißbilligung und Zensur innerhalb der Gemeinschaft begegnet werden. In Zeiten ernsthafter sozialer, politischer oder ökonomischer Umbrüche könnten diese Gemeinschaften zerfallen und dadurch ihre regulativen Funktionen, die normalerweise mit diesen Gruppen verbunden sind, verlieren.

Für die Mitglieder einer Gesellschaft, in der solche Verwerfungen stattgefunden haben, gibt es eine wachsende Atomisierung, die aus dem *Verlust an Gemeinschaft* resultiert. Der Mangel an unabhängigen Gruppen zwischen Familie und Staat setzt die einzelnen Mitglieder der Gesellschaft der Manipulation aus; sie sind nicht länger vor dem Einfluß von extremistischen, rassistischen Ideologien geschützt und sind offen für Demagogie. Außerdem schafft die *Suche nach Gemeinschaft* eine weitverbreitete Bereitschaft für neue Ideologien bei jenen Mitgliedern der Gesellschaft, die sich entwurzelt und isoliert von anderen fühlen. Daher sind die am stärksten ungeschützten Mitglieder einer Umbruchsgesellschaft offen für die Appelle totalitärer Ideologien, die xenophobische Intoleranz in ihren Botschaften einschließen und eine totale Herrschaft durch *Pseudo-Gemeinschaft* versprechen.

Der Fall der ehemaligen DDR bot ein nahezu klassisches Beispiel für eine Gesellschaft, die ungeschützt vor dem Verlust der Gemeinschaft und dem Auftauchen der Massengesellschaft war. Die verbreitete Einmischung in und Regulierung der sozialen Aktivitäten durch den Staat schufen Bedingungen, die empfänglich waren für das Aufkommen der Massengesellschaft. Die verbreitete Organisation und Regulierung von sozialen Aktivitäten über den Arbeitsplatz und die Organisation und Regulierung der Arbeit durch den Staat führten dazu, daß mit dem Zusammenbruch der Legitimität des Staates auch die legitimierende Autorität vieler halbstaatlicher sozialer Aktivitäten kollabierte. Wie wir sehen werden, waren in der unmittelbaren postkommunistischen Zeit nur halb so viele ostdeutsche Mitglieder in ehrenamtlichen Verbänden wie Westdeutsche. In moderner Terminologie ausgedrückt, zeigt die Evidenz an, daß der Kollaps des ostdeutschen Staates von einem jähen Niedergang des sozialen Kapitals in Ostdeutschland begleitet wurde, was die Bedingungen für das Aufkommen von Intoleranz basierend auf der Massengesellschaft geschaffen hat.

II. Kirche und Staat in Ostdeutschland

Obwohl der religiöse Glaube und religiöse Praktiken in der DDR nicht gutgeheißen wurden, wurden sie doch nicht aktiv unterdrückt (Tomka 1998). Die frühe Opposition von religiösen Führern gegen das nationalsozialistische Regime wie auch deren Opposition nach dem zweiten Weltkrieg gegen das Wettrüsten und die nukleare Proliferation stimmten mit den Ansichten der Kommunisten überein und reduzierten den Widerstand der DDR-Führung gegen die religiösen Institutionen auf dem Gebiet der DDR. Obwohl also religiöse Praktiken und religiöser Glaube verpönt waren, blieben die religiösen Institutionen doch die einzigen autonomen sozialen Institutionen in Ostdeutschland (Dahrendorf 1967; Hicks 1982; Goeckel 1989; Staritz 1991).

Als eine autonome soziale Institution war die Kirche auch in der Lage – innerhalb bestimmter Grenzen – unabhängig vom Staat Standpunkte zu formulieren. Tatsächlich spielten die Kirchen in Ostdeutschland in der Pflege von nichtreligiösen abweichenden Meinungen eine sehr viel größere Rolle, als dies in vielen anderen Ostblockländern der Fall war (Goeckel 1989). Viele dieser unabhängigen Sichtweisen wurden vom Staat begrüßt: Opposi-

Religion und Toleranz gegenüber Ausländern 91

tion gegen das Wettrüsten, Opposition gegen die Aufstellung von Nuklearwaffen in Europa, die Friedensbewegung der sechziger Jahre. Andere standen dagegen im Widerspruch zum Staat: Umweltfragen und demokratische Liberalisierung.

Eine Anzahl von Faktoren sprach gegen die völlige Unterdrückung der Religion durch den Staat, wie sie für andere kommunistische Staaten üblich war. Geistliche hatten den Nationalsozialisten im zweiten Weltkrieg widerstanden und sich in der unmittelbaren Nachkriegszeit in einer breiten Palette von humanitären Aktivitäten engagiert; insgesamt verwalteten die katholische und evangelische Kirche mehr als 1500 karitative Institutionen, inklusive Hospitälern, Zentren für Behinderte, Altersheime, Tagesstationen, Kinderheime und Sozialstationen. Die Finanzierung dieser Institutionen vertraute weitgehend auf die Beiträge der Kirchen in Westdeutschland, nur etwa zehn Prozent des Finanzbedarfs wurde von der DDR selbst gedeckt (Goeckel 1989).

Statt eine Politik der völligen Unterdrückung religiöser Praktiken zu betreiben, verfolgte die DDR eine Politik der staatlich finanzierten Säkularisierung. Der Religionsunterricht in den Schulen wurde durch das Fach „sozialistische Moral", viele traditionell religiöse Zeremonien durch weltliche Zeremonien und kirchliche Jugendgruppen durch staatlich unterstützte Jugendgruppen ersetzt. Unterstützt wurde ebenfalls der Austausch von Hochzeiten, Beerdigungen und Taufen durch säkulare Zeremonien.

Von besonderer Bedeutung im Säkularisierungsprozeß war die Wiedereinführung der Jugendweihe, die im neunzehnten Jahrhundert praktiziert worden war. Obwohl die Jugendlichen in der DDR zwischen der staatlich organisierten Jugendweihe und der traditionell christlichen Konfirmation frei wählen konnten, war die Durchführung der Jugendweihe eine Notwendigkeit, um Zugang zu Bildungs- und Berufschancen zu bekommen. Die Verweigerung dieses Zugangs für diejenigen, die sich für die Konfirmation entschieden hatten, führte zu einem dramatischen Rückgang religiöser Praktiken bei Jugendlichen. Hicks (1982) schätzt, daß in den späten Siebzigern mehr als 95 Prozent aller 14jährigen an der Jugendweihe teilnahmen.

Obwohl es schwierig ist, den tatsächlichen Grad religiöser Teilnahme in der DDR akkurat zu schätzen, erscheint die Abnahme in den letzten vierzig Jahren als besonders abrupt. Pollack schätzt, daß in den fünfziger Jahren mindestens 80 Prozent der Ostdeutschen Mitglied der lutherischen Kirche gewesen seien. Dieser Anteil fiel auf weniger als 50 Prozent in den späten siebziger Jahren (vgl. auch Hicks 1982; Goeckel 1989). In weniger als der Zeitspanne einer Generation (d.h. 20 Jahren) hat fast ein Drittel der ostdeutschen Bevölkerung ihre religiöse Mitgliedschaft aufgegeben. Die staatlich unterstützte Säkularisierung scheint in der DDR besonders erfolgreich gewesen zu sein.

Diejenigen, die religiös blieben, wurden durch den Staat marginalisiert –

z.B. wurden diejenigen, die sich für die traditionelle Konfirmation entschieden, mit geringeren Bildungs- und Berufschancen konfrontiert. Diejenigen allerdings, die religiös blieben, hatten Zugang zu einer Gemeinschaft, die nicht durch den Kollaps der DDR zerstört wurde, und waren, als eine Konsequenz daraus, nach dem Fall der Berliner Mauer weniger dem Verlust von Gemeinschaft und dem Einfluß der Massengesellschaft ausgesetzt. Die Haupthypothese, die in diesem Beitrag untersucht werden soll, lautet, daß die Mitwirkung in den religiösen Gemeinden der DDR geholfen hat, deren Mitglieder vor einer Anomie zu bewahren, die auf den Kollaps der DDR folgte, und dieses hat, zumindest teilweise, geholfen, religiöse Ostdeutsche vor dem Aufkommen von fremdenfeindlichen Stimmungen, wie sie in den neunziger Jahren zu beobachten waren, zu schützen. Wie die Erfahrung mit der Arbeitslosigkeit einen negativen Einfluß ausübt, sollte die Partizipation am religiösen Leben einen positiven Einfluß besitzen, indem der Grad an fremdenfeindlicher Stimmung in den neuen Bundesländern reduziert wird.

Vor der vergleichenden Trendanalyse fremdenfeindlicher Stimmungen werde ich kurz die verwendeten Umfragen und Daten beschreiben.

III. Daten und Methoden

In diesem Beitrag werden Daten einer *Basis-Umfrage* aus dem Jahr 1991 und der *ALLBUS* (Allgemeine Bevölkerungsumfrage der Sozialwissenschaften) aus den Jahren 1992 und 1996 verwendet (Zentralarchiv 1996a; 1996b). Diese Umfragen sind die ersten in einer Reihe von Befragungen mit Zufallsstichproben der Bevölkerung des vereinigten Deutschlands und führen eine Reihe fort, die in Westdeutschland vor der Vereinigung begonnen wurde. Die Fragebögen waren für alle Befragten identisch, ausgenommen solcher Modifikationen, welche die Spezifika der Standorte in Ost und West betrafen. Diese Daten bilden eine wichtige Basis, auf der Analysen der Konsequenzen der deutschen Vereinigung aufbauen können.

Für alle drei Stichproben wurde ein komplexes Stichprobendesign verwendet, das eine disproportionale Schichtung mit einer Überrepräsentation der neuen Bundesländer einschloß. Diese disproportionale Schichtung kompensiert die unterschiedliche Verteilung der Bevölkerung in Ost- und Westdeutschland und stellt sicher, daß es eine genügend große Fallzahl für vergleichende Untersuchungen gibt. Zusätzlich zur Schichtung wurde 1991 und 1992 ein dreistufiges Clusterdesign verwendet. In der ersten Stufe wurde ein Set von Gemeinden ausgewählt (Wahrscheinlichkeit proportional zur Größe [PPS]); in Stufe zwei wurden Wohneinheiten aus diesen Gemeinden nach dem Zufallsprinzip ausgewählt, mit einer Aufzählung der Haushaltsmitglieder im Interviewplan; in der dritten Stufe wurde ein einzelner Befragter aus

Religion und Toleranz gegenüber Ausländern

diesem Haushalt nach der Kish-Matrix ausgewählt, um das Zufallsprinzip zu garantieren. Daraus ergibt sich, daß die Studien von 1991 und 1992 gewichtet werden müssen, um die Repräsentativität in Ost- und Westdeutschland zu erreichen. 1996 wurde das Stichprobendesign zu einem zweistufigen Verfahren geändert. In der ersten Stufe wurden Gemeinden für die Befragung bestimmt (PPS), in der zweiten Stufe dann die Befragten anhand der Einwohnermelderegister ausgewählt. Aus diesem Grund ist die Stichprobe 1996 für die vergleichende Analyse selbstgewichtend.

IV. Trends in Ost- und Westdeutschland

Unsere ersten Analysen konzentrieren sich auf die Trends der fremdenfeindlichen Stimmungen in den ersten Jahren nach der Vereinigung. In jeder der drei Erhebungen wurden die Befragten nach ihrer Meinung über vier Typen von Ausländern gefragt: Flüchtlinge aus Osteuropa, Asylsuchende, Arbeiter aus der Europäischen Gemeinschaft (EG) und Arbeiter aus Nicht-EG Staaten. Die Trennung der Einstellungsobjekte in Nichtarbeiter (osteuropäische Flüchtlinge und Asylsuchende) und Arbeiter (aus der EG und Nicht-EG Staaten) ist ein wichtiger Test für Unterschiede, die im ökonomischen und nichtökonomischen Wettbewerb wurzeln, wie wir später sehen werden. Die Befragten sollten aus drei möglichen Antwortalternativen ihre Meinung über die Immigration der vier Gruppen auswählen: Sollte die Immigration ohne jede Beschränkung erlaubt werden, sollte die Immigration begrenzt werden, oder sollte die Immigration komplett gestoppt werden? In Abbildung 1 sind die Anteile der ostdeutschen Befragten dargestellt, die für einen vollständigen Stop der Immigration eintreten.

Abbildung 1: Anteil derjenigen, die andere ausschließen wollen, in Prozent; Neue Bundesländer

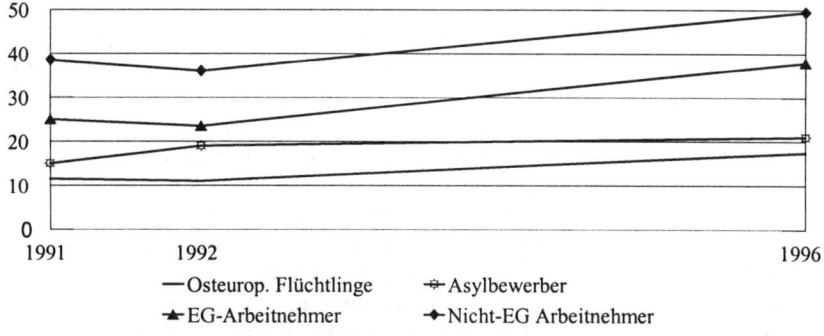

Wie die Trendlinie in Abbildung 1 zeigt, scheint die fremdenfeindliche Gesinnung in der ostdeutschen Öffentlichkeit gegenüber allen vier Untersuchungsgruppen zugenommen zu haben. Interessant ist jedoch, daß der Anstieg der fremdenfeindlichen Stimmung gegenüber den zwei Nichtarbeitergruppen im Vergleich zum Anstieg gegenüber den zwei Arbeitergruppen relativ moderat ist. Diese Daten scheinen die Hypothese zu stützen, daß der Anstieg an fremdenfeindlicher Gesinnung in hohem Maße von den Erfahrungen des ökonomischen Wettbewerbs bestimmt wird.

In Abbildung 2 sind die Antworten der Westdeutschen auf dieselben Fragen dargestellt. Wie die beiden Abbildungen zeigen, gibt es nur geringe Unterschiede zwischen den beiden Bevölkerungsgruppen hinsichtlich der Bereitschaft, jede Immigration von Nichtarbeitergruppen zu stoppen. In den ersten beiden Befragungen möchten etwa zehn Prozent die Immigration von osteuropäischen Flüchtlingen stoppen, mit einem leichten Anstieg 1996. Etwa 20 Prozent der Befragten in den beiden Teilen Deutschlands sind der Ansicht, daß die Immigration von Asylsuchenden gestoppt werden sollte, mit einem leicht höheren Grad an fremdenfeindlicher Stimmung in Westdeutschland.

Abbildung 2: Anteil derjenigen, die andere ausschließen wollen, in Prozent; Alte Bundesländer

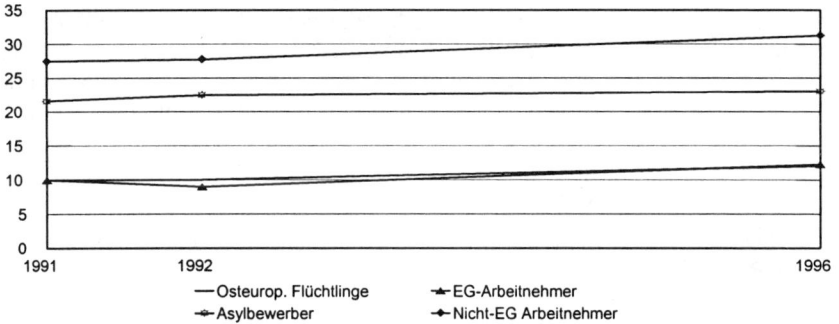

Am auffälligsten sind die Einstellungen der beiden Bevölkerungsgruppen in bezug auf die Arbeitergruppen. In beiden Fällen – bei Arbeitern aus der EG und aus Nicht-EG-Ländern – sind die ostdeutschen Befragten eher als die westdeutschen Befragten gewillt, jede Arbeitsimmigration von Ausländern zu unterbinden. Diese Daten suggerieren, daß es in Ostdeutschland ein geringeres Maß der Verpflichtung gegenüber der EG gibt als in Westdeutschland.

Eine zweite Reihe von Analysen untersucht das steigende Ausmaß an Anomie in den beiden Gebieten Deutschlands. In allen drei Studien wurden die Befragten gebeten, einem Set von vier Items zuzustimmen oder sie abzulehnen. Diese Items werden gemeinhin benutzt, um den Grad der Anomie zu messen – ein Ausdruck der Erosion der normativen Ordnung (Srole 1956):

Religion und Toleranz gegenüber Ausländern 95

a) Trotz allem, was die Leute sagen, vielen einfachen Leuten geht es schlechter, nicht besser.
b) So wie die Dinge für die Zukunft aussehen, sollte man keine Kinder in die Welt setzen.
c) Die meisten Politiker sind nicht wirklich interessiert an den Problemen des einfachen Mannes.
d) Die meisten Menschen kümmern sich nicht wirklich darum, was mit ihren Nachbarn passiert.

Wie an der Trendlinie in Abbildung 3 abzulesen ist, zeigt der Summenindex aus den vier Items (0=lehne ab und 1=stimme zu) an, daß der Grad an Anomie bei den Mitgliedern der deutschen Öffentlichkeit zwischen 1991 und 1996 angestiegen ist. Aufgrund eines t-Tests läßt sich sagen, daß es 1991 und 1996 signifikante Unterschiede zwischen Ost und West gegeben hat, aber nicht 1992 (t-Test 1991: 3,37; 1992: 0,07 und 1996: 7,80). Während also ein klarer Trend zum Anstieg der Anomie in West und Ost erkennbar ist, zeigen die Daten, daß der stärkste Anstieg der Anomie in Westdeutschland unmittelbar nach der Vereinigung erfolgte, mit einem eher moderaten Anstieg in der Folgezeit, während in Ostdeutschland ein kontinuierlicher Anstieg zu beobachten ist. Außerdem ist das Ausmaß der Anomie in der ostdeutschen Bevölkerung insgesamt höher als in der westdeutschen Bevölkerung.

Abbildung 3: Anomieskala, neue und alte Bundesländer:

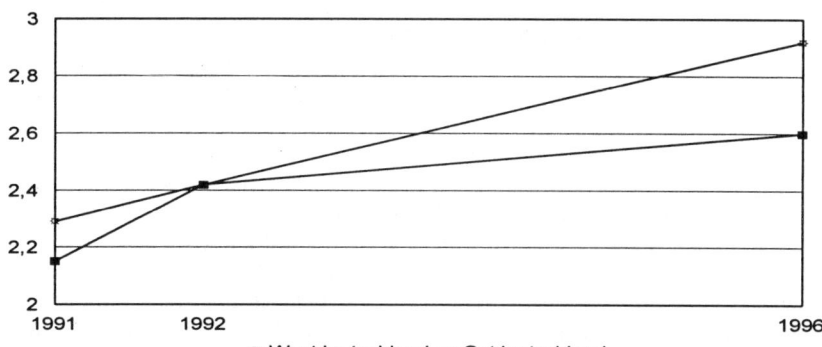

Eine wesentliche Folgehypothese dieses Beitrags lautet, daß die Anomie bei religiösen Menschen geringer ist als bei nichtreligiösen. Wir verwenden die Kirchgangshäufigkeit als Maßstab für Religiosität. In allen drei Umfragen wurde gefragt, wie häufig jemand den Gottesdienst besucht. Folgende Antwortmöglichkeiten wurden vorgegeben: mehr als einmal die Woche, einmal die Woche, ein- bis dreimal im Monat, mehrmals im Jahr, seltener, niemals.

In Abbildung 4 wurden Befragte, die mit „mehr als einmal die Woche" bis „mehrmals im Jahr" geantwortet haben, als „häufige Kirchgänger" und diejenigen, die „seltener" angaben, als „seltene Kirchgänger" klassifiziert.

Abbildung 4: Anomieskala und Kirchgangshäufigkeit, neue und alte Bundesländer

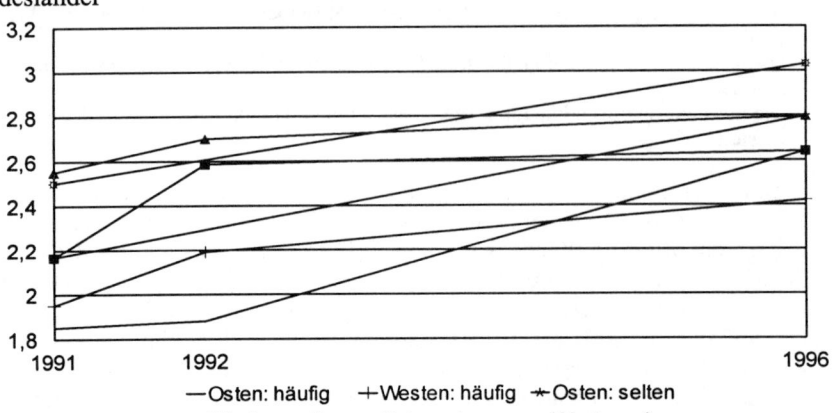

Wie die Trendlinien in Abbildung 4 klar anzeigen, zeigen diejenigen, die häufig zur Kirche gehen, das geringste Maß an Anomie, diejenigen, die angaben, sie besuchten nie den Gottesdienst, dagegen das höchste Maß an Anomie, und bei denjenigen, die selten zur Kirche gehen, zeigt sich ein mittleres Niveau an Anomie. Obwohl es eindeutig ist, daß die Kirchgangshäufigkeit mit der Anomie in Zusammenhang steht, gibt dieser Befund noch keinen Hinweis darauf, ob es sich bei diesem schützenden Effekt eher um einen Aspekt der Zugehörigkeit (Verhaltensaspekt) oder eher um einen Aspekt der Frömmigkeit (Einstellungsaspekt) des Kirchgangs handelt.

Aus den Daten in Abbildung 4 kann ebenfalls geschlossen werden, daß ein Großteil der Differenzen im Ausmaß der Anomie zwischen Ost- und Westdeutschland eine Funktion der Differenzen im Kirchgang ist. Der häufigere Kirchgang hilft in Westdeutschland, den Grad der Anomie geringer zu halten als in Ostdeutschland. Obwohl Abbildung 3 ein signifikant höheres Niveau der Anomie für Ostdeutsche im Vergleich zu den Westdeutschen im Jahre 1991 zeigt, ist die Ost-West-Differenz in Abbildung 4 für alle drei Gruppen von Kirchgängern insignifikant; die t-Tests für häufige und seltene Kirchgänger sowie Befragte, die nie in die Kirche gehen, betragen 1,35, -0,03 und 0,60. Im Jahre 1992 verbirgt die nicht signifikante Differenz zwischen Ost und West aus Abbildung 3 eine signifikant höhere Entfremdung bei häufigen und seltenen Kirchgängern Westdeutschlands (t-Test: 2,76 und 3,54), obwohl die Differenz nicht signifikant ist für Befragte, die nie den Gottesdienst besuchen (t-Test: 1,28). Im Jahr 1996 ist der Grad der Anomie höher in allen drei Gruppen der Kirchgänger Ostdeutschlands, aber die Differenz ist nur signifikant in der Gruppe derjenigen, die nie den Gottesdienst besuchen (t-Test: -1,95, 1,87 und -4,05).

Religion und Toleranz gegenüber Ausländern

Die letzte Analyse in diesem Abschnitt konzentriert sich auf die Frage, wie der Kirchgang funktioniert, um die Kirchgänger vor fremdenfeindlichen Meinungen zu bewahren. Analysen mit jeder der vier fremdenfeindlichen Fragen, die hier nicht im einzelnen präsentiert werden, haben gezeigt, daß es eine klare negative Beziehung zwischen der Häufigkeit des Kirchgangs und der größeren Bereitschaft gibt, die Immigration von Ausländern nach Deutschland zu begrenzen oder zu stoppen. Außerdem gibt es eine starke Beziehung zwischen dem Grad der Anomie und fremdenfeindlichen Meinungen; diejenigen, die einen höheren Grad an Anomie haben, geben einer größeren Bereitschaft Ausdruck, die Immigration von Ausländern zu begrenzen oder zu stoppen.

Tabelle 1: Partialkorrelationskoeffizienten zwischen der Kirchgangshäufigkeit und dem Grad der Fremdenfeindlichkeit (partialisiert nach dem Anomieindex): 1991 - 1996

Item Fremdenfeindlichkeit	Osten	Westen	Differenz
1991			
Osteuropäische Flüchtlinge	.1039***	-.0091	.1130***
Asylbewerber	.1009***	-.0863***	.1872***
Arbeitnehmer aus der EG	-.0236	-.0625*	.0389
Arbeitnehmer aus Nicht-EG-Ländern	.0307	-.0914***	.1221***
1992			
Osteuropäische Flüchtlinge	.0914*	.0010	.0904***
Asylbewerber	.0503	-.0798***	.1301***
Arbeitnehmer aus der EG	-.0326	-.0763***	.0437
Arbeitnehmer aus Nicht-EG-Ländern	.0410	-.0694***	.1104***
1996			
Osteuropäische Flüchtlinge	.1072***	.0325	.0747***
Asylbewerber	.0513	-.0560*	.1073***
Arbeitnehmer aus der EG	.0152	-.0835***	.0987***
Arbeitnehmer aus Nicht-EG-Ländern	.0590	-.1028***	.1618***

* p < .05; ** p < .01; *** p < .005

Tabelle 1 beschreibt den Zusammenhang zwischen der Kirchgangshäufigkeit und fremdenfeindlichen Meinungen in Ost- und Westdeutschland, partialisiert nach dem Grad der Anomie. Wenn nach dem Grad der Anomie kontrolliert wird, zeigen die Westdeutschen ein Muster, das sie mit anderen westlichen Gesellschaften gemein haben. Diejenigen, die religiös sind – gemessen als Kirchgangshäufigkeit –, sind weniger tolerant gegenüber Außenseitern – hier gemessen als verschiedene Typen von Ausländern. Ostdeutsche, auf der anderen Seite, zeigen ein deutlich unterschiedliches Muster; bei den Ostdeutschen *steigert* die Religiosität tendenziell die Toleranz gegenüber Außenseitern, wenn nach dem Grad der Anomie kontrolliert wird. Wie die letzte Spalte aus Tabelle 1 anzeigt, erscheinen die Zusammenhänge konsistent positiver für die ostdeutschen Befragten, wenn sie mit den Partialkorrelationen der westdeutschen Befragten verglichen werden.

In diesem Abschnitt haben wir gesehen, daß Religiosität (Kirchgangshäufigkeit) in Ost- und Westdeutschland nach der Vereinigung in einem Zusammenhang mit der Anomie und mit fremdenfeindlichen Meinungen steht. Diejenigen, die häufiger einen Gottesdienst besuchen, haben mit geringerer Wahrscheinlichkeit ein erhöhtes Maß an Anomie und geben auch weniger wahrscheinlich fremdenfeindlichen Meinungen Ausdruck. Wenn nach dem Grad der Anomie kontrolliert wird, scheint die Religiosität für die Ostdeutschen eine größere Schutzfunktion gegen fremdenfeindliche Meinungen zu bieten als für die Westdeutschen, und dieses Muster findet sich zu allen drei Zeitpunkten nach der Vereinigung. Im nächsten Abschnitt wird der Hypothese nachgegangen, daß, auch wenn nach Meßinstrumenten für Wettbewerbsorientierung (wie etwa Arbeitslosigkeit) und Maßnahmen für die Massengesellschaft (wie etwa die Mitgliedschaft in Organisationen) kontrolliert wird, die Kirchgangshäufigkeit Anomie und somit auch fremdenfeindliche Meinungen reduziert.

V. Gesellschaftliche Quellen der Intoleranz

Obgleich sich die Aufmerksamkeit der Medien auf die Rolle der Arbeitslosigkeit als Faktor für das Ansteigen der fremdenfeindlichen Meinungen in der ehemaligen DDR konzentriert hat (siehe z.B. Die Zeit, 1.10.1998), scheinen zwei Sets von theoretisch verschiedenen Faktoren besonders geeignet, diesen Anstieg zu erklären. Sicherlich tragen wettbewerbsorientierte Faktoren wie die Arbeitslosigkeit dazu bei, den Anstieg von fremdenfeindlichen Meinungen in den neuen Bundesländern zu erklären. Das Ansteigen der Arbeitslosigkeit als auch der dauerhaft hohe Anteil an Arbeitslosen könnte für einen wesentlichen Teil dieser zunehmenden Intoleranz verantwortlich sein.

Jedoch scheint die Rolle von Faktoren, die auf der Massengesellschaft beruhen, bei der Erklärung des Anstiegs an fremdenfeindlicher Gesinnung in der ehemaligen DDR weitgehend vernachlässigt worden zu sein. Der Rückgang an Gemeinschaft – auch verstanden als der Rückgang des Sozialkapitals – war das Ergebnis von zwei separaten Prozessen. Der erste Prozeß reduzierte die Gemeinschaft in der DDR durch die staatlich durchgesetzte Politik der Säkularisierung, die Trennung der Individuen – insbesondere der Jugend – von religiösen Aktivitäten und der Kirche. Obwohl die Kirche in der DDR viel von ihrer Autonomie bewahren konnte, wurde die Reichweite ihres Einflusses stark reduziert. Der zweite Prozeß ersetzte die Gemeinschaften, die von den verbleibenden, vormals autonomen Institutionen angeboten wurde, durch Institutionen, die unter staatlicher Kontrolle standen. Als der Staat seine Legitimität verlor, verloren auch viele dieser ehemals vom Staat geförderten Institutionen ihre Legitimität. Als die DDR versagte, versagten auch viele der Gemeindschaft stiftenden Institutionen, die vom Staat kontrolliert wurden, und der Verlust der Gemeinschaft folgte.

Obwohl es schwierig ist, den *Verlust* an Gemeinschaft in der ehemaligen DDR zu messen, ist es möglich, anhand einiger Indikatoren den *Mangel* an Gemeinschaft in der Zeit unmittelbar nach der Vereinigung zu zeigen. In den Umfragen aus den Jahren 1991 und 1992 wurden die Befragten gebeten, ihre Mitgliedschaft in verschiedenen Organisationen, vom Sportverein über den Chor bis zu Hobbyvereinen, anzugeben. In jedem Fall von freiwilligen Organisationen, die nicht zur Arbeit in Beziehung standen, war die Zugehörigkeit von westdeutschen Befragten zu diesen Organisationen substantiell höher als die der ostdeutschen Befragten. Zum Beispiel gab mehr als ein Viertel der westdeutschen Befragten 1991 und 1992 an, einem Sportverein anzugehören (26,3 und 27,3 Prozent), während nur ein Zehntel der ostdeutschen Befragten eine solche Mitgliedschaft angab (8,7 und 10,3 Prozent). Kombinierte man alle Angaben der Befragten über ihre Mitgliedschaft in Vereinen, die nicht mit der Arbeit in Beziehung standen, war die Hälfte aller Westdeutschen Mitglied in einer oder mehrerer Organisationen (49,7 und 50,3 Prozent), während nur ein Viertel der Ostdeutschen in mindestens einem Verein Mitglied war (21,8 und 25,4 Prozent). Außerdem waren von den Befragten, die eine Mitgliedschaft in einem Verein offenbarten, westdeutsche Befragte in signifikant mehr Vereinen Mitglied (1,37 und 1,41) als ostdeutsche Befragte (1,07 und 1,09).

In einer letzten Reihe von Analysen nutze ich eine OLS-Regression, um simultan den Effekt einer Reihe von unabhängigen Variablen auf fremdenfeindliche Meinungen bezüglich der vier Gruppen von Ausländern zu untersuchen, den zwei nichtwirtschaftlichen Gruppen (Nichtarbeiter), Flüchtlinge aus Osteuropa und Asylsuchende, und den zwei Arbeitergruppen aus anderen EG-Ländern und Nicht-EG-Ländern. Die unabhängigen Variablen lassen sich in vier Typen klassifizieren: demographische Variablen (Geschlecht und Alter), wettbewerbsorientierte Faktoren (Bildung und gegenwärtige Arbeitslosigkeit), Kirchenmitgliedschaft als Maß für Gemeinschaft[2] (vercodet als Tage des Gottesdienstbesuchs im Jahr) und der aufsummierte Anomieindex.

Die Ergebnisse der vier Regressionen aus den drei westdeutschen Umfragen sind in Tabelle 2 dargestellt. Wie wir aus diesen Daten erkennen können, hat von den wettbewerbsorientierten Variablen lediglich die Bildung einen konsistent signifikanten Einfluß auf fremdenfeindliche Meinungen.

---

2 In einer Analyse, die hier nicht präsentiert wird, wurde eine Variable für die Anzahl der Mitgliedschaft in Vereinen für die Regressionen der Jahre 1991 und 1992 einbezogen. Da diese Variable nicht signifikant war, wenn Anomia ebenfalls gemessen wurde, und da 1996 nicht nach der Mitgliedschaft gefragt wurde, ist die Variable bei den hier vorgestellten Analysen nicht berücksichtigt worden.

Tabelle 2: Standardisierte Regressionskoeffizienten für westdeutsche fremdenfeindliche Gesinnung: 1991-1996

	Osteuropäische Flüchtlinge	Asylbewerber	Arbeitnehmer aus der EG	Arbeitnehmer Nicht-EG-Länder
1991				
Alter	-.035	.134***	.058*	.163***
Bildung	-.146***	-.273***	-.197***	-.183***
Geschlecht	-.057*	-.010	-.169***	-.014
Arbeitslosigkeit	-.028	-.053*	-.028	-.065*
Kirchgang	-.035	.002	.020	.023
Anomie	.049	.008	.054*	.062*
R^2	.027	.111	.084	.084
1992				
Alter	-.060**	.102***	.044*	.144***
Bildung	-.183***	-.255***	-.228***	-.209***
Geschlecht	.015	.012	-.072***	.058***
Arbeitslosigkeit	.058***	.014	.023	.001
Kirchgang	-.024	-.011	.039	.006
Anomie	.098***	.066***	.092***	.069***
R^2	.049	.096	.082	.090
1996				
Alter	-.002	.166***	-.028	.102***
Bildung	-.128***	-.223***	-.222***	-.176***
Geschlecht	-.023	.031	-.058***	.024
Arbeitslosigkeit	.047*	.016	-.020	.026
Kirchgang	-.055**	.016	.034	.025
Anomie	.123***	.075***	.108***	.112***
R^2	.044	.092	.072	.076

* $p < .05$; ** $p < .01$; *** $p < .005$

Diejenigen mit einer höheren Bildung – d.h. diejenigen, die mit geringster Wahrscheinlichkeit in direktem Wettbewerb mit den Immigrantengruppen stehen – sind mit der größten Wahrscheinlichkeit gegenüber allen vier Gruppen von Ausländern positiv geneigt. Interessanterweise hat die gegenwärtige Erfahrung von Arbeitslosigkeit unter Westdeutschen nur einen relativ moderaten Einfluß auf fremdenfeindliche Meinungen, wenn die Bildung in der Analyse berücksichtigt wird. Nur in drei der zwölf Gleichungen ist der Koeffizient für Arbeitslosigkeit signifikant, und in einem dieser drei Fälle (1991 gegenüber Asylsuchenden, -0,053) zeigt der Effekt an, daß arbeitslose Befragte den Immigranten *positiver* gegenüberstehen.

Der Einfluß der Anomie auf fremdenfeindliche Meinungen in Westdeutschland geht ebenfalls deutlich aus Tabelle 2 hervor. In jedem einzelnen der Ergebnisse von 1992 und 1996 sehen wir, daß diejenigen, die einen höheren Grad an Anomie haben, auch mit einer größeren Wahrscheinlichkeit eine ablehnende Haltung gegenüber den vier Gruppen von Ausländern einnehmen. Interessant ist, daß nur in einem einzigen Fall die Kirch-

Religion und Toleranz gegenüber Ausländern

gangshäufigkeit einen Einfluß auf eine fremdenfeindliche Gesinnung ausübt; im Jahr 1996 waren jene, die häufiger einen Gottesdienst besuchten, weniger bereit, die Immigration von osteuropäischen Flüchtlingen zu begrenzen (-0,055).

Tabelle 3: Standardisierte Regressionskoeffizienten für ostdeutsche fremdenfeindliche Gesinnung: 1991-1996

	Osteuropäische Flüchtlinge	Asylbewerber	Arbeitnehmer aus der EG	Arbeitnehmer Nicht-EG-Länder
1991				
Alter	-.041	-.026	-.001	.021
Ausbildung	-.094***	-.162***	-.154***	-.183***
Geschlecht	.007	.049	-.040	.054*
Arbeitslosigkeit	-.012	.038	-.023	.036
Kirchgang	-.068***	-.072***	-.004	-.050
Anomie	.113***	.057*	.091***	.081***
R^2	.026	.035	.034	.051
1992				
Alter	-.072*	-.075*	.033	-.010
Ausbildung	-.088**	-.194***	-.110***	-.212***
Geschlecht	.001	.057	-.072*	.058*
Arbeitslosigkeit	-.012	.001	.021	.026
Kirchgang	-.135***	.011	.058	.054*
Anomie	.038	.049	.055	.087**
R^2	.027	.033	.024	.054
1996				
Alter	-.037	.076*	-.015	.029
Ausbildung	-.175***	-.147***	-.212***	-.207***
Geschlecht	.020	-.039	.007	.045
Arbeitslosigkeit	-.013	.045	-.018	.000
Kirchgang	-.097***	-.058*	.011	-.036
Anomie	.159***	.138***	.215***	.227***
R^2	.068	.074	.099	.117

* $p < .05$; ** $p < .01$; *** $p < .005$

Die Ergebnisse der Regressionen für die ostdeutschen Befragungen sind in Tabelle 3 dargestellt. Wie bereits bei den Westdeutschen festgestellt, zeigen diese Daten an, daß die wettbewerbsorientierte Variable bei den Ostdeutschen die Bildung ist, nicht die Arbeitslosigkeit. Befragte mit der höchsten Bildung sind auch gegenüber allen vier Gruppen von Ausländern in allen drei Befragungen am positivsten eingestellt. Wird der Einfluß der Bildung in der Analyse berücksichtigt, gibt es keinen Einfluß der gegenwärtigen Erfahrung von Arbeitslosigkeit auf fremdenfeindliche Meinungen mehr.

Der Einfluß der Anomie auf ostdeutsche Meinungen über Ausländer geht ebenso evident aus Tabelle 3 hervor. Wie die Ergebnisse zeigen, sind Befragte mit dem höchsten Grad an Anomie auch mit hoher Wahrscheinlichkeit diejenigen mit fremdenfeindlichen Meinungen. Interessanterweise ist diese Beziehung 1991 und 1996 am offenkundigsten – in den Daten aus dem Jahre 1992 ist diese Beziehung viel moderater.

Der auffälligste Unterschied zwischen den Tabellen 2 und 3 liegt im Einfluß der Kirchgangshäufigkeit auf Einstellungen gegenüber nichtwirtschaftlichen ausländischen Immigranten (d.h. Asylsuchende und osteuropäische Flüchtlinge). In fünf der sechs Regressionen, die sich auf Einstellungen gegenüber diesen beiden Gruppen beziehen, zeigen die Ergebnisse, daß jene, die häufiger einen Gottesdienst besuchen, mit größerer Wahrscheinlichkeit auch positiv gegenüber den nichtwirtschaftlichen Immigranten eingestellt sind. Da kein vergleichbarer Effekt für Wirtschaftsimmigranten (d.h. Arbeiternehmer) nachgewiesen werden kann, scheint der Kirchgang eine schützende Funktion vor fremdenfeindlichen Meinungen gegenüber nichtökonomischen Immigranten zu bieten.

Schlußfolgerungen

In dem Jahrzehnt nach dem Fall der Berliner Mauer haben nur wenige Forscher das Ansteigen von fremdenfeindlicher Stimmung, rassistischer Gewalt und Intoleranz in den neuen Bundesländern vorhergesagt. In diesem Beitrag habe ich Daten der ALLBUS Befragung genutzt, um fremdenfeindliche Meinungen in Ost- und Westdeutschland zu vergleichen. Diese Analysen zeigen deutlich den Anstieg von fremdenfeindlichen Meinungen und von Anomie in den Jahren nach der Vereinigung Deutschlands.

Zwei Theorien scheinen am besten geeignet, den Anstieg fremdenfeindlicher Gesinnung in der DDR zu erklären. Wettbewerbsorientierte Theorien der Intoleranz konzentrieren sich auf das wechselnde Niveau des materiellen Wohlstands und des Eigennutzes. Von daher sind es junge, arbeitslose Männer, die am stärksten zu rassistisch motivierter und fremdenfeindlicher Gewalt und Intoleranz neigen. Massengesellschaftstheorien bieten eine alternative Erklärung für eine fremdenfeindliche Gesinnung bei Ostdeutschen. Nach dieser Theorie bedeutete die vertikale Integration der Gesellschaft in der ehemaligen DDR, daß mit dem Kollaps des ostdeutschen Staates auch eine weitgehende Zerstörung der Gemeinschaft in der Zeit nach der Vereinigung folgte. Der Mangel an Integration in einer Gemeinschaft macht die Ostdeutschen stärker anfällig für extremistische Ideologien.

In der 40jährigen Geschichte der DDR war die Religion die einzige halbautonome Institution, die in Opposition zum Staat stand. Obwohl der Staat erfolgreich weite Teile der Bevölkerung säkularisieren konnte, widerstand

Religion und Toleranz gegenüber Ausländern

eine signifikante Minderheit der staatlich gesponserten Säkularisierung erfolgreich. Diejenigen, die religiös blieben, hatten eine alternative Quelle für Gemeinschaft, die nicht verschwand, als sich der Staat auflöste. Konsequenterweise war die Religion durch eine Reduktion des Effekts der Anomie ein schützendes Element für ihre Anhänger und machte dadurch religiöse Ostdeutsche weniger anfällig für extremistische Ideologien.

Zusätzlich zum Anstieg der Anomie und der fremdenfeindlichen Stimmung bei Ost- und Westdeutschen finden wir substantielle Hinweise auf den Niedergang der Gemeinschaft (soziales Kapital) bei den Ostdeutschen nach der Vereinigung. Westdeutsche berichten zweimal so häufig von Mitgliedschaften in den verschiedensten Vereinen als Ostdeutsche, was einen Niedergang an Gemeinschaft in der ehemaligen DDR nahelegt. In einer Reihe von Regressionsanalysen fanden wir, daß, auch wenn nach wettbewerbsorientierten Variablen (d.h. die Erfahrung von Arbeitslosigkeit) kontrolliert wird, Variablen der Massengesellschaft (d.h. Kirchgangshäufigkeit) in einer signifikanten Beziehung zu fremdenfeindlichen Meinungen Ostdeutscher, aber nicht Westdeutscher bleiben. Der Zusammenhang von Variablen der Massengesellschaft mit der Anomie in Ostdeutschland demonstriert deutlich, daß Religion ein schützendes Element gegen das Ansteigen fremdenfeindlicher Gesinnung darstellt.

Literatur

Atkinson, Graeme, 1993: Germany. Nationalism, Nazism and violence, in: Björgo, Tore/Witte, Rob, (Hg.): Racist Violence in Europe. New York, 154-166.
Björgo, Tore/Witte, Rob, (Hg.) 1993: Racist Violence in Europe. New York.
Bobo, Lawrence/ Huchings, Vincent L., 1996: Perceptions of Racial Group Competition: Extending Blumer's Theory of Group Position to a Multiracial Social Context, in: American Sociological Review 61, 951-972.
Dahrendorf, Ralf, 1967: Society and Democracy in Germany. Garden City, NY.
Glock, Charles/Stark, Rodney, 1966: Christian Beliefs and Anti-Semitism. New York.
Goeckel, Robert F., 1989: Church and society in the GDR, in: Rueschemeyer, M./Lemke, C., (Hg.): The Quality of Life in the German Democratic Republic. Armonk, NY.
Hicks, Sallie M., 1982: The Society and its Environment, in: Keefe, Eugene K. (Hg.): East Germany: A Country Study. Washington DC.
Husbands, Christopher T., 1993: Racism and racist violence: Some theories and policy perspectives, in: Björgo, Tore/Witte, Rob, (Hg.): Racist Violence in Europe. New York, 113-127.
Kornhauser, William, 1959: The Politics of Mass Society. New York
Pollack, Detlef, 1994: Kirche in der Organisationsgesellschaft. Stuttgart.
Rieder, Jonathan, 1985: Canarsie: The Jews and Italians of Brooklyn Against Liberalism. Cambridge.

Staritz, Dietrich, 1991: The relationship of socio-structural development and political culture in the GDR: Hypotheses, in: Gerber, M., (Hg.): Studies in GDR Culture and Society. Bd. 10. Lanham, MA.

Srole, Leo, 1956: Social Integration and Certain Corollaries: An Exploratory Study, in: American Sociological Review 21, 709-716.

Tomka, Miklós, 1998: Coping with persecution: Religious change in Communism and in Post-Communist reconstruction in Central Europe, in: International Sociology 13, 229-248.

Waldinger, Roger, 1986: Changing Ladders and Musical Chairs: Ethnicity and Opportunity in Post-Industrial New York, in: Politics and Society 15, 369-401.

Zentralarchiv für Empirische Sozialforschung, 1996a: Allgemeine Bevölkerungsumfrage der Sozialwissenschaften: ALLBUS, PC-readable Codebook, 1980-1994.

Zentralarchiv für Empirische Sozialforschung, 1996b: Allgemeine Bevölkerungsumfrage der Sozialwissenschaften: ALLBUS, PC-readable Codebook, 1996.

Heiner Meulemann

Moralische Striktheit und Religiosität in Ost- und Westdeutschland 1990-1994

Über den Einfluß unterschiedlicher Sozialverfasssungen auf die Korrelationen zwischen Einstellungen

1. Untersuchungsfrage: Moralische Striktheit trotz Säkularisierung

Im März 1964 besuchte Marion Gräfin Dönhoff (1964: 46) zusammen mit zwei weiteren Redakteuren der Wochenzeitung „Die Zeit" die DDR. Sie richtete nach einem anstrengenden Besuchsprogramm beim Abendessen im Hotel an den Begleiter, den die SED den drei westdeutschen Journalisten zugewiesen hatte, fast zerstreut die Frage: „'Was meinen Sie eigentlich, ist der Sinn des Lebens?' Ohne Zögern kam die Antwort: 'Der Sinn unseres Lebens liegt in der Leistung für die Gesellschaft.' 'Nein, ich meine eigentlich, worin liegt für Sie ganz persönlich der Sinn des Lebens.' Er blickte einen Moment versonnen drein, dann sagte er: 'Ja, ich meine doch darin, mithelfen zu können bei dem Versuch, Not, Elend und Ausbeutung zu beseitigen.'" Sicher erforderte es schon die Rolle eines kommunistischen Betreuers westdeutscher Gäste von dem jungen Dozenten, zwischen persönlicher Heilsfrage und politischer Eschatologie nicht zu unterscheiden. Daher die Promptheit der ersten Antwort. Aber die zweite, auf eine Besinnung folgende Antwort zeigt, daß der Dozent nicht nur seine Rolle spielte, sondern es ernst meinte: mit der wiederholten Beteuerung beweist er die erlernte Unfähigkeit zur Unterscheidung. Um aber die Differenz zwischen persönlichem Lebenssinn und sozialem Wohl zu verwischen, muß man die Antworten auf die Grundfragen der Religion – Wozu sind wir da? Was sollen wir tun? – vom Jenseits auf eine höchst anspruchsvolle Weise ins Diesseits verlagern. „Diesseits" ist nicht das persönlich erlebte Glück oder Unglück hier und heute, sondern die in der Zukunft gemeinschaftlich angestrebte ideale Gesellschaft. „Jenseits" ist nicht mehr Himmel und Hölle, die ich nach meinem Tode persönlich erleben werde und wo ich für meine diesseitigen Taten in der Einheit mit Gott ewig belohnt oder durch Trennung von ihm ewig bestraft werde, sondern die verwirklichte Utopie. Sie ist ein Jenseits im Diesseits: nicht ich, aber andere werden sie erleben. Wer an diese Utopie glaubt, muß Gut und Böse seines Tuns in dem Glauben bewerten, daß nicht er, sondern andere die Früchte ernten; er muß sich stellvertretend belohnen.

Die Anekdote Dönhoffs ist ein Indiz dafür, daß dem Sozialismus in der DDR das Kunststück gelungen sein könnte, den Menschen den Glauben an ein

Jenseits im Diesseits zu vermitteln, der Moral ohne Appell an den Eigennutz begründet: Was wir alle heute für die Zukunft schaffen und was andere erleben werden, ist heute schon Lohn und Strafe für mich. Gewiß, auch das auf die Nachfrage wiederholte Bekenntnis des Dozenten kann noch Lippenbekenntnis gewesen sein; und jenseits der Intelligenzschicht, die der Dozent repräsentiert, mag der neue Glaube nicht vorgedrungen oder nur als Fassade akzeptiert worden sein. Aber für die Pointe dieser Anekdote gibt es auch Belege aus Befragungen der ganzen Bevölkerung – nämlich dafür, daß der neue Glaube sich ausgebreitet und vom alten die Funktion der Rechtfertigung moralischer Striktheit übernommen hat.

Auf der einen Seite verurteilen Ostdeutsche moralische Verstöße 1990 durchweg strenger, sind also moralisch strikter als Westdeutsche (Meulemann 1998b). Auf der anderen Seite hat die DDR in den fünfziger Jahren den christlichen Glauben radikal zurückgedrängt und den Glauben an den Atheismus an seine Stelle gesetzt: Zwischen 1955 und 1960 fallen kirchliche Praktiken von 80 Prozent auf 30 Prozent. Seit 1970 sehen sich rund 70 Prozent der Bevölkerung als Atheisten (Meulemann 1996: 230, 236). Ein derart breiter Konsens belegt einen neuen Glauben, der sich auch auf das Jenseits im Diesseits richten könnte. Die DDR hat also die moralische Striktheit hochgetrieben, *obwohl* sie den christlichen Glauben zurückgedrängt hat, der – wie zahlreiche Querschnittsbefragungen in der alten Bundesrepublik und in westlichen Ländern belegen – mit moralischer Striktheit positiv korreliert (Meulemann 1993). Sie hat die moralische Striktheit auf ein höheres Niveau gehoben als in der alten Bundesrepublik, obwohl sie mit dem Glauben an die Belohnung diesseitiger Taten in einem persönlich erlebten Jenseits das herkömmliche Unterpfand moralischer Striktheit ausgelöscht hatte. Sie muß also die moralische Striktheit zunächst vermindert und dann dennoch über das Niveau der alten Bundesrepublik gesteigert haben. Dazu könnte der neue Glaube, begründet durch die marxistische Ideologie und gestärkt durch staatliche Repression und soziale Kontrollen, beigetragen haben. Da sein Einfluß auf moralische Striktheit verständlicherweise weder in der DDR noch in der neuen Bundesrepublik erhoben wurde, kann er nur gleichsam im Negativ, an der Auflösung des herkömmlichen Zusammenhangs zwischen christlichem Glauben und moralischer Striktheit sichtbar werden: Indiz für den neuen Glauben wäre, wenn die Korrelation zwischen christlicher Religiosität und moralischer Striktheit in der DDR niedriger ist als in der alten Bundesrepublik.

Die hohe ostdeutsche moralische Striktheit bei der deutschen Vereinigung 1990 fällt aber bis 1994 fast auf das westdeutsche Niveau zurück (Meulemann 1998b). Wie für die Überhöhung so sollte auch für den Zusammenbruch der moralischen Striktheit Repression *und* Ideologie ursächlich sein: Ohne die Sozialverfassung der DDR verliert die Repression ihre Legitimität, ohne den Marxismus-Leninismus fehlt dem neuen Glauben das Lehrgebäude. Aber die Repression kann nicht solange fortwirken wie die Ideologie. Die Herrschaft der Staatspartei ist zusammengebrochen, und das vorpolitische Alltagsleben ge-

Moralische Striktheit und Religiosität 107

winnt wieder Luft. Aber die erzwungene und über drei Dekaden unangefochtene Säkularisierung läßt sich nicht ebenso schnell rückgängig machen, der neue Glaube nicht ebenso schnell wieder durch den alten ersetzen. In der Tat lebt nach 1990 die christliche Religiosität in Ostdeutschland nicht wieder auf, verliert eher weiter an Boden (Meulemann 1996: 335-337). Indiz für ein Überleben des neuen Glaubens wäre, wenn die schwächere Korrelation zwischen christlicher Religiosität und moralischer Striktheit in Ostdeutschland auch nach 1990 bestehen bliebe.

Die hohe ostdeutsche moralische Striktheit 1990 legt also *erstens* die Frage nahe, ob die alten religiösen Fundamente der Moral tatsächlich durch neue ersetzt wurden; und der rapide „Verfall" bis 1994 legt *zweitens* die Frage nahe, ob die alten religiösen Fundamente tatsächlich nicht wieder wirksam geworden sind. Beide Fragen betrachten die moralische Striktheit allein in Abhängigkeit von der religiösen Bindung. Aber der Einfluß der religiösen Bindung wird von mobilisierenden Kräften konterkariert, die Moral nicht auf den Glauben, sondern die Selbstbestimmung gründen wollen, und er wird von weiteren Bindungen überlagert, die die Herausforderungen der Selbstbestimmung wieder begrenzen und moralische Gebote nicht ideologisch, sondern praktisch begründen. Im Spannungsfeld bindender und mobilisierender Kräfte konkurriert die religiöse Bindung mit der Bildung einerseits, mit Bindungen durch Familie, Erwerb, Alter und ländliche Milieus anderseits. Und die Ostdeutschen unterscheiden sich von Westdeutschen nicht nur durch eine geringere religiöse Bindung, sondern auch durch ein höheres Bildungsniveau und eine höhere Quote der Verehelichung, Elternschaft und Erwerbstätigkeit und der Landbevölkerung. Die beiden Fragen lassen sich daher nur beantworten, wenn mobilisierende und andere bindende Einflüsse kontrolliert sind.

Die *erste* Frage läßt sich wie folgt konkretisieren: Wurde die moralische Striktheit der DDR, obwohl ihr der Boden des christlichen Glaubens entzogen war, mit Hilfe eines neuen Glaubens über das Niveau des alten hinaus gesteigert? Die Kompensation des alten durch den neuen Glauben läßt sich *zunächst* durch den Vergleich des Einflusses der religiösen Bindung auf die moralische Striktheit beantworten: Wenn 1990 der Einfluß in Ostdeutschland geringer ist als in Westdeutschland, dann spricht das dafür, daß ein neuer Glaube den alten als Rechtfertigung der moralischen Striktheit ersetzt hat. Die Kompensation des alten durch den neuen Glauben läßt sich *weiterhin* ermessen, wenn man die Wirkung der religiösen Bindung auf die moralische Striktheit aus dem ostdeutschen Vorsprung an moralischer Striktheit 1990 herausrechnet. Wenn bei statistischer Kontrolle der in Ostdeutschland niedrigeren religiösen Bindung der ostdeutsche Vorsprung an moralischer Striktheit noch größer ist als ohne diese Kontrolle, dann deutet dieser zusätzliche Vorsprung darauf, daß die hohe moralische Striktheit nicht nur durch Repression erzwungen, sondern auch durch einen neuen Glauben gestützt wurde.

Die *zweite* Frage läßt sich wie folgt konkretisieren: Hat die Wirkung des neuen Glaubens auf die moralische Striktheit das Ende der Repression überleben können? Auch sie läßt sich *zunächst* durch einen Vergleich des Einflusses der religiösen Bindung auf die moralische Striktheit beantworten: Wenn auch noch 1994 der Einfluß der religiösen Bindung in Ostdeutschland geringer ist als in Westdeutschland und wenn die Differenz nicht zurückgegangen ist, dann spricht das dafür, daß der neue Glaube überlebt hat. Auch die zweite Frage läßt sich *weiterhin* ermessen, wenn man die Wirkung der religiösen Bindung aus dem ostdeutschen Rückgang der moralischen Striktheit herausrechnet. Wenn bei statistischer Kontrolle der religiösen Bindung der Rückgang der ostdeutschen moralischen Striktheit geringer ist als ohne die Kontrolle, dann deutet dieses hintergründige Überleben der moralischen Striktheit darauf, daß der neue Glaube fortwirkt.

Jede der beiden Fragen läßt sich also in zwei Schritten untersuchen: durch einen Vergleich des Einflusses der religiösen Bindung auf die moralische Striktheit zwischen West- und Ostdeutschland 1990 und 1994 und durch einen Vergleich des Landesteilunterschieds 1990 und seiner Entwicklung bis 1994 in Gesamtdeutschland ohne und mit Kontrolle der unterschiedlich starken religiösen Bindung in den beiden Landesteilen – jeweils bei Kontrolle mobilisierender und anderer bindender Kräfte. Im folgenden werden nach der Darstellung der Untersuchungsanlage in Abschnitt 2 beide Fragen in Abschnitt 3 durch den Landesteilvergleich, in Abschnitt 4 durch den Vergleich der Landesteilunterschiede mit und ohne Kontrolle beantwortet.

2. Untersuchungsanlage

2.1 Zielvariable: Dimensionen der moralischen Striktheit

Moralische Striktheit wurde 1990 in der Europäischen Wertestudie mit einer Frage erhoben, die 1994 vom Institut für Demoskopie in Allensbach repliziert wurde.[1] In Ost- und Westdeutschland wurden die Befragten gebeten, auf einer Skala von zehn Stufen zu bewerten, ob sie 24 moralisch bewertbare Tatbestände „unter keinen Umständen" (Stufe 10) oder „in jedem Fall" (Stufe 1) „für in Ordnung" hielten. Je schärfer jemand einen Tatbestand verurteilt, desto stärker gilt für ihn das entsprechende Gebot, desto stärker ist die moralische Striktheit.

---

1 Die Stichproben umfaßten 1990 2101 West- und 1336 Ostdeutsche, 1994 1264 West- und 1126 Ostdeutsche. Die Dateien für 1990 wurden von der World Values Study Group übernommen, die von Ronald Inglehart geleitet wird: sie sind beim International Consortium for Political and Social Research in Ann Arbor, Michigan, USA, archiviert (ICPSR Study Number 6160) und können über das Zentralarchiv für Empirische Sozialforschung der Universität Köln bezogen werden. Die Dateien für 1994 wurden mir vom Institut für Demoskopie, Allensbach, freundlicherweise zur Verfügung gestellt, wofür ich Renate Köcher und Werner Süßlin sehr herzlich danke. Iksun Kim danke ich für die Erstellung der integrierten Datei beider Zeitpunkte.

Moralische Striktheit und Religiosität 109

Die Gebote kann man danach ordnen, welche Prinzipien zu ihrer Rechtfertigung alltäglich wohl überwiegend herangezogen werden. Im alltäglichen wie im philosophischen Diskurs werden moralische Gebote zwar zugleich durch Werte *und* durch das Reziprozitätsprinzip, durch „Vorstellungen des Wünschbaren" (Kluckhohn 1951: 395) jenseits der Person *und* durch den Appell an das Eigeninteresse der Person gerechtfertigt. Aber je mehr eine der beiden Rechtfertigungen dominant ist, desto näher kann ein moralisches Gebot an den entsprechenden Pol gerückt werden. Auf der einen Seite wird ein Wert als absolutes Gut jenseits der Hoheit des einzelnen wie aller Menschen gesehen. In diesem Fall ist das moralische Gebot hinreichend durch den Wert gerechtfertigt, aber es *kann* zusätzlich durch das Reziprozitätsprinzip begründet werden. Je anschaulicher ein solches Gebot dann auch durch das Reziprozitätsprinzip begründet werden kann, je deutlicher hinter dem verletzten fremden das gefährdete eigene Interesse sichtbar gemacht werden kann, desto näher rückt es zum Pol der Reziprozität. Auf der anderen Seite wird das Reziprozitätsprinzip als die Grundlage eines moralischen Gebots betrachtet und ein Wert postuliert, der mit der Mißachtung des Gebots verletzt wird. In diesem Falle *müssen* Argumente der Reziprozität entwickelt werden, um moralische Gebote und entsprechende Werte zu rechtfertigen. Je mehr Argumente dann für die Rechtfertigung mobilisiert werden müssen, je abstrakter der Bezugspunkt der Wertung wird, desto näher rückt es zum Pol der Reziprozität. Man kann also nach dem Bezugspunkt, der im Alltag, gemessen am argumentativen Aufwand, vermutlich näher liegt, moralische Gebote in Gruppen auf einem Kontinuum der überwiegenden Rechtfertigung durch Werte oder durch das Reziprozitätsprinzip klassifizieren.

Die 24 Tatbestände kann man nach diesem Gesichtspunkt zusammenfassen (siehe dazu ausführlich Meulemann 1998b). Auf der einen Seite verstoßen Drogenmißbrauch und Selbstmord gegen (1) den *Wert des eigenen Lebens*, ohne daß eine Rechtfertigung des Verbots durch das Reziprozitätsprinzip sinnvoll ist, während Verstöße gegen (2) den *Wert der sozialen Ordnung* (die Bedrohung von Streikbrechern und Handgemenge mit der Polizei) sowie Verstöße gegen (3) den *Wert der Familie* (Ehebruch, Geschlechtsverkehr unter Minderjährigen, Prostitution, Homosexualität und Scheidung) und gegen (4) den *Wert des fremden Lebens* mit steigender Anschaulichkeit auch durch die Reziprozitätsregel gerechtfertigt werden können. Auf der anderen Seite verbieten sich Verstöße gegen (5) das *Eigentum* (Spritztour mit einem gestohlenen Auto, Hehlerei, Fahrerflucht und der Einbehalt gefundenen Geldes) ohne großen argumentativen Aufwand durch das Reziprozitätsprinzip, während zunehmend anspruchsvollere Überlegungen mobilisiert werden müssen, um Verstöße gegen (6) das *Gemeineigentum* (passive Bestechung, Schwarzfahren, Sozialleistungsmißbrauch, Steuerhinterziehung und Lügen) sowie Verstöße gegen (7) die *Achtung der Gemeinschaft* (alkoholisiertes Fahren und das Wegwerfen von Abfall) nach dem Reziprozitätsprinzip zu verurteilen.

Faktoranalysen der 24 Verstöße in den vier Stichproben bestätigen ihre Zuordnung zu den genannten sieben Gruppen – mit zwei Ausnahmen. *Erstens* rücken die Verstöße gegen das eigene Leben, also Drogenmißbrauch und Selbstmord, entweder in die Nähe des Werts Gruppe Familie oder sie lassen sich keiner Gruppe eindeutig zuordnen. Zudem sind die Landesunterschiede beider Verstöße ungleich: Der Drogenmißbrauch ist das einzige Delikt, bei dem der Vorsprung der Ostdeutschen noch ansteigt; beim Selbstmord findet man einen der stärksten ostdeutschen Vorsprünge. Beide Delikte werden daher im folgenden für sich als Zielvariable betrachtet. *Zweitens* bilden in den Faktoranalysen die Verstöße gegen das fremde Leben keine eigene Gruppe; der politische Mord wird der Gruppe Ordnung und die Abtreibung der Gruppe Familie zugewiesen, während Euthanasie und Notwehr in beiden Landesteilen 1990 eher zur Familie gehören und 1994 einen eigenen Faktor bilden. Der politische Mord wurde daher als dritte Variable zur Gruppe Ordnung geschlagen und die Euthanasie für sich als Zielvariable betrachtet. Da die Abtreibung das einzige Delikt ist, bei dem die ostdeutsche moralische Striktheit niedriger ist als die westdeutsche, wurde sie ebenfalls für sich als Zielvariable betrachtet. Schließlich wurde die Tötung in Notwehr, die ja kein Delikt, sondern die Rechtfertigung eines Tatbestandes als Nichtdelikt darstellt und entsprechend in allen Stichproben am seltensten verurteilt wird, nicht analysiert.

Insgesamt verbleiben also neun Variablen der moralischen Striktheit. Auf dem Kontinuum der überwiegenden Rechtfertigung durch Werte oder das Reziprozitätsprinzip stehen die ersten fünf Variablen – *Drogenmißbrauch, Selbstmord, Ordnung, Familie, Euthanasie, Abtreibung* – dem Pol der Werte, die letzten drei – *Eigentum, Gemeineigentum, Achtung der Gemeinschaft* – dem Pol der Reziprozität näher. Die Variablen Ordnung, Familie, Eigentum, Gemeineigentum und Achtung der Gemeinschaft wurden als Mittelwerte mehrerer Vorgaben gebildet. Wenn nicht für alle Vorgaben gültige Werte vorlagen, wurde der Mittelwert auf einer entsprechend verminderten Basis berechnet. Alle Zielvariablen haben metrisches Meßniveau, so daß Einflüsse auf sie in multiplen Regressionen nach dem Kriterium der kleinsten Quadrate analysiert werden können. Alle, auch die als Mittelwert gebildeten Variablen, haben weiterhin eine Reichweite von 1 bis 10, so daß unstandardisierte Regressionskoeffizienten zwischen ihnen verglichen werden können. Bei allen Zielvariablen schließlich haben die Befragten nur den oberen Wertebereich zwischen 5 und 10 ausgenutzt, so daß die Größe der Regressionskoeffizienten nach diesem Maßstab bewertet werden muß.

2.2 Einflußvariable: Hypothesen und Operationalisierungen

2.2.1 Religiöse Bindung und Mobilisierung: gleiche Einflüsse in den Landesteilen

Moralische Gebote lassen sich durch Werte einfacher rechtfertigen als durch Reziprozitätsüberlegungen. Was zweifellos gilt, braucht keine Rechtfertigung

Moralische Striktheit und Religiosität

– auf dem Forum des persönlichen Gewissens wie der Öffentlichkeit. Die zweifellose Anerkennung von Werten entlastet von inneren wie äußeren Disputen und Konflikten, von den Ansprüchen und Unsicherheiten der Selbstbestimmung. Die zweifellose Anerkennung von Werten aber wird durch religiöse Lehren begründet. Sie geben Antworten auf die Fragen nach dem Ursprung und dem Ziel der Welt und des Menschen, d.h. auf Fragen, die nicht in der Perspektive des Menschen auf die diesseitige Welt beantwortet, sondern nur durch den Glauben an ein Jenseits gegenstandslos gemacht werden können. Wer den Antworten der Religion glaubt, hat einen Maßstab, nach dem Werte gerechtfertigt sind und nicht mehr durch persönliche Überlegungen gerechtfertigt werden müssen. Wer zum Beispiel an die Unsterblichkeit der Seele und die Gottebenbildlichkeit eines jeden Menschen glaubt, für den ist nicht nur „das Leben" ein absoluter Wert, für den folgt – ohne Konflikt mit anderen Werten, vor allem mit der Selbstbestimmung – das Verbot der Tötung in jeglicher Form, sei es Selbstmord, Abtreibung oder Euthanasie. Der religiöse Glaube begründet also Werte und die aus ihnen folgenden moralischen Gebote und entlastet von den Herausforderungen der Selbstbestimmung. Er sollte daher – *erste Hypothese* – moralische Striktheit positiv beeinflussen.[2]

Die religiöse Bindung geht in der alten Bundesrepublik (Meulemann 1996: 71-134) und in den Ländern Europas (Ester/Halman/de Moor 1995: 1-10) seit Mitte der sechziger Jahre zurück, so daß Werte immer weniger selbstverständlich akzeptiert und zunehmend dem Urteil des Individuums unterworfen werden. Mit den Werten verlieren auch die moralischen Gebote ihre Selbstverständlichkeit. Der Person wird mehr und mehr das Recht zugebilligt zu entscheiden, wie Werte zu verstehen sind und welche Gebote aus ihnen folgen. Sie muß zwischen verschiedenen Werten vermitteln, die ein Gebot rechtfertigen können. Als Richtschnur dazu bietet es sich geradezu an zu überlegen, wer durch einen Verstoß geschädigt würde und ob man selbst diese Schädigung hinnähme. Die Relativierung der Werte ist eine Herausforderung an die Person, der sie mit Rückgriff auf das Reziprozitätsprinzip begegnen kann. Abtreibung zum Beispiel wird nicht mehr bedingungslos als Verstoß gegen „das" Leben verurteilt, sondern unter der Wertalternative des fremden Lebens gegen das Selbstbestimmungsrecht der Frau diskutiert; und der Rang des Selbstbestimmungsrechts der Frau wird danach bemessen, wieweit seine Verfolgung die Rechte und Entfaltungschancen anderer einschränkt. Wenn an die Stelle selbstverständlicher Werte die Selbstbestimmung der Person tritt, muß daher die Rechtfertigung moralischer Gebote durch das Reziprozitätsprinzip an Bedeutung gewinnen. Weil fraglose Vorgaben fehlen, ist die Person auf sich gestellt. Moralische Überlegungen kosten ihr nicht weniger, sondern mehr Zeit und Mühe. Wenn die religiöse Bindung vor den Herausforderungen zur Selbst-

---

2   Für Belege des Einflusses der religiösen Bindung in westeuropäischen Ländern siehe z.B. Noelle-Neumann/Köcher (1987: 242-254), Meulemann (1993), Zulehner/Denz (1993: 129-130), Ester/Halman/de Moor (1995: 62).

bestimmung bewahrt hat, dann muß ihr Rückgang diese Herausforderungen verschärfen. Mit dem Nachlassen religiöser Bindungen gewinnen mobilisierende Kräfte Gewicht, die Werte in Frage stellen und die moralische Striktheit senken. Die Mobilisierung löst die Person aus selbstverständlichen Bindungen an Traditionen und Institutionen (siehe z.b. Inglehart 1977: 284-303, 1990: 336-338). Sie erhebt die faktische Herausforderung zur Maxime: Selbstbestimmung wird zum Wert. Sie erschüttert den zweifellosen Glauben und relativiert Werte, sie steigert die Herausforderungen der Selbstbestimmung. Sie sollte daher – *zweite Hypothese* – moralische Striktheit negativ beeinflussen.[3]

Der religiöse Glaube wird durch den Kirchgang erfaßt, mit der er in vielen internationalen Erhebungen eng korreliert (Jagodzinski/Dobbelaere 1995); denn der Kirchgang ist Bekenntnis und Bekräftigung des Glaubens. Es wurden acht Stufen der Häufigkeit erfragt, die zu einer fünfstufigen Variable von „nie" bis „jeden Sonntag" zusammengefaßt wurden.[4] Der Glaube wird zusätzlich durch die Konfessionszugehörigkeit erfaßt, mit der – bei Kontrolle des Kirchgangs – zwar nicht mehr das aktuelle Bekenntnis, aber doch noch die Nachwirkungen der religiösen Sozialisation erfaßt werden. In beiden christlichen Konfessionen sollten Glaube und moralische Striktheit stärker sein als bei den Konfessionslosen, die die kirchlichen Lehren ausdrücklich nicht mehr für sich gelten lassen wollen. Aber die protestantische Kirche betont das freie Urteil der Person mehr als die katholische Kirche, so daß Glaube und moralische Striktheit der Protestanten geringer sein sollten als der Katholiken. Die Zugehörigkeit zur katholischen und zur protestantischen Kirche wurde mit zwei Kodiervariablen erfaßt, die die Abweichung von der Basiskategorie der Konfessionslosen messen. Kirchgangshäufigkeit wie Konfessionszugehörigkeit indizieren also die Bindung der Person an den religiösen Glauben; aber die Kirchgangshäufigkeit repräsentiert die aktuell wirksame, die Konfessionszugehörigkeit nur die vererbte und allenfalls noch unterschwellig wirksame religiöse Bindung.

Die Mobilisierung wird durch das Bildungsniveau erfaßt. Je mehr Zeit man in „Schulen", also in Institutionen verbracht hat, in denen Zwecke des Alltags nicht verfolgt, sondern zum Gegenstand der Wissensvermittlung erhoben werden, je mehr formale Qualifikationen man dabei erworben hat, desto mehr ist man geneigt, Werte nicht mehr als selbstverständlich anzuerkennen und die Herausforderungen der Selbstbestimmung anzunehmen. Bildung wurde durch eine dreistufige Variable gemessen.[5]

---

3   Für Belege des Einflusses der Bildung in westeuropäischen Ländern siehe z.B. Stoetzel (1983:35), Inglehart (1990: 194, 197).
4   Die Konfessionslosigkeit liegt in Ostdeutschland 1990 mit 65% und 1994 mit 70% höher als in Westdeutschland mit 11% bzw. 17%. Die ostdeutsche Stichprobe enthält 1990 17% und 1994 nur 4% Katholiken. Die Kirchgangshäufigkeit wurde 1994 in Ostdeutschland nur unter den Konfessionsmitgliedern erfragt, in den übrigen drei Stichproben jedoch unter der gesamten Bevölkerung. Aus sachlichen – 1994 in Ostdeutschland auch aus erhebungstechnischen Gründen – sind die Korrelationen zwischen Konfessionszugehörigkeit und Kirchgang recht hoch; sie liegen im Durchschnitt bei etwa r=.35, der höchste Wert ist r=.71.
5   Die Bildung wurde 1990 durch das Alter beim höchsten Abschluß, 1994 aber durch den

Moralische Striktheit und Religiosität

2.2.2 Nachwirkungen der Sozialverfassungen: unterschiedliche Einflüsse in den Landesteilen 1990

In der alten Bundesrepublik – wie in allen westeuropäischen Ländern – wirken also Kirchgangshäufigkeit und Bildungsniveau gleichsam als Antagonisten auf die moralische Striktheit. Aber in der DDR sollte der positive Einfluß der einen wie der negative der anderen Seite geschwächt worden sein. Die Sozialverfassung der alten und neuen Bundesrepublik erlaubte es der Politik nicht, mehr als die Randbedingungen des sozialen Lebens zu steuern; aber in der DDR konnte die Staatspartei aufgrund ihrer „führenden Rolle" das soziale Leben unmittelbar prägen. Die Autonomie der Gesellschaft gegen den Staat, die sich in Deutschland spätestens in der Weimarer Republik etabliert hatte, war in der DDR zurückgenommen. So konnte die SED die Kirchen als einen Konkurrenten ihrer weltanschaulichen Macht über die Menschen bekämpfen und das Bildungswesen nutzen, um sich die Loyalität der Bevölkerung zu sichern. Diese Folgen der staatlichen Entmündigung der Gesellschaft in der DDR sollten im Kontrast zur alten Bundesrepublik zunächst 1990 spürbar sein.

Die Autonomie der Gesellschaft *in der alten Bundesrepublik* ließ einen schleichenden Auszug der Bevölkerung aus den Kirchen, eine freiwillige Säkularisierung zu. Die Kirchentreuen sind dadurch weniger geworden, aber der Einfluß der religiösen Bindung auf die moralische Striktheit sollte sich nicht gemindert habe. Im Gegenteil, es könnte sein, daß Positionen schärfer formuliert werden, wenn sie Anhängerschaft verlieren. Weniger geworden, sollten die religiös Gebundenen die für sie zweifellos gültigen christlichen Lehren und die aus ihnen abgeleiteten moralischen Gebote um so stärker unterstützen. Die Repression der Gesellschaft durch den Staat *in der DDR* hingegen ermöglichte die eingangs beschriebene Sequenz von erzwungener Säkularisierung und sie kompensierender „Bewußtseinsbildung". Die „Bewußtseinsbildung" hat spezifisch sozialistische Werte propagiert, die in Konkurrenz mit dem religiösen Dogma moralische Gebote begründeten. Neben der Abwanderung der religiösen Menschen sollte die Umerziehung der verbliebenen Bevölkerung von der christlichen zur sozialistischen Moral und die Ablösung religiös erzogener durch sozialistisch erzogene Generationen die überkommene positive Beziehung zwischen religiöser Bindung und moralischer Striktheit abgetragen haben: Alle haben moralische Gebote gleichermaßen unterstützt – die gläubigen Christen aus religiösen Motiven, die übrigen aus Fügsamkeit gegenüber der „Bewußtseinsbildung" oder sozialistischer Überzeugung, so daß das Bekenntnis zum Glauben keinen eigenen Einfluß auf die moralische Striktheit mehr haben konnte. Der positive Einfluß der Kirchgangshäufigkeit auf die moralische Striktheit sollte also – *dritte*

Abschluß erfaßt. Bei der Zusammenfassung zu drei Gruppen liegt 1990 und 1994 das ostdeutsche über dem westdeutschen Bildungsniveau. Das Bildungsniveau wirkt in allen Stichproben auf nahezu alle Zielvariablen monoton.

Hypothese – 1990 in Westdeutschland stärker sein als in Ostdeutschland. Die Autonomie der Gesellschaft *in der alten Bundesrepublik* ließ Eltern und Schülern einen großen Einfluß auf ihre Bildungsentscheidungen, unabhängig von Bedarfskalkulationen in der Politik. Die wachsende Wertschätzung von Bildung und die breite Bildungswerbung riefen daher zwischen 1965 und 1975 eine massive Bildungsexpansion hervor, die sich abgeschwächt auch in den folgenden Jahren fortsetzte. Ohne eine gleichzeitige Expansion entsprechender sozialer Positionen aber mußte sich der Bedeutungsschwerpunkt der Bildung vom Status zum Lebensstil, von einer sozialen Ressource auf individuelle Fähigkeiten der Selbstdarstellung und Reflexion verlagern. Mit der fortgesetzten Bildungsexpansion verliert Bildung ihren Wert als Statusgarant und gewinnt Bedeutung als Mittel der Selbstvergewisserung (Meulemann 1985). Dann aber sollte sie die selbstverständliche Anerkennung von Werten schwächen und die faktische Herausforderung zur Selbstbestimmung steigern. Die Repression des Staates durch die Gesellschaft *in der DDR* hingegen erlaubte es dem Staat, die Bildungsbeteiligung nach einer Expansion bis 1972 wieder zurückzuschrauben, so daß weiterführende Abschlüsse vor allem der Rekrutierung politisch und weltanschaulich konformer Eliten dienten (Meulemann 1996: 125-130, 142-150, 228-238, 253-261). Nach dem Ende der Bildungsexpansion 1972 dienten höhere Bildungsabschlüsse vornehmlich der Rekrutierung, ja Selbstrekrutierung der Eliten; die Wende wurde weniger von Wissenschaftlern und der „Intelligenz" als von Künstlern und Arbeitern angestoßen. Bildung war also ein positiver Indikator für Status und für politische und weltanschauliche Konformität geworden. Der negative Einfluß des Bildungsniveaus auf die moralische Striktheit sollte also – *vierte Hypothese* – 1990 in Westdeutschland stärker sein als in Ostdeutschland.[6]

Die dritte und vierte Hypothese modifizieren also die erste und zweite für Ostdeutschland. Während die erste und zweite Hypothese an den entsprechenden Regressionskoeffizienten in den vier Stichproben überprüft werden können, muß man für die Überprüfung der dritten und vierten Hypothese die Koeffizienten für West- und Ostdeutschland 1990 miteinander vergleichen. Statistisch läßt sich dieser Vergleich sichern, indem man die beiden Stichproben 1990, gewichtet nach dem Bevölkerungsanteil der Landesteile, zusammenlegt und einen Effekt für den Landesteil Ost sowie Interaktionseffekte zwischen dem Landesteil Ost und der Kirchgangshäufigkeit bzw. dem Bildungsniveau als zusätzliche Prädiktoren einführt. Der Interaktionseffekt mißt dann die Differenz zwischen dem jeweiligen west- und ostdeutschen Effekt. Weil in Ostdeutschland beim Kirchgang ein positiver Einfluß und beim Bildungsniveau ein negativer Einfluß geschwächt wurde, sollte der

---

6   Eine ähnliche Wirkung wie höhere Bildungsabschlüsse sollte in der DDR auch die Zugehörigkeit zur „Intelligenz", also der administrativen Schicht zwischen Führung und Arbeiterschaft gehabt haben, die sich mit den verfügbaren Berufskategorien aber nicht erfassen ließ.

Moralische Striktheit und Religiosität 115

Interaktionseffekt der Kirchgangshäufigkeit negativ und der des Bildungsniveaus positiv sein.

2.2.3 Langfristigkeit der Nachwirkungen: Konstanz der unterschiedlichen Einflüsse in den Landesteilen bis 1994

Die erzwungene Säkularisierung der DDR hat die ostdeutsche Bevölkerung drei Jahrzehnte lang geprägt, so daß in weniger als einem halben Jahrzehnt die moralische Striktheit vom sozialistischen wohl nicht wieder auf das christliche Fundament versetzt werden kann. Die Differenz des Einflusses der religiösen Bindung auf die moralische Striktheit zwischen West- und Ostdeutschland sollte also – *fünfte Hypothese* – 1994 etwa so groß bleiben wie 1990. Auf der anderen Seite ist zwar mit dem Zusammenbruch des politischen Systems der DDR Bildung als Selbstrekrutierungskanal sozialistischer Eliten funktionslos geworden, so daß sie – wie in Westdeutschland – als Statusgarant an Bedeutung verlieren und als Herausforderung zur Selbstbestimmung an Bedeutung gewinnen sollte. Aber dieser Wandel sollte erst sichtbar werden, wenn junge Kohorten das Bildungswesen durchlaufen haben und auf einem ideologisch nicht mehr gesteuerten Arbeitsmarkt berufliche Positionen erwerben müssen. Um ein Umdenken in der älteren Bevölkerung anzustoßen, die nach den Regeln der DDR vom Bildungswesen in das Berufsleben rekrutiert wurde, sind vier Jahre vermutlich zu kurz. Auch die Differenz des Einflusses des Bildungsniveaus auf die moralische Striktheit sollte also – *sechste Hypothese* – 1994 etwa so groß bleiben wie 1990.

Die fünfte und sechste Hypothese behaupten also, daß die dritte und vierte Hypothese nicht nur 1990, sondern auch 1994 gelten. Um sie zu prüfen, muß man für die beiden Stichproben 1994 ebenso vorgehen wie schon für die beiden Stichproben 1990. Man kann dann die Landesteil-Unterschiede der Koeffizienten zwischen 1990 und 1994 vergleichen – also entweder die Differenz der einfachen Koeffizienten oder den Interaktionseffekt, der sie statistisch prüft. Formal betrachtet, behaupten die fünfte und sechste Hypothese, daß eine dreifache Interaktion, also eine Interaktion des Landesteil-Kirchgangs- bzw. eine Landesteil-Bildungs-Interaktion mit der Zeit nicht besteht. Die Landesteil-Interaktionen sollten zwischen 1990 und 1994 konstant bleiben.

2.2.4 Soziale Bindungen: gleiche Einflüsse in den Landesteilen

Wer an andere langfristig gebunden ist, mißt dem gemeinsamen Interesse, das durch den Verstoß gegen jedes moralische Gebot verletzt wird, mehr und dem Wert der Selbstbestimmung, vor dem moralische Gebote sich rechtfertigen müssen, weniger Gewicht bei als jemand ohne Bindungen. Soziale Bindungen werden durch die Familie und den Beruf, aber auch durch das Alter geschaffen, das – nach Kontrolle von Familienstand und Berufstätigkeit – zur lebenszyklischen Residualkategorie wird. Mit dem Alter wachsen Bindungen an andere auch jenseits von Familie und Beruf. Soziale Bindungen – und die mit ihnen verbundenen sozialen Kontrollen – sind weiterhin auf dem Land stärker als in der Stadt. Die sozialen Bindungen sollten daher – *siebte Hypothese* – die moralische Striktheit positiv beeinflussen.

Der Familienstand wird durch eine Kodiervariable für die Partnerbindung durch Heirat oder Zusammenleben und durch die Kinderzahl erfaßt. Die Berufstätigkeit wird durch eine Kodiervariable, das Alter durch eine zwölfstufige Variable von Fünfjahresgruppen erfaßt.[7] Das ländliche Milieu wird durch eine achtstufige Variable der Gemeindegröße gemessen, die den höchsten Wert für die kleinste Größe hat. Schließlich wird das Geschlecht durch die Kodiervariable Mann kontrolliert, ohne daß eine Voraussage getroffen wird.

Anders als Kirchgang und Bildung sollten die sozialen Bindungen in beiden Landesteilen gleich wirken. In der DDR konnte der Staat zwar die Gesellschaft steuern, aber die Steuerung kann nur auf Institutionen wirksam durchgreifen, nicht mehr aber auf die subinstitutionellen Prozesse des Lebensalltags. Selbst wo die Absicht der Steuerung bestand, sollte ihr Erfolg gering gewesen sein. Für die Einflüsse der sozialen Bindung auf die moralische Striktheit werden daher keine Hypothesen über Unterschiede zwischen den Landesteilen und zwischen den Zeitpunkten entwickelt. In allen vier Stichproben werden daher nur die einfachen Einflüsse der sozialen Bindungen betrachtet und geprüft, ob die vermutete Gleichartigkeit tatsächlich besteht.

3. Erster Analyseschritt:
Vergleich der soziodemographischen Einflüsse auf die moralische Striktheit in West- und Ostdeutschland 1990 und 1994

Mit den drei Variablen der religiösen Bindung, dem Bildungsniveau als Indikator der Mobilisierung, den fünf Variablen der sozialen Bindung und der Kontrollvariable Geschlecht liegen insgesamt zehn *soziodemographische* Einflüsse auf die neun Variablen der moralischen Striktheit vor. Für den ersten Analyseschritt, den Vergleich des Einflusses der soziodemographischen Variablen auf die moralische Striktheit zwischen Landesteilen und Zeitpunkten, werden in jeder der vier Stichproben multiple Regressionen der moralischen Striktheit auf die soziodemographischen Merkmale berechnet. Für die statistische Prüfung der Unterschiede wurden zusätzlich Regressionen in zusammengelegten Stichproben berechnet.

---

[7] Das Alter wirkt in allen Stichproben monoton auf alle Zielvariablen: Es steht für den Lebenszyklus und nicht für die Zugehörigkeit zu Generationen.

Moralische Striktheit und Religiosität

3.1 Kirchgang und Bildung

Tabelle 1 stellt in der oberen Hälfte die Einflüsse der Kirchgangshäufigkeit und in der unteren Hälfte die Einflüsse des Bildungsniveaus auf die moralischen Striktheit unter Kontrolle der übrigen soziodemographischen Variablen dar. Auf der linken Seite sind die Haupteffekte aus den vier landesteilspezifischen Stichproben wiedergegeben, auf der rechten Seite die Interaktionseffekte mit dem Landesteil aus den für 1990, für 1994 und für beide Zeitpunkte zusammengelegten Stichproben.

Tabelle 1: Regression der moralischen Striktheit auf Kirchgangshäufigkeit und Bildungsniveau unter Kontrolle der übrigen soziodemographischen Einflüsse: Haupteffekte aus den landesteilspezifischen Stichproben, Interaktionseffekte mit dem Landesteil aus den für 1990, für 1994 und für beide Zeitpunkte zusammengelegten Stichproben; unstandardisierte Koeffizienten.

	Kirchgangshäufigkeit						
	Haupteffekte				Interaktionen		
Dimension	1990		1994		1990	1994	beide
Moralische Striktheit	West	Ost	West	Ost			
Drogen	.09***	-.06***	.19****	.02	-.20***	-.32****	-.25****
Selbstmord	.53****	.17**	.42****	.31*	-.37***	-.30*	-.35****
Ordnung	.11****	-.02	.06*	.03	-.10**	-.05	-.09****
Familie	.46****	.14***	.38****	.35***	-.26****	-.17	-.24****
Abtreibung	.61***	.42****	.63****	.59**	-.04	-.17	-.09
Euthanasie	.49****	.36****	.76****	.53***	.00	-.38**	-.14
Eigentum	.15****	.01	.11***	.01	-.13****	-.12*	-.13***
Gemeineigentum	.22****	.02	.20****	.03	-.17****	-.21***	-.19****
Achtung d. Gemeinsch.	.05**	-.00	.06	-.00	-.04	-.01	-.03

	Bildungsniveau						
	Haupteffekte				Interaktionen		
Dimension	1990		1994		1990	1994	beide
Moralische Striktheit	West	Ost	West	Ost			
Drogen	-.28****	-.02	-.38****	-.03	.30****	.46****	.39****
Selbstmord	-.38****	-.23**	-.18*	-.09	.17	.16	.17
Ordnung	-.15****	-.00	-.03	.02	.10	.04	.07
Familie	-.54****	-.36****	-.51****	-.15*	.20*	.40***	.30****
Abtreibung	-.46****	-.28***	-.49****	-.13	.10	.36	.24
Euthanasie	.01	-.06	.18	-.01	-.04	-.11	-.07
Eigentum	.02	.01	.09*	.10**	-.02	.04	.02
Gemeineigentum	-.04	-.03	.08	.12**	-.02	.05	.02
Achtung d. Gemeinsch.	.05	.02	.05	.04	-.08	-.00	-.04

* p < .10   ** p < .05   *** p < .01   **** p < .001
Einfache Effekte aus ungewichteten, Interaktionseffekte aus gewichteten Stichproben.

Die *Kirchgangshäufigkeit* hat in beiden Landesteilen zu beiden Zeitpunkten überwiegend positive Haupteffekte auf die moralische Striktheit. Die *erste* Hypothese wird also weitgehend bestätigt. Aber 1990 ist der Haupteffekt in Westdeutschland auf alle Variablen signifikant positiv, in Ostdeutschland jedoch nur auf Selbstmord, Familie, Abtreibung und Euthanasie, und für diese vier Variablen ist der Haupteffekt des Kirchgangs in Westdeutschland deutlich stärker als in Ostdeutschland, so daß der Kirchgang die moralische Striktheit in Westdeutschland ausnahmslos stärker steigert als in Ostdeutschland. Entsprechend sind 1990 die Interaktionen des Kirchgangs mit dem Landesteil Ost durchweg negativ und überwiegend signifikant. Die *dritte* Hypothese wird also durchgängig bestätigt. Zwischen 1990 und 1994 werden die Unterschiede des Kirchgang-Effekts zwischen West- und Ostdeutschland zwar bei einigen Tatbeständen schwächer, aber bei anderen stärker. Entsprechend sind die Interaktionseffekte 1994 mal schwächer, mal stärker als 1990, aber verändern sich nicht wesentlich. Über alle Tatbestände betrachtet, bleibt also der deutlich stärker positive Einfluß des Kirchgangs in Westdeutschland bestehen. Die *fünfte* Hypothese wird bestätigt.

Vergleicht man die Haupteffekte des Kirchgangs zwischen den Tatbeständen, also zeilenweise, so wird in allen vier Stichproben die moralische Striktheit durch den Kirchgang am stärksten bei Selbstmord, Familie, Abtreibung und Euthanasie gesteigert – also bei Geboten, die das Leben in einem weiten Sinne betreffen: Die Verbot von Selbstmord, Abtreibung und Euthanasie schützt das Leben unmittelbar, und durch die Familie wird das Leben über die Generationen erhalten. Schwach wird die moralische Striktheit durch den Kirchgang bei Ordnung, am schwächsten bei der Achtung der Gemeinschaft beeinflußt – also bei Geboten, die sich quer zur Polung nach Werten und Reziprozität als soziale Gebote zusammenfassen lassen. Im Überblick aber ist die moralische Striktheit im Bereich der Werte stärker durch den Kirchgang bestimmt als im Bereich der Reziprozität.

Das *Bildungsniveau* hat signifikant negative Haupteffekte nur im Bereich der Werte, während es im Bereich der Reziprozität überwiegend positive, allerdings nur wenig signifikante Haupteffekte aufweist. Die *zweite* Hypothese wird also nur im Bereich der Werte bestätigt. Der negative Haupteffekt im Bereich der Werte ist weiterhin 1990 in Westdeutschland bei allen Variablen mit Ausnahme der Euthanasie, in Ostdeutschland jedoch nur bei Familie und Abtreibung signifikant. Aber auch für diese beiden Variablen ist zu beiden Zeitpunkten der Einfluß der Bildung in Westdeutschland deutlich stärker als in Ostdeutschland. Entsprechend sind die Interaktionseffekte 1990 im Bereich der Werte fast immer positiv. Die *vierte* Hypothese wird also ebenfalls nur im Bereich der Werte bestätigt. Zwischen 1990 und 1994 verändern sich die Unterschiede der Haupteffekte zwischen den Landesteilen nur geringfügig und unsystematisch. Entsprechend verändern sich die Interaktionseffekte im Bereich der Werte nur wenig; sie steigen häufiger an, als daß sie fallen. Über alle Tatbestände betrachtet, bleibt also der deutlich stärker negative Einfluß des Bildungsniveaus in Westdeutschland bestehen. Die *sechste* Hypothese wird – wiederum nur im Bereich der Werte – bestätigt.

Vergleicht man die Haupteffekte des Bildungsniveaus zwischen den Tatbeständen, also zeilenweise, so wird in allen vier Stichproben die moralische

Striktheit durch die Bildung am stärksten bei Familie und Abtreibung und dann bei Drogen und Selbstmord gesenkt – also weitgehend bei den gleichen Geboten, die der Kirchgang steigert und die das Leben in einem weiten Sinne betreffen. Schwach wird die moralische Striktheit durch die Bildung bei der Ordnung, am schwächsten bei der Achtung der Gemeinschaft beeinflußt – also wiederum bei sozialen Geboten. Im Überblick aber ist die moralische Striktheit auch durch die Bildung im Bereich der Werte stärker bestimmt als im Bereich der Reziprozität.

3.2 Konfession, soziale Bindungen, erklärte Varianz

Zusätzlich zum Kirchgang wurde die religiöse Bindung durch die *Konfession* erfaßt, für die Regressionskoeffizienten nicht mehr tabellarisch dargestellt werden. Die Zugehörigkeit zur katholischen oder zur protestantischen Konfession steigert die moralische Striktheit signifikant nur im Bereich der Werte, nicht aber im Bereich der Reziprozität. Auch im Bereich der Werte aber ist der Einfluß der Konfessionszugehörigkeit nur bei Abtreibung in allen Stichproben durchgängig und bei Familie, Drogen und Abtreibung überwiegend signifikant – also wiederum bei Geboten zum Leben in einem weiten Sinne; bei Ordnung finden sich nur sporadische, bei Euthanasie – entgegen ihrer bisher bewährten Zuordnung zu Geboten des Lebens – überhaupt keine signifikanten Einflüsse der Konfessionszugehörigkeit. Für die Konfessionszugehörigkeit wird die *erste* Hypothese also nur im Bereich Werte bestätigt. Zwischen den Landesteilen und zwischen den Zeitpunkten unterscheiden sich die Einflüsse der Zugehörigkeit zur katholischen bzw. protestantischen Konfession nicht. Schließlich wird auch die Vermutung, Katholiken seien weiter von den Konfessionslosen entfernt als Protestanten, nicht bestätigt – mit Ausnahme der Abtreibung. Hier ist tatsächlich der Effekt „Katholisch" in beiden Landesteilen zu beiden Zeitpunkten größer als der Effekt „Protestantisch".

Soziale Bindungen sollten nach der *siebten* Hypothese die moralische Striktheit steigern; ihre Einflüsse werden ohne Tabelle referiert. *Partnerschaft* und *Elternschaft* haben auf keinen Tatbestand durchgängig signifikant den erwarteten positiven Einfluß – mit einer Ausnahme: Die Elternschaft steigert in beiden Landesteilen zu beiden Zeitpunkten die moralische Striktheit bei Drogen. Die Betroffenheit bietet sich als Erklärung geradezu an. Aber die Betroffenheit scheitert durchgängig als Erklärung, wenn man Partnerschaft und Elternschaft als Prädiktor der moralischen Striktheits-Variablen Familie und Abtreibung betrachtet: moralische Striktheit im Privaten beruht auf Überzeugungen und nicht auf Erfahrungen. So wenig wie die Bindung durch die Familie steigert die Bindung durch den Beruf die moralische Striktheit. Die *Berufstätigkeit* hat nur einmal, wiederum bei Drogen, überwiegend signifikant positive Einflüsse. Das *Alter* hingegen steigert in allen Stichproben signifikant die moralische Striktheit für alle Gebote; zwischen den Landesteilen und den Zeitpunkten gibt es so gut wie keine Unterschiede der Einflußstärke. Das *ländliche Milieu* zeigt keinen einheitlichen Einfluß. Er steigert die moralische Striktheit durchgängig signifikant bei Familie und Eigentum und nur zu einem Zeitpunkt signifikant bei Drogen, Selbstmord, Ordnung, Abtreibung und Gemeineigentum; keinen signifikanten Einfluß hat er auf Euthanasie und Achtung der Gemeinschaft. Auch die Einflüsse ländlicher Milieus unterscheiden sich nicht zwischen den Landesteilen und den Zeitpunkten. Schließlich hat die *Geschlechtszugehörigkeit* auf die Wert-Variablen so gut wie keinen signifikanten Einfluß, während für alle drei Reziprozitäts-Variablen die moralische Striktheit der Männer in allen Stichproben durchgängig signifikant niedriger ist als die der Frauen.

Alle zehn soziodemographischen Variablen zusammen erklären zu beiden Zeitpunkten in Westdeutschland mehr Varianz aller neun Zielvariablen – mit Ausnahme der Achtung der Gemeinschaft, deren Varianz sich insgesamt am schlechtesten erklären läßt. Man könnte vermuten, daß die soziodemographischen Kategorien der westdeutschen Umfrageforschung der ostdeutschen Sozialstruktur nicht angemessen sind. Dann aber müßte in Ostdeutschland die erklärte Varianz von 1990 bis 1994 ansteigen. Das Gegenteil ist der Fall: Sie geht in allen Dimensionen außer dem Eigentum zum Teil dramatisch zurück. Die Rangordnung der erklärten Varianz ist jedoch in beiden Landesteilen zu beiden Zeitpunkten weitgehend gleich: In jeder der vier Stichproben wird die moralische Striktheit zur Familie am besten erklärt (1990 31,0 Prozent im Westen, 24,7 Prozent im Osten; 1994 24, Prozent bzw. 16,5 Prozent), gefolgt von der Abtreibung (26,6; 24,6; 21,5; 11,3 Prozent), dem Eigentum (16,6; 13,6; 17,2; 14,0 Prozent) und dem Gemeineigentum (15,5; 10,4; 15,3; 12,0 Prozent). Im Bereich der Werte hängt die moralische Striktheit stärker als im Bereich der Reziprozität von den soziodemographischen Einflüssen insgesamt ab.

3.3 Zusammenfassung: Das Überleben der unterschiedlichen Effekte von Kirchgang und Bildung in den Landesteilen

Das entscheidende Ergebnis des ersten Analyseschritts – des Vergleichs der Einflüsse der Kirchgangshäufigkeit und des Bildungsniveaus auf die moralische Striktheit bei Kontrolle sozialer Bindungen – ist die Persistenz der unterschiedlichen Effekte von Kirchgang und Bildung auf die moralische Striktheit in den beiden Landesteilen: Der Kirchgang beeinflußt 1990 und 1994 die moralische Striktheit im Bereich der Werte und der Reziprozität in Westdeutschland stärker positiv als in Ostdeutschland; die Bildung beeinflußt 1990 und 1994 die moralische Striktheit im Bereich der Werte in Westdeutschland stärker negativ als in Ostdeutschland. Der Unterschied der Einflüsse von Kirchgang und Bildung kontrastiert mit der Gleichheit der Einflüsse der Konfession und der sozialen Bindung in den beiden Landesteilen.

Moralische Striktheit und Religiosität 121

In der DDR wollte die Staatsführung auf das Alltagsleben der Bevölkerung Einfluß nehmen, wo sie konnte. Aber sie war nur dort erfolgreich, wo sie über Institutionen auf Menschen zugriff: Sie hat die Kirchen als Konkurrenten der legitimierenden Staatsdoktrin unterdrückt und das Bildungswesen als neue Legitimationsinstanz und als Rekrutierungskanal politisch konformer Eliten umgebaut, ausgebaut und wieder zurückgefahren. Sie hat damit das Fundament der moralischen Striktheit verschoben: von der christlichen Religion auf ihre eigene politische Utopie. Damit hat sie die motivierenden Hintergründe des „Bewußtseins" der Bevölkerung so stark verändert, daß die veränderte Einflußstruktur das Ende des Systems überlebt – zumindest für die hier betrachtete halbe Dekade.

4. Zweiter Analyseschritt: Vergleich der Landesteil- und Zeiteinflüsse auf die moralische Striktheit ohne und mit Kontrolle der soziodemographischen Einflüsse

In der DDR hat die „Bewußtseinsbildung" die moralische Striktheit gesteigert, obwohl die erzwungene Säkularisierung mit der religiösen Bindung das herkömmliche Fundament der Moral zerstört hat; sie mußte die Schwächung eines positiven Einflusses kompensieren und dennoch die Moral fördern. Ohne Kontrolle der Landesteilunterschiede der religiösen Bindung könnte deshalb der ostdeutsche Vorsprung an moralischer Striktheit 1990 unterschätzt und sein Rückgang bis 1994 unterschätzt sein. Wären die Ostdeutschen so religiös wie die Westdeutschen, sollte der ostdeutsche Vorsprung an moralischer Striktheit 1990 stärker und sein Rückgang bis 1994 schwächer ausfallen.

4.1 Erklärende und unterdrückende Wirkungen der soziodemographischen Kontrolle auf die Landesteil-Effekte

Ob beides tatsächlich der Fall ist, läßt sich nur in einer multiplen Regression prüfen, in der Landesteil und Zeitpunkt zusammen mit dem Kirchgang und den weiteren soziodemographischen Variablen die moralische Striktheit prädizieren. Dazu werden nun im zweiten Untersuchungsschritt die vier Stichproben, nach dem Bevölkerungsanteil gewichtet, zusammengelegt und der Einfluß von Landesteil und Zeitpunkt zwischen einer Regression ohne und einer Regression mit Kontrolle der religiösen Bindung und aller übrigen soziodemographischen Variablen verglichen.

In der Regression *ohne Kontrollen* wird die moralische Striktheit allein auf Landesteil und Zeitpunkt, also die Zugehörigkeit zu den vier Stichproben regrediert. Sie wird durch drei Kodiervariablen erfaßt, die im folgenden als *Stichproben-Prädiktoren* bezeichnet werden. Die Mittelwerte der moralischen Striktheit in den vier Stichproben ergeben sich dann wie folgt aus den unstandardisierten Regressionskoeffizienten. Das Interzept stellt den Mittelwert für Westdeutschland 1990 dar und ist deshalb mit „West90" bezeichnet; durch Addition von „Ost" ergibt sich der Wert für Ostdeutschland 1990, durch Addition von „Bis94" der Wert für Westdeutschland 1994 und durch Addition von „Ost", „Ost94" und „Bis94" der Wert für Ostdeutschland 1994. „Ost" stellt also den ostdeutschen Vorsprung an moralischer Striktheit 1990, „Ost94" die Veränderung des ostdeutschen Vorsprungs bis 1994 dar.[8] Weil die Ostdeutschen 1990 durchweg moralisch strikter sind als die Westdeutschen, ist „Ost" in der Regression ohne Kontrollen durchweg positiv; weil der ostdeutsche Vorsprung bis 1994 aber durchweg zusammenschmilzt, ist „Ost94" in der Regression ohne Kontrollen durchweg negativ (Meulemann 1998b). In der Regression *mit Kontrollen* wird die moralische Striktheit nun auf die *Stichproben-Prädiktoren und die soziodemographischen Prädiktoren* regrediert. Es wird geprüft, ob durch die Kontrolle der soziodemographischen Variablen „Ost" und „Ost94" vermindert oder erhöht werden.

Ob das eine oder das andere auftritt, hängt von den Vorzeichen der bivariaten Korrelationen der Kontrollvariablen mit den beiden Variablen des Ausgangszusammenhangs ab. Die „Vorzeichenbedingung" gibt die notwendige, aber nicht hinreichende Bedingung für die Verminderung oder Steigerung eines Ausgangszusammenhangs durch eine dritte Variable in der multivariaten Analyse an; liegen mehrere „dritte" Variablen vor, so kann sie auf jede einzeln angewandt werden. Die Vorzeichenbedingung muß für den Fall eines positiven und eines negativen Ausgangszusammenhangs getrennt betrachtet werden (Davis 1971: 87-96).

Um einen positiven Ausgangszusammenhang – wie den zwischen „Ost" und moralischer Striktheit – in multivariater Betrachtung reduzieren oder in negativer Richtung bewegen, d.h. *erklären* zu können, muß die Drittvariable mit beiden Variablen der Ausgangsbeziehung im *gleichen Sinne* bivariat korrelieren. Wenn aber eine Drittvariable mit den Variablen des Ausgangszusammenhangs im *entgegengesetzten Sinne* bivariat korreliert, dann erfüllt sie die bivariaten Voraussetzungen, um in multivariater Betrachtung den Ausgangszusammenhang verstärken oder in positiver Richtung zu bewegen, d.h. sich als *unterdrückende* Variable zu erweisen.

Für einen negativen Ausgangszusammenhang – wie den zwischen „Ost94" und moralischer Striktheit – gilt dasselbe, sofern man nur die Richtung der zu erwartenden Veränderung der Koeffizienten betrachtet: Auch hier sind nach dem Vorzeichen gleiche bivariate Korrelationen der Drittva-

---

8 Weiterhin wird die Veränderung zwischen 1990 und 1994 in Westdeutschland durch „Bis94", in Ostdeutschland durch die Summe von „Bis94" und „Ost94" dargestellt. Auf die Veränderungen wird aber hier nicht eingegangen.

Moralische Striktheit und Religiosität 123

riablen mit den beiden Ausgangsvariablen Bedingung dafür, daß der Ausgangszusammenhang sich bei Kontrolle in negativer Richtung bewegt, und nach dem Vorzeichen ungleiche bivariate Korrelationen der Drittvariablen mit den beiden Ausgangsvariablen Bedingung dafür, daß der Ausgangszusammenhang sich bei Kontrolle in positiver Richtung bewegt. Aber die Bewegung in negativer Richtung ist jetzt absolut eine Verstärkung, die Bewegung in positiver Richtung absolut eine Minderung der Ausgangsbeziehung. Wenn man also Erklärung und Unterdrückung auf die absolute Stärke des Ausgangszusammenhangs bezieht, so kehrt sich die Vorzeichenbedingung um: Um eine negative Beziehung verkleinern, d.h. *erklären* zu können, muß die Drittvariable *entgegengesetzte* Vorzeichen aufweisen. Um eine negative Beziehung vergrößern, d.h. sich als *unterdrückende* Variable erweisen zu können, muß die Drittvariable *gleiche* Vorzeichen aufweisen.

Wie die soziodemographischen Variablen mit den Zielvariablen der moralischen Striktheit auf der einen Seite und mit dem Landesteilunterschied 1990 und seinem Rückgang bis 1994 auf der anderen Seite korrelieren, ist in Tabelle 2 dargestellt. Da die Höhe der erstgenannten Korrelation von der betrachteten Zielvariablen abhängt, ist in Spalte 2 nur das Vorzeichen der für alle Zielvariablen gleichen Hypothesen, also der ersten, zweiten und siebten Hypothese angegeben.[9] Bei der mit der moralischen Striktheit positiv korrelierenden Variable „Ost" sollte nach der Vorzeichenregel die Kontrollvariable bei gleichen Vorzeichen mit den Ausgangsvariablen erklärend und bei ungleichen Vorzeichen unterdrückend wirken, so daß durch die Kontrolle der Ausgangszusammenhang kleiner bzw. größer wird; die beiden Bedingungen der Vorzeichenregel lassen sich hier den Spalten (2) und (3) und die erwartete Folge der Spalte (4) entnehmen. Bei der mit der moralischen Striktheit hingegen negativ korrelierenden Variable „Ost94" sollte nach der Vorzeichenregel die Kontrollvariable bei gleichen Vorzeichen unterdrückend und bei ungleichen Vorzeichen erklärend wirken, so daß durch die Kontrolle der Ausgangszusammenhang absolut größer bzw. kleiner wird; die beiden Bedingungen der Vorzeichenregel lassen sich hier den Spalten (2) und (5) und die erwartete Folge der Spalte (6) entnehmen.

Wie die erste Zeile der Tabelle 2 in den Spalten (2) und (3) zeigt, hat der Kirchgang mit der moralischen Striktheit und mit „Ost" entgegengesetzte Vorzeichen. Da „Ost" mit der moralischen Striktheit positiv korreliert, erfüllt der Kirchgang die Vorzeichenbedingung für eine *unterdrückende* Drittvariable. In Ostdeutschland ist der Kirchgang seltener als in Westdeutschland. Aber die Kirchgangshäufigkeit steigert die moralische Striktheit. Wenn man also berücksichtigt, daß in Ostdeutschland ein für die moralische Striktheit förderlicher Einfluß geschwächt ist, dann sollte „eigentlich" der ostdeutsche Vorsprung an moralischer Striktheit 1990 noch größer sein; da 1990 die Ost-

---

9 Genau genommen müßten nicht die Hypothesen, auch nicht die empirischen Regressionen, sondern die empirischen Korrelationen an dieser Stelle eingesetzt werden. Aber da die Korrelations- wie Regressionskoeffizienten weitgehend den Hypothesen entsprechen, kann diese übersichtlichere Darstellung gewählt werden.

Tabelle 2: Erwartete Einflüsse der soziodemographischen Kontrollvariablen auf die moralische Stricktheit (mS), Korrelationen der Kontrollvariablen mit „Ost" bzw. „Ost94" sowie erwartete Folgen der Kontrollen auf die absolute Höhe der Effekte „Ost" bzw. „Ost 94"

Kontrollvariable	Einfluß auf mS	Ost: positiv mit mS		Ost94: negativ mit mS	
		r	Erwartung	r	Erwartung
(1)	(2)	(3)	(4)	(5)	(6)
Kirchgang	+	-.23	größer	-.24	kleiner
Katholisch	+	-.27	größer	-.22	kleiner
Protestantisch	+	-.17	größer	-.08	kleiner
Bildung	-	.10	größer	.11	kleiner
Partnerschaft	+	.06	kleiner	.03	
Elternschaft	+	.08	kleiner	.04	größer
Berufstätigkeit	+	.06	kleiner	-.03	
Alter	+	-.01		-.01	
Land	+	.13	kleiner	.09	größer
Mann	?	00		00	

+, -, ?: positive, negative, keine Korrelation erwartet

deutschen moralisch strikter sind als die Westdeutschen, der Effekt „Ost" also positiv ist, sollte der positive Effekt durch die Kontrolle der religiösen Bindung noch größer werden – was in Spalte (4) vermerkt ist. Wie die erste Zeile der Tabelle 2 in den Spalten (2) und (5) zeigt, hat der Kirchgang mit der moralischen Striktheit und mit „Ost94" ebenfalls entgegengesetzte Vorzeichen. Da aber „Ost94" mit der moralischen Striktheit negativ korreliert, erfüllt der Kirchgang hier die Vorzeichenbedingung für eine *erklärende*, den negativen Zusammenhang absolut gesehen verkleinernde Drittvariable. Wenn man beide Effekte inhaltlich, also „Ost90" als den ostdeutschen *Vorsprung* und „Ost94" als den *Rückgang* des ostdeutschen Vorsprungs bis 1994 bezeichnet, dann sollte durch die Kontrolle des Kirchgangs der ostdeutsche Vorsprung 1990 wachsen und der Rückgang des Vorsprungs bis 1994 schrumpfen.

Wie die zweite und dritte Zeile der Tabelle 2 zeigen, gelten für die beiden Konfessionszugehörigkeiten die gleichen Überlegungen wie für die Kirchgangshäufigkeit. Wie die vierte Zeile der Tabelle 2 zeigt, gelten die gleichen Überlegungen auch für die Bildung. Zwar hat in diesem Falle die Drittvariable mit der moralischen Striktheit eine negative und mit „Ost" bzw. „Ost94" eine positive Korrelation, aber auch hier korreliert die Drittvariable mit den beiden Variablen des Ausgangszusammenhangs mit entgegengesetzten Vorzeichen. Das Bildungsniveau senkt die moralische Striktheit, und es ist in Ostdeutschland höher als in Westdeutschland.[10] Wenn man berücksichtigt, daß in Ostdeutschland ein die moralische Striktheit mindernder Ein-

---

10 Aufgrund der Schwierigkeiten der Messung des Bildungsniveaus kann das nicht über diese Stichproben hinaus verallgemeinert werden. Es ist aber in diesen Stichproben für die Erklärung oder Unterdrückung der Landesteil-Effekte bedeutsam.

Moralische Striktheit und Religiosität

fluß stärker ist, dann sollte 1990 der ostdeutsche Vorsprung an moralischer Striktheit noch größer und der Rückgang bis 1994 noch geringer sein.

Wie die folgenden Zeilen der Tabelle 2 zeigen, haben Partnerschaft, Elternschaft, Berufstätigkeit und ländliches Milieu mit der moralischen Striktheit und „Ost" gleiche Vorzeichen, so daß sie die höhere moralische Striktheit in Ostdeutschland *erklären* können: In Ostdeutschland sind Partnerschaft, Elternschaft, Berufstätigkeit und ländliche Milieus häufiger, und sie steigern die moralische Striktheit. Die Elternschaft und der Wohnsitz auf dem Lande haben aber auch mit „Ost94" gleichartige Korrelationen, so daß sie den Rückgang der moralischen Striktheit *unterdrückt* haben könnten. Partnerschaft, Elternschaft, Berufstätigkeit und ländliches Milieu sollten also den ostdeutschen *Vorsprung* 1990 verkleinern, Elternschaft und ländliches Milieu den *Rückgang* des ostdeutschen Vorsprungs bis 1994 vergrößern. Weiterhin sind die Korrelationen des Alters und des Geschlechts mit beiden Landesteil-Variablen so niedrig, daß sie weder als erklärende noch als unterdrückende Variablen wirken können: Die Alters- und Geschlechtsproportionen sind in beiden Landesteilen gleich, so daß Alter und Geschlecht zwar die moralische Striktheit beeinflussen, aber nicht den Zusammenhang zwischen Landesteil und moralischer Striktheit modifizieren können.

Überblickt man also Tabelle 2, so sollte die höhere ostdeutsche moralische Striktheit 1990 durch die religiöse Bindung und das Bildungsniveau gesteigert, durch die sozialen Bindungen aber gesenkt werden. Religiöse Bindung und Bildungsniveau wirken unterdrückend, soziale Bindungen erklärend auf die höhere ostdeutsche moralische Striktheit. Die Ostdeutschen sollten 1990 moralisch strikter sein als die Westdeutschen, *obwohl* sie religiös weniger gebunden und besser ausgebildet sind, aber *weil* sie stärker sozial gebunden sind. Aber die unterdrückenden Variablen haben stärkere Korrelationen mit „Ost" als die erklärenden. Bei Kontrolle der soziodemographischen Variablen insgesamt sollte sich der ostdeutsche Vorsprung 1990 daher steigern, sie sollten insgesamt unterdrückend wirken. Der Rückgang des ostdeutschen Vorsprungs bis 1994 sollte jedoch durch die religiöse Bindung und das Bildungsniveau gesenkt und durch die sozialen Bindungen gesteigert werden. Auch mit „Ost94" haben religiöse Bindung und Bildungsniveau stärkere Korrelationen als die sozialen Bindungen; aber religiöse Bindung und Bildungsniveau wirken nun erklärend und die sozialen Bindungen unterdrückend. Bei Kontrolle der soziodemographischen Variablen insgesamt sollte sich der Rückgang des ostdeutsche Vorsprungs bis 1994 daher mindern, sie sollten insgesamt erklärend wirken.

Im folgenden werden die Tatbestände der moralischen Striktheit nach der Größe des ostdeutschen Vorsprungs 1990 und seines Rückgangs bis 1994 gruppiert und geprüft, inwieweit diese Unterschiede durch die soziodemographischen Variablen reduziert oder vergrößert werden.

4.2 Typische Entwicklung in starker Ausprägung: Familie, Selbstmord, Gemeineigentum

Die typische Entwicklung ist ein ostdeutscher Vorsprung 1990, der bis 1994 zurückgeht. Besonders stark ist beides bei den Tatbeständen zur Familie, beim Selbstmord und bei den Tatbeständen zum Gemeineigentum, deren Regressionen auf Stichproben- und soziodemographische Prädiktoren in Tabelle 3 dargestellt sind. *Ohne Kontrolle* der soziodemographischen Prädiktoren beträgt der durch die Koeffizienten „Ost" erfaßte ostdeutsche Vorsprung 1990 fast einen Punkt der Skala. Wie die Koeffizienten „Ost94" ausweisen, geht der ostdeutsche Vorsprung bis 1994 um fast einen halben Skalenpunkt zurück. *Bei Kontrolle* der soziodemographischen Prädiktoren sollte nun – nach den in Tabelle 2 dargestellten Vorzeichenbedingungen – der ostdeutsche Vorsprung 1990 größer und der Rückgang des ostdeutschen Vorsprungs bis 1994 kleiner werden.

Tabelle 3: Regression der moralischen Striktheit zu Familie, Selbstmord und Gemeineigentum auf religiöse Bindung, Mobilisierung und Kontrollvariablen in der gewichteten Gesamtstichprobe mit und ohne Kontrolle der soziodemographischen Variablen

	r (Ost)	Voraus-sage	\multicolumn{6}{c}{unstandardisierte Regressionskoeffizienten}

	r (Ost)	Voraus-sage	Familie		Selbstmord		Gemeineigentum	
			SP	SP + DM	SP	SP + DM	SP	SP + DM
West			7.02	5.74	7.66	7.24	8.40	7.08
Ost			.81****	1.16****	.78****	1.17****	.62****	.74****
Ost 94			-.39****	-.18	-.46***	-.25	-.48****	-.42****
Bis 94			-.63****	-.48****	-.35****	-.16*	-.07*	.02
Kirchgang	-	+	.40****		.43****		.18****	
Katholisch	-	+	.20**		.39****		.05	
Protestantisch	-	+	.24**		.19*		.13**	
Bildung	+	-	-.46****		-.26****		.03	
Partnerschaft	+	+	.09		-.01		.06	
Elternschaft	+	+	.03		.02		.02	
Berufstätigkeit	+	+	-.03		.07		.12****	
Alter	+	+	.16****		.07****		-.11****	
Land	+	+	.09****		.06****		-.03****	
Mann		?	-.04		.10		-.30****	
% erklärte Varianz			5,3	28,2	1,5	10,9	1,9	15,9

SP: Stichproben-Prädiktoren, DM: Soziodemographische Prädiktoren
* p < .10,   ** p < .05,   *** p < .01,   **** p < .001

Der ostdeutsche Vorsprung 1990 wächst durch die Kontrolle der soziodemographischen Prädiktoren bei allen drei Tatbeständen wie erwartet an: Der „offensichtliche" Vorsprung der Ostdeutschen ist kleiner als der „eigentliche". Die soziodemographischen Prädiktoren wirken also insgesamt „unterdrückend" auf den ostdeutschen Vorsprung. Betrachtet man sie einzeln, so wird deutlich, warum insgesamt die unterdrückenden die erklärenden

Moralische Striktheit und Religiosität

Einflüsse überwiegen. Auf der einen Seite steigern alle drei Variablen der religiösen Bindung die moralische Striktheit zu allen Zielvariablen; aber alle drei Formen der religiösen Bindung sind – wie der Blick zurück auf die Tabelle 2 zeigt – in Ostdeutschland schwächer. Zudem senkt die Bildung die moralische Striktheit zur Familie und zum Selbstmord, und sie ist in Ostdeutschland stärker. Wie erwartet, wirken also die religiöse Bindung und das Bildungsniveau unterdrückend – das erste durchgängig, das zweite bei zwei der drei Zielvariablen: Wäre der Kirchgang in Ostdeutschland so häufig und die Konfessionszugehörigkeit so hoch und wäre das Bildungsniveau so niedrig wie in Westdeutschland, so sollten die Ostdeutschen die Westdeutschen noch stärker an moralischer Striktheit übertreffen. Auf der anderen Seite steigert das ländliche Milieu die moralische Striktheit zu allen drei Tatbeständen, und es ist in Ostdeutschland häufiger. Wie erwartet, wirkt es erklärend: Wäre Ostdeutschland so wenig ländlich wie Westdeutschland, so würden die Ostdeutschen die Westdeutschen nicht so stark an moralischer Striktheit übertreffen. Die unterdrückenden Variablen aber sind den erklärenden nach Zahl und Einflußkraft überlegen, so daß die soziodemographischen Kontrollen insgesamt den ostdeutschen Vorsprung verstärken.

Die Kontrolle der soziodemographischen Variablen zeigt also, daß der Einfluß der DDR auf die moralische Striktheit 1990 stärker gewesen sein muß, als im Vergleich der Unterschiede zwischen den beiden Landesteilen ohne Kontrollen sichtbar wird, und daß hierfür in erster Linie die geringere religiöse Bindung der Ostdeutschen verantwortlich ist. An der Tatsache, daß die Kontrolle der religiösen Bindung den ostdeutschen Vorsprung an moralischer Striktheit 1990 steigert, läßt sich ermessen, wie stark die „Bewußtseinsbildung" der DDR nicht nur das politische, sondern auch das vorpolitische Leben der Bevölkerung bestimmt haben muß. Sie hat die moralische Striktheit nicht nur – wie der Landesteil-Effekt ohne Kontrolle zeigt – durch staatliche Repression durchgesetzt, sondern auch – wie der verstärkte Effekt bei Kontrollen nahelegt – dadurch, daß christliche Begründungen der Moral durch sozialistische ersetzt worden sind. Der Erfolg der „Bewußtseinsbildung" kann nicht nur auf Lippenbekenntnissen allein beruhen, vielmehr muß die utopische Lehre des Sozialismus auch geglaubt, ihre innerweltliche Begründung der Moral auch anerkannt worden sein. Die „Bewußtseinsbildung" hat die Ostdeutschen auf ihre Verantwortung für die sozialistische Zukunftsgesellschaft verpflichtet, so daß sie von dieser Warte die moralische Striktheit rechtfertigen konnten. Sie hat Werte wie Familie und Gemeinsinn in spezifisch sozialistischer Weise so interpretiert, daß sie Ehe und Elternschaft forderten, das Gemeineigentum schützten und den Selbstmord ausschlossen (Meulemann 1998b).

Auch der Rückgang des ostdeutschen Vorsprungs bis 1994 wird durch die Kontrolle der soziodemographischen Prädiktoren bei allen Tatbeständen wie erwartet kleiner: Der ostdeutsche Vorsprung ist nicht nur „eigentlich" noch größer, er schmilzt auch „eigentlich" nicht so stark zusammen. Beides ist statistisch erklärbar und sachlich interpretierbar. Statistisch gesehen, ist auch für den zweiten „eigentlichen" Zusammenhang verantwortlich, daß die unterdrückende Wirkung der religiösen Bindung und der Bildung die erklärende Wirkung ländlicher Milieus überwiegt: Wären die Ostdeutschen so stark religiös gebunden und hätten sie ein so niedriges Bildungsniveau wie die Westdeutschen, so fiele ein Rückgang der moralischen Striktheit schwächer aus.[11]

Sachlich gesehen, ist der „eigentlich" geringere Rückgang der ostdeutschen moralischen Striktheit bis 1994 in der gleichen Weise Erbe der Säkularisierung der fünfziger Jahre und der nachfolgenden „Bewußtseinsbildung" der DDR wie der „eigentlich" größere Vorsprung 1990. Solange die politische Verfassung der DDR Möglichkeiten bot, auch auf das private Leben erzieherisch einzuwirken, war die „Bewußtseinsbildung" erfolgreich genug, die Säkularisierung zu kompensieren und Altes durch Neues zu ersetzen. Als aber nach der Wende mit dem Sozialismus auch die sozialistische Rechtfertigung der Moral wegfiel, bestanden die Wirkungen der Säkularisierung fort, so daß auf die christliche Rechtfertigung nicht mehr zurückgegriffen werden konnte. Die sozialistischen *und* die christlichen Werte, die eine Moral rechtfertigen könnten, sind diskreditiert, so daß die moralische Striktheit hier wie dort Halt verliert und zusammenbricht. Wären indes die alten Stützen der Moral stärker gewesen, so wäre der Zusammenbruch nicht so kraß ausgefallen. Kurzum: Die Wirkungen der „Bewußtseinsbildung", die an Stelle der religiösen Bindung in Ostdeutschland die moralische Striktheit gestützt haben, fallen fort, aber die religiöse Bindung kann nicht an ihre Stelle treten – jedenfalls nicht im kurzen Zeitraum von vier Jahren.

4.3 Typische Entwicklung in schwacher Ausprägung: Eigentum, Ordnung, Achtung der Gemeinschaft

Die typische Entwicklung des zusammenschmelzenden ostdeutschen Vorsprungs tritt aber auch weniger ausgeprägt auf: bei den Tatbeständen zum Eigentum, zur Ordnung und zur Achtung der Gemeinschaft, deren Regressionen

---

11 Die gleiche Überlegung gilt im übrigen auch für die westdeutsche Entwicklung: Auch „Bis94" wächst bei Kontrolle der religiösen Bindung an, d.h. der Rückgang fällt schwächer aus. Zwischen 1990 und 1994 geht in Westdeutschland der Kirchenbesuch „jeden" oder „fast jeden Sonntag" um 17 und die Konfessionszugehörigkeit zu katholischen und protestantischen Kirche um jeweils drei Prozentpunkte zurück. Wäre die religiöse Bindung konstant geblieben, so sollte der Rückgang der moralischen Striktheit also geringer ausfallen. Die gleiche Überlegung gilt schließlich auch für die ostdeutsche Entwicklung. Auch die Summe von „Bis94" und „Ost94" wächst bei Kontrolle der religiösen Bindung an, d.h. der Rückgang fällt schwächer aus. Zwischen 1990 und 1994 geht in Ostdeutschland der Kirchenbesuch „jeden" oder „fast jeden Sonntag" um 17, die Konfessionszugehörigkeit zu katholischen um 13 und zur protestantischen Kirche um acht Prozentpunkte zurück. Wäre die religiöse Bindung konstant geblieben, so sollte der Rückgang der moralischen Striktheit also geringer ausfallen.

auf Stichproben- und soziodemographische Prädiktoren in Tabelle 4 dargestellt sind. Ohne Kontrollen beträgt der ostdeutsche Vorsprung 1990 rund einen viertel Punkt der Skala, der Rückgang bis 1994 beträgt etwas weniger.

Tabelle 4: Regression der moralischen Striktheit zu Eigentum, Ordnung und Achtung auf religiöse Bindung, Mobilisierung und Kontrollvariablen in der gewichteten Gesamtstichprobe

	r(Ost)	Voraussage	unstandardisierte Regressionskoeffizienten					
			Eigentum		Ordnung		Achtung	
			SP	SP + DM	SP	SP + DM	SP	SP + DM
West			8.94	7.83	8.95	8.39	9.16	8.79
Ost			.29****	.35****	.27****	.35****	.28****	.27****
Ost 94			-.17**	-.13*	-.14*	-.10	-.18**	-.18**
Bis 94			-.09***	-.01	.11***	.15****	.09***	.11***
Kirchgang	-	+		.12****		.08****		.05***
Katholisch	-	+		.13**		.11**		-.08
Protestantisch	-	+		.08		.08*		-.01
Bildung	+	-		.05**		-.07****		.05*
Partnerschaft	+	+		.09***		.05		.05
Elternschaft	+	+		.06***		.06***		.04*
Berufstätigkeit	+	+		.14****		.04		-.02
Alter	+	+		.11****		.06****		.05****
Land	+	+		.07****		.02****		.01*
Mann		?		-.17****		-.12****		-.29****
% erklärte Varianz			0,8	16,4	0,6	7,8	0,6	5,5

SP: Stichproben-Prädiktoren, DM: Soziodemographische Prädiktoren
* p < .10, ** p < .05, *** p < .01, **** p < .001

Bei Kontrolle der soziodemographischen Prädiktoren wird der ostdeutsche Vorsprung 1990 beim Eigentum und der Ordnung, nicht aber bei der Achtung vor der Gemeinschaft wie erwartet größer. Bei allen drei Tatbeständen wirkt zwar der Kirchgang unterdrückend auf den ostdeutschen Vorsprung, aber diese Wirkung wird bei jedem Tatbestand in anderer Weise durch weitere unterdrückende Variablen verstärkt und durch erklärende Variablen konterkariert.

Beim *Eigentum* wirkt – wie erwartet – die Konfessionszugehörigkeit zusätzlich unterdrückend und Partnerschaft, Elternschaft, Berufstätigkeit und ländliches Milieu erklärend. Entgegen der Erwartung hat die Bildung keinen negativen, sondern einen schwach positiven Einfluß, so daß auch sie erklärend wirkt. Insgesamt jedoch sind die Effekte von Kirchgang und Konfession stärker als die erklärenden Variablen. Bei der *Ordnung* wirken – wie erwartet – die Konfessionszugehörigkeit und die Bildung zusätzlich unterdrückend, und Elternschaft sowie ländliches Milieu sind erklärende Variablen. Auch hier sind die Effekte von Kirchgang und Konfession insgesamt stärker als die erklärenden Variablen. Bei der *Achtung der Gemeinschaft* wirken – wie erwartet – Elternschaft und ländliches Milieu erklärend, entgegen der Erwartung aber hat die Konfessionszugehörigkeit einen insignifikant negativen und die Bildung einen schwach positiven Einfluß, so daß sie eher erklärend wirken. Der schwach unterdrückende Einfluß des Kirchgangs wird also durch die Vielzahl noch schwächerer erklärender Einflüsse ausgeglichen, so daß die Landesteileffekte insgesamt konstant bleiben. Auch beim Rückgang des Landesteilunterschieds bis 1994 erfüllt sich die Erwartung nur beim Eigentum und der Ordnung, nicht aber bei der Achtung der Gemeinschaft: Nur hier wird er durch die soziodemographischen Kontrollen kleiner.

Ob man also Tatbestände mit der typischen Entwicklung in starker oder in schwacher Ausprägung betrachtet – die soziodemographischen Kontrollen führen zu weitgehend ähnlichen Ergebnissen. Für fünf der Tatbestände – Familie, Selbstmord, Gemeineigentum, Eigentum und Ordnung – galt: Bei der Kontrolle wächst der ostdeutsche Vorsprung an und der Rückgang des Vorsprungs reduziert sich. Beides ist Resultante der Einflußstärke erklärender und unterdrückender Variablen. Bei allen sechs bisher betrachteten Tatbeständen – also auch bei der Achtung der Gemeinschaft – führt die Kontrolle des Kirchgangs zu einem Wachsen des ostdeutschen Vorsprungs 1990 und einem Schrumpfen seines Rückgangs bis 1994; bei allen Tatbeständen außer der Achtung der Gemeinschaft hat auch die Konfessionszugehörigkeit die gleichen Wirkungen. Wären die Ostdeutschen religiös so stark gebunden wie die Westdeutschen, so wäre ihr Vorsprung noch größer und hielte sich stärker.

4.4 Untypische Entwicklungen: Drogenmißbrauch, Abtreibung, Euthanasie

Von der typischen Entwicklung des schwindenden ostdeutschen Vorsprungs weichen drei Tatbestände ab: Beim Drogenmißbrauch wächst der ostdeutsche Vorsprung, bei der Abtreibung wächst der ostdeutsche Rückstand, und bei der Euthanasie bleibt der ostdeutsche Vorsprung konstant. Die Regressionen zu diesen Tatbeständen sind in Tabelle 5 dargestellt.

Beim *Drogenmißbrauch* sind ohne Kontrollen die Ostdeutschen 1990 zwar moralisch strikter, aber ihr Vorsprung wächst bis 1994 an – von knapp einem halben Skalenpunkt 1990 auf fast drei Viertel Skalenpunkte 1994. Vermutlich ist die Neuartigkeit des Tatbestands in Ostdeutschland Grund dafür, daß die Ostdeutschen ihren Vorsprung an moralischer Striktheit ausbauen.

Mit Kontrollen wird der ostdeutsche Vorsprung 1990 nur noch geringfügig, sein Anstieg bis 1994 aber etwas mehr gesteigert. Wie bei den bisher betrachteten Tatbeständen bewegen auch hier die soziodemographischen Kontrollen die Koeffizienten für „Ost" wie „Ost94" in die positive Richtung. Während aber bei den bisher betrachteten Tatbeständen „Ost94" negativ war und einen Rückgang darstellte, der durch die soziodemographischen Kontrollen absolut vermindert wurde, stellt beim Drogenmißbrauch der positive Wert für „Ost94" einen Anstieg dar, der durch die soziodemographischen Kontrollen vergrößert wird. Das geringe Ausmaß des Anstiegs beider Koeffizienten resultiert daraus, daß die unterdrückenden Variablen relativ schwache, die erklärenden aber

Moralische Striktheit und Religiosität 131

relativ starke Einflüsse haben: Auf der einen Seite wirkt nur der Kirchgang und das Bildungsniveau deutlich, die Konfessionen aber nur schwach unterdrückend, auf der anderen Seite wirken Bindungen durch Familie und Beruf und ländliche Milieus deutlich erklärend.

Obwohl also beim Drogenmißbrauch ohne Kontrollen der ostdeutsche Vorsprung anwächst, wirkt die Kontrolle der soziodemographischen Variablen wie bei der typischen Entwicklung der moralischen Striktheit. Wenn man bedenkt, daß die Ostdeutschen weniger religiös gebunden und länger ausgebildet sind als die Westdeutschen, dann sollte ihr Vorsprung an moralischer Striktheit größer sein und *weniger zurückgehen*, d.h. also beim Drogenmißbrauch *stärker anwachsen* als in Westdeutschland.

Bei der *Abtreibung* sind ohne Kontrollen die Ostdeutschen 1990 weniger strikt, und ihr Rückstand wächst bis 1994 noch an. Vermutlich reflektiert das erste die Nicht-Inkriminierung des Tatbestands in der DDR, das zweite Vorbehalte der Ostdeutschen gegen die Wieder-Inkriminierung des Tatbestands.

Mit Kontrollen verwandelt sich der ostdeutsche Rückstand 1990 in einen Vorsprung. Wie bei den bisher betrachteten Tatbeständen bewegen auch hier die soziodemographischen Kontrollen die Koeffizienten für „Ost" wie „Ost94" in die positive Richtung – allerdings in einem starken Maße. Sie reduzieren einen negativen Effekt so stark, daß er positiv wird. Für die Unterdrückung eines „eigentlich" positiven in einen negativen Effekt sind Kirchgang, Konfessionszugehörigkeit und Bildung ursächlich. Auf der anderen Seite hat allein das ländliche Milieu bewirkt, daß der Effekt im Negativen verbleibt. Die Balance von die Ausgangsbeziehung steigernden und schmälernden Variablen ist also ein starkes Übergewicht steigernder Variablen: Wären die Ostdeutschen so stark religiös gebunden und wären sie so wenig ausgebildet wie die Westdeutschen, dann wären sie selbst zur Abtreibung strikter eingestellt. Die geringere moralische Striktheit der Ostdeutschen ist also „scheinbar" durch ihre geringere religiöse Bindung und ihre längere Ausbildung bedingt: Bei gleicher soziodemographischer Struktur sind die Ostdeutschen nicht nur bei Tatbeständen, die in der alten Bundesrepublik wie in der DDR inkriminiert waren, moralisch strikter, sondern auch bei einem Tatbestand, der in der DDR nicht mehr unter Strafe stand.

Durch die Kontrolle der soziodemographischen Variablen wird nicht nur der ostdeutsche Rückstand 1990, sondern auch sein Anstieg bis 1994 in die positive Richtung bewegt. Wären die Ostdeutschen soziodemographisch den Westdeutschen vergleichbar, so fiele ihre Reaktion gegen die Wieder-Inkriminierung der Abtreibung milder aus.[12]

---

12 Durch die Kontrolle der soziodemographischen Variablen wird auch der Rückgang der moralischen Striktheit in Westdeutschland erklärt – also der Rückgang von „Bis94". Anders gesagt: der Rückgang in Westdeutschland muß durch einen Rückgang der religiösen Bindung und einen Anstieg des Bildungsniveaus bedingt sein. Tatsächlich geht in Westdeutschland der Anteil derer, die jeden oder fast jeden Sonntag zur Kirche gehen, um 17, der Anteil der Katholiken um 4 und der Anteil der Protestanten um 3 Prozentpunkte zurück, während das Bildungsniveau sich nicht bedeutsam veränderte.

Tabelle 5: Regression der moralischen Striktheit zu Drogenmißbrauch, Abtreibung und Euthanasie auf religiöse Bindung, Mobilisierung und Kontrollvariablen in der gewichteten Gesamtstichprobe

		Unstandardisierte Regressionskoeffizienten					
		Drogenmißbrauch		Abtreibung		Euthanasie	
	r(Ost)	Voraussage	SP	SP + DM	SP	SP + DM2	SP	SP + DM
West			9.43	9.99	6.65	4.44	6.85	4.25
Ost			.44****	.48****	-.22*	.51****	.24*	.66****
Ost 94			.25***	.43****	-1.26****	-.95****	-.02	.11
Bis 94			-.54****	-.50****	-.26***	.01	-1.03****	-.76****
Kirchgang		+		.11****		.59****		.58****
Katholisch		+		.08		.91****		.05
Protestantisch		-		.14**		.50****		.07
Bildung		+		-.26****		-.41****		.07
Partnerschaft		+		.16***		.00		-.04
Elternschaft		+		.12****		.05		.02
Berufstätigkeit		+		.37****		-.03		-.04
Alter		+		.12****		.12****		.09****
Land		+		.04****		.08****		.00
Mann		?		-.15***		.02		.22***
% erklärte Varianz			4,8	14,6	2,9	23,9	2,9	10,5

SP: Stichproben-Prädikatoren, DM: Soziodemographische Prädiktoren
* p < .10, ** p < .05, *** p < .01, **** p < .001

Moralische Striktheit und Religiosität 133

Obwohl die Ostdeutschen also zur Abtreibung ohne Kontrollen weniger strikt sind als die Westdeutschen, wirkt die Kontrolle der soziodemographischen Variablen wie bei der typischen Entwicklung der moralischen Striktheit. Wenn man bedenkt, daß die Ostdeutschen weniger religiös gebunden und länger ausgebildet sind als die Westdeutschen, dann sollte ihr Vorsprung 1990 noch größer sein, d.h. sich bei der Abtreibung *von einem Rückstand in einen Vorsprung verwandeln*, und der Rückgang bis 1994 sollte kleiner ausfallen.

Bei der *Euthanasie* sind, wie die erste Regression zeigt, die Ostdeutschen 1990 moralisch geringfügig strikter, und der Vorsprung ändert sich nicht. Ein schwacher ostdeutscher Vorsprung 1990 bleibt also bis 1994 konstant, während in beiden Landesteilen die moralische Striktheit zurückgeht. In der zweiten Regression wächst der ostdeutsche Vorsprung 1990 an, und aus der Konstanz bis 1994 wird ein geringfügiger und nicht signifikanter Anstieg. Die soziodemographischen Kontrollvariablen steigern also beide Landesteileffekte, aber das beruht allein auf dem Kirchgang, nicht einmal die Konfessionszugehörigkeit hat einen signifikanten Einfluß.[13] Obwohl also bei der Euthanasie ohne Kontrollen der ostdeutsche Vorsprung konstant bleibt, wirkt die Kontrolle der soziodemographischen Variablen wie bei der typischen Entwicklung der moralischen Striktheit.

Bei allen drei Tatbeständen mit untypischen Entwicklungen wirken also die soziodemographischen Kontrollen in der gleichen Weise wie bei den Tatbeständen mit typischen Entwicklungen. Sie müssen sich nur aufgrund der untypischen Entwicklung anders darstellen. Beim Drogenmißbrauch steigern die Kontrollen den Anstieg des ostdeutschen Vorsprungs bis 1994, statt seinen Rückgang zu verkleinern; bei der Abtreibung verwandeln sie einen Rückstand 1990 in einen Vorsprung, statt einen Vorsprung zu vergrößern; bei der Euthanasie decken sie einen (nicht signifikanten) Anstieg des ostdeutschen Vorsprungs bis 1994 auf, statt einen Rückgang zu verkleinern. In den typischen wie den untypischen Entwicklungen also wirken auf den ostdeutschen Vorsprung 1990 religiöse Bindung und Bildung unterdrückend und soziale Bindungen erklärend; auf den Rückgang bis 1994 religiöse Bindung und Bildung erklärend und soziale Bindungen unterdrückend. Bei den meisten Tatbeständen gehen jedoch religiöse Bindung und Bildung aus diesem Kampf als deutliche Sieger hervor, so daß der ostdeutsche Vorsprung 1990 anwächst und sein Rückgang bis 1994 schrumpft. Lediglich bei der Achtung vor der Gemeinschaft und beim Drogenmißbrauch sind die beiden Tendenzen in einer Balance, so daß die Landesteileffekte konstant bleiben. Auch hier wirken religiöse Bindung und Bildung unterdrückend auf den ostdeutschen Vorsprung 1990 und erklärend auf seinen Rückgang bis 1994, aber sie werden von gegenläufigen Wirkungen sozialer Bindungen in Zaum gehalten.

---

13 Wie bei der Abtreibung wird auch bei der Euthanasie der westdeutsche Rückgang („Bis94") durch die Kontrolle der Kirchgangshäufigkeit, die zwischen 1990 und 1994 zurückgeht, gemindert.

Ob die moralische Striktheit sich also typisch oder untypisch entwickelt hat, die Nachwirkungen der DDR auf die moralische Striktheit der Ostdeutschen zeigt sich in der gleicher Weise: Hätte es in der DDR keine erzwungene Säkularisierung und keine kompensierende „Bewußtseinsbildung" gegeben, dann würden die Ostdeutschen 1990 den Westdeutschen an moralischer Striktheit stärker überlegen sein und bis 1994 weniger von dieser Überlegenheit verlieren. Beides ist wohl Folge der erzwungenen Säkularisierung der DDR in den fünfziger Jahren und der nachfolgenden „Bewußtseinsbildung": Die traditionell christliche Stütze der moralischen Striktheit durch den Glauben an Lohn und Strafe diesseitiger Taten in einem persönlich erlebbaren Jenseits ist in der DDR durch den Glauben an ein gemeinschaftlich zu erkämpfendes Diesseits jenseits des persönlichen Lebenshorizonts ersetzt worden. Aber nachdem der Zusammenbruch der DDR diesem Glauben den Boden entzogen hat, lebt der alte Glaube nicht mehr auf, der den Rückgang der Moralität hätte auffangen können.

4.5 Zusammenfassung: Die Durchgängigkeit der Unterschätzung der Landesteileffekte

Die Folgen der soziodemographischen Kontrollen für die Landesteileffekte sind in Tabelle 6 zusammengefaßt. Sie enthält im oberen Teil für alle Kontrollvariablen, die nach Tabelle 2 Landesteileffekte modifizieren können, die Angabe, ob sie auf den ostdeutschen Vorsprung 1990 unterdrückend und auf seinen Rückgang bis 1994 erklärend, d.h. auf beide Effekte steigernd – oder ob sie auf den ostdeutschen Vorsprung 1990 erklärend und auf seinen Rückgang bis 1994 unterdrückend, d.h. auf beide Effekte mindernd wirken. Sie stellt im unteren Teil dar, in welchem Ausmaß die Kontrollvariablen insgesamt die Landesteileffekte gesteigert haben. Die Steigerung ist die Differenz zwischen den Landesteileffekten mit und ohne Kontrolle der soziodemographischen Variablen und kann an den Tabellen 3 bis 5 verifiziert werden. Da „Ost" ohne Kontrollen bei allen Tatbeständen mit Ausnahme der Abtreibung positiv war, gilt die Steigerung hier mit dieser Ausnahme auch absolut. Da „Ost94" ohne Kontrollen bei allen Tatbeständen mit Ausnahme des Drogenmißbrauchs negativ war, bedeutet die Steigerung hier mit dieser Ausnahme einen Rückgang des ostdeutschen Vorsprungs an moralischer Striktheit.

Wie der obere Teil der Tabelle 6 zeigt, steigert die Kontrolle der religiösen Bindung durchgängig die Effekte des Landesteils, macht also den ostdeutschen Vorsprung 1990 größer und den Rückgang des ostdeutschen Vorsprungs bis 1994 kleiner. Das gilt für die praktizierte wie die ererbte Religion, aber für die praktizierte stärker: Die Kirchgangshäufigkeit steigert bei allen Tatbeständen die Landesteilunterschiede, die Konfessionszugehörigkeit bei allen außer der Achtung der Gemeinschaft und der Euthanasie. Weiterhin

Moralische Striktheit und Religiosität 135

wirkt die Bildung nicht durchgängig steigernd, sondern bei Eigentum und Euthanasie mindernd. Schließlich wirkt das ländliche Milieu fast durchgängig mindernd, während die Bindung durch Beruf und Familie sporadisch zur Minderung beiträgt. Insgesamt wirken also die ideologischen Faktoren Religion und Bildung eher steigernd, die lebenspraktischen Faktoren der sozialen Bindung eher mindernd auf den ostdeutschen Vorsprung an moralischer Striktheit. Die DDR hat moralische Striktheit durchgesetzt, *obwohl* sie mit der religiösen Bindung ein Unterpfand moralischer Striktheit zurückgedrängt und mit der Bildung ein Zerfallsferment moralischer Striktheit gefördert hat. Aber Ostdeutschland ist noch heute moralisch strikter, *weil* familiäre und berufliche Bindungen häufiger und ländliche Milieus weiter verbreitet sind als in Westdeutschland.

Wie der untere Teil der Tabelle 6 zeigt, stechen insgesamt die steigernden Effekte der ideologischen Variablen die mindernden Effekte der sozialen Bindungen deutlich aus. Bei allen Tatbeständen außer der Achtung der Gemeinschaft wachsen durch die Kontrolle die Landesteileffekte an: der ostdeutsche Vorsprung an moralischer Striktheit 1990 wird unterschätzt, sein Rückgang bis 1994 überschätzt. Wie an der Markierung durch Sterne ersichtlich, bewirkt die Gesamtheit der soziodemographischen Variablen die Unterschätzung des Landesteilunterschieds 1990 und die Überschätzung des Rückgangs bis 1994 besonders stark bei der Familie, beim Selbstmord und bei der Abtreibung, also bei allen Tatbeständen, die dem Wert des Lebens in einem weiten Sinne unterliegen – mit Ausnahme der Euthanasie, bei der lediglich der ostdeutsche Vorsprung 1990 stark überschätzt wird.

Die Einflüsse der Stichproben- und der soziodemographischen Prädiktoren auf die nach ihrer Stelle auf dem Kontinuum zwischen Wert und Reziprozität angeordneten Tatbestände moralischer Striktheit sind in Tabelle 7 synoptisch dargestellt.

Der obere Teil der Tabelle gibt die Effekte der Stichproben-Prädiktoren wieder. Bei Kontrolle der soziodemographischen Unterschiede zwischen den beiden Landesteilen sind die Ostdeutschen zu ausnahmslos allen Tatbeständen strikter eingestellt – auch dort, wo sie ohne Kontrollen nur einen schwachen Vorsprung hatten oder wie bei der Abtreibung weniger strikt waren. Auf der anderen Seite bleibt der Rückgang der moralischen Striktheit nur bei der Abtreibung bestehen, wo er als Protest gegen die Wiedereinführung des Straftatbestands verstanden werden kann, und bei den auf Reziprozität gründenden Geboten. Schließlich bleibt bestehen, daß der ostdeutsche Vorsprung beim Drogenmißbrauch ansteigt.

Der untere Teil der Tabelle gibt die Effekte der soziodemographischen Prädiktoren wieder. Unabhängig von den Zeit- und Landesteileffekten steigert die Kirchgangshäufigkeit die moralische Striktheit zu allen Geboten stark und durchgängig, die Konfessionszugehörigkeit jedoch nur im Bereich der Werte. Das Bildungsniveau hingegen senkt die moralische Striktheit im Bereich der Werte und steigert sie im Bereich der Reziprozität; auch zum Ge-

Tabelle 6: Übersicht: Minderung (M) oder Steigerung (S) des ostdeutschen Vorsprungs 1990 und seines Rückgangs bis 1994 durch Kontrolle soziodemographischer Variablen

	Starker Vorsprung, starker Rückgang			Schwacher Vorsprung, schwacher Rückgang			Wachsender Vorsprung	Rückstand	Konstanter Vorsprung
	Familie	Selbst-mord	Gemein-eigentum	Eigentum	Ordnung	Achtung	Drogen	Abtreibung	Euthanasie
Kirchgang	S	S	S	S	S	S	S	S	S
Katholisch	S	S		S	S			S	
Evangelisch	S	S	S		S		S	S	
Bildung	S	S		M	S	M	S	S	
Partnerschaft				M			M		
Elternschaft				M	M	M	M		
Berufstätig			M	M			M		
Land	M	M	M		M	M	M	M	
				Effektzuwachs durch Kontrolle					
-Ost	.35**	.39**	.12*	.06	.08	-.01	.04	.83**	.42**
-Ost94	.21**	.21**	.08	.04	.04	.00	.18*	.31**	.13*

Eingetragen sind alle Effekte mit mindestens $p < .10$
Effektzuwachs $> .10 : *$, $> .20 : **$

Moralische Striktheit und Religiosität

Tabelle 7: Übersicht über die Einflüsse auf die Variablen zur moralischen Striktheit

	Wert						Reziprozität		
	Drogen	Selbstmord	Ordnung	Familie	Euthanasie	Abtreibung	Eigentum	Gemein-eigentum	Achtung
Ost	++	++	++	++	++	++	++	++	++
Ost 94	++					- -	-	- -	-
Kirchgang	++	++	++	++	++	++	++	++	++
Katholisch		++	++	+		++	+		
Protestantisch	++	+		++		++		+	
Bildung	- -	- -	- -	- -		- -	+		+
Partnerschaft	++						++		
Elternschaft	++		++				++		+
Berufstätigkeit	++						++		
Alter	++	++	++	++	++	++	++	++	++
Land	++	++	++	++		++	++	++	+
Mann	++		++	++			++	++	++
% erklärt durch									
Stichprobe allein	4,8	1,5	0,6	5,3	2,9	2,9	0,8	1,9	0,6
zus Soziodemogr.	14,6	10,9	7,8	28,2	10,5	23,9	16,4	15,9	5,5

++ mindestens $p < .01$, - - mindestens $p < .01$, + mindestens $p < .10$, - mindestens $p < .1$

meineigentum ist hier der Effekt der Tendenz nach positiv. Wo Gebote sich vorwiegend aus Reziprozitätsüberlegungen ableiten, hat die Bildung also gleichsam eine Gegenströmung positiver Einflüsse auf die moralische Striktheit. Schließlich haben alle sozialen Bindungen einen positiven Effekt auf die moralische Striktheit, der aber nur beim Alter und bei den ländlichen Milieus alle Gebote umfaßt.

Insgesamt also steigern – der ersten, zweiten und siebten Hypothese entsprechend – religiöse und soziale Bindungen die moralische Striktheit, während die Mobilisierung durch Bildung die moralische Striktheit senkt. Die Gegenläufigkeit bindender und mobilisierender Kräfte gilt jedoch nicht durchgängig. Bindungen steigern die moralische Striktheit überall, aber die Mobilisierung durch Bildung erschüttert die Striktheit im Bereich der Werte und stärkt sie im Bereich der Reziprozität.

5. Schluß: Moralische Striktheit trotz Säkularisierung

Die beiden Analyseschritte bestätigen übereinstimmend die Vermutung, daß in der DDR die moralische Striktheit auf eine andere Weise geprägt wurde als in der alten Bundesrepublik und daß diese Prägung die Vereinigung mit der alten Bundesrepublik überlebt. Im ersten Analyseschritt zeigt sich, daß die moralische Striktheit in der DDR weniger stark positiv von religiösen Bindungen und weniger stark negativ vom Bildungsniveau bestimmt wurde als in der alten Bundesrepublik und daß diese Differenz die erste halbe Dekade nach der Vereinigung überlebt. In der DDR könnte also die „Bewußtseinsbildung" die herkömmlichen jenseitigen Begründungen der Moral durch neue säkulare Begründungen ersetzt haben – gewiß unter dem Schutze staatlicher Repression, aber dennoch wirksam genug, um ihr Ende zu überleben. Im zweiten Analyseschritt zeigt sich, daß der ostdeutsche Vorsprung der moralischen Striktheit 1990 unterschätzt und sein Rückgang bis 1994 überschätzt werden, wenn man die gegenläufigen Effekte der Säkularisierung der DDR nicht in Betracht zieht: Wäre in Ostdeutschland die religiöse Bindung so stark wie in Westdeutschland, dann müßte der ostdeutsche Vorsprung an moralischer Striktheit 1990 noch größer, sein Rückgang bis 1994 aber kleiner sein. Die „Bewußtseinsbildung" könnte also das Vakuum moralischer Motivation, das mit der erzwungenen Säkularisierung geschaffen wurde, mit neuen säkularen Motiven der moralischen Striktheit gefüllt haben – wiederum unter dem Schutze der staatlichen Repression und dennoch wirksam genug, um ihr Ende zu überleben.

Die repressive Sozialverfassung der DDR gab dem Staat die Macht, unmittelbar auf die Gesellschaft einzuwirken. Sie ermöglichte die erzwungene Säkularisierung der fünfziger Jahre und die „Bewußtseinsbildung" der Folgezeit. Indem die „führende Partei" eine alte Institution, die Kirche, ent-

Moralische Striktheit und Religiosität 139

machtete und eine moderne Institution, die Bildung, nach ihren Herrschaftsbedürfnissen gesteuert hat, wollte sie die Mentalität der Bevölkerung prägen. In wenigen Jahren läßt sich ein solches Ziel nicht erreichen. Aber vier Dekaden reichen offenbar aus, um nicht nur Lippenbekenntnisse zu erzwingen, sondern auch Überzeugungen so tief zu prägen, daß sie eine halbe Dekade ohne die Paßform der rechtfertigenden Ideologie und der staatlichen Repression überleben.

Literatur

Davis, James A., 1971: Elementary Survey Analysis. Englewood Cliffs, New Jersey.
Dönhoff, Marion Gräfin/Leonhardt, Rudolf Walter/Sommer, Theo, 1964: Reise in ein fernes Land. Bericht über Kultur, Wirtschaft und Politik in der DDR. Hamburg.
Ester, Peter/Halman, Loek/de Moor, Ruud, 1995: The Individualizing Society. Value Change in Europe and North America. Tilburg.
Inglehart, Ronald, 1977: The Silent Revolution. Changing Values and Political Styles among Western Publics. Princeton.
Inglehart, Ronald, 1990: Culture Shift in Advanced Industrial Societies. Princeton.
Jagodzinsiki, Wolfgang/Dobbelaere, Karel, 1995: Secularization and Church Religiosity, in: Deth, J.v./Scarbrough, E., (Hg.): The Impact of Values. Oxford, 76-119.
Kluckhohn, Clyde, 1951: Values and Value-Orientations in the Theory of Action: An Exploration in Definition and Classification, in: Parsons, Talcott/Shils, Edward A., (Hg.): Toward a General Theory of Action. Cambridge, 388-433.
Meulemann, Heiner, 1985: Bildung und Wertwandel: Am Beispiel von „Leistung" in der Bundesrepublik zwischen 1950 und 1980, in: Lutz, Burkhart, (Hg.): Soziologie und gesellschaftliche Entwicklung. Verhandlungen des 22. Deutschen Soziologentages in Dortmund 1984. Frankfurt, 282-290.
Meulemann, Heiner, 1993: Säkularisierung und Werte. Eine systematische Übersicht über Bevölkerungsumfragen in westeuropäischen Gesellschaften, in: Schäfers, Bernhard, (Hg.): Lebensverhältnisse und soziale Konflikte im neuen Europa. Verhandlungen des 26. Deutschen Soziologentages in Düsseldorf 1992. Frankfurt, 627-635.
Meulemann, Heiner, 1996: Werte und Wertewandel. Zur Identität einer geteilten und wieder vereinten Nation. Weinheim.
Meulemann, Heiner, 1998a: Religiosität und Moralität nach der deutschen Vereinigung, in: Lüschen, Günther, (Hg.): Das Moralische in der Soziologie. Opladen, 269-284.
Meulemann, Heiner, 1998b: Die Implosion einer staatlich verfügten Moral. Moralische Bewertungen in West- und Ostdeutschland 1990-1994, in: Kölner Zeitschrift für Soziologie und Sozialpsychologie 50, 411-441.
Noelle-Neumann, Elisabeth/Köcher, Renate, 1987: Die verletzte Nation. Über den Versuch der Deutschen, ihren Charakter zu ändern. Stuttgart.
Stoetzel, Jean, 1983. Les valeurs du temps présents: une enquête européenne. Paris.
Zulehner, Paul M./Denz, Hermann, 1993: Wie Europa glaubt und lebt. Europäische Wertestudie. Düsseldorf.

Michael Terwey

Kirche und Zukunftsfurcht: Ut sibi sui liberi superstites essent[1]

1. Einleitendes zur aktuellen Zivilisierung von religiösen Weltbildern

Ein Ende von Mythos und Ideologie im Alltag nach Abdankung des Sozialismus? Eingrenzung des Religiösen in amtskirchlich petrifizierte, leicht identifizierbare Subkulturen und globaler Erfolg einer „postprotestantischen Ethik" mit hedonistischen Einsprengseln? Noch ist es offenbar nicht so weit, selbst wenn solche Vorstellungen immer wieder offeriert werden. Zunächst wollen wir hier möglichst nicht dem Zauber des bloß *quantitativ* Großen oder der Zahlenromantik (Weber 1993: 28) erliegen. Wenn dies zur Zeit – etwa unter Ausrufung eines dritten Milleniums – etliche Gesellschafts-, Management- und Informationswissenschaftler tun, so beabsichtigen sie mit Anklängen an mythisches Denken, die aktuelle Bedeutung ihrer Veranstaltungen hervorzuheben. Es sind aber nicht allein „christlich" datierte Zeitrechnung und andere numerische Arrangements, welche die Vorstellung eines historischen Umbruchs stimulieren, sondern im Zuge einer globalen Neuorganisation scheinen sich zunehmend rapide und weitreichende Einflüsse auf Gesellschaft und Umgebung zu vergegenständlichen. In solchen Zeiten kann es – frei nach Cicero's Auslegungen zur Stoa – vernünftig sein, in der gewissenhaften Beachtung einer Civilreligion (z.B.: *religio romana*) Orientierung und Rückhalt zu suchen. Dabei wird Religiöses als *vernünftig* in dem Sinne bezeichnet, daß es angebracht ist, ein positives Verhalten zu unsererseits unverfügbaren Wirklichkeitsbereichen, zur existentiellen Ambivalenz und zur Transzendenz zu kultivieren (vgl. Lübbe 1986; Pollack 1999).

In einer Gesellschaft, deren Religiosität stark unter dem Einfluß großer Kirchen steht, ist für den sozialen Konsensus das aktuelle Wirken der Volkskirchen von Belang. Bei den deutschen Katholiken und Protestanten handelt es sich heute überwiegend um Angehörige von „religious low-tension groups" (Stark/Bainbridge 1987) mit einem geringen Gegensatz zur sonstigen sozialen Umwelt. Eine Zivilisierung Gottes (Ebertz 1993) und der zuge-

---

1 „... damit ihre Kinder am Leben bleiben mögen" (Cicero 1995: 72).

ordneten christlichen Mythen scheint stattzufinden: d.h. eine Einpassung von Religiosität in den „Prozeß der Zivilisation"(Norbert Elias) als weitgehende Demontage diverser bedrohlicher Vorstellungen über Gott und postmortale Welten. Diese werden abgelöst von der Stiftung entdramatisierter Hoffnung und diskursiver Wahrheitsfindung. Man mag eine Verringerung metaphysisch bestimmter Ängstlichkeit als solche begrüßen, doch kommt angesichts des anderweitigen Erscheinungsbildes der großen Kirchen die Frage auf, ob „moderne Theologie" und „Entzauberung" nicht auch bedenkliche Auswirkungen haben. Die beiden großen Volkskirchen scheinen in Deutschland seit einiger Zeit angekränkelt zu sein vom blassen Wesen (a-)theistischer Reflexion, und die Repräsentanten der Kirchen beklagen den Austritt vieler zahlungskräftiger Mitglieder. Es wird häufig ein Mangel an Überzeugung, Charisma und Enthusiasmus diagnostiziert. Der Wunsch nach einer intensiven religiösen Erfahrung, welche über die alltägliche „low-tension" Repräsentation von Äußerlichkeiten im Bewußtsein der Mitglieder hinausgeht, wird nicht immer hinreichend befriedigt. Der grundsätzliche religiöse Zweck des Kirchlichen wird dann schwer erkennbar, und die Suche nach einer Alternative beginnt. Immerhin verbleibt auch sozusagen irreligiösen Menschen der Dienst an einer generalisierten Menschheit (Humanität) und die „Sorge für Kinder und Enkel"(Weber 1993: 28). Mit innerweltlicher Transzendierung menschlicher Begrenztheit und einer „*rational*-kapitalistischen *Betriebsethik*"(Weber 1984: 356) wird der diesseitig ökonomisch ausgerichteten Anspannung zusätzlich ein Sinn beigeordnet, der allerdings nicht jeden dieser Betriebsamkeit verfremdeten Beobachter überzeugen mag.

Die nachfolgende Darstellung impliziert, daß es hinsichtlich unserer Zukunft beachtliche Chancen einer positiven gesellschaftlichen Entwicklung gibt. Würden wir nicht mit hoffnungsorientierten Grunderwartungen an das Thema herangehen, müßten faktisch gegebene Unheilserwartungen und subjektive Desintegration inhaltlich mehr gewürdigt werden, als es nachfolgend hier später geschieht. Wer eine sozialpessimistische Haltung aktuell für angemessener hält, kann von den weiter unten dargebotenen Ergebnissen auch profitieren, doch muß dann die Interpretationstendenz an einigen Stellen quasi umgekehrt werden: Bestimmte Einstellungen, Glaubensvorstellungen etc. würden dann als Korrelate von allzu positiven Zukunftserwartungen einzuschätzen sein. Immerhin mag gesellschaftsbezogene Furcht eine gewisse Berechtigung haben, und wir sprechen nicht von zukunftsbezogener *Angst*. Angst ist, psychologisch verstanden, in der Regel eine Individuen akut hemmende Beklemmung in Verbindung mit starker Erregung bis hin zu zweckwidriger Panik. Furcht mag trotz aller möglichen Übersteigerungen schließlich einen einsichtigen Grund erkennen lassen. Dies gilt z.B. unter Christen für die Gottesfurcht, die laut Bibel heilbringend sein soll. Eine solche Furcht muß nicht unbedingt zu Angst führen. Auch unheilsbezogene Furcht, die über religiöse Ehrfurcht hinausgeht, kann den Wunsch stimulieren, einem möglichen Unheil konstruktiv zu begegnen, und so das aktive Gegenteil von ängstlicher Hemmung bewirken; sie kann aber andererseits trotz innerer Ablehnung des Furchterregenden zum Verharren in einer wenig förderlichen Diffusität und Passivität führen: „Wenn der Abscheu nur Abscheu bleibt, dann verzehrt sich die Welt oder das Ich, und wir wenden uns ihrem mechanischen Gegenteil zu" (Yeats 1991: 233).

2. Säkularisierung und Entchristianisierung

Der allmähliche Abbau traditioneller Religiosität in West-, Mittel- und Nordeuropa wird oft mit dem Begriff *Säkularisierung* umschrieben. Dieser komplexe Begriff hat – wie ähnlich weitreichende Konzepte auch – je nach Kontext unterschiedliche Valenzen (vgl. u.a. Sommerville 1998; Terwey 1997, 1997a). Unter „Säkularisierung" im Sinne eines sozialhistorischen Prozesses sei hier primär verstanden: Eine seit längerem in der Regel ohne große historische Dramatik verlaufende *Verschiebung von metaphysisch fundierten Leitvorstellungen und Institutionen auf explizit diesseitsorientierte Entsprechungen*. Es findet dann vermehrt eine weltimmanent orientierte Suche nach Sinn, Heilsperspektiven und Unsicherheitsreduktion statt.

Soziale Tatbestände wie Brauch, Moral und Gesetzlichkeiten (Norm) stehen nach Durkheim (1994) im eigentlichen Zentrum von Religion. Sie gelten ihm als in mancherlei Hinsicht eigenständig gegenüber individueller Selektivität (vgl. u.a. Durkheim 1995, 1995a). Im Bewußtsein der an einem religiösen Kult Beteiligten repräsentieren sie sich über sakrale Symbole oder Ideale nur mehr oder weniger vollkommen und üben einen direkten oder indirekten Einfluß aus. Besondere religiöse Bedeutung kommt nach Durkheim in diesem Kontext ferner einer „schöpferischen Erregung" *(effervescence)* in der lebendigen Gemeinde zu, die offenbar für die Beteiligten über den normalen Alltag hinausgeht und ihre Quelle nicht allein in einzelnen Personen hat. Ein steter Mangel an solch schöpferischer Erregung zeige das „Altern" oder gar „Sterben" tradierter Götter an. Länger andauernde kollektive Niedergeschlagenheit deute sogar auf einen Kult „unheilvoller Heiliger" hin (Durkheim 1994: 572, 554). Eine solch weitreichende Ambivalenz im Spektrum von Kult und Weltanschauung kann hier aber nur marginal verfolgt bzw. empirisch überprüft werden (vgl. zur Ergänzung Durkheim 1997; Clausen 1969; Cicero 1995; Yeats 1991; Terwey 1992, 1995).

Die nihilistische Auffassung, das Leben habe an sich keinen Sinn, gilt zur Zeit trotz aller sonst kolportierter Niedergeschlagenheit in Ost- und Westdeutschland nur einer sehr kleinen Minorität als wahr (Terwey 1994, 1996). Es verbleibt nicht zuletzt auch für atheistische Marxisten eine sinnstiftende Heilserwartung via sozialpolitisch artikulierter *Ideologie* im neutraleren

Wortsinn von Diemer (1962: 180). Dem eigenen Selbstverständnis nach ist der Marxismus zu unserer Welt und zum menschlichen Leben sehr positiv eingestellt. Viele Marxisten beanspruchen für sich sogar den einzig „wahren" Ansatz einer die menschliche Passion transzendierenden Eschatologie: Säkulares und humane Existenz dürfen nicht als zweitrangig, sündhaft, sinnlos, schlecht oder perspektivlos angesehen werden. Da der Mensch nun einmal in dieser Welt existiert und darin sein eigentliches Wesen zu realisieren hat, muß das Gegebene und das Mögliche aus der Perspektive eines „wissenschaftlichen Materialismus" analysiert und eine neue Qualität des Daseins geschaffen werden. Der Fortschritt der Produktionsmittel und eine adäquate Organisation der Produktionsverhältnisse führen mit größerer Sicherheit als alle offenbar metaphysische Spekulation zunächst zur adäquaten Entlohnung gesellschaftlich wertvoller Arbeit und schließlich zu einer den jeweiligen (echten) Bedürfnissen entsprechenden Gesellschaft und Persönlichkeitsbildung. Falsches Bewußtsein, christliche Vertröstungen, Lastenungleichheiten der Geschlechter, politische Irreleitungen, Entfremdung, Warenfetischismus etc. werden abgetan. Auf dem Weg zu dem als Kommunismus diesseitig zu realisierenden „Paradies" ist für den Zweck eine Vielzahl von Opfern zu erbringen. Die dann in einem höheren Sinne *wahr* gewordene Zukunft wird, abgesehen von gegebenenfalls medizintechnisch möglicher Lebensverlängerung, zumindest in der Abfolge kommender Generationen einer fortwährenden positiven Aneignung zugeführt. Mit eindringlichen Worten beschrieb bereits der junge Marx, wie er sich eine das Individuum bereits weltimmanent transzendierende Aufopferung für die Menschheit vorstellte:

„Die Geschichte nennt diejenigen als die größten Männer, die, indem sie für das Allgemeine wirkten, sich selbst veredelten [...] Wenn wir den Stand gewählt, in dem wir am meisten für die Menschheit wirken können, dann können uns Lasten nicht niederbeugen, weil sie nur Opfer für alle sind; dann genießen wir keine arme, eingeschränkte, egoistische Freude, sondern unser Glück gehört Millionen, unsere Taten leben still, aber ewig wirkend fort, und unsere Asche wird benetzt, von der glühenden Träne edler Menschen" (Marx 1968: 594).

Historisch wurden dann unter Stalin und anderen tatsächlich große Opfer fällig: Eine absolut unübertroffene Vielzahl von Widerwilligen und (vermeintlichen) Ketzern ging Repressionen und schweren Bestrafungen entgegen. Schließlich kam bekanntermaßen in vielen Gesellschaften der Zusammenbruch dieses Sozialismus, und liberaler erscheinenden Formen des ökonomischen Materialismus wurde der Vorzug gegeben.

Eine *zusätzlich durch staatliche Eingriffe forcierte Säkularisierung* von Christen auf einem in seiner Freiheit eingeschränkten Weltanschauungsmarkt sei hier als *Entchristianisierung* bezeichnet. Sie wird somit von der eher allmählich und ohne bewußten politischen Druck verlaufenden Säkularisierung unterschieden. Entchristianisierungsversuche durch Marxisten-Leninisten haben derzeit vielfach zu weltanschaulichen Gegenreaktionen geführt oder sind an christlicher Resistenz gescheitert (vgl. Greeley 1995; Denz

1999; Terwey 1998). Das katholische Polen und zum Teil auch Ungarn oder Bereiche Ex-Jugoslawiens sind Beispiele für weniger erfolgreiche Entchristianisierungsversuche. In der DDR aber traf die staatssozialistische Weltanschauungspolitik vorwiegend auf eine gemäßigt protestantische Religiosität. Gemäßigt protestantische Kirchen haben sich bereits früher vielfach darin schwer getan, gegenüber der säkularen Staatsgewalt vor Ort Unabhängigkeit zu wahren (Martin 1978; Maser 1995; vgl. ferner zu Details von Entchristianisierung in der DDR Pollack 1994). Die sozialistischen Parteifunktionäre beeilten sich ihrerseits, ein eigenes rituelles Instrumentarium und eigene „Heilige" zu institutionalisieren, so daß zu den kirchlichen Riten eine geregelte Alternative geboten werden konnte (vgl. u.a. Martin 1978; Döhnert 1999).

Im Jahr 1950, kurz nach dem Ende des II. Weltkriegs, gab es noch ähnliche Gesamtanteile kirchlicher Mitgliedschaft unter den Ostdeutschen (91 Prozent) und den Westdeutschen (94 Prozent). Bis zur Wiedervereinigung ergaben sich dann sehr ungleiche Entwicklungen, deren Konsequenzen 1989 in den neuen Bundesländern anfangs nur schwer einzuschätzen waren. In Ostdeutschland sank nach den nun vorliegenden Angaben des Statistischen Bundesamts (1992, 1997) die Mitgliedschaftsquote (Protestanten und Katholiken) von 91 Prozent (1950) auf 31 Prozent (1989) – im Westen von 94 Prozent auf 83 Prozent. Diese Differenzen zeigen prima facie den Kontrast zwischen einer moderaten, allmählichen Säkularisierung und einer erfolgreich enforcierten Entchristianisierung. Die festgestellte innerdeutsche Differenz ist um so mehr hervorzuheben, als im Westen der großstädtische Bevölkerungsanteil viel größer ausfällt. Der Bedeutungsverlust traditioneller Religiosität ist in Großstädten ceteris paribus stärker gewesen als in ländlichen Gegenden und kleineren Orten (Terwey 1994).

Abbildung 1: Konfesssionsanteile in Ost- und Westdeutschland –
„Entchristianisierung" und „Säkularisierung" im Vergleich

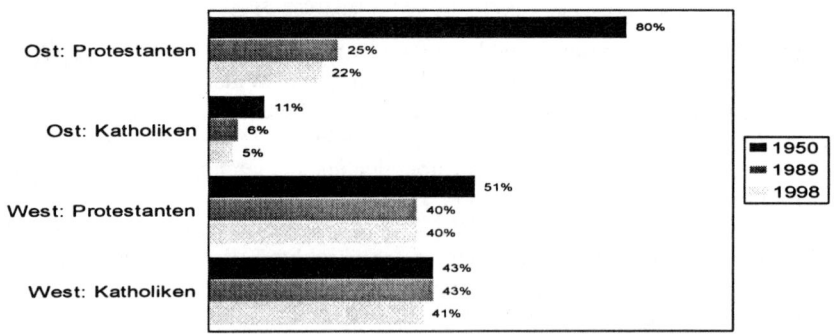

Quelle: Statistisches Bundesamt (1992, 1997), ALLBUS 1998 – eigene Berechnungen

Unterscheiden wir zusätzlich nach Konfessionen (vgl. Abbildung 1) zeigt sich gemäß der amtlichen Daten, daß in Ostdeutschland 1950 immerhin 80 Prozent der Bevölkerung protestantisch waren – in Westdeutschland waren es 51 Prozent. Hinzu kamen in Ostdeutschland elf Prozent Katholiken und 43 Prozent im Westen. Damit ist die stärker monopolisierte, protestantische Kirchenkultur in der frühen DDR kurz gekennzeichnet. Einer solchen kirchlichen Hegemonie entspräche gemäß des religionssoziologischen „neuen Paradigmas"(Warner 1993) eine geschwächte Motivation der auf dem religiösen Markt Anbietenden und eine daraufhin geringe Bindung der nachfragenden Mitglieder. Die westliche Entkirchlichung unter Protestanten ist bis 1989 mit elf Prozentpunkten beachtlich, doch gering im Vergleich zu einem Verlust von 55 Prozentpunkten in den neuen Bundesländern. Die katholische Kirche suchte im Unterschied zu Teilen der protestantischen Kirchenorganisation vielfach weniger Annäherung an die Staatsorgane in der DDR (Maser 1995). Sie verlor trotzdem knapp ihre halbe Mitgliedschaft durch Gemeindeaustritt, Sterbefälle, Übertritt zur evangelischen Kirche und Migration in den Westen. Bei einer Einschätzung der in Westdeutschland noch stärkeren Resistenz katholischer Konfession ist allerdings auch zu berücksichtigen, daß sie dort seit 1955 durch Immigranten aus Südeuropa („Gastarbeiter") verstärkt wurde. Internationale Vergleiche zeigen aber auch in einigen anderen katholischen Kulturen eine geringere Säkularisierung und Entchristianisierung (z.B. Polen; vgl. Greeley 1995; Terwey 1998). Protestanten verlassen nach den Verlaufsdatenanalysen von Birkelbach (1999) früher und häufiger ihre Kirche. Eine gemäßigt protestantische Sozialisation erleichtert die Relativierung kirchlicher Dienstleistungen bei Eintreten von Belastungen des Mitgliedschaftsverhältnisses oder bei einem gegebenenfalls aufkommenden Wunsch, Kirchensteuer zu sparen. Die Kirchenbindung der Katholiken ist über Sozialisation, Imagination, Riten und Mythen vergleichsweise stärker.

Die weitere Inspektion der ALLBUS-Daten von 1998[2] ergibt keine nachfolgenden dramatischen Veränderungen der Mitgliederanteile, sondern allenfalls einen marginalen weiteren Rückgang. Diese geringen Differenzen liegen noch in einem Bereich, der möglicherweise einem Schätzfehler zugeordnet werden müßte. Wir wissen aus den amtskirchlichen Angaben zu Austritten, daß der Exodus kaum reduziert, mit für die Volkskirchen vorerst schmerzlichen Auswirkungen weiter anhält. Es handelt sich dabei aber um einen Prozeß, welcher aufgrund der großen Zahl immer noch verbleibender Mitglieder deren Anteil an der Gesamtbevölkerung nur allmählich tangiert.

---

2 Mit geringen Einschränkungen können als Ergänzung der amtlichen Statistik auch Daten aus der Umfrageforschung für die Zeit nach 1989 herangezogen werden. Die Einschränkungen beziehen sich zunächst darauf, daß im Unterschied zur amtlichen Statistik in der freien Surveyforschung meist nur Personen mit einem Alter von mindestens 18 Jahren, die in Privathaushalten leben, befragt werden. Die Kirchenmitgliedschaftsdaten der Allgemeinen Bevölkerungsumfrage der Sozialwissenschaften (ALLBUS) haben sich bereits bei ihrer ersten Ausdehnung auf die neuen Bundesländer (1991) als relativ zuverlässig erwiesen, wenn wir sie mit den heute vorliegenden amtlichen Daten (Abbildung 1) vergleichen.

Abbildung 2: Selbst berichtete Kirchgangshäufigkeiten pro Jahr: Das „Verdampfen" der Gemeinden

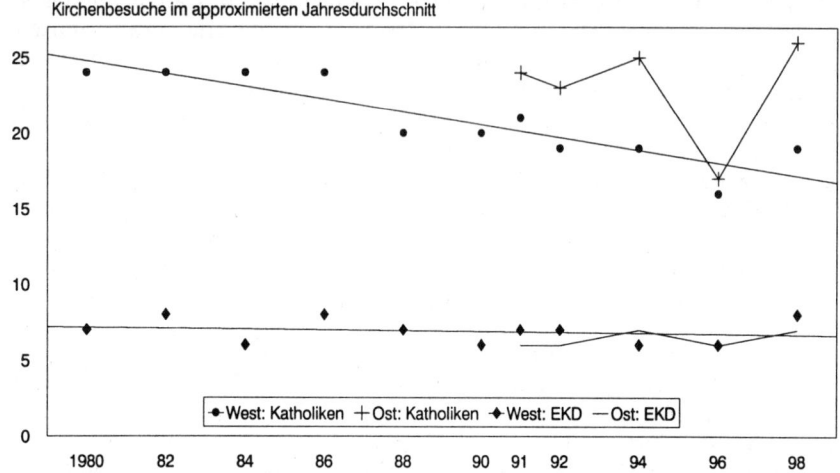

Deutsche Mitglieder christlicher Kirchen (eigene Berechnungen nach ALLBUS 1980-98)

Wie steht es um die rituelle Partizipation der verbliebenen Kirchenmitglieder? In den Angaben zum Kirchgang können wir bei den Katholiken im Westen seit 1980 eine leicht abnehmende Frequenz erkennen (Abbildung 2). Dieser Rückgang zeigt, daß auch unter Katholiken innerkirchlich eine Deinstitutionalisierung stattfand und daß die „Zivilisierung der Gnadenanstalt" bisher noch nicht unbedingt zur Stabilisierung ihrer Attraktivität beitragen konnte. Doch vielleicht wäre die Entwicklung für die katholische Westkirche ohne Zivilisierung noch ungünstiger. Ganz anders ist das Bild in der katholischen Diaspora des Ostens, so weit wir es hier zurückverfolgen können. Es gibt in den neuen Bundesländern 1996 zwar einen stichprobenspezifischen Ausreißer, doch insgesamt läßt sich mit hoher Wahrscheinlichkeit für diese kleine Gruppe (im Schnitt nur circa 50 Befragte pro Sample) nach Hinzunahme der 98er Daten eine annähernd konstante Kirchgangshäufigkeit auf einem relativ hohen Niveau erschließen. Die Kirchgangsangaben von Protestanten (EKD) zeigen freilich im Trend nur einen recht geringen Rückgang im Zeitverlauf, jedoch sind weitere Abnahmen der berichteten jährlichen Kirchenbesuche angesichts des ohnehin bereits erreichten niedrigen Niveaus kaum noch möglich. Die EKD-Protestanten in beiden Bereichen Deutschlands sind sich in dieser Hinsicht recht ähnlich. Einen kirchliche Integration fördernden Diaspora-Effekt können wir für die Protestanten im Osten aus Abbildung 2 nicht ableiten.

Kirche und Zukunftsfurcht

3. Kirche als Gemeinde

Oft geraten bei der subjektiven Bestimmung dessen, was Kirche ist, die formale Organisation und ihre führenden Funktionäre in den Vordergrund. So wird dann auch für christlich Gläubige der Weg frei, jenen Amtsträgern die Schuld für kirchliche Miseren zuzuschieben. Aber Durkheim (1994: 73) schrieb in seinem Spätwerk zur Religion: „Eine Versammlung von Priestern ist nicht die Kirche, genausowenig wie eine religiöse Kongregation, die im Schatten eines Klosters einem Heiligen huldigte, ein besonderer Kult wäre." Nicht jede Kongregation mit einem Kult, nicht jeder sonderliche Mythos konstituiert Kirche im nachfolgend dargestellten Sinn.

Zunächst gehören zu Religionen Subjektivationen, die ihre Kraft aus dem Profanen enthobenen, ethisch wertvollen Ideen und Idealen zu schöpfen scheinen. Die in christlichen Volkskirchen noch heute gepflegten Weltbilder und Mythen (Erzählungen, Sagen, Legenden und ähnliche Diskurse über besonders hervorzuhebende Prozesse, Kräfte oder Personen) mildern den Eindruck existentieller Unsicherheit, machen aufnahmefähiger für große (Un-)Glückserlebnisse und erinnern an Transzendentes außer uns – oder auch in uns (Luhmann 1999). Im Zentrum christlicher Grundeinstellung sollte nach Paulus (Kor. 1, 13) positive *Hoffnung* zu finden sein, der *Glaube* und eigentlich auch *Liebe* zur Seite stehen: „Humans will continue to be religious as long as they are capable of hope"(Greeley 1995: 270).[3] Eine solche Religiosität der Nachfolger Christi gilt unbeschadet möglicher Transzendenzbezüge im Sinne eines generelleren „qua creditur" konstruktiver Religiosität auch außerhalb des paulinisch-konstantinischen Christentums. Als ein traditionelles Beispiel für die Beziehung zwischen kirchlichem Diesseits und Jenseits sei hier angeführt: „Wir sind doch der Tempel des *lebendigen Gottes*; denn Gott hat gesprochen: Ich will unter ihnen wohnen und mit ihnen gehen [...] und ihr sollt meine Söhne und Töchter sein"(2. Kor. 6, 16-17 [Hervorhebung M.T.]; vgl. auch: 1. Kor. 3, 16-17; 3. Moses 26, 11-12, Hesekiel 37, 27; 20, 41; Jesaja 43, 5-7; 2. Samuel 7, 14; Matth. 18, 20; Apostelgeschichte 7, 48-54). In diesem Sinne mag der historische Jesus, wenn es ihn

---

3   Ihre Hoffnung setzen viele Christen durchaus auch auf ein Heil im Diesseits, was im Kontext der Zivilisierung von Religiosität zusätzlich gefördert werden kann. Menetekel-Religiosität ist in den volkskirchlichen Verkündigungen zunehmend randständig geworden (Ebertz 1993). Bei einigen religiösen Sondergruppen (religious high-tension groups; Stark und Bainbridge 1987), die von außen oft als Sekten qualifiziert werden, besteht dagegen häufiger die Neigung, mit diffuser Furcht, Weltuntergangsszenarien oder persönlicher Beängstigung umzugehen. Das maximale Potential von circa 600 „Sekten" wird neuestens auf nur 1,2 Prozent der deutschen Bevölkerung geschätzt (Jach 1999). Das wäre dann circa eine Million Menschen. Ein großer Teil der neueren spirituellen Bewegung scheint zwar lose zumindest entfernt kirchenähnlich vernetzt, entzieht sich aber bislang einer streng kontrollierten Gemeinschaftlichkeit, wie sie vielen religiösen Sondergruppen eigen ist (Bloch 1998).

denn so gegeben hat, wie es aus Teilen der Bibel ableitbar ist, eine Kirche gegründet haben – selbst wenn daran heute die Mehrheit der Bibelforscher und 44 Prozent aller erwachsenen Deutschen nicht mehr glauben (Augstein 1999: 222).

Nun ist nicht jedermann heute imstande, gleich biblischen Gestalten fundamentale, mystisch religiöse Einsichten in unserem Diesseits zu realisieren. Dennoch gilt es immer wieder, die oft vorherrschende Perzeption von Kirche zu prüfen und den gemeinschaftsgetragenen Basischarakter dieser Institution hervorzuheben. Demgegenüber steht hier Kirche als bürokratische Organisation, als kollektiver Akteur im Spiel politischer Interdependenzen, als dogmatische Kontrollbehörde oder als Gegenstand elaborierter theologischer Reflexionen nicht im Zentrum der Darstellung. In der katholischen Kirche wird nach Greeley (1995) häufiger die Bedeutung einer allgemeinen Gemeinschaft und deren Tradition hervorgehoben. Die protestantischen Kirchen kennzeichnet stärker ein Gefüge von partikularen Gemeinden, und ihre Weltanschauungen tendieren nach Greeley häufiger zu sozialpessimistischen, persönlich akzentuierten Sichtweisen als die der Katholiken. Je mehr in einer Religion der Zusammenschluß von irdischem Leben mit Transzendenz bzw. auch die Verbindung von Geist und Natur (Gehlen 1986: 404) gelingt, desto mehr kann das Gefühl einer vitalen Kirche an Kraft gewinnen. Das äußere Symbol gibt Hilfe zur Kommunikation innerhalb der religiösen Gemeinschaft, ist ein persönliche Aufmerksamkeiten zusammenfassender Bezugspunkt, drückt kollektive Repräsentation aus, stimuliert die Imagination und fördert Anamnesis, wenn die innere persönliche Information nicht (mehr) ausreicht, religiöse Gewißheit empfinden zu lassen.

4. Sozialer Pessimismus: Anomia

Im Zuge einer weitreichenden gesellschaftlichen Transformation werden bisher gültige regulative Institutionen *(nomos)* relativiert oder entwertet. Dies betrifft gesellschaftlich als wertvoll anerkannte Ziele und anerkannt zulässige Wege zu ihrer Erreichung. Prominente historische Beispiele hierfür sind der Niedergang der römischen Republik zur Zeit von Cicero, die westeuropäische Reformation gegen Ende des Mittelalters, die französische Revolution, die Etablierung von staatssozialistischen Systemen nach der Oktoberrevolution und die darauf jüngst wieder eingeleiteten Ablösungen des real existierenden Sozialismus. Neben solch historisch prominenten Änderungen sozialer Tatbestände gab es aber noch eine Vielzahl weiterer Transformationsphasen, die weniger auffällig aus politischen und ökonomischen Krisen oder aus rationalen Erkenntnisfortschritten im Sinne der Aufklärung folgten. Primär gesellschaftsbezogen – weniger also in Bezug auf Individuen – wurde für eine weitreichende Schwächung tradierter sozialer Tatbestände der Begriff *„Anomie"* von Durkheim eingeführt. Relevante Bereiche der Gesellschaft entsprechen in der Anomie nicht mehr der als üblich angenommenen sittlich sozialen Ordnung. Gewohnte Ideale verlieren ihre regulative Kraft. Die *persönlichen* Gesellschaftsbilder aber und *persönlichen* Verhaltensdispositionen, welche einer solchen Schwächung oder grundlegenden Änderung sozialer Tatbestände korrespondieren, werden nachfolgend u.a. in Anschluß an Merton (1970) als *Anomia* (Gegenteil: Eunomia) bezeichnet. Mehrere subjektive Ausdrucksformen einer geschwächten Identifikation mit der Gesellschaft sind denkbar. So kann sich Verbitterung, Pessimismus, Rücksichtslosigkeit, gereizter Überdruß gegen die eigene Person, gegen die Mitmenschen, gegen bestimmte Organisationen oder gegen das menschliche Leben als solches richten (Durkheim 1997: 421; Yeats 1991).[4]

Neben einer durch die Unübersichtlichkeit komplexer Gegenwartsgesellschaft geförderten *Orientierungslosigkeit* (siehe auch Durkheim 1996) können zwei durch *Unzufriedenheit* mit sozialen Gegebenheiten stimulierte Prozesse in Verbindung mit Anomia gebracht werden. Zum einen ist hier eine als gravierend empfundene materielle Deprivation von ohnedies bereits weniger privilegierten Bevölkerungsteilen zu nennen, wenn diese von den Betroffenen nicht als sozial gerecht bzw. unvermeidlich akzeptiert wird. Zum anderen kann aber auch manchmal eine geringfügige Verschlechterung der sozialen Lage von ansonsten gut Situierten oder eine unbefriedigte Maßlosigkeit (Gier) zu einer „Krise im Glück" und Anomia führen. Die erste Form der Unzufriedenheit scheint eher zu der in den Medien kolportierten Mentalität von Ostdeutschen nach dem Zusammenbruch ihrer früheren staatlichen Sicherung zu passen – die zweite eher zu denjenigen Westdeutschen, welche sich in ihrem „hart verdienten Wohlstand" beeinträchtigt fühlen.

Wir untersuchen hier Pessimismus als gesellschaftsbezogene Zukunftsfurcht mit zwei Indikatoren aus dem ALLBUS, die sich auf unsere Mitmenschen und die Fortsetzung des menschlichen Lebens in der künftigen Generation beziehen:

---

4 Die Arbeiten von Durkheim und Merton führen in diesem Bereich zu weitreichenden Konzepten mit mehreren Dimensionen. Diese können durch Einsatz bislang vorliegender Erhebungsinstrumente nur begrenzt empirisch untersucht werden. Auf die Gefahr einer ausschließlichen Fokussierung auf persönlich oder psychisch erklärbare Unzulänglichkeiten sei mit Nachdruck hingewiesen: Persönliche Merkmale wie kriminelle Devianz oder Unersättlichkeit sind nicht (soziale) Anomie als solche und erschöpfen nicht das Spektrum ihrer äußeren Anzeichen. Prima facie unauffällig erscheint Anomia beispielsweise als Ritualismus, wenn etwa ein Kirchenmitglied nicht mehr an das Ziel der Gemeinschaft mit Gott oder ihre kirchlich vermittelte Erreichbarkeit glaubt, jedoch an den Riten der Kirche äußerlich folgsam teilnimmt, um den Schein, die Ruhe und vielleicht auch das säkulare Feld sozialer Kontakte zu wahren.

A) Egal, was manche Leute sagen: Die Situation der einfachen Leute wird nicht besser, sondern schlechter (WORSESIT).
B) So wie die Zukunft aussieht, kann man es kaum noch verantworten, Kinder auf die Welt zu bringen (NOCHILD).[5]

Diese mit den Indikatoren WORSESIT und NOCHILD erfaßten Befürchtungen beziehen sich nicht allein auf die befragten Personen selbst oder ihre unmittelbaren Lebensgemeinschaften. Im Sinne des hier zu untersuchenden „sozialen Klimas" ist eine Einbeziehung von Mitmenschen in die Zukunftseinschätzungen eigentlich sogar recht wünschenswert. Ein die Analyse leitendes Verständnis, das *nur* nach subjektiven Eigenbetroffenheiten fragen würde, schiene bereits selbst Anomia auszudrücken.

Abbildung 3: Anteile von Personen, die eine verschlechterte Lage für einfache Leute erwarten (WORSESIT) oder Kinder künftig für kaum verantwortbar halten und ungünstige Wirtschaftslageeinschätzung für die BRD

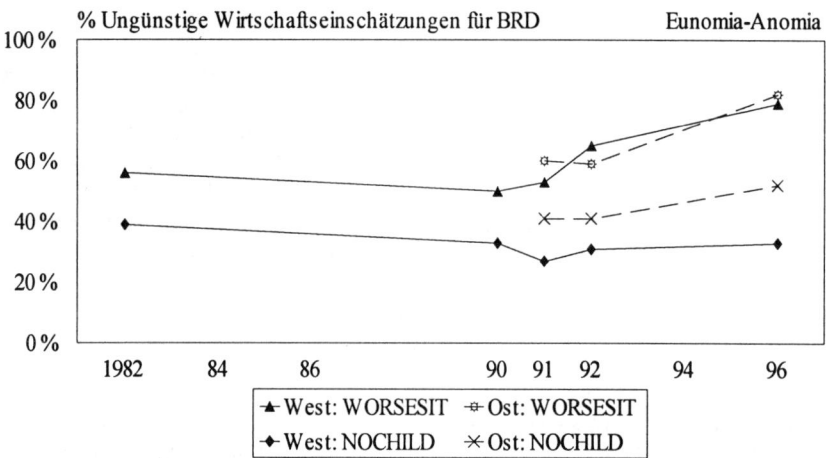

Deutsche Befragte in West- und Ostdeutschland (eigene Berechnungen nach ALLBUS 1982-1996)

Das Ausmaß der im Aggregat mit diesen ALLBUS-Items feststellbaren Zukunftsfurcht ist in beiden Teilen Deutschlands erheblich (Abbildung 3). Nach einer leichten Verringerung von Zukunftsfurcht zwischen 1982 bis 1990 im

---

5   Die Antwortvorgaben sind jeweils trichotom: (1) Bin derselben Meinung (2) Bin anderer Meinung (3) Weiß nicht. Die Analysen beschränken sich hier auf Befragte mit den Antworten (1) und (2). Ferner enthalten die ALLBUS-Surveys noch zwei weitere Items, die zur Bildung einer Anomia-Skala herangezogen werden können. Die beiden zusätzlichen Items beziehen sich auf Wahrnehmungen zwischenmenschlichen Desinteresses (vgl. Terwey 1997a sowie McCutcheon 1999). Wir wollen uns aber hier im Sinne der Themenstellung auf die zwei Indikatoren für Zukunftsfurcht beschränken.

Westen beobachten wir seit der deutschen Vereinigung in Deutschland insgesamt wieder zunehmende Pessimismen und zwar insbesondere bei WORSESIT (Westdeutschland: 1990: 50 Prozent, 1996: 79 Prozent). Beunruhigend wirkt, daß die Zustimmung zu NOCHILD in den neuen Bundesländern von 41 Prozent 1992 auf 52 Prozent 1996 gestiegen ist, wogegen die zeitgleiche Veränderung in den alten Bundesländern marginal blieb (31 Prozent vs. 33 Prozent). Eine Besonderheit ist ferner, daß dem Indikator NOCHILD in Ostdeutschland häufiger zugestimmt wird als im Westen. Der mit sehr hohen Erwartungen besetzte soziale Anschluß an das westliche „Wirtschaftswunder" bedeutet offenbar bislang noch viele enttäuschte Hoffnungen und persönliche Unsicherheiten.

5. Wirtschaftliche Unzufriedenheit und soziale Desintegration

Wirtschaftliche Engpässe werden heute in Europa nach Ansicht vieler Beobachter oft überbetont. Zur Analyse der subjektiven ökonomischen Einschätzungen ziehen wir zwei verschiedene Aspekte heran: die allgemeine und die persönliche Wirtschaftslage. Es ist hervorzuheben, daß die auf Deutschland allgemein bezogenen Einstufungen durchaus nicht immer der perzipierten Eigenlage entsprechen, weil diese beiden Beurteilungen sich auf oft recht unterschiedliche Tatbestände beziehen (vgl. auch Terwey 1990). Interessanterweise gibt es, wenn eine bundesweite Rezession auch nur vermutet wird, eine Vielzahl von generell wirtschaftspessimistischen Personen, die aber ihre *eigene* Wirtschaftslage gleichzeitig besser einstufen. In solchen Situationen wird gelegentlich von einer *Angstlücke* gesprochen. Vielleicht sollte man hier genauer von einer Art Wirtschaftsfurcht reden, um die Nähe des oben skizzierten psychologischen Angstbegriffs zu meiden, wir bleiben aber hier der Einfachheit halber bei dem bereits eingeführten Namen „Angstlücke".

Tatsächlich ergeben die Daten in Abbildung 4 eine beachtliche Variation in den aggregierten Daten zur Beurteilung der nationalen Ökonomie. Dennoch bleibt in den meisten Jahren eine Angstlücke bestehen. Die Ausnahme bildet die kurze Periode 1990-92, und die deutsche Wiedervereinigung fiel glücklicherweise in diese relativ günstige Phase. Die Entwicklung nach 1992 sollte aber nicht unnötig dramatisiert werden. So ergab sich bereits 1982 für den Westen eine vergleichbare Verbreitung des Pessimismus, die dann bis 1990 wieder deutlich zurückging, ohne daß aus heutiger Sicht größere Katastrophen eingebrochen wären.

Abbildung 4: Anteile ungünstiger Wirtschaftslagebeurteilungen für Deutschland allgemein und für die eigene Person und ungünstige Wirtschaftslageeinschätzung für die BRD

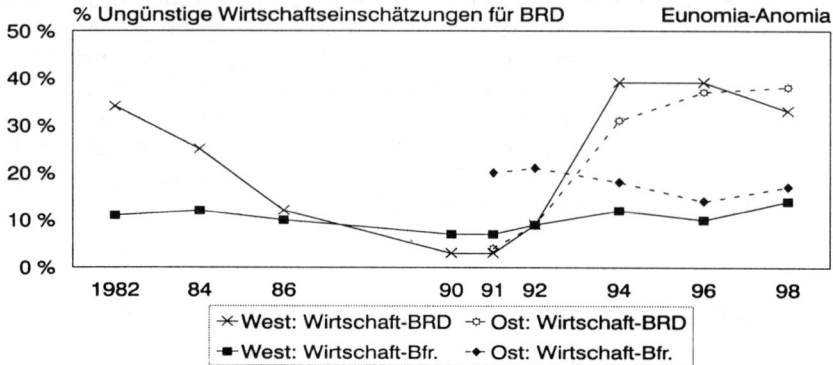

Deutsche Befragte in West- und Ostdeutschland (eigene Berechnungen nach ALLBUS 1982-1998)

Das Jahr 1982 brachte allerdings den Regierungswechsel von einer sozialliberalen zu einer christdemokratisch-liberalen Koalition, und ein Grund, der damals in der F.D.P. zur Bündniswende beigetragen hat, war Kenntnis über wirtschaftspolitische Befürchtungen in der Bevölkerung (vgl. Kühnel/Terwey 1990). Die nach 1992 wieder auftretende Angstlücke unterstreicht das in unserer Gesellschaft aktuell gegebene Potential der Beunruhigung. Sie verringerte sich aber kurz vor dem erneuten Regierungswechsel im Jahr 1998 wieder leicht. Ungünstige Auffassungen der *persönlichen* Situation sind gegenüber 1996 etwas häufiger geworden, verbleiben aber auf einem eigentlich bemerkenswert niedrigen Niveau. Andererseits ergibt sich 1998 zumindest im Westen eine leichte Entspannung hinsichtlich der *generellen* Lagebeurteilung (1996: 39 Prozent vs. 1998: 33 Prozent Pessimisten). In Ostdeutschland resultiert dagegen gemäß ALLBUS keine vergleichbare Verbesserung, doch hat zumindest nach 1996 kein nennenswerter Zuwachs diffuser Wirtschaftsfurcht mehr stattgefunden (1996: 37 Prozent, 1998: 38 Prozent).

6. Ein Vergleich von Erklärungsmöglichkeiten für individuelle Zukunftsfurcht

Die Trends genereller wirtschaftlicher Unzufriedenheit ähneln, im Aggregat betrachtet, entfernt den zuvor für die Anomia-Indikatoren gezeigten Verläufen. Insgesamt liegt es nach den bisherigen Ausführungen nahe, daß subjektive

Kirche und Zukunftsfurcht 153

materielle Unzufriedenheit und kirchliche Desintegration mit häufigerer Anomia einhergehen. Es fehlt uns aber noch ein direkter Nachweis oder eine Quantifizierung auf Individualdatenebene. Die Untersuchung wird daher fürs erste mit einfachen Varianzanalysen (MCA) fortgesetzt (siehe Tabelle 1 und 2).[6]

Eine Hypothese konfessioneller Imaginationsunterschiede (vgl. Greeley 1995) erfährt durch die MCA-Ergebnisse in Tabelle 1 und 2 kaum Unterstützung. Die Katholiken und in geringem Ausmaß auch Mitglieder der EKD tendieren gegenüber Konfessionslosen etwas seltener zur Erwartung einer Lageverschlechterung für einfache Leute (WORSESIT in Tabelle 1; eta für Konfession insgesamt .06). Etwas stärker ist der eta-Koeffizient bei der Empfehlung, sich künftig weiterer Kinder zu enthalten (NOCHILD in Tabelle 2; eta für Konfession insgesamt .15). Multivariat verschwinden aber diese religionswissenschaftlichen recht interessanten Differenzen zwischen den Konfessionsgruppen nahezu (beta=.03 und .02). Eine mögliche Interpretation dieser Befunde ist, daß die deutsche katholische Kirche im Westen infolge der steuerlichen und bürokratischen Absicherung ihr „wahres Erbe" verloren hat und deshalb im weltweiten Vergleich nicht mehr dem eigentlichen Konfessionstyp entspricht (siehe ansonsten Konfessionsdifferenzen in diversen anderen Ländern bei Greeley 1995).

Um einiges deutlicher fallen die nachfolgend in Tabelle 1 und 2 gezeigten Effekte für die *Kirchgangshäufigkeit* aus. Aktive rituelle Partizipation sollte in der Kirche als gemeinschaftlicher Institution auch bedeutsamer sein als formale Mitgliedschaft. Rituell Desintegrierte äußern sich vergleichsweise oft als um die Zukunft der Kinder besorgt (NOCHILD: eta=.20, beta=.13; WORSESIT: eta=.11, beta=.08). Die Effektstärke der Wahrnehmungen von *Wirtschaftslagen* übertrifft aber schließlich die der kirchlichen Partizipation. Bemerkenswert ist, daß bei einem statistischen Test beide ökonomischen Beurteilungen signifikant sind. Furcht resultiert hier sowohl aus einer persönlich anschaulichen Eigenbefindlichkeit als auch aus diffusen Pessimismen bezüglich des generellen wirtschaftspolitischen Klimas.

Relevante systematische Unterschiede über die Zeit ergeben sich auf Individualdatenebene in Gesamtdeutschland nur für WORSESIT (beta=.22, eta=.14). Die Zeiteffekte auf Befürchtungen bezüglich künftiger Kinder erweisen sich dagegen auch in der MCA nur als marginal. *Ost-West-Unterschiede* sind schließlich bei den WORSESIT-Perzeptionen entgegen des sonst weit verbreiteten Eindrucks von überdurchschnittlichem sozialen Pessimismus in den neuen Bundesländern nur moderat. Sie deuten sich sogar erst nach multivariater Kontrolle an. Dagegen ergibt die MCA bei NOCHILD bereits bivariat

---

6   Die eta-Koeffizienten in Tabelle 1 und 2 beschreiben jeweils bivariate Koeffizienten. Die beta-Koeffizienten in der MCA beziehen sich auf statistische Effekte unter der Bedingung multivariater Kontrolle. Dargestellt werden ferner jeweils die relativen Abweichungen der einzelnen kategorialen Gruppen vom Grand Mean, das hier dem prozentualen Gesamtanteil der Pessimisten in den Samples (1991, 1992, 1996) entspricht.

Tabelle 1: Beschreibung von Pessimisten, die künftig ein Lageverschlechterung für einfache Leute erwarten (WORSESIT): Multiple Klassifikationsanalyse (MCA; positives Vorzeichen entspricht einer Schätzung von höherer Anomia als Deviation vom Grand Mean; eigene, ungewichtete Berechnungen für deutsche Befragte im ALLBUS 1991-1996)

	bivariate Deviation	eta	multivariate Deviation	beta
Konfession				
Evangelisch (EKD)	-.01		.00	
Evangelische Freikirchen	-.10		-.06	
Römisch-Katholisch	-.02		-.01	
Andere christliche Kirche	.04		.06	
Andere nichtchristliche Gemeinschaft	.10		.01	
Konfessionslos	.03		.01	
		0.6		.03
Kirchgangshäufigkeit				
Mehrfach in der Woche	-.17		-.14	
Einmal in der Woche	-.08		-.05	
Ein- bis dreimal im Monat	-.04		-.03	
Mehrmals im Jahr	-.04		-.03	
Seltener	.00		.00	
Nie	.05		.04	
		.11		.08
Wirtschaftslage in Deutschland				
Sehr gut	-.16		-.08	
Gut	-.11		-.07	
Teils gut, teils schlecht	.03		.02	
Schlecht	.17		.09	
Sehr schlecht	.24		.11	
		.25		.13
Wirtschaftslage Befragte selbst				
Sehr gut	-.17		-.12	
Gut	-.07		-.06	
Teils gut, teils schlecht	.06		.05	
Schlecht	.12		.10	
Sehr schlecht	.18		.14	
		.19		.15
Erhebungsjahr				
1991	-.11		-.07	
1992	-.04		-.02	
1996	.13		.08	
		.22		.14
Befragungsgebiet				
Westdeutschland	.00		.02	
Ostdeutschland	-.01		-.03	
		.01		.06
Multiples R	.32			
Grand Mean	.73			

Tabelle 2: Beschreibung von Pessimisten, die es für kaum verantwortlich halten, noch Kinder auf die Welt zu bringen (NOCHILD): Multiple Klassifikationsanalyse (MCA; positives Vorzeichen entspricht einer Schätzung von höherer Anomia als Deviation vom Grand Mean; eigene, ungewichtete Berechnungen für deutsche Befragte im ALLBUS 1991-1996)

	Bivariate Deviation	eta	Multivariate Deviation	beta
Konfession				
Evangelisch (EKD)	-.03		.00	
Evangelische Freikirchen	.00		.05	
Römisch-Katholisch	-.08		.00	
Andere christliche Kirche	-.01		.07	
Andere nichtchristliche Gemeinschaft	04		.03	
Konfessionslos	.10		.00	
		.15		.02
Kirchgangshäufigkeit				
Mehrfach in der Woche	-.17		-.13	
Einmal in der Woche	-.16		-.11	
Ein- bis dreimal im Monat	-.13		-.09	
Mehrmals im Jahr	-.08		.-05	
Seltener	-.02		-.01	
Nie	.11		.07	
		.20		.13
Wirtschaftslage in Deutschland				
Sehr gut	-.12		-.10	
Gut	-.09		-.07	
Teils gut, teils schlecht	.02		.01	
Schlecht	.14		.12	
Sehr schlecht	.30		.23	
		.20		.16
Wirtschaftslage Befragte selbst				
Sehr gut	-.15		-.08	
Gut	-.09		-.06	
Teils gut, teils schlecht	.07		.04	
Schlecht	.16		.11	
Sehr schlecht	.33		.23	
		.22		.14
Erhebungsjahr				
1991	-.02		.00	
1992	-.02		.01	
1996	.04		-.01	
		.05		.02
Befragungsgebiet				
Westdeutschland	-.06		-.03	
Ostdeutschland	.10		.05	
		.15		.07
Multiples R	.32			
Grand Mean	.39			

einen Ost-West-Unterschied (16 Prozentpunkte; vgl. in Tabelle 2 unten die Deviationen von -.06 und .10), und die Ostdeutschen tendieren auch im multivariaten Modell immerhin noch mit acht Prozentpunkten häufiger zu dieser Form der existentiellen Zukunftsfurcht (-.03 vs. .05). Gegenüber der bivariaten Schätzung hat sich dieser Ost-West-Unterschied also immerhin halbiert. Es verbleibt zwar eine statistisch signifikante innerdeutsche Differenz, doch sind die durchschnittlichen Anomia-Unterschiede zwischen Personen, die mehrfach pro Woche die Kirche besuchen, und Personen ohne jeden Kirchgang größer als die zwischen Ost und West (bivariat: 22 Prozentpunkte bei WORSESIT und 28 Prozentpunkte bei NOCHILD). Nochmals um einiges weiter ist schließlich die Kluft zwischen den Gruppen mit extremen Einschätzungen von Wirtschaftslagen.

Für weitere Detailanalysen ist es empfehlenswert, beide Bereiche Deutschlands getrennt zu untersuchen. Mit separaten logistischen Regressionen ist genauer zu überprüfen, ob sich Ost und West in Hinblick auf einzelne Zusammenhänge unterscheiden. Wir erweitern ferner den Satz der bisher verwendeten Erklärungsfaktoren für Zukunftsfurcht um einige relevante Merkmale aus dem religiösen und politischen Bereich. Um insbesondere inhaltlich religiöse Glaubensvorstellungen untersuchen zu können, beschränken wir uns nachfolgend auf den ALLBUS 1991 mit seinem entsprechenden Schwerpunktthema. So überprüfen wir einen möglichen Einfluß von *Theismus* mit dem Item: „Es gibt einen Gott, der sich persönlich mit jedem Menschen befaßt". Dieses Bekenntnis zu einem persönlich aktiven Gott wird gelegentlich sogar als spezifisch christlich verstanden – und warum sollte solch ein Gott, auf den wir hoffen, in seiner Allmacht uns Grund zu säkularer Furcht geben? Dem Gottesglauben gegenüber steht auch im Christentum vielfach der *Glaube an den Teufel*. Letzterer wird als Förderer nicht nur jenseitiger, sondern auch diesseitiger Übel angesehen. Wird die Existenz eines Teufels als möglich eingeräumt, wäre es naheliegend, wenn Zukunftsfurcht mit der Unterstellung seines negativen Wirkens einhergeht. Schließlich werden in die Regressionsschätzungen aktuelles *persönliches Glücksgefühl, persönliches Vertrauen zu den Mitmenschen*, sowie eine von den Befragten selbst als links angegebene *politische Basisposition* aufgenommen. Politische links Eingestellte zeichnen sich oftmals auch durch Kirchendistanz sowie, zumindest außerhalb sozialistischer Gesellschaften, durch eine Neigung zu Sozialkritik aus (Terwey 1992, 1996a, 1997a). Mit der abschließend in die Regressionsschätzungen eingeführten *Ausbildung* haben wir einen Indikator für kognitive Kompetenz und Wissen im Sinne der Aufklärung. Ausbildung kann zur kritischen individuellen Prüfung von Traditionen und sozialen Verhältnissen befähigen.

Christen mögen es bedauern, doch das theistische Ideal eines Gottes, der sich persönlich mit jedem Menschen befaßt, trägt allenfalls bivariat zu einer Reduzierung von Zukunftsfurcht bei (vgl. Tabelle 3 und 4). Immerhin ist die Verringerung bei NOCHILD etwas stärker. Andererseits ist es vielleicht zu begrüßen, daß die Vorstellung von der Existenz eines Teufels nicht nennenswert mit zukunftsbezogener Anomia korrespondiert. Das negative Vorzeichen der bivariaten Korrelationen (Teufelsglaube geht tendenziell mit weniger sozialer Furcht einher) ist aber erwartungswidrig.

Tabelle 3: Beschreibung von Pessimisten, die künftig eine Lageverschlechterung für einfache Leute erwarten (WORSESIT): r-bivariat nach OLS-Schätzung; r-partial in multiplen logistischen Regressionen (Einschlußkriterium der Effekte alpha=.10; chi^2-Westdeutschland 136 (p=.0000), chi^2-Ostdeutschland 226 (p=.0000); eigene Berechnungen für deutsche Befragte im ALLBUS 1991)

	Westdeutschland		Ostdeutschland	
	r-bivariat	r-partial	r-bivariat	r-partial
Theismus: Gott persönlich mit jedem Menschen befaßt (5er Skala)	-.02	-	-.10	-
Teufelsglaube (5er Skala)	-.01	-	-.07	-
Kirchgangshäufigkeit (6er Skala)	-.07	-	-.18	-.10
Ungünstige Wirtschaftsbeurteilung für Deutschland (5er Skala)	.16	.05	.14	.08
Ungünstige Wirtschaftsbeurteilung für Befragte selbst (5er Skala)	.19	.11	.29	.23
Vertrauen in Mitmenschen (3er Skala)	-.15	-.09	-.16	-.11
Persönliches Glücksgefühl der Befragten (5er Skala)	-.10	-	-.15	-
Links im Links-Rechts-Schema (1 bis 3 auf einer 10er Skala)	.15	.13	.18	.14
Ausbildung (kontinuierliche Skala)	-.19	-.13	-.05	-

Tabelle 4: Beschreibung von Pessimisten, die es für kaum verantwortlich halten, noch Kinder auf die Welt zu bringen (NOCHILD): r-bivariat nach OLS-Schätzung; r-partial in multiplen logistischen Regressionen (Einschlußkriterium der Effekte alpha=.10; chi^2-Westdeutschland 127 (p=.0000), chi^2-Ostdeutschland 206 (p=.0000); eigene Berechnungen für deutsche Befragte im ALLBUS 1991)

	Westdeutschland		Ostdeutschland	
	r-bivariat	r-partial	r-bivariat	r-partial
Theismus: Gott persönlich mit jedem Menschen befaßt (5er Skala)	-.09	-	-.11	-
Teufelsglaube (5er Skala)	-.03	-	-.09	-
Kirchgangshäufigkeit (6er Skala)	-.15	-.10	-.18	-.13
Ungünstige Wirtschaftsbeurteilung für Deutschland (5er Skala)	.17	.07	.07	.07
Ungünstige Wirtschaftsbeurteilung für Befragte selbst (5er Skala)	.15	.05	.24	.15
Vertrauen in Mitmenschen (3er Skala)	-.20	-.12	-.12	-.12
Persönliches Glücksgefühl der Befragten (5er Skala)	-.13	-.05	-.08	-.08
Links im Links-Rechts-Schema (1 bis 3 auf einer 10er Skala)	.09	.03	.04	-
Ausbildung (kontinuierliche Skala)	-.17	-.10	-.17	-.11

Wir sehen darin die Andeutung eines insgesamt etwas geringeren säkularen Pessimismus unter traditionell christlich Gläubigen (vgl. auch das negative Vorzeichen bei Theismus). Für die Erwartung einer Lageverschlechterung (WORSESIT) hat die Kirchgangshäufigkeit zumindest in den neuen Bundesländern einen multivariaten Effekt. Engere Integration in eine selbst über lange Zeit gefährdete Vergemeinschaftung begünstigt hier positive subjektive Zukunftserwartungen. Eine besondere Bedeutung, welche kirchliche Integration im ökonomisch angespannten Gesellschaftsklima Ostdeutschlands hat, unterstreicht ferner die Ethnozentrismus-Analyse von McCutcheon (1999). Noch deutlicher wird ein Zusammenhang bei der Vermutung einer ernsten Gefährdung der künftigen Generation (NOCHILD). Dieser grundsätzliche Pessimismus reduziert sich aber auch im Westen unter den kirchlich Integrierten signifikant.

Neben den durchweg erklärungskräftigen *ökonomischen Unzufriedenheiten* kommt in allen vier Regressionen dem zwischenmenschlichen *Mißtrauen* hohe Bedeutung zu: Befragte, die zum Ausdruck bringen, daß man im Umgang mit anderen in der Regel äußerst vorsichtig sein muß, neigen hochsignifikant zu Zukunftsfurcht. Ferner besteht auch eine nicht ganz regelmäßige Beziehung zum persönlichen *Glücksgefühl*. Der Schluß, Anomia sei nur ein anderer Ausdruck von persönlichem Unglücklichsein, ist aber aufgrund unserer Ergebnisse nicht zu halten. Deutlicher ist der Befund, daß eine befürchtete Lageverschlechterung mit politisch *linker Ideologie* zusammenhängt. Die Pessimismen bezüglich künftiger Kinder (NOCHILD) lassen sich dagegen nur in geringem Ausmaß mit einer solchen Linksorientierung erklären. Einige Einstellungszusammenhänge unter extrem linken Personen werfen Fragen für die künftige Forschung auf, die aber aufgrund der geringen Fallzahlen nur schwierig zu untersuchen sein werden. Relativ gut einzuschätzen sind die wahrscheinlichen Ansprüche von extrem Linken, wenn es um Issues aus den Bereichen sozialökonomischer Leistungs- oder Kapitalumverteilung geht.

Aufklärung stellte in Aussicht, die Menschen durch *Bildung* in eine von diffusen Befürchtungen und Ängsten freiere Zukunft zu führen. Die generelle Zukunftsfurcht ist offenbar tatsächlich unter den besser Gebildeten seltener. Das kann heißen, daß sie im Sinne der Aufklärung infolge ihres besseren Zugangs zu positiven Weltsichten einer diffusen Furcht ferner stehen. Wenn Irrationalität, Vorurteile und Unwissen Anomia begünstigen, kann die Bildungsexpansion mutmaßlich zu einem Abbau der sozialen Spannungen beitragen. Ferner mag man folgern, daß Bildung einen hoffnungsfördernden Gruppenkontext eröffnet, die Möglichkeiten individueller Selbstverwirklichung verbessert und den Hang zu Defaitismus verringert. Daneben sind aber unter besser Gebildeten auch ein verstärktes Antwortverhalten im Sinne sozialer Wünschbarkeit und günstigere eigene Arbeitsmarktchancen zu vermuten (vgl. auch Terwey 1999). Für einen echten Bildungseffekt, der im Sinne humanistischer Ethik Eunomia fördert, spricht zumindest auf den ersten Blick seine Signifikanz in statistischen Modellen nach Kontrolle von wirtschaftlichen Unzufriedenheiten und zwischenmenschlichem Mißtrauen.

Ergänzende Diskussion

In generellen Angaben zur Zukunft artikulieren Personen <von lat. persona(e) – Maske(n) im Schauspiel> und Individuen <von lat. Individuus – unteilbares (Selbst)> Subjektivationen zu einem Bereich hoher Komplexität. Die leider von vielen Befragten antizipierten Verschlechterungen können sich nur auf *Möglichkeiten* beziehen: Das jeweils Befürchtete wird mit einiger Wahrscheinlichkeit eintreten, es muß aber nicht zwangsläufig so sein. Andererseits ist eine positive Beeinflussung der antizipierten Verläufe nur begrenzt in die alltäglich anerkannte Interventionssphäre von Individuen, Personen oder kleinen Gemeinschaften gestellt. Eine Religion mit einem von vernünftigen Heils- und Unheilserwartungen geprägten Kult mag dazu beitragen, Gründe der Furcht aufzuheben oder schwere Lasten gefaßter zu durchleben.

Auch die zusätzliche Untersuchung von Merkmalen, die bekanntermaßen mit sozialpolitischen Einstellungen zusammenhängen (linke politische Ideologie, Ausbildung, Alter, wirtschaftliche Unzufriedenheiten), konnte die Korrelation zwischen kirchlicher Partizipation und verringerter Zukunftsfurcht nicht aufheben. Von daher sind zumindest Spuren einer diesseitsbezogenen kirchlichen Hoffnung in Deutschland erkennbar – in Ostdeutschland fallen sie sogar noch etwas deutlicher aus. Nachdenklich stimmt andererseits der Befund, daß Zukunftsfurcht nur begrenzt mit anderen demographischen Prädiktoren und verschiedenen Einstellungsvariablen erklärt werden kann (vgl. auch einige Ergebnisse von Glatzer und Bös 1997). So haben wir hier u.a. keinen nennenswerten Zusammenhang mit Alter berichten können und müssen einräumen, daß eine diffuse Ausbreitung von Furcht über alle Altersgruppen hinweg stattgefunden hat. Durch die alltägliche Mitteilung von „bad news" in diversen Medien setzt sich in weiten Kreisen ein Überschuß von sozialem Pessimismus, Mißtrauen, Politikverdrossenheit und Zynismus fest (Kaase und Newton 1995), dessen Auswirkungen auf die persönlichen und gruppenspezifischen Weltbilder nicht unterschätzt werden sollten. Fast paradox kann es anmuten, daß die Diffusität von Zukunftsfurcht 1991 im Westen sogar noch etwas ausgeprägter war als in der sich stark transformierenden ostdeutschen Gesellschaft (vgl. die im Westen jeweils niedrigeren χ^2-Werte für die Gesamtmodelle in Tabelle 3 und 4).

Die gelegentlich aufgestellte Vermutung, daß nach dem Abbau der weltanschaulichen Zwänge unter dem DDR-Regime eine breit gestreute Rechristianisierung und Rückbindung in die Volkskirchen der Fall sein würde, hat sich kaum bestätigt. Eine vorwiegend moderat protestantische Kirchenkultur in der DDR reichte nicht aus, der nachdrücklichen Entchristianisierung mit umfassendem Erfolg Einhalt zu gebieten. Davon sind, es sei hinzugefügt, auch christliche Glaubensinhalte betroffen. So erklären sich 1999 nur 14

Prozent aller westdeutschen Erwachsenen als dezidierte Atheisten (im Unterschied zu Gläubigen und Agnostikern), während der Atheisten-Anteil im Osten mit 60 Prozent mehr als viermal höher liegt (Augstein 1999: 222; vgl. ferner Terwey 1992, 1998). Nach einer stark geschwächten oder gar nicht vollzogenen christlichen Sozialisation können zur Zeit die tradierten theistischen Mythen und Symbole nicht mehr von größeren Bevölkerungskreisen in schöpferischer gemeinschaftlicher Erregung (*effervescence*) wieder erschlossen werden. Die institutionellen Quellen für Christlichkeit als ein Supplement des menschlichen „Mängelwesen[s]" (Gehlen 1986) sind bis auf weiteres schwer zugänglich. Es verblieb prima facie im entchristianisierten Osten gegenüber dem säkularisierten Westen eine viel stärkere Konzentration auf nur wenige der traditionellen Religiosität entfremdete Weltanschauungstypen (Terwey 1996). Andererseits fallen einige Unterschiede in der Paragläubigkeit („Aberglauben") gar nicht so groß aus. So negierten zwar 42 Prozent aller Westdeutschen *durchweg* die Faktizität von vier ihnen genannten Phänomenen (Glücksbringer, Wahrsager, Wunderheiler, Astrologie (Berechnungen nach ALLBUS 1991)), im Osten waren es mit 45 Prozent aber kaum mehr (vgl. Terwey 1995). Diese Ost-West-Differenz in der Verbreitung von Paraglauben ist relativ gering (vgl. ergänzend die Untersuchung von Einzelindikatoren in Terwey 1992).

Absolute materielle Not beschränkt sich in Deutschland auf kleinere Bevölkerungskreise (Habich/Krause 1997). Viele von den Betroffenen (z.B. verarmte Alte) sind bislang in ihrer Armut sogar vergleichsweise still geblieben. Andererseits, *relative* materielle Deprivation, empfunden im Vergleich zu Konsumstärkeren, Sorge um das bisher einigermaßen sichernde soziale Netz und andere diffuse Nöte beeinflussen die oft furchtsame Auseinandersetzung mit dem, was um uns und durch uns wird. Diesbezügliche Probleme sind in sich ökonomisch und weltanschaulich transformierenden Gesellschaften nicht ungewöhnlich. Selbst in den USA, die sich durch einen jüngst verstärkten ökonomischen Konjunkturaufschwung und eine fast rätselhaft vitale Zivilreligiosität auszeichnen, finden wir hinsichtlich Zukunftsfurcht in den neunziger Jahren ähnliche Verhältnisse wie in Deutschland. Die Indikatoren WORSESIT und NOCHILD sind mit recht gut vergleichbaren Formulierungen im GSS-Programm (General Social Survey 1972-96) erhoben worden. Schauen wir auf die neuesten vorhandenen Daten aus dem Jahr 1994: 69 Prozent der dort Befragten erwarteten eine Lageverschlechterung für die einfachen Leute (average man) und 45 Prozent hielten es kaum für fair, künftig noch Kinder in die Welt zu setzen. Beide Zahlen liegen signifikant über den meisten früheren Erhebungen in den USA. Die Gründe der Amerikaner für diese Stimmungslage mögen teilweise von denen der Deutschen verschieden sein, doch ist es wichtig festzustellen, daß das wiedervereinigte Deutschland hinsichtlich der Artikulation von sozialen Befürchtungen durchaus nicht einzig dasteht.

Kirche und Zukunftsfurcht

Die freie bürgerliche Gesellschaft kann bis auf weiteres keine egalitäre Idealgesellschaft sein, und ein etwas ambivalenter Reiz ihrer sozialen Wirklichkeit liegt gerade in der Differenz zwischen mehr oder weniger gut gestellten Personen. Unverzichtbar scheint daher der förderliche Einfluß einer meritokratischen Gesellschaftsorganisation, obschon Meritokratie als „Herrschaft der Verdienstvollen" in mancher Hinsicht selbst eine nur unvollständig zu realisierende Leitvorstellung bleiben muß.[7] Mutatis mutandis gelten die Überlegungen zur ökonomischen Meritokratie ebenfalls in kirchlichen Kontexten, so weit diese nicht zu einer egalitären Gemeinschaft im Diesseits werden können. Auch eine zivilisierte Religion, in der sich jedermann, etwa eingedenk einer transtemporalen Superstruktur von Schuld und Sühne, in gleicher Weise Erlösung ohne große Anstrengung versprechen kann, dürfte letztendlich durch wenig gottesfürchtige Unbekümmertheit oder pharisäerhafte Scheinheiligkeit gefährdet sein. Es fehlte der Anreiz, das Irdische dem Himmlischen durch *gratia et opera* anzunähern oder, gemäß protestantischer Ethik (Weber 1993), bereits im Diesseits eine individuell heilvolle Destination – auch außerhalb des Ökonomischen – zu erschließen.

Wirtschaftlich bedingte Transformationsschwierigkeiten sind durchaus nicht neu – sie haben sich auch schon vor gut 100 Jahren abgezeichnet. Die Gefährdungen sozialer Solidarität und die Bedrohung durch destruktive Reaktionen scheinen fast stets den jeweiligen Zeitgenossen besonders bedenklich zu sein. So schrieb bereits Durkheim auf dem Hintergrund der seinerzeit festzustellenden ökonomischen Globalisierung:

„In der Tat hat die Religion den größten Teil ihres Machtbereichs eingebüßt. Die Regierung ist von einer Regelinstanz des wirtschaftlichen Lebens zu dessen Instrument und Diener geworden. [...] So ist es aber dazu gekommen, daß jede Autorität entfiel, die die neuen Begierden hätte im Zaum halten können. Diese wurden durch Vergötzung des Wohlstands sozusagen sanktioniert und über jedes Menschengesetz gestellt. Es ist die reine Gotteslästerung, sie auch nur antasten zu wollen" (Durkheim 1997: 291 f.).

Rückblickend können wir hinzufügen, daß Durkheim hinsichtlich der Zukunft des Christentums stellenweise wohl ein wenig zu pessimistisch gewesen ist. Eine bemerkenswerte Ergänzung unserer Ergebnisse für Ostdeutschland ist in diesem Kontext der Befund von Teckenberg (1996), demzufolge Kirchgang einen signifikanten Zusammenhang mit generellem Lebensoptimismus und mit reduzierter Furcht vor Arbeitslosigkeit hat (Analysen für Ungarn, Polen, Tschechei, Slowakei). Die „Wende" hat die ehemals soziali-

---

7 Klammern wir das Phänomen der Politikverdrossenheit (Terwey 1996, 1997a) in unserer meritokratischen Republik hier einmal aus. Zumindest in Westdeutschland wird die auf ökonomische Unterschiede bezogene meritokratische Weltanschauung von weiten Kreisen der Deutschen geteilt. Der Auffassung „Die Rangunterschiede zwischen Menschen sind akzeptabel, weil sie im wesentlichen ausdrücken, was man aus den Chancen, die man hatte, gemacht hat" stimmten nach ALLBUS 1998 49 Prozent zu (Ostdeutschland: 26 Prozent). Noch häufiger ist die Ansicht, daß nur durch hinlängliche Unterschiede in Einkommen und Ansehen genügend Leistungsmotivation angereizt wird (West: 59 Prozent, Ost: 40 Prozent).

stischen Gesellschaften von dem Befangensein im „ehernen Gehäuse" einer „*einheitlich* den Arbeitern übergeordneten Bureaukratie" (Weber 1984: 356 f.) fürs erste entfernt – Teile der Kirchen haben dabei vermutlich nicht nur in den Massenmedien eine meinungsbildende Rolle gespielt. Es verblieb immerhin in Ostdeutschland, wie die zwischenzeitliche Entwicklung zeigt, bei einer rituell integrierten Minderheit eine bislang stabile Reserve der sozialen Zuversicht.

Mit einem schnellen gänzlichen Verschwinden der Kirchen aus dem menschlichen Leben in einer demokratischen Gesellschaft ist schließlich nicht zu rechnen, auch wenn manche Theologen durch alternative spirituelle Bewegungen, technische Leistungen und religioiden Transhumanismus (Terwey 1998) weiter verunsichert werden dürften. In begrenzter Hinsicht haben die ostdeutschen Kirchen sogar einen vergleichsweise großen Grundrückhalt unter den Konfessionslosen. So neigt nur jeweils eine Minderheit zur Aussage „Von mir aus bräuchte es die Kirchen nicht mehr geben"(Osten: 39 Prozent; Westen: 22 Prozent; DS – Das Sonntagsblatt 1997: 89; vgl. demgegenüber die Anteile der volkskirchlich Desintegrierten von 63 Prozent und 19 Prozent). Der Wunsch ist verständlich, daß die Kirchen auch dazu beitragen mögen, weitere Brücken zwischen beiden Bereichen Deutschlands zu schlagen. Es ist aber auch zu würdigen, daß in dieser Hinsicht auch seitens der Kirchenorganisationen bereits vielseitige Aktivitäten entfaltet wurden und werden, die zur Zeit von den meisten säkularen Organisationen in vergleichbarer Weise nur schwer übernommen werden könnten. Eine große religiöse Stimulation von Gemeinschaft oder gar ein offenbares Wunder war selbst nach der außergewöhnlich zivilisiert verlaufenen Transformation in Ostdeutschland kaum zu erwarten.

Literatur

Augstein, Rudolf, 1999: Ein Mensch namens Jesus, in: Der Spiegel 21, 16-31.
Birkelbach, Klaus, 1999: Die Entscheidung zum Kirchenaustritt zwischen Kirchenbindung und Kirchensteuer, in: Zeitschrift für Soziologie 28, 36-153.
Bloch, Jon P., 1998: Individualism and Community in Alternative Spiritual 'Magic', in: Journal for the Scientific Study of Religion 37, 286-302.
Cicero, Marcus Tullius, 1995: De natura deorum. Über das Wesen der Götter. Stuttgart.
Clausen, Lars, 1969: Behauptung der Magie, in: Matthes, Joachim, (Hg.): Religion, Kultur und sozialer Wandel. Internationales Jahrbuch für Religionssoziologie. Bd. 5. Köln/Opladen, 141-155.
Diemer, Alwin, 1962: Grundriß der Philosophie. Bd. I. Meisenheim am Glan.
DS – Das Sonntagsblatt, 1997: Was glauben die Deutschen? Hamburg.
Durkheim, Emile, 1994 (1912): Die elementaren Formen des religiösen Lebens. Frankfurt/Main.

Durkheim, Emile, 1995 (1895): Die Regeln der soziologischen Methode. Frankfurt/Main.
Durkheim, Emile, 1995a (1902/03): Erziehung, Moral und Gesellschaft. Frankfurt/Main.
Durkheim, Emile, 1996 (1893): Über soziale Arbeitsteilung. Studie über die Organisation höherer Gesellschaften. Frankfurt/Main.
Durkheim, Emile, 1997 (1897): Der Selbstmord. Frankfurt/Main.
Ebertz, Michael N., 1993: Die Zivilisierung Gottes und die Deinstitutionalisierung der 'Gnadenanstalt'. Befunde einer Analyse von eschatologischen Predigten, in: Bergmann, Jörg/Hahn, Alois/Luckmann, Thomas, (Hg.): Religion und Kultur. Sonderheft 33 der Kölner Zeitschrift für Soziologie und Sozialpsychologie. Opladen, 92-125.
Gehlen, Arnold, 1986 (1940): Der Mensch: Seine Natur und seine Stellung in der Welt. Wiesbaden.
Glatzer, Wolfgang/Bös, Matthias, 1997: Anomietendenzen im Transformationsprozeß – Analysen mit den Wohlfahrtssurveys, in: Heitmeyer, Wilhelm, (Hg.): Was treibt die Gesellschaft auseinander? Bundesrepublik Deutschland: Auf dem Weg von der Konsensus- zur Konfliktgesellschaft. Bd. I. Frankfurt/Main, 557-585.
Greeley, Andrew M., 1995: Religion as Poetry: An Empirical Model. New Brunswick, NJ.
Habich, Roland/Krause, Peter, 1997: Armut, in: Statistisches Bundesamt, (Hg.): Datenreport 1997. Zahlen und Fakten über die Bundesrepublik Deutschland. Bonn, 515-525.
Jach, Michael, 1999: Glaubenspolizei schon am Werk?, in: Focus 22, 86-87.
Kaase, Max/Newton, Kenneth, 1995: Beliefs in Government. Bd. 5. Oxford/New York.
Kühnel, Steffen M./Terwey, Michael, 1990: Einflüsse sozialer Konfliktlinien auf das Wahlverhalten im gegenwärtigen Vierparteiensystem der Bundesrepublik, in: Müller, Walter et al., (Hg.): Blickpunkt Gesellschaft. Einstellungen und Verhalten der Bundesbürger. Opladen, 63-94.
Lübbe, Hermann, 1986: Religion nach der Aufklärung. Graz.
Luckmann, Thomas, 1996 (1991): Die unsichtbare Religion. Frankfurt/Main.
Luhmann, Niklas, 1999, in: Beyer, Rolf: Religion: Das Geheimnis des Göttlichen. SWR2, 05.06.1999.
Marx, Karl, 1968 (1835): Betrachtungen eines Jünglings bei der Wahl eines Berufes, in: Marx, Karl – Engels, Friedrich – Werke, Ergänzungsband I. Berlin, 591-594.
Maser, Peter, 1995: Christen wollen endlich Klarheit, in: Focus 15, 122-124.
Martin, David, 1978: The Religious Condition of Europe, in: Giner, Salvador/Scotford Archer, Margaret, (Hg.): Contemporary Europe. Social Structures and Cultural Patterns. London/Henley/Boston, 228-287.
Merton, Robert K., 1970: Anomie, Anomia und soziale Interaktion – Beziehungen zu abweichendem Verhalten, in: Fischer, Arthur, (Hg.): Die Entfremdung des Menschen in einer heilen Gesellschaft. München, 156-161.
Pollack, Detlef, 1994: Kirche in der Organisationsgesellschaft. Zum Wandel der gesellschaftlichen Lage der evangelischen Kirche in der DDR. Stuttgart.
Sommerville, C. John, 1998: Secular Society/Religious Population, in: Journal for the Scientific Study of Religion 37, 249-253.
Stark, Rodney/Bainbridge, William Sims, 1987: A Theory of Religion. New York.
Statistisches Bundesamt, (Hg.) 1992: Datenreport 1992. Zahlen und Fakten über die Bundesrepublik Deutschland. Bonn.

Statistisches Bundesamt, (Hg.) 1997: Datenreport 1997. Zahlen und Fakten über die Bundesrepublik Deutschland. Bonn.

Teckenberg, Wolfgang, 1996: Die Transformation Mittel-Osteuropas. Zwischen sozialistischer Nivellierung und marktwirtschaftlicher Klassenstrukturierung, in: Sahner, Heinz/Schwendtner, Stefan, (Hg.): 27. Kongreß der Deutschen Gesellschaft für Soziologie. Gesellschaften im Umbruch: Sektionen und Arbeitsgruppen. Opladen, 533-544.

Terwey, Michael, 1990: Zur Wahrnehmung von wirtschaftlichen Lagen in der Bundesrepublik, in: Müller, Walter et al., (Hg.): Blickpunkt Gesellschaft. Einstellungen und Verhalten der Bundesbürger. Opladen, 144-171.

Terwey, Michael, 1992: Zur aktuellen Situation von Glauben und Kirche im vereinigten Deutschland: Eine Analyse der Basisumfrage 1991, in: ZA-Information 30, 59-79.

Terwey, Michael, 1994: Stadt, „Socialismus" und Entzauberung. Lebensauffassungen und Mythen in einer pluralistischen Gesellschaft, in: Dangschat, Jens S./Blasius, Jörg, (Hg.): Lebensstile in den Städten. Opladen, 104-121.

Terwey, Michael, 1995: Para-Gläubigkeit, in: Eberlein, Gerald L., (Hg.): Kleines Lexikon der Parawissenschaften. München, 112-117.

Terwey, Michael, 1996: Religiöse Weltauffassungen, materielle Zufriedenheit und Lernziel „Gehorsam", in: ZA-Information 38, 94-117.

Terwey, Michael, 1996a: Demokratiezufriedenheit und Vertrauen: Politische Unterstützung in Westeuropa und im vereinten Deutschland, in: ZA-Information 39, 94-129.

Terwey, Michael, 1997: Weltanschauungen junger Menschen in Ost und West, in: Brislinger, Evelyn/Hausstein, Brigitte/Riedel, Eberhard, (Hg.): Jugend im Osten. Berlin, 159-194.

Terwey, Michael, 1997a: Soziales Desinteresse von Politikern und Mitmenschen: Schwächen im Gemeinsinn Anderer?, in: ZA-Information 41, 120-144.

Terwey, Michael, 1998: Glaube an ein Leben nach dem Tod, in: Pollack, Detlef/ Borowik, Irena/Jagodzinski, Wolfgang, (Hg.): Religiöser Wandel in den Ländern Ost- und Mitteleuropas. Würzburg, 179-203.

Terwey, Michael, 1999: Ethnozentrismus in Deutschland: Seine weltanschaulichen Konnotationen im sozialen Kontext, in: Schmidt, Peter/Wasmer, Martina, (Hg.): Blickpunkt Gesellschaft 5. Einstellungen und Verhalten der Bundesbürger. Opladen (im Erscheinen).

Warner, R. Stephen, 1993: Work in Progress Toward a New Paradigm for the Sociological Study of Religion in the United States, in: American Journal of Sociology 98, 1044-93.

Weber, Max, 1984: Zur Politik im Weltkrieg. Schriften und Reden 1914-1918, in: Max Weber Gesamtausgabe, Abteilung I, Band 15. Tübingen.

Weber, Max, 1993 (1904/05): Die protestantische Ethik und der „Geist" des Kapitalismus. Bodenheim.

Yeats, William Butler, 1991: Autobiographie. Frankfurt/Main.

Jörg Jacobs

Die konfessionell-religiöse Spannungslinie am Beispiel der Bundestagswahlen 1994 und 1998

1. Einleitung

In einer Zeit, in der die Selbstverwirklichung idealisiert und die Individualisierung zur ersten Direktive erklärt wird, muten Wahlentscheidungen, die aufgrund von langfristigen Gruppenbindungen getroffen werden, anachronistisch an. Dennoch gibt es in der Bundesrepublik zwei sozialstrukturell bestimmbare Gruppen der Bevölkerung, die sich diesem Trend der Individualisierung entziehen. Hartnäckig beharrt eine starke Mehrheit der Arbeiter darauf, die SPD zu wählen, und ebenso beharrlich stimmt eine Mehrheit der katholischen Wähler für die CDU/CSU. Ausgelöst durch den ökonomischen Wandel in der Industriegesellschaft, rechnen sich immer weniger Beschäftigte der Berufsgruppe der Arbeiter zu und immer mehr bezeichnen sich als Angestellte. Damit geht vielfach eine Abkehr von den Gewerkschaften sowie eine Trennung von den Traditionen und Milieus der Arbeiterklasse einher, die sich auch in einer Ablösung von der SPD als der alleinigen politischen Vertretung äußert. Die CDU/CSU hat ebenfalls einen Rückgang ihres Potentials an Stammwählern zu beklagen. Unter den kirchlich gebundenen Wählern werden insbesondere die Bindungen der Katholiken an ihre Religionsgemeinschaft schwächer, und der Anteil derjenigen, die keiner Kirche angehören, nimmt in Westdeutschland seit Jahren beständig zu. Es scheint, als hätten viele Katholiken und Protestanten in Westdeutschland nur aus Bequemlichkeit den Austritt aus den Amtskirchen noch nicht vollzogen. Hinzu kommt, daß auch die traditionellen Milieus der Arbeiter und Katholiken den *cross pressures* der modernen, mobilen, informierten Gesellschaft ausgesetzt sind, wodurch die Neigung, unabhängig von der aktuellen Lage eine politische Partei dauerhaft zu unterstützen, stark abgeschwächt wird.

In Ostdeutschland veränderten sich die gesellschaftlichen Verhältnisse nicht nur durch einen ökonomischen und sozialen Wandel, sondern vor allem durch den Systemwechsel radikal. Nachdem die zentrale Frage der generellen politischen Spielregeln des vereinigten Deutschlands geklärt ist, steht in den Neuen Bundesländern die gesellschaftliche Relevanz der konfessionell-religiösen Spannungslinie erneut auf dem Prüfstand. Zwar organisierten sich in der DDR unter dem Dach der Kirchen viele Initiativen, die gesellschaftliche Veränderungen der DDR forderten, insgesamt ist die Gesellschaft Ostdeutschlands heute aber weitgehend säkularisiert. Durch den hohen Anteil an Konfessionslosen in Ostdeutschland und aufgrund der Entwicklung in Westdeutschland läßt sich sagen, ist Deutschland norddeutscher – und atheistischer – geworden. Welche politische Relevanz besitzt die konfessionell-religiöse Spannungslinie noch in Deutschland? Ein Ausdruck der politischen Relevanz ist ihr bestimmender Einfluß auf das Wahlverhalten bei den letzten Bundestagswahlen. Nach einer kurzen Beschreibung der historischen Tradition der konfessionell-religiösen Spannungslinie (Kap. 2), einer Darstellung bisheriger Ergebnisse der Wahlforschung (Kap. 3) und der Datenbasis (Kap. 4), wird der Frage nachgegangen, ob sich Katholiken und Protestanten auch in den 1990ern noch hinsichtlich ihrer Parteineigung unterscheiden (Kap. 5), ob sich die Parteineigung westdeutscher Kirchenmitglieder zugunsten der CDU/CSU auch auf Ostdeutschland übertragen läßt und ob sich Unterschiede zu Nichtchristen finden lassen (Kap. 6 und 7). Schließlich wird untersucht, ob sich die konfessionell-religiöse Spannungslinie nur in der Parteineigung oder auch in den politischen Wertorientierungen der Bevölkerung Ost- und Westdeutschlands zeigt (Kap. 8).

2. Strukturelle Aspekte der konfessionell-religiösen Spannungslinie

Die Ursache für die konfessionell-religiöse Spannungslinie wird nicht nur in der unterschiedlichen Theologie (Schmidtchen 1973) der evangelischen und katholischen Kirche, sondern vor allem in der historischen Entwicklung gesehen. Der Konflikt zwischen Protestanten und Katholiken geht zurück bis ins 16. Jahrhundert, als die beiden Konfessionen mit dem Augsburger Religionsfrieden von 1555 einen ersten modus vivendi suchten (Mielke 1991: 140f.). Letztlich bedurfte es aber der Erschöpfung am Ende eines 30jährigen Krieges, um das Nebeneinander der beiden Kirchen zu gewährleisten. Durch die Gründung des Deutschen Reiches 1870 gerieten die Katholiken in eine Minderheitsposition und fanden über den Kulturkampf mit dem preußischen Staat zu einem politischen Selbstbewußtsein (Dalton/Bürklin 1995: 90). Dieses Selbstbewußtsein fand in der Partei des Zentrums seinen Ausdruck; die Partei vertrat explizit die Interessen der Katholiken und wurde fast ausschließlich von Katholiken gewählt. Dem politischen Protestantismus ist es dagegen aufgrund seiner Staatsnähe nie gelungen, sich in *einer* Partei zu organisieren. Erst mit der Machtübernahme durch die Nationalsozialisten verschwand auch das Zentrum von der politischen Bühne (Mielke 1991:

141ff.), und nach dem zweiten Weltkrieg verschob sich durch die Teilung Deutschlands das Verhältnis der beiden Konfessionen zueinander. In der Bundesrepublik befanden sich die Katholiken nicht mehr in einer Minderheitsposition, die beiden Konfessionen standen sich in etwa gleich großer Stärke gegenüber. Weiterhin ging das Zentrum in der CDU/CSU auf, die sich als explizit überkonfessionelle und christliche Partei etablieren konnte. Obwohl sich dadurch die Grundlage für den „Kampf der Konfessionen" veränderte, blieb die konfessionelle Zugehörigkeit ein Bestimmungsfaktor für das Wahlverhalten, und bis in die achtziger Jahre hinein wurden der CDU/CSU eher katholische Stammwähler zugeschrieben. Erst mit den Arbeiten von Pappi (1985) änderte sich diese Ansicht, obwohl auch heute den Protestanten nur zögerlich eine Präferenz für die CDU/CSU zugebilligt wird. Jung und Roth sprechen zum Beispiel in ihrer Analyse der Bundestagswahl 1998 davon, daß die CDU/CSU unter den Katholiken besonders gut abgeschnitten habe, wenn diese „über die bloße Konfessionsangehörigkeit hinaus auch noch eine starke Bindung an die Kirche haben" (1998: 17), Protestanten mit einer starken Kirchenbindung finden keine Erwähnung.

In der DDR gerieten beide Kirchen von Anfang an unter staatlichen Druck. Aus ideologischen Gründen wurde der gesellschaftliche Einfluß der Kirchen von der SED aktiv zurückgedrängt und mit der Einführung von alternativen Initialisierungsriten (Jugendweihe) wurde die Säkularisierung forciert (Pollack 1996: 595f.; 1994: 425). Im ehemaligen Preußen waren die Katholiken traditionell eine religiöse Minderheit, was sich auch mit der Gründung der DDR nicht änderte. Im Gegensatz zum Kaiserreich wurden jetzt aber auch die Protestanten in eine Opposition zum Staat gedrängt und gerieten im Laufe der Zeit in eine Minderheitsposition gegenüber den Konfessionslosen. Als die DDR zusammenbrach, gehörten 70 Prozent der Bevölkerung keiner christlichen Konfession an, was eine Verzehnfachung des Anteils der Konfessionslosen an der Bevölkerung seit 1950 bedeutete. Wie Pollack zeigt, äußert sich diese Entkirchlichung nicht nur im formalen Bekenntnis zu einer Konfession, sondern auch in einer deutlich geringeren religiös-kirchlichen Praxis im Vergleich zu Westdeutschland (Pollack 1996: 592f.). Aufgrund der gesellschaftlichen Ausgrenzung der Kirchen in der DDR scheint es daher nicht zufällig, daß sich die Opposition zum SED-Regime vielfach unter dem Dach der Kirchen organisierte und letztlich der Zusammenbruch der DDR auch von diesen Gruppen ausgegangen ist.

Eine Analyse über den Zusammenhang zwischen der konfessionell-religiösen Spannungslinie und dem Wahlverhalten nach der Vereinigung Deutschlands kommt nicht umhin, der unterschiedlichen Entwicklung der Kirchen in West- und Ostdeutschland nach dem zweiten Weltkrieg und den sich daraus ergebenden strukturellen Unterschieden Rechnung zu tragen. Alleine die unterschiedliche Stärke der Amtskirchen in den beiden Landesteilen läßt eine regionale Differenzierung der empirischen Analysen angezeigt erscheinen. Während sich in den alten Bundesländern immer noch über 80 Prozent der Bevölkerung einer der beiden großen Konfessionen zurechnen, sind es in den neuen Bundesländern weniger als 30 Prozent (Pollack 1996: 586). Dabei muß es Diskussionen an anderer Stelle überlassen bleiben, ob die Säkularisierung in Westdeutschland genauso weit vorangeschritten ist wie in Ostdeutschland und lediglich eine Fassade der kirchlichen Tradition aufrechterhalten wird oder ob das Bedürfnis nach Religiosität in Deutschland heute eine Heimat außerhalb der Institution Kirche findet und damit privatisiert und individualisiert wird (vgl. zu diesen Aspekten Pollack 1996: 587ff.; Jagodzinski/Greeley 1997). Es wird aber zu zeigen sein, daß sich der Gegensatz zwischen Katholiken und Protestanten hinsichtlich ihrer Parteineigung weitgehend auflöst, wenn die konfessionell-religiöse Spannungslinie um den Aspekt der Kirchlichkeit erweitert wird.

3. Die konfessionell-religiöse Spannungslinie in der Wahlforschung

„Lieber christlich demokratisch als gottlos marxistisch." Diese Aussage auf einem CDU-Wahlplakat für die Bundestagswahl 1998 kann als die im Wahlkampf umgesetzte Erfahrung mit dem Wahlverhalten konfessionell gebundener Bundesbürger verstanden werden, das sich auch in den empirischen Befunden der Wahlforschung immer wieder zeigt. Als eine gesicherte Erkenntnis der Wahlforschung gilt, daß seit der Gründung der Bundesrepublik 1949 immer eine starke Mehrheit der katholischen Wähler für die CDU/CSU votiert hat und die Präferenzen der evangelischen Wähler dagegen nicht so eindeutig zu ermitteln waren, jedoch mehrheitlich eher bei der SPD lagen (vgl. Schmitt 1985: 101f.; Wolf 1996: 714). Sowohl die Analysen von Wolf (1996) über die wahlentscheidende Bedeutung der konfessionell-religiösen Spannungslinie zu Beginn der neunziger Jahre als auch die Analysen von Mielke (1991) zum Einfluß von des Kirchturms langem Schatten bei der Bundestagswahl 1987 und die Untersuchungen von Schmitt (1985) und Pappi (1985) zum Einfluß der Konfession auf das Wahlverhalten bestätigen die Aussage, die Pappi 1979 aus Anlaß der Bundestagswahl 1976 getroffen hatte: „Wenn sich der Faktor Religion bei einer Bundestagswahl wieder als wichtig herausgestellt hat, tröstet sich mancher damit, daß dies demnächst ja anders werden müsse. Nur anders wird es nun schon seit dreißig Jahren nicht" (1979: 472). Inzwischen sind fünfzig Jahre seit der Gründung der Bundesrepublik vergangen und die Zugehörigkeit zu einer Religionsgemeinschaft bestimmt immer noch über das Wahlverhalten mit. Emmert, Roth und Jung kommen bei ihrer jüngst vorgelegten Arbeit zum Wahlverhalten sozia-

Kirchlichkeit und Parteineigung 169

ler Gruppen bei der Bundestagswahl 1994 zu dem Schluß, daß auch nach der Vereinigung Deutschlands „des 'Kirchturms langer Schatten' (Mielke 1991) weiterhin von wohl wahlentscheidender Relevanz ist" (Emmert/Jung/Roth 1998: 70). Und auch bei der Abwahl von Bundeskanzler Kohl 1998 besaß die CDU/CSU nach Analysen des Nachrichtenmagazins Focus lediglich bei den über 60jährigen eine leichte Mehrheit (CDU/CSU: 42 Prozent; SPD: 40 Prozent) und unter den Katholiken eine deutliche Mehrheit (CDU/CSU: 46 Prozent; SPD: 36 Prozent). Offensichtlich hat die Parteiidentifikation[1] vieler Katholiken mit der CDU/CSU dazu geführt, bei der Bundestagswahl 1998 gegen den allgemeinen Trend zu wählen.

Trotz dieser scheinbaren Stabilität über die letzten 50 Jahre verändert sich die konfessionell-religiöse Spannungslinie. Emmert, Jung und Roth sagen, es sei nicht alleine die Konfessionszugehörigkeit, die über das Wahlverhalten bestimme, sondern vor allem die Religiosität, genauer die Kirchlichkeit. Die CDU/CSU werde mehrheitlich nur noch von Katholiken mit starker oder zumindest mäßiger Bindung an die katholische Kirche gewählt (1998: 72). Dieser Befund steht in Einklang mit Ergebnissen, welche die Forschungsgruppe Wahlen aus Anlaß der Bundestagswahl 1998 präsentiert hat. Danach kam die CDU/CSU bei allen Katholiken auf 46 Prozent der Stimmen, unter den Katholiken mit einer starken Kirchenbindung erreichte die CDU/CSU jedoch 69 Prozent der Stimmen (SPD: 20 Prozent) (Süddeutsche Zeitung 224/1998: 5; vgl. dazu auch Jung/Roth 1998: 17). Es ist ihnen jedoch keine Bemerkung wert, daß nach ihren eigenen Daten auch eine starke relative Mehrheit der Protestanten, die eine starke Bindung an die Kirche haben, für die CDU/CSU votierten (vgl. Jung/Roth 1998: 17, Tabelle 4).

Diese Analysen bestätigen eine Veränderung der Beziehung zwischen der konfessionellen Bindung und dem Wahlverhalten, die empirisch zuerst von Pappi (1985) gezeigt und von Wolf (1996) bestätigt wurde. Pappi und Wolf behaupten, die konfessionelle Spannungslinie sei in eine religiöse Spannungslinie transformiert worden. Damit würde zwar der Faktor Religion auch in Zukunft seine Bedeutung für das Wahlverhalten behalten, die Natur

---

1   Parteiidentifikation bezeichnet eine langfristige, psychische Bindung von Wählern an eine Partei. Politische Ereignisse werden nicht mehr neutral, sondern aus Sicht der Partei bewertet (vgl. zusammenfassend Bürklin/Klein 1998:57-64; Rattinger 1994). Die Wahlforschung unterscheidet zwischen der Parteiidentifikation und der sogenannten „Sonntagsfrage". Während die Parteiidentifikation die langfristige Bindung an eine politische Partei messen soll, gibt die Sonntagsfrage die kurzfristige Präferenz zum Zeitpunkt der Befragung wieder. Beide Präferenzen können übereinstimmen, aufgrund von kurzfristig wirksamen Einflußfaktoren auf das Wahlverhalten (z.B. Kandidateneffekte, eine erfolgreiche Regierungsarbeit, konträre Positionen bei aktuellen issues) können sie aber auch voneinander abweichen. Für eine Analyse des grundsätzlichen Zusammenhangs zwischen der Kirchlichkeit und dem Wahlverhalten scheint die Parteiidentifikation der geeignete Indikator, weil sich darin eher die langfristige Präferenz zugunsten einer Partei ausdrückt.

der Konfliktlinie würde sich aber verändern. Es wäre nicht mehr der Gegensatz von Katholizismus und Protestantismus, sondern der Gegensatz von Gläubigen und Nichtgläubigen (so Wolf), der über die Wahl einer Partei bestimme. Wolf stellt sogar die Frage, ob es nicht schon immer die Gläubigkeit gewesen sei, die über das Wahlverhalten zugunsten der CDU entschieden habe, und nicht die Konfessionszugehörigkeit (1996: 731).

Als Indikator für die Messung der Gläubigkeit verwenden Pappi und Wolf die Häufigkeit des Kirchgangs. Ein Gleichsetzen von Kirchgang und Gläubigkeit ist jedoch problematisch, weil der theoretische Status des Indikators Kirchgang bisher nicht eindeutig geklärt ist. Einerseits könnte der Glaube an Gott auch unabhängig von den Amtskirchen ausgeübt werden, andererseits könnte der Kirchgang lediglich eine soziale Norm, eine Verhaltenserwartung des sozialen Umfeldes messen und keine Wertorientierung. Aus diesem Grund möchte ich die Häufigkeit des Kirchgangs eher als einen Ausdruck für Kirchlichkeit oder Kirchennähe verstehen. Unabhängig von der theoretischen Bestimmung des Indikators Kirchgang kann Wolffs These aufgrund fehlender Daten empirisch nicht überprüft werden, denn die Kirchgangshäufigkeit wurde in den frühen Jahren der Bundesrepublik nicht regelmäßig erhoben. Unter Berücksichtigung der Entwicklung seit dem Mittelalter scheint es aber plausibel, daß der Abbau von Spannungen zwischen Katholiken und Protestanten sowie die Ablösung der konfessionellen Spannungslinie durch eine religiöse Spannungslinie erst mit der Etablierung einer überkonfessionellen christlichen Partei in der Bundesrepublik begonnen haben kann.

4. Datenbasis

Die empirische Überprüfung der aufgeworfenen Fragestellungen wird anhand von Daten aus Bevölkerungsumfragen durchgeführt. Die Zeitreihe beruht auf Daten des Politbarometers der Forschungsgruppe Wahlen, das vom Zentralarchiv für empirische Sozialforschung der Universität Köln für die Sekundäranalyse aufbereitet und zur Verfügung gestellt wurde. Das Politbarometer ist eine monatliche Erhebung der Forschungsgruppe Wahlen. Befragt werden monatlich jeweils etwa 1000 wahlberechtigte Bundesbürger in Ost- und Westdeutschland. Die Querschnittsanalyse zur Bedeutung der konfessionell-religiösen Spannungslinie bei der Bundestagswahl 1994 beruht auf einer Bevölkerungsumfrage, die von Falter/Gabriel/Rattinger/Schmitt im Rahmen eines von der DFG geförderten Projekts kurz vor und nach der Bundestagswahl 1994 erhoben wurde. Befragt wurden jeweils etwa 2000 wahlberechtigte Bundesbürger in West- und Ostdeutschland. Dieser Datensatz wurde dem Autor freundlicherweise von den Primärforschern überlassen. Die Analysen zur Bundestagswahl 1998 beruhen auf der Deutschen Nach-

Kirchlichkeit und Parteineigung 171

wahlstudie 1998, die als Teil der Comparative Study of Electoral Systems in über 30 Ländern erhoben wird. Die Befragung wurde unmittelbar nach der Bundestagswahl 1998 bei insgesamt 2049 Bundesbürgern (978 Westdeutschland, 1041 Ostdeutschland) als Telefonumfrage durchgeführt. Dieser Datensatz wird durch das Wissenschaftszentrum Berlin über das Internet verteilt und kann unter der Internetseite http://www.wz-berlin.de/iw/ inklusive Codebuch, Methodenbericht und Fragebogen abgerufen werden. An dieser Stelle sei darauf verwiesen, daß die Verantwortung für die präsentierten Ergebnisse, Interpretationen und Schlußfolgerungen alleine beim Autor liegen. Weder die Primärforscher, die Erheber der Daten, noch das Zentralarchiv sind verantwortlich zu machen.

5. Die konfessionell-religiöse Spannungslinie in den 90er Jahren

Ist die These einer Ablösung der konfessionellen durch eine religiöse Spannungslinie zutreffend, könnten die Propheten einer politischen Marginalisierung der konfessionell-religiösen Spannungslinie doch noch bestätigt werden. Zwar bleibt es bei einer Transformation der Konfliktlinie weiterhin richtig, daß *kirchennahe* Wähler in ihrer überwiegenden Mehrheit für die CDU/CSU stimmen, der Anteil von regelmäßigen Kirchgängern an der Bevölkerung Westdeutschlands geht jedoch kontinuierlich zurück. Dies gilt für die beiden christlichen Konfessionen in unterschiedlichem Maße: Während unter den Protestanten der Anteil regelmäßiger Gottesdienstbesucher nie besonders hoch war, schrumpft der Anteil regelmäßiger Gottesdienstbesucher unter den Katholiken seit 1953 stetig und in beachtlichen Größenordnungen:

„Gingen bei den Katholiken im Jahre 1953 noch 60 Prozent aller Mitglieder regelmäßig zur Kirche, so sind diese Anteile jetzt auf deutlich unter 30 Prozent gesunken. Selbst bei den Protestanten hat sich die ohnehin niedrige Zahl der regelmäßigen Kirchgänger von damals weniger als 20 Prozent ebenfalls halbiert" (Roth 1999: 11; vgl. auch Schmitt 1985b: 105).

Mielke weist zwar darauf hin, daß mit dem Rückgang der Kirchgangshäufigkeit nicht automatisch eine Abkehr vom Glauben verbunden sein muß (1991: 146 [FN21]), für das Wahlverhalten der kirchenfernen Katholiken bei der Bundestagswahl 1994 zeigen Emmert, Roth und Jung aber, daß in dieser Bevölkerungsgruppe keine starke Präferenz zugunsten der CDU/CSU mehr vorhanden ist (1998: 72). Anhand der Daten des Politbarometers kann gezeigt werden, daß schon 1977 nur etwa ein Viertel der kirchenfernen Katholiken der CDU/CSU zuneigte (Abbildung 1). Unabhängig davon, ob es sich um Katholiken oder Protestanten handelt, es fühlen sich nur etwa 20 Prozent der kirchenfernen Christen mit der CDU/CSU verbunden. Aus Abbildung 1 geht ebenfalls hervor, daß es unabhängig von der Konfession seit 1977 immer die kirchennahen Bevölkerungsgruppen waren, die der CDU/CSU besonders zugeneigt waren, also auch die kirchennahen Protestanten. Unterschiede zwischen Protestanten und Katholiken zeigen sich vor allem im Ausmaß ihrer Parteiidentifikation. Während sich unter den kirchennahen Katholiken absolute Mehrheiten zur CDU/CSU bekennen, sind es unter den kirchennahen Protestanten nur relative Mehrheiten. Bei den Befragten, die einer Konfession angehören, aber keinen Kirchgang pflegen, fühlt sich nur eine Minderheit mit der CDU/CSU verbunden. Diese Befunde gelten über alle Jahre hinweg unverändert und sind auch auf Ostdeutschland[2] übertragbar.

Abbildung 1: Parteineigung zugunsten der CDU/CSU 1977-1995 in Abhängigkeit von Konfession und Kirchgangshäufigkeit in Prozent

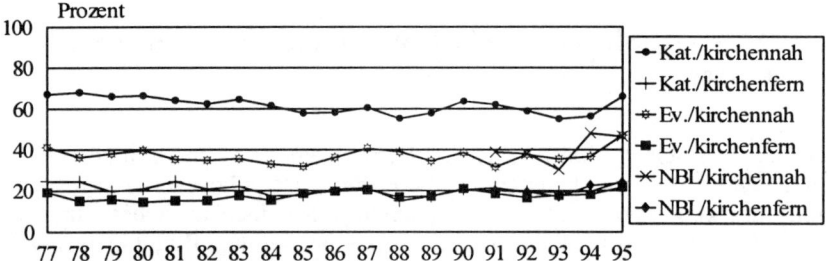

kirchennah=wöchentlicher Kirchgang
kirchenfern=kein Kirchgang

Quelle: Politbarometer

Obwohl bei den kirchennahen Gruppen ein leicht rückläufiger Trend in der Parteiidentifikation zu beobachten ist, hat die CDU/CSU ihre Stammwähler vor allem dadurch verloren, daß der Anteil derjenigen, die keine engen Bindungen an die Amtskirchen mehr haben, stark angestiegen ist. Die Auflösung der katholischen Sozialmilieus scheint auch dazu beizutragen, daß „die Verankerung der Interessengegensätze in sozialen Gruppierungen" (Pappi 1985: 270) nicht mehr durch das traditionelle Bündnis zwischen katholischer Kirche und CDU/CSU organisiert wird. In diesem Prozeß der Auflösung von traditionellen Bindungen könnte ein Beleg für die Individualisierung (Verlagerung der Handlungskontrolle auf das Individuum: Akteure handeln selbständig, autonom und unabhängig von Gruppennormen (vgl. Jagodzinski/ Quandt 1997: 762) zu suchen sein. Für die Beziehung zwischen der konfessionell-religiösen Spannungslinie und dem Wahlverhalten folgt aus der Ab-

---

2 Die Angaben für Ostdeutschland in Abbildung 1 entsprechen den Werten der westdeutschen Protestanten, weil der Anteil von ostdeutschen Katholiken an der Befragung relativ gering ist.

Kirchlichkeit und Parteineigung 173

nahme des kirchlich gebundenen Anteils der Bevölkerung, daß sich der Anteil von Stammwählern der CDU/CSU weiter verringert und die Wahrscheinlichkeit für eine Wechselwahl steigt. Im Sinne des „objektivistischen Individualisierungsbegriffs" werden „vormals unwahrscheinliche Optionen wahrscheinlicher werden [...] eine Partei [wird] für gewisse Wählerschichten wählbar" (Jagodzinski/Quandt 1997: 762). Der Ausgang von Wahlen wird in einem höheren Ausmaß von aktuellen Ereignissen und kurzfristigen Faktoren abhängig, schlechter prognostizierbar und unberechenbarer.

6. Konfessionszugehörigkeit und Kirchlichkeit: Ein Wechselbalg bestimmt über die Parteiidentifikation in den Wahljahren 1994 und 1998

Im empirischen Teil dieser Arbeit wird nun der Frage nachgegangen werden, in welcher Beziehung die konfessionell-religiöse Spannungslinie mit der Parteiidentifikation bei den letzten beiden Bundestagswahlen stand. Die zentrale Frage lautet, ob sich die Parteineigungen der Christen in Ost- und Westdeutschland gleichen. Im Mittelpunkt der Analysen steht der Zusammenhang zwischen der Kirchlichkeit und der Präferenz für eine der beiden großen Parteien. Zum einen würde eine Betrachtung der kleinen Parteien den Rahmen der Arbeit sprengen, zum anderen drückt sich der *konfessionelle* Konflikt gerade in einer Präferenz der Katholiken für die CDU/CSU und der Evangelischen für die SPD aus. Auch bei den letzten beiden Bundestagswahlen zeigt sich der in den alten Bundesländern charakteristische Zusammenhang zwischen der Parteipräferenz, dem Wahlverhalten und der Konfessionszugehörigkeit. In Tabelle 1 ist der Zusammenhang zwischen der konfessionell-religiösen Spannungslinie und dem Wahlverhalten in Westdeutschland dargestellt. Aus den Vorzeichen der Koeffizienten ist abzulesen, daß es bei den Katholiken eine Parteiidentifikation mit der CDU/CSU gibt und sich in dieser Bevölkerungsgruppe eine starke Distanz zur SPD findet. Zu beiden Zeitpunkten identifizieren sich die Protestanten eher mit der SPD, gegenüber der CDU/CSU gibt es aber nur 1994 eine geringe Abneigung (Pearsons'r -.04), wenn die Kirchgangshäufigkeit nicht berücksichtigt wird. Unter den Konfessionslosen zeigt sich eine klare Ablehnung der CDU/CSU. Ein systematischer Zusammenhang zwischen der Konfessionslosigkeit und der Präferenz für die SPD besteht in Westdeutschland dagegen nicht.

Die Abneigung der Protestanten gegenüber der CDU/CSU verkehrt sich in eine positive Beziehung, wenn die Kirchgangshäufigkeit als Indikator für die Kirchlichkeit in die Analysen einbezogen wird. Trifft die These von einer Privatisierung des Glaubens zu, ist die Kirchgangshäufigkeit kein Indikator

Tabelle 1: Zusammenhang von Konfession, Kirchgang und Wahlverhalten in Westdeutschland (Pearson's r)

	Parteiidentifikation			
	CDU/CSU 1994	SPD 1994	CDU/CSU 1998	SPD 1998
Katholische Konfession	.17	-.12	.09	-.10
Evangelische Konfession	-.04ª	.13	--	.08
Kirchgangshäufigkeit	.22	-.09	.19	--
Kirchgangshäufigkeit Katholiken	.18	-.13	.11ª	-.09ª
Kirchgangshäufigkeit Evangelische	.18	-.06ª	.27	--
Konfessionslose	-.13	--	-.06ª	--

Quelle: Eigene Berechnung, aufgeführte Werte sind signifikant mit p<0,001; b: p<0,01; a: p< 0,05; --: nicht signifikant; n> 770.

für die Religiosität, sondern lediglich ein Maß für die Verbundenheit mit der Institution Kirche. Es bietet sich für die Untersuchung des Zusammenhangs zwischen der konfessionell-religiösen Spannungslinie und dem Wahlverhalten jedoch kein anderer Indikator an, weil kein anderer regelmäßig erhoben wurde. Mielke greift in Anlehnung an Schmitt den Begriff „Wechselbalg" für das Meßinstrument Kirchgangshäufigkeit auf und fragt, ob dieser Indikator „nun die Zugehörigkeit zu einer sozialen Gruppe, die Einbindung in ein Wertsystem oder die Akzeptanz kirchlicher Verhaltenserwartungen" (Mielke 1991: 164, FN21) signalisiere. Welcher theoretische Status diesem Indikator auch zukommt, wie aus Tabelle 1 zu ersehen ist, gibt es einen starken positiven Zusammenhang zwischen der Häufigkeit des Kirchgangs und der Unterstützung für die CDU/CSU in Westdeutschland. Umgekehrt läßt sich formulieren: Je häufiger jemand in die Kirche geht, desto geringere Beachtung findet die SPD. Eine weitere Differenzierung der Kirchgänger nach ihrer konfessionellen Zugehörigkeit macht deutlich, daß die konfessionelle Spannungslinie in Westdeutschland von der Kirchlichkeit überlagert wird. Für die evangelische Kirche gilt genauso wie für die katholische Kirche, daß die Präferenz für die CDU/CSU um so größer ist, je häufiger der Kirchgang erfolgt. Diese Befunde machen deutlich, daß eine alleinige Betrachtung der Konfession für eine realitätsnahe Beschreibung der konfessionell-religiösen Spannungslinie nicht ausreicht. Vielmehr bestätigen sich durch diese einfache Korrelationsanalyse die von Wolf (1996) vorgelegten Befunde einer Überlagerung der konfessionellen Spannungslinie durch eine religiöse (so Wolf) Spannungslinie. Ebenso geben die präsentierten Daten Evidenz für die Aussage Pappis, die vermutete Transformation der konfessionellen Konfliktlinie hin zu einer religiösen Konfliktlinie habe tatsächlich stattgefunden (1985: 269). Versteht man die Häufigkeit des Kirchgangs als einen Indikator für die Kirchennähe, läßt sich formulieren: In Westdeutschland besitzen sowohl die Mitglieder der katholischen Kirche als auch die Mitglieder der evangelischen Kirche in den neunziger Jahren eine um so stärkere Präferenz

Kirchlichkeit und Parteineigung 175

für die CDU/CSU, je häufiger sie den Gottesdienst besuchen. Unabhängig von der Konfession wird die SPD in dem Maße seltener beachtet, wie der Kirchgang zunimmt.
Wie stellt sich nun die Situation in Ostdeutschland dar? Aus der historischen Entwicklung der Kirchen in der DDR läßt sich vermuten, daß es in beiden Konfessionen starke Präferenzen für die CDU/CSU gibt. Einerseits wird dies aus Erfahrungen mit der Blockpartei CDU, andererseits durch die klare Opposition der CDU/CSU zu den Positionen der PDS genährt.

Tabelle 2: Zusammenhang von Konfession, Kirchgang und Wahlverhalten in Ostdeutschland (Pearson's r)

	Parteiidentifikation			
	CDU/CSU 1994	SPD 1994	CDU/CSU 1998	SPD 1998
Katholische Konfession	.13	--	.15	--
Evangelische Konfession	.18[a]	--	.12	--
Kirchgangshäufigkeit	.21	-.06[b]	.26	--
Kirchgangshäufigkeit Katholiken	.28[b]	-.33	.33	-.24[a]
Kirchgangshäufigkeit Evangelische	--	--	.18	--
Konfessionslose	-.17	--	-.18	--

Quelle: Eigene Berechnung, aufgeführte Werte sind signifikant mit p<0,001; b: p<0,01; a: p<0,05; --: nicht signifikant; n>530 außer Kirchgangshäufigkeit Katholiken 1994: n=88 und 1998: n=68.

Wird zunächst nur die Beziehung der Konfessionszugehörigkeit zur Parteiidentifikation in Betracht gezogen, besteht, anders als in Westdeutschland, in beiden Konfessionen eine klare Präferenz zugunsten der CDU/CSU. Es gibt außerdem keine systematische Beziehung zwischen der Wahl der SPD und der Zugehörigkeit zur evangelischen Kirche. Der Korrelationskoeffizient als Maß für die Stärke des Zusammenhangs zwischen der Konfession und der Wahl für die SPD ist in Tabelle 2 für die Katholiken, die Protestanten und die Konfessionslosen nicht signifikant von 0 verschieden. Wie in Westdeutschland auch gibt es aber zu beiden Zeitpunkten eine starke negative Beziehung zwischen der Konfessionslosigkeit und der Identifikation mit der CDU/CSU. Falls sich jemand von den beiden großen Kirchen in Deutschland abwendet, geht damit auch eine Ablehnung der CDU/CSU einher.

Der Zusammenhang zwischen der Kirchgangshäufigkeit und der Parteiidentifikation ist strukturell ähnlich wie in Westdeutschland. Je häufiger der Kirchgang praktiziert wird, desto stärker ist auch die Affinität zur CDU/CSU. Wird die Kirchgangshäufigkeit nach der Konfessionsangehörigkeit differenziert, finden sich nur unter den Katholiken vergleichbare Beziehungen zur Parteiidentifikation wie in Westdeutschland (Identifikation mit der CDU/CSU, Ablehnung der SPD). Unter den Protestanten wirkt sich der Kirchgang nur 1998 als zusätzlicher Faktor für die Identifikation mit einer politischen Partei aus, zugunsten der CDU/CSU. Diese Befunden können als ein Erbe der DDR verstanden werden und die Minderheitsposition der Kirchen in den Neuen Bundesländern ausdrücken. Die formale Zugehörigkeit zu einer der beiden großen Konfessionen reicht bereits aus, um sich von anderen Bevölkerungsgruppen abzugrenzen. Im Gegensatz zu Westdeutschland ist der Kirchgang für sich genommen kein Unterscheidungskriterium, da die Zugehörigkeit zu einer der beiden Amtskirchen bereits einen besonderen sozialen Status dokumentiert.

Interessant scheint die Einbeziehung der PDS in die Analysen. Als Nachfolgepartei der SED repräsentiert sie heute den Gegner von einst und scheint eher geeignet, eine säkularisierte Welt und eine quasireligiöse Ersatzideologie zu repräsentieren als die SPD. Tabelle 2a zeigt, daß diese Vermutung begründet ist. Sofern jemand in Ostdeutschland einer Konfession angehört, wird die PDS abgelehnt. Dieser Befund gilt 1994 genauso wie 1998.

Tabelle 2a: Zusammenhang von Konfession, Kirchgang mit dem Wahlverhalten zugunsten der PDS in Ostdeutschland (Pearson's r)

	Parteiidentifikation PDS 1994	Parteiidentifikation PDS 1998
Katholische Konfession	-.05ª	-.06ª
Evangelische Konfession	-.17	-.11
Kirchgangshäufigkeit	-.17	-.13
Kirchgangshäufigkeit Katholiken	--	--
Kirchgangshäufigkeit Evangelische	--	-.13
Konfessionslose	.09	.13

Quelle: Eigene Berechnung, aufgeführte Werte sind signifikant mit p<0,001; b: p<0,01; a: p<0,05; --: nicht signifikant; n>530 außer Kirchgangshäufigkeit Katholiken: n=88 (1994), n=68 (1998)

In Ostdeutschland scheint die PDS das Feindbild der kirchentreuen Bürger zur repräsentieren und nicht die SPD. Diese Einstellung ist aus der historischen Entwicklung in der DDR sicherlich verständlich. Es läßt sich sagen, daß Katholiken und Protestanten in Ostdeutschland eine klare Präferenz für die CDU/CSU und gegen die PDS haben, während die Zustimmung zur SPD in Ostdeutschland weitgehend unabhängig von der konfessionell-religiösen Spannungslinie ist. Eine Interaktion von Kirchgangshäufigkeit und Konfession ist nicht feststellbar, von einer beginnenden Transformation der konfessionellen in eine religiöse Spannungslinie kann wohl nicht gesprochen werden. Es scheint eher wahrscheinlich, daß die Entwicklung Westdeutschlands in Ostdeutschland durch die Politik der DDR-Führung bereits vorweggenommen wurde. Kirchenbindung und formale Mitgliedschaft in einer Kirche sind in Ostdeutschland weitaus kongruenter, als dies heute in Westdeutschland der Fall ist. Die Kirchgangshäufigkeit verstärkt offensichtlich nur politische Tendenzen, die bei den Protestanten und Katholiken Ostdeutschlands ohnehin schon vorhanden sind.

Für die weiteren Analysen werden die Kirchgangshäufigkeit und die

Kirchlichkeit und Parteineigung 177

Konfessionslosigkeit als Indikatoren der konfessionell-religiösen Spannungslinie verwendet. Zum einen macht der hohe Anteil der Konfessionslosen in Ostdeutschland und der steigende Anteil der Konfessionslosen in Westdeutschland diese Bevölkerungsgruppe auch für die Wahlforschung interessant. Konfessionslosigkeit kann als Indikator für die Gruppe von Menschen stehen, für die Religion irrelevant ist: Sie müssen sich nicht gegen einen Gott aussprechen, Gott ist für sie nicht wichtig. Zum anderen haben die ersten Analysen gezeigt, daß sich der konfessionelle Gegensatz im Hinblick auf die Parteiidentifikation abschwächt und durch einen Gegensatz von Kirchgängern und Nichtkirchgängern abgelöst wird. Daher wird in den Analysen über die sozialstrukturelle Verankerung und die politische Positionierung kirchlich gebundener Bevölkerungsgruppen die Kirchlichkeit und nicht die Konfession als Indikator verwendet. Aus der Beschreibung der Zusammenhänge zwischen dem Wahlverhalten und der konfessionell-religiösen Spannungslinie leiten sich zwei Fragestellungen ab. Wie ist die konfessionell-religiöse Spannungslinie in der Gesellschaft verankert (sozialstrukturell)? Gibt es Unterschiede zwischen Konfessionslosen und Kirchgängern hinsichtlich ihrer Einordnung bei politischen Streitfragen und welche Wertorientierungen besitzen Kirchgänger (einstellungsmäßig)?

7. Eine feste Bastion unter den sozialstrukturellen Merkmalen: Kirchlichkeit als Determinante für die Präferenz der CDU/CSU

Analysen[3] zeigen, daß Kirchgänger in Ost- und Westdeutschland in ihrer Zusammensetzung hinsichtlich des Geschlechts, Alters und der Größe des Wohnortes übereinstimmen. In beiden Landesteilen gehen Frauen öfter in die Kirche, mit höherem Alter nimmt die Kirchgangshäufigkeit zu sowie mit der Größe des Wohnortes ab. Zwar gehen in Ostdeutschland deutlich weniger Menschen in die Kirche, die sozialstrukturelle Zusammensetzung von Kirchgängern ist jedoch in Ost und West weitgehend gleich. Diese Befunde bestätigen damit Ergebnisse, die bei anderen Untersuchungen vorgelegt wurden (vgl. zusammenfassend Pollack 1996: 592, 594f.) und das Klischee, Kirchgänger seien „alte Omas vom Dorf", bestätigen.

In offensichtlicher und bewußter Opposition zur Kirchlichkeit stehen Konfessionslose. Wie zu erwarten, ist der Anteil Konfessionsloser unter den jüngeren Befragten Westdeutschlands größer als unter älteren Befragten. Aber auch in Ostdeutschland gibt es einen starken negativen Zusammenhang

---

3 An dieser Stelle werden aus Platzgründen lediglich die Ergebnisse zusammenfassend referiert, ohne im Detail auf diese Analysen einzugehen.

zwischen dem Alter der Befragten und ihrer Konfessionslosigkeit. Dies scheint ein Hinweis darauf zu sein, daß nicht allein die Repressionen in der DDR der fünfziger Jahre für die zunehmende Anzahl der Konfessionslosen verantwortlich zeichnen. Wie Hartmann/Pollack (1998) überzeugend beschreiben, war es auch die gesellschaftliche Ausgrenzung der Kirchen in der DDR, die zu einer geringeren Einbindung der nachwachsenden Generation (z.b. geringere Taufbereitschaft von Kindern) in das kirchliche Leben beitrug (vgl. auch Pollack 1994: 425ff.).

Genau wie in Ostdeutschland gilt auch in Westdeutschland, daß der Anteil der Konfessionslosen an der Wohnbevölkerung mit der Ortsgröße ansteigt. Die Anonymität der Stadt senkt offensichtlich den sozialen Druck, in der Kirche zu verbleiben, und fördert so die Bereitschaft, sich von der Kirche abzuwenden. Insgesamt können Konfessionslose als „junge Männer aus der Stadt" charakterisiert werden, die in Westdeutschland zusätzlich einen hohen formalen Bildungsgrad erworben haben.

Die Beziehung zwischen verschiedenen sozialstrukturellen Merkmalen und der Kirchenverbundenheit legt die Vermutung nahe, daß es sich bei den berichteten Zusammenhängen zwischen der Parteiidentifikation mit der Kirchgangshäufigkeit um Scheinkorrelationen handeln könnte, die ursächlich auf andere Persönlichkeitsmerkmale, insbesondere Alter und Geschlecht, zurückgeführt werden müssen. Aus diesem Grund werden in die Analyse über die relative Bedeutung der konfessionell-religiösen Spannungslinie für die Parteineigung zwei Gruppen von Kontrollvariablen eingeführt. Zunächst allgemeine sozialstrukturelle Variablen (Alter, Geschlecht, Größe des Wohnorts, Grad der formalen Bildung, Haushaltseinkommen), deren Zusammenhang mit dem Grad der Kirchlichkeit oben bereits beschrieben wurde. In einer zweiten Gruppe finden sich Indikatoren, welche die Stellung der Befragten im Arbeitsleben (subjektive Schichtzugehörigkeit, Mitgliedschaft in einer Gewerkschaft, Berufsstatus) messen sollen. Diese zweite Gruppe von Indikatoren repräsentiert die zweite Spannungslinie, die sich in Deutschland immer als relevant für das Wahlverhalten (insbesondere zugunsten der SPD) erwiesen hat (vgl. Dalton/Bürklin 1995; Arzheimer/Falter 1998). Als abhängige Variable wird wiederum die Parteiidentifikation mit einer der beiden großen Volksparteien und der PDS (nur Ostdeutschland) verwendet.

Der wichtigste Befund dieser Analyse ist, daß die Kirchgangshäufigkeit ein Bestimmungsfaktor für die langfristige Parteipräferenz in den Bundestagswahljahren 1994 und 1998 ist, auch wenn weitere sozialstrukturelle Merkmale als Kontrollvariablen eingeführt werden. Dies gilt sowohl für Westdeutschland (Tabelle 3), als auch für Ostdeutschland (Tabelle 4). Eine hohe Kirchgangshäufigkeit führt zur Identifikation mit der CDU/CSU und 1994 auch zu einer Absage an das Lager der sozialistischen Parteien. Nimmt man die Anteile der aufgeklärten Varianz zum Maßstab, scheint die Kirchlichkeit insgesamt jedoch eher eine Parteipräferenz zugunsten der CDU/CSU

Kirchlichkeit und Parteineigung

Tabelle 3: Zusammenhang von Konfession, Kirchgang und Wahlverhalten in Westdeutschland, kontrolliert nach sozialstrukturellen Merkmalen (beta-Koeffizienten)

	Parteiidentifikation			
	CDU/CSU 1994	SPD 1994	CDU/CSU 1998	SPD 1998
Kirchgangshäufigkeit	.15	-.11	.19	--
Konfessionslose	-.05a	-.06a	--	--
Anteil aufgeklärter Varianz (R^2) Gesamt (Prozent)	9,5	6,3	10,6	4,0
Durch Kirchgangshäufigkeit und Konfessionslosigkeit zusätzlich erklärte Varianz (Prozent)	2,9	0,9	3,3	0,1

Quelle: Eigene Berechnung, multiple Regression, aufgeführte Werte sind signifikant mit p<0,001; b: p<0,01; a: p< 0,05; --: nicht signifikant.

zu bewirken, als eine Stimmung gegen die übrigen Parteien zu erzeugen. In Westdeutschland werden durch die konfessionell-religiöse Spannungslinie etwa 30 Prozent der aufgeklärten Varianz der Parteipräferenz zugunsten der CDU/CSU erklärt (1994: 2,9 von 9,5 Prozent; 1998: 3,3 von 10,6 Prozent). Während 1994 eine negative Beziehung zwischen der Kirchgangshäufigkeit und der Identifikation mit der SPD besteht, gibt es 1998 keinen signifikanten Zusammenhang. Der Anteil der Variablen Kirchgangshäufigkeit und Konfessionslosigkeit an der aufgeklärten Varianz der Parteiidentifikation zugunsten der SPD ist 1994 und 1998 zu vernachlässigen (Tabelle 3). Daraus folgt, daß die konfessionell-religiöse Spannungslinie im Vergleich mit anderen sozialstrukturellen Variablen für die Identifikation mit der SPD unbedeutend ist.

Auch in Ostdeutschland ändert die Einbeziehung weiterer sozialstruktureller Merkmale nichts an der Struktur der Zusammenhänge zwischen der konfessionell-religiösen Spannungslinie und der Parteineigung. Eine starke Kirchenbindung findet ihre politische Repräsentation in der Parteipräferenz zugunsten der CDU/CSU, die Position zur SPD wird durch den Grad der Kirchenbindung nicht beeinflußt, und die PDS wird von Befragten mit einer stärkeren Kirchenbindung stärker abgelehnt.

Mindestens ein Drittel der aufgeklärten Varianz der Parteiidentifikation mit der CDU/CSU geht auf die Kirchgangshäufigkeit der Befragten und die Konfessionslosigkeit zurück. Der Antipode zur CDU/CSU ist in den neuen Bundesländern nicht die SPD, sondern die PDS. Während das Wahlverhalten zugunsten der SPD kaum von der konfessionell-religiösen Spannungslinie bestimmt wird, lehnen kirchennahe Befragte eine Identifikation mit der Nachfolgepartei der SED ab. Die ideologische Stigmatisierung der Kirchen durch die SED und ihre gesellschaftliche Isolierung in der DDR finden ihre Entsprechung in den Parteipräferenzen der Christen heute und liefern eine Erklärung dafür, warum viele Christen Ostdeutschlands der PDS entfremdet sind.

Tabelle 4: Zusammenhang von Konfession, Kirchgang und Wahlverhalten in Ostdeutschland, kontrolliert nach sozialstrukturellen Merkmalen (beta-Koeffizienten)

	Parteiidentifikation					
	CDU/CSU 1994	SPD 1994	PDS 1994	CDU/CSU 1998	SPD 1998	PDS 1998
Kirchgangshäufigkeit	.15	-.06ª	-.13	.23	--	-.08ª
Konfessionslose	-.06ª	--	--	--	--	.08ª
Anteil aufgeklärter Varianz (R²) gesamt (Prozent)	8,8	1,3	9,7	10,9	4,2	7,7
Durch Kirchgangshäufigkeit und Konfessionslosigkeit zusätzlich erklärte Varianz (Prozent)	3,1	1,2	1,8	6,1	0,3	1,9

Quelle: Eigene Berechnung, multiple Regression, aufgeführte Werte sind signifikant mit p<0,001; b: p<0,01; a: p< 0,05; --: nicht signifikant.

8. Die konfessionell-religiöse Spannungslinie im Lichte politischer Wertorientierungen

Ob die Präferenz vieler kirchennaher Bundesbürger für die CDU/CSU mehr ist als die Akzeptanz kirchlicher Verhaltenserwartungen, kann anhand bestehender politischer Wertorientierungen geprüft werden. Über eine sozialstrukturelle Analyse hinaus wird gefragt, ob sich mit der Kirchennähe auch bestimmte politische Wertorientierungen verbinden. In anderen Studien wurde meist nur untersucht, ob sich die religiösen Wertorientierungen gläubiger und nichtgläubiger Christen unterscheiden, politische Wertorientierungen aber weitgehend von diesen Analysen ausgeschlossen (so z.B. Lukatis/ Lukatis 1989). Für das politische System kann es jedoch von höchster Relevanz sein, ob sich die politischen Wertorientierungen von gläubigen Christen, die gut organisiert sind, von den politischen Wertorientierungen anderer sozialer Gruppen unterscheiden. Die Entscheidung für eine Kirche in Ostdeutschland – auch gegen staatlichen Widerstand und bei gesellschaftlichen Nachteilen in der DDR – legt nahe, daß es sich um eine bewußte Entscheidung dieser Bevölkerungsgruppe handelte, hinter der auch bestimmte Wertorientierungen und Weltbilder vermutet werden können. In Westdeutschland ist dagegen der Austritt aus der Kirche eine bewußte Entscheidung für die Konfessionslosigkeit und gegen die Institution Kirche. Unterscheiden sich die politischen Wertorientierungen von Kirchgängern und Nichtkirchgängern generell, wirkt die konfessionell-religiöse Spannungslinie weit über den Wahltag hinaus in die Gesellschaft hinein.

Natürlich muß die Vielzahl möglicher Wertorientierungen so gebündelt werden, daß sie die Kerneinstellungen zum bestehenden politischen System erfassen. Eine Möglichkeit, eine allgemeine Einstellungsebene in „Wertebündeln" zu erfassen, ist die Selbsteinstufung auf der Links-Rechts-Dimension. Es gibt inzwischen ganze Bibliotheken über die Verwendung der Links-Rechts-Dimension in der empirischen Politikforschung, und die Anzahl der Befürworter dieses Konzepts ist mindestens ebenso groß wie die Anzahl der Gegner. Ein wesentliches Argument gegen die Verwendung ist, daß die inhaltliche Definition dessen, was links und rechts eigentlich bedeutet, nicht eindeutig ist. Sicherlich ist richtig, daß die Links-Rechts-Dimension für sich genommen nicht ausreicht, den gesamten Raum politischer Einstellungen zu umschreiben. Inglehart (1989; 1997) hat mit der Materialismus-Postmaterialismus-Dimension ein weiteres Wertebündel aufgezeigt, anhand dessen Einstellungen geordnet werden können. Dennoch zeigen Untersuchungen, daß die Links-Rechts-Selbsteinstufung einen wesentlichen Einfluß auf die politische Wahrnehmung und das politische Verhalten ausübt (vgl. Klingemann 1979; Conover/Feldman 1981). Ein weiterer Einwand ist, daß die Links-Rechts-Dimension in Ostdeutschland keine Bedeutung besitze, weil diese politische Konfliktlinie in kommunistischen Gesellschaften unbedeutend gewesen sei. Befunde aus anderen osteuropäischen Transformationsländern (z.B. Miller/Hesli/Reisinger 1995) bestärken aber eher die grundsätzliche Annahme, daß sich in einem kompetitiven politischen System die Wertorientierungen der Bevölkerung in wenigen Dimensionen bündeln lassen.

Aus diesen Überlegungen kann die generelle theoretische Annahme abgeleitet werden, daß die Links-Rechts-Dimension ein übergreifendes kognitives Schema darstellt, anhand dessen Individuen politische Informationen organisieren und Informationen eine Bedeutung verliehen wird (vgl. Jennings 1992). In welchem Maße sich nun unter demokratischen Verhältnissen die politischen Einstellungen der Bevölkerung entlang der Links-Rechts-Dimension differenzieren, ist eine bisher ungeklärte empirische Frage. Es gibt in Ostdeutschland eine „linke" Nachfolgepartei der ehemaligen kommunistischen Staatspartei, und wenn sich deutsche Jugendliche mittels des Attributs „rechts" gegenüber anderen Mitgliedern der Gesellschaft politisch abgrenzen können, muß sich mit dem Konzept von „links" und „rechts" eine politisch praktische Bedeutung verbinden.

Als Ergebnis einer linearen Regressionsanalyse kann festgehalten werden, daß häufige Kirchgänger sich selbst auch konservativer einschätzen als kirchenferne Wähler (Tabelle 5).

Auch wenn weitere sozialstrukturelle Faktoren, die konservative Einstellungen befördern, vor allem Alter und ländlich geprägte Wohnorte, berücksichtigt werden, gilt zu beiden Befragungszeitpunkten, daß sich jemand auf der Links-Rechts-Dimension um so weiter rechts einordnet, je häufiger er oder sie den Gottesdienst besucht.

Tabelle 5: Einfluß der Kirchenbindung auf politische Wertorientierungen, kontrolliert nach sozialstrukturellen Merkmalen (beta-Koeffizienten)

	Links-Rechts-Dimension[c] 1994		Links-Rechts-Dimension 1998	
	West	Ost	West	Ost
Kirchgangshäufigkeit	.10	.12	.08[a]	.08[a]
Konfessionslose	-.07[b]	--	-.09[b]	--
Anteil aufgeklärter Varianz (R^2)				
Gesamt (Prozent)	12,4	11,6	6,2	6,7
Durch Kirchgangshäufigkeit und Atheismus zusätzlich erklärte Varianz (Prozent)	2,1	1,9	1,9	1,1

Quelle: Eigene Berechnung, multiple Regression, aufgeführte Werte sind signifikant mit $p<0{,}001$; b: $p<0{,}01$; a: $p<0{,}05$; --: nicht signifikant; Kontrollvariablen: Alter, Geschlecht, Bildung, Ortsgröße, Haushaltseinkommen, Gewerkschaftsmitgliedschaft, Berufsgruppe; c: Kodierung der Links-Rechts-Dimension: 0=Links und 1=Rechts.

Trotz der unterschiedlichen gesellschaftlichen Stellung der Kirchen in Ost- und Westdeutschland weisen die empirischen Ergebnisse dieselben strukturellen Zusammenhänge zwischen der Kirchenbindung und der Links-Rechts-Selbsteinstufung aus. Die Kirchgänger in Ost und West unterscheiden sich zwar im Niveau ihrer Position – Ostdeutsche stehen insgesamt etwas weiter „links" – auf der Links-Rechts-Dimension, aber nicht grundsätzlich. Die Vermutung, viele Kirchenmitglieder in Ostdeutschland wählten die CDU nur aus Gewohnheit, weil sie diese Partei bereits zu Zeiten der DDR kannten, greift offensichtlich zu kurz. Die Analysen bestätigen, daß kirchennahe Bundesbürger in beiden Landesteilen eher eine konservative politische Position einnehmen.

Klare Ost-West Unterschiede gibt es hinsichtlich der politischen Position von Konfessionslosen. Während sich Konfessionslose in Westdeutschland eher „links" einordnen, differenziert die Konfessionslosigkeit in Ostdeutschland zu keinem der beiden betrachteten Zeitpunkte. Eine Interpretation dieses Befundes lautet, daß der Austritt aus den Amtskirchen in Westdeutschland (immer) noch nicht selbstverständlich ist, Eigeninitiative erfordert und deshalb auch mit bestimmten politischen Positionen verbunden ist. In Ostdeutschland ist die Konfessionslosigkeit dagegen nach der Ausgrenzungspolitik der DDR sozial anerkannt und der Austritt aus den Kirchen erfordert keine Überwindung eines äußeren Drucks. Aus diesem Grund befördert die Konfessionslosigkeit in Ostdeutschland auch keine besondere politische Position.

Der systematische und praktisch relevante Zusammenhang zwischen der Links-Rechts-Selbsteinstufung und der Kirchlichkeit kann als Indikator dafür verstanden werden, daß die Kirchgangshäufigkeit mehr als nur eine soziale Verhaltenserwartung ausdrückt. Es scheint eher unwahrscheinlich, daß die Parteineigung zugunsten der CDU/CSU lediglich auf tradierter Gewohnheit

Kirchlichkeit und Parteineigung

beruht, weil in beiden Landesteilen die politischen Wertorientierungen der Kirchgänger in Einklang mit ihren Parteipräferenzen stehen. Die Zugehörigkeit zur sozialen Gruppe der Kirchgänger findet ihre Entsprechung in bestimmbaren, politisch „rechten" Wertorientierungen. Daraus ist aber nicht zu schließen, daß kirchennahe Bevölkerungsgruppen den Boden des Grundgesetzes verlassen haben. Vielmehr gilt es festzuhalten, daß die Präferenzen von kirchennahen Bevölkerungsgruppen für die CDU/CSU in Einklang mit den politischen Wertorientierungen dieser Bevölkerungsgruppe und den Vorstellungen über die Ausgestaltung des politischen Systems als repräsentativer Demokratie stehen. Insgesamt läßt sich festhalten, daß die konfessionell-religiöse Spannungslinie auch in den neunziger Jahren einen eigenständigen Beitrag zur Erklärung des Wahlverhaltens bei der Bundestagswahl leisten kann und kirchennahe Wähler in Ost- und Westdeutschland immer noch zu den Stammwählern der CDU/CSU zählen.

Aus den vorgelegten Befunden kann gefolgert werden, daß die Aussage von Pappi aus dem Jahr 1979, die Religion sei ein wichtiger Faktor für das Wahlverhalten, auch in den neunziger Jahren weiterhin gilt. Allerdings ist es weniger die Konfession, sondern eher die Kirchennähe, die über die Parteipräferenz mitbestimmt. Dennoch verliert die CDU/CSU durch die Auflösung kirchlicher Milieus einen wesentlichen Teil ihrer Stammwähler. Zwar wird die CDU/CSU auch unter den kirchennahen Protestanten bevorzugt, aber der Anteil von kirchennahen Protestanten und Katholiken an der Wahlbevölkerung ist stark rückläufig. Welche Rolle die konfessionell-religiöse Spannungslinie für den Wahlausgang in Zukunft spielen kann, ist nicht nur davon abhängig, wie stark die Gruppe der wöchentlichen Kirchgänger sein wird. Werden durch die Individualisierung unwahrscheinliche Wahloptionen wahrscheinlicher, sollten sich die individualisierten Personen keiner Partei besonders zugeneigt fühlen und sich auf alle Parteien gleichmäßig verteilen, könnte eine Gruppe mit gemeinsamen politischen Wertorientierungen und Präferenzen weiterhin ein entscheidendes Gewicht für den Wahlausgang besitzen.

Literatur

Arzheimer, Kai/Falter, Jürgen W., 1998: „Annäherung durch Wandel?" – Das Wahlverhalten bei der Bundestagswahl 1998 in Ost-West-Perspektive, in: Aus Politik und Zeitgeschichte B52/98, 33-43.
Bürklin, Wilhelm/Klein, Markus, 1998: Wahlen und Wählerverhalten. 2. Auflage. Opladen.
Conover, Pamela Johnston/Feldman, Stanley, 1981: The Origins and Meaning of Liberal/Conservative Self-Identifications, in: American Journal of Political Science 25, 616-645.
Dalton, Russell J./Bürklin, Wilhelm, 1995: The two German Electorates: The Social Bases of the Vote in 1990 and 1994, in: German Politics and Society 13, 79-99.

Emmert, Thomas/Jung, Matthias/Roth, Dieter, 1998: Zwischen Konstanz und Wandel – Die Bundestagswahl vom 16. Oktober 1994, in: Kaase, M./Klingemann, H.-D., (Hg.): Wahlen und Wähler – Analysen aus Anlaß der Bundestagswahl 1994. Opladen, 45-84.

Hartmann, Klaus/Pollack, Detlef, 1998: Gegen den Strom – Kircheneintritte in Ostdeutschland nach der Wende. Opladen.

Inglehart, Ronald, 1989: Kultureller Umbruch – Wertwandel in der westlichen Welt, Frankfurt et al.

Inglehart, Ronald, 1997: Modernization and Postmodernization – Cultural, Economic, and Political Change in 43 Societies. Princeton.

Jagodzinski, Wolfgang/Greeley, Andrew, 1997: The Demand for Religion: Hard Core Atheism and „Supply Side" Theory, in: http://www.agreeley.com/articles/hardcore. html vom 06.11.1997.

Jagodzinski, Wolfgang/Quandt, Markus, 1997: Wahlverhalten und Religion im Lichte der Individualisierungsthese, in: Kölner Zeitschrift für Soziologie und Sozialpsychologie 49, 761-782.

Jung, Matthias/Roth, Dieter, 1998: Wer zu spät geht, den bestraft der Wähler – Eine Analyse der Bundestagswahl 1998, in: Aus Politik und Zeitgeschichte B52/98, 3-18.

Klingemann, Hans-Dieter, 1979: Ideological Conceptualization and Political Action, in: Barnes, S./Kaase, M., (Hg.): Political Action: Mass Participation in five Western Democracies. Beverly Hills.

Lukatis, Ingrid/Lukatis, Wolfgang, 1989: Protestanten, Katholiken und Nicht-Kirchenmitglieder: Ein Vergleich ihrer Wert- und Orientierungsmuster, in: Daiber, K.-F., (Hg.): Religion und Konfession. Hannover, 17-71.

Marks, Jürgen et al., 1998: Des Kanzlers überdrüssig, in: Focus Wahl-Spezial 1998, 43-46.

Mielke, Gerd, 1991: Des Kirchturms langer Schatten, in: Wehling, H.-G., (Hg.): Wahlverhalten. Stuttgart, 139-165.

Miller, Arthur H./Hesli, Vicki L./Reisinger, William M., (1995): Comparing Citizen and Elite Belief Systems in Post-Soviet Russia and Ukraine, in: Public Opinion Quarterly 59, 1-40.

Müller, Walter, 1997: Sozialstruktur und Wahlverhalten, in: Kölner Zeitschrift für Soziologie und Sozialpsychologie 49, 747-760.

Pappi, Franz Urban, 1979: Konstanz und Wandel der Hauptspannungslinien in der Bundesrepublik, in: Matthes, J., (Hg.): Sozialer Wandel in Westeuropa. Frankfurt am Main/New York, 465-479.

Pappi, Franz Urban, 1985: Die konfessionell-religiöse Konfliktlinie in der deutschen Wählerschaft: Entstehung, Stabilität und Wandel, in: Oberndörfer et al., (Hg.): Wirtschaftlicher Wandel, religiöser Wandel und Wertwandel – Folgen für das politische Verhalten in der Bundesrepublik. Berlin, 263-290.

Pollack, Detlef, 1994: Kirche in der Organisationsgesellschaft. Zum Wandel der gesellschaftlichen Lage der evangelischen Kirchen in der DDR. Stuttgart.

Pollack, Detlef, 1996: Zur religiös-kirchlichen Lage in Deutschland nach der Wiedervereinigung, in: Zeitschrift für Theologie und Kirche 93, 586-615.

Rattinger, Hans, 1994: Parteiidentifikation in Ost- und Westdeutschland nach der Vereinigung, in: Niedermayer, O./von Beyme, K., (Hg.): Politische Kultur in Ost- und Westdeutschland. Opladen, 77-104.

Roth, Dieter, 1999: Die Zeiten langer Regierungsperioden sind vorbei, in: Das Parlament 49/16, 11.

Schmidtchen, Gerhard, 1973: Protestanten und Katholiken. Soziologische Analyse konfessioneller Kultur. Bern/München.

Schmitt, Karl, 1985a: Religiöse Bestimmungsfaktoren des Wahlverhaltens: Entkonfessionalisierung mit Verspätung?, in: Oberndörfer, D. et al., (Hg.): Wirtschaftlicher Wandel, religiöser Wandel und Wertwandel – Folgen für das politische Verhalten in der Bundesrepublik. Berlin, 291-329.

Schmitt, Karl, 1985b: Inwieweit bestimmt auch heute noch die Konfession das Wählerverhalten – Konfession, Parteien und politisches Verhalten in der Bundesrepublik, in: Der Bürger im Staat, 95-107.

Süddeutsche Zeitung vom 29.09.1998: Wahl 1998, 6-11.

Veen, Hans-Joachim/Gluchowski, Peter, 1988: Sozialstrukturelle Nivellierung bei politischer Polarisierung – Wandlungen und Konstanten in den Wählerstrukturen der Parteien 1953-1987, in: Zeitschrift für Parlamentsfragen 19, 225-248.

Wolf, Christof, 1996: Konfessionelle versus religiöse Konfliktlinie in der deutschen Wählerschaft, in: Politische Vierteljahresschrift 37, 713-734.

Barbara Thériault

Die „Professional Guardians of the Sacred" und die deutsche Verfassunggebung

Die deutsche Vereinigung brachte eine Reihe von Folgen für die religiösen Institutionen in der ehemaligen DDR mit sich. Nach 40 Jahren atheistischer Propaganda und Politik bekamen die christlichen Kirchen mit der Ausdehnung des Grundgesetzes auf die neuen Bundesländer neue verfassungsmäßige Garantien. Darüber hinaus wurde die Beteiligung organisierter Interessen im Bereich der Politikentwicklung und Bereitstellung öffentlicher Güter garantiert: Es eröffnete sich für die Kirche ein bislang verschlossenes Feld öffentlicher Mitverantwortung (u.a. im Schul- und Sozialwesen, in den Massenmedien sowie im Heer). So stärkte die weitere Bundes- und Landesgesetzgebung die Position der organisierten Interessen; die Verfassungen der neuen Bundesländer beinhalten explizite Hinweise auf die Kirchen und ihre Wohlfahrtsorganisationen. Die neuen Länderverfassungen verliehen der Religion eine öffentliche Rolle in den neuen Bundesländern. Daiber kommentiert die Situation folgendermaßen: „Es gibt eine öffentliche Rolle des Christentums, repräsentiert in Ostdeutschland über christlich mitgeprägte Eliten, nicht immer die Breite der Orientierung der Bevölkerung widerspiegelnd, aber doch öffentlich einflußreich" (1994: 14).[1] Damit erscheint die neue Situation auf den ersten Blick, zumindest in den neuen Bundesländern, als ein „Christenglaubenstaat ohne Christen".

„Über die Wechselwirkungen zwischen Kirchenanbindung, Organisationsstrukturen, Leitungspalette und Anpassungs- und Strategiefähigkeit ist", wie Zimmer beobachtet, „[...] sehr wenig bekannt" (1997: 277). Dagegen kann uns die Analyse der Verfassungen hinsichtlich der Verweise auf Religionsangelegenheiten, ebenso wie der Prozeß der Verfassunggebung wichtige Hinweise zur Beantwortung der Frage nach dem Verhältnis zwischen Kir-

---

1 Weniger als 30 Prozent der Bevölkerung in den neuen Bundesländern sind Mitglied in einer Kirche – von diesen sind ungefähr 25 Prozent evangelisch und drei Prozent katholisch. Diese Zahlen stehen in starkem Gegensatz zu den Mitgliederzahlen in Westdeutschland, welche bei circa 80 Prozent der dortigen Bevölkerung liegen – dabei ist der Prozentsatz der Katholiken geringfügig höher als der der Protestanten (Pollack 1997: 395). Ostdeutschland wird damit durch eine der höchsten nicht konfessionell gebundenen Bevölkerungsraten in Europa gekennzeichnet (Pickel 1995: 6).

chen und Staat sowie anderen Gruppen geben (Markoff und Regan 1987: 166). Desweiteren kann diese Vorgehensweise – jenseits der Frage des „membership deadlock" – erklären, wie zielorientierte Eliten ihre Situation beeinflussen. Vor diesem gedanklichen Hintergrund wird zunächst auf die deutsche Vereinigung hingewiesen und in diesem Zusammenhang das konstitutionelle Rahmenwerk der Religion in Deutschland beschrieben. Nach der Erläuterung des Ursprungs der gegenwärtigen Verfassungen, wird am Beispiel Thüringens der Prozeß der Verfassunggebung in diesem Bundesland nachgezeichnet. Auf diese Weise soll gezeigt werden, wie die „Professional Guardians of the Sacred" wirken (Martin 1978), wie also die Bischöfe und ihre Verbindungsmänner bei Parlamenten und Regierungen nach der deutschen Vereinigung ihre gesetzlich verankerten Rechte sicherten. In diesem Rahmen wird auch auf die Anliegen der Kirchen bei ihrer Zusammenarbeit mit den staatlichen Akteuren hingewiesen und somit in den Worten Markoffs und Regans „[some] sense of constitutional references to religion" gegeben (1987: 164).

1.1 Der Weimarer Kompromiß: Ursprung der modernen deutschen Verfassung

Durch die erste Vereinigung der deutschen Länder in den Jahren 1870-1871 entstand ein protestantisch geprägter Staat unter preußischer Vorherrschaft. Katholiken und Sozialdemokraten wurden durch Bismarcks „Kulturkampf" und antisozialistische Gesetze von der Beteiligung an der Macht ausgeschlossen.[2] Nach dem Zusammenbruch des Kaiserreichs bildete sich jedoch eine Koalition aus Sozialdemokraten, Linksliberalen und Katholiken – die sogenannte „Weimarer Koalition". Die katholische Zentrumspartei spielte in dieser Koalition eine führende Rolle in den Debatten um den Wortlaut der neuen Verfassung. Dagegen bildeten sich die Protestanten, nachdem sie lange Zeit Mitglieder der Staatskirche waren, nicht als geschlossene, einflußnehmende Gruppe heraus. Aufgrund der „unnatürlichen" Weimarer Koalition (Lönne 1996: 160) mußte es zu Konflikten kommen. Die Koalitionspartner stimmten hinsichtlich des Wesens und Charakters des Staates und dessen Zuständigkeiten nicht überein (siehe Zippelius 1996). Hauptpunkte dieser Meinungsverschiedenheiten waren u.a. der Status der Kirchen und die Konzeption des

---

2 Nowak hat eine Liste erarbeitet, die die offiziellen Positionen der Katholiken im Kaiserreich aufzeigt (1997: 150-151). Seine Ergebnisse zeigen, daß Protestanten wesentlich öfter öffentliche Ämter bekleideten als Katholiken, wobei dies insbesondere für höhere Positionen gilt.

Staates. Hinsichtlich der bestehenden Konfliktlage erklärte Otto Meißner, Referent beim Reichspräsidenten Ebert: „man habe die Probleme vom Standpunkt zweier Weltanschauungen im Wege des Kompromisses gelöst" (zitiert nach Nowak 1997: 209). Indem die Neutralität des Staates erklärt wurde (Art. 137, § 1 WRV, „Es besteht keine Staatskirche")[3], markierte Weimar einen Meilenstein: Es gewährte den religiösen Konfessionen die gleichen Rechte, beendete damit die Tradition des Kirchenstaates und verhinderte einen neuen „Kulturkampf".[4] Diese Gleichheit beschränkte sich jedoch auf die beiden großen christlichen Kirchen – sowie die wenigen Religionsgesellschaften, die dieses Recht schon besaßen. Auf diese Weise wurde Deutschlands starker dualer und bi-konfessioneller Charakter mitbegründet (Daiber 1995: 10).[5]

Mit Weimar bekamen religiöse Organisationen einen speziellen Status; dies gilt insbesondere für die großen christlichen Kirchen, wie es in den folgenden Ausführungen Zylbergs zum Ausdruck kommt: „L'État allemand cède [...] une partie de l'espace public aux institutions religieuses issues des institutions religieuses historiques" (1995: 39). Die Kirchen konnten eine Kirchensteuer erheben (Art. 137, § 6 WRV), finanzielle Zuschüsse vom Staat erhalten (Art. 138 WRV) sowie Seelsorge im Heer, Krankenhäusern, Strafanstalten und anderen öffentlichen Anstalten durchführen (Art. 141 WRV). Darüber hinaus wurde ihnen das Recht garantiert, Religionsunterricht an öffentlichen Schulen zu erteilen (Art. 149 WRV).[6] Nach Art. 139 sollten Sonntage und religiöse Feste als öffentliche Feiertage anerkannt werden. Außerdem sicherte der Staat durch das Subsidiaritätsprinzip privaten Organisationen (insbesondere den Verbänden, die sich auf Sozialmilieus stützten, die sogenannten „Träger der Freien Wohlfahrtspflege") vor öffentlichen Institutionen die Zuständigkeit für die Gewährung von Dienstleistungen in den Bereichen Gesundheit, Soziales und Jugend. So wurde der Konflikt zwischen verschiedenen Interessengruppen und Fraktionen (v.a. sozialdemokratisch, katholisch und liberal) – wie Zimmer (1997) anführt – überbrückt. Insgesamt stellte sich die Weimarer Ordnung heraus als „repository of conflict [...] between organized religion, political opposition, and the state over the division

---

[3] In diesem Beitrag werden die folgenden Abkürzungen benutzt: WRV (Weimarer Reichsverfassung) bezieht sich auf die Weimarer Verfassung, während GG für Grundgesetz steht.

[4] Die Protestanten akzeptierten nur widerwillig die Rechtslage, da sie durch die Trennung von Staat und Kirche viel zu verlieren hatten. Für die Katholiken war zwar eine strenge Trennung auch inakzeptabel, sie waren der neuen Entwicklung gegenüber jedoch aufgeschlossener als die evangelischen Christen.

[5] Es bleibt jedoch anzumerken, daß es weiterhin eine gesellschaftliche Ungleichbehandlung gab.

[6] Die Einbeziehung des Religionsunterrichts war ein Zugeständnis an den katholischen Gesetzesvorschlag zur Konfessionsschule. Obwohl dieser Vorschlag mit aller Kraft von der Zentrumspartei unterstützt wurde, scheiterte er im Reichstag in den Jahren 1925 und 1927 (Lönne 1996: 161).

Die "Professional Guardians of the Sacred"

of labor and spheres of influence" (Anheier 1991: 314; Zimmer 1997: 80). Die Weimar Verfassung bildet das Fundament für das bundesrepublikanische Modell von „Partnerschaft und Autonomie" (Monsma and Soper 1997: 161).

1.2 Die BRD: Kontinuität nach geschichtlicher Diskontinuität

Nach dem 2. Weltkrieg zeigten die Alliierten eine positive Einstellung zu den Kirchen (Hartweg 1984: 212). Letztere blieben glaubwürdige Institutionen, deren Strukturen – trotz Gleichschaltung der Organisationslandschaft zu Zeiten des Nationalsozialismus – weitestgehend intakt waren. Die Kirchen erwiesen sich darüber hinaus als hilfreich bei der Auslieferung von Hilfsgütern an die betroffene Bevölkerung. Desweiteren wurden sie bei der Gründung des Parlamentarischen Rats im Jahr 1948 als „Wächter der Moral" betrachtet. In den Debatten, die zur Entstehung des Grundgesetzes und der Länderverfassungen führten, äußerten sich die Bischöfe nicht öffentlich, sondern beauftragten vertrauenswürdige Personen als Vertreter ihrer Interessen, wie z.B. den katholischen Prälaten Wilhelm Böhler (siehe Schewick 1980). Die Protestanten beschäftigten sich noch mit ihren organisatorischen Strukturen und verließen sich daher zumeist auf den Einsatz Böhlers (Nowak 1997: 318; Anselm 1990: 68).[7] Das Mandat des Prälaten war, Druck auf den Parlamentarischen Rat auszuüben, um so die besonderen Interessen der Kirchen zu schützen. Obwohl der Gesetzesvorschlag zur Konfessionsschule (Schewick 1980: 46)[8] – eine für Böhler und die Fuldaer Bischofskonferenz bedeutsame Frage – scheiterte, wurde im Grundgesetz der Wortlaut seines Weimarer Vorläufers über Vereinigungen zu Religionsgesellschaften in voller Länge übernommen. Zu den Artikeln 136-141 (ohne Art. 140 WRV) wurden im Jahr 1949 mit dem Grundgesetz Grundrechte zugefügt (Art. 2-5 GG). Die Partnerschaft zwischen Staat und Träger der Freien Wohlfahrtspflege, u.a. die konfessionellen Verbände Caritas und Diakonie, wurde im Jahr 1967 durch den Bundesgerichtshof abgesichert (Sachße 1995: 136).[9]

---

7   Ein Verbindungsmann, Heinrich Held, wurde zwar genannt, protestantische Persönlichkeiten spielten aber eher eine Rolle durch ihr Engagement in Parteien.
8   Wie im Jahre 1919 bekamen die Katholiken auch dieses Mal den starken Widerstand der Sozialdemokraten zu spüren. Der Gesetzesvorschlag wurde trotz großer Popularität und trotz Adenauers Unterstützung abgelehnt.
9   Mit dem Wachsen des Sozialstaates, wuchsen auch die Träger der Freien Wohlfahrtspflege. So kontrollierten Caritas und Diakonie mehr als zwei Drittel aller sozialen Einrichtungen in der BRD (Anheier und Seibel 1990: 327).

Abgesehen von kurzlebiger Kritik in den siebziger Jahren, blieb der legale Status der Kirchen unangefochten.[10]

1.3 Die DDR: Anschein von Kontinuität

Während in der ersten Verfassung der DDR noch Hinweise auf die Religion zu finden waren, die auf den Artikeln über Vereinigungen zu Religionsgesellschaften der Weimarer Verfassung basierten, herrschte nun eine „sozialistische Interpretation" des Gesetzes vor. Darüber hinaus trug die Abwesenheit eines unabhängigen Gerichtshofes dazu bei, daß die Verfassung zu einem eher bedeutungslosen Papier wurde (Christopher 1985: 16). Dibelius und von Preysing, die evangelischen und katholischen Bischöfe Berlins, vertraten gemeinsam die Meinung, daß die Rechte der Kirchen verletzt worden waren. Sie suchten daher den Kontakt zu den Machthabern, insbesondere zu Präsident Grotewohl und zu seinem Stellvertreter Nuschke (siehe Lange et al. 1993: 42). In ihrem Gefolge gaben sich die Bischöfe große Mühe, die verfassungsmäßigen Rechte der Kirchen und der Christen auf die Tagesordnung zu bringen. Ihre Anstrengungen äußerten sich jedoch größtenteils in „ad hoc"-Kritik; die Kirchenführer wurden am Prozeß des Verfassungsentwurfs kaum beteiligt.[11] In der Ära Ulbricht zeichnete sich die DDR – vom institutionellen Standpunkt aus gesehen – durch eine feindliche Haltung gegenüber religiösen Institutionen aus, welche ihren Höhepunkt in den Repressionen des Jahres 1953 erreichte. Aufgrund der Marxistisch-Leninistischen Ideologie und des institutionellen Monopols der Sozialistischen Einheitspartei Deutschlands (SED) gab es in der Tat keinen Platz für die Kirchen. Jedoch mußte ihrer Existenz Rechnung getragen werden.[12] In der Ära Honecker wurde im Jahr 1968 eine neue sozialistische Verfassung verabschiedet (und im Jahr 1974 modifiziert). Mit dieser Verfassung wurden alle Bezüge auf Kirchen gestrichen (Luchterhandt 1993: 21).[13] Nichtsdestoweniger fanden sich in dieser

---

10 Als stellvertretendes Beispiel kann das Arbeitspapier „14 Thesen gegen die Kirche" angeführt werden, das von den Liberalen (FDP) in den siebziger Jahren verfaßt wurde (siehe Raabe 1974).
11 Einige Kirchenführer, wie z.B. der katholische Bischof Wienken, versuchten auf die Mitglieder des verfassunggebenden Komitees Einfluß zu nehmen (siehe Höllen 1980). Außerdem versuchten die Kirchen, Einfluß auf die Landesverfassungen zu nehmen (Nowak 1996: 16).
12 Mechtenberg führt diesbezüglich an: „Ideologisch betrachtet sind [die Kirchen] ein Schönheitsfehler im politischen System: Sie passen nicht hinein, doch muß ihrer Existenz Rechnung getragen werden" (1986: 555).
13 Im Jahr 1968 wurden jedoch Aspekte der Glaubens- und Gewissensfreiheit im Artikel 20 der neuen Verfassung aufgenommen.

Die "Professional Guardians of the Sacred"

Verfassung Vorkehrungen für die Verhandlung bestimmter Fragen (Art. 39), die – wie sich später bestätigte – mehr Flexibilität hinsichtlich ihrer Interpretation veranlaßten. Mechtenberg kommentiert diesen Punkt wie folgt: „Anders als in den fünfziger Jahren zeigt heute [1986] die Verfassungswirklichkeit keine Einschränkung, sondern eher eine Ausweichung des Verfassungstextes" (1986: 556).

1.4 Die deutsche Vereinigung: „Kein Kulturkampf"

Das Grundgesetz war durch die Teilung des Landes von provisorischer Natur. Seine Verfasser bestätigten diese Sichtweise in der Präambel des Dokuments mit der Aufforderung an das deutsche Volk, „in freier Selbstbestimmung die Einheit und Freiheit Deutschlands zu vollenden". Jedoch wurde die deutsche Frage nach 40 Jahren der Trennung vorerst zurückgestellt. Mit dem Fall der Berliner Mauer wurde deutlich, daß ein Wechsel nahe bevorstand und daß eine Antwort auf die „Frage" gefunden werden mußte. Am 17. Juni 1990 verabschiedeten die Parlamentarier der DDR einen Verfassungsartikel, der ihrem Standpunkt Ausdruck verlieh, daß sich die DDR zu einem „freiheitlichen, demokratischen, föderativen, sozialen und ökologisch orientierten Rechtsstaat" entwickeln solle (Zippelius 1996: 160). Die Pläne für eine Reform der DDR und ihrer neuen Verfassung wurden aber aufgegeben, als die Bundeswahl näher kam (von Beyme 1996: 52; Hartweg 1991: 109). Die deutsche Einheit wurde zum gemeinsamen Ziel. Zwei Szenarien wurden in Erwägung gezogen, um die beiden Republiken zusammenzuführen: Die Vereinigung gemäß Art. 146 GG oder nach Art. 23 GG (§2). Erstgenannter sah Verhandlungen zwischen den beiden deutschen Staaten vor, den Entwurf einer neuen Verfassung legitimiert durch ein Referendum. Es liest sich folgendermaßen: „Dieses Grundgesetz wird am Tag unwirksam, an dem eine neue, durch das deutsche Volk auf der Basis freier Entscheidung angenommene Verfassung in Kraft tritt." Der Artikel 23 GG (§2) – der schon früher in den fünfziger Jahren geltend gemacht wurde, um das Saarland an die BRD anzugliedern – bot eine Alternative, die von der Bundesregierung in Bonn befürwortet wurde. Letztendlich fiel die Entscheidung zugunsten der „Beitritts"-Lösung: Die Länder wurden wiedergegründet und die Gesetze und Institutionen der „alten" Bundesrepublik wurden auf die neuen Bundesländer ausgeweitet.[14] Die Vereinigung über Art. 23 GG ebnete den Weg für Verfas-

---

14 Nach der Vereinigung wurde Artikel 146 GG modifiziert. Dieser lautet seither wie folgt: „Dieses Grundgesetz, das nach Vollendung der Einheit und Freiheit Deutschlands für das gesamte deutsche Volk gilt, verliert seine Gültigkeit an dem Tag, an dem eine Verfassung

sungskontinuität (Zippelius 1996: 158). Obwohl einige Veränderungen unvermeidlich zur Sprache kamen, kann die deutsche Vereinigung insgesamt unter dem Motto Schäubles „Keine Experimente" zusammengefaßt werden (1991: 131). Die Kirchen gingen mit einem „Klima der Sympathie" (Pollack 1998: 248) in die Vereinigung. Sie waren wieder einmal die einzigen Institutionen, die ihre gemeinsamen Strukturen und Verbindungen mit dem Westen bewahrt hatten. Darüber hinaus wurden sie für ihre tragende Rolle in der Friedensbewegung und in der friedlichen Revolution geschätzt. Obwohl die neunziger Jahre weder von einer christlichen Mehrheit noch von einem religiösen Wiederaufleben des Religiösen gekennzeichnet waren, wurden die konfessionellen Organisationen, so argumentieren einige Autoren (Tangemann 1995: 162), durch den Institutionentransfer politisch privilegiert. Mit der Begründung der Mißachtung der Kirchenrechte in der ehemaligen DDR, entstanden gemeinsame katholisch-evangelische Initiativen. Sie machten es sich zur Aufgabe darauf hinzuwirken, daß die Subventionen und die Rechte, die die Kirchen und ihnen nahestehende Verbände im Westen Deutschlands zustanden, auch in den Einigungsvertrag und in die Verfassungen der neuen Bundesländer aufgenommen wurden. Die Kirchen waren rasch erfolgreich, ihre Interessen in den Vordergrund zu rücken. Der besondere Status der Wohlfahrtsverbände wurde im Art. 32 des Vereinigungsvertrags festgehalten (Priller und Zimmer 1996: 216).[15] Dieser Artikel sah auch die Gründung und Ausdehnung der Träger der Freien Wohlfahrtspflege und der Jugendhilfe vor. Ferner sicherte er ihre Beteiligung am Prozeß der Politikentwicklung und der Implementation öffentlicher Dienstleistungen rechtlich ab. In den Verfassungen der neuen Bundesländer finden sich Verweise auf die Kirchen und ihre Wohlfahrtsverbände auch an Stellen, an denen diesbezügliche Erwähnungen in den Verfassungen der alten Bundesländer fehlen.[16] Darüber hinaus verschafften sich die Kirchen Autonomie über spezielle Abkommen (siehe Vulpius 1996: 61-80). Angesichts der in der DDR herrschenden Situation ist es interessant zu fragen, wie sie diese (institutionelle) Position erlangten und welche Rolle, die „Professional Guardians of the Sacred" dabei spielten. Im nächsten Abschnitt werden ferner

---

in Kraft tritt, die von dem deutschen Volk in freier Entscheidung beschlossen worden ist."

15 Art. 32 lautet: „Die Verbände der Freien Wohlfahrtspflege und die Träger der Freien Jugendhilfe leisten mit ihren Einrichtungen und Diensten einen unverzichtbaren Beitrag zur Sozialstaatlichkeit des Grundgesetzes. Der Auf- und Ausbau einer Freien Wohlfahrtspflege und einer Freien Jugendhilfe in dem in Artikel 3 genannten Gebiet wird im Rahmen der grundgesetzlichen Zuständigkeiten gefördert."

16 So garantieren die Verfassungen der Bundesländer Sachsen, Sachsen-Anhalt und Thüringen den Kirchen und religiösen Gruppen Zuständigkeiten für die Sozialfürsorge und gemeinnützige Arbeit sowie finanzielle Kompensation ihrer Ausgaben (Verfassungen der deutschen Bundesländer 1995).

Die "Professional Guardians of the Sacred"

folgende Fragen gestellt: Traten die Kirchen geschlossen auf oder waren sie gespalten? Welche Themen waren für sie, hinsichtlich der Ausgestaltung der neuen Länderverfassungen, bedeutend? An welchen Stellen kollidierten ihre Interessen mit denen der staatlichen Akteure? Das Skizzieren eines Prozesses der Verfassunggebung in den neuen Bundesländern kann einige dieser Fragen beantworten. Im folgenden wird auf das Land Thüringen hingewiesen, um an dieser Fallstudie die Situation der Kirchen zu veranschaulichen.

2. Die Verfassungen der neuen Bundesländer: Das Fallbeispiel Thüringen[17]

Thüringen ist eines der fünf neuen Bundesländer und befindet sich im geographischen Zentrum des wiedervereinigten Deutschlands. Man kann Thüringen als relativen „Nachzügler" in Bezug auf den Aspekt der Staatenbildung in Deutschland bezeichnen. Ein kurzer geschichtlicher Abriß der Geschichte des Landes stellt sich wie folgt dar: Im Jahr 1920 in seiner modernen Form gegründet, wurde Thüringen im Gefolge der Zentralisierungstendenzen durch die Nationalsozialisten aufgelöst. Nachdem es im Jahr 1946 wiederhergestellt wurde, erfolgte die Abschaffung im Jahr 1952 durch die Kommunisten. Die Einheit der Grenzen der Evangelisch-Lutherischen Kirchen in Thüringen waren die einzigen (partiellen) Gedächtnisstützen, die auf die territoriale Einheit des Landes während des vierzigjährigen Bestehens der DDR hinwiesen.[18] Das Bundesland Thüringen wurde schließlich im Jahr 1990 wieder anerkannt und nahm seine vor den beiden Diktaturen bestehende Geschichte wieder auf. Wie in allen anderen neuen Bundesländern, so sind auch die Einwohner Thüringens (2,5 Millionen) überwiegend konfessionslos. Der christliche Teil der Bevölkerung gehört den beiden großen Landeskirchen an: Während mehr als 20 Prozent der Bevölkerung Thüringens Protestanten sind, schätzt man die Zahl der Katholiken auf acht Prozent (Lange, E. 1994: 630). Vor dem Hintergrund der Tatsache, daß ein großes traditionell protestantisches Territorium durch die neuen Bundesländer abgedeckt wird, stellt Thüringen heute eine wichtige katholische Enklave dar (Lange, E. 1994: 630). Im Oktober 1990 wählten die Thüringer ihr erstes demokratisches Parlament seit 1946. Nachdem die

---

17 Bei der Realisierung dieses Kapitels profitierte ich in hohem Maß von der Hilfe der Kirchenbeauftragten beim Landesparlament und -regierung in Erfurt.
18 Es gibt drei Landeskirchen in Thüringen (Evanglisch-Lutherische Kirche in Thüringen, Evangelische Kirche von Kurhessen-Waldeck und die Evangelische Kirche der Kirchenprovinz Sachsen). Die katholische Diözese von Erfurt, die ehemalige apostolische Administratur, wurde im Jahr 1994 gegründet.

politische Vereinigung vollzogen war und die Länder durch das Ländereinführungsgesetz wiedergegründet waren, standen die neu gebildeten Länderparlamente davor, sich eine eigene Verfassung zu geben. Die gebildete Koalition aus Christdemokraten (CDU) und Liberalen (FDP) – mit 59 von insgesamt 83 Sitzen im Thüringer Landtag – sowie die Parteien der Opposition brachten ihren eigenen Verfassungsentwurf ein.[19] Dieser verfassunggebende Prozeß steht im Kontrast zu den Prozessen in den vier anderen neuen Ländern, deren Verfassungen durch eine parlamentarische Zweidrittelmehrheit angenommen wurden.[20] Der Thüringer Weg stellte sich als langwierig heraus und zog sich von April 1991 bis in das Jahr 1993 hinein. Während dieser Zeit suchten die Kirchenbeauftragten bei Landtag und Landesregierung, wie damals die Verbindungsmänner der Kirchen beim Parlamentarischen Rat, Kontakt mit Politikern und Parteien, um den Prozeß zu begleiten. Die Kirchen wollten offensichtlich nicht die Gelegenheit verstreichen lassen, ihren durch die Erweiterung des Grundgesetzes neu erlangten institutionellen Status, ihre Belange sowie Einfluß auf die moralischen Wertvorstellungen zu sichern. Im Hinblick auf die niedrige Mitgliederzahl behauptet Spieker zurecht: „Die Kirche[n] bemüht[en] sich mit ihren schwachen Kräften um gesellschaftliche Präsenz" (1995: 22).

Die protestantischen und katholischen Kirchen, in ihrer Rolle als Moderatoren des „Runden Tisches", hatten schon an den Verfassungsdiskussionen der späten DDR teilgenommen. Die Kirchenführungen hatten jeweils Stellungnahmen zum Grundgesetz veröffentlicht. Ihr Engagement setzte sich nach der Vereinigung fort:[21] Während der Entstehung der neuen Bundesländer wählten die Katholiken und Protestanten jeweils eine Person aus ihrer Mitte für diese Aufgabe. In Thüringen wurde entschieden, daß die beiden großen Kirchen zusammen bei der Erarbeitung der Verfassunggebung mitwirken sollten. Es wurde somit eine „Ökumenische Kommission" gegründet, die „Arbeitsgruppe der katholischen Kirche, der Evangelisch-Lutherischen Kirche in Thüringen und der Evangelischen Kirche der Kirchenprovinz Sachsen", während die jeweiligen Kirchen in den anderen Ländern ihre eigene Gruppe bildeten. Die AG mit Sitz in Erfurt bestand aus den zwei Kirchenbeauftragten beim Parlament und bei der Regierung zusammen mit zwei Anwälten und zwei renommierten Theologen. Die Gruppe nahm ihre Arbeit schon Ende des Jahres 1990 auf. Sie erarbeitete Verfassungsvorschläge, die sie an die neu gewählten Parlamentarier

---

19 Als Opposition agierten die Sozialdemokraten (SPD) zusammen mit zwei weiteren Parteiverbindungen (Neues Forum/Grüne/Demokratie jetzt und Linke Liste/PDS).
20 Die Verfassung Westberlins wurde auf den östlichen Teil der Stadt ausgedehnt.
21 Die Berliner Bischofskonferenz gründete im Jahr 1988 die Organisation „Berlin Studienstelle", die einen besseren Dialog mit der Öffentlichkeit gewährleisten sollte und später an Verfassungsentwürfen mitwirkte. In Thüringen übernahm die Katholische Soziale Aktion die Aufgabe, das Engagement der Katholiken zu fördern (Schnauß 1995: 243-252).

Die "Professional Guardians of the Sacred"

weiterreichte (siehe „Empfehlungen und Vorschläge" 1990). In diesen Entwürfen kam die Position des gemeinsamen Kirchenausschusses, die Rechte und Statuten der Kirchen gemäß des Grundgesetzes einzuführen und neue institutionelle Garantien ihrer Ressourcen zu erschließen (siehe folgende Tabelle), deutlich zum Ausdruck. Unter den vielen Forderungen führte die AG auch einige Neuheiten ein, wie z.B. den staatlichen Schutz von Behinderten, eine Frage, die die Kirchen schon zu DDR-Zeiten beschäftigt hatte.[22]

2.1 Wichtige Forderungen der „Arbeitsgruppe der katholischen Kirche und evangelischen Kirchen" an die parlamentarischen Ausschüsse des Thüringer Landtags

Obwohl die deutsche Bischofskonferenz und der Rat der Evangelischen Kirche in Deutschland (EKD) auf der Bundesebene anfangs in manchen Fragen uneins waren (siehe ZdK und EKD 1991), drängten in Thüringen sowohl katholische als auch evangelische Kirchenführer auf Verfassungskontinuität,[23] womit die Unabhängigkeit und Meinungsvielfalt innerhalb der evangelischen Kirchen zum Ausdruck kam. Der Aspekt der ökumenischen Kooperation und der paritätischen Behandlung wurde von allen Beteiligten in den Mittelpunkt gerückt. Folglich wurden Streitfragen in den gemeinsamen Arbeitspapieren heruntergespielt. Während Fragen wie der besondere Schutz von Behinderten und der Umweltschutz sowie die Sicherung des Religionsunterrichts Allgemeingut waren,[24] ergaben sich Divergenzen in besonderen Teilbereichen. Eine „offene Definition" von Lebensgemeinschaften, wie von der evangelischen Seite bevorzugt, stieß auf seiten der katholischen Kirche auf Ablehnung. Außerdem wehrte sich diese gegen die Einführung von Plebisziten, wohingegen die evangelischen Kirchen basisdemokratischen Strukturen gegenüber offen waren. Darüber hinaus gab es eine Reihe von strittigen Fragen, wie z.B. bezüglich des ungeborenen Lebens und der Euthanasie. Der Vorschlag der FDP, zu dem Grundrecht, „Die Würde des Menschen ist unantastbar" (Art. 1), „auch im Sterben zu achten und zu schützen" hinzuzufügen, wurde im Rahmen der Euthanasie-Diskussion auf das heftigste von der katholischen Kirche kritisiert. Schließlich erwies sich die „nihil obstat"-Frage,

---

22 Zu DDR-Zeiten gewährten die Kirchen fast die Hälfte aller Dienstleistungen für Behinderte (siehe Reuer 1998: 228).
23 Nach der Wende legten die Bischöfe ihren Standpunkt dar, wie dies vor sich gehen sollte. Die Bischofskonferenz favorisierte die Ausweitung des Grundgesetzes auf die neuen Bundesländer, während die EKD einem Verfassungsreferendum den Vorrang einräumte (ZdK und EKD 1991: 375).
24 Die Frage des Religionsunterrichts erwies sich als strittig und rief in vielen Länder Diskussionen unter Kirchenmitarbeitern hervor (siehe Kirchenamt der EKD 1993).

d.h. „die Frage nach dem Grad der Mitwirkung der Kirchen bei der Ernennung von Hochschuldozenten" (Vulpius 1996: 25),[25] als höchst kontrovers.

Tabelle 1: Wichtige Forderungen der „Arbeitsgruppe der katholischen Kirche und evangelischen Kirchen" an die parlamentarischen Ausschüsse des Thüringer Landtags:

• Bezug auf die christliche Tradition des Landes in der Präambel der Landesverfassung
• Aufnahme der Grundgesetzartikel zu Religionsgesellschaften
- Theologische Fakultäten an staatlichen Hochschulen und Mitwirkung der Kirchen bei der Ernennung von Hochschuldozenten (*)
+ Anerkennung, Schutz und Forderung der von den Kirchen und Religionsgemeinschaft unterhaltenen caritativen und sozialen Einrichtungen
+ Anspruch auf staatliche Unterstützung für Kirchengebäude als Teil des deutschen Kulturguts
• Grundrechte (wie im Grundgesetz verankert)
- Schutz von Ehe und Familie (*)
- Erziehungsrecht der Eltern (*)
- Religionsunterricht als ordentliches Lehrfach an öffentlichen Schulen
- Recht zur Errichtung von Schulen in freier Trägerschaft
+ Gleichbehandlung behinderter und nichtbehinderter Menschen
- Recht auf ein würdevolles Sterben (*)[26]
• Allgemeines Staatsziel
+ Schutz der Umwelt

- Rechte, an denen die Kirchen ein besonders Interesse hatten und die bereits im Grundgesetz verankert waren.
+ Rechte, die nicht im Grundgesetz standen
* Fragen, an denen besonders die katholische Kirche ein Interesse hatte

Quelle: Arbeitsgruppe der Katholischen Kirche, der Evangelisch-Lutherischen Kirche in Thüringen und der Evangelischen Kirche der Kirchenprovinz Sachsen („Empfehlungen und Vorschläge" 1990).

Beide Kirchen verlangten die Anerkennung der ihnen beigeordneten sozialen Wohlfahrtsorganisationen. Das Subsidiaritätsprinzip und die Finanzierungspflicht der Freien Wohlfahrtspflege (wie in Art. 32 des Vereinigungsvertrages verankert) fanden im Gegensatz dazu keine besondere Beachtung. So war es die „Liga der Freien Wohlfahrtspflege in Thüringen", ein Dachverband der Interessenvermittlung der freien Wohlfahrtsverbände (einschließlich der kirchli-

---

25 Das Ergebnis hätte einen direkten Effekt auf die Frage gehabt, ob das frühere Priesterseminar der Universität Erfurt angegliedert gewesen wäre oder nicht.
26 Die von der FDP vorgeschlagene Formulierung des Artikels 1 lautete: „Die Würde des Menschen ist unantastbar. Sie auch im Sterben zu achten und zu schützen ist Verpflichtung aller staatlichen Gewalt." Sie stieß auf seiten der katholischen Kirche auf Widerstand.

Die "Professional Guardians of the Sacred"

chen Organisationen Diakonie, dem größten Wohlfahrtsträger des Landes, und Caritas), der den politischen Parteien die Aufnahme der letztgenannten Punkte in die Thüringer Landesverfassung wie folgt vorschlug: „Die Verbände der Freien Wohlfahrtspflege sind Träger eigener sozialer Aufgaben. Ihre auf das Gemeinwohl gerichtete Tätigkeit bleibt gewährleistet und ist im Sinne des Subsidiaritätsprinzips zu fördern" (Hack und Frankenhäuser 1993: 2). Die Kirchenvertreter versicherten der Liga ihre Zustimmung zu diesem Vorschlag.

2.2 Auf dem Weg zu einer Verfassung...

Im Jahr 1992 veröffentlichten alle politischen Fraktionen im Parlament ihre Vorschläge zur Verfassung bzw. ihre zusammenfassenden Bemerkungen (siehe „Synopse der Entwürfe der Verfassung des Landes Thüringen", 18-19 Mai 1993). Die kirchliche Arbeitsgruppe gab dann eine zweite gemeinsame Stellungnahme heraus, in der sie ihre Präferenzen zu allen für die Kirche problematischen Verfassungsartikeln auflistete. Die Kirchen unterstützten in erster Linie die Aussagen, die von den Christdemokraten (CDU) eingebracht wurden (obwohl von den Kirchenrepräsentanten immer behauptet wurde, daß diese Vorgehensweise nicht zwangsläufig so gewesen sei).[27] Die CDU und die Kirchen traten denn hauptsächlich für die im Grundgesetz angelegten Prinzipien ein. Der Junior Koalitionspartner, die FDP, erhielt dagegen die geringste kirchliche Zustimmung und Unterstützung.[28] Nachdem die Fraktionen ihre Gesetzentwürfe vorgelegt hatten, standen sie vor dem nächsten Schritt. Um einen gemeinsamen Gesetzesentwurf zu erarbeiten, trafen sich die Fraktionen zwei Jahre lang hinter „geschlossenen Türen". Im April 1993 brachte der Parlamentarische Ausschluß schließlich einen einzigen Verfassungsentwurf ein. Dieser Entwurf stellte das Ergebnis eines komplizierten Entscheidungsprozesses dar, in dem fünf Fraktionen einen Kompromiß finden mußten. Einige Fragen erwiesen sich teilweise als kontrovers.

2.2.1 Umstrittene Fragen in den Debatten, die zur Thüringer Landesverfassung führten

Nicht unerwartet zeigt Tabelle 2, daß die für die Kirchen wichtigen Fragestellungen im Zentrum der politischen Debatten standen. „The specific con-

---

27 Es ist zu vermuten, daß man nicht allzusehr in Verbindung mit der CDU gebracht werden wollte, weil einige ihrer jetzigen Mitglieder auch der früheren Ost-CDU angehört hatten, einer Partei, die der SED sehr nahe stand.
28 Die kirchliche Unterstützung der Parteivorschläge verteilt sich wie folgt: CDU 17, SPD 6, PDS 2, Grüne 1 und FDP 1 („Vorläufige Stellungnahme der Kirchen zu den Entwürfen der Fraktionen des Thüringer Landtags für eine Thüringer Landesverfassung" 1991).

Tabelle 2: Umstrittene Fragen in den Debatten zur Thüringer Landesverfassung

Umstrittene Fragen	für die Kirchen JA	für die Kirchen NEIN
Soziale Rechte und allgemeine Staatsziele	X	
Präambel	X	
Schutz von Ehe und Familie	X	
Schulsystem	X	
Ethik- und Religionsunterricht	X	
Persönliche Ausgaben		X
5 % - Klausel		X

Quelle: Edinger (1995: 166).

tent of religious references in national constitution", betonen Markoff und Regan, „demarcates areas which are problematic in the relation between religious life and political order. These references chart the way in which religion enters into political conflict" (1987: 165-166). Am Ende des Prozesses kamen die Politiker den Kirchen entgegen. So wurden im gemeinsamen Entwurf die Artikel der Weimarer Verfassung zu Religionsgesellschaften wieder aufgenommen (Art. 136-141, ohne Art. 140 WRV), der Religionsunterricht als ordentliches Lehrfach (neben dem Ethikunterricht) und der besondere Schutz von Ehe und Familie sowie der Behinderten; die Finanzierung und der Schutz von caritativen und sozialen Einrichtungen wurde gesichert. Die gewählte Präambel geht sogar einen Schritt weiter als die religiöse Tradition des Landes.[29] Die Bezugnahme auf Gott in der Präambel scheine, wie ein Mitglied der kirchlichen AG anmerkte, ein Zugeständnis an die Kirchen zu sein, da diese die der FDP wichtige Frage eines „Rechts auf ein Sterben in Würde" in ihre Forderungen aufgenommen hätten. Die Bereitschaft der Parlamentarier, in der Verfassung auf die Religion zu verweisen, spiegelt auf der einen Seite die gute Zusammenarbeit mit den Kirchen wider, ihren Willen, der Rolle der Kirchen in der Wende Rechnung zu tragen, sowie die Mißachtung ihrer Rechte in der ehemaligen DDR wiedergutzumachen.[30] Diese Bereitschaft zeigt aber auf der anderen Seite die Anerkennung ihrer prekären Situation. Der Streit um die „nihil obstat"-Frage markiert darüber hinaus die Grenzen dieser Bereitschaft.[31]

---

29 Nach dem 2. Weltkrieg nahmen die meisten Bundesländer den Verweis auf Gott, wie er sich im Grundgesetz findet, in ihre Landesverfassung auf: „Im Bewußtsein seiner Verantwortung vor Gott und den Menschen..."
30 Klaus von Beyme (1996) führt an, daß es eine „Symbiose der politischen und religiösen Elite" in den Neuen Bundesländern gibt. Nach Georg Paul Hefty haben in keinem anderen ehemals kommunistischen Land so viele Politiker eine berufliche Vergangenheit in der Kirche wie in den östlichen Bundesländern (1996:16).
31 Die Frage wurde in späteren Kirchenvereinbarungen verhandelt. Im März 1994 gingen die evangelischen Kirchen eine Vereinbarung mit dem Staat ein, wohingegen die katholische

Die "Professional Guardians of the Sacred" 199

Die Kirchen waren im großen und ganzen mit dem Ausgang der Verhandlung der Fraktionen zufrieden (siehe „Stellungnahme der Kirchen zu dem Gesetzentwurf der Verfassung des Landes Thüringen" 1993). Die ökumenische Arbeitsgruppe begrüßte vor allem die Erwähnung Gottes in der Präambel und die besondere Stellung des Religionsunterrichts an öffentlichen Schulen. Sie schlug schlicht vor, einige kleinere Korrekturen im Wortlaut des Dokuments vorzunehmen. Die Liga der Freien Wohlfahrtsverbände bedauerte dagegen, daß weder die Rolle ihrer Mitglieder noch das Subsidiaritätsprinzip Erwähnung im gemeinsamen Entwurf gefunden hatten, wie dies z.B. im Nachbarland Sachsen-Anhalt der Fall war.[32] Neben anderen Gruppen und Verbänden, die eine Abänderung des Verfassungsvorschlags zu erwirken suchten, brachte die Liga eine Petition ein. Nach dem langwierigen Prozeß, fünf Verfassungsentwürfe zu einem zu verbinden, widerstrebte es den Parlamentariern, das Dokument abzuändern (Edinger 1994: 119). Vor diesem Hintergrund wurde die Petition der „Liga der Freien Wohlfahrtsverbände" abgelehnt (siehe den Brief an den Petitionsausschuß des Thüringer Landtags). Ohne weitere Abänderungen wurde die Landesverfassung Thüringens am 25. Oktober 1993 auf der Wartburg, einem religiösen und geschichtsträchtigen Ort, unterzeichnet. Ein Referendum wurde dann im Oktober 1994 abgehalten.[33]

2.3 Die Verfassung Thüringens im ostdeutschen Kontext

Die Landesverfassung Thüringens war die letzte Verfassung, die in Ostdeutschland ratifiziert wurde. Starck hebt den Aspekt hervor, daß die Verfassungen der neuen Bundesländer zwar einige Neuheiten aufweisen würden, aber nicht wesentlich vom Grundgesetz abwichen. Die einzelnen Bundesländer seien eher konformistisch und suchten die Anleitung durch den Bund; der Föderalismus in Deutschland sei eher administrativ als politisch zu sehen (1995: 118). Jedoch legen im Gegensatz zum Grundgesetz die Verfassungen der neuen Bundesländer den Schwerpunkt auf die sozialistische Verfassungstradition, auf soziale Rechte und allgemeine Staatsziele in den Bereichen Arbeit, Wohnraum und Umwelt (Edinger 1994: 130; Starck 1995: 118). Darüber hinaus wurden basisdemokratische Elemente wie z.B. Plebiszite

---

Kirche und das Land Thüringen dies erst im Juni 1997 nachholten (und dabei keine endgültige Lösung zur „nihil obstat"-Frage fanden).

32 Der Geschäftsführer der „Liga" in Thüringen bedauerte, daß viele Abgeordnete die Träger der Freien Wohlfahrtspflege und das Subsidiaritätsprinzip nur wenig kennen würden (im Gegensatz zu den Kirchen und ihren Verbände).

33 Das Referendum fand am 16. Oktober 1994, also am Tag der Bundestags- und Landtagswahlen statt.

hinzugefügt, die die Forderungen der wesentlichen Akteure der Wende reflektieren (Wollmann 1997: 528).

Thüringen zeigt im Vergleich zu den anderen neuen Bundesländern wenig Innovationen in seiner Landesverfassung. Edinger führt diesbezüglich folgende Erklärung an: „Anders als in Brandenburg bestanden seitens der schließlich die Verfassung tragenden Parteien auch keinerlei Ambitionen zu einer Beeinflussung der gesamtdeutschen Verfassungsdiskussion" (1994: 129). Es scheint, daß die Länder, die zur Zeit des Verfassungsprozesses mehrheitlich von Christdemokraten regiert wurden (4 von 5), eher dazu tendierten, das „westliche" Rahmenwerk zu übernehmen, als sich an Brandenburg (damals regiert von einer Ampelkoalition aus SPD, FDP und den Grünen) anzulehnen. Was die Situation der Kirchen betrifft, so unterscheidet sich die Verfassung des Landes Brandenburg von der der übrigen neuen Bundesländer. Es gibt z.B. weder eine Anspielung auf Transzendenz noch auf Gott in der Präambel, statt dessen findet sich ein Hinweis auf die Tradition der Aufklärung in diesem Bundesland. Darüber hinaus existiert keine verfassungsmäßige Garantie für die Kirchen, Religionsunterricht an öffentlichen Schulen erteilen zu können. Vielmehr wurde das Fach „LER" (Lebensgestaltung, Ethik, Religion) als Alternative zum Religionsunterricht eingeführt. Das Beispiel Brandenburg illustriert die Grenzen kirchlicher Akteure und veranschaulicht, daß die politischen Mehrheitsverhältnisse eine entscheidende Rolle für die Ausgestaltung der o.a. Punkte spielen können.34 In diesem Sinne wird deutlich, daß die Kirchen Anfang der neunziger Jahre zur Zeit des Prozesses der Verfassunggebung von den politischen Konstellationen – dem Wahlerfolg der Christdemokraten – in besonderem Maße profitiert haben.

3. Zusammenfassende Bemerkungen

Am Beispiel der Kirchen läßt sich viel über die Geschichte Deutschlands und seiner institutionellen Arrangements ablesen. Der erste Teil dieser Studie über Gesetze zu Religionsgesellschaften zeigt z.B., daß diese von einem hohen Maß an Kontinuität gekennzeichnet sind. Die Artikel zu religiösen Vereinigungen der Weimarer Verfassung haben bis zum heutigen Tag ihre Gültigkeit. Das System – im Jahre 1919 festgelegt und im Jahre 1949 wieder

---

34 Daiber weist auf die Konfessionen hin: „Ob es ganz zufällig ist, daß diejenigen östlichen Bundesländer, die am stärksten eine protestantische Vergangenheit haben, am wenigsten zivilreligiöse Elemente in ihren Präambeln aufweisen, kann hier zumindest gefragt werden" (1994: 14).

aufgenommen – wurde vor dem Hintergrund der deutschen Einheit und den politischen Konstellationen zur Zeit der Verfassunggebung im Jahr 1990 mit der Ausweitung des Grundgesetzes nach Osten und dem Entwurf der neuen Länderverfassungen generell bestätigt.[35] Dennoch sind neue Formulierungen, wie z.B. die Verankerung des Ethikunterrichts als ordentliches Lehrfach neben dem Religionsunterricht, in der Mehrheit der neuen Verfassungen hinzugekommen. Die „Professional Guardians of the Sacred" drängten darauf, dieses Szenario ins Leben zu rufen, obwohl sie dieses System anfangs nicht immer begrüßten – erinnert sei an die Anfänge der Weimarer Republik und die Bedenken mancher Protestanten hinsichtlich des im bundesrepublikanischen Modell geltenden Verhältnisses von Staat und Kirche (siehe Pollack 1998: 226-239). Powell beschreibt die Situation wie folgt: „once established and in place, practices and programs are supported and promulgated by those organizations that benefit from prevailing conventions. In this way, elites may be both the architects and products of the rules and expectations that have helped devise" (1991: 191). Folglich kann man die Hinweise zur Religion in den Verfassungen der neuen Bundesländer als Ergebnis der Transaktion zwischen Staat und kirchlichen Akteuren bezeichnen. Jedoch muß beachtet werden, daß die staatlichen Akteure die Verhandlungen letztendlich dominierten.

Im zweiten Teil dieses Artikels, der den Prozeß der Verfassunggebung in Thüringen beschreibt, haben wir gezeigt, daß die Kirchen darin erfolgreich waren, ihre institutionelle Präsenz zu sichern, obwohl ihre Kapazitäten offensichtlich begrenzt waren. Die Kirchen und ihre Verbände konnten sich trotz geringer Mitgliederzahl behaupten, insbesondere als sie auf eine ihnen wohlgesinnte politische Mehrheit trafen. Nach Zylberberg läßt sich folgern: „Cette distanciation des Allemands de leurs Églises n'annule pas le poids historique et institutionnel des religions" (Zylberberg 1995: 41). Halmann und Petterson haben die These belegt, nach der geringes religiöses Engagement in den Ländern Osteuropas nicht mit dem Einfluß der Religion auf andere Lebensbereich korreliert (1998: 11). In vielen Ländern, in denen eine neue Verfassung erarbeitet wurde, konnten die Kirchen eine solide Position im politisch-administrativen System einnehmen. Trotz geringer Mitgliederschaft werden diese nicht als „bloße dekorative Rhetorik" (Berger 1988: 127) gesehen, sondern

---

35 Bei näherer Betrachtung der Hinweise auf die „Religion" in den Verfassungen in der neueren deutschen Geschichte zeigt sich, daß nicht nur das gesetzliche Rahmenwerk, sondern auch die Streitigkeiten über geeignete Formen der Arbeitsteilung relativ gleich blieben. So war z.B. der genannte Grund, der Bismarck seinen „Kulturkampf" einführen ließ, eine Streitigkeit zwischen dem Preußischen Bildungsministerium und der katholischen Kirche im Hinblick auf den Beamtenstatus von Professoren der Theologie (Zippelius 1996: 120). In dieser Frage gerieten auch die katholische Kirche und das Bundesland Thüringen aneinander.

meistens als „public utility" (Davie 1999). Weder die Größe der Mitgliedschaft noch vergangene Politikkonstellationen scheinen daher gute Variablen zu sein, um die Reproduktion religiöser Organisationen zu erklären. Wir müssen uns daher auf die kirchlichen Akteure (Geschichte, Doktrin, Staatskonzeption, Führungsstrukturen) konzentrieren, um ihre jeweilige Position zu erklären und weitere Faktoren wie z.B. Machtverhältnisse, komplexe Interdependenzen, „taken for granted assumptions" (Powell 1991: 191) in unsere Forschungen einbeziehen, um so zu einem besseren Verständnis der institutionellen Position der Kirchen zu gelangen.

Literatur

Anheier, Helmut K./Seibel, Wolfgang, (Hg.), 1990: The Third Sector. Comparative Studies of Nonprofit Organizations. Berlin.
Anselm, Reiner, 1990: Verchristlichung der Gesellschaft? Zur Rolle des Protestantismus in den Verfassungsdiskussionen beider deutscher Staaten 1948/49, in: Kaiser Jochen-Christoph/Doering-Manteuffe, Anselm, (Hg.): Christentum und politische Verantwortung: Kirchen im Nachkriegsdeutschland. Stuttgart, 63-87.
Arbeitsgruppe der Katholischen Kirche, der Evangelisch-Lutherischen Kirche in Thüringen und der Evangelischen Kirche der Kirchenprovinz Sachsen, 1990: Empfehlungen und Vorschläge. Erfurt.
Berger, Peter L., 1988: Zur Dialektik von Religion und Gesellschaft. Frankfurt/Main.
Beyme von, Klaus, 1996: Das Politische System der Bundesrepublik Deutschland. 8. Ausgabe. München.
Christopher, Inge, 1985: The Written Constitution – The Basic Law of a Socialist State?, in: David Childs, (Hg.): Honecker's Germany. London, 15-31.
Daiber, Karl-Fritz, 1994: Ritual von Bedeutung. Zivilreligion in ostdeutschen Verfassungspräambeln, in: Lutherische Monatshefte 11/33, 12-14.
Daiber, Karl-Fritz, 1995: Religion unter den Bedingungen der Moderne. Die Situation in der Bundesrepublik Deutschland. Marburg.
Davie, Grace, 1999: Religion in the Modern World. Changing Sociological Assumptions. 25. Tagung der ISSR (International Society for the Sociology of Religion). Leuven, 26.-30. July 1999.
Deckers, Daniel, 1998: Wider die Tradition. Das Philosophisch-Theologische Studium in Erfurt soll nicht Universitätsfakultät werden, in: FAZ, 31.08.1998.
Derlien, Hans-Ulrich/Lock, Stefan, 1994: Eine neue politische Elite? Rekrutierung und Karrieren der Abgeordneten in den fünf neuen Landtagen, in: Zeitschrift für Parlamentsfragen 1/25, 61-93.
Edinger, Michael, 1995: Staatszielbestimmungen als Gegenstand der Verfassunggebung in Thüringen, in Karl Schmitt, (Hg): Die Verfassung des Freistaats Thüringen. Weimar, 103-131
Francis, John G., 1992: The Evolving Regulatory Structure of European Church-State Relationships, in: Journal of Church and State 34/4, 775-804.

Hack, Michael/Frankenhäuser, Henri, 1993: Brief an den Petitionsausschuß des Thüringer Landtages, 22.11.1993.

Halman, Loek/Pettersson, Thorleif, 1998: The Religious Factor in Contemporary Europe. Exploring the levels of religious involvement and the relationships between religious involvement, the private, and the public across 23 European countries. Vortrag auf dem 14. World Congress of Sociology, Montreal, 27.07.1998.

Hartweg, Frédéric, 1984: Les interventions des Églises dans le domaine socio-politique en RFA, in: Revue d'Allemagne 16/2, 211-237.

Hefty, Georg Paul, 1996: Berufsparlamentarier wider Willen, in: FAZ, Nr. 258, 06.11.97, 16.

Herms, Eilert, 1994: Keine Abwahl Gottes. Die Offenlegung der Verantwortung in der Verfassung, in: Lutherische Monatshefte 2/33, 6-10.

Höllen, Martin, 1981: Heinrich Wienken, der „unpolitische" Kirchenpolitiker: Eine Biographie aus drei Epochen des deutschen Katholizismus. Mainz.

Hostombe, Peter, 1991: Brief an Jochen Lengemann, Minister für besondere Aufgaben des Landes Thüringen, 14.10.1991.

Kirchenamt der EKD, 1993: Zur Situation des evangelischen Religionsunterrichts in den neuen Bundesländern. Ein Zwischenbericht des Kirchenamtes der EKD vom Oktober 1992, in: Die Christenlehre 8-9, 340-355.

Lajolo, Giovanni/Vogel, Bernhard, 1997: Vertrag zwischen dem Heiligen Stuhl und dem Freistaat Thüringen. Erfurt.

Lange, Erhard H. M., 1994: Thüringen, in: Hartmann, Jürgen, (Hg.): Handbuch der deutschen Bundesländer. 2. Ausgabe. Frankfurt/Main, 593-639.

Lange, Gerhard et al., 1993: Katholische Kirche – Sozialistischer Staat der DDR. Dokumente und öffentliche Äußerungen 1945-1990. Leipzig.

Lönne, Karl-Egon, 1996: Germany, in: Buchanan, Tom/Conway, Martin, (Hg.): Political Catholicism in Europe, 1918-1965. Oxford, 156-189.

Luchterhandt, Otto, 1993: Verfassungsgrundlagen kirchlicher Eigenständigkeit, ihre Bedrohung und Verteidigung, in: Dähn, Horst, (Hg.): Die Rolle der Kirchen in der DDR: eine erste Bilanz. München, 21-35.

Markoff, John/Regan, Daniel, 1987: Religion, the State and Political Legitimacy in the World's Constitutions, in: Robbins, Thomas/Robertson, Roland, (Hg.): Church-State Relations. Tensions and Transitions. New Brunswick, 161-182.

Martin, David, 1978: A General Theory of Secularization. Oxford.

Mechtenberg, Theo, 1986: Zur Situation der Kirchen in der DDR, in: Politische Studien 37/289, 555-563.

Monsma, Stephen V./Soper, J. Christopher, 1997: The Challenge of Pluralism. Church and State in Five Democracies. Lanham/Oxford.

Nowak, Kurt, 1996: Zum historischem Ort der Kirchen in der DDR, in: Vollnhals, Clemens, (Hg.): Die Kirchenpolitik von SED und Staatssicherheit. Eine Zwischenbilanz. Berlin, 9-28.

Nowak, Kurt, 1997: Geschichte des Christentums in Deutschland. Religion, Politik und Gesellschaft vom Ende der Aufklärung bis zur Mitte des 20. Jahrhunderts. München.

Pickel, Gert, 1995: Political Culture, Political Values and Political Behavior and its Relationship to Religious Differences in the Old and New Federal States of Germany. Vortrag auf der 23. Tagung der ISSR (International Society for the Sociology of Religion), Quebec City.

Pollack, Detlef, 1997: Im Land der Konfessionslosen: Zur Lage der evangelischen Kirchen in Ostdeutschland. Hirschberg Monatsschrift des Bundes Neudeutschland 50/6, 395-406.
Pollack, Detlef, 1998: Bleiben sie Heiden? Religiös-kirchliche Einstellungen und Verhaltensweisen der Ostdeutschen nach dem Umbruch von 1989, in: Pollack, Detlef/Borowik, Irena/Jagodzinski, Wolfgang, (Hg.): Religiöser Wandel in den postkommunistischen Ländern Ost- und Mitteleuropas. Würzburg, 207-252.
Powell, Walter W., 1991: Expanding the Scope of Institutional Analysis, in: DiMaggio, Paul J./Powell, Walter W., (Hg.): The New Institutionalism in Organizational Analysis. Chicago/London, 183-203
Priller, Eckhard/Zimmer, Annette, 1996: Intermediäre Organisationen in den neuen Bundesländern – Der Nonprofit-Sektor in Ostdeutschland, in: Seibel, Wolfgang, (Hg.): Kommission für die Erforschung des sozialen und politischen Wandels in den neuen Bundesländern e.V. (KSPW). Berichtsgruppe III. Politische Interessenvermittlung, Kommunal- und Verwaltungspolitik, 202-300.
Raabe, Felix, 1974: Vorwärts ins 19. Jahrhundert. Die FDP und ihre Kirchenthesen. Katholische Sozialwissenschaftliche Zentralstelle Mönchengladbach, Reihe Kirche und Gesellschaft, Nr. 17. Köln.
Reuer, Martin, 1982: Diakonie als Faktor in Kirche und Gesellschaft, in: Henkys, Reinhard, (Hg.): Die evangelischen Kirchen in der DDR. Beiträge zu einer Bestandsaufnahme. Augsburg, 213-242.
Sachße, Christoph, 1995: Verein, Verband und Wohlfahrtsstaat. Entstehung und Entwicklung der ‚dualen' Wohlfahrtspflege, in: Rauschenbach, Thomas/Sachße, Christoph/Olk, Thomas, (Hg.): Von der Wertgemeinschaft zum Dienstleistungsunternehmen. Jugend- und Wohlfahrtsverbände im Umbruch. Frankfurt/Main, 123-149.
Schäuble, Wolfgang, 1991: Der Vertrag. Wie ich über die deutsche Einheit verhandelte. Stuttgart.
Schewick, Buckhard van, 1980: Die katholische Kirche und die Entstehung der Verfassungen in Westdeutschland 1945-1950. VdKfZG, Reihe B, Bd. 30. Mainz.
Schnauß, Siegfried, 1995: Die Katholische Soziale Aktion, in: Dornheim, Andreas/ Schnitzler, Stephan, (Hg.): Thüringen 1989/1990. Akteure des Umbruchs berichten. Erfurt, 243-252.
Sontheimer, Kurt, 1972: The Government and Politics of West Germany. London.
Spieker, Manfred, (Hg.) 1995: Nach der Wende: Kirche und Gesellschaft in Polen und Ostdeutschland. Sozialethische Probleme der Transformationsprozesse. Paderborn.
Spotts, Frederic, 1976: Kirchen und Politik in Deutschland. Stuttgart.
Starck, Christian, 1995: The Constitutionalisation Process of the New Länder: A Source of Inspiration for the Basic Law?, in: Goetz, Klaus H./Cullen, Peter J., (Hg.): Constitutional Policy in United Germany. London.
Stellungnahme der Kirchen zu dem Gesetzentwurf der Verfassung des Landes Thüringen (Drucksache 1/2106) im Rahmen der öffentlichen Anhörung vor dem Verfassungs- und Geschäftsordnungsausschuß des Thüringer Landtages am 18./19. Mai 1993. Erfurt.
Tangemann, Marion, 1995: Intermediäre Organisationen im deutsch-deutschen Einigungsprozeß. Deutsches Rotes Kreuz, Diakonisches Werk, Volkssolidairtät. Dissertation. Konstanz.
Thériault, Barbara, 1998a: A Land of Opportunity? Ecclesiastical Strategies and Social Regulation in the New German Länder, in: Journal of Church and State 3/40, 603-618.

Thériault, Barbara, 1998b: The Catholic Church in the New German States: An Ambitious Minority? Vortrag auf dem 24. Symposium on Eastern Germany. Conway, 24. Juni - 1. Juli 1998.

Thüringer Landtag, 1993: Synopse der Entwürfe der Verfassung des Landes Thüringen.

Verfassungen der deutschen Bundesländer, 1995. Mit einer Einführung von Christian Pestalozza. München.

Vorläufige Stellungnahme der Kirchen zu den Entwürfen der Fraktionen des Thüringer Landtags für eine Thüringer Landesverfassung, 1991. Erfurt.

Vulpius, Axel, 1996: Das Verhältnis zwischen Staat und Kirche in den Neuen Ländern, in: Friedman, Michel et al., (Hg.): Religionsfreiheit. Heidelberg, 61-80.

Weinrich, Winfried, 1995: „Wie sind die neuen Länder verfaßt?" Die Verfassungen in den neuen Bundesländern. Vortrag vor der katholischen Studentengemeinde in Ilmenau, 30. Mai 1995.

Wollmann, Hellmut, 1997: Institutioneller Umbruch in Ostdeutschland, Polen und Ungarn im Vergleich, in: Berliner Journal für Soziologie 4, 525-537.

ZdK/EKD, 1991: Die Christen und das Grundgesetz. Katholische und evangelische Stellungnahme zur Verfassungsdebatte, in: Herder-Korrespondenz 45, 373-382.

Zimmer, Annette, 1997: Public-Private Partnerships: Staat und Dritter Sektor in Deutschland, in: Anheier, Helmut K., (Hg.): Der Dritte Sektor in Deutschland. Organisationen zwischen Staat und Markt im gesellschaftlichen Wandel. Berlin, 75-98.

Zippelius, Reinhold, 1996: Kleine deutsche Verfassungsgeschichte. Vom frühen Mittelalter bis zur Gegenwart. München.

Zylberberg, Jacques, 1990: La régulation étatique de la religion: monisme et pluralisme, in: Social Compass 1/37, 87-96.

Zylberberg, Jacques, 1995: Laïcité connais pas: Allemagne, Canada, États-Unis, Royaume-Uni, in: Pouvoirs 75, 37-51.

Gert Pickel

Konfessionslose in Ost- und Westdeutschland – ähnlich oder anders?

1. Einleitung – Konfessionslose als Kennzeichen des Verschwindens von Religion?

Seit den Überlegungen Luckmanns (1963; 1996) beschäftigt sich die deutsche Religionssoziologie eingehend mit der Fragestellung der Individualisierung von Religiosität. Ein zentraler Aspekt dieser Betrachtungen ist die parallele Aufteilung in eine persönliche, individuelle Religiosität und dem Bekenntnis zur Kirche als dem institutionalisierten Vertreter religiöser Gemeinschaften. Diese Trennung gewinnt gerade im Kontext der schwindenden Akzeptanz institutionalisierter christlicher Religiosität, wie sie sich in sinkenden Zugehörigkeitszahlen zu den beiden großen christlichen Kirchen in Deutschland ausdrückt, an Bedeutung.[1] Nicht selten wird dabei Konfessionslosigkeit als Merkmal gesehen, welches genauso zur Bestätigung der Individualisierung, wie auch als Beleg der Überlegungen einer reinen Säkularisierung – also einem Bedeutungsverlust von Kirche und Religion – herangezogen werden kann.

Die formale Stellung des einzelnen zur Kirche erregt dabei in Deutschland in zweierlei Hinsicht Diskussionsinteresse. So ist für Westdeutschland spätestens seit den achtziger Jahren eine stetige Zunahme der Austritte aus der Kirche und entsprechend ein Anwachsen des Anteils der Konfessionslosen festzustellen. Diese Entwicklung förderte in wesentlichem Umfang die oben angesprochene Individualisierungsdebatte. Andererseits haben die Konfessionslosen gerade im Zuge der Vereinigung eine besondere Aufmerksamkeit auf sich gezogen. So wirkten auf den ersten, und gelegentlich auch auf den zweiten Blick, die Zahlen von zwei Drittel Konfessionslosen in den neuen Bundesländern für manchen westdeutschen Betrachter befremdlich. Dies gilt um so mehr, als sich die hohe Zahl der „Nichtkirchenmitglieder" im Aggregat auch nach der Vereinigung kaum verringert hat und von einer Wie-

---

1 Die formalen Mitgliedschaftsregelungen mit gleichzeitiger staatlicher Erhebung von Kirchensteuern ist ein Phänomen, daß sich in dieser Form nur in Deutschland etabliert hat.

Konfessionslose in Ost- und Westdeutschland 207

derbelebung des Religiösen – zumindest auf institutionalisierter Ebene – nicht gesprochen werden kann.[2]

Eine Betrachtung der Konfessionslosigkeit im vereinigten Deutschland muß somit an zwei unterschiedlichen Ausgangspunkten anknüpfen: einerseits einer *Zugehörigkeitskultur zur Kirche* in Westdeutschland, die über Jahrzehnte hinweg ungebrochen blieb, andererseits einer *Kultur der Konfessionslosigkeit*, die sich aufgrund der staatlich gesteuerten politischen Repression in der Phase des Sozialismus in Ostdeutschland ausgebildet hat.[3] Diese ungünstige Ausgangsposition in der ehemaligen DDR hat hier eine „religiöse" Sozialstruktur geformt, die sich fundamental von der Westdeutschlands unterscheidet.[4] Zweifelsohne handelt es sich dabei nicht um eine homogene Weltanschauung (vgl. Neubert 1996: 76), zumindest setzt es aber diametral unterschiedliche Strukturvoraussetzungen für die zukünftige religiöse Sozialisation in einem vereinigten Deutschland. Aus diesen Anfangsüberlegungen heraus stellen sich verschiedene Fragen, die für eine nähere Betrachtung des Phänomens Konfessionslosigkeit in Ostdeutschland bedeutsam erscheinen und die Möglichkeit einer Perspektive der zukünftigen Entwicklung dieses Phänomens eröffnen.

Um nur einige zu nennen: Warum bleiben die ostdeutschen Konfessionslosen in so großer Zahl auch nach 1989 beständig außerhalb der Kirchen, wo jetzt doch die politische Repression aufgehoben ist? Handelt es sich bei den Personen, die der Kirche den Rücken kehren oder gar niemals Mitglieder waren, nun um Atheisten oder um einen Typus von Kirchengegnern, denen einzig die organisierte Religiosität zuwider ist? Kann aufgrund dieser erkennbaren Entkirchlichung (vgl. Jagodzinski/Dobbelaere 1993) nun von einem Verschwinden der christlichen Religiosität ausgegangen werden oder vollzieht sich in der Religion eine Verlagerung vom sichtbaren in den „unsichtbaren" Bereich des Lebens[5], der Religiosität „ja", Kirchenmitgliedschaft

---

2   Die Aggregatebene ist für den Wechsel, der sich in dieser Gruppe vollzogen hat, nur eingeschränkt aussagekräftig. So zeigen Studien (vgl. Pollack/Hartmann 1998, Hartmann in diesem Band) eine nicht unerhebliche Zahl an Kircheneintritten, die auf der Gegenseite von einer bemerkenswerten Anzahl von Kirchenaustritten begleitet werden.

3   Für die jetzige Zahl an Konfessionslosen in Ostdeutschland sind vor allem Austrittswellen in den fünfziger Jahren und die deutliche Absenkung der Taufen seit diesem Zeitpunkt zu nennen, die überwiegend dem gesellschaftlichen Druck der einer „atheistischen Staatsdoktrin" (Engelhardt 1997: 306) verpflichteten DDR zuzuschreiben sind.

4   An dieser Stelle ist zu erwähnen, daß verschiedene Autoren (vgl. Pollack 1996) auch die geringe Bindungskraft der Kirche in den ostdeutschen Gebieten bereits vor DDR-Zeiten betonen. Dort herrschte bereits zu diesem Zeitpunkt eine fast „anti-kirchliche" Haltung der Bevölkerung vor, welche später eine günstige Voraussetzung für das Zurückdrängen von Religion und Kirche mit sich brachte.

5   Folgt man Überlegungen der Individualisierungstheorie (vgl. Beck 1986) und den Gedanken Luckmanns (1963), so müßte tradierte christliche Kirchlichkeit als institutionalisierte Sozialform (vgl. Gabriel 1992) auf Dauer durch die individuelle Konstruktion einer persönlichen Religiosität ersetzt werden. Andererseits besteht auch die Möglichkeit eines Be-

„nein" bedeutet? Und sind die ostdeutschen Konfessionslosen letztendlich anders als ihre westdeutschen „Mit"-konfessionslosen? Dies wirft u.a. die Folgefrage nach den *Wertvorstellungen* der Konfessionslosen auf. Sind sie durch individualistische, an Selbstverwirklichung orientierte oder postmaterialistische Werte geprägt oder spielen diese Werte keine besonders große Rolle? Beziehungsweise gibt es wirklich einen Zusammenhang zwischen einer (zumindest partiellen) Rückbesinnung auf die Identität in der früheren DDR und der Identifikation mit dem Status als Konfessionsloser? Oder ist dem einzelnen so eine rational begründete Abgrenzung eigentlich gar nicht mehr bewußt und er sieht sich aufgrund der mangelnden Relevanz von Religion und Kirche gar nicht zu irgendeiner Entscheidung darüber gezwungen?

Eine Möglichkeit, diese Fragen zumindest in Teilen zu beantworten, liegt in einer detaillierten empirischen Analyse der Konfessionslosen als Gruppe von Personen, die der Institution Kirche formal nicht oder nicht mehr angehören. Dabei ist es aus den oben dargelegten Gründen zwingend geboten, streng zwischen den alten und den neuen Bundesländern zu unterscheiden.[6]

2. Operationalisierung und Datenmaterial

Um einen breiteren Überblick bezüglich der gestellten Fragen zu erreichen, wird auf den Zugang der quantitativ empirischen Analysemethode zurückgegriffen. Sie ermöglicht für die Darstellung und repräsentative Betrachtung des Phänomens Konfessionslosigkeit die besten Voraussetzungen, da sie die Chance von Vergleichen genauso bietet wie die Möglichkeit, Größenordnungen differenzierter Konfessionslosigkeit abzubilden. Da die besten Überprüfungen ohne geeignete Vergleichsmaßstäbe oftmals nur eine geringe Aussagekraft aufweisen, werden taugliche Vergleichswerte und Vergleichs-

---

deutungsverlustes christlicher Überzeugungen nicht nur auf der institutionellen, sondern auch auf der Überzeugungsebene, also ein Verfall der christlichen Religiosität im Generellen, der das Individuum in andere (alternative) Formen der Lebensgestaltung entläßt. Für den Religion und Glauben betreffenden Lebensbereich haben sich drei unterscheidbare Positionen in der Religionssoziologie herausgebildet: Erstens, die eines Auseinanderdriftens von institutioneller und individueller Religiosität, zweitens, die Entkoppelung von Kirche (Institutionenebene) und Glauben (individuelle Ebene) mit hoher Relevanz christlicher Religiosität und drittens, die eines gemeinschaftlichen Bedeutungsverlustes von Kirche, Religion und Glauben (vgl. Pickel 1997: 5-8).

6   Das im Zeitraum des Sozialismus, selbst für europäische Verhältnisse, extrem entkirchlichte Gebiet Ostdeutschlands offeriert nahezu zwingend die Nachfrage, inwieweit Entkirchlichung eine dauerhafte Abkehr von der Religion zur Folge hat oder ob dort eine Revitalisierung von Religion, Kirchlichkeit und Glauben möglich ist. Sie liefert auch aufgrund der breiteren Spannweite an Personen, die nicht mehr Mitglieder in der Kirche sind, eine maßgebliche Information zur Beantwortung der Frage von Religiosität ohne Kirche und Kirchlichkeit bzw. von Sinndeutung auch außerhalb des Christentums.

gruppen (insbesondere Konfessionsmitglieder) zur Verdeutlichung der Ergebnisse herangezogen.[7]
Verschiedene quantitative Untersuchungen werden für die Untersuchung der Konfessionslosen verwendet. Es handelt sich erstens um die bisher wissenschaftlich nicht ausgewerteten Daten der 1992 in West- und Ostdeutschland durchgeführten „Spiegel"-Studie „Glauben ´92".[8] Zweitens werden die auf Religion ausgerichteten Schwerpunkte des „International Social Survey Programs" 1991 und aktuell 1998 sowie die damit verbundene Allbus-Studienreihe genutzt.[9] Für den Erklärungszusammenhang nützliche Einzelresultate, z.B. Ergebnisse der EKD-Studie oder die Studie Soziokultureller Wandel in Ostdeutschland, werden selektiv hinzugezogen. Dieses Vorgehen erscheint trotz der Einschränkungen, denen die standardisierte Methode empirischer Sozialforschung sicherlich an der einen oder anderen Stelle unterliegt, als ein effektiver Weg, um sich ein umfassendes Bild über Konfessionslosigkeit als gesellschaftliches Phänomen machen zu können.[10]

3. Kirchenmitgliedschaft und Konfessionslosigkeit – Verteilung und Entwicklung

3.1 Stand der Konfessionslosigkeit

Bei einem Versuch, die These von „*privater Religiosität*" bei Konfessionslosen zu beantworten, gilt es vorab, eine kurze Bestandsaufnahme der Grundentwicklungen in der Bundesrepublik vorzunehmen. Wie bereits angesprochen, geht man in der Religionssoziologie mittlerweile recht einhellig von

---

7   So muß z.B. für die Belegsuche bei einer Gegenüberstellung von Kirche und Religion ein Grunddilemma der Messung von Religiosität berücksichtigt werden. Die Erfassung der propagierten Entkoppelung von individualisierter Religiosität und kirchlicher Bindung verlangt die Kombination verschiedener empirischer Indikatoren, die ein Bild von Religiosität jenseits der Kirchlichkeit skizzieren können. Ohne hierauf weiter eingehen zu wollen, sei darauf verwiesen, daß sich Kirchlichkeit, Vertrauen in die Kirche, christliche (subjektive) Religiosität und außerkirchliche Religiosität als getrennte Indikatoren anbieten (vgl. Pickel 1997).
8   Für die Zugänglichmachung der Daten danke ich dem Spiegel in Person von Herrn Werner Harrenberg und des EMNID-Instituts. Mein besonderer Dank gilt Dr. Dieter Walz für die aufwendige Rekonstruktion der Großrechnerdatensätze.
9   Für die Daten dieser Studien danke ich dem Zentralarchiv für empirische Sozialforschung zu Köln, das ebenso wie die Primärdatenerheber in keiner Weise für hier vorgelegten Ergebnisse und Schlußfolgerungen verantwortlich ist.
10 Dies gilt besonders im Falle der Sekundärauswertung von bereits produzierten Umfragedaten, wo oftmals die Hintergründe der Befragungen dem Forscher nicht vollständig bekannt sind.

einem Prozeß der Entkirchlichung aus. Dieser manifestiert sich in zurückgehenden Zahlen des Kirchgangs, einer sinkenden Beteiligung am institutionalisierten kirchlichen Leben und einer höheren Anzahl an Aufkündigungen der formellen Mitgliedschaft in einer der beiden großen Kirchen in der Bundesrepublik Deutschland, aber auch darüber hinaus im weiteren Europa. Konfessionslosigkeit, also das Nichtbestehen einer *formellen Zugehörigkeit zu einer religiösen Gemeinschaft*, in der Bundesrepublik kann dabei aus zwei Ausgangspositionen resultieren:

a) Die entsprechenden Personen sind aus der Kirche ausgetreten. Dies gilt für nahezu 80 Prozent der Konfessionslosen in Westdeutschland und die Hälfte der Konfessionslosen in Ostdeutschland.

b) Die Personen sind niemals Mitglied in der Kirche gewesen. Dies betrifft spiegelbildlich immerhin noch 20 Prozent der Konfessionslosen in Westdeutschland, aber bereits 50 Prozent der Konfessionslosen in Ostdeutschland.

Die Zahl der Konfessionslosen muß derzeit bei circa 15 Prozent in Westdeutschland und 67 Prozent in Ostdeutschland angesiedelt werden. Damit kann man von circa 12 Prozent bzw. 33 Prozent ausgetretenen ehemaligen Konfessionsmitgliedern und drei Prozent bzw. 34 Prozent von Geburt an Konfessionslosen im Verhältnis zur Gesamtbevölkerung ausgehen.[11] Die Mitgliederzahl beider Konfessionen ist in beiden Gebieten *rückläufig*, wobei in Westdeutschland immer noch ein auch im europäischen Rahmen relativ *hoher Anteil* an Konfessionsmitgliedern existiert.[12] Umgekehrt ist die Zahl der Konfessionslosen in Ostdeutschland die höchste in ganz Europa. Somit besteht eine erhebliche *Diskrepanz der Mitgliedschaft in einer christlichen Konfession zwischen Ost- und Westdeutschland.*

Nun ist dies nur eine erste Standortbestimmung für Konfessionslosigkeit. Bereits kurz angesprochen wurde die unterschiedliche Bedeutung der Konfessionslosigkeit in Ost- und Westdeutschland. Faßt man verschiedene Indikatoren wie Konfessionszugehörigkeit, regelmäßiger Kirchgang (hier einmal

---

11 Da bei den folgenden Analysen ausschließlich auf Analysen mit Umfragedaten zurückgegriffen wird, wurde hier auf die Präsentation der überwiegend bekannten Strukturdaten verzichtet, da sie generell keine weiteren sozialstrukturellen Aufgliederungen ermöglichen (vgl. Engelhardt 1997: 308).

12 Vgl. z.B. Niederlande mit nur 50 Prozent Konfessionsmitgliedern. Diese Zahlen sind dabei in ganz Europa rückläufig. Für die alten Bundesländer wirkt ein in ganz Westeuropa feststellbarer Trend (vgl. Zulehner/Denz 1993; Jagodzinski/Dobbelaere 1993; Pickel 1998), der (zumindest derzeit) nicht unbedingt mit dem Austritt aus der Gemeinschaft der Kirche verbunden ist, sondern einen Rückgang der Integration in das kirchliche Leben (z.B. Kirchgang) mit sich bringt. Umgekehrt findet sich Ostdeutschland in einer ähnlichen Situation wie z.B. Estland, das genauso wie Ostdeutschland eine protestantische und sozialistische Vergangenheit aufweist. Diese Kombination scheint in besonderem Maße der kirchlichen Integration entgegengearbeitet zu haben (vgl. Pickel 1997).

Konfessionslose in Ost- und Westdeutschland

im Monat als Meßlatte) und die Mitgliedschaft in einer religiösen Organisation (analog zu Felling/Peters/Schreuder 1987) zu einer übergreifenden Variable *Kirchlichkeit* zusammen, so konkretisiert sich die unterschiedliche Bedeutung von Konfessionalität in West- und Ostdeutschland.

Abbildung 1: Typen der Kirchlichkeit Ost/Westdeutschland

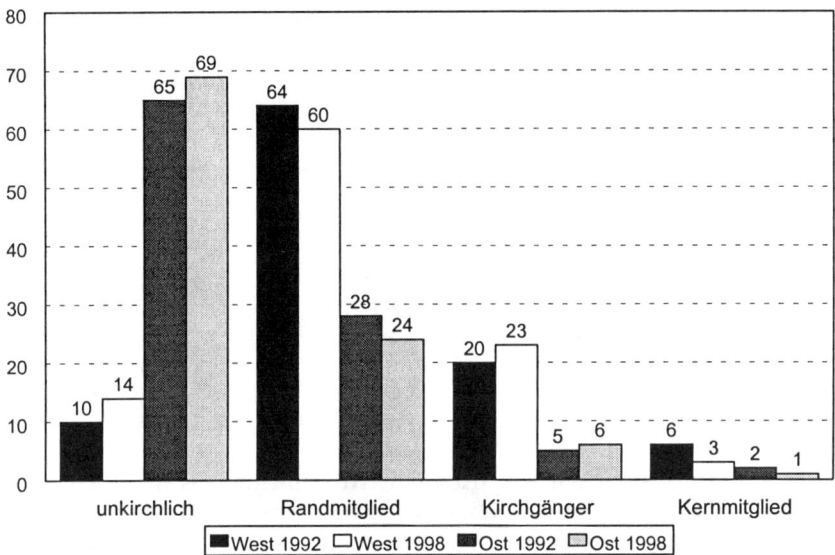

Quelle: Eigene Berechnungen auf der Basis ALLBUS 1992 (n=2810) und 1998 (n=3232).

In den alten Bundesländern sind zwei Drittel der befragten Erwachsenen nach dieser Typologie Randmitglieder, also zwar konfessionell gebunden, aber nicht weiter in kirchliche Aktivitäten involviert (vgl. Engelhardt 1997). Circa 20 Prozent der Bevölkerung gehen dort regelmäßig in die Kirche, aber kaum jemand beteiligt sich aktiv in kirchlichen Organisationen. Die Zahl der „Unkirchlichen", also Konfessionslosen, bleibt mit circa 14 Prozent (1998) recht gering. Da die Zahl der Kirchenmitglieder in Ostdeutschland deutlich geringer als in Westdeutschland ist, finden sich erkennbar weniger Personen bei den Kernmitgliedern, Kirchgängern und Randmitgliedern als in den alten Bundesländern. Auch hier ist die Zahl der Kernmitglieder die mit Abstand niedrigste. Beschränkt man die *Aufteilung nur auf Mitglieder* der beiden großen Konfessionen, so fällt allerdings auf, daß das Engagement der Christen in ihrer Kirche in den neuen Bundesländern im Vergleich zu den alten Bundesländern bei weitem nicht mehr so schwach ausgeprägt ist, wie dies bei Berücksichtigung auch der Konfessionslosen erscheint. In den neuen Bundesländern wirken dann immerhin fünf Prozent der (überwiegend evangelischen) Christen tatkräftig in ihrer Kirche mit, womit sich die Zahl nur noch unwesentlich von den engagierten Christen in Westdeutschland unterscheidet. Über ein Drittel der ostdeutschen Konfessionsmitglieder besucht zumindest einmal im Monat einen Gottesdienst. Somit sind die Christen in den neuen Bundesländern, wenn sie (noch) Mitglied in einer Kirche sind, in der Regel fast genauso engagiert wie ihre Glaubensbrüder in den alten Bundesländern, nur ist deren Anteil in Relation zur Gesamtbevölkerung deutlich geringer. Vergleichbar mit Ergebnissen von Felling/Peters/ Schreuder (1987) für die Niederlande und die Bundesrepublik befinden sich somit die Trennlinien zwischen kirchlich oder nichtkirchlich Orientierten in den alten Bundesländern *zwischen Randmitgliedern und Kirchgängern und* in den neuen Bundesländern *zwischen Konfessionslosen und Kirchenmitgliedern*.[13]

3.2 Die Sozialstruktur der Konfessionslosen in Ost- und Westdeutschland

Bevor man sich der Frage nach den Gründen der Konfessionslosigkeit widmet, erscheint es angebracht, ihre soziale Verankerung festzustellen. Muß man doch davon ausgehen, daß bestimmte soziale Strukturen Konfessionslosigkeit hemmen oder fördern können.

Die Bezüge zwischen Sozialstruktur, Herkunftsmilieus und Konfessionslosigkeit sind in West- und Ostdeutschland trotz der grundlegenden Unterschiede in der Verteilung der Konfessionslosigkeit erstaunlich ähnlich. So sind Frauen in beiden Gebieten immer noch häufiger in einer Konfession beheimatet als Männer. Ein höheres formales Bildungsniveau, insbesondere bei der jüngeren Bevölkerung zu finden, unterstützt zusammen mit der geringeren Sozialintegration in größeren Städten ebenfalls die formale Distanz zu einer christlichen Konfession.[14]

---

13 In diese Richtung deuten auch Ergebnisse, welche Gruppen religiöser Einstellungen differenzieren. Wie an anderer Stelle gezeigt (vgl. Pickel 1998), läßt sich für Westdeutschland eine große Gruppe (50 Prozent der Bevölkerung) feststellen, die sich in verschiedenen Komponenten der Religiosität und Kirchlichkeit kaum von den ostdeutschen Konfessionslosen unterscheidet. Dabei sind 80 Prozent dieser Gruppe allerdings (noch) Mitglied in einer Konfession, während die Parallelgruppe in Ostdeutschland gänzlich außerhalb der Kirche steht. Es handelt sich bei den Konfessionsmitgliedern in Westdeutschland, genauso wie bei den Konfessionslosen in Ostdeutschland, keineswegs um eine homogene Gruppe. Dies bedeutet, daß eine erheblich größere Gruppe von Konfessionsmitgliedern in Westdeutschland besteht, die bereits in fast allen Merkmalen Religion und Kirche distanziert gegenüberstehen, aber formell noch in einer Religionsgemeinschaft sind.

14 Hierfür lassen sich im Allbus 1991, 1996, 1998 und in der Spiegel Umfrage „Glauben 92" signifikante Zusammenhänge in bivariaten Analysen ermitteln, die sich größtenteils mit Ergebnissen der EKD-Studie decken (vgl. Engelhardt 1997).

Konfessionslose in Ost- und Westdeutschland

Abbildung 2: Konfessionslose und ihre soziale Verankerung

	Westdeutschland		Ostdeutschland	
	Konfessionsmitglieder	Konfessionslose	Konfessionsmitglieder	Konfessionslose
Frauenanteil	55%	40%	62%	53%
niedrige Bildung	56%	30%	51%	30%
mittlere Bildung	25%	35%	30%	51%
hohe Bildung	19%	35%	19%	18%
Städte >100.000	31%	58%	23%	32%
Dörfer < 5.000	14%	7%	45%	29%
Anteil Postmaterialisten	44%	59%	33%	45%
Durchschnittseinkommen	3684DM	3885DM	2668DM	3038DM

Quelle: Eigene Berechnungen nach Allbus 1998 (n= 1712 West; n=600 Ost); Werte sind jeweilige Anteile innerhalb der Gruppen (Konfessionsmitglieder oder Konfessionslose); Bildung ist formales Bildungsniveau.

Dabei reflektiert sich die formal höhere Bildung der Konfessionslosen auch in ihrem höheren Durchschnittseinkommen in Relation zu den Konfessionsmitgliedern. Faßt man zusammen, so scheint die durch die Modernisierung geförderte Ausbreitung nicht-traditionaler Wertmuster erheblich zu einer Zunahme der Konfessionslosigkeit in Westdeutschland geführt zu haben. In Ostdeutschland waren allem Anschein nach auch eher diese Personengruppen bereit, ihre formelle Bindung zur Kirche zu lösen. Es gilt aber zu bedenken, daß eigentlich die Strukturen in Westdeutschland eine größere Zahl an Konfessionslosen eher fördern würden als die Strukturen in Ostdeutschland. Die kulturellen Beweggründe und natürlich die politisch-historischen Rahmenbedingungen sind wohl für die generell andere Situation in Ostdeutschland verantwortlich. Trotzdem sind die festgestellten sozialstrukturellen Einflußfaktoren nicht unerheblich für die subjektiven Grundbedingungen der Konfessionslosigkeit. So wirken die angesprochenen Tendenzen des Wertewandels oder der Individualisierung in engem Zusammenhang mit der Bildungsexpansion und der Mobilität in Großstädten – also Kennzeichen der Modernisierung (siehe auch die Anteile der Postmaterialisten).

4. Gründe und Rahmenbedingungen für Konfessionslosigkeit

4.1 Potentielle Gründe der Konfessionslosigkeit

Unter diesen Rahmenbedingungen gilt es nun, die Gründe für existierende Konfessionslosigkeit in West- und Ostdeutschland herauszuarbeiten. Da es sich bei den Konfessionslosen einerseits um aus der Kirche ausgetretene, andererseits um eine fast gleiche Gruppe an Personen handelt, die noch nie in der Kirche waren, ist dies nicht ganz einfach. Die Frage nach den Austrittsgründen ist so nur bedingt nützlich, um eine tragfähige Auskunft über Konfessionslosigkeit zu geben. Generell erscheint es sinnvoll, mehrere Strategien zur Erklärung zu nutzen, die sich mit dem Nachvollzug von strukturellen Besonderheiten und verschiedenen Wertorientierungen der Konfessionslosen beschäftigen. Dabei muß auch von eindimensionalen Erklärungsversuchen Abstand genommen werden und das Bündeln der Erklärungsgründe in den Vordergrund treten, was die Chance eröffnet, die aktuelle Situation in Ostdeutschland näher beschreiben zu können. Beruht doch dort der Zustand der Konfessionslosigkeit hauptsächlich auf der Sozialisation in der ehemaligen DDR und deren (politischer) Repression. Diese Rahmenbedingung ist aber nicht mehr unbedingt als Antwort des einzelnen für die eigene Konfessionslosigkeit präsent.

Was sind nun potentielle Gründe für Konfessionslosigkeit?

1. Konfessionslosigkeit wird (insbesondere in Westdeutschland) z.B. als Effekt der voranschreitenden *Individualisierung* gesehen (vgl. Beck 1986). Es erfolgt eine rationale Entscheidung gegen die Mitgliedschaft aufgrund der als traditional und überkommen wirkenden institutionellen Regelung. Dies ist auf der Gegenseite nicht mit einer generellen Distanz zu Religiosität, sondern eher zur Kirche als Institution gleichzusetzen (vgl. Engelhardt 1997: 342).
2. Die Ablehnung traditionaler Muster, die man mit Religion und Kirche verbunden sieht, im Rahmen einer *„Wertediskrepanz" zwischen Moderne und Religion* kann allerdings auch als ein Effekt der Modernisierung an sich gesehen werden. Hier ist es nicht nur die Kirche, sondern Religion überhaupt, welche als überkommen und veraltet angesehen wird. Dieser Ansatz würde letztendlich zu dem Gedanken einer fortschreitenden Säkularisierung führen.
3. Auch die mangelnde Relevanz von Religion für das Alltagshandeln des einzelnen ist bedeutsam (vgl. Wippermann 1998). Hier ist Konfessionslosigkeit durch das Desinteresse an Religion im täglichen Leben geprägt.

Konfessionslose in Ost- und Westdeutschland

Diese These der „*Irrelevanz*" ist nicht ganz unabhängig von den Überlegungen zur
4. Konfessionslosigkeit *aus Gewohnheit* und als Sozialisationseffekt. Konfessionslosigkeit ist hier ein generational vererbtes Muster, welches ohne größeres Hinterfragen oder durch die Nutzung von Scheinbegründungen zum Abbau kognitiver Dissonanzen zu Konfessionslosigkeit führt.
5. In Ostdeutschland steht Konfessionslosigkeit in enger Beziehung zur gesellschaftlichen Entwicklung. Sie ist für die ostdeutschen Bürger einer der wenigen legitimierten Anker zu ihrer *Vergangenheit in der ehemaligen DDR*. Diese Beziehung führt dazu, daß „konfessionslos sein" als eine (moderne) Lebenslage betont wird, die im Zusammenhang der ostdeutschen Identität wichtig ist (vgl. Neubert 1996).
6. Eher profan ist die These, daß die finanzielle Belastung durch die *Kirchensteuer* zu Austritten und damit zum Anstieg der Zahl der Konfessionslosen führt.

Die Auffächerung der möglichen Erklärungsgründe und Begleitfaktoren belegt bereits die Vielschichtigkeit des Phänomens Konfessionslosigkeit. Diese verschiedenen Möglichkeiten der Erklärung von Konfessionslosigkeit sollen im folgenden, zumindest soweit es das verfügbare Datenmaterial zuläßt, systematisch analysiert werden.

4.2 Antworten auf die Frage des Konfessionsaustritts

Auch wenn die Konfessionslosen keinesfalls mit den aus der Kirche ausgetretenen Personen gleichzusetzen sind, erscheint zum Einstieg ein Blick auf die Ergebnisse einiger direkter Fragen zum Kirchenaustritt aufschlußreich, spiegeln sie doch einige zentrale Gründe wieder, welche eine Ablehnung der Institution Kirche fördern. So fragte die EKD 1993 dezidiert nach den Gründen, warum jemand der Kirche den Rücken gekehrt hat.

Abbildung 3: Austrittsgründe bei Konfessionslosen

	West	Ost
Konkrete Gründe: weil ich mich über kirchliche Stellungnahmen geärgert habe	42%	17%
Individualisierung: weil ich auch ohne Kirche christlich sein kann	52%	31%
Irrelevanz: weil mir die Kirche gleichgültig ist	53%	56%
Wertediskrepanz: weil ich in meinem Leben keine Religion brauche	35%	57%
Ostspezifisch: weil das Leben in der DDR und die Zugehörigkeit zur Kirche nicht zu vereinbaren waren		21%
Finanziell: weil ich dadurch Kirchensteuer spare	58%	46%
Ersatz: weil ich eine andere religiöse Überzeugung gefunden habe	9%	3%

Quelle: EKD-Studie 1993; ausgewählt aus Engelhardt (1997: 327); Prozente der Zustimmung (7er Skala, Werte 6+7), n=174 (West); n=218 (Ost).

Selbst wenn die Ergebnisse vorsichtig interpretiert werden müssen, sind gewisse Tendenzen zu erkennen. Einerseits scheint die Diskrepanz von Kirche und individueller Religiosität eher in Westdeutschland als in Ostdeutschland von Bedeutung zu sein. Auch machen in Westdeutschland weitaus mehr Konfessionslose konkrete Gründe für ihren Austritt verantwortlich. Relativ oft wird somit der Kirchenaustritt in Westdeutschland mit einer Ablehnung der Institution Kirche begründet. Für Ostdeutschland ist dies kaum relevant.

Umgekehrt zu diesem Ergebnis findet sich in Ostdeutschland stärker das Argument des generell fehlenden Glaubens (54 Prozent zu 35 Prozent in Westdeutschland): Man sieht sich hier eher in einer generellen Distanz zu Kirche und Religion, was auch die hohe Zustimmung zu der Aussage „weil ich in meinem Leben keine Religion brauche" ausdrückt. Entsprechend empfindet man Religion und Kirche seltener als voneinander unabhängig. Dies erweist sich bei einer Distanz zur Kirche als nachteilig für die Existenz christlich religiöser Überzeugungen in Ostdeutschland.

Oft wird die Ersparnis der Kirchensteuer als Grund für den Austritt betont. Doch auch wenn es sich bei den in der EKD-Studie vorgelegten Analysen um einen eigenständigen Grund für den Kirchenaustritt handelt, läßt sich vermuten, daß dies nur der letzte Auslöser einer Entscheidung bei Personen ist, die bereits vorher der Kirche skeptisch bis gleichgültig gegenüberstanden. Daß eine „als zu hoch empfundene Kirchensteuer" allein kaum ausreichend für einen Austritt sein kann, belegen Ergebnisse aus der Spiegel Studie „Glauben 1992": Beklagen 89 Prozent der Konfessionslosen in den alten Bundesländern die Höhe der Kirchensteuer, so gilt dies aber auch für 71 Prozent (!) der Konfessionsmitglieder. Damit liegt die Zahl derjenigen Kirchenmitglieder, die der Höhe der Kirchensteuer gegenüber negativ eingestellten sind, in Westdeutschland noch über der Vergleichszahl bei den Konfessionslosen in Ostdeutschland (60 Prozent).[15] Somit ist dieses rein finanzielle Argument gegen die Mitgliedschaft in der Kirche ein unabhängiger Faktor der Entscheidung, der berücksichtigt werden muß, aber für sich allein als Erklärungsgrund kaum ausreicht.

Eine Ersatzfunktion durch andere religiöse Überzeugungen – ein Indiz für individualisierungstheoretische Überlegungen – wird selten genannt. Wie auch bei den Kirchenmitgliedern scheint außerchristliche Religiosität keine große Relevanz zu besitzen – und wenn, dann eher bei auch christlich religiös Orientierten. Überhaupt scheint der Aspekt einer generellen Irrelevanz oder Gleichgültigkeit die größte Bedeutung zu besitzen, wie das Votum von jeweils über der Hälfte der befragten Konfessionslosen belegt.

In Ostdeutschland tritt zumindest für eine kleinere Gruppe nach eigener Auskunft noch eine sozialisationstheoretische Perspektive hinzu. Allem Anschein nach ist die Repression des DDR-Regimes bei nur einer begrenzten

---

15 42 Prozent der ostdeutschen Konfessionsmitglieder beurteilen die Kirchensteuer als zu hoch.

Konfessionslose in Ost- und Westdeutschland 217

Zahl an Konfessionslosen präsent. Entweder existiert hier ein Verdrängungseffekt oder aber die Sozialisation war insoweit wirksam, als daß Religion mittlerweile für die meisten Ostdeutschen einfach keine Rolle mehr spielt. Ausgehend von diesen direkten Austrittsgründen ist es informativ, die Betrachtungsweise auf die entsprechenden Bedingungsfaktoren der Konfessionslosigkeit auszuweiten.[16]

5. Bedingungsfaktoren der Konfessionslosigkeit

5.1 Sozialisation und Tradierung

Wie gezeigt, ist in Westdeutschland die *Norm der Mitgliedschaft* in einer Konfession der Ausgangspunkt der weiteren Betrachtungen. Auf der ostdeutschen Seite begründet die politische und gesellschaftliche Sozialisation in der ehemaligen DDR eine *Norm oder Konvention der „Nicht-"mitgliedschaft*. Ersten Aufschluß über die unterschiedliche historische Prägung der beiden Bevölkerungen gibt die Verteilung der Konfessionslosigkeit über verschiedene Altersgruppen. Etwa die Hälfte der Konfessionslosen äußert, der Kirche nie angehört zu haben, während die andere Hälfte einräumt, ausgetreten zu sein (Glauben 92). Hierbei gilt es zu berücksichtigen, daß sich der überwiegende Anteil der Konfessionsangehörigen in den neuen Bundesländern zur evangelischen Kirche bekennt, während in den alten Bundesländern das Verhältnis zwischen den beiden Konfessionen nahezu ausgeglichen ist. Die Kirchenmitgliedschaft ist in den alten Bundesländern (mindestens seit 1980*) kontinuierlich im Rückgang begriffen*, wie auch ein Blick auf die Entwicklung in dem kurzen Zeitraum zwischen 1991 und 1998 belegt.

Worauf deuten nun die nach Alter differenzierten Ergebnisse hin? Gleichermaßen gilt, daß in den alten wie in den neuen Bundesländern jüngere Leute bereits öfter der Kirche den Rücken gekehrt haben als ältere Mitbürger. Weniger die jungen Erwachsenen zwischen 18 und 25 Jahren als die zwischen 30 und 40 Jahre alten Personen haben dabei diesen Schritt vollzogen. Mit der Auflösung der Bindungen an das Elternhaus fällt der vorher anscheinend oft noch vorhandene soziale Druck einer religiösen Erziehung weg, und die vielfältigen Lebensereignisse, wie Heirat, Berufseinmündung oder Auszug aus dem Elternhaus, die gerade ab dem 27. oder 28. Lebensjahr stattfin-

---

16 Dies ist weiterführend, weil davon auszugehen ist, daß verschiedene Hintergrundfaktoren über direkte Fragestellungen nicht oder nur subjektiv verzerrt erfaßt werden können. So scheint z.B. die als zentraler Bedingungsfaktor des hohen Anteils an Konfessionslosen in Ostdeutschland betonte politische Repression der Institutionen der ehemaligen DDR in den persönlichen Relevanzstrukturen der Ostbürger keine Verfestigung bis zehn Jahre nach der Vereinigung gefunden zu haben.

den, zwingen viele junge Leute zu Entscheidungen, welche die immer stärker ansteigende Komplexität des Lebens reduzieren und Prämissen für den Lebensweg setzen sollen (vgl. Pickel 1995).[17] Man kann entsprechend folgender Aussage zustimmen: „Wer in jungen Jahren seine Bereitschaft äußert, aus der Kirche auszutreten, wird diesen Entschluß, wenn, so während der Anfangsphase der eigenständigen Existenz umsetzen" (Engelhardt 1997: 315).

Abbildung 4: Konfessionslosigkeit in Ost- und Westdeutschland nach dem Alter

	1991	1994	1998	1991	1994	1998
18-25	10	7	17	72	76	73
26-30	11	13	17	76	73	74
31-35	9	18	21	77	74	83
36-40	15	15	17	76	73	79
41-45	20	15	18	70	78	80
46-50	13	14	21	65	84	74
51-55	11	17	18	61	69	69
56-60	8	8	13	61	63	65
61++	7	5	6	40	50	52
n=	1510	2341	1720	1543	1107	600

Quelle: Eigene Berechnungen auf der Basis ALLBUS 1991, 1994, 1998.

Die Zunahme der Nichtmitglieder von Konfessionen wird in diesem Zeitraum über alle Altersgruppen hinweg sichtbar. Es handelt sich um ein gemischtes Phänomen von Austritten und dem biographischen Altern von bereits Ausgetretenen, wie auch die Verschiebungen zwischen den Alterskohorten belegen. Dabei manifestiert sich der bereits öfter angesprochene Zeitpunkt zwischen 25 und 30 Jahren als die entscheidende Lebensphase für den Kirchenaustritt. So waren 1991 nur circa 10 Prozent der Westdeutschen unter 25 Jahren konfessionslos, die gleiche Alterskohorte weist aber 1998 schon über 17 Prozent Konfessionslose auf. Ähnlich verhält es sich mit der nächsten Alterskohorte. Selbst wenn man von einem Rückgang der Austrittszahlen ausgeht, muß aufgrund des kontinuierlichen Kohortenfortschrittes, sollten nicht extreme Steigerungen in den Kircheneintritten in den nächsten Jahren erfolgen, lang- bis mittelfristig mit einer nicht unbedeutenden Zunahme an Konfessionslosen in Westdeutschland gerechnet werden. Für Ostdeutschland ist es vor allem die langfristige Entwicklung der Kohorten, welche eine weitere Steigerung der Zahlen der Konfessionslosen bedingen wird.

Dabei wird dieser kohortenspezifische „Abbrucheffekt" durch die Weitergabe der jeweiligen Normen mittels religiöser bzw. auch atheistischer *Sozialisation* (vgl. Pollack 1996) unterstützt. So sind in den neuen Bundesländern immerhin 80 Prozent der 21-26jährigen nicht religiös erzogen wor-

---

17 Bemerkenswert ist die Entwicklung der über 61jährigen seit 1991 in den neuen Bundesländern. Diese Altersgruppe hat die Distanz zu den anderen Altersgruppen erheblich verringert. Scheinbar sind seit 1991 gerade bei den traditionellen Kirchenmitgliedern viele mit der Entwicklung seit dem Umbruch unzufrieden.

Konfessionslose in Ost- und Westdeutschland 219

den (vgl. Pickel 1995: 523). Demgegenüber stehen immerhin 50 Prozent dieser Altersgruppe in den alten Bundesländern, die nicht religiös sozialisiert wurden. Dies verweist auf eine ebenfalls deutlich gesunkene Tradierung von religiöser Lebensführung im Elternhaus. Interessanterweise ist für die Sozialisierung die Konfessionszugehörigkeit des Vaters bzw. seine Konfessionslosigkeit wichtiger als die der Mutter.[18] Dies gilt für West- und Ostdeutschland gleichermaßen. Von der mit Abstand größten Wichtigkeit für die Tradierung von Konfessionslosigkeit ist die Suche nach Homogamie im Partnerverhalten. So weisen Zusammenhänge in Westdeutschland (Pearsons'r=0.42) und noch um einiges stärker in Ostdeutschland (Pearsons'r=0.63) auf die doch recht hohe konfessionelle oder konfessionslose Homogamie der Lebenspartner hin. Da sich die Gruppe der Konfessionsmitglieder in den neuen Bundesländern im Verlauf der letzten Generation (von der Elterngeneration mit circa 80 Prozent Konfessionszugehörigkeit nach eigenen Angaben der Befragten hin zu 35 Prozent Konfessionsmitgliedschaft bei der Kindergeneration) drastisch reduziert hat, dürfte diese homogene Entwicklung zu einer Konsolidierung der Norm der Konfessionslosigkeit in den neuen Bundesländern beitragen.[19] Für diese Überlegung spricht auch die Prägung durch konfessionelle bzw. konfessionslose Milieus.

Abbildung 5: Soziales Umfeld und Konfessionslosigkeit

	Milieuverteilung		Konfessionslose		Konfessionsmitglieder	
	West	Ost	West	Ost	West	Ost
Überwiegend evangelisches Milieu	31%	33%	12%	52%	88%	48%
Überwiegend katholisches Milieu	2%	32%	8%	18%	82%	82%
Konfessionelles Mischmilieu	22%	34%	16%	71%	84%	29%
Konfessionsloses Milieu	45%	1%	20%	70%	80%	30%
			215	623	1721	352

Quelle: Eigene Berechnungen auf Basis der Spiegel Umfrage „Glauben 92", 1992, n=1947 (West); n=992 (Ost); Anteil in Prozent.

Während in Westdeutschland nicht einmal ein als konfessionslos eingeschätztes Umfeld eine eigene Konfessionslosigkeit zu bedingen scheint, ist in Ostdeutschland eine klare Trennungslinie zwischen den konfessionellen und den konfessionslosen Milieus festzustellen. Dabei sind die (wenigen) katholischen Milieus integrierender als die evangelischen Milieus, während sich gemischt konfessionelle Milieus allem Anschein zufolge in ihrer Prägkraft kaum von den konfessionslosen Milieus unterscheiden. Sie erleichtern ebenfalls eine Distanzierung zur Kirche. Berücksichtigt man diese Zusammenhänge und setzt

---

18 Wie sich über multivariate Regression bzw. partielle Korrelationen nachweisen läßt.
19 Ein entsprechender Einfluß der Sozialisation gilt bei der Kirchgangshäufigkeit als Maßzahl der kirchlichen Involvierung.

die Bedeutung der Milieus in den beiden Gebieten Deutschlands ins Verhältnis zueinander, so wird sehr schnell die unterschiedliche Ausgangslage zukünftiger Konfessionslosigkeit deutlich. Liegt die Entscheidung zwischen Kirchenaustritt und Beibehaltung der Mitgliedschaft in den alten Bundesländern eher auf der Seite der Entscheidung gegen eine generelle Norm „Konfessionsmitgliedschaft", die sich langsam aufzulösen beginnt, so ist in den neuen Bundesländern das Muster der Konfessionslosigkeit als in der Gesellschaft legitimiert anzusehen. Folglich betrifft dort die relevante individuelle Entscheidung öfter den Eintritt in die Kirche und seltener den Austritt. Die sozialisatorischen Rahmenbedingungen wirken aber gerade in Ostdeutschland hemmend für eine entsprechende Eintrittsentscheidung.

5.2 Konfessionslosigkeit und Religiosität – Ein Widerspruch?

Geht man davon aus, daß Konfessionslosigkeit in Ostdeutschland vor allem aufgrund der Vergangenheit so verbreitet ist, stellt sich fast von allein die Frage nach möglichen verdeckten Spurenelementen des Glaubens, die wiederbelebt werden können. Auch für Westdeutschland ist diese Überlegung im Zuge der Betonung der Individualisierung von Religiosität (vgl. Luckmann 1963) berechtigt. Setzt die Individualisierungsthese doch voraus, daß auch bei Konfessionslosen zumindest stärkere Rudimente von christlichen Überzeugungen und Glauben oder außerkirchlicher Religiosität zu finden sein müßten. Umgekehrt würde die oben diskutierte These der „Wertediskrepanz" einen engen Zusammenhang zwischen den stärker institutionell geprägten Indikatoren der Kirchlichkeit und Indikatoren der subjektiven Religiosität postulieren. Ergebnisse der Spiegel-Studie 1992 deuten scheinbar auf eine klare individuelle Trennung zwischen Kirche und Religion hin. Dies würde Konfessionslosigkeit möglicherweise als rein institutionell begründete Ablehnung erklären.

Abbildung 6: Individueller Glaube versus Kirchengläubigkeit

nur Westdeutschland	Ev.	Kath.	Klos.
Der Glaube ist auch die persönliche Hinwendung zu Gott, aber es kann keinen Glauben ohne Bekenntnis zu christlichen Wahrheiten geben. Recht und Pflicht der Kirchen ist es zu entscheiden, welches diese Glaubenswahrheiten sind.	20%	27%	10%
Der Glaube ist Sache des einzelnen. Es ist seine persönliche Hinwendung zu Gott. Beim Glauben geht es nicht um Wahrheiten, die man abfragen kann wie Vokabeln. Die Kirchen können nicht über den Glauben entscheiden.	80%	73%	90%
Man kann Christ sein, ohne der Kirche anzugehören	87%	82%	88%
(in Klammern Werte für Ostdeutschland)	(80%)	(68%)	(77%)

Quelle: Eigene Berechnungen auf Basis der Spiegel Umfrage „Glauben 92", 1992, n=1947 (West); n=992 (Ost); Anteil in Prozent.

Konfessionslose in Ost- und Westdeutschland 221

Die große Zahl der Befragten (über 80 Prozent) sieht Christentum und Kirche bei einer direkten Nachfrage getrennt.[20] Der Verwendung dieses Ergebnisses als Nachweis für die skizzierte These widerspricht allerdings, daß fast genauso viele der Konfessionsmitglieder wie Konfessionslose den individualistischen Äußerungen zustimmen – ohne die Konsequenz des Kirchenaustritts zu vollziehen. Es scheint sich hier überwiegend um gefühlsmäßige Äußerungen zu handeln, die den gegenwärtigen sozialen Normen Ausdruck verleihen: Eine Distanz zur Kirche, um religiöse Überzeugungen nach außen hin noch als eine individuelle Entscheidung vertreten zu können, obwohl diese kaum mehr reflektiert wird. Entsprechend wird bereits bei einer Gegenüberstellung der Aussagen zur Entwicklung des Gottesglaubens die eingeschränkte Relevanz dieser (individualistisch erscheinenden) Aussagen deutlich.

Abbildung 7: Entwicklung des Gottesglaubens

	Konfessionslose				Konfessionsmitglieder			
	West		Ost		West		Ost	
	1991	1998	1991	1998	1991	1998	1991	1998
Nie an Gott geglaubt	34,3	39,0	71,5	76,0	6,5	8,6	12,5	16,9
Jetzt nicht, aber vorher ja	43,1	39,7	23,8	16,1	20,9	21,9	26,8	17,9
Jetzt ja, aber vorher nicht	4,4	6,8	2,4	3,8	9,6	11,2	9,7	14,9
immer an Gott geglaubt	18,2	14,4	2,2	4,0	62,9	58,3	51,0	50,3
n=	137	146	940	676	1151	818	514	308

Quelle: Eigene Berechnungen auf Basis Allbus 1991, n=1334 (West); n=1479 (Ost), in Prozent.

Der in den neuen Bundesländern auffindbare weiter verbreitete Atheismus – hier hat sich die Hälfte der Personen bereits gegen jegliche Form der an Gott gebundenen Transzendenz entschieden – ist hauptsächlich auf den hohen Anteil der Konfessionslosen zurückzuführen. Interessant ist, daß in den alten Bundesländern nur ein Drittel der Konfessionslosen angibt „nie an Gott geglaubt zu haben", während dies in den neuen Bundesländern immerhin 76 Prozent dieser Gruppe tun. Anscheinend trägt in Westdeutschland die religiöse Sozialisation in starkem Maße dazu bei, sich im jüngeren Alter Gott zuzuwenden, dieses aber dann im Laufe der Zeit zu überdenken. So bekennen in Westdeutschland auch 43 Prozent der Konfessionslosen, vor ihrem „Lebenswendepunkt" an eine Religion gebunden gewesen zu sein. Dies behaupten hingegen nur 24 Prozent der Konfessionslosen in Ostdeutschland. Hier erklären sogar 40 Prozent der Konfessionsmitglieder, daß sie derzeit nicht an Gott glauben. Konzentriert man sich auf die Aussage, ob man an Gott oder ein höheres Wesen glaubt, so könnte nach diesen Zahlen vielleicht noch in Westdeutschland eine gewisse Diskrepanz zwischen Glauben und Kon-

---

20 Die Validität der Frageformulierung kann an dieser Stelle nicht diskutiert werden. Man muß allerdings darauf hinweisen, daß der Gegenpol der Integration von Glaube und Kirche eine doch relativ harte Formulierung darstellt.

Abbildung 8: Transzendenz in West- und Ostdeutschland

glaube an	Ostdeutschland			Westdeutschland		
	Klos.	Ev.	Kath.	Klos.	Ev.	Kath.
Gott	4	55	66	17	53	66
höheres Wesen	8	14	15	22	19	19
nichts	88	31	19	60	28	16
n=	641	266	53	237	848	768

Quelle: Eigene Berechnungen auf Basis der Spiegel Umfrage „Glauben 92", 1992, n=1947 (West); n=992 (Ost); Anteil in Prozent.

fessionszugehörigkeit erkannt werden – für Ostdeutschland ist dies nicht festzustellen. Die formale Trennung von der Kirche geht überwiegend mit einer gestiegenen Distanz zum Glauben an Gott einher. Diese Ablehnungshaltung ist in den neuen Bundesländern erheblich stärker etabliert als in Westdeutschland. Dort zeigen immerhin fast 40 Prozent der befragten Konfessionslosen eine gewisse Beziehung zur Transzendenz. Eine Zusammenfassung verschiedener Kernpunkte des religiösen Lebens, die sich auf die zentrale Komponente der christlichen Religiosität (vgl. Glock 1954) beziehen, bestätigt diese Ergebnisse. So finden sich auch bei den Konfessionslosen nur sehr geringe Bekenntnisse zu diesen Grundprinzipien des Glaubens[21], und die Differenz zwischen West- und Ostdeutschland besteht ebenfalls in entsprechendem Umfang wie bisher gesehen. Wie schon bei den direkten Fragen des Kircheneintrittes zeigt sich eine Tendenz, daß die These der Individualisierung zumindest bei einem kleinen Teil der westdeutschen Konfessionslosen Geltung besitzen könnte. Dies gilt allerdings nicht für die Mehrheit der westdeutschen Konfessionslosen und in keiner Weise für die ostdeutschen Konfessionslosen.

Nun könnte man behaupten, daß die Konzentration auf christliche Glaubensinhalte der These der Individualisierung nur in Teilen gerecht wird. Im Kontext der Diskussion um die Spiritualität jenseits der Kirche und der Anfälligkeit jüngerer Leute für Sekten scheint es eher interessant, die Wichtigkeit *außerreligiöser Glaubensformen* bzw. alternativer Deutungsmuster des Lebens als Ersatz für die abgelehnte christliche Kirchlichkeit zu betrachten.

Zwar können sich circa ein Drittel der Bürger in West- und Ostdeutschland vorstellen, daß z.B. „Wahrsager die Zukunft voraussagen können", sicher sind sich aber maximal 10 Prozent. Allerdings besteht auch die Möglichkeit, daß die Angehörigen gerade dieser Gruppe am wenigsten bereit sind, den Glauben an solche Erscheinungsformen zuzugeben. Generell zeigt sich aber eher ein integratives Bild von christlichen und außerchristlichen Formen des Glaubens. Das heißt, für die Konfessionslosen kann die außerkirchliche Sinndeutung

---

21 Sie beziehen sich auf den Glauben an Gott, den Teufel, die Hölle, den Himmel und die Wiederauferstehung (Indikator „Religiöser Glaube", der Indikator wurde auf 0 bis 1 normiert).

Abbildung 9: Glaube an alternative Deutungsmuster des Lebens

	West				Ost			
	Konfessionsmgl.		konfessionslos		Konfessionsmgl.		konfessionslos	
	1991	1998	1991	1998	1991	1998	1991	1998
„Glücksbringer bringen manchmal Glück"	31	47	24	45	36,5	40	33	31,5
„Wahrsager können Zukunft voraussagen"	32,5	33,5	23	32	25,5	26	20,5	18
„Wunderheiler haben übernatürliche Kräfte"	38	43	33	44,5	46,5	40,5	35	30
„Horoskop hat Einfluß auf Lebensverlauf"	32,5	45	25	44	32,5	36	19	23
n =	1070	779	126	143	450	263	834	612

Quelle: Eigene Berechnungen auf Basis Allbus 1991, n=1334 (West); n=1479 (Ost); ISSP-Studie 1998; Anteil stimmt sicher oder wahrscheinlich in Prozent.

kaum als Ersatzfunktion der Religiosität angesehen werden (vgl. Pollack/ Pickel 1999), auch wenn die Zustimmungsraten in Westdeutschland in den letzten sieben Jahren erheblich angestiegen sind. Wie bereits bei der direkten Frage nach einer „Ersatzreligion" als Austrittsgrund wird deutlich, daß auch außerchristliche Formen der Religiosität nicht alternativ zu kirchlicher Integration wirken. Vereinfachend kann man die bereits kurz illustrierten Indikatoren mit der Konfessionszugehörigkeit direkt in Beziehung setzen.[22]

Abbildung 10: Zusammenhänge zwischen Religiosität und Kirchlichkeit in Westdeutschland

	Vertrauen in Kirche	Index des Glaubens	subjektive Religiosität	Christliche Religiosität	Mitglied Konfession
Kirchgang	.42 (.43)	.41 (.53)	.48 (.49)	.47 (.50)	.23 (.20)
Vertrauen Kirche	X	.39 (.49)	.53 (.56)	.53 (.52)	.30 (.27)
Index des Glaubens		X	.59 (.61)	.57 (.72)	.24 (.26)
subjektive Religiosität			X	.63 (.60)	.42 (.39)
Christliche Religiosität				X	.31 (.29)

Quelle: Eigene Berechnungen Allbus 1991 (n=1334), 1998 (n=2630), Werte sind Pearsons Produkt Moment Korrelationen, alle Werte signifikant für .000; Christliche Religiosität ist Index nach Felling et al.; Werte in Klammern 1991.

Die Zusammenhänge zwischen allen einbezogenen Indikatoren deuten auf eine generelle Integration von christlicher Religiosität und Kirchlichkeit hin.[23]

---

22 Zwar sind hohe Zusammenhangswerte noch kein hinreichender Nachweis einer Parallelität von Entkirchlichung und Glaubensverlust, vor allem da nicht festzulegen ist, wo hier die empirischen Grenzen für die Bestätigung oder Ablehnung der einen oder anderen These liegen. Anderseits zeigt sich keine grundlegende Entkoppelung der mehr institutionalisierten und der stärker an die Persönlichkeit gebundenen Indikatoren religiöser Überzeugungen in der quantitativ-empirischen Analyse.

23 Die Beziehungen zwischen christlicher Religiosität und kirchlicher Integration sind generell

Abbildung 11: Zusammenhänge zwischen Religiosität und Kirchlichkeit in Ostdeutschland

	Kirchgang	Vertrauen in Kirche	Index des Glaubens	subjektive Religiosität	Christliche Religiosität
Kirchgang	X				
Vertrauen Kirche	.38 (.42)	X			
Index des Glaubens	.47 (.61)	.48 (.48)	X		
subjektive Religiosität	.47 (.53)	.66 (.68)	.49	X	
Christliche Religiosität	.50 (.60)	.63 (.62)	.74	.70	X
Konfessionszugehörigkeit	.43 (.40)	.52 (.60)	.46	.75	.59

Quelle: Eigene Berechnungen Allbus 1991 (n=1479), 1998 (n=600), Werte sind Pearsons Produkt Moment Korrelationen, alle Werte signifikant für .000, Christliche Religiosität ist Index nach Felling. u.a.; Werte in Klammern 1991.

Einzige Ausnahme sind die in Westdeutschland meßbaren geringeren Zusammenhänge zwischen der formellen Konfessionszugehörigkeit und diesen Merkmalen (auch der kirchlichen Integration). Sie verweisen auf eine Trennung von formeller und informeller Kirchlichkeit (siehe hier die niedrige Korrelation mit Kirchgangshäufigkeit). Es bleibt fraglich, ob dies ein Indiz für die Individualisierungsthese ist, da bedacht werden sollte, daß sich in Westdeutschland innerhalb der Konfessionszugehörigen eine nicht unwesentliche Anzahl an Entkirchlichten befindet (siehe Abbildung 1). Diese führen dazu, daß die Konfessionslosigkeit in den alten Bundesländern nicht die Trennungslinie kennzeichnet, wie dies in Ostdeutschland der Fall ist. Es besteht eher eine Trennlinie zwischen kirchlich Integrierten (aktiven Mitgliedern oder zumindest Kirchgängern) und kirchlich nicht Integrierten – egal ob sie in einer Kirche sind oder nicht.

Bei der gesonderten Betrachtung der ostdeutschen Bürger erweist sich die Integration der kirchlichen und religiösen Ausdrucksformen teilweise als höher als in den alten Bundesländern. Zum anderen besteht hier zwischen der formellen Konfessionsmitgliedschaft und den Indikatoren religiöser Überzeugungen, aber auch der kirchlichen Integration ein Zusammenhang, der sich in dieser Höhe in den alten Bundesländern nicht feststellen läßt. Die Konfessionsmitgliedschaft scheint in Ostdeutschland ein besserer Gradmesser für die subjektive Religiosität und kirchliche Integration zu sein als in Westdeutschland.[24]

---

hochsignifikant.

24 Bestätigt wird diese höhere Integration von Konfession und Glauben in Ostdeutschland in einer typologischen Analyse, die an anderer Stelle durchgeführt wurde. In Westdeutschland finden sich 50 Prozent aller Befragten in einer Gruppe, die sich in einer fünf Typen generierenden Clusteranalyse als areligiös erweist, in Ostdeutschland gar über 60 Prozent. Bemerkenswert daran ist die Tatsache, daß in Ostdeutschland diese Gruppe fast rein aus Konfessionslosen besteht, während in Westdeutschland dies bei 15 Prozent Konfessionslosen ja gar nicht möglich ist. Eine Gruppe, die auf Individualisierungstendenzen deutende Indizien einer hohen persönlichen Religiosität bei gleichzeitig geringer Kirchlich-

Nun könnte man anmerken, es handle sich bei den hier betrachteten Indikatoren mehr oder weniger um Merkmale, die der christlich kirchlichen Religiosität so nahe stehen, daß sie alternative Formen der Sinngebung viel zu wenig berücksichtigen. Um diesem Einwand nachzugehen, wurde im folgenden die Gruppe der Konfessionslosen typologisch untersucht.[25]

Abbildung 12: Gruppen religiöser Überzeugungen bei Konfessionslosen Westdeutschland

	Cluster 1	Cluster 2	Cluster 3	Cluster 4	Cluster 5
„glaube, daß es Gott gibt"	8	54	20	19	17
„glaube nicht, daß es Gott gibt"	63	14	36	39	31
„Weiß nicht, ob es Gott gibt"	28	31	45	42	52
„Es gibt Gott (und nicht höheres Wesen)"	8	46	9	23	15
„Es gibt ein höheres Wesen (das nicht Gott ist, aber in hohem Maße mit dem christlichen Gott übereinstimmt)"	0	11	2	3	4
„Es gibt ein höheres Wesen (das nicht Gott ist, und nur in geringem Maße mit dem christlichen Gott übereinstimmt)"	20	9	20	13	21
Kirche entscheidet, was Glaubenswahrheiten sind	---	---	---	--	---
Wichtig für das Leben ist es, daß man etwas glauben kann	-	+	+	+	+
Sterne bestimmen den Lauf des Lebens	-	+	-	++	-
Es gibt ein Leben nach dem Tode	--	-	--	-	--
Reden über Religion	---	+	---	-	---
Glauben ist Sache des einzelnen	+++	+++	+++	++	+++
Man kann auch Christ sein ohne die Kirche	+++	+++	+++	++	+++
Frequenz des Kirchganges	---	---	---	-	--
n=	70	35	56	31	48

Quelle: Eigene Berechnungen auf Basis Glauben 92, n= 240.

Die Vermutung, daß sich Gruppen individualisierter Religiosität bei Konfessionslosen von Gruppen mit übergreifender „atheistischer" Haltung unterscheiden lassen, bestätigt sich nicht. Es findet sich keine Gruppe, die sich durch ein besonders hohes Ausmaß an persönlicher Religiosität auszeichnet. Einzige Ausnahme ist die Gruppe 2 in Westdeutschland: In diesem Cluster glaubt circa die Hälfte der Personen an Gott. Diese insgesamt nur 15 Prozent der Konfessionslosen können als einziges Indiz für eine Trennung von Konfession und persönlichem Glauben genommen werden. Interessant ist noch Gruppe 4 mit einer etwas höheren Bereitschaft, sich am „Lauf der Sterne" zu orientieren und auch noch gelegentlich (im Schnitt 5 mal im Jahr) in die Kirche zu gehen. Für die Konfessionslosen in den neuen Bundesländern ist das Ergebnis noch eindeutiger.

---

keit aufweist, existiert in beiden Gebieten nicht.
25 Hierzu wurde das Verfahren der partitionierenden Clusteranalyse (SPSS) verwendet.

Abbildung 13: Gruppen religiöser Überzeugungen bei Konfessionslosen Ostdeutschland

	Cluster 1	Cluster 2	Cluster 3	Cluster 4	Cluster 5
„Es gibt Gott (und nicht höheres Wesen)"	3	2	3	9	1
„Es gibt ein höheres Wesen"	6	12	11	7	5
„Es gibt weder Gott noch ein höheres Wesen"	90	84	86	82	94
Wichtig für das Leben ist es, daß man etwas glauben kann	+	+	++	+	-
Sterne bestimmen den Lauf des Lebens	--	--	-	--	---
Es gibt ein Leben nach dem Tode	---	---	---	--	---
Reden über Religion	---	---	/	--	--
Man kann auch Christ sein ohne die Kirche	++	+++	+++	++	+
n=	186	85	134	74	125
davon aus der Kirche ausgetreten (spiegelbildlich schon immer konfessionslos)	53%	42%	47%	47%	54%

Quelle: Eigene Berechnungen auf Basis der Spiegel Studie „Glauben 92", 1992, n= 889.

Dabei zeigen sich in der Zusammensetzung der Gruppen kaum Unterschiede zwischen den aus der Kirche Ausgetretenen oder den Personen, die niemals Mitglied waren. Als einziges tragfähiges Indiz für eine individuelle Religiosität neben der christlich geprägten Religiosität kann die relativ hohe Bereitschaft gesehen werden, der Aussage, „daß man etwas glauben kann", zuzustimmen. Diese Tendenz könnte zumindest einen Hinweis auf eine sehr unspezifische Form des Glaubens geben. Zusammengefaßt, scheint aber eine Individualisierung des Glaubens für Konfessionslose kaum, und wenn, dann vornehmlich in Westdeutschland, von Bedeutung zu sein.

5.3 Soziale Anerkennung der Konfessionslosigkeit

Wenn es sich nun bei der dargestellten Konfessionslosigkeit nicht um eine selbst gewählte, individualisierte Distanz zu Religion und Kirche handelt, so ist die Frage, ob hier nicht einfach eine mangelnde Relevanz dieses Lebensbereiches für das Alltagsleben vorherrscht. Eine Zusammenhangsanalyse zeigt die starke Beziehung zwischen Konfessionslosigkeit und der mangelnden Relevanz von Religion für die Lebensführung. (Werte in Westdeutschland Pearsons r=-.35, in Ostdeutschland r=.65). Die Wichtigkeit von Religion und Kirche ist dabei bereits seit Jahren rückläufig und geht zeitlich einher mit der steigenden Distanz zur Kirche. Nicht nur bei den Konfessionslosen hat die Relevanz von Kirche und Religion in den letzten Jahrzehnten erheblich abgenommen, auch die Konfessionsmitglieder weisen Religion und Kirche nur eine nachgeordnete Bedeutung für das Leben zu. So können selbst inklusive der Konfessionsmitglieder nur 38 Prozent Religion und Kirche als wichtig ansehen (in Ostdeutschland nur 20 Prozent). Von den Kon-

Konfessionslose in Ost- und Westdeutschland

fessionslosen sind dies um die fünf Prozent in den alten und neuen Bundesländern.

Abbildung 14: Bedeutung von Religion für das Alltagsleben

	evangelisch	katholisch	konfessionslos
Westdeutschland			
Wichtigkeit von Kirche und Religion			
(3 Kategorien auf 7-Punkte Skala)	38%		5%
Bedeutung von Religion im Alltagsleben			
(sehr wichtig, ziemlich wichtig)	72%	84%	15%
Ostdeutschland			
Wichtigkeit von Kirche und Religion			
(3 Kategorien auf 7-Punkte Skala)	20%		3%
Bedeutung von Religion im Alltagsleben			
(sehr wichtig, ziemlich wichtig)	53%	74%	6%

Quelle: Eigene Berechnungen auf Basis der Spiegel Umfrage „Glauben 92", 1992, n=1947 (West); n=992 (Ost); Anteil in Prozent.

Diese mangelnde Wichtigkeit hat bei einem Teil der Bevölkerung zu einer zunehmenden Distanzhaltung geführt, die eher durch Interesselosigkeit, denn durch gezielte Ablehnung begründet ist. Zudem ist Konfessionslosigkeit mittlerweile nicht nur in Ostdeutschland, wo es ja schon den Status einer Norm erreicht hat, sozial anerkannt, sondern auch in Westdeutschland ist „konfessionslos zu sein" kein Zustand mehr, der soziale Diskriminierung auf sich zieht. Im Gegenteil scheint sich auch in den jüngeren Alterskohorten in Westdeutschland die Auffassung verbreitet zu haben, daß Religion unmodern ist und entsprechend Konfessionslosigkeit eher einem modernen Lebensbild entspricht. Daß hier eine ganz deutliche Differenz zwischen den Konfessionslosen und den Konfessionsmitgliedern liegt, belegt der Befund, daß über zwei Drittel der Konfessionsmitglieder in West- und Ostdeutschland der Religion eine hohe Bedeutung für ihr Alltagsleben einräumen, während dies bei den Konfessionslosen nahezu nicht vorkommt. Der mit 53 Prozent relativ geringe Zustimmungswert der ostdeutschen Protestanten verweist auf eine allem Anschein nach geringere Relevanz von Religion für die Lebensführung in den neuen Bundesländern als ein generelles Phänomen dieser Region.

5.4 Konfessionslosigkeit als Ostidentität?

Die mit dem Westen kaum vergleichbare Situation in Ostdeutschland hat zu Überlegungen geführt, die für die Bürger der neuen Bundesländer eine ganz spezifische gesellschaftliche Erklärung betonen. Diese besagt, daß Konfessionslosigkeit dazu dient, zumindest an einer Stelle noch den Bezug zum Leben in der ehemaligen DDR aufrechtzuerhalten und eine Ostidentität zu bewahren. Hieraus ließen sich möglicherweise die oft aggressiven „antichristlichen" Haltungen mancher ostdeutscher Bürger auch zum jetzigen Zeitpunkt erklären. Selbst wenn dieser Erklärungsversuch nicht für die gesamte Gruppe der Konfessionslosen in Ostdeutschland Gültigkeit besitzt, so scheinen doch gewisse Korrespondenzen zu bestehen. So finden sich z.B. zwischen der Betonung, daß nicht alles in der DDR schlecht war, und der Gruppenzugehörigkeit zu den Konfessionslosen deutliche Zusammenhänge.

Abbildung 15: Ostidentitäten und Konfessionslosigkeit

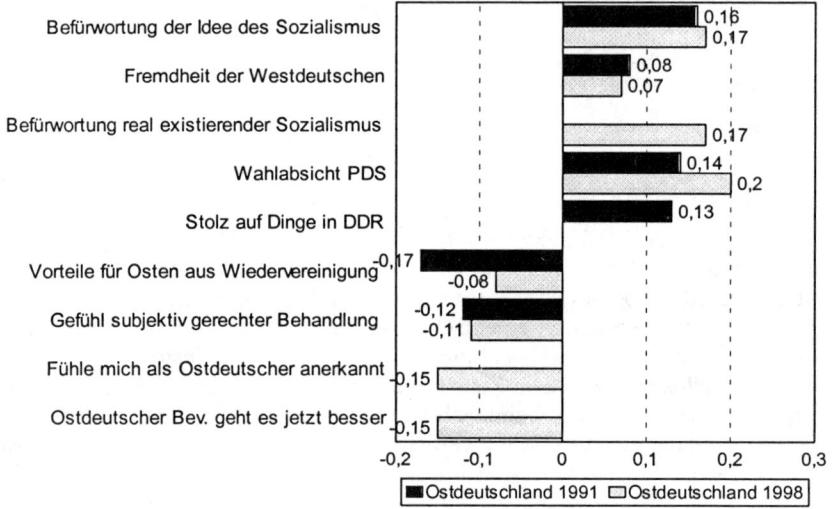

Quelle: Eigene Berechnungen auf Basis Spiegel Umfrage, Allbus 1991, Allbus 1998, Sozialer und Kultureller Wandel in Ostdeutschland 1998; Korrelationen Pearsons r.

Aber auch andere Indikatoren für eine „Sonderidentität der ostdeutschen Bürger" finden bei den Konfessionslosen häufiger Zustimmung als bei den Konfessionsmitgliedern. Sei es, daß man die Wiedervereinigung eher als nachteilig für den Osten ansieht oder daß man sich in der Relation zu den Westbürgern ungerecht behandelt fühlt. Die Westdeutschen sind einem immer noch etwas fremd und die PDS scheint als Partei die richtige Vertreterin ostdeutscher Interessen (vgl. Pickel et al. 1998). Die Konfessionslosen in den neuen Bundesländern neigen ebenfalls dazu, sich nicht als anerkannt (als Bevölkerungsgruppe Ostdeutsche) zu fühlen und stehen der Entwicklung im sozialen Bereich skeptischer gegenüber als ihre konfessionsgebundenen Mitbürger. Dabei bestehen bei ihnen etwas stärkere Sympathien für den real existierenden Sozialismus oder aber die Idee des Sozialismus, was aber nicht als „Ostalgie" überbewertet werden darf.

Nun ist dies für sich ein Hinweis, aber genauso wie bei den vorangegangenen Betrachtungen kein stichhaltiger Nachweis für die These der Bezie-

Konfessionslose in Ost- und Westdeutschland 229

hung zwischen Ostidentität und Konfessionslosigkeit. Könnte die bestehende Beziehung nicht einfach damit zusammenhängen, daß diese Beziehung nur ein Resultat tiefer liegender Wertvorstellungen ist?[26] Um ein tragfähiges Gerüst der Erklärungen zu bekommen, ist es entsprechend nötig, zwei Einschränkungen, denen die bisherigen Nachweise unterlagen, aufzuheben. Dies ist einerseits die getrennte, singuläre Betrachtungsweise der Einflußgründe, andererseits die Betrachtung der Konfessionslosen als homogene Gruppe.

6. Gründe für Konfessionslosigkeit im Zusammenspiel

Bei den anfangs dargestellten Thesen für die Konstanz der Konfessionslosigkeit sind überwiegend Argumente aus dem Wertsektor von Bedeutung gewesen. Nur über eine Verbindung zu diesen Wertmustern ist es entsprechend möglich, eine klärende Aussage zu erreichen. Das Zusammenspiel dieser Einflußfaktoren ist am besten mit Hilfe einer multivariaten Analyse aufzuzeigen.

Abbildung 16: Einflußgründe der Konfessionslosigkeit

Ostdeutschland		Westdeutschland	
aus Konfession ausgetretene Personen	nie in Konfession gewesene Personen	aus Konfession ausgetretene Personen	nie in Konfession gewesene Personen
Alltag -.21	Glauben -.20	Alltag -.18	Glauben -.16
Individualisierung .09	Alltag -.17	Glauben -.15	
Traditionalismus .08	Traditionalismus -.14	Steuer .11	
Ideologie -.08	Milieu -.11	Milieu -.07	
Steuer .07	Individualisierung -.08		

Quelle: Eigene Berechnungen auf Basis der Spiegel Umfrage „Glauben 92", 1992, n=1947 (West); n=992 (Ost); Werte sind beta-Werte der Regression, nur signifikante Werte ausgewiesen.

Alltag	= „Religion besitzt Bedeutung für mein Alltagsleben"
Individualisierung	= „man kann auch glauben ohne Kirche"
Traditonalismus	= „an Altem festhalten" (vs. Neues versuchen)
Ideologie	= „Ausrichtung rechts auf der links-rechts Orientierung"
Steuer	= „Kirchensteuer ist zu hoch"
Glauben	= „Glauben an Gott oder ein höheres Wesen"
Milieu	= „konfessionelles Umfeld" (evangelisch/katholisch)

Wie sich zeigte, war die vorgenommene Trennung zwischen den aus der Kirche Ausgetretenen und denjenigen, welche diese Entscheidung selbst gar nicht mehr zu treffen brauchten, notwendig. Konfessionslose, die seit ihrer

---

26 So besteht z.B. zwischen dem Bekenntnis, sich eher als links gerichtet anzusehen, und der Konfessionslosigkeit in West- und in Ostdeutschland ein erheblicher Zusammenhang (West .17; Ost .23; Pearsons r), der eine solche Deutung zuläßt.

Geburt niemals in einer Konfession waren, unterscheiden sich doch relativ deutlich von Konfessionslosen, welche die Kirche aus eigenem Antrieb verlassen haben. Die fehlende Bedeutung der Religion für den Alltag ist die entscheidende Einflußvariable für die Konfessionslosigkeit bei Personen, die aus der Kirche ausgetreten sind. Dieses kann nun in zwei Richtungen interpretiert werden: einerseits als Grund für Konfessionslosigkeit, andererseits als Folge derselben. Ähnlich verhält es sich mit dem Glauben an Gott, auch hier ist eine wechselseitige Beeinflussung möglich. Dieser Grund spielt für die von Geburt aus Nichtkonfessionellen die größte Rolle. Die Höhe der Kirchensteuer bleibt als eigenständiger Austrittsgrund erhalten. Dies gilt allerdings nur für die Gruppe der Konfessionslosen, welche selbst die Entscheidung zum Kirchenaustritt vollzogen haben. Ein konfessionell homogenes Umfeld fördert dabei die Distanz zur Konfessionslosigkeit, oder umgekehrt, Konfessionslose befinden sich bzw. denken, daß sie sich in einem homogenen konfessionslosen Milieu befinden. Bemerkenswert ist der Einfluß der Fragen nach dem „Glauben ohne Kirche". Wirkt dieser Individualisierungsindikator bei den aus der Kirche ausgetretenen Menschen in den neuen Bundesländern noch wie erwartet, so sehen die schon immer Konfessionslosen Kirche und Religion öfter im Zusammenhang und ziehen daraus die Konsequenz einer gänzlichen Ablehnung. Für Westdeutschland ist kein Effekt dieses Indikators der Individualisierung festzustellen. Letztendlich zeigt sich, daß ein *Bündel von Bedingungen und Korrespondenzen* die Konfessionslosigkeit begleitet. Die Relevanz der Religion für das Leben und der persönliche religiöse Glaube sind dabei am wichtigsten. In der Reihenfolge der Einflußfaktoren bestehen zwischen West- und Ostdeutschland Unterschiede, wobei die Bedeutung der Religion für das Alltagsleben aber grundsätzlich der wichtigste Grund bleibt.

Die Frage ist nun, inwieweit die bisherigen kausalen Erklärungsversuche in der Lage sind, die heterogene Struktur der Konfessionslosen in Ostdeutschland angemessen zu beschreiben. Um diese Heterogenität abbilden zu können, bietet es sich an, die Begleitumstände der Konfessionslosigkeit einer typologischen Analyse (Clusteranalyse) zu unterziehen. Für Ostdeutschland ergaben sich sieben Typen[27]:

Die *Individualisten* reflektieren eine Gruppe mit einer starken ideologischen Orientierung nach links und einer Tendenz zur PDS-Wahl (32 Prozent). Ihre Verbundenheit zur ehemaligen DDR ist genauso wie eine stark individualisierte Betrachtungsweise, die zwischen Glauben und Kirche unterscheidet, ein gewichtiger Grund für ihre Konfessionslosigkeit. Allerdings ist diese Gruppe relativ klein (fünf bis sieben Prozent für Ostdeutschland).

---

27 Die hier vorgestellten Ergebnisse decken sich in sehr großen Teilen mit den Ergebnissen einer vergleichbaren Analyse mit Daten des Allbus 1991, die hier aus Platzgründen nicht präsentiert wird.

Die *Herkunftschristen* (immerhin neun Prozent) kommen aus konfessionell homogenen Milieus und nehmen auch jetzt noch öfter als die meisten anderen Konfessionslosen an Diskussionen teil, die sich mit Glauben und Religion befassen. Sie besitzen aus der Sozialisation heraus noch Beziehungen zur Religion, die sich aber mit der Zeit abschleifen.

Die Gruppe der *Volldistanzierten* ist eine der größten Gruppen. Sie besitzen keinerlei Segmentspuren von religiösen Überzeugungen, sehen sich deutlich links der Mitte und empfinden fast selbstverständlich die Kirchensteuer als zu hoch. Religion spielt in ihrem Alltag überhaupt keine Rolle, was sie mit ihrem in der Regel konfessionslosen Umfeld verbindet. Sie besitzen eine nicht unwesentliche Bindung an eine „ostspezifische" Identität, ohne daß genau klar wird, ob diese maßgeblich ist oder nicht. Generell sind sie von einer starken Ablehnung von Kirche und jedweder Art von Religiosität geprägt. Hier finden sich auch Personen, die sich oftmals sogar aggressiv gegen die Einführung religiöser Strukturen (z.B. Religionsunterricht an Schulen) verwehren.

Demgegenüber sehen die *gläubigen Konfessionslosen* Religion als wichtig für ihr Leben an. Allerdings stimmen sie auch überdurchschnittlich häufig der individualistischen Aussage „glauben kann man auch ohne die Kirche" zu. Dieses muß als Abbau einer kognitiven Dissonanz zwischen der Situation als Konfessionsloser und der doch vorhandenen Gläubigkeit gedeutet werden. Sie können als eine eher individualistische Gruppe angesehen werden. Dabei sind sie in Westdeutschland etwas häufiger als in den neuen Bundesländern aufzufinden.

Als weiterer Typ sind Personen auszumachen, die sich eher rechts auf der links-rechts Skala plazieren. Die *nichtgläubigen Rechten* zeichnen sich durch einen nicht vorhandenen Glauben an Gott, ein konfessionsloses oder zumindest konfessionell heterogenes Umfeld und eine geringe individualistische Orientierung aus. Sie lehnen nicht nur die Kirche, sondern auch religiöse Vorstellungen durchweg ab, betonen den Wert der Unabhängigkeit – stehen dabei aber linken oder individualistischen Überzeugungen fern.

Die größte Gruppe sind die *durchschnittlichen Konfessionslosen* (40 Prozent). Ihre Ablehnung von Glauben und Kirche ist stark etabliert. Bei ihnen finden sich keine überdurchschnittlich zu Tage tretenden Effekte.[28] Ein Bündel aus verschiedenen Gründen, insbesondere aber die fehlende Alltagsrelevanz von Kirche, Religion und Glauben, zeichnet diese Gruppe aus.

Die *traditionalistischen Konfessionslosen* schließen die Betrachtungen ab. Sie sind zwar traditionell und konservativ ausgerichtet und stehen den Werten

---

28 In Westdeutschland sind sich die Konfessionslosen noch ähnlicher als dies in Ostdeutschland der Fall ist. Alle betonen die Trennung von Kirche und Glauben, differenzieren dann aber zwischen der eigenen Gläubigkeit. Eine kleine traditionelle Gruppe, circa 12 Prozent, besitzt trotz ihrer Konfessionslosigkeit relativ hohe Glaubenswerte. Immerhin 20 Prozent bilden ein individualisiertes Muster ab und äußern Glaubensüberzeugungen, „die sie auch außerhalb der Kirche" leben können. Die große Zahl der Konfessionslosen betont zwar individualistische Fragestellungen, steht aber allen religiösen Indikatoren auch negativ gegenüber bzw. sieht Religion als irrelevant für ihr Alltagsleben an.

"Selbständigkeit" und "Unabhängigkeit" eher ablehnend gegenüber, besitzen aber eine besonders niedrige Alltagsrelevanz von Religion. Für sie sind Kirche und Religion gänzlich irrelevant für ihr Leben, so daß für ihre Abwendung nicht einmal besondere Gründe (z.b. Kirchensteuer) bestehen müssen. Ihr Leben ist grundsätzlich von einer erhöhten Interesselosigkeit hinsichtlich vieler Bereiche des Lebens (z.b. Politik und Freizeit) gekennzeichnet.

Abbildung 17: Typen der Konfessionslosigkeit in Ostdeutschland

	zeichnen sich aus durch...	in %
Individualisten	Glauben ohne Kirche, linke ideologische Orientierung	5,4
Herkunftschristen	kommen aus konfessionellen Milieus, Reden über Religion	8,7
Volldistanzierte	kein Glauben, linke ideologische Orientierung, Kirchensteuer ist zu hoch, keine Alltagsrelevanz	20,5
Gläubige Konfessionslose	Religion wichtig, Glauben, leicht individualisiert	4,8
Nichtgläubige Rechte	Kein Gottesglauben, keine Milieubindung, rechte ideologische Orientierung, Glauben ohne Kirche ist gering ausgeprägt	14,8
Durchschnittliche Konfessionslose	Durchschnittliche Werte innerhalb der Konfessionslosen	40,5
Traditionalistische Konfessionslose	keine Alltagsrelevanz, nicht individualisiert, Glauben ohne Kirche, Traditionalismus	5,3

Quelle: Eigene Berechnungen auf Basis der Spiegel Umfrage "Glauben 92", 1992, n=992 (Ost); Ergebnisse einer partitionierenden Clusteranalyse.

7. Fazit: Individualisierte Religiosität oder Säkularisierung?

Zieht man hinsichtlich der Fragestellung "Gibt es eine individualisierte Religiosität außerhalb der Kirche?" ein Fazit, so kann dies folgendermaßen lauten: Die vorgestellten Daten sind bei einem so subjektiven Bereich wie persönlichem Glauben kein Beweis, aber zumindest ein Hinweis auf die Brüchigkeit der These, daß sich Religiosität vom institutionell geprägten hin zu einer rein individuellen Sinngebung entwickelt. Die rein formelle Mitgliedschaft ist dabei nicht nur vom Glauben, sondern in Westdeutschland auch von der Kirchlichkeit zu trennen, aber umgekehrt kann eine rein formelle Kirchenmitgliedschaft ohne tiefen Glauben (zumindest in Westdeutschland) nicht als eindeutiges Kriterium für das Zusammenspiel zwischen Entkirchlichung und persönlicher Religiosität gedeutet werden. Persönlicher Glaube und kirchliche Integration sind nach den vorgelegten Ergebnissen eher eng miteinander verbunden.

Konfessionslose scheinen nicht nur erheblich weniger religiös als Konfessionsmitglieder, sie sind dies teilweise in einem so starken Ausmaß, daß von einer religiösen Orientierung nicht mehr gesprochen werden kann. Im Gegenteil, wie eine typologische Betrachtung zeigt, ist bei 90 Prozent der

Konfessionslosen keines der Merkmale persönlicher Religiosität und persönlichen Glaubens festzustellen, aber auch für außerkirchliche Spiritualität sind oft nur mittlere Werte aufzufinden. Nur wenige Hinweise deuten auf eine von christlich-traditionaler Religiosität unabhängige Form des Glaubens hin. Diese wenigen Hinweise gelten dann überwiegend auch nur für eine kleine, teilweise sogar fast verschwindende Gruppe der Konfessionslosen. Auf der anderen Seite erscheint es gerade für Westdeutschland falsch, die Gruppe der „Areligiösen" auf die Konfessionslosen zu beschränken. Vielmehr muß davon ausgegangen werden, daß innerhalb der Konfessionsmitglieder eine nicht unerhebliche Gruppe sich bereits fast so stark von den christlichen Glaubensprämissen distanziert hat und nur aus strukturellen Gründen (Prestige im Umfeld, Tradition, Gewohnheit) ihre Mitgliedschaft beibehält, wie dies bei dem Großteil der Konfessionslosen der Fall ist.

Trotzdem kann eine endgültige Beurteilung dieser Frage nach individualisierter Religiosität außerhalb der Kirche und gar außerhalb der christlichen Glaubensprämissen nur sehr schwer gegeben werden. Das hängt damit zusammen, daß nicht klar ist, wie weit die Begriffe Religiosität und Glauben ausgedehnt werden können und was darunter zu verstehen ist.

Bei einer detaillierteren Betrachtung von Konfessionslosigkeit haben sich neben dieser theoretisch übergreifenden Erklärung auch deutlich pragmatischere Erklärungsversuche etabliert. Gerade für Ostdeutschland stehen diese natürlich hinter der Entwicklung der letzten Jahrzehnte zurück. Hier muß man davon ausgehen, daß die Resultate der sozialistischen Ära immer noch die entscheidende Bedeutung besitzen. Nur so ist es möglich, die extrem hohen Zahlen der Konfessionslosen in Ostdeutschland zu verstehen. Eine Detailanalyse der Konfessionslosen zum jetzigen Zeitpunkt muß daher diese Ausgangsposition berücksichtigen und kann über direkte Begründungen wie auch Hintergrundfaktoren nur die Begleitumstände der Konfessionslosigkeit bzw. reflektierte Bestätigungen des Kirchenaustritts überprüfen. Ohne die bereits erwähnten Gründe noch einmal aufnehmen zu wollen, werden die wichtigsten Ergebnisse hier kurz zusammenfaßt:

Zwischen West- und Ostdeutschland herrscht bezüglich der Konfessionsmitgliedschaft ein grundlegender Unterschied in den Normen. Während in Westdeutschland die Norm der Konfessionsmitgliedschaft immer noch Gültigkeit besitzt, hat sich in Ostdeutschland die Norm der Konfessionslosigkeit etabliert. Dies findet sich zum einen in einer anderen, auch realen Einfluß besitzenden, Milieu- und Umfeldstruktur wider. Zum anderen kann von den hohen Effekten der konfessionellen Sozialisation der Eltern auf eine stetige Weitergabe der Tradierung, sei sie konfessionell oder nicht, geschlossen werden. Konfessionslosigkeit trifft mittlerweile alle Altersgruppen, wenn auch nicht in der gleichen Weise. Gerade im Alter zwischen 25 und 35 Jahren wird allem Anschein nach der Schritt des Austritts aus der Kirche vollzogen. Diese selbst gewählte Konfessionslosigkeit bleibt dann auch relativ stabil über das Leben hinweg. Religion und Glauben werden von den Konfessionslosen generell als nicht mehr zeitgemäß betrachtet. Die Zahl der Konfessionsangehörigen, die dies ähnlich sehen, ist bereits zum heutigen Zeitpunkt relativ umfangreich (bis zu 40 Prozent Potential), so daß auf Dauer für Westdeutschland von einer langsamen, aber kontinuierlichen Abnahme der Konfessionszugehörigkeit ausgegangen werden muß. Dies gilt ebenso für Ostdeutschland, wo zusätzlich die nicht konfessionelle Tradierung und Sozialisation für eine Ausdehnung von Konfessionslosigkeit arbeitet. Ein kaum mehr vorhandenes Wissen und ein verbreitetes Desinteresse gegenüber religiösen Themen prägen diese Situation. Es ist weniger eine individualistische Entscheidung als eine generelle Irrelevanz von Religion und Kirche, welche oftmals als unmodern oder nicht mehr zeitgemäß klassifiziert werden. Die fehlende Bedeutung für das Alltagsleben wird bei der überwiegenden Zahl der Konfessionslosen in Ostdeutschland sichtbar. Konfessionslose in Westdeutschland unterscheiden sich in Teilen von Konfessionslosen in Ostdeutschland in der Ablehnung von Kirche und Religion. Es existieren zumindest kleinere individualisierte Gruppen Konfessionsloser. Allerdings steht auch hier der große Teil der Konfessionslosen (und ein zahlenmäßig noch größerer Teil der Randmitglieder) der Kirche und dem Glauben skeptisch gegenüber.

Stellt man die Gründe für die Konfessionslosigkeit einander gegenüber, so ist eindeutig die fehlende Relevanz für den Alltag und der fehlende christliche Glaube in den Vordergrund zu rücken. Die Wertigkeit dieser Gründe unterscheidet sich zwischen Ausgetretenen und schon immer außerhalb der Kirche stehenden Konfessionslosen. Teilweise werden noch weitere Begründungen und Bedingungsfaktoren relevant, wie die als zu hoch empfundene Kirchensteuer oder das konfessionelle Umfeld. Werthaltungen und Überlegungen zur Trennung von Glauben und Kirche wirken dabei nicht immer eindeutig. Generell läßt sich zwar eine gewisse Heterogenität bei den Konfessionslosen in Ostdeutschland feststellen, die deutliche Mehrheit der Konfessionslosen steht aber Kirche und Glauben als für ihr Leben irrelevante Größen distanziert und uninteressiert gegenüber. Somit sind sich Konfessionslose in Ost- und Westdeutschland eher ähnlich. Anders sind einzig die Ausgangsbedingungen.

Literatur

Beck, Ulrich, 1986: Risikogesellschaft. Auf dem Weg in eine andere Moderne. Frankfurt/M.
Engelhardt, Klaus et al., 1997: Fremde Heimat Kirche. Die dritte EKD-Erhebung über Kirchenmitgliedschaft. Gütersloh.

Ester, Peter/Halman, Loek, 1994: Empirical Trends in Religious and Moral Beliefs in Western Europe, in: International Journal of Sociology, 81-110.
Felling, Albert/Peters, Jan/Schreuder, Osmund, 1987: Religion im Vergleich: Bundesrepublik Deutschland und Niederlande. Frankfurt.
Gabriel, Karl, 1992: Christentum zwischen Religion und Postmoderne. Freiburg.
Gabriel, Karl/Hobelsberger, Hans, (Hg.) 1995: Jugend, Religion und Modernisierung. Kirchliche Jugendarbeit – Aufgaben und Chancen. Opladen.
Glock, Charles Y., 1954: Toward a Typology of Religious Orientation. New York.
Jagodzinski, Wolfgang, 1995: Säkularisierung und religiöser Glaube. Rückgang traditioneller Religiosität und religiöser Pluralismus in Westeuropa, in: Reuband, Karl-Heinz/Pappi, Franz-Urban, (Hg.): Die deutsche Gesellschaft in vergleichender Perspektive. Opladen, 261-285.
Jagodzinski, Wolfgang/Dobbelaere, Karel, 1993: Der Wandel kirchlicher Religiosität in Westeuropa, in: Bergmann, Jörg/Hahn, Alois/Luckmann, Thomas, (Hg.): Religion und Kultur. Sonderheft der Kölner Zeitschrift für Soziologie und Sozialpsychologie. Opladen, 69-91.
Luckmann, Thomas, 1963: The Invisible Religion. The Problem of Religion in Modern Society. New York.
Lukatis, Ingrid/Lukatis, Wolfgang, 1989: Protestanten, Katholiken und Nicht-Kirchenmitglieder. Ein Vergleich ihrer Wert- und Orientierungsmuster, in: Daiber, Karl-Fritz, (Hg.): Religion und Konfession. Hannover, 17-71.
Martin, David, 1978: A general theory of secularization. Oxford.
Motikat, Lutz, 1997: Konfessionslosigkeit in Ostdeutschland – worum geht es, und wer ist herausgefordert?, in: Motikat, Lutz/Zeddies, Helmut, (Hg.): Konfession: Keine. Gesellschaft und Kirchen vor der Herausforderung durch Konfessionslosigkeit – nicht nur in Ostdeutschland. Frankfurt am Main, 17-48.
Neubert, Ehrhart, 1996: „gründlich ausgetrieben". Eine Studie zum Profil und zur psychosozialen Situation von Konfessionslosen in Ostdeutschland und den Voraussetzungen kirchlicher Arbeit (Mission), in: Begegnungen 13.
Pickel, Gert, 1995: Dimensionen religiöser Überzeugungen bei jungen Erwachsenen in den neuen und alten Bundesländern der Bundesrepublik Deutschland, in: Kölner Zeitschrift für Soziologie und Sozialpsychologie 47, 516-534.
Pickel, Gert, 1998: Individualisierte Religiosität außerhalb der Kirche oder areligiöse Konfessionslosigkeit. Vortragsmanuskript zur Tagung „Pluralisierung der Religionen" der Sektion Religionssoziologie der DGS in Naumburg 28.11.1998.
Pollack, Detlef, 1995: Was ist Religion? Probleme der Definition, in: Zeitschrift für Religionswissenschaft 95/2, 163-190.
Pollack, Detlef, 1996: Zur religiös-kirchlichen Lage in Deutschland nach der Wiedervereinigung. Eine religionssoziologische Analyse, in: Zeitschrift für Theologie und Kirche 93/4, 586-615.
Pollack, Detlef, 1997: Im Land der Konfessionslosen: Zur Lage der evangelischen Kirchen in Ostdeutschland, in: Hirschberg Monatsschrift des Bundes Neudeutschland 50/6, 395-406.
Wegner, Gerhard, 1996: Kirchliche Wahrnehmung und Wahrnehmung von Kirche. Studien zum Verhältnis von Eigen- und Fremdwahrnehmung der evangelischen Volkskirche. Hannover.

Albrecht Döhnert

Jugendweihe zwischen Familie, Politik und Religion

Eine empirische Studie zum Fortbestand der Jugendweihe in Ostdeutschland

Die Jugendweihe ist im Feld von Kirche und Konfessionslosigkeit nicht nur in Ostdeutschland ein interessantes Phänomen. Sie ist seit Jahrzehnten eine Art Brennspiegel, in dem sich weltanschauliche, gesellschaftliche und kulturelle Entwicklungen im Spannungsfeld von Politik, Religion und Familie bündeln. Sie ist Teil der modernen Atheismusgeschichte und wird religionssoziologisch dadurch hintergründig, daß sie als Konfirmationsersatz selbst ein – weltlicher – Ritus ist.

Im Herbst 1989 brach für die etablierte, 95%ige Teilnahmequoten aufweisende Jugendweihebewegung der DDR die ideologische Stütze des Systems weg. Anders aber als etwa Pionier- oder Jugendorganisation hat sich die Jugendweihe nach einem quantitativen Einbruch 1990/91 wieder stabilisieren können.[1] Dieses Fortbestehen der Jugendweihe auf relativ hohem Niveau erregt das religionssoziologische wie kirchliche Interesse. Der statistisch namhafte konfessionelle Unterschied zwischen Ost und West bekommt durch den Ritus der Jugendweihe eine anschauliche Dimension.

Der folgende Aufsatz möchte verschiedene Thesen für das Fortbestehen der Jugendweihe nach 1989 hinterfragen und auf ihre Stichhaltigkeit hin überprüfen. Ein Erklärungsmuster ist, die Jugendweihe in den neuen Ländern als Relikt des DDR-Weltanschauungsstaates, als historisch überlebten Ritus zu deuten, der seine Kraft noch aus dem „Sinn-Vakuum in der Ex-DDR" bezieht (Gandow 1994: 91f.). Dieser Ansatz würde ein allmähliches Verblassen der Jugendweihetradition erwarten lassen. Die Jugendweihe wird heute teilweise auch unter dem Aspekt des Übergangsrituals diskutiert.[2] Dies beinhaltet, daß ihre Herkunft und Funktion dem Strom einer langen menschheitlichen Tradition zugerechnet wird, der zu allen Zeiten und an allen Orten wirksam war und ist. Eine Pointe dieser These ist, daß die Jugendweihe so

---

1   Exakte Zahlen für die neuen Länder sind nicht bekannt. Lediglich in Sachsen ist die Teilnahmeentwicklung genauer nachvollziehbar: 1989 circa 95 Prozent, 1992 circa 40 Prozent, 1996 über 55 Prozent eines Jahrgangs.
2   Dies ist eine wesentliche Argumentationslinie der Jugendweiheorganisatoren vor und nach 1989. Vgl. auch Richter (1977), der vor einer Engführung auf die Kirchenpolitik warnt und auf die Ritenbildung in (sozialistischen) Industriestaaten verweist. Auch Neubert (1994: 43) vergleicht mit anderen Initiationsritualen.

Jugendweihe zwischen Familie, Politik und Religion 237

entwicklungsgeschichtlich und funktional beispielsweise mit den Initiationsriten der Naturvölker oder mit der evangelischen Konfirmation gleichgestellt wird. Durch ihre Verortung bei den Initiationsriten scheint die Jugendweihe einer Diskussion um ihre heutige Legitimation entzogen. Wenn diese These stimmte, müßten bei den Partizipianten der heutigen Jugendweihe Spuren einer Initiation und deutliche Verbindungen zu den Übergangsritualen bei heutigen Naturvölkern zu finden sein.

Diese beiden Thesen – die eine kommt einer Enthistorisierung gleich, die andere beschränkt sich auf eine geschichtliche Begründung – sollen im folgenden anhand von Ergebnissen einer empirischen Untersuchung diskutiert werden. Im Rahmen eines Dissertationsprojektes an der Universität Leipzig wurden insgesamt 26 Jugendliche im Alter zwischen 14 und 18 Jahren auf der Basis von Leitfadeninterviews zur jeweils gefeierten Jugendweihe, Konfirmation oder einem privaten Fest befragt (Döhnert 1999). Auf dem Hintergrund historischer Perspektiven sollen die Konturen der heutigen Jugendweihe angedeutet (1.), ein exemplarischer Fall aus den Interviews vorgestellt (2.1) und dann weitere Ergebnisse der empirischen Arbeit (2.2) präsentiert werden. Am Ende stehen einige Schlußfolgerungen und Ausblicke (3.).

1. Die Jugendweihe nach 1989 in historischer Perspektive

Die Gründe für das Überleben der Jugendweihe im Transformationsprozeß nach 1989 und ihre fortbestehende Attraktivität sind vielschichtig. Es lassen sich dabei drei große Perspektiven unterscheiden:

- Die *lange Tradition* der Jugendweihe, die ihre Wurzeln weit vor der DDR-Zeit hat und somit Teil eines langfristigen Säkularisierungsprozesses ist.
- Die *organisatorische Kontinuität* der ehemaligen DDR-Jugendweihe-Ausschüsse, die ab 1990 in eingetragenen Vereinen – abgesehen von ideologischen Korrekturen – fast bruchlos weiterarbeiteten.
- Die *lebensweltliche Verwurzelung* der Jugendweihe in den Biographien der heutigen ostdeutschen Elterngeneration.

a) Die lange Tradition

Die Jugendweihe war keineswegs eine Erfindung der DDR. Sie leitet sich historisch direkt aus der kirchlichen Konfirmation des 19. Jahrhunderts ab, als im Umkreis der Revolution von 1848 liberale Gruppen die etablierten Kirchen verließen und freireligiöse Gemeinden gründeten. Sehr schnell wurden dort kirchlich-dogmatische Inhalte abgestreift, jedoch in Kultus und Liturgie u.a. die Konfirmation als Form und Feieranlaß beibehalten. Dafür bürgerte sich bis Ende des 19. Jahrhunderts allmählich der Begriff „Jugendweihe" ein. In ihrer Geschichte läßt sich die Jugendweihe natürlich im Rahmen der klassischen Säkularisierungsthese verstehen. Die Prägekraft der Religion, zumal ihrer kirchlichen Form, ließ nach, die Gedanken der Autonomie des Menschen und der naturwissenschaftlichen Entzauberung der Welt fanden ihre Wirkung. Die Rezeption atheistischer Anthropologie und Naturwissenschaft stand zugleich immer im politischen Kontext, so daß die Jugendweihe geradezu zwangsläufig in den Kontakt mit politischen Ideen, zunächst des Liberalismus und der Sozialdemokratie, geriet.

Politische Faktoren haben stets als Katalysatoren für die Entwicklung der Jugendweihe im Kontext von Atheismus, Freidenkertum bzw. staatlicher Weltanschauung gewirkt: Das gilt für die parteipolitisch ausdifferenzierte, proletarische Jugendweihebewegung der zwanziger Jahre genauso wie für die Versuche der Nazis, nach dem Verbot der Jugendweihe 1933 die konfessionslose Bevölkerungsgruppe mit deutsch-religiösen bzw. HJ-organisierten Jugendweihefeiern zu erfassen. Die politische Dimension kam erst recht zum Tragen, als ab 1940 eine reichseinheitliche „Verpflichtung der Jugend" alle 14jährigen Jugendlichen auf Führer, Volk und Vaterland verpflichten und so langfristig als staatlicher Konfirmationsersatz dienen sollte (Hallberg 1978: 106-134). Die Tagespolitik bestimmte auch nach 1945 die Geschicke der Jugendweihe, als um 1950 die SED die wieder aufkeimende freidenkerische Jugendweihe verbot und statt dessen auf demokratische Schulentlassungsfeiern setzte. Doch bereits 1954 – nach der Krise des Jahres 1953 – holte die SED die Jugendweihe wieder als Instrument zur Entkirchlichung und sozialistischen Erziehung der Jugend hervor (Wentker 1996; Döhnert 1997).

Politik scheint also für die Jugendweihe ein wichtiger inhaltlicher Bezugsrahmen zu sein und als ideologischer Kitt zwischen den Organisatoren und den Rezipienten fungiert zu haben. Die Auseinandersetzungen um Jugendweihe und Konfirmation im 20. Jahrhundert waren stets auch ein „Kampf um die Jugend".

So war es folgerichtig, daß auch 1989/90 die Jugendweihe auf die gewandelte politische Situation reagierte, indem sie ideologischen Ballast abwarf und sich um ein neues Erscheinungsbild und um eine neue inhaltliche Ausrichtung bemühte. Heute hat die Jugendweihe mindestens dann eine politische Dimension, wenn sie in parteipolitische Auseinandersetzungen[3] gerät oder an ihr eine fortbestehende kulturell-religiöse Spaltung zwischen Ost und West exemplifiziert werden soll.

---

3   Bisher haben die CDU/CSU-Parteien auf Landes- wie Bundesebene vehement gegen die Jugendweihe argumentiert und ihr, wo möglich, eine finanzielle Förderungen versagt. Demgegenüber versteht sich die PDS als Anwalt dieser ostdeutschen Besonderheit. Aber auch Teile der SPD stehen der Jugendweihe akzeptierend oder indifferent gegenüber. Der Vorsitzende der „Interessenvereinigung", W. Riedel, firmiert stets als FDP-Mitglied.

Jugendweihe zwischen Familie, Politik und Religion

b) Kontinuität der Arbeit

Trotz notwendiger inhaltlicher Korrekturen blieb die Struktur der Jugendweihe[4] im wesentlichen unverändert, da die Ausschüsse sich 1990 in eingetragene Vereine umwandelten, die in einem Dachverband, der „Interessenvereinigung für humanistische Jugendarbeit und Jugendweihe e.V.", zusammengeschlossen sind. Man versucht heute, moderne Formen des Marketing anzuwenden, finanziert sich durch Sponsoren und Teilnahmegebühren und entwickelte die ehemals verbindlichen zehn „Jugendstunden" zu einer bunten, in das Belieben der Jugendlichen gestellten Palette von Freizeitangeboten. Im Zentrum steht jedoch die Ausrichtung der Feiern.

Die heutige Jugendweihebewegung begreift vor allem die NS- und die DDR-Variante des Rituals als eine Mißbrauchsgeschichte. Eine an sich humanistische Tradition sei politisch vergewaltigt worden. Dies könne man rückgängig machen, indem man an die ältere Tradition anknüpfe. Es fragt sich aber, wo die Jugendweihe anknüpfen will, ohne wieder politische Implikate mitzunehmen. Denn einen politisch und weltanschaulich völlig neutralen „Humanismus" gibt es nicht. Insofern stellt sich die Frage nach der heutigen weltanschaulichen Orientierung der Jugendweihe.

Hier ergibt sich ein ambivalentes Bild: Einerseits wird die parteipolitische und weltanschauliche Ungebundenheit betont, und auch in den Feierstunden treten weltanschauliche Tendenzen nur sehr implizit auf, die Jugendweihe der „Interessenvereinigung" ist in ihrer Präsentation politisch und weltanschaulich äußerst zurückhaltend, wenn nicht gar inhaltsleer.[5] Andererseits ergeben sich sowohl personelle wie auch konzeptionelle Überschneidungen und Kontakte zu der zur Zeit wenig einflußreichen, aber weiterhin vorhandenen Freidenkerszene in Deutschland. Hier fallen alte DDR-Aversionen und -Positionen gegen die Kirchen mit politischen Haltungen und expliziter Kirchenkritik der ehemals westdeutschen Freidenker zusammen. Da die Jugendweihe auch im Osten wieder ausdrücklich als *Alternative* zur Konfirmation verstanden wird, ergibt sich fast automatisch eine Gegenposition zur Kirche, zumal nach der Wende vor allem diese Kritik an der Transformation der Jugendweihe übte. Da die Jugendweihe sich auch programmatisch in die Tradition der 100 bzw. 150jährigen Geschichte[6] stellt, ist der seit An-

---

4   Sie war entsprechend der zentralistischen Struktur der DDR mit Zentral-, Bezirks-, Kreis- und Schulausschüssen straff organisiert. Heute gibt es einen Dachverband, Landesverbände und Regionalbüros in den Kreisstädten.
5   Nicht grundsätzlich anders, aber mit stärkeren inhaltlichen Impulsen stellt sich die „JugendFEIER" des Humanistischen Verbandes Deutschlands (HVD) in Berlin dar. Hier soll die Jugendweihe als Feier einer Organisation, die „Interessenvertretung aller Konfessionslosen" sein will, verstanden werden. Jugendweiheangebote in den alten Bundesländern – auf eng umgrenzte Milieus beschränkt – sind teilweise noch betonter in ihrem politisch-freidenkerischen Profil.
6   Für die DDR-Jugendweihe wie auch die linksorientierte westliche Jugendweihe-Bewe-

beginn bestehende Zusammenhang von Jugendweihe und Antikirchlichkeit weiterhin – wenn auch lose – geknüpft.

Indem Jugendweiheorganisatoren erklären, die Jugendweihe sei mehr als eine Familienfeier, behaupten sie einen Sinnüberschuß und einen zugrundeliegenden Zusammenhang, ohne diesen aber in Veröffentlichungen klar und reflektiert darzulegen. Die Klärung des eigenen Selbstverständnisses wie auch die Aufarbeitung der jüngeren Geschichte steht in der Jugendweihebewegung noch aus.

Die Kontinuität der Arbeit läßt sich auch in der konkreten „liturgischen" Gestaltung der Feierstunden erkennen. Obschon ihres ursprünglichen kirchlichen Bezuges beraubt, blieb die Jugendweihe in ihrer liturgischen Form seit Anbeginn relativ konstant. Die meisten Elemente der Feier (Einzug der Jugendlichen, Ansprache, Gelöbnis, Weihesprüche, Handschlag, Buchgeschenk, emotionale Steigerung durch Musik und weitere Symbolik) haben ihre Wurzeln in der Konfirmationsfeier bzw. allgemein dem Feier- und Weiheverständnis des 19. Jahrhunderts (Hallberg 1978: 22-45). Einzig wirklich auffälliger Unterschied der Feiern vor und nach 1989 ist der Wegfall eines Gelöbnisses.[7] Ansonsten blieb die Formensprache der DDR-Jugendweihe weitgehend erhalten (Döhnert 1997: 277-284).

Historische Tradition und Kontinuität der Arbeit sind notwendige, aber nicht hinreichende Gründe für das Fortbestehen der Jugendweihe nach 1989. Beides hat beispielsweise die evangelische Kirche mit ihrer Konfirmation in weit höherem Maße auch zu bieten. Die Attraktivität der Jugendweihe bei den Teilnehmenden heute liegt noch in einer anderen Perspektive begründet.

c) Lebensweltliche Verankerung

Die wissenschaftliche Diskussion zur Jugendweihe war bisher weitgehend von der staatlichen Sanktionierung und Stützung der Jugendweihe vor 1989, also von der institutionellen und ideologischen Dimension her geprägt (Jeremias 1956; Köhler 1962; Dähn 1982: 52-64, 67ff.; Urban/Weintzen 1984; Rytlewski/Kraa 1987; Pollack 1994: 129-136). Erst seit einiger Zeit wird gesehen, daß es neben Politik und Entkirchlichungsstrategie auch ein sozusagen unpolitisches Interesse an der Jugendweihe gab und gibt – nämlich in den feiernden Familien selbst. Es zeigt sich, daß es unabhängig von politischer Funktionalisierung in der modernen Gesellschaft offensichtlich Bedingungen gibt, die die Jugendweihe für die heutigen Nutzer plausibel machen.

---

gung (siehe Isemeyer/Sühl 1989) wurde eine 100jährige Traditionslinie zu den ersten „proletarischen" Jugendweihen in Berlin 1889 und Hamburg 1890 gezogen, als nämlich freireligiöse Feiern unter sozialdemokratischem Einfluß aufkamen. Neuerdings wird auch – eigentlich korrekter – die 150jährige Tradition seit 1848 zitiert.

7   Neue Gelöbnisvorschläge seitens der Organisatoren (vgl. Meier 1998: 27f.) setzten sich nicht durch: der dem Gelöbnis anhaftende Verpflichtungscharakter scheint derzeit obsolet.

Jugendweihe zwischen Familie, Politik und Religion 241

Diese – ich nenne sie einmal anthropologische – Seite der Jugendweihe ist noch wenig erforscht. Hier setzt meine empirische Arbeit an, die danach fragt:

- Welche Motivation haben Jugendliche heute, an der Jugendweihe teilzunehmen?
- Wie wird die Jugendweihe von den Jugendlichen und ihren Eltern erlebt?
- Welche Funktion kann sie innerhalb von Biographie, Familie und sozialer Gruppe anbieten?
- Gibt es so etwas wie ein anthropologisches oder gar biologisches Axiom zu einem solchen *rite de passage* („uralte menschheitliche Tradition")?
- Oder ist es eher eine *kulturelle* Konvention, daß man in Deutschland eben mit 14 Jahren den Mündigkeitszuwachs und die Integration in die Gesellschaft mit einer gefühligen, weihevollen Feierstunde rituell begeht?

Blickt man auf die Situation der Jugendweihe nach der Wende und die bisher erschienenen wissenschaftlichen Beiträge (Bieritz 1992; Neubert 1994; Gandow 1994; Degen 1996, Meier 1998), dann ergibt sich zunächst folgender Konsens: Die heutige Jugendweihe baut auf den politisch erzwungenen Erfolgen der DDR-Zeit auf. Sie ist ein Ergebnis der SED-Kirchenpolitik, die der Jugendweihe mit agitatorischen und repressiven Mitteln einen Platz in der familiären Feierbiographie und Feierkultur geschaffen hat. Doch hier bleibt die Forschung nicht stehen. Die heutige Jugendweihe ist nicht nur historisch vom „Kirchenkampf" in der DDR her zu erklären. Sie wird heute bei einer Mehrheit der ostdeutschen Bevölkerung in zweiter, manchmal bereits dritter Generation als einziger Feieranlaß in dieser Lebensphase erlebt. Das Ritenbedürfnis hat sich trotz Entkirchlichung nicht einfach aufgelöst, sondern ist auf das jüngere und möglicherweise modernere Gegenstück zur Konfirmation übergegangen. Hat sich die Jugendweihe in, mit und unter ihrer traditionellen und bis 1989 ideologisch befrachteten Form an die Erfordernisse der modernen Gesellschaft anpassen können, sei sie nun „Risikogesellschaft" oder „Erlebnisgesellschaft"?[8] Hat bereits zu DDR-Zeiten bei der Jugendweihe eine Privatisierungstendenz eingesetzt, die nach 1989 voll zum Tragen kam, wie es Neubert (1994: 44ff.) vermutet?

Neubert meint, daß die Jugendweihe angesichts des Umbruchs und der verunsichernden Totalität des Marktes ein vertrautes Ritual sei. Bereits die Entscheidung zur Teilnahme an ihr sei eine individuelle Tat zur Meisterung des unsicheren Lebensweges. In der Beschwörung von heiler Familienwelt und Alltagsbewältigung – Neubert spricht geradezu von „‚Heiligung' des Privaten" (Neubert 1994: 51) – können die Nutzer Trost, Orientierung und Stabilisierung finden. Entscheidender Vorteil der Jugendweihe sei dabei ihre erprobte und akzeptierte Öffentlichkeit. Auch in der Politikwissenschaft bzw. Kulturpolitologie wurde die These aufgestellt, die Jugendweihe habe „als

---

8   Der Gedanke des Übergangs von tradtionellen Ritenbedürfnissen auf private, therapeutische und mediale Ebenen, die besser den Erfordernissen der „Risikogesellschaft" entsprechen, findet sich bei Bieritz (1992).

kulturelles Ausdruckssystem" in der DDR-Gesellschaft vielfältige Funktionen auch unterhalb der Ideologie übernommen, etwa die Ordnung der Generationen zueinander, die Strukturierung von (Lebens-) Zeit oder die Integration in die Gesellschaft (Sauer 1993: 320-387).

Dieser Erklärungsansatz – die Jugendweihe erfülle unabhängig von der bisherigen politischen Ideologie ganz bestimmte Funktionen in der Biographie der Beteiligten – reagiert auf den Fortbestand der Jugendweihe nach Wegfall des ideologischen Systems. Vor diesem Hintergrund ist es interessant, einmal die Perspektive von der Analyse der gesellschaftlichen Makrostruktur der Jugendweihe hin zum individuellen Sinnhorizont des einzelnen zu wechseln.

2. Empirische Annäherungen

Es fällt auf, daß es nur sehr wenige wirklich empirische Arbeiten über die Jugendweihe gibt[9]. Das erstaunt angesichts des nie erlahmenden Interesses an der Jugendweihe. Um so dringlicher erscheint der Versuch, empirische Daten über die vermuteten Zusammenhänge zwischen Politik, Biographie, Religion/Anti-Religion und Lebensorientierung zu sammeln. Bereits einfache aktuelle statistische Angaben finden sich nur selten und ungenau. Es ergeben sich einige grundsätzliche Fragestellungen nach:

- der politischen Ausrichtung und Funktionalisierung innerhalb der jetzigen Gesellschaft;
- dem religiösen oder quasi-religiösen Gehalt der Jugendweihe heute;
- der biographischen Bedeutung der Jugendweihe für Individuum und Familie;
- dem Stand einer weltlichen Feierkultur bezüglich Jahreskreis- und Lebenszyklusfeiern;
- nach dem Zusammenhang von Lebensdeutung und Konfessionslosigkeit.

Dem Charakter dieser Fragen bietet sich eine qualitative Methodik an.[10] Nicht das standardisierte Abfragen einiger Einstellungen und Haltungen, sondern das Kennenlernen von Motivationsstrukturen, Deutungsmustern und Begründungsfiguren sind wichtig. Das gelingt besser, wenn man die Befragten selbst zu Wort kommen läßt. Da die meisten Jugendlichen keine allzu

---

9 Neben Passagen in Dehn (1922) und Piechowski (1927) finden sich u.a. ideologisch eng begrenzte Untersuchungen des Zentralinstitus für Jugendforschung Leipzig (60/70er Jahre, vgl. Urban/Weintzen 1984: 31-37), eine Elternumfrage des Deutschen Freidenkerverbandes (Sühl 1989: 150-154), eine Ostberliner volkskundliche Untersuchung (Mohrmann 1987) sowie einige grobe Daten aus quantitativen Untersuchungen der letzten Jahre (Schmidtchen 1996: 166ff.; Jugendliche und junge Erwachsene in Deutschland, 1995: 47).
10 Besonders die Grundsätze der Offenheit und Kommunikation mit den Befragten (Hoffmann-Riem 1980), die Ermittlung von Sinnstrukturen (in Anlehnung an Oevermann et al. 1979) und die Typenbildung (Lamnek 1989: 336) werden hier angewendet.

Jugendweihe zwischen Familie, Politik und Religion

langen monologischen Erzählungen generierten, wurde ein relativ detaillierter Frageleitfaden entwickelt. Damit bewegt sich die Untersuchung eher am unteren Ende des qualitativen Paradigmas.

2.1. Fallbeispiel Bettina: „...und da hab ich dann gesagt o.k. mach ich Jugendweihe mit!"

Bettina ist vierzehn Jahre alt, wurde in der Stadt geboren, hat keine Geschwister und geht auf ein Gymnasium. Ihre Mutter stammt aus einem Dorf, arbeitet jetzt in der Stadt als Standesbeamtin und ist Mitglied der evangelischen Kirche. Ihr Vater, in einer Kleinstadt als Sohn einer Krippenerzieherin geboren, arbeitet in einer Bank und ist nicht Mitglied der evangelischen Kirche. Diese konfessionell-konfessionslose Mischfamilie deutet bereits auf eine nicht mehr selbstverständliche kirchliche Sozialisation hin. Es stellt sich heraus, daß der konfessionslose Vater nach Bettinas Geburt 1982 nicht wollte, daß sie getauft wird. Die Mutter sagt: „das wollte mein Mann damals nicht daß sie getauft wird und (..) ja dann muß sie das selbst das ist ja heute kein Problem mehr." Offensichtlich war die Taufe zu DDR-Zeiten für die Familie bzw. den Vater ein Problem, ob ein politisches, bleibt zunächst nur Vermutung.

Dennoch gelangt Bettina in der Grundschulzeit in Kontakt mit Kirche und Christenlehre, bezeichnenderweise jedoch nicht durch den Wunsch der Eltern, sondern über eine Freundin: „sie hat mich ständig früher öfters gefragt ob ich mal mitkomme und da ging mir das so doll auf die Nerven daß ich gesagt hab o.k. ich komm mit aber laß mich in Ruhe (..) also ich bin von der vierte Klasse oder so ab gegangen." So richtig reingekommen sei sie aber erst in der siebenten, achten Klasse, also im Konfirmandenunterricht. Auffällig ist, daß der Besuch der Christenlehre erst circa 1992, also nach der politischen Wende, begann: Wieder ein Indiz dafür, daß die Familie bzw. die Mutter vor der Wende keine allzu engen Kontakte zur Kirche pflegte.

Doch inzwischen ist sie „so richtig drin" im Konfirmandenunterricht, und die Konfirmation rückt heran. Nun passiert folgendes: Sie fragt in ihrer Klasse nach, wer alles Konfirmation feiern will. Sie rückversichert sich also in ihrer sozialen Bezugsgruppe, ihrer Klasse, über die Normalität ihres Handelns. Wie schon beim Besuch der Christenlehre ist ihre Handlungsentscheidung wesentlich außengeleitet, hier nun konventionell abgestützt. Das heißt, wenn recht viele zur Konfirmation gingen, ‚man es eben macht', dann würde auch Bettina an der Konfirmation teilnehmen. Das ist aber in ihrer Klasse nicht der Fall: „und da hab ich da in meiner Klasse rumgefragt wer so Konfirmation macht und das war eben nur eine und da hab ich dann gesagt o.k. mach ich Jugendweihe mit (..) und (..) und meine Eltern haben mir das dann auch freigestellt." Offensichtlich ist der Konformitätsdruck und die emotionale Verwurzelung in der Schulklasse höher als in der Konfirmandengruppe und sogar wichtiger als der dann doch geäußerte Wunsch der Eltern bzw. Mutter („weil ich wollte ich sollte eigentlich Konfirmation machen von meinen Eltern her jetzt weil die glaube ich auch..."").

Ihre Entscheidung, an der Jugendweihe teilzunehmen, hat mehrere Facetten: Sie orientiert sich bewußt an der Mehrheitsmeinung ihrer Klassengemeinschaft. Eine inhaltliche Bindung, an das Konfirmationsgeschehen, und eine emotionale Bindung, an die Konfirmandenunterrichts-Gruppe, besteht offenbar nicht oder kaum. Dies deckt sich auch mit ihren Äußerungen zum Gottesbild, welches eher skeptisch ist: „so gläubig bin ich eigentlich auch nicht ich geh zwar in die Kirche klar aber (..) na ich kann mir da eigentlich nicht viel drunter vorstellen (.) ich bin eher ...realistisch." Von den Eltern erfährt sie permissive Freiheit („und meine Eltern haben mir das dann auch freigestellt." Mutter: „und meiner Tochter hab ich's freigestellt ich sag du mußt wissen was du machen willst und ich/die Kinder sind heute schon weiter"). Das ist eher eine scheinbare Freiheit, da sie de facto andere Zwänge zum Zuge kommen läßt (Konformität mit der Klasse). Erstaunlich ist, daß sie sich für die Jugendweihe entscheidet, obwohl ihre Vorstellungen davon wenig einladend waren:

„Also ich hab mir das eigentlich ein bißchen anders vorgestellt aber (...) vielleicht nicht so schön (.) daß es vielleicht irgendwie langweiliger wird oder so oder daß die jetzt haufenweise Reden halten und die Lehrer dann einzeln auch noch was sagen das wär dann nicht so schön gewesen."

Vor dem Hintergrund dieser eigentlich negativen Erwartungshaltung wird um so stärker deutlich, daß andere Faktoren die Entscheidung beeinflußt haben. Die Jugendweihe selbst erlebte Bettina eher nicht enthusiastisch. Immerhin sei es besser gewesen, als sie erwartet hätte, aber dennoch: Die Rede war langweilig, die Schlagersängerin hat ihr nicht gefallen, und auch das eigentliche Zeremoniell (Bühnenauftritt) schildert sie distanziert:

„ja und dann sollten wir halt (.) pro Reihe dann immer vorgehen und unser Zeug in Empfang nehmen diese Urkunde und (..) 'nen Atlas irgendsowas ja und dann noch Blümchen von der Klassenleiterin die also da war und das ging eigentlich relativ schnell 'ne Stunde so hat das gedauert dann wurde da noch mal 'ne Rede gehalten dann noch was gesungen..."

Einen ‚besonderen' Augenblick erlebte sie nicht. Dennoch bleibt als Fazit das Gefühl: „es war eigentlich schön so". Sie äußert keine konkreten Veränderungswünsche bezüglich der Feierstunde. Die mehrmalige Beteuerung, „ich hätte was verpaßt", läßt wieder Rückschlüsse auf die eigentlichen Beweggründe zu: Weder ein Drängen der Eltern noch der eigene Wunsch, die Jugendweihe zu vollziehen, waren ausschlaggebend, sondern das Bedürfnis, nichts zu verpassen, mit dabei zu sein, wenn Mitschüler etwas Besonderes erleben, wobei auch die Klassenlehrerin präsent ist. Die Jugendweihe ist für Bettina wesentlich ein soziales Geschehen, oder wie sie es ausdrückt:

Jugendweihe zwischen Familie, Politik und Religion

„ja vielleicht nach der Jugendweihe hat sich der Klassenverband irgendwie ein bißchen enger geschlossen daß (.) vorher gab's da irgendwie immer paar Trüppchen und einzelne waren auch alleine oder so aber jetzt arbeiten wir sogar mal mit den Jungs zusammen ganz was Neues (..) na die Lehrer behandeln uns auch irgendwie anders."
Aus diesem Prozeß wollte sie sich nicht heraushalten.

Zusammenfassend kann man feststellen: Bettina hat trotz geringer Unterstützung durch ihre Eltern als Ungetaufte Kontakt zu einer Kirchengemeinde und dem kirchlichen Unterricht gefunden. Doch die Konfirmation ist, obwohl von ihr in Erwägung gezogen und von den Eltern ursprünglich gewünscht, für sie nicht selbstverständlich. In ihrer sozialen Umwelt überprüft sie die Normalität ihres Handelns und stellt fest, daß sie sich damit in ihrer Klasse ins Abseits stellen würde. Da der Glaube als Motivation wenig trägt, entscheidet sie sich für die Jugendweihe. Damit kommt sie einem hohen Konformitätsdruck in der Klasse nach. Im Erscheinungsbild erlebt Bettina die Jugendweihe als eine im Dunstkreis der Schule angesiedelte Feier, von der sie sich nicht ausschließen möchte. Diese sozialen Faktoren wie Anschluß an die Klassenöffentlichkeit und Beachtung durch die Klassenlehrerin konnte die Konfirmation für sie nicht leisten. Hinzu kommt eine permissive Haltung der Eltern, die dem Anpassungsdruck aus der Schule zu Hause de facto nichts entgegensetzten. Eine Doppelfeier hat Bettina nicht erwogen, offenbar war die Jugendweihe vollgültiges Äquivalent für die Konfirmation. Der konkrete Ablauf der Feier, der Bühnenauftritt oder die inhaltliche Pointe („Erwachsenwerden") spielten gegenüber dem Dabeisein eine untergeordnete Rolle. Nicht die innere Attraktivität der Jugendweihe, sondern ihre äußere, öffentliche und soziale Dimension war für Bettina interessant. Diese Begleitumstände weisen auf die einstige Selbstverständlichkeit der Jugendweihe während der DDR-Zeit zurück. Der Fall ist insofern sehr interessant, als Bettina eine tatsächliche Wahl hatte: Jugendweihe oder Konfirmation? Für sie galt nicht das Argument, daß eine Konfirmation wegen Kirchendistanz und Unwissenheit nicht in Frage kommt. Dennoch wählt sie die Jugendweihe. Diese ist für sie attraktiver durch den sozialen Rückhalt bzw. Anpassungsdruck, ihre immer noch bestehende Verankerung im schulischen Background, die allgemeine Akzeptanz (einschließlich der ihrer Eltern). An Bettinas Entscheidung wird anschaulich, wie christliche Traditionslinien innerhalb der Familien auch heute abbrechen. Die Konfirmation hat einen Integrationsprozeß in die Erwachsenenwelt und innerhalb der Klasse offensichtlich nicht gewährleisten können. Zugleich wird die funktionale Äquivalenz von Jugendweihe und Konfirmation auf der biographischen Ebene deutlich. Eine Bekenntnis- oder Entscheidungssituation wird kaum gesehen. Der Verweis darauf, daß die Tochter sich ja auch noch später taufen lassen könne, macht die gewonnene Wahlfreiheit in Sachen Religion deutlich. An diesem Fall wird klar, daß selbst kirchlich sozialisierte Jugendliche die Jugendweihe attraktiv finden. Dies gilt für die konfessionslos aufgewachsenen Jugendlichen um so mehr.

2.2. Typen und Grundmuster zur Jugendweihe

Es ist die Crux qualitativer Studien, daß sie ihren Reichtum an Einsichten nicht in einem kurzen Aufsatz darbieten können. Siebzehn befragte Jugendliche nahmen im selben Jahr in einem geographisch überschaubaren Gebiet an organisierten Jugendweihen teil. Die Analyse ihrer Erzählungen und Selbstbeschreibungen fördert eine erstaunliche Vielfalt an Konstellationen und Deutungsmustern zutage. Jede der Analysen enthält aber auch verallgemeinerbare, grundsätzliche Strukturen, wie sich das Verhältnis Jugendlicher zur Jugendweihe unter bestimmten Bedingungen gestalten *kann*. Anhand der folgenden drei Grundfragen wurden Typen gebildet:

- Wie kam es zu der Jugendweihe? Hier sollen Vermittlungsinstanzen und Entscheidungsmechanismen herausgearbeitet und damit Motivationen erkennbar werden.
- Welche Bedeutung wurde mit der Feier verknüpft? Bereits die Gewichtung zwischen Feierstunde und Familienfest, mehr noch die Kommentierung des Geschehens lassen Deutungsmuster zu Sinn und Wirkung der Jugendweihe hervortreten.
- Wie ist die religiöse bzw. areligiöse Orientierung der Jugendlichen?

Alle drei Fragen stellen unterschiedliche Kategorien dar, die jeweils andere Schneisen in das Datenmaterial schlagen. Aus Platzgründen möchte ich nur einige Typen zur ersten und dritten Frage vorstellen.

2.2.1 Typen der Entscheidung bei den Jugendlichen

Die ‚Kinder' – Jugendweihe unter elterlicher Ritushoheit: In einer Reihe von Fällen sehen die Jugendlichen den Einfluß der Eltern als wichtigsten oder zumindest sehr wichtigen Faktor an. Sie fanden in ihrer Familie eine bereits fertig ausgebildete Feiertradition vor und erlebten den Anspruch ihrer Eltern, über diese Angelegenheit zu entscheiden und so eine Art ‚Ritushoheit' auszuüben. Die Jugendweihe ist damit Ausdruck elterlichen Erziehungshandelns und Teil der Erwachsenenwelt. Der inhaltliche Anspruch der Jugendweihe, die Jugendlichen beim Erwachsenwerden zu begleiten und sie symbolisch das Ende der Kindheit erleben zu lassen, wird durch das aktive Bestimmen der Eltern zumindest konterkariert. Diese Jugendlichen geben dem Wunsch ihrer Eltern nach und feiern Jugendweihe. Sie reproduzieren damit in religiöser und politischer Hinsicht Grundhaltungen der Eltern, z.B. das Muster der Kirchendistanz.

Die ‚Schüler' – Jugendweihe als schulisch anerkanntes Mehrheitsverhalten: Weitere Interviews zeigen die Bedeutung der anderen wichtigen Sozialisationsinstanz Schule auf. Hierbei sind zwei Bereiche eng verflochten, aber dennoch zu unterscheiden: die Autoritätsstrukturen der Schule selbst und das Wirkungsgefüge der Klasse als *peer group*. Wenn in der Öffentlichkeit der Klasse die Jugendweihe mehrheitsfähig ist, so übt diese Majorität eine starke Sogwirkung auf Unentschiedene aus. Nur Jugendliche mit ausgeprägtem Selbstbewußtsein und klaren Alternativen können sich einem solchen Meinungsdruck entziehen, zumal gerade von den aktiv beteiligten Eltern von einer möglichst geschlossenen Jahrgangsbeteiligung ausgegangen wird. So kann es in der Klasse ‚in' werden, zur Jugendweihe zu gehen. Auch wenn Lehrer nach der Jugendweihe fragen, bei der Feier anwesend sind oder selbst aktiv werden, übt das einen Einfluß aus: Die mit einer gewissen Amtsautorität ausgestattete Person der Lehrerin oder des Lehrers weitet diese Autorität durch ihr Interesse, ihre Teilnahme oder ihre Unterstützung auf das Ereignis der Jugendweihe aus. Dadurch kann der Eindruck entstehen, daß die Schule und damit kommunale bzw. staatliche Instanzen dieses Fest unterstützen oder gar ausrichten. Bei den Jugendlichen entsteht das Gefühl einer gewissen Verpflichtung, und in den Familien könnten Reste obrigkeitsstaatlichen Denkens mobilisiert werden, welches es opportun erscheinen läßt, mitzumachen.

Die ‚Geschwister' – Jugendweihe im Zeichen innerfamiliärer Dynamik: Durch das Vorbild älterer Geschwister sind Jugendliche, die in einer Familie mit älteren Geschwistern zusammenleben, der Jugendweihe bereits vor ihrem vierzehnten Lebensjahr begegnet. In diesem Fall findet eine Art soziales Lernen statt, bei dem das Fest der Schwester oder des Bruders aktiv miterlebt wird und sich möglicherweise ein Defizitgefühl als Jüngere einstellt. Indem das in der Familie bereits als Tradition verankerte Ritual absolviert wird, verbessert sich potentiell die Stellung des Jugendlichen innerhalb des Familiengefüges. Das Vorbild der Geschwister ist zwar ein äußerer Vorgang, kann aber eine innere Motivation auslösen. Somit ist erstmalig in dieser Typologie die Möglichkeit erfaßt, daß Jugendliche aus innerem Antrieb die Teilnahme an der Jugendweihe wünschen, da sie sich die Lösung oder Abmilderung innergeschwisterlicher und –familiärer Spannungen, die aus dem Altersunterschied und dem damit verbundenen Statusneid resultieren können, erhoffen. Wenn Jugendliche an der Jugendweihe teilnehmen, um mit ihren älteren Geschwistern gleichzuziehen, so weist diese Motivation eine selbstreferentielle Struktur auf: Jugendweihefeiern ziehen weitere Feiern nach sich. Dieser Mechanismus wird im Ablauf der heutigen Feiern kultiviert, indem jüngere Geschwisterkinder gebeten werden, die Blumen an die Jugendweiheteilnehmer auszuteilen. So wird eine Situation sozialen Lernens geschaffen, die Anreiz für die eigene Jugendweihe gibt. Mit der elterlichen ‚Ritushoheit', sozialer Majorität, positivem Schulklima und Geschwistervorbild sind die bestimmenden Faktoren des Datenmaterials aus der Leipziger Region benannt. Ein neuer Aspekt kommt von Jugendlichen aus dem Erzgebirge.

Konfessionslose in der ‚Diaspora' – Jugendweihe als Alternative zur christlichen Mehrheit: Hier läßt eine vergleichsweise volkskirchliche Situation[11] das soziale Gefüge der Jugendweihe kippen: Sie wird in Abgrenzung

---

11 In einigen Orten gibt es mehr als 50 Prozent Kirchenmitgliedschaft, gehen mehr als die Hälfte aller Jugendlichen zur Konfirmation.

zur mehrheitlichen Tradition der Konfirmation erlebt und erhält dabei die Funktion eines Äquivalentes. Sie vermag offenbar für die Jugendlichen dieselbe Leistung zu erbringen, wie in ihrer Sicht die Konfirmation bietet: ein festliches und öffentliches Ereignis, das Erwachsensein und mehr Verantwortung bringen soll. Die Jugendweihe bietet sich als Alternative dar. Sie wird zum Bestandteil einer umfassender definierten konfessionslosen Identität, die sich beispielsweise auch in der Wahl des Ethikunterrichtes dokumentiert. Dabei meinen die Jugendlichen, sich für das ‚Interessantere', Nützlichere und mithin Zeitgemäßere zu entscheiden, so daß sie dadurch ihre Minderheitenposition legitimieren können. Damit ist die Jugendweihe wieder in der klassischen Funktion, Ersatz für die Konfirmation und Ausdruck alternativen Verhaltens und teilweise von Areligiosität zu sein.

Die mit Wahlfreiheit – die unterlegene Konfirmation: Durch unterschiedlich intensive Kontakte zur Kirche haben einige der interviewten Jugendlichen die Konfirmation zumindest als denkbare Möglichkeit erlebt. Sie zogen aber die Jugendweihe der Konfirmation vor, weil letztere für sie weniger ästhetisch attraktiv, repräsentativ und sozial verwurzelt war. Diese ‚Wettbewerbsnachteile' resultieren auch aus der erzwungenen Nischenexistenz der Konfirmation in der DDR, als eine gesellschaftliche Ausstrahlung des Festes besonders in größeren Orten kaum noch möglich war. Der Verlust volkskirchlicher Breite und allgemeiner Relevanz ist nicht nur ein Symptom für den Bedeutungsrückgang der Konfirmation, sondern auch mitbeteiligte Ursache eines circulus vitiosus: Je weniger teilnehmen, desto unattraktiver wird die Konfirmation und desto weniger Jugendliche sind daran interessiert.

Andererseits sind inhaltliche Bedenken gegenüber der Konfirmation zu beobachten. Der Hinweis auf die fehlende Taufe zeigt, daß für die Jugendlichen die Verbindlichkeit, die Weiterungen und Konsequenzen der Konfirmation eine zu große Barriere darstellen. Die Konfirmation ist keine Jugendweihe in der Kirche, sondern weist auf die Gemeinschaft der Christen und inhaltlich-theologische Bezüge hin. Mit Blick auf die nichtkirchliche Familiensozialisation artikulieren diese Jugendlichen die Schwierigkeit, in kirchliche Strukturen hineinzukommen bzw. in ihnen mit Gewinn bleiben zu können. Fremdheit der Form, Fremdheit des Inhalts, Unwiderruflichkeit des ‚Nicht-gläubig-Seins' – Konfirmation und Kirche erscheinen in den Augen dieser Jugendlichen als ein zu starres Schema, in das sie nicht passen und dessen Anforderungen sie nicht erfüllen (wollen). Die Jugendweihe bot ihnen demgegenüber gleiche oder erhöhte soziale Resonanz bei weniger Verbindlichkeit und inhaltlicher Inanspruchnahme. Von ihrer religiösen Orientierung her sind diese Jugendlichen nicht auf areligiöse Maximen eingeschworen, sondern zeigen Unsicherheit, Fragen oder sogar Interesse an Religion. In einem anderen sozialen wie familiären Kontext hätten sie vielleicht unauffällige, etwas skeptische, aber durchaus ‚normale' Konfirmandinnen und Konfirmanden sein können.

Jugendweihe zwischen Familie, Politik und Religion

2.2.2 Handlungsmuster bei den Eltern

In den Interviews mit den Eltern[12] lassen sich ebenfalls unterschiedliche Muster auffinden.

Die aktive Mutter – Engagement aus Tradition: Aus der Erinnerung ihrer eigenen Jugendweihe setzten sich Mütter bei ihren Kindern aktiv bei Werbung und Organisation der Feier ein. Indem sie ein selbst erfahrenes Lebensereignis für die nächste Generation aktiv mitgestalten, rekonstruieren sie über die Brüche der gesellschaftlichen Transformation hinweg ein Stück ihrer eigenen Lebensgeschichte und erleben so zumindest momentan biographische Kontinuität und Einheit. Mit dieser Motivation bilden diese Mütter ein entscheidendes und unersetzliches Bindeglied zwischen Jugendweihe-Vereinen und den Jugendlichen. Ohne ihr freiwilliges Engagement würde die Jugendweihe vor immensen Organisationsschwierigkeiten stehen.

Die tolerante Mutter – Abbruch kirchlicher Traditionslinien: Obwohl selbst getauft und meist auch konfirmiert, nehmen diese Mütter keinen entscheidenden Einfluß auf ihre Kinder in Richtung Konfirmation. Sie erleben offensichtlich eine gewisse Äquivalenz zwischen Konfirmation und Jugendweihe. So kann die Jugendweihe als gleichberechtigte oder sogar bevorzugte Option gelten. Der Abbruch der kirchlichen Tradition, ohnehin meist nur noch von einem Elternteil vertreten, wird dabei unter dem Motiv der freien Entscheidung in Kauf genommen bzw. sogar gefördert. Diese Interviewgruppe zeigt, wie auch heute Tradition und Milieu als Träger kirchlicher Sozialisation zugunsten einer tatsächlich oder vermeintlich individuellen Entscheidung wegbrechen: Nachwirkung des ehemals staatlich verordneten Ersatzrituals oder Ergebnis des Individualisierungsprozesses?

Die einverstandenen Eltern – Jugendweihe als Konvention und Nostalgie: Das Einverständnis der Eltern ist eine wesentliche und allgemeine Grundlage für das Fortbestehen der Jugendweihe. Es speist sich aus der positiv gefärbten Erinnerung der heutigen Elterngeneration an ihre eigene Jugendweihe. In der Rückerinnerung bleibt meist der mehr oder weniger deutliche Eindruck eines ‚schönen Tages' bestehen. Wird aus dieser Erinnerung ein kollektiver Vorgang, etwa anläßlich einer Elternversammlung, bei der die anstehende Jugendweihe der Kinder erörtert wird, so mischt sich die private Feiertradition mit einer mehrheitlich akzeptierten Konvention und entwickelt so die beobachtbaren hohen Binde- und Prägekräfte.

2.2.3 Zur religiösen Orientierung der Jugendweihe-Teilnehmer

Entgegen der oben geäußerten Ansicht, daß die Strukturen und Organisatoren der Jugendweihe Affinitäten zum freidenkerischen bzw. bewußt konfessi-

---

12 Insgesamt waren Interviews mit neun von siebzehn Eltern oder Elternteilen möglich.

onslosen Milieu haben, sind die Nutzer der Jugendweihe, die Jugendlichen selbst, in ihrer religiösen Orientierung keineswegs einheitlich. Vielmehr ist das Spektrum weit gefächert:

Die ambivalente, offene und interessierte Haltung: Diese Jugendlichen erleben Religion als etwas durchaus Nachdenkenswertes, Kirche als etwas gelegentlich Attraktives, den Gottesgedanken als manchmal hilfreich, Krisensituationen manchmal als Gebetsanlaß. Ihre Jugendweihe kann nicht eo ipso als ein areligiöses Bekenntnis, als Ausdruck von Gott- und Religionslosigkeit gewertet werden.

Die indifferente Haltung oder die Irrelevanz von Religion: Diese Jugendlichen haben einen familiär nichtkirchlichen Hintergrund, so daß dieses Thema ihnen selten begegnete. Ihre kurzen Stellungnahmen zu Gott sind ablehnend, ohne dafür eine Begründung zu geben. Sie haben keine Erfahrungen gemacht, die ins Nachdenken versetzen oder eine argumentative Ablehnung erfordern. Vielmehr erscheinen Religion, Gott und Kirche als völlig irrelevante Themen, „Religion" begegnet ihnen allenfalls als ein ihnen fremdes Schulfach. Die fehlenden Gelegenheiten, sich mit religiösen Themen auseinanderzusetzen, bewirken einen beinahe unbewußten Atheismus, der sich wenig artikulieren kann, aber fest verwurzelt zu sein scheint.

Die argumentativ-kritische Auseinandersetzung mit Religion: Von einer Gegenposition, die nicht klar benannt ist, sich aber unzweifelhaft auf Vernunft, logische Widerspruchsfreiheit und naturwissenschaftliche Erkenntnis stützt, unterziehen diese Jugendlichen religiöse und kirchliche Positionen einer argumentativen Kritik. Sie haben – anders als die indifferente Haltung – eine Reihe von Vorstellungen davon, wie Gläubige Gott denken und erfahren, und äußern ihre Kritik im Anschluß klassischer Topoi der Religionskritik, ohne diese Ansätze bewußt zu kennen.

2.2.4 Beobachtungen

Anhand der festgestellten Motivationen und religiösen Haltungen der Teilnehmenden lassen sich einige Beobachtungen formulieren: Die Jugendweihe kann als eigene Familientradition begriffen werden. Über die Generationen hinweg wird ein geschichtliches Kontinuum wahrgenommen. Dadurch werden Biographien in einen Referenzrahmen gestellt, der einerseits Wiederkehr von Vertrautem, andererseits aber auch individuelle Vorwärtsentwicklung abbildet.

Über die Jugendweihe erfolgt eine Rückversicherung bei und Integration in die nächstgrößeren sozialen Bezugsgruppen wie Klasse, Elternschaft, Ortsgemeinde etc. Man übt ein sozial akzeptiertes Verhalten aus und verortet sich dabei im öffentlichen Raum, ja, man betritt als Familie überhaupt einen öffentlichen Raum und stellt sich damit in größere Zusammenhänge.

Jugendweihe zwischen Familie, Politik und Religion 251

Auch innerhalb der Familie wird das Verhältnis der Generationen zueinander geordnet und kanalisiert. Ein außerhalb der Familie stehender Feierrahmen gibt Anlaß, über die Entwicklung der Kinder nachzudenken, macht entwicklungsbedingte Veränderungen bewußt.

Bei mehrheitlicher Jugendweihe integrieren sich die Jugendlichen in eine Gruppenidentität: Ich bin so wie die anderen, ich bin mit ihnen zusammen. Die Jugendweihe in der Minderheitensituation bietet einen Identifikationspunkt zur Abgrenzung von der (christlichen) Mehrheit und ist insofern stärker areligiös strukturiert. Die Jugendweihe wird nicht nur aus Nichtkenntnis der Konfirmation gewählt, sondern kann sich auch im direkten Vergleich durchsetzen, weil sie offenbar nutzerfreundlichere Bedingungen anbietet (leichte Verfügbarkeit, geringe Verpflichtung, Überschaubarkeit, Öffentlichkeit etc.).

Areligiosität fördert das Engagement für die Jugendweihe, religiöses Interesse schränkt die Selbstverständlichkeit der Jugendweihe ein. Hier deutet sich eine Entzerrung der beinahe alle Eltern prägenden DDR-Jugendweihetradition[13] in unterschiedliche Segmente an: Eine bewußt areligiöse Gruppe unterstützt die Feiern vorbehaltlos und aktiv. Hier könnten sich Parallelen zum Klientel der Jugendweihen vor 1954 andeuten, ohne gleich ein freidenkerisches „Milieu" zu bilden. Familien mit (noch) losen Verbindungen zu Kirche und Religion sind sich über die Jugendweihe zumindest unsicher und entscheiden nach weiteren Kriterien wie Mehrheitsverhalten, Alternativen oder Kostenfragen. Umgekehrt gilt, daß Jugendliche, die aus konformistischen Gründen mitfeiern, religiös aufgeschlossener sind.

2.2.5 Jugendweihe zwischen Konfirmation und privatem Fest

Die empirische Untersuchung beinhaltet auch Interviews von Jugendlichen, die Konfirmation oder ein privat organisiertes Fest feierten.[14] Deren detaillierte Analysen können hier aus Platzgründen nicht vorgestellt werden, aber es soll der Versuch unternommen werden, alle Befragten zueinander in Beziehung zu setzen. Die Vierzehnjährigen entscheiden sich zwar für unterschiedliche Feiern, bewegen sich aber ansonsten in den selben Bezugssystemen wie Schule, Freizeit oder Öffentlichkeit. Das Datenmaterial aller 26 Interviews soll hier nach zwei Grundkategorien geordnet werden:

---

13 Die Eltern sind durch das Muster geprägt, daß fast alle an der Jugendweihe relativ selbstverständlich teilnahmen.

14 Der Typus maximalster Differenz – nämlich überhaupt nicht zu feiern – findet sich im Befragungssample nicht. Da es ihn schon von der Statistik her geben muß – vermutlich in sozial problematischen Familien und natürlich auch in Familien anderer kultureller und religiöser Herkunft –, müßte nach ihm bewußt gesucht werden. Unter den Jugendlichen, die weder Konfirmation noch Jugendweihe feierten, war die Absagequote für Interviews hoch – Hinweis auf ein „ausgefallenes" Fest, über daß sie ungern sprechen?

Als erste Kategorie soll die *religiöse bzw. areligiöse Orientierung* der Jugendlichen dienen. Hier ergab sich ein weites Spektrum, das von einem fest verwurzelten Glauben an Gott über eine relative Offenheit religiösen Fragen gegenüber bis hin zu argumentativer oder unartikulierter Areligiosität reichte.

Die so zugeordneten Interviews können nun mit den *Sozialbeziehungen* als zweite Variable kombiniert werden. Die Jugendlichen erleben die Feste im Kontext zwischen Familie und Öffentlichkeit und beziehen von dort einen wesentlichen Teil von deren Bedeutung. Im Familienkontext ist u.a. die Problematik der Motivation durch die Eltern, des Ablösungsprozesses und der Anerkennung durch die Eltern (und die älteren Geschwister) enthalten. Es gibt Jugendliche, die ihr Fest vornehmlich in diesem familiären Zusammenhang erleben und interpretieren. Andere unterstreichen für sich die Bedeutung der Gemeinschaft mit Gleichaltrigen, die Wirkung des öffentlichen Rahmens und die Beteiligung öffentlicher Repräsentanten (Lehrerinnen, Bürgermeister). Damit ist auch ein gewisses Maß an politischer Bedeutung markiert, die freilich bei den Jugendlichen selbst keine Konnotationen in Bezug auf DDR-Nostalgie oder traditionell sozialistische Inhalte erkennen läßt. In ein gewisses Raster gebracht, gibt es also Jugendliche, die ihr Fest stark familienbezogen erleben, und jene, welche die Gemeinschaft mit Gleichaltrigen wichtig finden oder vorrangig den öffentlichen Charakter des Festes betonen. Die Familienbezogenheit könnte einer privatisierenden Tendenz in der Bewertung des Festes entsprechen, während der öffentliche Bezug stärker an traditionelle Funktionen der Konfirmation bzw. Jugendweihe anschließt (z.B. öffentliches Bekenntnis, öffentliches Erwachsenwerden).

Ordnet man die Interviews anhand dieser groben und stark interpretativen Kriterien, so ergibt sich das nachfolgende Bild (siehe Abbildung 1). Es ist darauf hinzuweisen, daß es sich bei dieser Darstellung nicht um eine wie auch immer berechnete Faktorenanalyse handelt, sondern um eine interpretative Zuordnung der Interviews nach den erwähnten Kriterien. Mithin bietet die Darstellung keine statistisch-objektive Struktur, sondern eine um Verstehen bemühte Interpretation. Auf der x-Achse wird die religiöse Orientierung von religiös-christlich bis zu areligiös-skeptisch abgebildet. Die y-Achse reicht von Familienzentrierung bis zu außenorientierter öffentlicher Bedeutung des Festes. Die interpretative Zuordnung der einzelnen Interviews zu diesen Variablen ergibt einige charakteristische Häufungen bzw. „Cluster".

Im *Cluster I* findet sich – ohne bestehende Unterschiede nivellieren zu wollen – eine Reihe von Jugendlichen, die Konfirmation gefeiert haben. Sie äußern einen konkreten, christlichen Gottesglauben und betonen eher die öffentliche Dimension der Konfirmation (Gruppenbezug, Bekenntnis vor der Gemeinde, Statusgewinn in der Öffentlichkeit). Eine ausschließlich familiäre Interpretation der Konfirmation (etwa als bloße Fortsetzung einer Tradition der Eltern) fand sich im Material nicht. Die Konfirmation hat bei ihnen stets einen öffentlichen Bezug.

Jugendweihe zwischen Familie, Politik und Religion 253

Abbildung 1: Interpretative Zuordnung der Interviews anhand der religiösen und sozialen Einflüsse auf die Entscheidung der Befragten.

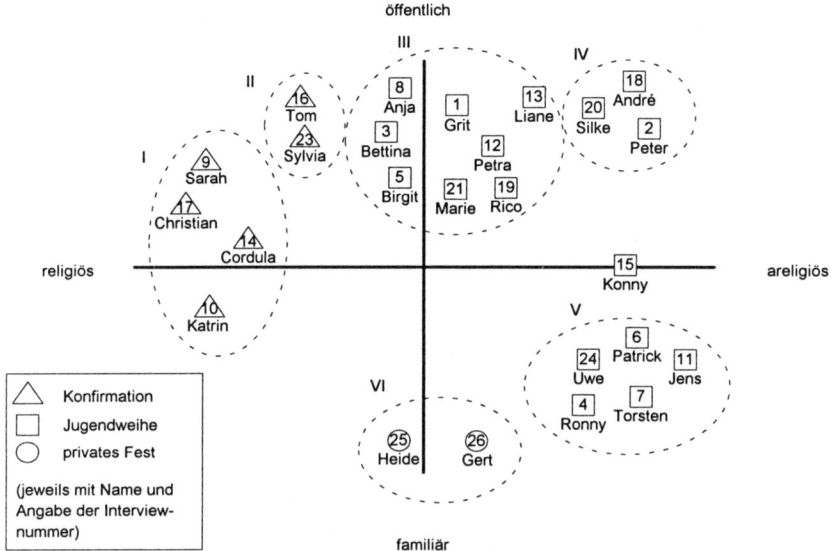

Im *Cluster II* finden sich weitere Teilnehmende an der Konfirmation, die einen weniger engen Glaubensbezug aufweisen, dafür stark an gesellschaftlichen Funktionen der Konfirmation (Voraussetzung für kirchliche Heirat, Aufnahme in die Gemeinde) und an der kirchlichen Freundesgruppe interessiert sind. In diesem Cluster ist die Konfirmation weniger eine bewußte Glaubensentscheidung, sondern sie beruht eher auf ihren gesellschaftlichen und sozialen Funktionen. Nicht zufällig stammen beide Jugendliche vom Dorf, wo diese Funktionen möglicherweise stärker verwurzelt sind.

Im *Cluster III* versammeln sich Jugendliche, die eine offene, interessierte oder zumindest ambivalente religiöse Haltung zeigten, aber gleichzeitig an der Jugendweihe teilnahmen. Hier überwiegt die öffentliche oder gruppenbezogene Bedeutung der Jugendweihe. Die Jugendlichen haben sich für die Jugendweihe aufgrund einer vorwiegend positiven Meinung in Schule und Öffentlichkeit entschieden. Gelegentliche Kontakte zur Kirche bei einigen (Nr. 3, 5, 8) reichen nicht aus, um die Konfirmation letztlich als attraktive Alternative zu erweisen. Ihre Jugendweihe ist als ein Sozialisierungseffekt zu verstehen und nicht als bewußte Handlung artikulierter Konfessionslosigkeit.

Cluster IV ist geprägt von einer areligiösen Orientierung, bei der Gott als Denk- oder Erfahrungsmöglichkeit verneint wird. Bei der Jugendweihe ist es der öffentliche Rahmen, der den Jugendlichen etwas bedeutet, sei es als Statusgewinn bei der Präsentation vor dem Publikum, sei es als angemessener

Ausdruck einer konfessionslosen Identität. Die Familienfeier dagegen wird als langweilig oder ereignislos geschildert, oder es wird an ihr fast gar nicht teilgenommen.

Genau umgekehrt ist es bei *Cluster V*. Hier spielt die offizielle Feierstunde eine untergeordnete Rolle. Den Eltern zuliebe wird daran teilgenommen, aber die Erfahrungen waren ernüchternd. Das Geschehen innerhalb der Familie jedoch wird positiv erlebt, da hier wesentliche Erfahrungen der Anerkennung gemacht werden. Eine positive religiöse Orientierung ist nicht vorhanden. Religiöses wird argumentativ abgelehnt oder überhaupt nicht wahrgenommen. Die Jugendweihe wird als Familientradition erlebt, zu der keine Alternative nötig oder denkbar ist. Zwischen die Cluster IV und V ist Konny (Nr. 15) zu plazieren, da sich bei ihr während des öffentlichen Aktes ein innerfamiliärer Transformationsprozeß vollzieht und somit die öffentliche und familiäre Dimension enger verschränkt sind als bei anderen. Obwohl getauft, lehnt sie religiösen Glauben argumentativ für sich ab.

Im letzten *Cluster VI* finden sich die beiden, die ein privates Fest gefeiert haben und damit auch äußerlich auf den öffentlichen Jugendweiheakt verzichteten. Für ihr Fest war die Familie der ausschlaggebende Referenzrahmen, in dem ihnen Anerkennung zuteil wurde. Nur die Mitteilung, daß sie auch – eben privat – gefeiert haben, erreichte eine gewisse öffentliche Dimension im Klassenverband und in der Nachbarschaft. Beide erwogen zumindest theoretisch die Möglichkeit der Konfirmation und sind gegenüber der Kirche und ihrer Arbeit offen und freundlich eingestellt.

3. Die familiäre Feierbiographie als Ort (a)religiöser, politischer und ritueller Funktionen

Abschließend sollen einige Erkenntnisse aus der empirischen Untersuchung zusammengefaßt werden. Es sei daran erinnert, daß damit das Verstehen der Einzelfälle mit ihrer spezifischen Konstellation nicht überflüssig wird.

Die religiöse oder weltanschauliche Orientierung ist und bleibt ein entscheidendes Kriterium für die Entscheidung für oder gegen die Jugendweihe bzw. Konfirmation. Bei den religiös interessierten bzw. ambivalenten Jugendweiheteilnehmern war die Konfirmation eine teilweise ernsthaft erwogene Möglichkeit, die aus unterschiedlichen Gründen nicht realisiert wurde. Dies findet sich in der Gruppe der areligiösen und Religion ablehnenden Teilnehmenden so nicht. Cluster IV und V bilden somit den „harten" Kern der für die Jugendweihe in Frage Kommenden. Hier hat sich die Jugendweihe als Familientradition etabliert und ist im Prinzip alternativlos.

Die Konfirmation hat trotz aller persönlicher Verwurzelung des Glau-

Jugendweihe zwischen Familie, Politik und Religion 255

bens eine eminent öffentliche Dimension. Der enge Bereich der Familie wird bereits durch die inhaltliche Perspektive der kirchlichen Konfirmation transzendiert und auch durch das Gruppenerlebnis und die Teilöffentlichkeit der Gemeinde erweitert. Neben religiösen und individuellen spielen also auch soziale Faktoren eine wichtige Rolle, was auch durch den eher fließenden Übergang zwischen Cluster I und II sowie III unterstrichen wird. Die „alte" volkskirchliche Ausstrahlung der Konfirmation auf die Öffentlichkeit hat sich also auf bescheidenerem Niveau erhalten können.

Im Befragungssample fand sich kein Fall einer Doppelfeier von Konfirmation und Jugendweihe. Zwar erwogen dies einige theoretisch, verwirklichten es aber nicht. Obwohl damit keine statistische Aussage möglich ist, wird der inhaltliche Zusammenhang deutlich: Die Äquivalenz von Konfirmation und Jugendweihe (beide haben den selben Zeitpunkt und einen ähnlichen Anlaß) ist ein seit 1989 neues Denkmuster, das freilich an Funktionsbestimmungen aus den zwanziger Jahren anknüpft: Wer Konfirmation feiert, braucht keine Jugendweihe und umgekehrt; die Jugendweihe ist eine Alternative oder ein Ersatz für die Konfirmation.[15]

Das Bewußtsein, mit der Jugendweihe bzw. Konfirmation sei eine bestimmte Etappe im Erwachsenwerden erreicht (Passagefunktion), ist in den Clustern unterschiedlich ausgeprägt. Konfirmandinnen und Konfirmanden sehen diesen Aspekt teils als Nebeneffekt, teils schließen sie ihn für sich aus. Auch unter den Teilnehmern an der Jugendweihe ist die offizielle Programmatik der „Aufnahme in den Kreis der Erwachsenen" umstritten. Dies liegt sicherlich auch daran, daß sich die Lebenswirklichkeit von Vierzehnjährigen mit der Jugendweihe nicht einschneidend verändert. Elemente einer Initiation lassen sich im Gesamttritus der Jugendweihe kaum entdecken. Weder wird durch einen Unterricht in ein „neues" Wissen eingeführt, noch ist der Status der Jugendlichen danach dramatisch verändert. Allenfalls den ersten öffentlichen Bühnenauftritt vor Videokameras könnte man als Initiation in die heutige Mediengesellschaft interpretieren. Der vielfach familiär tolerierte Alkoholgenuß ab der Jugendweihe ist weniger ein genuin initiatorisches Element als vielmehr eine Konvention, die Reminiszenz an die traditionell erste Abendmahlsteilnahme bei der Konfirmation sein kann.

Eine eindeutige Präferenz für die anthropologisch verankerte These eines *universalen* Passagerituals läßt sich aus diesen Beobachtungen jedenfalls nicht ableiten. Die Existenz und Wirksamkeit eines *kulturellen* Musters, daß man in Deutschland traditionell eine Passagesituation mit circa 14 Jahren ansetzt, wird jedoch deutlich. Die Auseinandersetzung mit diesem kulturellen Muster ist für viele Jugendliche neben der Wahl des Religions- bzw.

---

15 Das DDR-Klischee, „die Konfirmation verhält sich zur Jugendweihe ... wie der Religionsunterricht zur Allgemeinbildung" (Alt 1957: 19), war bewußt irreführend, um die Konfirmation aus dem öffentlichen Leben zu verdrängen. Tatsächlich kann die Jugendweihe nicht umfassender in „das Leben einführen".

Ethikunterrichts eine der wenigen Entscheidungssituationen, in denen sie sich einmal religiös bzw. weltanschaulich positionieren müssen. Dabei ist deutlich geworden, daß diese Entscheidung meist aus tieferliegenden Strukturen und mehr oder weniger unbewußten Einstellungen (familiäre Tradition, Einfluß der Eltern, Übereinstimmung mit Gruppenmeinungen und allgemeinen Denkmustern) resultiert. Die Jugendlichen müssen die getroffene Entscheidung jedoch auch im Alltag vertreten, was um so leichter ist, wenn sie mit der Mehrheit übereinstimmen (Jugendweihe z.B. im Leipziger Raum, Konfirmation im Erzgebirge). Damit kann die Herausbildung einer bestimmten Identität verbunden sein (ich bin Christ; ich gehe zur Jugendweihe; ich organisiere es selbst), und das sowohl innerhalb der Mehrheit als auch in der bewußten Abweichung davon.

Es hat sich gezeigt, daß die Jugendweihe ein komplexes Geschehen abbildet. Die eingangs erwähnten Thesen – Enthistorisierung als Initiationsritus, Historisierung als DDR-Relikt – erweisen sich als zu einseitig. Weder die Analogie mit Naturvölkern und prähistorischen Zeremonien noch die alleinige Zurückführung auf die DDR-Geschichte können die aktuelle Dynamik der Jugendweihe, ihre Wirkung und Funktion, ausreichend erklären.

Ein Erklärungsmuster, das verschiedene Aspekte vereint, könnte die *Feierbiographie* der beteiligten Familien sein. Diese familiäre Feierbiographie wird geprägt von einem religiösen Gedächtnis, das Kontinuitäten und Brüche in der religiösen Sozialisation der Familie bewahrt, von einem kulturellen und sozialen Setting, in das die Familie durch ihre Sozialbeziehungen eingebettet ist, und schließlich von den allgemeinen politischen Bedingungen, die auf die Familie einwirken. Im Fokus der familiären Feierbiographie erhalten historische Perspektiven ihren berechtigten Platz, ohne allein die Last der Argumentation tragen zu müssen. Indem sich heute in der Familie eine innere Plausibilität für die Jugendweihe entwickelt, wird auch die historische Prägung – politisch, kulturell und (a)religiös – aktiv. Daraus ergibt sich, daß sich eine vermeintlich universale menschheitliche Initiationstradition nur über konkrete historische Bedingungen in die Feierbiographie vermitteln konnte und dabei so stark auf der deutschen Feiertradition der Jugendweihe und historisch vorlaufend der Konfirmation beruht, daß von einem echten Zusammenhang nicht gesprochen werden kann.

So ist das Fortbestehen der Jugendweihe nach 1989 wesentlich auf das Nachwirken der SED-Kirchenpolitik zurückzuführen, die im Laufe der Zeit Eingang in die Biographien und Familientraditionen der Konfessionslosen und auch von Kirchendistanzierten gefunden hat. Familiäre Tradition und soziale Anpassung sind die stärksten Motivationen für die Teilnahme. Die Jugendweihe ist ein kulturell und geschichtlich vermitteltes Phänomen, das als *Ritual* durchaus gewisse Orientierungs- und Stabilisierungsfunktionen zu

Jugendweihe zwischen Familie, Politik und Religion

übernehmen vermag.[16] Indem sich in der aktuellen Jugendweihe spezifisch ostdeutsche Erfahrungen von Gemeinschaft und größerem gesellschaftlichen Zusammenhang bündeln, könnte man von einer ostdeutschen Form der civil religion[17] sprechen, die anders als in Amerika und Westeuropa nicht direkt von einem christlichen Hintergrund ausgeht, sondern diesen durch die atheistische Politik der letzten vierzig Jahre nur noch gebrochen und indirekt reflektiert. Damit ist Stoff für ein weiteres Nachdenken über die Jugendweihe gegeben.

Literatur:

Alt, Robert, 1957: Wissenschaftliche Weltanschauung – zentrales Anliegen der Jugendweihe. Jugendweihe 3, 16-19.
Bell, Catherine, 1997: Ritual. Perspectives and Dimensions. New York/Oxford.
Bieritz, Karl-Heinrich, 1992: Gegengifte. Zeichen der Zeit 46, 3-10.
Dähn, Horst, 1982: Konfrontation oder Kooperation. Das Verhältnis von Staat und Kirche in der SBZ/DDR 1945-1980. Opladen.
Degen, Roland, 1996: Konfirmieren – Aspekte und Perspektiven in Ostdeutschland. Münster.
Dehn, Günther, 1922: Die religiöse Gedankenwelt der Proletarierjugend. Berlin.
Döhnert, Albrecht, 1997: Jugendweihe – Die Familie als Feld der SED-Kirchenpolitik, in: Vorsteher, D., (Hg.): Parteiauftrag: ein neues Deutschland. München/Berlin 1997, 274-286.
Döhnert, Albrecht, 1999: Jugendweihe zwischen Familie, Politik und Religion. Diss. Univ. Leipzig.
Gandow, Thomas, 1994: Jugendweihe. Humanistische Jugendfeier. München.
Hallberg, Bo, 1978: Die Jugendweihe. Göttingen.
Hoffmann-Riem, Christa, 1980: Die Sozialforschung einer interpretativen Soziologie. Kölner Zeitschrift für Soziologie und Sozialpsychologie 32, 339-372.
Isemeyer, Manfred/Sühl, Klaus, (Hg.) 1989: Feste der Arbeiterbewegung. 100 Jahre Jugendweihe. Berlin.
Jeremias, U., 1956: Die Jugendweihe in der Sowjetzone. Bonn.
Jugendliche und junge Erwachsene in Deutschland, 1995. Im Auftrag des Bundesministeriums für Familie, Senioren, Frauen und Jugend. Mannheim.
Köhler, Hans, 1962: Pseudo-sakrale Staatsakte in Mitteldeutschland. Witten/Ruhr.

---

16 Die Erkenntnisse der Ritualtheorien über die Funktionen von Ritualen (etwa die Integration des Individuums in die Gesellschaft, Vermittlung von sozialen Werten, ihr Potential zur Konfliktlösung, die Orientierung des einzelnen auf transzendente Zusammenhänge [Bell 1997: 89 u. passim]) können hier nicht erörtert werden, sind aber für das weitere Verstehen der Jugendweihe unabdingbar.
17 In Studien zu deutschen Formen einer civil religion wurde die Jugendweihe bisher nicht untersucht. Vögele (1994: 248) sieht diesen Zusammenhang, sparte ihn aber aus formalen Gründen aus. Eine Ausweitung des klassischen Civil-religion-Begriffes auf die nur wenig demokratisch strukturierte DDR wäre dazu freilich nötig.

Lamnek, Siegfried, 1989: Qualitative Sozialforschung. Bd. 2. Methoden und Techniken. München.
Meier, Andreas, 1998: Jugendweihe – JugendFEIER. Frankfurt am Main.
Mohrmann, Ute, 1987: Jugendforschung in der DDR – Unter besonderer Berücksichtigung volkskundlicher Untersuchungen zur Jugendweihe, in: Breitl, Klaus, (Hg.): Gegenwartsvolksleben und Jugendkultur. Wien 1987, 307-320
Neubert, Ehrhart, 1994: Die postkommunistische Jugendweihe – Herausforderung für kirchliches Handeln, in: Begegnungen 4/5. Berlin.
Oevermann, Ulrich et. al., 1979: Die Methodologie einer „objektiven Hermeneutik" und ihre allgemeine forschungslogische Bedeutung in den Sozialwissenschaften, in: Soeffner, Hans-Georg: Interpretative Verfahren in den Sozial- und Textwissenschaften. Stuttgart 1979, 352-434.
Piechowski, Paul, 1927: Proletarischer Glaube in sozialistischen und kommunistischen Selbstzeugnissen. Berlin.
Pollack, Detlef, 1994: Kirche in der Organisationsgesellschaft. Stuttgart/Berlin/Köln.
Richter, Klemens, 1977: Riten und Symbole in der Industriekultur am Beispiel der Riten im Bereich des Sozialismus. Concilium (Einsiedeln) 13, 108-113.
Rytlewski, R./Kraa, D., 1987: Politische Rituale in der Sowjetunion und der DDR, in: Aus Politik und Zeitgeschichte 37, B3, 33-48.
Sauer, Birgit, 1993: Mythen einer real-sozialistischen Gesellschaft. Diss. Freie Univ. Berlin.
Schmidtchen, Gerhard, 1996: Wie weit ist der Weg nach Deutschland? Opladen.
Sühl, Klaus, 1989: Jugendweihe heute – Fest der Arbeiterbewegung?, in: Isemeyer, M./Sühl, K., (Hg.): Feste der Arbeiterbewegung. 100 Jahre Jugendweihe. Berlin, 134-156.
Urban, Detlef/Weinzen, Hans Willi, 1984: Jugend ohne Bekenntnis? Jugendweihe und Konfirmation 1954-1984. Berlin.
Vögele, Wolfgang, 1994: Zivilreligion in der Bundesrepublik Deutschland. Gütersloh.
Wentker, Hermann, 1995: Die Einführung der Jugendweihe in der DDR – Hintergründe, Motive und Probleme, in: Mehringer, Hartmut, (Hg.): Von der SBZ zur DDR. Vierteljahreshefte für Zeitgeschichte, Sondernummer. München, 139-165.

Kersten Storch

Kontingenzbewältigungen –

Eine qualitative Untersuchung zum Zusammenhang von Konfessionalität bzw. Konfessionslosigkeit und der Bewältigung des kritischen Lebensereignisses „Wende"

Religion und Kontingenz sind in den gegenwärtigen sozialwissenschaftlichen Debatten zu einer nahezu unvermeidlichen begrifflichen Assoziationskette geworden. Faust, am Ende des 20. Jahrhunderts aufgefordert, sich hinsichtlich seiner religiösen Einstellung zu erklären, würde von Frau Käthe denn wohl auch mit der zeitgemäßeren Frage konfrontiert: „Wie hältst du's mit der Kontingenzbewältigung?", denn daß Religion, so sie diesen Namen verdient, mit derselben beschäftigt ist, scheint gegenwärtig kaum noch zweifelhaft. Zweifel bestehen allerdings hinsichtlich der Frage, ob sie die einzige Instanz ist, die diese Funktion zu erfüllen vermag (vgl. Pollack 1995).

Kontingenzen begegnen dort, wo Wirklichkeit als fraglich, offen, unsicher, vieldeutig erlebt wird. Im menschlichen Lebensverlauf gibt es biologisch und/oder soziokulturell bedingte und weithin an das kalendarische Lebensalter gebundene Statusübergänge (z.B. Erlangung der Geschlechtsreife, Heirat, Berufseinstieg) die für solches Kontingenzerleben prädestiniert sind. Die Psychologie redet in diesen Fällen von normativen kritischen Lebensereignissen, die sie von den non-normativen kritischen Ereignissen (vgl. Filipp 1995: 17f.) unterscheidet, die plötzlich, unvorhersehbar und altersunabhängig auf die Biographien bestimmter Populationen oder Personen (z.B. Naturkatastrophen, Verwicklung´in Überfälle) einwirken. In jedem Fall wird das bis dato aufgebaute Person-Umwelt-Gleichgewicht im kritischen Lebensereignis gestört. Bisher gültige Normen, Verhaltensmuster, kognitive Legitimationsschemata, Sozialbezüge können fraglich oder unbrauchbar werden und bedürfen der Vergewisserung oder Neuregelung, um unter den gewandelten Bedingungen Handlungsfähigkeit und psychisches Wohlbefinden zu bewahren bzw. wiederzuerlangen (vgl. Filipp 1995: 24) Wo das scheinbar Selbstverständliche und Alltägliche zum Ungewissen wird, das Normale nicht mehr verfügbar oder dysfunktional, da sind massive Kontingenzbewältigungen zu leisten, und es liegt im Sinne einer funktionalen Betrachtungsweise nahe, nach der konkreten Bedeutung von Religion in diesem Prozeß zu fragen. Tatsächlich belegen die Statistiken, daß Religion – und das meint hierzulande mehrheitlich noch immer die institutionell verfaßte christliche – sich dort besonders intensiver Nachfrage erfreut, wo sie Rituale und Leistungen anbietet (vgl. Engelhardt et al. 1997: 115, 371), die solche normativen Lebensereignisse begleiten und zu bearbeiten helfen, d.h. in erster Linie bei den sogenannten Passageriten.[1]

Wie aber sieht es mit dem Bewältigungsbeitrag aus, den Religion zu leisten vermag, wenn man den Bereich der rituell aufgearbeiteten und institutionell verankerten Begleitung normativer kritischer Lebensereignisse verläßt und das offene Feld non-normativer Ereignisse betritt? Seit 1989 haben in Ostdeutschland im Zuge des vollständigen Systemwechsels umfassende politische, ökonomische, juristische, soziale und kulturelle Transformationen stattgefunden, die die Lebenswelt und den Alltag der davon Betroffenen tiefgreifend und nachhaltig verändert haben. Bisher gültige und im Verlauf der Sozialisation erworbene Handlungs- und Verhaltensweisen, Denkschemata oder Weltanschauungen erweisen sich unter den gewandelten äußeren Bedingungen als nicht kompatibel bzw. sind durch die faktischen Entwicklungen prekär oder unhaltbar geworden. Das kann auf der individuellen Ebene zu massiven Verunsicherungen und zu einem enormen Anpassungsdruck führen, die der Bearbeitung mit dem Ziel der Wiedergewinnung des Person-Umwelt-Gleichgewichtes bedürfen. Die psychologische Transformationsforschung greift zur Analyse dieser Situation vielfach das oben angesprochene Modell des non-normativen kritischen Lebensereignisses auf (vgl. Schmidt/Heckhausen 1994; Hormuth et al. 1996), das auch für die im folgenden in Auszügen vorgestellte qualitative Untersuchung zur Anwendung gekommen ist.[2]

Im Rahmen dieser empirischen Untersuchung werden auf der Grundlage narrativer Interviews (vgl. Schütze 1983; Klein 1994: 145f.) typische Verarbeitungsmuster des kritischen Lebensereignisses „Wende" unter besonderer Beachtung der Konfessionszugehörigkeit bzw. der Konfessionslosigkeit der Interviewten expliziert.[3] Es wird dabei also der Frage nachgegangen, welche

---

1 Dazu zählen Taufe, Erstkommunion, Konfirmation bzw. Firmung, kirchliche Trauung und Trauerfeier. Bei der dritten Kirchenmitgliedschaftserhebung der EKD gaben 93 Prozent der Mitglieder im Westen und 88 Prozent der Mitglieder im Osten an, daß sie sich für die Taufe ihres Kindes entscheiden würden. Selbst bei den Konfessionslosen lagen die entsprechenden Prozentsätze bei 21 Prozent im Westen und bei 13 Prozent im Osten. Nach den Gründen ihrer Kirchenmitgliedschaft befragt, rangiert die Antwortvorgabe „weil ich auf kirchliche Trauung oder Beerdigung nicht verzichten möchte" mit auf den Spitzenpositionen (dritthäufigste Antwort).

2 Das Modell der kritischen Lebenssituation bietet die – gerade im Blick auf die Veränderungen in Ostdeutschland wichtige – Möglichkeit, damit nicht nur Ereigniskonstellationen zu beschreiben, die von den Betroffenen als negativ, im Sinne einer Bedrohung empfunden werden. Es ist auch auf Situationen applizierbar, die zwar für die Betroffenen mit Anpassungs- bzw. Veränderungsstreß verbunden sind, aber eine subjektiv positive Bewertung erfahren können (z.B. Geburt eines Kindes; Verbesserung der Wohnsituation).

3 Im Hinblick auf den Forschungsgegenstand stellt sich ein qualitatives Verfahren der Datenerhebung (narratives Interview) und der Datenauswertung (interpretative Erzählanalyse im Sinne der „dichten Beschreibung", vgl. Anm. 6) aus mehreren Gründen als adäquatestes Verfahren dar: (1) Die Frage nach dem Zusammenhang von Konfessionszugehörigkeit bzw. Konfessionslosigkeit und dem Verarbeiten der kritischen Lebenssituation

Kontingenzbewältigungen 261

Prägungen der Biographieverlauf bis 1989 durch die Konfessionszugehörigkeit bzw. -losigkeit erfuhr und wie sich diese auf das Erleben und Verarbeiten der seitdem stattfindenden gesamtgesellschaftlichen Transformationsprozesse auswirken. Der zunächst benannte Rahmen des Zusammenhangs von Religion und Kontingenzbewältigung wird somit spezifiziert zu der Frage nach dem Einfluß des Faktors der Konfessionszugehörigkeit bzw. Konfessionslosigkeit auf die individuelle Verarbeitung des kritischen Lebensereignisses „Wende" in Ostdeutschland. Dem liegt die Vorüberlegung zugrunde, daß die Tatsache der Kirchenzugehörigkeit in der DDR ein politisch unerwünschtes Verhalten darstellte und daß Kirchenmitgliedschaft spätestens ab Ende der fünfziger Jahre keine lebensweltliche Selbstverständlichkeit mehr war, sondern das Charakteristikum einer Minderheit (vgl. auch Pollack in diesem Band), deren Vertreter und Vertreterinnen einem nahezu permanenten Legitimationsdruck nach innen (innerpsychisch) und nach außen (gegenüber der mehrheitlich konfessionslosen Umwelt und dabei insbesondere gegenüber der Forderung nach der vorbehaltlosen Akzeptanz der marxistisch-leninistischen Weltanschauung) ausgesetzt waren. Es ist weiterhin bekannt, daß der Umstand der Kirchenmitgliedschaft und mehr noch des kirchlichen Engagements häufig zu deutlichen Entwicklungsbehinderungen im Bildungs- und Berufs- bzw. Karrierebereich führte[4] und damit zu biographischen Konsequenzen (vgl. Reiher 1998). Angesichts dieses faktischen Rahmens, erhebt sich die Frage nach den Prägungen, die konkrete, individuelle Sozialisationsverläufe in diesem spezifischen Kontext erfahren haben, und welche Konsequenzen sich daraus für die Verarbeitung des gesamtgesellschaftlichen Umbruchs ergeben. Stellen die mit der Konfessionszugehörigkeit verbundenen, bisherigen Erfahrungsaufschichtungen oder aus ihr resultierende Handlungs- und Verhaltensmuster Ressourcen zur Verfügung,

---

„Wende" thematisiert einen hochkomplexen und voraussetzungsvollen Verweisungszusammenhang, für den bisher keine vorlaufenden standardisierten Untersuchungsverfahren vorliegen. (2) Repräsentations- und Verarbeitungsvorgänge kritischer Lebensereignisse müssen als biographisch eingebettet begriffen und analysiert werden. (3) Das Erleben kritischer Lebenssituationen ist nur vor dem Hintergrund der individuellen Bedeutungszuschreibung verstehbar, zu deren Erhebung es notwendig ist, die je subjektive Sichtweise und das Relevanzsystem der/des Betroffenen weitgehend unbeeinflußt (z.B. durch vorformulierte Antwortmöglichkeiten) zur Darstellung kommen zu lassen. (4) Durch die von Schütze (1976; 1982) beschriebenen Zugzwänge des Erzählens bietet das narrative biographische Interview die Chance, auch emotional stark negativ besetzte oder als ambivalent empfundene Bereiche und Themen zu identifizieren, (die gerade bei der Frage nach der eigenen „DDR-Vergangenheit" zu erwarten sind), denen sich in quantitativen Befragungen leichter entzogen werden kann.

4 So belegen z.B. die entsprechenden Beiträge in den Kirchlichen Jahrbüchern, daß insbesondere die Bildungs- und Qualifizierungsbenachteiligung von jungen Christen und Christinnen für die Mitgliedskirchen des Bundes der Evangelischen Kirchen in der DDR und ihre Organe ein ständig relevantes Thema war.

die im Coping-Prozeß[5] eine unterstützende und/oder hemmende Wirkung haben? Im Sinne der Kontrollierbar- und Vergleichbarkeit der Untersuchungsergebnisse wurde als Differenzgruppe eine gleichgroße Anzahl konfessionsloser Probandinnen und Probanden interviewt, so daß auf der Grundlage weitgehender Merkmalsübereinstimmungen (Alter, Geschlecht, Bildungsstand, gesellschaftliche Rahmenbedingungen) ein maximaler Kontrastfaktor (Konfessionszugehörigkeit/Konfessionslosigkeit) konzentriert untersucht werden konnte.

Exemplarisch soll das im folgenden anhand der Interpretation (vgl. Geertz 1994)[6] der lebensgeschichtlichen Erzählungen von zwei Männern aus der Generation der zwischen 1930 und 1949 Geborenen, der – auf die DDR Geschichte bezogen – sogenannten *Aufbau- oder Ausstiegsgeneration* geschehen (vgl. Lindner 1997)[7]. Mit Herrn Becker beggnen wir dabei einem Vertreter dieser Generation, der, einem bewußt christlichen Elternhaus entstammend, sich als Christ nicht mit der politischen Zielkultur (vgl. Häuser et al. 1992) des SED-Staates identifizieren kann und will, seine Biographie aber dennoch bewußt *in* der DDR zu gestalten sucht. Herr Reim, der zweite hier vorgestellte Interviewpartner, wurde wie Herr Becker 1940 geboren, beendet als 18jähriger die Kirchenmitgliedschaft und verinnerlicht zunehmend die ideologisch-politischen Lehren des DDR-Regimes. Mit 32 Jahren tritt er in die SED ein. So verkörpern die beiden Männer nicht nur einen jeweils eigenen *Typ* der Biographiegestaltung innerhalb ihrer Generation, sondern lassen darin auch viel *Typisches* erkennen.

---

5   Die Begriffe „Coping" und „Bewältigung" sind identisch und werden in der deutschsprachigen Literatur nebeneinander verwendet. Coping bzw. Bewältigung meint, „daß mit einer Situation umzugehen ist, die aus objektiver Sicht, d.h. auf der Grundlage eines intersubjektiven Konsenses bezüglich der Belastungshaftigkeit, und/oder aus subjektiver Sicht des Betroffenen in irgendeiner Weise belastend, schwierig, fordernd, unangenehm ist" (Weber 1997: 7).

6   Bei der Interpretation wird nach der aus der ethnographischen Forschung übernommenen Methode der „dichten Beschreibung" verfahren, deren Anliegen Geertz wie folgt umschreibt: „Eine gute Interpretation von was auch immer – einem Gedicht, einer Person, einer Geschichte, einem Ritual, einer Institution, einer Gesellschaft – versetzt uns mitten hinein in das, was interpretiert wird" (Geertz 1994: 26).

7   Lindner plädiert in seinem Aufsatz für die unbedingte Notwendigkeit einer zeit- und generationsspezifischen Betrachtungsweise von sozialen Prozessen in der DDR, da nur eine solche Herangehensweise zu einer adäquaten Abbildung des zeitlich-differenzierten Geschehens führen könne. Für die innenpolitische Entwicklung des DDR-Staates identifiziert er fünf Etappen, die er anschließend in ihrem sozialisatorischen Einfluß auf drei von ihm herausgearbeitete DDR-Generationen diskutiert. Dieses, auch von mir zugrundegelegte Generationsmodell benennt: (1) Die Generation der zwischen 1930 und 1949 Geborenen mit „einer relativ stabilen Verankerung in der Aufbaugeneration oder ... einem frühen Ausstieg aus der DDR-Gesellschaft (Flucht oder innere Emigration)." (2) Die Generation der zwischen 1950 und 1960 Geborenen mit „einer relativ stabilen Bindung an die DDR bis weit in die achtziger Jahre hinein." (3) Die Generation der zwischen 1961 und 1975 Geborenen als die „Generation der Nicht-Mehr-Eingestiegenen. Ihre Grundhaltung zur DDR war die des 'Protestes durch Verweigerung'" (Lindner 1997).

Kontingenzbewältigungen

1. Zum Beispiel Herr Becker oder: „Man wußte ja warum, 's war ja 'ne politische Sache."[8]

Herr Becker wurde 1940 als Jüngster von drei Geschwistern in einer thüringischen Kleinstadt geboren. Zwei Einflüsse hebt er für die Zeit im Elternhaus als prägend hervor:

„Das *Prägende,* erstens: für meine Eltern war Studieren immer ganz erstrebenswert, weil sie's nie gekonnt haben. Ja? Die mußten mit 14 Jahren arbeiten; Geld verdienen. Mein Vater ist der Jüngste von sieben Geschwistern, Vater war tot und -- . Ehh, der konnte nicht; obwohl er in unserer ganzen Sippe; da war er sozusagen immer der Klügste .... Und wir wollten eben studieren – das war im Blut drinne, ja? ... Das war ein höherer Status und das war erstrebenswert."

Parallel dazu kommt der Erzähler auf das „volkskirchliche Milieu" und dessen Konsequenzen zu sprechen:

„Meine Mutter – hat sich immer zur Kirche gehalten und meine Eltern, ja, meine Mutter hat mich als als 16jährigen in den Kirchenchor geschleift – und mußt ich mitsingen, bin ich mitgegangen; die alten Frauen haben immer geschlafen, meine Mutter auch, die war immer so erschöpft..... Na ja, ich bin volkskirchlich großgeworden .... aber ich kann nicht sagen: *bewußt* fürs Christentum entschieden, sondern durch's Großwerden, ne? Gebetet und; das war ganz normal. – Es fing eigentlich an so mit 14, 15, als man dann vom Staat; Junge Gemeinde; und der Druck kam. – Das ist so 'ne zweite Prägung aus meinem Elternhaus: dem Druck nicht nachgeben."

Mit der Schilderung der in Kindheit und Jugend erfahrenen Prägungen hat Herr Becker bereits die beiden zentralen Themenbereiche benannt, denen sich im Prinzip alle weiteren Erzählstücke der Autobiographie zuordnen lassen: Seine Zugehörigkeit zur evangelischen Kirche, sein biographisch gewachsenes Christsein sowie die daraus entspringenden Aktivitäten und Konsequenzen einerseits und seine Freude an schöpferischer Arbeit, Bildung und Erkenntnisgewinn andererseits. Indem der Erzähler die Lebenszusammenhänge im Elternhaus als Quelle dieser lebensgeschichtlichen Schwerpunktsetzungen benennt (wobei klassischerweise die Mutter stärker bei der religiösen Erziehung und der Vater mehr im Bildungs- und Berufsbereich als Vorbild fungiert), weist er auch auf das für ihn Unspektakuläre und Normale dieser Entwicklung hin. Genauso wie es unter den gegebenen gesellschaftlichen Verhältnissen zur 'Normalität' gehört, wegen des aktiven Bekenntnisses

---

8   Die im folgenden verwendeten Zitate entstammen den Transkriptionen der narrativen Interviews. Bei der Verschriftlichung der auf Tonbandmaterialien aufgezeichneten lebensgeschichtlichen Erzählungen wurde sich bemüht, den Sprechduktus und die sprachlichen Eigenheiten so äquivalent wie möglich abzubilden. Die Regeln der deutschen Grammatik und Rechtschreibung wurden daher für die Transkription nicht zur Anwendung gebracht. Die vollständig transkripierten Interviews, einschließlich der Transkriptionsregeln liegen bei der Verfasserin vor.

zu Kirche und Christentum unter staatlichen Druck zu geraten, ist es für die Herkunftsfamilie von Herrn Becker auch 'normal', diesem Druck nicht nachzugeben. Christsein und Kirchenzugehörigkeit sind selbstverständliche und bedeutsame Bestandteile der Lebenswelt, die trotz negativer Konsequenzen auf eine ebenso selbstverständliche Art und Weise nicht zur Disposition stehen. Es ist nun allerdings kein Zufall, daß die aufgrund des christlichen Bekenntnisses ausgeübten staatlichen Repressionen genau in jenem Bereich wirksam werden, der für Herrn Becker einen weiteren genuinen Wert darstellt: Bildung und berufliche Entwicklung. Berufliche Qualifikationen wurden in der DDR staatlich verwaltet und verteilt. Indem der Staat den Zugang zu höheren Bildungsabschlüssen an die Forderung der Akzeptanz der marxistisch-leninistischen Weltanschauung band, setzte er damit dem beruflichen Aufstieg von Menschen, die nicht gewillt waren, diesem ideologischen Konformitätsdruck nachzugeben, deutliche Schranken. Als nicht intendierte Folge dieser Politik entwickelte sich gerade in den davon betroffenen Milieus ein Bildungsethos, das – nicht an den Zweck der Verbesserung beruflicher Karrierechancen gebunden – Bildung als Ideal pflegte und zu einem Feld werden ließ, auf dem man geistige und moralische Überlegenheit gegenüber dümmlich-ideologischen Beschränkungen und deren Repräsentanten und Repräsentantinnen demonstrieren und empfinden konnte.[9] Gleichzeitig entlarvte man damit die ungerechten und verlogenen Strukturen der Repressionen und deren politisch-ideologischen Charakter. Herr Becker, der als Mitglied einer Jungen Gemeinde schon früh mit restriktiven Maßnahmen konfrontiert wurde[10], sagt dazu im Interview: „Man wußte ja, warum man nicht studieren konnte; 's war ja nicht 'ne Sache; – 's war ja klar: Es war 'ne politische Entscheidung." Für ihn bedeutete dies nicht die Unmöglichkeit, überhaupt zu studieren, sondern das zu studieren, was damals seinen Interessen und Neigungen entsprochen hätte: Jura oder Geschichte. Aufgrund der entschieden ablehnenden Haltung seines Vaters („Nur über meine Leiche studierst du hier [in diesem Staat] Jura.") kommt es aber erst gar nicht zu einer Bewerbung für eine dieser Fachrichtungen, sondern der junge Herr Becker entscheidet sich für eine völlig andere, technische Studienrichtung. Daß ihm dieser Entschluß „nicht sehr schwer gefallen" sei, begründet der Erzähler heute mit der eigenen Einsicht in die objektive Richtigkeit der väterlichen Haltung: „Gut so, ne? Ich wär' gescheitert in diesem Staat, von Anfang an." Derartig hochgradig ideologisierte und in der späteren Berufsausübung mit den politischen Institutionen des Staates eng verbundene Fachrichtungen

---

9 Die Evangelischen Studentengemeinden waren dafür in der DDR ein typischer Ort, an dem Bildung jenseits der limitierten Inhalte des staatlichen Bildungswesens vermittelt wurde.
10 Herr Becker ist Anfang und Mitte der fünfziger Jahre Mitglied der Jungen Gemeinde, also genau in jener Zeit, als die Angriffe des Staates gegenüber diesen Organisationen am massivsten waren (vgl. Pollack 1994: 113ff.)

Kontingenzbewältigungen 265

stellten für die Berufswahl eines jungen Christen keine realistischen Optionen dar. Die Begründung dieses Ausschlusses liegt in dem, was Herr Becker als „Gegenpol" bezeichnet, der es ihm ermöglicht, die Beschränkungen seiner individuellen Wahlmöglichkeiten, seiner Freiheit – ohne daß es ihm „sehr schwergefallen" wäre – hinzunehmen: in dem aktiven Bekenntnis zum christlichen Glauben und zur Kirche. Das hier zum Tragen kommende Entscheidungs- und Verhaltensmuster weist eine deutliche Steuerung durch die diesem Lebensbereich entspringenden Werte auf. Ansprüchen, die das christliche Bekenntnis in Frage stellen oder substituieren wollen, wird nicht nachgegeben: es wird sich ihnen entzogen. Entzogen, soweit das systemintern möglich ist, ohne völlig marginalisiert und gänzlich von weiteren Bildungs- und Entwicklungschancen ausgeschlossen zu werden. Das ist nicht ohne Kompromisse möglich:

„Politische Prägung", so stellt Herr Becker fest, „muß ich sagen, dem haben natürlich auch meine Eltern nachgegeben, mit gewissen Kompromissen — ohne die wär' man Märtyrer gewesen; ... und ich bin eigentlich froh, weil ich heute sehe, die, die den Weg gegangen sind, denen wird das; die haben einen Verlust, der ist nicht aufzuholen; z.B. keine Bildung — und — das ist nicht nachzuholen – Da ist, da ist nur die Hoffnung, daß die, sagen wir mal einen Gewinn für's Leben, z.B. — in der kirchlichen Richtung; meinetwegen auch auf 'ner anderen Strecke; denn das wird ihnen von der Gesellschaft ja überhaupt nicht anerkannt. ... Und ich seh' auch gar keine Möglichkeit."

Nicht radikale Selbstaufopferung, sondern eine nüchterne Abschätzung von Risiken und Nutzen, von Verlust- und Gewinnmöglichkeiten bestimmen das Verhalten von Herrn Becker unter den restriktiven politischen Bedingungen: eine 'vernünftige', rational abgewogene Widerständigkeit. Den Hintergrund dieses Arrangements mit den vorgefundenen Verhältnissen bildete die Entscheidung, in der DDR zu verbleiben und sie nicht (Richtung Westen) zu verlassen. Für Herrn Becker war das *so* selbstverständlich, daß er dies subjektiv überhaupt nicht als eine bewußt getroffene Wahl darstellt. In der DDR zu leben, war für den Erzähler eine Tatsache, die gleichzeitig eine Aufgabe, eine Art göttlicher Auftrag war, der man sich als Christ im Gehorsam zu stellen hatte.[11] Für Herrn Becker galt:

„Ich habe immer gesagt: Wo 'me hingestellt ist, da muß 'me auch bleiben, denn wenn wir alle abhauen, ja?! Ich hatte natürlich immer den Verdacht, daß die meisten nicht wegen Glaubensunterdrückung gehen, weil der liebe Gott vielleicht drüben – näher ist als hier."

Ausreise war somit keine ernsthafte Option für ihn. „Dem Druck nicht nachgeben", hieß statt dessen die Devise – ‚nicht nachgeben', soweit das subjek-

---

11 Dies war auch der Interpretations- und Verhaltenskodex, der von den evangelischen Kirchen in der DDR offiziell mehrheitlich vertreten wurde. Im Kirchlichen Jahrbuch 1976/77 findet sich dazu die Einschätzung: „Sie [die Kirchen] stellten sich nicht hinter die Ausreisebewegung, im Gegenteil, sie riefen Pastoren, kirchliche Mitarbeiter aber auch Christen und Bürger auf, im Lande zu bleiben [...] ein pauschales Recht für jedermann, die DDR zu verlassen, haben die Kirchen nicht propagiert" (Kirchliches Jahrbuch 1976/77: 365).

tiv möglich erschien und ausgehalten werden konnte. Trotz der damit verbundenen Repressionen und Benachteiligungen hatte diese Lebenshaltung auch eine spielerische Komponente, bescherte eine eigene Art von Lustgewinn: „Dem Druck nicht nachgeben, ja? *Schon deswegen,* weil die, da, die Hunde einen so drücken wollten." Ermöglicht und gestärkt wurde dieses Standhalten aus dem Bewußtsein, in der Kirche einen „Rückhalt" zu haben. Stets war Herr Becker in kirchliche Aktivitäten und Gruppen involviert. Seine Biographie kirchlichen Engagements ist lückenlos: Junge Gemeinde, Evangelische Studentengemeinde, Kirchenchor, 20 Jahre Mitarbeit im Kirchenvorstand, aktiv beim Konziliaren Prozeß und auf Kirchentagen. Rückblickend stellt der Autobiograph fest:

„Diese Symbiose, daß man auch, hmm, auch durch den Staat – in eine gewisse Denkrichtung und auch Glaubensrichtung, ist man richtig reingedrängt worden. Ich sag' das richtig so; ob ich mich auch späterhin so zur Kirche gehalten hätte – das weiß ich nicht – so – ich möcht' mal annehmen, nicht so eng. Aber so war klar: Dort ist deine Heimat, dort bist du; da kann'ste wer sein ... und so war das der einzige Ausweg, wo man sich beweisen konnte, daß man was kann."

Die kirchenfeindliche Politik wirkt kontraproduktiv auf den Staat. Indem der kirchliche Raum Funktionen übernimmt, deren Erfüllung seinen Mitgliedern im säkularen Bereich über weite Strecken verwehrt bleibt, kommt es zu einer zunehmenden Bedeutungsaufladung der kirchlichen Institutionen für die von den äußeren Restriktionen Betroffenen. Der externe politische Druck bleibt auch deshalb erträglich, weil es diese ‚andere‘, binnenkirchliche Wirklichkeit gibt, die soziale Kompensation und emotionalen Rückhalt gewährleistet.

Herr Becker arbeitet nach seinem Studium als Ingenieur, er promoviert – „nebenbei und im Urlaub" –, er ergreift die Chance, an die Universität zurückzugehen, trotz der damit verbundenen finanziellen Einbußen: „Aber – dafür konnte ich da Mathematik studieren. Also, nicht so ganz offiziell, mit Diplom und so; wollt' ich auch nicht; aber ich wollte da lernen was ich konnte." Er habilitiert, schreibt Fachbücher und ist als Oberassistent an der „Oberkante" seiner beruflichen Laufbahn angekommen:

„Das Höchste was ich erreicht hatte, ich war eben der jüngste Habilitierte, und das war viel, war ich ganz stolz drauf. Und das war das Maximum; so wären wir also bis zur Rente; wir hatten uns damit abgefunden. – Aber – das war die Freude, und ich hab' immer viel gearbeitet, das hat mir Spaß gemacht .... Diese Freude an der Arbeit, die hat mich dazu gebracht zu habilitieren und alle möglichen Forschungsdinger anzufangen oder z.B. Bücher zu schreiben. Ich hab' 'en ganz dickes Buch geschrieben zu DDR-Zeiten! Ja? Gegen tausend Widerstände – weil's mir Spaß gemacht hat."

Noch im Frühsommer 1989 ist Herrn Becker klar: „Es wird niemals; bis zu unserem Tod wird's keine Änderung in den beiden Staaten geben, nicht solange wir leben", woraus er die Konsequenz zieht: „Also müssen wir hier ... muß man sich wenigstens im Kleinen fördern, sich erkennen und – mehr ist nicht drin." Mit dieser Einstellung trifft er auf dem damals stattfindenden

Leipziger Kirchentag auf zwei junge Leute „in Vogelanzügen, Maueranzüge bemalt, wissen Sie, richtige Aussteiger", die nicht daran denken, sich in den vorgefundenen Umständen einzurichten, sich mit binnenkirchlichen Kompensationsleistungen zufrieden zu geben, die dem ungeliebten System ihre Arbeitskraft und ihre Leistung verweigern.[12] „Die waren nicht belastet mit 40 Jahren – *statischem* Kommunismus. Die konnten sich noch vorstellen, daß diese Mühle, dieses System zusammenbricht, — ich nicht mehr." Sein eigenes Sich-Abgefunden-Haben, das auch das Aufbegehren der Jüngeren in Frage stellte, bezeichnet der Erzähler heute als „großen Fehler": „Und diesen Fehler haben, glaube ich, *fast* die gesamte Generation von; der Väter gemacht – gegenüber ihren Kindern." Herr Becker beschreibt damit einen Generationskonflikt, der auf der innerkirchlichen Ebene immer wieder zwischen den sogenannten Basisgruppen und kirchenleitenden Institutionen und Personen aufbrach und ein Ausdruck für den Wandel grundlegender Wertvorstellungen und Lebensansprüche war. In der Interpretation des Lebens und Bleibens in der DDR als göttlichen Auftrag ist Herr Becker ein typischer Vertreter seiner Generation von Christen und Christinnen. Ohne dem System als ‚Totalverweigerer' gegenüberzustehen, sucht er nach Wegen auf und Räumen in denen er systemintern eigene (christliche) Wert- und Zielvorstellungen verwirklichen kann.

Lebenspraktisch hieß das für ihn, sich nicht auf die staatlich bereitgestellten Mechanismen und institutionellen Regelungen DDR-typischer Biographieverläufe und Karrieremuster einlassen zu können bzw. zu wollen. Aus seiner religiösen Einstellung resultierte unter den gegebenen politischen Bedingungen ein marginalisierter Lebensverlauf, der ein erhöhtes Maß an Eigeninitiative und Kreativität erforderte und im Vollzug auch immer wieder neu ausbildete. Biographie bedurfte für Herrn Becker bereits vor 1989 der selbstverantworteten Gestaltung, die Risiken einkalkulieren und in ihren Folgen abschätzen mußte. Es überrascht nach alle dem nicht, daß der Erzähler die politischen Veränderungen als „ganz dolle Erlösung" erlebt und sich im Umbruchsprozeß aktiv engagiert.

Der Verlauf dieses individuellen Engagements enthält zugleich einen Hinweis auf die gesamtgesellschaftlich sich verändernde Rolle und Bedeutung von Kirche und Glauben. Die politischen Aktivitäten von Herrn Becker nehmen ihren Ausgang aus dem Raum der Kirche heraus und verlagern sich dann zunehmend in säkulare Einrichtungen und Institutionen. Die Rolle der

---

12 Rytlewski beschreibt die „Konfliktkultur" der Jugendlichen der achtziger Jahre wie folgt: „Dies meint den Bruch mit einer politisch-administrativ vielfältig honorierten Verhaltenskonformität der Massen um der Chance willen, Gegenidentitäten entwerfen und behaupten zu können. Deren Pointe liegt in der aktuellen, situativen und öffentlichen Behauptung von individueller Autonomie. Sie meint deshalb auch den Bruch mit der Verhaltenskultur der massenhaften Rückzüge in Passivität, Nörgelei und 'Konsumnischen'" Rytlewski (1989: 219).

Kirche als unmittelbarer institutioneller Aktionsrahmen tritt zurück. Sie wirkt aber weiter im politischen Geschehen als moralische Instanz, die in der Lage ist, Werte und Handlungsmaßstäbe zur Verfügung zu stellen und zu repräsentieren.

Der Erzähler gründet an seiner Hochschule eine Reformgruppe, die deren neue demokratische Verfassung erarbeitet, und wird wenig später zum Vorsitzenden der mit der Überprüfung der Mitarbeiter und Mitarbeiterinnen hinsichtlich belegbarer Stasi-Mitarbeit beauftragten Personalkommission gewählt. „Und dort war mein Hauptanliegen, 'en Pfarrer mit reinzukriegen. Ja, das war – eine ganz wichtige Sache." Für Herrn Becker ist es entscheidend, bei der Personalüberprüfung mehr als die rein faktischen Aspekte heranzuziehen. Er will die Person hinter der Akte, ihr konkretes Handeln und Verhalten einbezogen wissen: „Und da war der S. [Name des Pfarrers] 'en ganz Wichtiger. – Ja der, der immer versucht hatte, dahinter zu gucken – und nicht so formal – ... seine *Denk*weise, die war ganz wichtig."

Die Normen und Maßstäbe des Handelns und Urteilens bezieht der Autobiograph auch unter den gewandelten äußeren Bedingungen aus seinem christlichen Glauben. Ganz bewußt wirkt er *als* Christ in den gesellschaftlichen Raum hinein, erkennt und ergreift er aktiv die Möglichkeiten, die sich ihm zur Mitgestaltung der öffentlichen Sphäre nun eröffnen. Seine biographisch erworbenen Fähigkeiten zum kreativen und risikobereiten Handeln setzt er jetzt in konstruktiver Weise zur Verwirklichung selbstbestimmter Ziele ein. Voller Enthusiasmus berichtet er über neue Forschungsvorhaben, die Beschaffung von Drittmitteln, den Aufbau internationaler Arbeitsbeziehungen. In diesem Zusammenhang setzt er sich in besonderem Maße für die Förderung junger Studierender und Nachwuchswissenschaftler und -wissenschaftlerinnen aus sozial und gesellschaftlich benachteiligten Milieus Osteuropas und Südafrikas ein, da er in ihrem Schicksal seine eigene Biographie wiedererkennt: „Das sind heute die armen Leute aus Thüringen."

Im Sinne unserer eingangs formulierten Fragestellung nach der Bedeutung der Konfessionszugehörigkeit für die biographische Entwicklung in der DDR bis 1989 und für das Erleben und Verarbeiten der seitdem stattfindenden Transformationsprozesse läßt sich aus der autobiographischen Erzählung von Herrn Becker – in sehr zusammengedrängter Form – das folgende Resümee ziehen: Für Herrn Becker sind christlicher Glaube und Zugehörigkeit zur evangelischen Kirche integraler Lebensbestandteil; sie sind Teil seiner Identität. Die auf Lösung aus den kirchlichen Bindungen abzielenden Repressionsmaßnahmen des atheistischen DDR-Staates wirken in Herrn Beckers Fall kontraproduktiv. Er weiß sich stets eingebunden in und gestützt von kirchlich-lokalisierten Beziehungszusammenhängen, die ihm das Gefühl von Zugehörigkeit (Sozialintegration) und Heimat vermitteln, die konstitutiv zu seiner Identität beitragen. Als Christ unter den konkreten politischen Verhältnissen der DDR zu leben, interpretiert er als göttlich bestimmte Aufgabe, die ihn zum Gehorsam, und das heißt zu aktiver Gestaltung und zum Bleiben in diesem Land, herausfordert. Er weiß und erfährt immer wieder neu, daß er aufgrund seines christlichen Bekenntnisses mit Schwierigkeiten, Hindernissen, Repressionen auf seinem Lebensweg zu rechnen hat, und er lernt, mit diesen umzugehen, ihnen – je nach konkreter Problemlage – mit Phantasie, Widerständigkeit oder Kompromissen zu begegnen. Als mit dem Zusammenbruch der DDR auch deren geschlossene Handlungsvorgaben nichtig werden und damit massenweise Gefühle der Verunsicherung und Orientierungslosigkeit bei den Betroffenen ausgelöst werden, fällt es Herrn Becker aufgrund seiner vorangegangenen Erfahrungsaufschichtung nicht schwer, diese Öffnung als Chance zur Verwirklichung eigener Zielvorstellungen kreativ zu nutzen. Die Maßstäbe und Normen seines Handelns bezieht er auch unter den gewandelten gesellschaftlichen Bedingungen aus dem christlichen Glauben. Wesentlich erweitert haben sich für Herrn Becker aber die möglichen Handlungsfelder. Das kritische Lebensereignis „Wende" wird vom Interviewten grundlegend positiv gewertet, da es seine Lebensqualität in einem sehr umfassenden Sinne verbessert hat. Zentral ist dabei für ihn das Erleben, als bekennender Christ nun nicht mehr in der Defensive und unter ständigem Rechtfertigungsdruck leben zu müssen, sondern *als* Christ die eigenen Lebensprämissen im beruflichen und im weiteren gesellschaftlichen Raum wirksam werden zu lassen.

2. Zum Beispiel Herr Reim oder: „Das war so typisch DDR."

Herr Reim bezeichnet das Elternhaus in dem er 1940 geboren wurde als „gutbürgerlich". Der Vater arbeitet als leitender technischer Ingenieur, ist ein anerkannter Spezialist, der bis zu seinem Tod stolz darauf war, sich nie politisch engagiert zu haben: „Mein ganzes Wissen stell' ich in den Dienst der Wirtschaft, aber politisch bind' ich mich nicht", referiert der Sohn die vom Vater von der Weimarer Republik bis zum Staatssozialismus der DDR durchgehaltene Lebensdevise. Die Mutter ist – wie es sich für die gutbürgerliche Familie gehört – nicht erwerbstätig, führt den Haushalt und erzieht das Geschwisterpaar. Beide Eltern sind evangelisch, lassen den Sohn taufen und konfirmieren. „Eine pro forma Entwicklung", schätzt der Erzähler ein; von christlicher Erziehung könne nicht die Rede sein. Die Kirchenzugehörigkeit bleibt in der Herkunftsfamilie von Herrn Reim ohne lebensweltliche Bezüge; die Eltern besuchen nie den Gottesdienst. Nachdem auch für den Sohn der Kontakt zur Kirche „formal" mit der Konfirmation beendet ist, begründet er die später offiziell vollzogene Auflösung seines Mitgliedschaftsverhältnisses damit, daß er „absolut keine Bindung dazu hatte" und mit dem vom Pfarrer in der „Christenausbildung" unternommenen „Versuch uns deutsch zu züchtigen", der „allseits Widerspruch hervorgerufen" hatte. „Die Entwicklung ansonsten", setzt der Erzähler seine autobiographische Geschichte fort, „ist typisch DDR-geprägt verlaufen, ... das war so typisch DDR." Es folgen Lehrausbildung, Armeezeit, ein Maschinenbau-Fachschulstudium, frühe Heirat und Familiengründung, Abbruch des Studiums aus finanziellen Gründen, dann berufsbegleitende Weiterqualifizierung. Selbst dort, wo aufgrund der äußeren Umstände größere Brüche und Orientierungsschwierigkeiten zu erwarten wären, wie z.B. beim Studienabbruch, vermittelt die Erzählung mehr den Eindruck, als ob sich die Ereignisse mit einem gewissen Automatismus aneinanderreihten und zur Vermeidung biographischer Unsicherheiten lediglich der Wille erforderlich war, sich auf den jeweils vorgegebenen nächsten Entwicklungsschritt einzulassen. Die Notwendigkeit selbstverantworteter Biographiegestaltung wurde dabei nicht wirklich generiert.

Die 'Lebensgeschichten' von Herrn Reim und der DDR laufen nicht nur im zeitlichen Sinne parallel. Seine biographische Entwicklung ist für den Erzähler untrennbar in die Geschichte der DDR verwoben. Eine Art von Dankbarkeit, gemischt mit Stolz wird zum Ausdruck gebracht: In der DDR hat sein Vater eine „gut bezahlte Arbeit, – unter Einzelvertrag -- auch sowas gab's in der DDR", erhalten, er und seine Schwester „eine solide Berufsausbildung" und die Möglichkeit zu studieren. Besonders für die frühen Jahre der DDR macht Herr Reim geltend, daß sie progressiv, dem Menschen zugewandt gewesen sei, „durchaus etwas ... womit man sich identifizieren konnte". Zehn Jahre ist er in der Produktionslinie eines großen Stahlwerkes tätig, wo diese Identifikation für ihn ganz unmittelbare Gestalt annimmt. Der tägliche Arbeitsprozeß, geprägt von „schwerer körperlicher Arbeit und 'en rauhes Klima" erhält eine tiefere Sinnstiftung über das aktuelle Tun hinaus aus dem Bewußtsein, Teil eines großen, sinnvollen Ganzen zu sein. Es ist das Gefühl, täglich im Dienst einer großen und guten Sache tätig zu werden, das den Erzähler erfüllt[13], wofür er bereit ist, sein gesamtes Engagement einzusetzen: „Und ich habe mich eigentlich *immer* – rückhaltlos och in die Arbeit eingebracht." Diese Haltung wird durch die zunehmende Einbindung von Herrn Reim in die politischen, auf betrieblicher Ebene strukturierten Organisationen und deren soziale Gemeinschaften bestärkt. Sein Weg führt dabei über die Mitgliedschaft in der Gewerkschaft (FdGB) in führende Positionen in der Gewerkschaftsleitung und schließlich zur Mitgliedschaft in der SED. Berufsbegleitend wird es Herrn Reim „ermöglicht", ein Fernstudium an der Gewerkschaftshochschule im Fach Gesellschaftswissenschaften zu „realisie-

---

13   Eine in der DDR über lange Zeit propagierte und an und in vielen Produktionsstätten plakatierte Politparole lautete: „Mein Arbeitsplatz – mein Kampfplatz für den Frieden". Dem Bericht von Herrn Reim über seine Tätigkeit im Stahlwerk könnte man dies als zusammenfassende Überschrift zuordnen.

Kontingenzbewältigungen 271

ren". Die Erzählpassage über den Entschluß zum Parteieintritt wirft unwillkürlich Parallelen zum Ritual einer Eheschließung auf: einer Zeit der Annäherung, des Interesses, folgt die Zeit der ‚Prüfung', der Vergewisserung, bis schließlich mit der Mitgliedschaftserklärung das öffentliche Bekenntnis erfolgt, die ‚Beziehung' einen offiziellen, institutionell-verbindlichen Rahmen erhält.

„Durch das Kennenlernen in dem Stahlwerk [von] *ganz* phantastischen Menschen, die Genossen waren, war dann irgendwann der Zeitpunkt, wo ich; ich glaub' ich war schon 32, dann schon, wo ich gesagt hab': Jawoll! – Das sind meine Kollegen, und mit denen kannst du – och alle Schritte gehen – *auch* als Genossen."

Herr Reim macht damit deutlich, daß sein Eintritt in die SED keine instrumentalisierte Handlung war, sondern eine über einen längeren Zeitraum hinweg gereifte und persönlich getroffene Entscheidung, ein subjektiv ehrliches Bekenntnis. So wie er sich nun „ehrlich" und „rückhaltlos" als Genosse für die „bessere und gerechtere Gestaltung des Sozialismus" einsetzt, erwartet er diese Eigenschaften auch als innerparteiliche Handlungsprämissen, gelten ihm Ehrlichkeit und Geradlinigkeit als bei allen Genossen und Genossinnen vorauszusetzende Tugenden.

Die im Zuge der politischen Wende ab 1989 erfolgten Enthüllungen über den Lebensstil weiter Kreise der Parteispitze erschütterten Herrn Reim deshalb zutiefst. Es ist weniger Empörung oder Neid bezüglich des materiellen Luxus und der Privilegien, mit denen sich diese Genossen und Genossinnen selber ausgestattet hatten, als vielmehr das Gefühl, betrogen, getäuscht, mißbraucht worden zu sein, das den Erzähler in eine tiefe psychische Krise stürzt: „Dieses Gefühl war ganz stark; verraten und betrogen worden zu sein; von den *eigenen* Genossen -- so hinter's Licht geführt werden. ... Wenn mich 'en *Freund* hinter's Licht geführt hat, 'en Genosse, ... das ist nicht verzeihbar, ... das ist furchtbar."

Tief enttäuscht und desillusioniert beginnt der Erzähler, sich „nach und nach" aus der Identifizierung mit der politischen Zielkultur und mit dem Staat DDR zurückzuziehen. Damit auch in der eigenen Identität erschüttert, bleibt ein Empfinden innerer Leere zurück. „Man zieht sich ins Schneckenhaus zurück", antwortet Herr Reim auf die Frage, wie er diese Situation verkraftet habe. Zurückgezogen auf den engsten Familienkreis, in allererster Linie seine Ehefrau, durchlebt er diese Zeit existenzieller Verunsicherung, die neben der weltanschaulichen Krise durch den Verlust des Arbeitsplatzes und durch die Verknappung sozialer Beziehungen – viele Bekannte und auch Verwandte meiden weitere Kontakte zu dem ehemals engagierten Genossen, bei dem sie wohl auch Stasi-Kontakte vermuten – eine negative Verstärkungen erfährt. Allmählich beginnt sich die schier hoffnungslose und unübersichtliche Situation für Herrn Reim jedoch zu strukturieren, was zu einer schrittweisen Wiedergewinnung zielgerichteter Handlungsfähigkeit führt. Von zentraler Bedeutung sind in diesem Coping-Prozeß, neben der emotionalen Unterstützung durch die Ehefrau, externe, institutionell vermittelte Hilfestellungen: (1) Der bestehende Verdacht der Stasi-Mitarbeit kann durch Akteneinsichtnahme widerlegt werden, was zu einer Normalisierung der sozialen Beziehungen führt. (2) Vom Arbeitsamt vermittelt, bietet sich die Möglichkeit zur beruflichen Umschulung. Durch die erneute geregelte Tätigkeit erfährt das Selbstwertgefühl des Erzählers eine deutliche Stärkung.

Die anschließenden erfolglosen Bewerbungsbemühungen führen allerdings zu einer neuerlichen Depression. Wieder beschreibt sich der Autobiograph als in einem Zustand tiefer Hoffnungslosigkeit steckend, als ihn circa anderthalb Jahre vor dem Zeitpunkt des Interviews das Angebot erreicht, im Rahmen einer Arbeitsbeschaffungsmaßnahme in einem Projekt der katholischen Kirche gegen Fremdenfeindlichkeit mitzuarbeiten. Mit Begeisterung berichtet er von der dortigen Tätigkeit, von dem ökumenischen Klima an seiner Arbeitsstelle, in das er sich als Nichtchrist – nach anfänglichen Bedenken: „..bei allem Willen wieder unbedingt tätig zu sein .. ich nun als Nichtchrist, mit meiner Vergangenheit" – integriert und aufgrund seiner Arbeit akzeptiert fühlt. Er beschreibt dies als „ein Stück neuer Lebensweg, eine neue Erfahrung", denn von Christen und Christinnen hatte er bisher „mehr gehört und gelesen anstatt erlebt". Die Mitarbeit in diesem Projekt ist für Herrn Reim mehr als eine vorübergehende, die anschließende Zahlung des Arbeitslosengeldes verlängernde Maßnahme. Er engagiert sich weit über den Rahmen der unmittelbaren Arbeitsaufgabe hinaus. Er informiert sich über kirchliche Aktivitäten und Anliegen, setzt sich, durch seine Arbeitsumgebung angeregt, mit den aktuellen gemeinsamen Verlautbarungen der beiden Großkirchen auseinander. Besonders verweist er in diesem Zusammenhang auf die ökumenische Erklärung zur sozialen und wirtschaftlichen Lage in Deutschland (vgl. Wort des Rates der EKD und der Deutschen Bischofskonferenz 1997), die ‚alle Menschen guten Willens' zur Mitarbeit einlädt. Hier fühlt sich Herr Reim angesprochen und persönlich wahrgenommen: ‚ein Mensch guten Willens', das ist er. Herr Reim teilt die diesen Papieren zugrundeliegenden ethischen Werte, ohne diese aus der christlichen Botschaft zu legitimieren. Für ihn stellt das Engagement für die Vorstellungen des Sozialpapieres eine konkrete Chance dar, sich erneut in der Gemeinschaft Gleichgesinnter für das Gemeinwohl einzubringen und somit das für seine Identität konstitutive „Gefühl, gebraucht zu sein, in der – Gesamtheit des gesellschaftlichen Lebens" empfinden zu können.

In sehr komprimierter Form läßt sich im Hinblick auf die autobiographische Erzählung von Herrn Reim zusammenfassend folgendes feststellen: Für Herrn Reim ist es konstitutiv, sich als Teil in einem sinnhaften Ganzen verorten zu können, das in der Ausrichtung auf ein übergeordnetes Ziel auch die trivialen Handlungen des Alltags mit einem Bedeutungsüberschuß ausstattet. Bis 1989 übernahm diese Funktion die marxistisch-leninistische Weltanschauung, der sich Herr Reim „rückhaltlos" – wie er es formuliert – anschloß. Die im

Elternhaus gelebte Indifferenz hinsichtlich politischer, weltanschaulicher und religiöser Fragen stellte eine wesentliche Voraussetzung dafür dar, daß die Ideologie und die Wirkmechanismen des vormundschaftlichen Systems so selbstverständlich und erfolgreich in die biographische Entwicklung und Sozialisation von Herrn Reim eingriffen, diese prägten und steuerten. In ihnen fand der Erzähler Sinnstiftung und sozialen Rückhalt, an sie delegierte er wesentliche Teile von Handlungsverantwortung und genereller Biographiegestaltung. Auffällig ist in diesem Zusammenhang die Dominanz von Passivformulierungen in der lebensgeschichtlichen Erzählung („Ich bin gefördert worden, ... mir ist geholfen worden, ... ermöglicht worden..." usw.).

Mit dem Zusammenbruch des SED-Regimes, seinen Organisationen und Handlungsvorgaben bricht für den Erzähler auch die eigene, wesentlich daran ausgerichtete Lebensorientierung zusammen. Auf der handlungspraktischen Ebene sind nun Autonomie und Eigenverantwortung gefordert. Aufgrund seiner bisherigen Lebensgeschichte kann Herr Reim diese Veränderungen nur als Bedrohung seiner Identität erleben. Die biographisch aufgeschichteten, persönlichen Ressourcen stellen keine ausreichenden Bewältigungskompetenzen zur Verfügung. Die eintretende Verknappung der Sozialbezüge verstärkt die psychische Belastung. Im Coping-Prozeß stellen die externen Unterstützungen aus dem sozialen (Ehefrau, Kinder) und institutionellen (Arbeitsamt, Gauck-Behörde) Bereich die entscheidenden Faktoren dar, die zur Wiederherstellung des Person-Umwelt-Gefüges beitragen. Dieses Gleichgewicht bleibt allerdings hochgradig labil, solange es keine umfangreichere innerpsychische Verankerung erfährt.

Mit Herrn Becker und Herrn Reim haben wir zwei äußerst differente, aber eben in dieser Verschiedenheit für ihre Generation durchaus typische DDR-Biographien kennengelernt. Es dürfte dabei deutlich geworden sein, daß der Kontrast der beiden Lebensgeschichten wesentlich mit der Konfessionszugehörigkeit bzw. Konfessionslosigkeit des jeweiligen Erzählers verbunden ist. Für Herrn Becker beförderte und ermöglichte die Zugehörigkeit zur evangelischen Kirche einen Autonomiegewinn gegenüber der staatlich versuchten, allumfassenden Lebenssteuerung. Herr Reim, in dessen Biographie christlicher Glauben und Kirche nicht die Funktion eines solchen kritischen Korrektivs übernehmen, bindet seine Identität zunehmend an das politische System der DDR und dessen ideologische Lehren.

Im Blick auf die Funktion und die Bedeutung der Konfessionszugehörigkeit für die Verarbeitung des kritischen Lebensereignisses „Wende" kann somit als Ergebnis der vorliegenden qualitativen Untersuchung festgehalten werden: Unter den konkreten Bedingungen der DDR-Situation stellten der christliche Glaube und die Kirchenzugehörigkeit ein potentielles, kritisches Korrektiv im Hinblick auf die weltanschaulichen Ansprüche des DDR-Systems dar. An den damit verbundenen (zumindest partiellen) Entzug aus der staatlichen Bevormundung war aber auch die Marginalisierung des Lebensverlaufes geknüpft, was zur Notwendigkeit eigenverantworteter Biographiegestaltung führte. Die durch die Realisierung dieser Anforderung im bisherigen Biographieverlauf erworbene geistige und handlungspraktische Autonomie, kann von den davon Betroffenen als persönliche Ressource für die Bewältigung der veränderten Lebenssituation aktiviert werden.

Abschließend bleibt noch einmal darauf hinzuweisen, daß die an den konkreten Fällen gewonnenen Aussagen durchaus den Anspruch erheben, Typisches zu beschreiben, nicht aber im statistischen Sinne Allgemeingültiges. Mit anderen Worten: Nicht für alle Kirchenmitglieder in der DDR bedeutete die Tatsache der Kirchenzugehörigkeit auch Autonomiegewinn[14] und nicht alle Konfessionslosen identifizierten sich im weltanschaulichen Sinne mit der DDR, so daß deren Zusammenbruch unmittelbar zu tiefen innerpsychischen Erschütterungen führte. Gerade aus den hier betrachteten Biographien dürfte ersichtlich geworden sein, wie komplex und voraussetzungsvoll solche Prozesse sind, und es ist ein unbenommener Vorteil qualitativer Untersuchungen, dies deutlich werden zu lassen.

Literatur

Engelhardt, Klaus/Loewnich, Hermann von/Steinacker, Peter, (Hg.) 1997: Fremde Heimat Kirche. Die dritte EKD-Erhebung über Kirchenmitgliedschaft. Gütersloh.
Filipp, Sigrun-Heide, 1995: Ein allgemeines Modell für die Analyse kritischer Lebensereignisse, in: Filipp, Sigrun-Heide, (Hg.): Kritische Lebensereignisse. Weinheim, 3-52.
Geertz, Clifford, 1994: Dichte Beschreibung. Beiträge zum Verstehen kultureller Systeme. Frankfurt am Main.
Häuser, I./Schenkel, M./Thaa, W., 1992: Legitimitäts- und Machtverfall des DDR-Sozialismus. Zum plötzlichen Ende einer einheitsverkörpernden Öffentlichkeit, in: Meyer, Gerd, (Hg.): Lebensweise und gesellschaftlicher Umbruch in Ostdeutschland. Jena, 59-101.
Hormuth, Stefan E. et al., 1996: Individuelle Entwicklung, Bildung und Berufsverläufe. Opladen.
Kirchenamt der EKD/Sekretariat der Deutschen Bischofskonferenz, 1997: Für eine Zukunft in Solidarität und Gerechtigkeit. Wort der Evangelischen Kirche in Deutschland und der Deutschen Bischofskonferenz zur wirtschaftlichen und sozialen Lage in Deutschland. Hannover/Bonn.
Kirchliches Jahrbuch für die Evangelische Kirche in Deutschland. Gütersloh.
Klein, Stephanie, 1994: Theologie und empirische Biographieforschung. Methodische Zugänge zur Lebens- und Glaubensgeschichte und ihre Bedeutung für eine

---

14 Eine Aufgabe für weiterführende Untersuchungen wäre z.B., diesen Zusammenhang detaillierter zu analysieren und zu klären, unter welchen Voraussetzungen Kirchenzugehörigkeit und christlicher Glaube Autonomiegewinn befördert oder auch behindert haben.

erfahrungsbezogene Theologie. Stuttgart/Berlin/Köln.

Lindner, B., 1997: Sozialisation und politische Kultur junger Ostdeutscher vor und nach der Wende – ein generationsspezifisches Analysemodell, in: Schlegel, Ute/Förster, Peter, (Hg.): Ostdeutsche Jugendliche. Vom DDR-Bürger zum Bundesbürger. Opladen, 23-28.

Pollack, Detlef, 1994: Kirche in der Organisationsgesellschaft: zum Wandel der gesellschaftlichen Lage der evangelischen Kirchen in der DDR. Stuttgart/Berlin/ Köln.

Pollack, Detlef, 1995: Was ist Religion? Probleme der Definition, in: Zeitschrift für Religionswissenschaft 3, 163-190.

Reiher, Dieter, 1998: Konfliktfeld Kirche – Schule in der DDR 1969 bis 1989, in: Dähn, Horst/Gotschlich, Helga, (Hg.): „Und führe uns nicht in Versuchung...". Jugend im Spannungsfeld von Staat und Kirche in der SBZ/DDR 1945 bis 1989. Berlin, 114-133.

Rytlewski, Ralf, 1989: Politische Kultur und Generationenwechsel in der DDR: Tendenzen zu einer alternativen politischen Kultur, in: Claußen, Bernhard, (Hg.): Politische Sozialisation Jugendlicher in Ost und West. Bonn, 209-223.

Schmidt, H.-D./Heckhausen, J., 1994: Entwicklungspsychologische Transformationsforschung – Ziele, Grundlagen, Konsequenzen, in: Trommsdorff, Gisela, (Hg.): Psychologische Aspekte des sozio-politischen Wandels in Ostdeutschland. Berlin/ New York, 43-49.

Schütze, Fritz, 1983: Biographieforschung und narratives Interview, in: Neue Praxis 13, 283-292.

Weber, H., 1997: Zur Nützlichkeit des Bewältigungskonzeptes, in: Tesch-Römer, Clemens/Salewski, Christel/Schwarz, Gudrun, (Hg.): Psychologie der Bewältigung. Weinheim, 7-16.

Klaus Hartmann

Wider den Strom – Kircheneintritte in Ostdeutschland

Über den Zusammenhang von Religion, Lebensgeschichte und Zeitgeschichte vor der Wende und danach

Mit dem Jahr 1989 begann zwar eine „neue Zeit", aber keine „Stunde Null". Die Analyse des religiösen und kirchlichen Wandels in Ostdeutschland kann sich deshalb nicht darauf beschränken, daß man nur danach fragt, wie Religion und Kirche sich nach dem Zusammenbruch des Sozialismus entwickeln und neu ausrichten. Will man die unter den veränderten historischen Bedingungen sich zeigenden Tendenzen des Religiösen in der ostdeutschen Gesellschaft zureichend erfassen, ist es vielmehr notwendig, das spezifische Verhältnis zu Religion und Kirche, wie es vor der Wende bestanden hat, zu analysieren und damit zu konfrontieren, wie dieses sich nach der Wende entwickelt hat. Den Wechsel der Beziehungen des einzelnen zu Religion und Kirche möchte ich im folgenden an dem Phänomen des nach der Wende erfolgten Kircheneintrittes beschreiben. Von hier aus lassen sich Zusammenhänge zwischen dem abrupten Systemwechsel einerseits und einem veränderten Zugang zu Religion und Kirche andererseits darstellen wie auch einige Thesen zum Wandel der kirchlich-religiösen Lage in Ostdeutschland entwickeln.

I. Kircheneintritte – eine Trendwende nach dem Zusammenbruch des Staatssozialismus?

Für eine Betrachtung der religiös-kirchlichen Entwicklung in Ostdeutschland nach 1989 mag es zunächst überraschen, den Blick auf Kircheneintritte zu lenken. Denn das Gebiet der ehemaligen DDR zählt zu den am stärksten entkirchlichten und religiös desozialisierten Regionen Europas, und – entgegen weit verbreiteter Erwartungen – kam dieser Entkirchlichungsprozeß auch nach dem Zusammenbruch des SED-Regimes nicht zum Stillstand. Vielmehr setzte mit der Vereinigung im Osten Deutschlands eine breite Austrittsbewegung ein, die fast dieselben Ausmaße erreichte wie der Höhepunkt der Austrittswelle in den fünfziger Jahren, als in der DDR die Menschen massenhaft die Kirche verließen. Der Grund für die hohen Austrittszahlen lag Anfang der neunziger Jahre aber nicht mehr wie in den fünfziger Jahren in politi-

Wider den Strom - Kircheneintritte in Ostdeutschland 277

schen Repressionen, sondern in den durch die Kirchensteuer ausgelösten finanziellen Belastungen einerseits und in der fehlenden subjektiven Relevanz religiöser Traditionen andererseits.[1]
Kaum Beachtung hat hingegen die Tatsache gefunden, daß es nach 1989 neben der Austrittswelle auch eine bemerkenswerte – quantitativ freilich nicht im selben Ausmaß – Erhöhung der Zahl von Kircheneintritten in Ostdeutschland gab. Zwar stiegen in der Katholischen Kirche die Eintrittszahlen nach 1989 kaum an, anders sieht es aber in der evangelischen Kirche aus.

Tabelle 1: Austritte und Eintritte in Ostdeutschland (Evangelische Kirchen 1950-1995)

Jahr		Aus- und Eintritte insgesamt	Verhältnis: Austritte : Eintritte
1950	Austritte	77.966	4,9 : 1
	Eintritte	15.936	
1970	Austritte	49.595	10,4 : 1
	Eintritte	°4.752	
1989	Austritte	11.172	°1,6 : 1
	Eintritte	°6.848	
1991	Austritte	82.761	°3,5 : 1
	Eintritte	23.980	
1992	Austritte	106.745	°7,0 : 1
	Eintritte	15.237	
1993	Austritte	81.732	°7,0 : 1
	Eintritte	11.672	
1994	Austritte	58.148	°5,9 : 1
	Eintritte	°9.866	
1995	Austritte	56.218	°6,2 : 1
	Eintritte	°9.012	

Quelle: Kirchenstatistiken des Kirchenamts der EKD.

Vor 1989 lagen die Zahlen der Kircheneintritte in die evangelischen Kirchen der DDR über die letzten dreißig Jahre hinweg kontinuierlich bei etwa 5.000 Personen jährlich. Erst nach der Wende stiegen die Eintrittszahlen sprunghaft an und erreichten 1991 mit fast 24.000 Kircheneintritten ihren Höhepunkt. Die sich gegenwärtig zeigende abfallende Tendenz hat das alte Niveau noch nicht wieder erreicht. 1994 waren es immerhin noch knapp 10.000 Personen, die in die evangelische Kirche eintraten, und 1995 fast 9.000.

Freilich gibt diese „kleine Kircheneintrittswelle" – etwa in Verbindung mit der gestiegenen Taufrate im Verhältnis zu den Geburten insgesamt – noch keinen Anlaß, von einer Bedeutungszunahme des kirchlich verfaßten Christentums in Ostdeutschland zu sprechen. Denn während im Jahre 1991 fast 24.000 Personen den Eintritt vollzogen, traten in demselben Jahr knapp 83.000 Kirchenmitglieder aus der evangelischen Kirche aus. Dabei gehen mit

---

1 Zum Prozeß der Entkirchlichung in Ostdeutschland und seinen Gründen vgl. Pollack (1994: 373-445); zu den Kirchenaustrittsmotiven in Ost- und Westdeutschland vgl. Studien- und Planungsgruppe der EKD (1993: 51ff.) sowie Engelhardt et al. (1997: 326-330).

der sinkenden Kirchenbindung auch alle Indikatoren christlicher und religiöser Orientierung wie Glaube an Gott und Bejahung christlicher Glaubenssätze zurück (Engelhardt et al. 1997: 306ff.; Pollack 1998: 226ff.). Das heißt, wir haben es bei Kircheneintritten zwar mit einem Umschichtungsprozeß innerhalb des Mitgliederbestandes der evangelischen Kirche zu tun, nicht aber mit einer Trendwende. Dominiert wird der kirchliche Wandel in Ostdeutschland nach wie vor stärker von Prozessen der Entkirchlichung. Dennoch sind Neueintritte und Wiedereintritte nach der Wende in die evangelische Kirche als ein Teilaspekt des religiösen und kirchlichen Wandels in Ostdeutschland untersuchenswert, und zwar vor allem aus zwei Gründen:

Erstens: Bei einem Kircheneintritt unter den Bedingungen der ostdeutschen Situation handelt es sich um eine Entscheidung für eine Institution, deren Anhänger zahlenmäßig in die Minderheit geraten sind und deren Deutungsangebot kulturell von der Mehrheit der Bevölkerung nicht getragen wird. Gehören in den alten Bundesländern noch immer über 80 Prozent der Bevölkerung zu einer der beiden Großkirchen, so sind in den neuen Bundesländern noch nicht einmal 30 Prozent der Bevölkerung Mitglied der evangelischen oder katholischen Kirche: Knapp 25 Prozent zählen sich zur evangelischen, etwa vier Prozent zur katholischen Kirche. Demnach ist mit fast 70 Prozent die größte Gruppe die der Konfessionslosen – im Westen beträgt sie gerade mal 12 Prozent (Statistisches Jahrbuch 1996: 98). Die Entscheidung für einen Kircheneintritt ist also gewissermaßen eine Entscheidung gegen den Strom des seit über 40 Jahren anhaltenden und auch nach der Wende nicht gestoppten gesellschaftlichen Bedeutungsverlustes der Kirchen. Dabei verlangt der Kircheneintritt vom einzelnen in besonderem Maße, daß er sich für diesen Schritt bewußt entscheidet. Denn der Kircheneintritt vollzieht sich ja – anders als der Kirchenaustritt – nicht in der Anonymität, sondern wird öffentlich vor der Gemeinde bezeugt: bei einem Neueintritt in Form der Erwachsenentaufe, bei einem Wiedereintritt durch eine offizielle Wiederaufnahme im Gottesdienst. Zudem ist die Aufnahme mit einem persönlichen Gespräch, oft auch mit der Teilnahme an einem Vorbereitungskurs oder einem Erwachsenenseminar verbunden. Insofern bietet der Kircheneintritt die besonders günstige Gelegenheit zu untersuchen, welche Gründe jemanden veranlassen, sich nach dem Zusammenbruch des Sozialismus der Institution Kirche (wieder) anzunähern.

Zweitens: Der Kircheneintritt ist kein biographisch isoliertes Ereignis. Mit ihm verbinden sich wichtige Lebensetappen, familiäre Beziehungen, Geschichten von Freundschaft und Trennung, aber auch gesellschaftliche und politische Ereignisse. Insofern kann von der Kircheneintrittsentscheidung her teilweise die gesamte Lebensgeschichte rekonstruiert werden wie auch gesellschaftliche Wandlungsprozesse, die sich im Kircheneintritt ausdrücken. Das macht es ebenfalls lohnend, sich mit diesem Phänomen auseinanderzusetzen. An ihm kann man retrospektiv den Zusammenhang von Religion, Lebensgeschichte und Zeitgeschichte studieren.

Ausgehend von diesen Überlegungen geht es im folgenden – am Beispiel von Kircheneintritten – um das Verhältnis des einzelnen zu Religion und Kirche einerseits und gesellschaftlichen Wandel in Ostdeutschland andererseits.

II. Zum Datenmaterial

Das Datenmaterial, auf das ich mich im folgenden beziehe, ist eine Auswahl aus einem Forschungsprojekt zu dem Thema „Kircheneintritte in Ostdeutschland nach der Wende", welches ich gemeinsam mit Detlef Pollack durchgeführt habe.[2] Ziel unserer Untersuchung war, die sozialen Umstände und handlungsleitenden Orientierungen zu beschreiben, die im städtischen Milieu einer ostdeutschen Großstadt nach der Wende im Jahr 1989 zum Kircheneintritt bzw. Wiedereintritt motivierten. Zu dieser Fragestellung führten wir eine demographische Erhebung der Kircheneintritte in der Stadt Leipzig sowie im ländlichen Umfeld von Leipzig durch und analysierten in einer qualitativ-empirischen Untersuchung 20 ausgewählte Einzelfälle, die zwischen 1989 und 1995 in die evangelische Kirche eingetreten bzw. wiedereingetreten sind.[3]

Allgemein zum Sozialprofil unserer Untersuchungsgruppe läßt sich sagen: Die Entscheidung zum Kircheneintritt treffen vor allem Angehörige der Mittelschicht und Höhergebildete; Arbeiter und Angehörige der Unterschichten sind unter den Eintretenden eher unterrepräsentiert. Vor allem Jugendliche zwischen 14 und 17 (über die Hälfte) sowie junge Erwachsene zwischen 18 und 30 Jahren (etwa ein Drittel) treten in die evangelische Kirche ein. In den höheren Altersgruppen nimmt dagegen die Bereitschaft zum Neueintritt deutlich ab. Bei den Wiedereintritten liegt der Schwerpunkt erwartungsgemäß in der zweiten Lebenshälfte. Die Verteilung nach den Geschlechtern zeigt sowohl bei den Erwachsenentaufen als auch bei den Wiedereintritten folgendes Bild: Es sind deutlich mehr Frauen (etwa zwei Drit-

---

[2] Das Projekt wurde von der Forschungsstätte der Evangelischen Studiengemeinschaft (FEST), Heidelberg, finanziert. Es wurde von 1995-97 in Leipzig durchgeführt. Zu den abschließenden Untersuchungsergebnissen vgl. Hartmann/Pollack (1997; 1998); zum Unterschied zwischen Kircheneintritt und Konversion vgl. Friedrich/Hartmann/Pollack (1998).

[3] Die Auswahl der Interviewpartner geschah bewußt. Sie orientierte sich an dem Kriterium, ein möglichst breites und kontrastreiches Spektrum im Feld der Kircheneintritte abzudecken. Zum Verfahren des theoretischen Sampling vgl. Glaser (1978: 36ff.). Das Interviewmaterial wurde in Anlehnung an das halbstrukturierte-leitfadenorientierte Tiefeninterview (vgl. Bock 1992) erhoben. Die Interviews enthalten biographisch-narrative Abschnitte und einen thematisch vorgegebenen Nachfrageteil. Die Interviewten sollten vor allem motiviert werden, die Geschichte ihres Kircheneintritts zu erzählen und dabei zugleich vergangene Erfahrungen mit Kirche und Religion zu aktualisieren.

tel), die den Kontakt zur Kirche aufnehmen bzw. wiederaufnehmen. Ferner ist die Eintrittsrate, insbesondere während des Höhepunktes der Eintrittswelle, auf dem Lande deutlich höher als in der Stadt (Hartmann/Pollack 1997: 33ff.).

Vor diesem Hintergrund ist der Fall Leipzig als ostdeutsche Großstadt nicht zufällig gewählt. Leipzig ist die Stadt, die sowohl eine herausragende Rolle in der „friedlichen Revolution" vom Herbst 1989 gespielt hat als auch heute die Stadt in Ostdeutschland darstellt, in der der Prozeß der ostdeutschen Transformation am weitesten vorangeschritten ist. Insofern bietet sie reichhaltiges Material, um Kircheneintritte nicht nur als Erbe politischer Unterdrückung zu beschreiben, sondern diese auch vor dem Hintergrund der Erfahrungen mit Kirche in der Wende wie auch des dramatischen Wandels der Rahmenbedingungen der Lebensgestaltung nach der Wende zu analysieren.

Im folgenden werde ich anhand dreier Fallbeispiele, eines Wiedereintritts und zweier Neueintritte, einige typische Muster der nach der Wende zu beobachtenden Kircheneintritte darstellen und Zusammenhänge zu Problemlagen und Sichtweisen des gesellschaftlichen Umbruchs der DDR aufzeigen. Dabei konzentriere ich mich auf zwei Lebensbereiche, die für den Wandel der eingegangenen Beziehungen zu Kirche und Religion aufschlußreich sind: den Beruf und die Familie. Der erste Bereich gibt Einblicke, wie der einzelne sich mit dem System der DDR arrangiert hat. Berufliche Karriere und sozialer Aufstieg waren in der DDR in besonderem Maße davon abhängig, inwieweit man bereit war, sich auf der durch das politische Gesamtkonzept „Sozialismus" vorgezeichneten Linie zu bewegen. Der zweite Bereich, die Familie, gibt ebenfalls Auskunft über das getroffene Lebensarrangement in der DDR-Gesellschaft. Denn die Familie war ein Ort, an dem man sich am ehesten gegenüber dem politischen Anpassungsdruck zu immunisieren versuchte. Beide Lebensbereiche bilden somit eine Art Seismograph für das ehemals getroffene Lebensarrangement mit der DDR-Gesellschaft. Zudem lassen sich an ihnen auch die Veränderungen der Lebensbedingungen nach 1989 ablesen: Der Beruf ist eine Kerninstitution der Neuorganisation des sozialen Lebens und die Familie zweifelsohne einer der wichtigsten Stabilitätsfaktoren im sozialen Wandlungsprozeß (vgl. Diewald et al. 1995). Angesichts dessen sind beide Bereiche besonders geeignet, den Kircheneintritt auf dem Hintergrund der gewandelten gesellschaftlichen Verhältnisse zu interpretieren.

Bei den folgenden drei Fallrekonstruktionen handelt es sich um Referenzfälle. Das heißt, sie nehmen Bezug auf zwei Typologien, die von uns am gesamten Interviewmaterial entwickelt wurden, und zwar einmal im Hinblick auf Strukturmuster von Religiosität und zum anderen im Hinblick auf das politische Verhältnis zur DDR-Gesellschaft.[4] Die drei Fälle wurden ausge-

---

4 Folgende Typen der Religiosität wurden herausgearbeitet: 1) Der ethisch normativ eingestellte Gottesgläubige, 2) Der religiöse Ästhet, 3) Das Gewohnheitskirchenmitglied, 4)

Wider den Strom - Kircheneintritte in Ostdeutschland 281

wählt, da sie die kontrastreichsten sind, die wir in unserem Material vorgefunden haben. Ihnen liegen aus einer extensiven Interpretation des Interviewmaterials[5] erstellte Fallinterpretationen zugrunde, wobei hier lediglich Teilaspekte thematisiert werden, um das spezifische Verhältnis zu Kirche und Religion, wie es vor der Wende bestanden hat, mit dem zu konfrontieren, wie es sich nach der Wende entwickelt hat.[6]

III. Drei Kircheneintritte nach der Wende

1. „Daß ‚Er' uns die Chance gibt, eben immer wieder neu anzufangen" – Der Fall Andreas Grube

Andreas Grube ist der Referenzfall für den Kircheneintrittstyp, dessen Eintrittsentscheidung sich im wesentlichen aus einer partiellen Identifikation mit dem System der DDR begründet. Er war zur Zeit der Wende 54 Jahre alt, verheiratet und hatte vier erwachsene Kinder. Seine Ausbildung zum Diplomingenieur wie auch der Beginn seiner beruflichen Karriere fallen in die Zeit des Aufbaus der DDR. Auch seinen Kirchenaustritt vollzog er in dieser Zeit. 1957, als in der DDR der staatlich-ideologische Kampf gegen Kirche und Religion einen Höhepunkt erreichte, entschied er sich zum Austritt. Gleich nach der Wende, Anfang 1990, machte er diesen Schritt mit seinem Wiedereintritt rückgängig.

Charakteristisch für diesen Kircheneintrittstyp ist, wie bereits erwähnt, seine partielle Identifikation mit der DDR-Gesellschaft. Das Arrangement, das Andreas Grube mit dem politischen System in der DDR eingeht, ist nicht nur strategisch motiviert, sondern er läßt sich auch innerlich, wenigstens partiell, auf das System ein. Was dabei übernommen wird, ist nicht unbedingt die sozialistische Ideologie in ihrer Gesamtheit, wohl aber eine gewisse Fortschrittsperspektive. Aus dieser Perspektive erscheinen Kirche und Religion als überlebte Größen der Vergangenheit und das Experiment des Sozialismus als ein Projekt der Moderne.

Im Fall von Andreas Grube zeigt sich dieses Muster insbesondere in der

---

Der Gemeinschaftschrist, 5) Der politisch-religiöse Aktivist; sowie folgende Typen des politischen Verhältnisses zur DDR-Gesellschaft: 1) Der Konformist, 2) Der partiell Identifizierte, 3) Der Apolitische, 4) Der politische Aussteiger (Hartmann/Pollack 1998: 152ff.).

5 Die Auswertung der Interviewtranskripte erfolgte in Anlehnung an hermeneutisch-rekonstruktive Verfahren (vgl. Oevermann et al. 1979). Gerade die Gruppendiskussionen jedes einzelnen Falles erwiesen sich als methodisch wichtiges Korrektiv bei der Interviewwinterpretation.

6 Die Falldarstellungen sind ausführlich dargestellt in Hartmann/Pollack (1998: 38ff.; 55ff.; 92ff.).

Phase seiner Ausbildung. Schon in der Schule erscheinen ihm evolutionäre und naturwissenschaftliche Weltdeutungen plausibler als das christliche Weltbild. So begehrte er als Student, angeregt durch das neue soziale Umfeld, gegen allzu enge, religiös legitimierte Wertvorstellungen auf, wie er sie aus seinem dörflich-familiären Herkunftsmilieu kannte. Die Kirche mit ihren Glaubensinhalten galt ihm als etwas Lebensfernes, Veraltetes und Verstaubtes, das nicht in die moderne Zeit paßt.

Daß er in dieser biographischen Statuspassage zu Kirche und Religion auf Distanz geht, steht in einem engen Zusammenhang mit dem sich im Aufbau befindenden System der DDR. Damals hat Andreas Grube sich in vieler Hinsicht durchaus positiv mit dem sozialistischen Staat identifiziert. So sah er gerade zu Anfang in der DDR „einen Ansatz für eine gute Sache". Die sozialistische Idee des Kollektivs als eine Gruppe Gleichgesinnter hat ihn fasziniert. Zudem profitierte er in besonderem Maße vom Bildungssystem der DDR und den Aufstiegschancen der fünfziger und sechziger Jahre. Aus einfachen Verhältnissen kommend, war es ihm möglich zu studieren und anschließend eine berufliche Karriere als Ingenieur zu machen. Gerade diese Koppelung von ideell motiviertem Einsatz für den kollektiven Fortschritt mit individuellem Aufstieg bewirkte anfangs eine Bejahung des Sozialismus.[7] Insofern erklärt sich sein Kirchenaustritt nicht allein als Folge repressiven politischen Drucks. Vielmehr begründet er sich aus der engen Verknüpfung von Fortschrittsperspektive und sozialem Aufstieg.

Im Laufe der Zeit kommen Andreas Grube dann aber doch Zweifel am Projekt des Staatssozialismus. In den achtziger Jahren ist er bereits ziemlich ernüchtert. Er beklagt die sich verschärfenden Umweltprobleme, die um sich greifende Gleichgültigkeit gegenüber den gesellschaftlichen Zuständen, die Erstarrung der DDR-Gesellschaft. „Es war doch praktisch kaum etwas zu ändern." Bisherige, für sein Selbstwertgefühl durchaus zentrale Elemente, wie das Gefühl, mit seiner Arbeit in eins mit den gesellschaftlichen Normen und im Interesse der Gesellschaft zu handeln, verloren so unterschwellig ihre identitäts- und loyalitätsstiftende Wirkung.

Vergegenwärtigt man sich die Genese des Strukturmusters partieller Identifikation, erscheint diese Entwertung für das bestehende Lebensarrangement prekär. Denn Andreas Grube ging nicht gänzlich unvorbelastet in das DDR-System hinein. Sein Vater, der als Bürgermeister eines kleinen Ortes während der NS-Zeit schuldig wurde, nahm sich bei Kriegsende das Leben. Die Begeisterung für eine Weltanschauung konnte also nicht mehr ungebrochen erfolgen. Sie stand von vornherein unter dem Vorbehalt, daß man sich auch in die falsche Richtung begeistern konnte. Nicht zufällig lautet eine der wichtigen Handlungsmaximen von Andreas Grube, daß man genau diese Begeisterung für die falsche Sache zu vermeiden hätte: „Sich nichts zuschulden kommen lassen."

---

7   Zu den unterschiedlichen Quellen von Loyalität in der Phase der Installierung des politischen Systems der DDR vgl. Schlegelmilch (1993).

Angesichts dieser Maxime rückt die Partialidentifikation mit dem sozialistischen System in ein anderes Licht. Es ist eine mögliche Form, mit dem durch die politischen Forderungen des DDR-Systems ausgelösten Loyalitätskonflikt umzugehen. Während die Mutter versuchte, auf die familiäre Verstrickung im Faschismus zu reagieren, indem sie in der Nachkriegszeit ihren christlichen Glauben reaktivierte und sich somit in Opposition zum entstehenden DDR-Staat brachte, ließ Andreas Grube sich hingegen von der herrschenden Aufbruchsstimmung inspirieren. Angesichts des damit verbundenen sozialen Aufstiegs war die Identifikation mit den Zielen und Idealen des Sozialismus emotional unaufwendiger als eine nur äußere Anpassung bei gleichzeitiger innerlicher Verweigerung. Sie bot die Chance, kognitive Dissonanzen zu minimieren und Grundsatzfragen auf sich beruhen zu lassen, die Gesellschaft nicht nur als ein feindliches Gegenüber zu erleben, sondern als den Ort, an den man hingehört. Der Preis dieser inneren Aussöhnung mit der Gesellschaft lag dann jedoch in einem höheren Maß an Selbsttäuschung.

Vor diesem Hintergrund erlebt Andreas Grube die Wende im Jahr 1989 entsprechend dramatisch. Mit dem Zusammenbruch der DDR sieht er sein gesamtes bisheriges Leben grundsätzlich in Frage gestellt. Die Hoffnung, sich durch Normenkonformität, Arbeit und sozialen Aufstieg unbeschadet in die Gesellschaft als einen übergeordneten Gesamtzusammenhang integrieren zu können, hat sich als trügerisch erwiesen. Er sieht sich mit der Frage konfrontiert, ob er nicht mit der von ihm in der DDR-Zeit praktizierten Anpassung, ja inneren Verstrickung in das Überzeugungssystem des Sozialismus – ähnlich wie damals sein Vater – die „falsche Richtung" eingeschlagen hat und in die Irre gegangen ist.

Im Zeichen dieses „politischen Schamgefühls" steht, daß er relativ bald nach der Wende seine Kirchenmitgliedschaft reaktiviert. Mit seinem Wiedereintritt will er etwas „wieder in Ordnung bringen", etwas, was ihm unangenehm ist, „wieder bereinigen". Das steht im engeren Sinn für seinen Kirchenaustritt. So erzählt er, daß er seinen Austritt gegenüber Mitgliedern des Kirchenchors „gestanden habe". Doch bezieht sich dieses Bedürfnis auch auf sein gesamtes bisheriges Leben. Denn er verbindet mit seinem Kircheneintritt auch eine grundsätzliche Um- und Neuorientierung: „daß man das an und für sich auch alles, auch aus einem ganz anderen Blickwinkel neu ordnen muß." Dies bezieht sich vor allem auf sein eigenes Verhältnis zur Gesellschaft. Während er zur Zeit der DDR noch dem Projekt des Aufbaus einer besseren Gesellschaft zugestimmt hatte, so erscheint es ihm heute als eine grenzenlose Selbstüberschätzung, „wenn jemand, wie eben ein Staatsmann, glaubt, daß es außer ihm nichts Höheres gibt. Na, dann ist schon was schief. Es gibt eben doch etwas Mächtigeres." Es wird deutlich, daß Andreas Grube mit der Übernahme christlicher Glaubensvorstellungen vor allem seine weltanschauliche Orientierung um eine außerweltliche, transzendente Größe erweitert, die zugleich die weltlichen Bezüge seiner Existenz relativiert. Das entlastet ihn einerseits von seinen gesellschaftlichen Verstrickungen und erlaubt ihm andererseits einen Neuanfang, was sich vor allem in seinem Gottesbild zeigt. Gott ist für ihn eine unfaßbare Größe, „der man eben zu hohem Dank verpflichtet ist, und daß er uns die Chance gibt, eben immer wieder neu anzufangen." Seinem Lebensthema folgend – dem Risiko des Schuldigwerdens –, das sich im Zuge des Zusammenbruchs der DDR neu stellt, fühlt er sich für die Möglichkeit eines Neuanfangs zu Dank verpflichtet. Der Fluchtpunkt seiner Religiosität ist letztlich die Aufhebung des eigenen Lebens, wenn auch gebrochen, in einem höheren Sinnzusammenhang, der Anerkennung, zumindest Normalität, garantiert.

Die Reaktivierung religiöser Einstellungen geschieht im Fall von Andreas Grube jedoch nicht nur im Hinblick auf die Bilanz des eigenen Lebens. Der Glaube ist für ihn nach dem Zusammenbruch der DDR auch zu einem Stabilitätsfaktor im Wechsel der Zeiten geworden. Denn im Zuge der Transformation werden bisherige Sicherheitsgarantien wie dauerhafte Beschäftigung und soziale Sicherheit, zwei wichtige, bisher vertraute Grundlagen seines Lebenskonzeptes, fraglich.[8] Angesichts dieser unsicheren Zukunft und des damit veränderten Sicherheitsbedürfnisses ist für ihn der Glaube auch eine „Kraft zum positiven Denken und Handeln" und vermittelt so das Gefühl, der veränderten Lage gewachsen zu sein.

2. „Man mußte auch heucheln. Das hab' ich auch leider getan" – Der Fall Andrea Endler

Der in unserem Material am häufigsten auftauchende Typus ist der Kircheneintritt, der sich aus der Haltung eines strategischen Konformismus gegenüber dem politischen System der DDR herleitet. Im Unterschied zur partiellen Identifikation im zuvor dargestellten Fall zeichnet sich dieser Typus dadurch aus, daß der einzelne auf den bestehenden Loyalitätskonflikt mit dem DDR-System so reagiert, daß er sich äußerlich mehr oder weniger anpaßt, innerlich jedoch eine Verweigerungshaltung gegenüber dem System einnimmt. Diese strategische Anpassung bestimmt auch seinen Umgang mit Religion und Kirche.

Andrea Endler, der Referenzfall für den Typ des „strategischen Konformisten", ist zur Zeit der Wende 47 Jahre alt. Sie ist zum zweiten Mal verheiratet und hat einen 27jährigen Sohn aus erster Ehe. Sie arbeitet als Grundschullehrerin. Auch nach der Wende verbleibt sie im Schuldienst. Ihre Entscheidung, in die Kirche einzutreten, fällt sie im Jahre 1992 und läßt sich im selben Jahr taufen.

Andrea Endler ist mit Leib und Seele Pädagogin. Doch bedingt durch diese Berufswahl sah sie sich innerhalb der DDR-Gesellschaft verstärkt ei-

---

8 Zum Stellenwert der Arbeit als Organisation des sozialen Lebens in der DDR-Gesellschaft vgl. Kohli (1994).

nem äußeren politischen Anpassungsdruck ausgesetzt. Von ihr wurde in besonderer Weise erwartet, daß sie sich mit dem politischen System der DDR identifiziert und ihre Schüler zu „sozialistischen Persönlichkeiten" erzieht (Müller 1997: 24ff.). Zu einem ersten ernsthaften Konflikt zwischen dem Staat und ihrem Interesse an Religion und Kirche kommt es bereits im Zuge ihrer beruflichen Ausbildung. Ihr wurde unmißverständlich klar gemacht, daß Distanz zur Kirche – „daß man da nicht kirchlich gebunden ist" – und ihre Teilnahme an der Jugendweihe Voraussetzung für die Lehrerausbildung seien: „Ob ich mit an der Jugendweihe teilnehme, war wichtig damals." Andrea Endler erlebt hier subjektiv den die fünfziger Jahre bestimmenden Kampf sozialistischer Staatlichkeit gegen Religion und Kirche, in dem u.a. die Jugendweihe als staatlicher Ritus der Konfirmation entgegengestellt und der Religionsunterricht in den Schulen verboten wurde.[9] Andrea Endler gerät dadurch in einen inneren Widerstreit. Auch wenn Religion in ihrer Herkunftsfamilie keine bedeutende Rolle spielte, war ihr der christliche Glaube nicht belanglos. Als Kind besuchte sie zusammen mit einer Freundin eine Jungschargruppe und ging zur Christenlehre. Doch vor die Entscheidung gestellt, sieht sie für sich zu DDR-Zeiten keine andere Möglichkeit, als den geforderten Beweis ihrer Staatstreue zu erbringen, indem sie an der Jugendweihe teilnimmt und ihre bisherigen kirchlichen Kontakte – zumindest öffentlich – nicht weiterführt. Auch im weiteren sieht sie sich immer wieder zu Anpassungsleistungen gezwungen, um nicht ihre berufliche Laufbahn zu gefährden.

Die Lösung dieses Loyalitätskonflikts durch Trennung des äußeren Verhaltens von der inneren Haltung bleibt jedoch prekär. Denn diese Art der Lösung bedeutet zugleich auch eine Verleugnung der eigenen Persönlichkeit und eine Verletzung verinnerlichter Normen und Bedürfnisse. So gerät Andrea Endler in Widerspruch zu ihren eigenen Idealen als Pädagogin, Kinder nicht einseitig, sondern zu aufrichtigen und ehrlichen Persönlichkeiten zu erziehen. Aufrichtigkeit und Ehrlichkeit lassen sich jedoch nur schwer in Einklang bringen mit der Haltung des Taktierens und Lavierens. Es ist daher nicht verwunderlich, daß sie aus dem getroffenen Arrangement hier und da wieder ausbricht und bereit ist, in begrenztem Maße Konflikte einzugehen und sich gegen die Zumutungen des Systems zu wehren. So versucht sie, in ihrem Schulunterricht den Sozialismus nicht so stark hervorzukehren, wie es von ihr eigentlich erwartet wird. So verzichtet sie darauf, Kinder, welche die Christenlehre besuchen, in der Schule zu benachteiligen. Doch auch wenn es ihr innerlich alles andere als leicht fällt, sich mit dem Staat zu arrangieren: zum Kompromiß und zur Anpassung ist der Typ des strategischen Konformisten dann doch bereit.

---

9 Zum Konflikt zwischen evangelischer Kirche und Staat im Zusammenhang mit der Einführung der Jugendweihe vgl. Urban/Weinzen (1984); Neubert (1994: 37ff.); Pollack (1994: 129ff.).

Die strategische Anpassung löst jedoch nicht nur innere Konflikte aus. Sie hat auch einen besonderen sozialen Preis. Dieser besteht darin, daß die Vermeidung von Konflikten mit dem System zu innerfamiliären Spannungen führt. Er manifestiert sich im Fall von Andrea Endler in der Entscheidung ihres Sohnes, sich taufen lassen zu wollen. Obwohl sie für eine offene, auch Religion und Kirche einbeziehende Erziehung plädiert, verbietet sie ihrem Sohn, sich vor seinem 18. Lebensjahr taufen zu lassen. Der soziale Bezugspunkt für diese Problematik ist vor allem jene durch das SED-System hervorgerufene und in der DDR-Gesellschaft weitverbreitete Gespaltenheit zwischen privatem und öffentlichem Dasein. Kraft ihrer Erziehungsautorität kann Andrea Endler diesen Konflikt noch für sich entscheiden. Doch das Verbot hat den Sohn nicht davon abhalten können, seine Kontakte zur Kirchengemeinde zu pflegen und auszubauen. Er wird zum unbequemen Kritiker des Systems, verweigert den Wehrdienst, möchte Theologie studieren und bringt sich so in einen nahezu unüberbrückbaren Gegensatz zum Staat wie auch zur Anpassungsstrategie seiner Mutter.

In dieser spezifischen Lage sind für Andrea Endler die gesellschaftlichen Veränderungen von 1989/90 „ein riesengroßes Glück", eben weil sie dadurch von der Angst und Sorge um ihren Sohn sowie von dem äußeren Druck und dem inneren Zwiespalt befreit wird. Vorher erscheint ihr die spannungsgeladene Situation unauflöslich. Allein schon die oppositionelle Haltung des Sohnes stellt ihren eigenen Lebensentwurf grundsätzlich in Frage und diskreditiert ihre opportunistische Haltung. Erst der Wandel der gesellschaftspolitischen Gegebenheiten von vor 1989 entschärft diesen Konflikt, da sie nicht mehr zwischen ihrer Rolle als Lehrerin und ihrer Liebe zu diesem Beruf einerseits und ihrer Rolle als Mutter bzw. ihrer Liebe zum Sohn andererseits ausbalancieren muß.

Erst so wird ihr auch ein anderes, neues Verhältnis zu Religion und Kirche möglich. Dabei ist der Kircheneintritt für Andrea Endler vor allem eine Möglichkeit, zumindest im Nachhinein ihrem Sohn die volle Unterstützung und Billigung seiner biographischen Entwicklung, insbesondere seiner Hinwendung zur Religion und seinem angestrebten Ziel, Pfarrer zu werden, auszusprechen. Ihr Eintritt stellt, wie sich gerade an ihrem Bedürfnis nach gemeinsamem Gottesdienstbesuch zeigt, einen Versuch dar, diese Loyalität gegenüber ihrem Sohn zum Ausdruck zu bringen. So etwa wählt sie als Ort ihrer Taufe die Kirche, zu der damals auch ihr Sohn gehörte. Daß hierzu eine Notwendigkeit besteht, zeigt, daß der Konflikt zwischen verweigerter Unterstützung und entzogener Zuwendung nach wie vor relevant ist. Der Sohn macht seiner Mutter auch nach der Wende noch Vorwürfe wegen ihrer Bereitschaft, sich auf das DDR-System einzulassen. Sie aber tritt in die Kirche ein – zweifellos auch ein Schritt, mit dem sie das belastete Verhältnis zu ihrem Sohn wieder in Einklang bringen will. Es ist demnach festzuhalten: Für diesen Eintrittstyp manifestiert sich gleichsam im nach der Wende erfol-

Wider den Strom - Kircheneintritte in Ostdeutschland 287

genden Kircheneintritt die Lösung eines Loyalitätskonflikts, der vor allem das familiäre Beziehungsgefüge belastete und für den die Wende der politischen Verhältnisse erst die Voraussetzung geschaffen hat.

3) „Ja, schon auf der Suche die ganzen Jahre hin" – Der Fall Cornelia Hoffmann

Während bei den beiden oben skizzierten Referenzfällen das Verhältnis zu Religion und Kirche in einem engen Zusammenhang mit den wechselnden Versuchen des Staates zu sehen ist, den einzelnen Menschen auch moralisch-ideell auf das Projekt des Sozialismus zu verpflichten, ist für den folgenden Kircheneintrittstypus die Erfahrung der Konsolidierung des Systems auf der Basis einer Mischung aus bescheidenem Wohlstand und Zwang von zentraler Bedeutung. Da das System nicht mehr darauf besteht, daß man sich ihm mit seiner ganzen Person zu verschreiben habe, kann der einzelne ein entspannteres Verhältnis zur DDR eingehen und daher – zumindest graduell – auch eine unverkrampftere Verbindung zu Kirche und Religion aufbauen.

Der Referenzfall für diesen Kircheneintrittstyp ist Cornelia Hoffmann. Sie wurde 1960 geboren und gehört damit zu der Generation, die im Schatten der Mauer großgeworden ist. Zur Zeit der Wende, im Alter von 29 Jahren, hatte sie sich bereits familiär und beruflich fest etabliert. Sie war verheiratet, hatte drei Kinder und arbeitete als Orchestermusikerin. Ihren Entschluß, sich taufen zu lassen, faßte sie im Jahr der Wende. Sie nahm an einem Erwachsenenseminar zur Taufe teil, das sich immer montags – zur selben Zeit, als auch die Montagsdemonstrationen stattfanden – traf. Noch im selben Jahr, während der Adventszeit 1989, wurde sie in der Leipziger Thomas-Kirche getauft.

Charakteristisch für diesen Kircheneintrittstyp ist ein „apolitisches" Verhältnis zur DDR. In den biographischen Erzählungen finden sich so gut wie keine Bezüge zur politischen Realität der DDR-Gesellschaft. Das hängt zum einen mit den Altersjahrgängen zusammen, denen die Befragten dieses Eintrittstyps angehören. Sie sind alle um 1960 geboren, das heißt, sie gehören im Gegensatz zu den vorherigen Generationen zu einer Alterskohorte, für die die Existenz der DDR zur Selbstverständlichkeit geworden ist. Sie werden in einer Phase des – wenn auch im Vergleich zur Bundesrepublik bescheidenen – Wohlstandes groß und erleben in den siebziger Jahren die sog. „goldenen Jahre der DDR" (Schlegelmilch 1993: 284). Damit hängt zweitens zusammen, daß sich mit der fortschreitenden Etablierung des Sozialismus seine Legitimationsstrategie wandelt. Während das DDR-System zu Beginn den ganzen Menschen forderte, verblaßten die idealistischen Motive mit der Zeit immer mehr, und statt ihrer traten die Möglichkeiten des Konsums in den Vordergrund. Diese – wenn man so will – materialistische Ausrichtung des

Systems ermöglichte zugleich einen größeren Entfaltungsspielraum im Bereich der eigenen Lebensorientierung. Zumindest zeigt sich in unseren Fällen, daß der Loyalitätskonflikt nicht mehr in der Dramatik, wie er sich bei den älteren Generationen zeigte, wahrgenommen wird und das Verhältnis zu Religion und Kirche bestimmt. Vielmehr liegt der Anlaß ihrer Auseinandersetzung mit Religion vermehrt darin, daß lebensgeschichtliche Statuspassagen und damit zusammenhängende Rollenkonflikte bewältigt werden müssen. Cornelia Hoffmann etwa öffnet sich für religiöse Sinngehalte als Internatsschülerin. Sie berichtet, daß sie, fern vom Elternhaus und weitgehend sich selbst überlassen, auf einer Spezialschule für Musik erzogen wurde. In Anbetracht dieser Mischung von übergroßer Freiheit und übergroßem Zwang bei gleichzeitigem Entzug personaler Bindung verband sie mit Religion, wie sie sie durch ihre Mitschülerinnen kennenlernte, eine verläßliche Orientierungsinstanz und innere Ausgewogenheit.

Gleichwohl bleibt auch die Generation Cornelia Hoffmanns in ihrer Annäherung an Religion und Kirche zurückhaltend. Grenzziehungen des Systems, wie z.B. daß diejenigen, die in die Kirche gehen, potentiell observiert werden, sind weiterhin spürbar. Dennoch erleben die Befragten die DDR-Gesellschaft nicht mehr als so bedrängend. Dies kommt hinsichtlich der Religion vor allem darin zum Ausdruck, daß sie, wie im Fall Cornelia Hoffmann, nicht allein äußerer Zwang, sondern auch innere Zweifel an der eigenen Glaubensüberzeugung von einem Kircheneintritt zurückhalten.

Das Moment größerer Selbstbestimmung ist auch zentral für ihre Kircheneintrittsentscheidung. Ihr Kircheneintritt ist das Ergebnis einer religiösen Entwicklung, die eng mit der Beziehung zu ihrem Ehemann, der aus einer christlich geprägten Großfamilie kommt, als auch mit ihrer Rolle als Ehefrau und Mutter verwoben ist. Aufgrund von Partnerschaftsproblemen, aber auch der frühen Familiengründung gewinnen der Kontakt zur Kirche und christliche Glaubensinhalte an Bedeutung für ihre eigenen „Selbstfindungsprozesse". Freilich ist auch die politische Initiative der Kirche für ihren Eintritt nicht unwichtig. Sie nimmt entgegen ihrer vorherigen Meinung, daß Kirche konservativ und weltfremd sei, die evangelische Kirche in ihrer Oppositionsrolle als eine auf aktuelle lebenspraktische und politische Probleme bezogene Instanz wahr.

Nach der Wende zeigen gerade die Befragten dieses Kircheneintrittstyps ausgesprochen kontrastreiche Entwicklungen. Generell kann man sagen, daß die kirchlich religiöse Anbindung – im Unterschied zu den beiden vorherigen Typen – auch im weiteren von einem höheren Maß an Selbstbestimmung und dem Bedürfnis nach Selbstentfaltung geprägt ist. Das bedeutet auch, daß sich die Individuen dem normativen Deutungsangebot der Kirche entziehen können. So hat Cornelia Hoffmann mittlerweile den Kontakt zur evangelischen Kirche fast abgebrochen. Zwar hat sie eine Zeit lang regelmäßig gebetet und Gottesdienste besucht, doch heute nach der Scheidung von ihrem Mann bestehen für sie kaum eigene, sondern nur durch die christliche Erziehung ihrer beiden jüngsten Kinder bedingte Kontakte zur örtlichen Kirchengemeinde. Das heißt aber nicht, daß religiöse Orientierungen für sie mittlerweile keine Rolle mehr spielen. Vielmehr hat sie sich für neue religiöse Spiritualitätsformen geöffnet, praktiziert esoterische, teils therapeutische Techniken, meditiert und beschäftigt sich mit „Chakren", den Energiezentren ihres Körpers.

Dieser Wandel betrifft auch ihre Glaubensvorstellungen. Während sie am christlichen Glauben noch die Kommunikation mit Gott wichtig fand, so rückt immer mehr das religiös-ästhetische Erlebnis des „eigenen Ichs" in den Vordergrund. Die für diesen Kircheneintrittstyp charakteristische Tendenz zur Biographisierung des Religiösen[10], die sich schon zu DDR-Zeiten andeutet, bedingt demnach nach der Wende eine größere Vielfalt praktizierter Religiositätsstile. Sie verweist aber zugleich auch auf Umstellungsprobleme von seiten der Kirche auf die neuen modernen und pluralen Gesellschaftsverhältnisse.

IV. Religiös-kirchlicher Wandel vor der Wende und danach

Die drei Falldarstellungen werfen nicht nur ein Licht darauf, wie groß die Unterschiede in der Vergangenheitsbewertung und den Verarbeitungsformen der Wende sind, die für den Kircheneintritt nach der Wende handlungsleitend wurden, sondern deuten zugleich auf erhebliche Differenzen zwischen den religiösen Entfaltungsspielräumen des einzelnen Kircheneintrittstyps vor der Wende hin. Diese variieren generationsspezifisch: Für Andrea Endler, geboren 1942, war der christliche Glaube als Reaktion auf die NS-Zeit, aber auch die Fortschrittshoffnung der sog. „Aufbaugeneration" von weit geringerem Wert bei der Auseinandersetzung mit Religion als für Andreas Grube, geboren 1935. Der normativ-ideelle Anspruch des Sozialismus versus religiöse Einstellung, aber auch die neuen Möglichkeiten sozialen Aufstiegs lieferten für Cornelia Hoffmann, geboren 1960, im Unterschied zu Andreas Grube und Andrea Endler, keine wesentlichen identitätstiftenden Momente. Und schließlich verweist der Konflikt zwischen Mutter und Sohn im Fall von Andrea Endler – ein Muster, welches uns mehrmals in unserem Material begegnete – auf einen auch an anderen Stellen herausgestellten Generationenbruch (Niethammer 1990; Huinink et. al 1995), wie er sich durch die DDR-Gesellschaft zog. Es ist die Generation der Zwanzigjährigen, die das DDR-System als degenerierend erlebte und in einer engen Symbiose aus

---

10 Zur Biographisierung des Religiösen vgl. Alheit (1986). Zum Zusammenhang von Religiosität und Individualität vgl. Hartmann, hier besonders die Einzelfalldarstellung von Daniel Fabien (1996: 144ff.).

politischer Alternativität und Religiosität das Arrangement mit dem politischen System aufkündigte.

Natürlich ist die Generationszugehörigkeit nur ein Faktor unter vielen, die die individuelle Wahrnehmung und Verarbeitung von religiösen Sinngehalten beeinflußt. Die Beschreibung, Deutung und Erklärung individueller Umgangsformen mit Religion und Kirche in der DDR muß auch kulturelle Deutungsmuster und gesellschaftliche Rahmenbedingungen einbeziehen. Äußerer Zwang und politische Repression als Erklärungsmodell allein erfassen dabei jedoch nicht die Lebensarrangements mit Religion und Kirche vor der Wende in der DDR. An den dargestellten Fällen von Kircheneintritten wird das deutlich, wenn man sie im Zusammenhang mit dem Wandel der Loyalitätssicherung des DDR-Systems betrachtet. Je mehr sich die Idee des Sozialismus verbrauchte, aber das Projekt des kollektiven materiellen Aufstiegs Fortschritte machte, um so weniger forderte der Sozialismus den ganzen Menschen. Damit verändern sich – auch wenn nicht intendiert – die Möglichkeiten, gegen den Anpassungsdruck der Gesellschaft individuelle Handlungsorientierungen und somit auch religiöse Orientierungen zu entfalten. Dafür spricht das apolitische und letztlich unverkrampftere Verhältnis zu Religion und Kirche des Referenzfalls Cornelia Hoffmann. Es zeigt sich aber auch im Wandel des eingegangenen Verhältnisses zu Religion und Kirche im Lebensverlauf anderer Kircheneintrittsfälle.

Dementsprechend ist auch das Verhältnis des einzelnen zu Kirche und Religion differenzierter zu betrachten, als das etwa die politische Alternative von Opportunismus oder Opposition nahelegt. Es gab durchaus, freilich unter spezifischen, kaum zu beeinflussenden Rahmenbedingungen, Chancen zu individueller Autonomie.[11] Dies zeigen zumindest unsere Fallbeispiele: Der Umgang mit Religion und Kirche vor der Wende umfaßte auch Formen der partiellen Teilnahme und des geschickten Taktierens, der inneren Immigration und der habituellen Distanz.[12]

Das heißt ferner, so ein weiteres Ergebnis der Untersuchung, daß die in den Blick genommene Handlungsoption des Kircheneintritts und die nach der Wende ausgebildeten, individuellen religiösen Orientierungen in einem erheblichen Maße an Weichenstellungen, Ressourcen, Erfahrungen und Handlungsstrategien gebunden sind, welche im Verlauf der Lebensgeschichte in der DDR, zum Teil bereits während des Zusammenbruchs der NS-Zeit akkumuliert wurden. Zumindest zeigen die drei Kircheneintrittstypen deut-

---

11 Zu Lebensverläufen im Wandel der DDR-Gesellschaft vgl. Huinink/Mayer (1993; 1995).
12 Zum kirchlich und religiös motivierten Handeln jenseits der Alternative von Anpassung oder Widerstand vgl. Neckel (1995). Er zeigt dies am Beispiel ostdeutscher Pfarrer. Zur Vielfalt religiöser Orientierungen in Ostdeutschland vgl. auch die Beiträge von Nowak und Gebhardt/Kamphausen in der Sitzung der Arbeitsgruppe Religionssoziologie auf dem 27. Kongreß der Deutschen Gesellschaft für Soziologie in Halle an der Saale (1995: 665-669; 669-674).

lich, daß sich die Entscheidung zum Kircheneintritt nicht allein aus der Begeisterung des damaligen Augenblicks und der politischen Initiative der Kirche verstehen läßt, wenngleich das veränderte Kirchenbild durch die „friedliche Revolution" im Jahr 1989 bei allen Fällen mit eine Voraussetzung für die Entscheidung war, sich wieder der Kirche anzunähern.

Daß das gestiegene moralische Ansehen der Kirche als eine Ressource kirchlicher Anbindung auf Dauer nicht bewahrt bleibt und warum dies nicht der Fall ist, erklärt sich aus der veränderten gesellschaftlichen Stellung der Kirche. Mit der Umstellung der DDR auf die neuen modernen und pluralen Gesellschaftsverhältnisse hat die Kirche ihren gesellschaftlichen Ausnahmestatus verloren und damit auch einiges von ihrer Attraktivität. Konnte sie noch in der DDR ihre normativ-ideelle Weltanschauung einem normativideellen Sozialismus entgegenstellen, so sieht sie sich heute mit einer modernen pluralistisch geprägten Kultur konfrontiert. Auf einer theoretischen Ebene formuliert heißt das: die Kirche muß heute mit der funktionalen Differenzierung fertig werden. Auf der individuellen Ebene zeigt sich dieses Problem in der Form, daß die Kirche selbst in einer Zeit des radikalen gesellschaftlichen Umbruchs kaum als Orientierungsinstanz in Anspruch genommen wird. Jedenfalls ist sie nicht die Institution, die zu sagen hat, was zu tun ist, was Sicherheiten bietet und was die Fundamente des ins Wanken geratenen Lebens sind. Erschwerend kommt dabei hinzu, daß die Umstellungen auf der Ebene individueller Orientierungen sich möglicherweise schneller vollziehen, als die kirchlichen Institutionen sich den gesellschaftlich veränderten Bedingungen anzupassen vermögen. Zumindest zeigt dies der Fall Cornelia Hoffmann, die sich längst auf die Suche nach neuen, in diesem Fall esoterischen Sinnangeboten begeben hat.

Sicherlich bilden Kircheneintritte, wie sie durch Personen wie Andreas Grube, Andrea Endler und Cornelia Hoffmann repräsentiert werden, nur einen lokalen Ausschnitt des kirchlichen und religiösen Wandels in Ostdeutschland. Sie können aber in ihrer Verwobenheit der Kircheneintrittsentscheidung mit der Lebensgeschichte und der Zeitgeschichte der DDR über spezifische Bedingungen des religiös-kirchlichen Wandels Auskunft geben. Vor allem jedoch dokumentieren ihre Lebenswege die verschlungenen Pfade, auf denen man in Ostdeutschland dazu kam, sich nach der Wende der evangelischen Kirche anzunähern.

Literatur

Alheit, Peter, 1986: Religion, Kirche und Lebenslauf: Überlegungen zur „Biographisierung" des Religiösen, in: Theologia Practica 21, 130-143.
Bock, Marlene, 1992: Das halbstrukturierte-leitfadenorientierte Tiefeninterview:

Theorie und Praxis der Methode am Beispiel von Paarinterviews, in: Hoffmeyer-Zlotnik, Jürgen H. P., (Hg.): Analyse verbaler Daten: Über den Umgang mit qualitativen Daten. Opladen, 90-109.

Diewald, Martin et al., 1995: Umbrüche und Kontinuitäten: Lebensverläufe und die Veränderung von Lebensbedingungen seit 1989, in: Huinink, Johannes/Mayer, Karl Ulrich et al., (Hg.): Kollektiv und Eigensinn: Lebensverläufe in der DDR und danach. Berlin, 307-348.

Engelhardt, Klaus/Loewenich, Hermann von/Steinacker, Peter, (Hg.) 1997: Fremde Heimat Kirche: Die dritte EKD-Erhebung über Kirchenmitgliedschaft. Gütersloh.

Friedrich, Eckhart/Hartmann, Klaus/Pollack, Detlef, 1998: Kircheneintritt und Konversion: Kircheneintritte in einer ostdeutschen Großstadt – betrachtet aus der Perspektive der Konversionsforschung, in: Knoblauch, Hubert/Krech, Volkhard/ Wohlrab-Sahr, Monika, (Hg.): Religiöse Konversion: Systematische und fallorientierte Studien in soziologischer Perspektive. Konstanz, 91-122.

Gebhardt, Winfried/Kamphausen, Georg, 1995: „... und eine kommode Religion": Formen gelebter Religiosität in zwei Landgemeinden Ost- und Westdeutschlands, in: Sahner, Heinz/Schwendtner, Stefan, (Hg.): 27. Kongreß der Deutschen Gesellschaft für Soziologie. Gesellschaften im Umbruch; Sektionen und Arbeitsgruppen. Opladen, 669-674.

Glaser, Barney G., 1978: Theoretical Sensitivity: Advances in the Methodology of Grounded Theory. Mill Valley C.A.

Hartmann, Klaus, 1996: Religiöse Selbstthematisierung, berufliche Identität und Individualität in Managerbiographien, in: Gabriel, Karl, (Hg.): Religiöse Individualisierung oder Säkularisierung: Biographie und Gruppe als Bezugspunkte moderner Religiosität. Gütersloh, 130-149.

Hartmann, Klaus/Pollack, Detlef, 1997: Motive zum Kircheneintritt in einer ostdeutschen Großstadt: Eine kirchensoziologische Studie. Abschlußbericht, in: Texte und Materialien der Forschungsstätte der Evangelischen Studiengemeinschaft, Reihe B, Nr. 26. Heidelberg.

Hartmann, Klaus/Pollack, Detlef, 1998: Gegen den Strom: Kircheneintritte in Ostdeutschland nach der Wende. Opladen.

Huinink, Johannes/Mayer, Karl Ulrich, 1993: Lebensverläufe im Wandel der DDR-Gesellschaft, in: Joas, Hans/ Kohli, Martin, (Hg.): Der Zusammenbruch der DDR: Soziologische Analysen. Frankfurt am Main, 151-171.

Huinink, Johannes/Mayer, Karl Ulrich et al., 1995: Kollektiv und Eigensinn: Lebensverläufe in der DDR und danach. Berlin.

Kirchenamt der EKD, 1993: Statistik kurz und bündig. Hannover.

Kirchenamt der EKD, 1997: Statistik kurz und bündig. Hannover.

Kohli, Martin, 1994: Die DDR als Arbeitsgesellschaft? Arbeit, Lebenslauf und soziale Differenzierung, in: Kaelble, Hartmut/Kocka, Jürgen/Zwahr, Hartmut, (Hg.): Sozialgeschichte der DDR. Stuttgart, 31-61.

Müller, Maria Elisabeth, 1997: Zwischen Ritual und Alltag. Der Traum von einer sozialistischen Persönlichkeit. Frankfurt am Main/New York.

Neckel, Sighard, 1995: Zwischen gläubiger Anpassung und habitueller Distanz: Ostdeutsche Pfarrer als Politiker – zwei biographische Fallstudien, in: Wohlrab-Sahr, Monika, (Hg.): Biographie und Religion: Zwischen Ritual und Selbstsuche. Frankfurt am Main/New York, 265-284.

Neubert, Ehrhart, 1994: Die postkommunistische Jugendweihe: Herausforderung für kirchliches Handeln, in: Studien- und Begegnungsstätte Berlin, (Hg.): Zur Konfessionslosigkeit in (Ost-)Deutschland: Ein Werkstattbericht (Begegnungen 4/5). Berlin, 33-86.

Niethammer, Lutz, 1990: Das Volk der DDR und die Revolution: Versuch einer historischen Wahrnehmung der laufenden Ereignisse, in: Schüddekopf, Charles, (Hg.): „Wir sind das Volk!" Flugschriften, Aufrufe und Texte einer deutschen Revolution. Reinbek, 251-279.

Nowak, Kurt, 1995: Historische Wurzeln der Entkirchlichung in der DDR, in: Sahner, Heinz/Schwendtner, Stefan, (Hg.): 27. Kongreß der Deutschen Gesellschaft für Soziologie. Gesellschaften im Umbruch; Sektionen und Arbeitsgruppen. Opladen, 665-669.

Oevermann, Ulrich et al., 1979: Die Methodologie einer „objektiven" Hermeneutik und ihre allgemeine forschungslogische Bedeutung in den Sozialwissenschaften, in: Soeffner, Hans-Georg, (Hg.): Interpretative Verfahren in den Sozial- und Textwissenschaften. Stuttgart, 352-434.

Pollack, Detlef, 1994: Kirche in der Organisationsgesellschaft: Zum Wandel der gesellschaftlichen Lage der evangelischen Kirchen in der DDR. Stuttgart.

Pollack, Detlef, 1998: Bleiben sie Heiden? Religiös-kirchliche Einstellungen und Verhaltensweisen der Ostdeutschen nach dem Umbruch von 1989, in: Pollack, Detlef/Borowik, Irena/Jagodzinski, Wolfgang, (Hg.): Religiöser Wandel in den postkommunistischen Ländern Ost- und Mitteleuropas. Würzburg, 207-252.

Schlegelmilch, Cordia, 1993: Deutsche Lebensalter. Erkundungen in einer sächsischen Kleinstadt. PROKLA. Zeitschrift für kritische Sozialwissenschaften 23, 269-295.

Statistischen Bundesamt, (Hg.) 1996: Statistisches Jahrbuch für die Bundesrepublik Deutschland. Stuttgart.

Studien- und Planungsgruppe der EKD, 1993: Fremde Heimat Kirche: Ansichten ihrer Mitglieder. Dritte EKD-Umfrage über Kirchenmitgliedschaft. Hannover.

Urban, Detlef/Weinzen, Hans Willi, 1984: Jugend ohne Bekenntnis? 30 Jahre Konfirmation und Jugendweihe im anderen Deutschland 1954-1984. Berlin.

Detlef Pollack

Der Zusammenhang zwischen kirchlicher und außerkirchlicher Religiosität in Ostdeutschland im Vergleich zu Westdeutschland

Im Laufe der Geschichte der DDR kam es zu einem dramatischen Bedeutungsrückgang der christlichen Kirchen. Der Mitgliederbestand der katholischen Kirche schrumpfte in den 40 Jahren des Bestehens der DDR von elf auf etwa vier Prozent, der der evangelischen Kirchen von 81 auf etwa 25 Prozent (Pollack 1994: 374). Auch nach dem Untergang der DDR setzte sich der Prozeß der Minorisierung der Kirchen fort (Statistischer Bericht 1990/91; 1992; 1993/94). Die von vielen erwartete Rückkehrbewegung zu den Kirchen blieb weitgehend aus. Auch wenn die Zahl der Kircheneintritte nach 1989 leicht anstieg (Hartmann/Pollack 1998), so lagen die Austrittszahlen doch deutlich über den Eintrittszahlen. Die Abwendung von den Kirchen blieb auch nach 1989 die dominante Tendenz, und dies trotz der Aufhebung der politischen Repression der Kirchen und der beachtlichen Rolle, die die Kirchen im Umbruchsprozeß 1989/90 gespielt hatten.

Hier soll es nicht darum gehen, Gründe für den Bedeutungsrückgang der Kirchen in der DDR und das Ausbleiben einer kirchlichen Renaissance nach 1989 ausfindig zu machen. Die Frage, der sich der Text stellen will, lautet vielmehr, ob es nicht vielleicht unabhängig von den Kirchen und jenseits von ihnen nach 1989 eine Hinwendung zu religiösen Phänomenen gab. Die Kirchen decken ja nicht die Gesamtheit des religiösen Feldes ab. Haben sich in den letzten Jahren vermehrt Formen einer außerkirchlichen, mehr individualisierten oder gruppenbezogenen Religiosität herausgebildet? Dabei ist es möglich, daß bestimmte religiöse Bezüge trotz hoher kirchlicher Verluste auch in den Jahren der SED-Herrschaft niemals vollständig abgerissen sind. Zu denken wäre dabei etwa an den untergründigen Strom populärer Religiosität, der von den Formen expliziter Religion weitgehend unabhängig zu sein scheint. Möglicherweise kam es aber nach dem Zusammenbruch des SED-Staates auch zu einer neuen Zuwendung zu moderneren religiösen Einstellungen und Verhaltensweisen, etwa zu den aus dem Westen eingewanderten Formen einer neureligiösen Kultur wie New Age, Zen-Meditation, Bachblüten-Therapie, Rebirthing, bzw. zu Psychokulten und sogenannten Jugendreligionen wie Hare Krishna, Transzendentale Meditation, Scientology oder der Moon-Church.

Kirchliche und außerkirchliche Religiosität

Eine solche Hinwendung zu neureligiösen Phänomenen hielten manche Beobachter der religiösen Szene unmittelbar nach 1989/90 für besonders naheliegend, waren den Ostdeutschen doch – wie sie erklärten – mit dem Zusammenbruch des Staatssozialismus die politischen Stützen des bis dahin dominierenden Weltanschauungssystems weggebrochen (Gandow 1990). Angesichts des dadurch angeblich entstandenen weltanschaulichen Vakuums seien die Ostdeutschen, wie nicht wenige meinten, den Weltdeutungsangeboten der aus dem Westen einströmenden Sekten und Heilsprediger schutzlos ausgeliefert. Viele der Beobachter, besonders aus dem Kreis der Sektenbeauftragten der Kirchen, hielten es daher für plausibel, daß die Ostdeutschen nach dem Untergang der SED-Herrschaft an die Stelle der sozialistischen Ideologie eine neue Heilslehre setzten und sich nun an dieser orientierten.

Diese These setzt erstens voraus, daß die Ostdeutschen mehrheitlich der sozialistischen Ideologie anhingen, und zweitens, daß jeder Mensch sein Leben an einem Weltanschauungssystem ausrichtet. Beide Voraussetzungen sind in hohem Maße fragwürdig. Erstens hat die Distanz der Ostdeutschen zur Ideologie des Marxismus-Leninismus im Laufe der siebziger und achtziger Jahre deutlich zugenommen und war am Ende des DDR-Sozialismus so groß geworden, daß kaum noch einer den Verheißungen des Sozialismus Glauben schenkte. Zweitens ist es durchaus denkbar, daß der Mensch sein Leben auch ohne eine letzte Orientierung und Sinnstiftung führt. Die These vom weltanschaulichen Vakuum, in das die Ostdeutschen nach dem Ende des sozialistischen Systems angeblich gefallen seien, ist also hochproblematisch. Sie wirft allerdings die Frage auf, in welchem Maße sich die Ostdeutschen nach 1989 tatsächlich außerkirchlichen Formen von Religion zugewandt haben und welche Formen dabei dominierten: mehr neureligiöse Phänomene oder mehr Phänomene einer traditionellen Volksreligiosität? Außerdem muß man in diesem Zusammenhang die Frage stellen, in welchem Verhältnis die Akzeptanz außerkirchlicher Religiosität zu der Bejahung kirchlicher Religionsformen steht. Hat erstere eher ein kompensatorisches Verhältnis zu letzterer, stehen beide eher in einem Gegensatz- oder eher in einem Entsprechungsverhältnis? Oder gibt es zwischen beiden Formen der Religiosität überhaupt keine nachweisbaren Zusammenhänge? Damit hängt eine letzte hier aufzuwerfende Frage zusammen: die Frage nach den Grenzen des Einzugsbereichs von Religion, das heißt, die Frage nach der Definition von Religion. Läßt sich bestimmen, was in die Grenzen des Religiösen hineingehört und was nicht? Gibt es Kriterien, die festlegen, welche außerkirchlichen Weltdeutungsformen mit Religion nichts zu tun haben und welche als religiös anzusprechen sind?

Für die westlichen Länder Europas behauptet die Religionssoziologie ein Auseinanderdriften von kirchlicher und außerkirchlicher Religiosität (Gabriel 1992). Während die Kirchen an sozialer Relevanz verlören, käme es außerhalb der Kirchen zu einem Aufschwung des religiösen Interesses.¹ Dieses Interesse richte sich auf okkulte Phänomene, auf Esoterik, auf neureligiöse Bewegungen, Theosophie, New Age, aber auch auf Gegenstände, die man vordergründig mit Religion nicht assoziiert: auf den Starkult im Fußball oder in der Unterhaltungskunst, auf politische Bewegungen oder auch auf die Akzeptanz kollektiver Werte wie Frieden, Gerechtigkeit und Natur. Die außerkirchlichen Formen von Religion trügen weniger konventionelle Züge und besäßen einen stärker individualistischen und synkretistischen Charakter. Angesichts der Pluralisierung der religiösen Weltdeutungsangebote sei der einzelne zunehmend herausgefordert, sich seine Weltanschauung selbst zusammenzustellen. Die religiösen Verhaltensweisen und Einstellungen des einzelnen seien nicht mehr von der Dominanz bestimmter religiöser Traditionen bestimmt. Vielmehr wähle der einzelne individuell aus unterschiedlichen Traditionen aus und entwickle so seine je eigene Form der Religiosität (Hitzler 1996). Auch wenn die christlichen Kirchen an sozialer Relevanz verlören, bedeute dies doch nicht einen Rückgang der Bedeutung von Religion schlechthin. Der religiöse Wandel in der Gegenwart sei nicht durch Säkularisierungsprozesse, sondern durch Prozesse der religiösen Individualisierung und Pluralisierung charakterisiert (Luckmann 1991).

Vollzieht sich nun ein ähnlicher Wandel wie der hier skizzierte auf dem religiösen Feld in Ostdeutschland? Um diese Frage beantworten zu können, ist es zunächst notwendig, genauer zu bestimmen, was unter Kirchlichkeit und christlicher Religiosität und was unter außerkirchlicher Religiosität zu verstehen ist. Die Definitionsfrage, auch wenn sie in diesem Rahmen nicht erschöpfend behandelt werden kann, läßt sich nicht ausklammern (1.). Dann müssen wir uns mit der Frage auseinandersetzen, welche Verbreitung den definierten Formen von Kirchlichkeit, christlicher Religiosität und außerkirchlicher Religiosität zukommt und ob ihre Bedeutung in den Jahren nach 1989 eher zu- oder eher abgenommen hat (2.). Daraufhin stellt sich die Frage, wie Kirchlichkeit, christliche Religiosität und außerkirchliche Religiosität miteinander zusammenhängen, ob sie tatsächlich auseinanderdriften oder ob die Entwicklung ihres Verhältnisses zueinander anders zu beschrei-

---

1 Als Beleg vgl. etwa Krech (1998: 435): „Der Bedeutungs- und Akzeptanzverlust der christlichen Kirchen ist [...] nicht zugleich auch ein Indikator für das Verschwinden von Religion aus der Gesellschaft. Im Gegenteil ist derzeit ein religiöser Boom zu verzeichnen. Religion ist trotz des Bedeutungsverlustes der christlichen Großkirchen interessant, allerorts erwacht der 'Sinn und Geschmack fürs Unendliche'. Das religiöse Feld hat sich allerdings verlagert und diversifiziert. Neben den stärker werdenden religiösen Bewegungen, wie z.B. den Neo-Sannyasins, sind religiöse Strömungen wie das New Age zu nennen; andere Weltreligionen wie der Buddhismus oder der Islam erfreuen sich auch unter Deutschen zunehmender Beliebtheit; esoterische Praktiken haben Konjunktur, die beispielsweise Pendeln, Astrologie und religiöse Meditation umfassen; und nicht zuletzt sind Religionssurrogate und unsichtbare Formen von Religion zu nennen, die von sozialen Protestbewegungen über psychotherapeutische Praktiken bis zum Bodybuilding und Fußballkult reichen."

Kirchliche und außerkirchliche Religiosität 297

ben ist (3.). Schließlich müssen wir uns der Frage stellen, wie sich die beobachteten Wandlungsprozesse erklären lassen (4.).

1. Probleme der Definition von Religion

Charles Glock hat in den fünfziger Jahren den seither viel diskutierten Vorschlag unterbreitet, die Definition von Religion über die Unterscheidung verschiedener Dimensionen von Religion vorzunehmen (Glock 1954; Glock/Stark 1965). Glock unterscheidet fünf Dimensionen: eine ritualistische Dimension, eine Überzeugungs- oder Glaubensdimension, eine Erfahrungsdimension, eine Wissensdimension und eine ethische Dimension, die sich auf die praktischen Konsequenzen des Glaubens bezieht. Die Diskussion über diesen Vorschlag beschäftigte sich vor allem mit den Fragen, ob es über die genannten Dimensionen hinaus weitere Dimension von Religion gibt, die den fünf genannten hinzugefügt werden müssen, ob die Dimensionen unabhängig voneinander sind oder einige von ihnen zu einer Dimension zusammengefaßt werden können und welche Dimension gegenüber den anderen dominant ist (King 1967; Clayton/Gladden 1974; Roof 1979; Hilty/Morgan/Burns 1984; Kecskes/Wolf 1993). In späteren Veröffentlichungen hat Glock die ethische Dimension als eine eigenständige Dimension aus der Definition von Religion ausgeklammert. Andere Untersuchungen weisen die Wissensdimension als eine zu isolierende Dimension aus (Kecskes/Wolf 1995). Die verbleibenden drei Dimensionen werden hingegen häufig als zusammengehörig behandelt.

Für die Zwecke unserer Untersuchung erscheint es sinnvoll, Glaubens- und Erfahrungsdimension als zusammengehörig zu betrachten, an der Unterscheidung zwischen der ritualistischen Dimension auf der einen Seite und der Glaubens- und Erfahrungsdimension auf der anderen aber festzuhalten. Auf diese Weise ist es möglich, zumindest analytisch zwischen Kirchlichkeit als ritualistischer Dimension und Religiosität als Glaubens- und Erfahrungsdimension zu unterscheiden. Darüber hinaus benötigen wir aber auch noch die Unterscheidung der kirchlich-christlichen Religiosität von der außerkirchlichen bzw. -außerchristlichen Religiosität. Was als christlich bzw. kirchlich gelten kann, ist klar: dasjenige, was mit den Grundprinzipien, mit den Lehren und Ritualen des Christentums übereinstimmt. Wie aber läßt sich die Grenze zwischen außerkirchlicher Religiosität und nichtreligiösen Sinnstiftungen bestimmen?

An anderer Stelle habe ich (Pollack 1995) den Vorschlag unterbreitet, Religion durch die Benennung des Problems, auf das sie sich bezieht, und durch die Bestimmung der Spezifik der durch sie gegebenen Problemlösungen zu definieren. Als religiöses Bezugsproblem habe ich im Anschluß an Luhmann (1977), Habermas (1979: 163ff.), Lübbe (1986) und andere das

Kontingenzproblem vorgeschlagen. Damit ist gesagt, daß wir überall dort, wo das Kontingenzproblem auftaucht, damit rechnen müssen, es mit Religion zu tun zu haben. Kontingenz meint, daß etwas so ist, wie es ist, daß es aber so, wie es ist, nicht notwendig ist, daß es anders sein könnte. Die Behandlung dieses Problems wird durch religiöse Selektionen vollzogen, aber auch andere Subsysteme der Gesellschaft beziehen sich auf dieses Problem, zum Beispiel die Wissenschaft, die Familie oder die Politik. Soll Religion trennscharf definiert werden, ist es daher erforderlich, ein zweites Definitionskriterium einzuführen. Die Spezifik der religiösen Lösung des Kontingenzproblems besteht nach meinem Vorschlag darin, daß sie mit der Unterscheidung von Immanenz und Transzendenz arbeitet, und zwar so, daß durch die Bezugnahme auf Transzendenz die religiösen Sinnformen eine kontingenzbewältigende, kontingenzausschaltende Qualität gewinnen, durch die gleichzeitige Bezugnahme auf die Immanenz aber auch wieder Konkretheit, Anschaulichkeit und Kommunikabilität erlangen. Die Spezifik der Sinnformen der Religion besteht demnach also in der Gleichzeitigkeit von Transzendenz- und Immanenzbezug, in der Gleichzeitigkeit von Unanschaulichkeit und Anschaulichkeit, Inkommunikabilität und Kommunikabilität.

Die Astrologie zum Beispiel überschreitet das sinnlich und lebensweltlich Wahrnehmbare und behauptet einen Einfluß der Sterne auf das menschliche Leben. Gleichzeitig sieht sie diesen Einfluß durch relativ konkrete Sternbild-Konstellationen zum Zeitpunkt der Geburt vermittelt, die wiederum nicht von jedem erkannt werden können, für deren Interpretation es vielmehr besonderer Mittler – Astrologen, Sterndeuter – bedarf. In ihren durch die Sterndeuter interpretierten Sinnformen verbinden sich insofern Transzendenz und Immanenz, Unanschaulickeit und Anschaulichkeit miteinander. Das heißt, daß ihre Sinnformen als religiös anzusprechen sind. Dabei bedient sich die Astrologie dieser Sinnformen, um auf die Unsicherheit des menschlichen Lebens zu reagieren, also auf die Frage, ob das individuelle Leben gesichert ist oder ob es anders werden könnte, welche Veränderungen ihm bevorstehen, vor welchen Einflüssen sich das Individuum schützen muß, welche Gelegenheiten es ergreifen soll usw. Insofern bearbeitet die Astrologie das Bezugsproblem der Religion, das Problem der Kontingenz. Sowohl hinsichtlich der Spezifik der Problemlösungsformen als auch hinsichtlich des Problembezugs muß die Astrologie also als eine Form von Religion angesprochen werden. Da es sich bei ihr um eine nichtchristliche Praxis handelt, fällt die Astrologie folglich in den Bereich der außerkirchlichen bzw. außerchristlichen Religionsformen.

Bei der Wahl geeigneter Indikatoren für die empirische Umsetzung des Konstrukts „außerkirchliche Religiosität" ist der Forscher nicht nur abhängig von einer möglichst klaren theoretischen Bestimmung des Begriffs. Vielmehr ist er, sofern er keine Primärerhebung durchführen kann, immer auch auf den Bestand an verfügbaren Daten angewiesen. Für die empirische Operationali-

Kirchliche und außerkirchliche Religiosität

sierung der drei Dimensionen von Religion – der Glaubens- und Erfahrungsdimension, der rituellen Dimension und der außerkirchlichen Dimension –, um deren Unterscheidung und Abgrenzung wir uns bisher bemüht haben, schlage ich daher unter Berücksichtigung der verfügbaren Daten folgende Indikatoren vor:

Christliche Religiosität, die die Erfahrungs- und Überzeugungsdimension von Religion abbilden soll, sei hier erfaßt durch:

- Gefühl der Nähe zu Gott,
- Religiöse Selbsteinschätzung,
- Glaube an Gott,
- Christlicher Glaube (dazu zählen der Glaube an Himmel, Hölle, Wunder, der Glaube, daß Gott sich mit jedem Menschen befaßt, usw.),
- Glaube an ein Leben nach dem Tod.

Kirchlichkeit soll erfaßt werden durch:

- Bibelfrömmigkeit (Ist die Bibel Gottes Wort, göttlich inspiriert, Menschenwort?),
- Kirchgangshäufigkeit,
- Vertrauen in die Kirche,
- Konfessionszugehörigkeit,
- kirchliche Aktivität.

Ein besonderes Problem stellt die Operationalisierung des Konstrukts „außerkirchliche Religiosität" dar. Der Allbus 1991 bietet dafür vier Indikatoren:

- Glaube an Glücksbringer („Glücksbringer bringen manchmal Glück"),
- Glaube an Prophezeiung („Wahrsager können die Zukunft vorhersagen"),
- Glaube an Wunderheilung („Wunderheiler haben übernatürliche Kräfte"),
- Astrologie („Das Horoskop hat Einfluß auf den Lebenslauf").

Mit diesen Items wird ein bestimmter Bereich der außerkirchlichen Religiosität abgebildet, der Bereich von Aberglaube, Magie und Okkultismus. Magie und Okkultismus sind durchaus Merkmale der modernen Formen außerkirchlicher Religiosität, zum Beispiel des New Age (Höllinger 1996: 98). Dennoch wird man feststellen müssen, daß mit den angeführten Items vor allem eine Art Popularreligiosität, nicht aber die gesamte Bandbreite außerkirchlicher Religiosität erfaßt ist.

Eine bessere Umsetzung der Dimension „außerkirchliche Religiosität" bietet die Studie „Fremde Heimat Kirche" (Engelhardt/Loewenich/Steinacker 1997: 413). Sie hat allerdings den Nachteil, daß sie nur Evangelische und Konfessionslose in die Analyse einbezieht, so daß repräsentative Aussagen über Ostdeutschland mit Hilfe dieser Studie nicht möglich sind. Als außerkirchliche Religiosität werden in dieser Studie folgende Phänomene behandelt:

- New Age (ganzheitliches Denken/„Wassermann-Zeitalter"),
- Zen-Meditation, Yoga (Fernöstliche Weisheiten),
- Anthroposophie/Theosophie,
- Reinkarnation,
- Mystik (z.B. Sufismus, Kabbalistik),
- Magie/Spiritismus/Okkultismus,
- Pendeln/Wünschelrutengehen,
- Astrologie/Horoskope,
- (Tarot-)Karten legen, Wahrsagen, Handlinien lesen,
- Wunderheiler/Geistheiler und Handauflegen,
- Edelsteinmedizin, Bachblüten.

Diese Indikatoren stellen eine bessere Umsetzung der Dimension „außerkirchliche Religiosität" dar. Ich werde auf sie zurückkommen.

Tabelle 1: Faktorenanalyse christliche Religiosität, Kirchlichkeit, außerkirchliche Religiosität für Ost- und Westdeutschland

Faktor christliche Religiosität	
1. Gefühl der Nähe zu Gott	,93
2. Religiöse Selbsteinschätzung	,91
3. Glaube an Gott	,89
4. Christlicher Glaube	,88
5. Glaube an ein Leben nach dem Tod	,82

Faktor Kirchlichkeit	
1. Kirchgangshäufigkeit	,79
2. Bibelfrömmigkeit	,76
3. Vertrauen in die Kirche	,75
4. Kirchliche Aktivität	,69
5. Konfessionszugehörigkeit	,68

Faktor außerkirchliche Religiosität	
1. Vorhersehung	,85
2. Wunderheilung	,80
3. Astrologie	,76
4. Glücksbringer	,73

Tabelle 1 zeigt, daß die Items beim Faktor „christliche Religiosität" und beim Faktor „außerkirchliche Religiosität" relativ stark miteinander zusammenhängen. Der Zusammenhang zwischen den benutzten Items in dem Faktor „Kirchlichkeit" ist etwas weniger stark ausgeprägt. Unter anderem könnte das damit zusammenhängen, daß in diesem Faktor nicht nur ritualistische Verhaltensweisen, sondern auch Einstellungen gegenüber der Institution Kirche abgefragt werden.

Kirchliche und außerkirchliche Religiosität

2. Die Verbreitung von Formen außerkirchlicher Religiosität in Ostdeutschland

Um die Verbreitung von Formen außerkirchlicher Religiosität zu erfassen, kann man sich unterschiedlicher Studien bedienen. Zumeist ist den Untersuchungen keine klare Bestimmung von dem, was unter außerkirchlich verstanden wird, und dem, was als religiös anzusprechen ist, zugrunde gelegt. Fragt man zum Beispiel danach, wer eine Beziehung zu fernöstlichen Religionen hat, so sind es sechs Prozent der Westdeutschen, aber nur zwei Prozent der Ostdeutschen, die dies von sich behaupten (Noelle-Neumann/Köcher 1993: 219). Nach einer anderen Untersuchung fühlen sich 1,7 Prozent der westdeutschen Bevölkerung dem Buddhismus und 0,4 Prozent dem Hinduismus nahe (Das Sonntagsblatt 1997: 13). Im Osten Deutschlands fühlen sich 0,4 Prozent der Bevölkerung dem Buddhismus nahe, eine Nähe zum Hinduismus verspürt so gut wie keiner (ebd.). Auf die Frage, ob man schon einmal Angebote neuer religiöser Bewegungen wie Meditation, spirituelle Trainings, Energiearbeit, Lebensberatungskurse wahrgenommen habe, antworteten im Westen unter insgesamt 10832 Befragten 1,9 Prozent mit Ja, im Osten 1,2 Prozent (Infratest Burke, Tabellen: 1). Betrachtet man nur die Jugendlichen, so sind es in Ostberlin etwa 12 Prozent der Jugendlichen, die angeben, die eine oder andere okkulte Praktik ausgeübt zu haben; im Westen hingegen etwa doppelt so viele (Zinser 1993). In jedem Falle liegen die Zahlen in Ostdeutschland unter denen Westdeutschlands, obschon sie oft auch im Westen Deutschlands schon erstaunlich gering sind.

Benutzen wir die Studie „Fremde Heimat Kirche", so wiederholen sich die Differenzen zwischen Ost- und Westdeutschland, allerdings auf einem wesentlich höheren Niveau. In dieser Studie wurde unter Benutzung der oben angegebenen Item-Batterie die Frage gestellt, ob man schon einmal Erfahrungen mit esoterischen Praktiken, fernöstlich geprägten Meditationsformen, alternativen Heilmethoden usw. gemacht habe. Auf diese Fragen antworteten in Westdeutschland 31,6 Prozent der Konfessionslosen und 28,1 Prozent der Evangelischen, in Ostdeutschland hingegen nur 23,4 Prozent der Konfessionslosen und 28,4 Prozent der Evangelischen mit Ja (Kirchenmitgliedschaftsstudie 1992). Während der Anteil der evangelischen Konfessionsangehörigen, die mit Ja geantwortet haben, in Ost und West in etwa gleich hoch ist, gehen die bejahenden Antworten bei den Konfessionslosen in Ost und West auseinander. Im Westen liegen sie über den Ja-Antworten der Konfessionsangehörigen, im Osten darunter. Zieht man von der Zahl der Ja-Antworten diejenigen ab, die nur Erfahrungen mit Astrologie als der gebräuchlichsten Form von Esoterik und Okkultismus gemacht haben, so sinken die Zustimmungswerte um durchschnittlich acht bis neun Prozentpunkte, die Verhältnisse der Zustimmungswerte zwischen den unterschiedlichen Befragtengruppen bleiben aber in etwa gleich (vgl. Abbildung 1).

Abbildung 1: Erfahrungen mit neuer Religiosität (Angaben in %)

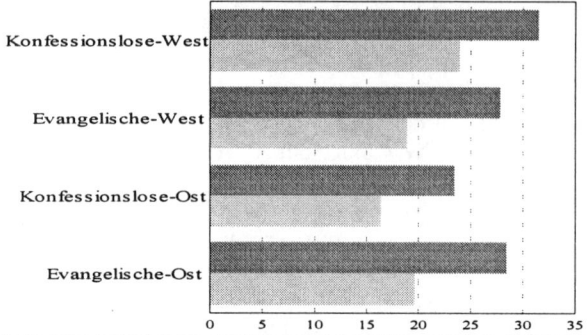

Eine Betrachtung der Antworten auf die Frage nach den alternativen religiösen Deutungsmustern des Lebens aus der Allgemeinen Bevölkerungsumfrage der Sozialwissenschaften (Allbus) 1991 reproduziert die uns bekannten Differenzen zwischen Ost- und Westdeutschland allerdings nicht (vgl. Abbildung 2). Zwar fallen bei der Frage nach dem Glauben an die Möglichkeit der Zukunftsvorhersage die westlichen Werte etwas höher aus als die östlichen, bei der Frage nach dem Glauben an Glücksbringer und Wunderheiler liegen jedoch die östlichen Werte über den westlichen. Sowohl in West- als auch in Ostdeutschland stimmen mehr Konfessionsangehörige als Konfessionslose dem Glauben an alternative religiöse Vorstellungen zu. In der Befragung „Fremde Heimat Kirche" war die Bejahung alternativer Orientierungen im Westen bei den Konfessionslosen höher, im Osten bei den Konfessionsangehörigen.

Auch wenn im Allbus 1991 die Akzeptanz alternativer religiöser Vorstellungen bei den Konfessionslosen durchweg unter der der Konfessionsangehörigen liegt, so fällt doch auf, daß die Differenzen nur gering sind. Fragt man hingegen zum Beispiel nach dem Glauben an Gott oder nach der Kirchgangshäufigkeit, also nach Merkmalen von christlicher Religiosität und Kirchlichkeit, so sind die Differenzen zwischen den Konfessionsangehörigen und den Konfessionslosen, insbesondere im Osten Deutschlands, dramatisch.[2] Gegenüber alternativen Religionsformen gleichen sich offenbar die Unterschiede zwischen Konfessionslosen und Konfessionsangehörigen einander an, groß sind sie hingegen gegenüber den Formen expliziter Religion. Außerdem zeigt der Ost/West-Vergleich, daß sich die Bejahung okkulter und magischer Religionsvorstellungen im Osten kaum von der im Westen unterscheidet. Auch dieses Ergebnis ist beachtenswert, denn hinsichtlich der Akzeptanz hochkultureller religiöser Vorstellungen sind die Unterschiede zwischen Ost- und Westdeutschland gravierend.[3]

---

2 Vgl. Pollack in diesem Band, Tabellen 1 und 2: 22f.
3 Wie sich diese hohe Akzeptanz populärer Religiosität erklären läßt, ist nicht klar. Möglicherweise läßt sie sich auf das sich von der offiziellen Religion – dem Christentum – un-

Kirchliche und außerkirchliche Religiosität 303

Abbildung 2: Glaube an alternative Deutungsmuster des Lebens

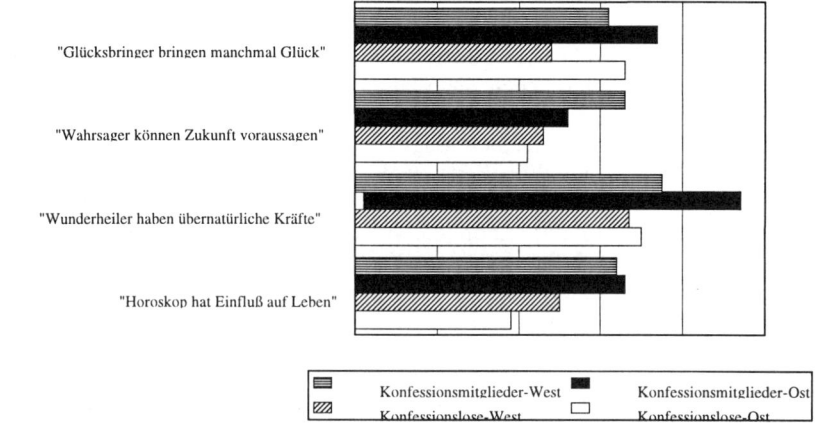

Quelle: Allbus 1991

3. Zusammenhänge zwischen außerkirchlicher Religiosität und christlicher Religiosität bzw. Kirchlichkeit

Die Individualisierungsthese behauptet eine zunehmende De-Institutionalisierung der Religion, also eine Verlagerung des Schwerpunktes der Religionsausübung von der Institution zum Individuum. Gleichzeitig vertritt sie die Auffassung, daß dieser Wandel zwar einen Bedeutungsrückgang der traditionellen und institutionalisierten Formen von Religion, nicht aber einen Relevanzverlust von Religion überhaupt bedeutet. Wenn die These von der Individualisierung der Religion zuträfe, dann müßten sich die individuellen Formen der Religion, die persönliche Spiritualität und insbesondere die synkretistischen, außerkirchlichen Religionsformen also zunehmend aus der Bindung an konventionelle Formen der Religion lösen.

Für die konventionelle und institutionalisierte Form der Religion steht vor allem der Faktor „Kirchlichkeit". Einen mehr persönlichen Charakter trägt der Faktor „christliche Religiosität". Die nichtchristlichen Religions-

---

terscheidende und absetzende Weiterwirken vorchristlicher religiöser Traditionsbestände zurückführen. Möglicherweise steht dahinter auch ein für die ostdeutsche Einstellung zu Fortschritt, Technik und Wissenschaft charakteristischer Machbarkeitsglaube. Es ist freilich auch nicht auszuschließen, daß es sich bei den magischen und okkulten Vorstellungen um ein Übergangsphänomen handelt, das vor allem der Unsicherheitslage 1989/90 geschuldet ist und mit der Reorganisation der sozialen, politischen, wirtschaftlichen, aber auch der persönlichen Verhältnisse wieder an Bedeutung verliert.

formen werden durch den Faktor „außerkirchliche Religiosität" abgebildet. In Westdeutschland zeigt eine Analyse der statistischen Zusammenhänge zwischen diesen drei Faktoren (vgl. Tabelle 2), daß „Kirchlichkeit"und „christliche Religiosität" hoch korrelieren (,79). Je kirchlicher jemand eingestellt ist, desto höher ist auch die Wahrscheinlichkeit, daß er Aussagen des christlichen Glaubens bejaht. Ein Zusammenhang mit dem Faktor „außerkirchliche Religiosität" läßt sich hingegen weder für die „christliche Religiosität" noch für die „Kirchlichkeit" nachweisen. Im Osten Deutschlands stoßen wir auf andere Zusammenhänge. Zunächst fällt auf, daß der Zusammenhang zwischen dem Faktor „christliche Religiosität" und „Kirchlichkeit" in Ostdeutschland noch höher ist als in Westdeutschland (,87). Der wesentliche Unterschied zu den alten Bundesländern besteht freilich darin, daß im Osten auch „Kirchlichkeit" und „außerkirchliche Religiosität" bzw. „christliche Religiosität" und „außerkirchliche Religiosität" miteinander korrelieren, wenn auch der Zusammenhang nicht allzu hoch ist. Das heißt, im Osten Deutschlands rücken die unterschiedlichen Dimensionen von Religion näher zusammen, während sie im Westen weiter ausdifferenziert sind.

Tabelle 2: Korrelation (pearsons r) der Faktoren christliche Religiosität, Kirchlichkeit und außerkirchliche Religiosität:

Deutschland-West (n = 1.345)

	Religiosität	Okkultismus
Kirchlichkeit	,7932	-,0116
	p = ,000	p = ,727
Religiosität		,0469
		p = ,207

Deutschland-Ost (n = 1.483)

	Religiosität	Okkultismus
Kirchlichkeit	,8718	,1324
	p = ,000	p = ,000
Religiosität		,1600
		p = ,000

Quelle: Allbus 1991

Wie dies zu erklären ist, muß uns noch beschäftigen. Zuvor wollen wir den Zusammenhang zwischen „christlicher Religiosität", „Kirchlichkeit" und „außerkirchlichen Formen der Religion" prüfen, wenn wir die Item-Batterie aus „Fremde Heimat Kirche" zugrunde legen.

Da uns in der Studie „Fremde Heimat Kirche" wichtige Indikatoren aus den Faktoren „Kirchlichkeit" und „christliche Religiosität" fehlen, arbeiten wir hier nur mit den Kennzeichnungsvariablen für die Konstrukte „Kirchlichkeit" und „christliche Religiosität", nämlich mit den Variablen „Kirchgangshäufigkeit" für „Kirchlichkeit" und „Glaube an Gott" für „christliche

Kirchliche und außerkirchliche Religiosität 305

Religiosität". In Westdeutschland weisen sowohl die Konfessionslosen als auch die evangelischen Konfessionsangehörigen keine statistisch relevanten Zusammenhänge zwischen Kirchlichkeit bzw. christlicher Religiosität auf der einen Seite und der Bejahung alternativer religiöser Vorstellungen und Praktiken auf der anderen Seite auf (vgl. Tabelle 3).

Tabelle 3: Erfahrungen mit neuer Religiosität

		Neue Religiosität mit Astrologie	Neue Religiosität ohne Astrologie
Konfessionslose-West			
	Glaube an Gott	n.s.	n.s.
	Kirchgang	n.s.	n.s.
Evangelische-West			
	Glaube an Gott	n.s.	n.s.
	Kirchgang	.07	n.s.
Konfessionslose-Ost			
	Glaube an Gott	.20	.19
	Kirchgang	.19	.13
Evangelische-Ost			
	Glaube an Gott	n.s.	n.s.
	Kirchgang	n.s.	n.s.

Quelle: Kirchenmitgliedschaftsuntersuchung der EKD 1992

Das heißt – und dies zeigte sich auch schon in der Allbus-Untersuchung –, daß christliche Religiosität und alternative Religiosität zueinander nicht in einem kompensatorischen Verhältnis stehen. Es ist nicht richtig, davon auszugehen, daß die Bejahung außerkirchlicher religiöser Inhalte zunimmt, wenn die Kirchen und das Christentum an Bedeutung verlieren. Vielmehr besteht zwischen dem Bedeutungsrückgang des Christentums und der Zuwendung zu alternativen Religionsformen überhaupt kein Zusammenhang, weder ein positiver noch ein negativer. Das bedeutet, daß sich eine Hinwendung zu diesen alternativen Religionsformen sowohl innerhalb als auch außerhalb der Kirche vollzieht, dieser Wandel aber nicht zu einem Ausgleich der kirchlichen Verluste beizutragen vermag. Es mag durchaus richtig sein, daß die Akzeptanz außerkirchlicher, individualistischer, synkretistischer Religionsformen in den letzten Jahren zugenommen hat; wenn diese Zunahme aber nicht in der Lage ist, den kirchlichen Erosionsprozeß zu kompensieren, dann läuft mit diesem Prozeß der Individualisierung und De-Institutionalisierung zugleich ein Prozeß des Bedeutungsrückgangs von Religion schlechthin ab. Oder anders ausgedrückt: der Prozeß der religiösen Individualisierung tritt nicht an die Stelle der Säkularisierung,[4] sondern ist mit ihr verbunden.

In Ostdeutschland sind die Beziehungen zwischen den unterschiedlichen religiösen Dimensionen bei den Konfessionsangehörigen ebenfalls nicht signifikant. Bei den Konfessionslosen aber zeigt sich ein Zusammenhang

---

4 So die gängige Auffassung (vgl. Gabriel 1996; Ebertz 1997; Krech 1998).

zwischen alternativen Religionsformen und christlicher Religiosität und Kirchlichkeit. Wenn diese mehr Erfahrungen mit alternativen religiösen Praktiken und Inhalten gemacht haben, dann glauben sie auch intensiver an Gott und besuchen häufiger den Gottesdienst. Bei den Konfessionslosen in den neuen Bundesländern fällt der Zusammenhang zwischen außerkirchlicher und christlicher Religiosität also anders aus als erwartet. Er ist nicht negativ oder neutral, sondern positiv.

4. Versuch einer Erklärung

Eine Erklärung der aufgewiesenen Zusammenhänge und Differenzen zwischen den unterschiedlichen religiösen Dimensionen muß die unterschiedlichen Kontextbedingungen in Ost- und Westdeutschland berücksichtigen. Während im Osten Deutschlands höchsten noch 30 Prozent der Gesamtbevölkerung kirchlich gebunden sind, gehören in Westdeutschland noch über 80 Prozent einer Kirche oder religiösen Gemeinschaft an. Dem entsprechen die Unterschiede in der Bejahung des Gottesglaubens, des Glaubens an ein Leben nach dem Tod, in der religiösen Selbsteinschätzung, im Gottesdienstbesuch, in der Gebetshäufigkeit, im Vertrauen in die Kirche usw. Jedesmal liegen die Zahlen für Westdeutschland deutlich über denen im Osten Deutschlands. Bei einer Betrachtung der religiös-kirchlichen Indikatoren hat man den Eindruck, daß es sich bei Ost- und Westdeutschland um gänzlich unterschiedliche Gesellschaften handelt.

Setzt man diese unterschiedlichen Kontextbedingungen zu den unterschiedlichen Zusammenhängen und Differenzen zwischen der „christlichen Religiosität", der „Kirchlichkeit" und der „außerkirchlichen Religiosität" ins Verhältnis, dann kommt man zu dem Schluß, daß offenbar in dem Maße, wie sich die Gesellschaft säkularisiert, die unterschiedlichen Dimensionen von Religion eine Einheit bilden. Im stärker kirchlich und religiös geprägten Westen sind diese Dimensionen, wie die Allbus-Daten aufweisen, relativ stark ausdifferenziert, im stark säkularisierten und entkirchlichten Osten Deutschlands rücken sie dagegen näher zusammen (vgl. Tabelle 2). Diese Interpretation wird bestätigt, wenn wir die Daten aus der Studie „Fremde Heimat Kirche" heranziehen. In dieser Untersuchung hatte sich gezeigt, daß es in Westdeutschland keinen Zusammenhang zwischen christlichen Formen der Religiosität und Kirchlichkeit und außerchristlichen Religionsformen gibt und daß sich dieser Zusammenhang ebenfalls nicht für die evangelischen Konfessionsangehörigen im Osten Deutschlands nachweisen läßt. Wenn er freilich bei den Konfessionslosen im Osten beobachtet werden kann, dann heißt das, daß christliche und außerkirchliche Religiosität in derjenigen Gruppe eine Einheit bilden, die am stärksten religiös und kirchlich entfrem-

Kirchliche und außerkirchliche Religiosität

det ist. Offenbar zeigen die unterschiedlichen Dimensionen von Religion eine Tendenz zur Annäherung, je stärker Religion und Kirche in der Gesellschaft marginalisiert sind und als marginalisierte Größen auch wahrgenommen werden. Besitzen Religion und Kirche eine gewisse gesellschaftliche Relevanz, sind sie also gesellschaftlich integriert und weitgehend akzeptiert, dann können sie sich – wie wir anhand der Allbus-Daten gesehen haben – auch dimensional ausdifferenzieren. Geraten sie hingegen an den Rand einer Gesellschaft, dann können sie nur noch als etwas Abseitiges, gesellschaftlich nicht Akzeptiertes wahrgenommen werden, und die Entscheidung läuft dann nicht mehr zwischen unterschiedlichen Formen von Religion, sondern zwischen Religion und Nicht-Religion.

Auch die konfessionellen Differenzen müßten in dem Maße an Bedeutung verlieren, wie Religion und Kirche insgesamt ihre gesellschaftliche Dominanzstellung einbüßen. Umgekehrt ist bekannt, daß in kleinen Gruppen geringfügige Unterschiede oft Anlaß für weitreichende Abgrenzungsbestrebungen sind. Doch gilt dies nur für hochidentifizierte Gruppenmitglieder. Wenn hingegen wie in Ostdeutschland Religion und Kirche zwar marginalisiert sind, die Institutions- und Glaubensbindung gleichzeitig aber bekenntnishafte und identifikatorische Züge weitgehend vermissen läßt, dann ist genau jene Tendenz zur internen Entdifferenzierung wahrscheinlich, die wir in den hier herangezogenen Untersuchungen festgestellt haben. Einzelne hochengagierte Gruppen, etwa fundamentalistische oder charismatische Gruppierungen, und hochidentifizierte Amtsträger, etwa in den Konsistorien und Landeskirchenämtern, mögen sich angesichts der gesellschaftlichen Ausgrenzung von Religion und Kirche gegenüber religionsinternen Differenzen ganz anders verhalten. Bei ihnen mag man immer wieder auch auf eine Haltung treffen, die auf der Bewahrung religionsinterner Differenzen besteht. Bei den steuerzahlenden Mitgliedern und bei denjenigen, die sich zur Kirche halten und an Gott glauben, obwohl sie vielleicht nicht einmal Mitglieder sind, bedeutet die Randstellung von Glauben, Kirche und Religiosität, daß die Bereitschaft zur Vermischung des historisch einst deutlich Geschiedenen steigt.

Umgekehrt bedeuten die hier vorgelegten Zahlen aber auch, daß diejenigen, die sich in einer weitgehend säkularisierten Gesellschaft von der Kirche und den Inhalten des christlichen Glaubens verabschiedet haben, kaum nach außerkirchlichen Formen der Religiosität suchen. Auch für sie bilden christliche Religiosität und alternative religiöse Rituale und Lehren einen zusammenhängenden Komplex, dem sie nur eben fremd gegenüberstehen. Es leuchtet ein, daß in einer Gesellschaft, in der Kirche und Religion keinen hohen Stellenwert besitzen, für diejenigen, die ein distanziertes Verhältnis zum Christentum haben, der Anreiz, sich mit anderen Religionen auseinanderzusetzen, außerordentlich gering ist, fehlt es doch oft schon an einer ausreichenden Kenntnis von den unterschiedlichen religiösen Traditionssträngen.

Sollten die hier vorgetragenen Beobachtungen und Überlegungen richtig sein, dann würde das für die weitere religiöse Entwicklung in Westdeutschland bedeuten, daß eine Pluralisierung und Individualisierung religiöser Verhaltensweisen und Einstellungen den Bedeutungsverlust von Religion nicht aufzuhalten vermag. Wahrscheinlich muß man sogar damit rechnen, daß es in dem Maße, wie der Bedeutungsverlust des Christentums voranschreitet, zu einer Nivellierung von religionsinternen Differenzen und einem sich ausbreitenden religiösen Indifferentismus kommt. Doch damit ist bereits ein neues Thema angerissen.

Literatur

ALLBUS 1991: Allgemeine Bevölkerungsumfrage der Sozialwissenschaften: Codebuch/hrsg. vom Zentralarchiv für Empirische Sozialforschung an der Universität zu Köln.
Clayton, R./Gladden, J. W., 1974: The Five Dimensions of Religiosity: Toward Demythologizing a Sacred Artifact, in: Journal for the Scientific Study of Religion 13, 1974, 135-143.
Das Sonntagsblatt 1997: Was glauben die Deutschen? Hamburg.
Ebertz, Michael N., 1997: Kirche im Gegenwind. Zum Umbruch der religiösen Landschaft. Freiburg.
Engelhardt, Klaus/Loewenich, Hermann von/Steinacker, Peter, (Hg.) 1997: Fremde Heimat Kirche: Die dritte EKD-Erhebung über Kirchenmitgliedschaft. Gütersloh.
Gabriel, Karl, (Hg.) 1996: Religiöse Individualisierung oder Säkularisierung? Biographie und Gruppe als Bezugspunkte moderner Religiosität. Gütersloh.
Gabriel, Karl, 1992: Christentum zwischen Tradition und Postmoderne. Freiburg/Basel/Wien.
Gandow, Thomas, 1990: Jugendreligionen und Sekten auf dem Vormarsch in die DDR, in: Materialien der Evangelischen Zentralstelle für Weltanschauungsfragen (EZW) 53, 1990, 221-233. 253-261.
Glock, Charles Y., 1954: Toward a Typology of Religious Orientation. New York.
Glock, Charles Y./Stark, Rodney, 1965: Religion and Society in Tension. Chicago.
Habermas, Jürgen, 1979: Legitimationsprobleme im Spätkapitalismus. Frankfurt/M.
Hartmann, Klaus/Pollack, Detlef, 1998: Gegen den Strom: Kircheneintritte in Ostdeutschland nach der Wende. Opladen.
Hilty, D. M./Morgan, R. L./Burns, J. E., 1984: King and Hunt revisited. Dimensions of Religious Involvement, in: JSSR 23, 252-266.
Höllinger, Franz, 1996: Volksreligion und Herrschaftskirche. Die Wurzeln religiösen Verhaltens in westlichen Gesellschaften. Opladen.
Infratest Burke 1997: Neue religiöse und weltanschauliche Bewegungen. Ergebniss einer repräsentativen Befragung. Untersuchung im Auftrag der Enquête-Kommission des Deutschen Bundestags „Sogenannte Sekten und Psychogruppen". Berlin.

Kecskes, Robert/Wolf, Christof, 1993: Christliche Religiosität: Konzepte, Indikatoren, Meßinstrumente, in: Kölner Zeitschrift für Soziologie und Sozialpsychologie 45, 1993, 270-287.
Kecskes, Robert/Wolf, Christof, 1995: Christliche Religiosität. Dimensionen, Meßinstrumente, Ergebnisse, in: Kölner Zeitschrift für Soziologie und Sozialpsychologie 47, 494-515.
King, M., 1967: Measuring the Religious Variable: Nine Proposed Dimensions, in: JSSR 6, 173-190.
Kirchenmitgliedschaftsuntersuchung 1992: Dritte EKD-Umfrage über Kirchenmitgliedschaft/durchgeführt von der Studien- und Planungsgruppe der EKD 1992. Hannover.
Krech, Volkhard, 1998: „Missionarische Gemeinde": Bedingungen und Möglichkeiten aus soziologischer Sicht, in: Evangelische Theologie 58, 433-444.
Lübbe, Hermann, 1986: Religion nach der Aufklärung. Graz.
Luckmann, Thomas, 1991: Die unsichtbare Religion. Frankfurt/M.
Luhmann, Niklas, 1977: Funktion der Religion. Frankfurt/M.
Noelle-Neumann, Elisabeth/Renate Köcher, (Hg.) 1993: Allensbacher Jahrbuch der Demoskopie 1984-1992. München.
Pollack, Detlef, 1994: Kirche in der Organisationsgesellschaft: Zum Wandel der gesellschaftlichen Lage der evangelischen Kirchen in der DDR. Stuttgart.
Pollack, Detlef, 1995: Was ist Religion? Probleme der Definition, in: Zeitschrift für Religionswissenschaft 3, 163-190.
Roof, Wade Clark, 1979: Concepts and Indicators of Religious Commitment: a Critical Review, in: Wuthnow, Robert, (Hg.): The Religious Dimension: New Directions in Quantitative Research. New York 1979, 17-45.
Stark, Rodney/Glock, Charles Y., 1968: American Piety: the Nature of Religious Commitment. Berkeley/Los Angeles.
Statistischer Bericht TII 90/91: Statistik über Äußerungen des kirchlichen Lebens in den Gliedkirchen der EKD in den Jahren 1990 und 1991. Statistische Beilage Nr. 88 zum Amtsblatt der EKD, Heft 11 vom 15. November 1993. Hannover 1993.
Statistischer Bericht TII 92: Statistik über Äußerungen des kirchlichen Lebens in den Gliedkirchen der EKD im Jahre 1992. Statistische Beilage Nr. 90 zum Amtsblatt der EKD, Heft 1 vom 15. Januar 1995. Hannover 1995.
Statistischer Bericht TII 93/94: Statistik über Äußerungen des kirchlichen Lebens in den Gliedkirchen der EKD in den Jahren 1993 und 1994. Statistische Beilage Nr. 91 zum Amtsblatt der EKD, Heft 2 vom 15. Februar 1997. Hannover 1997.
Statistischer Bericht TII 95/96: Statistik über Äußerungen des kirchlichen Lebens in den Gliedkirchen der EKD in den Jahren 1995 und 1996. Statistische Beilage Nr. 92 zum Amtsblatt der EKD, Heft 11 vom 15. November 1998. Hannover 1998.
Statistischer Bericht über die Verhältnisse in der Evangelisch-Lutherischen Landeskirche Sachsens. Dresden, masch.
Studien- und Planungsgruppe der EKD, (Hg.) 1993: Fremde Heimat Kirche: Ansichten ihrer Mitglieder. Erste Ergebnisse der dritten EKD-Umfrage über Kirchenmitgliedschaft. Hannover.
Zinser, Hartmut, 1993: Moderner Okkultismus als kulturelles Phänomen unter Schülern und Erwachsenen, in: Aus Politik und Zeitgeschichte B 41-42, 16-24.

Frank Usarski

„Alternative Religiosität" in Ostdeutschland im Kontinuum zwischen cult-movements und Esoterik-Angeboten

I. Vorbemerkungen

Der nach der Vereinigung gemutmaßte „Boom" alternativer Religiosität in den neuen Bundesländern ist ausgeblieben. Das ist zumindest innerhalb der wissenschaftlichen Diskussion Konsens. Der vorliegende Beitrag knüpft an diesen Erkenntnisstand an, indem er institutionelle Verfestigungen „alternativer Religiosität" in den Blick nimmt. Auf diese Weise werden die bereits an anderen Stellen vorgenommenen Überlegungen ergänzt, die sich vornehmlich auf subjektive Orientierungen, Einstellungen und individuelle Praktiken ostdeutscher Bürger beziehen.[1]

Nachfolgend wird die Aufmerksamkeit auf Manifestationen gelenkt, die in ihrem organisationssoziologischen Spektrum mit dem „technischen" Oberbegriff des „cult" (vgl. Wiese/Becker 1932) umfaßt sind. In den Vordergrund werden somit Bewegungen gerückt, die sich aufgrund ihrer Inhalte und ihrer religiösen „Stilistik" gegenüber der okzidentalen Norm traditioneller Kirchlichkeit als „deviante" Religiosität präsentieren (Stark/Bainbridge 1996: 103 ff.).

Folgt man der Kategorisierung von Stark und Bainbridge, dann handelt der Beitrag in erster Linie von sogenannten *cult movements* (Stark/Bainbridge 1979). Ein *cult movement* ist idealtypisch als eine Bewegung mit relativ klaren Außengrenzen zu verstehen. Ihre internen Kommunikationsabläufe sind auf eine Autorität oder Führungsgruppe hin ausgerichtet. Die Zugehörigkeit zu einer solchen Gruppe wird durch ein erhöhtes Maß an „commitment" (Hardin 1990) bestimmt. Unter diese Kategorie fallen insbesondere einige der in Westdeutschland bereits seit 1973 als „Jugendsekten" in der Kritik stehende Organisationen, daneben einige andere von der öffentlichen Diskussion in Ostdeutschland „aufgewertete" Gruppen asiatischen Ursprungs.

Ergänzend sind Bewegungen vom Typ des *client cult* aufgenommen. Um an einem *client cult* zu partizipieren, bedarf es im Prinzip weder einer besonderen Hingabe noch einer klaren Gruppenzugehörigkeit. Es handelt sich um einen regelhaft definierten Kommunikationsrahmen, innerhalb des-

---

[1] Insbesondere mehrfach Pollack sowie Daiber und Barz, bibliographisch jeweils weiter unten belegt. Daneben z.B. auch Zinser (1993: 16-24).

sen es zu unmittelbaren Begegnungen zwischen Suchenden und von ihnen anerkannten „Experten" bzw. fachkundigen Vermittlern eines „Sonderwissens" kommt. Ein meist nur temporär aufgebautes Verhältnis dieser Art setzt die „Passung" zwischen spezifischen Defiziten von „Klienten" und dem intellektuellen und methodischen Repertoir von „Therapeuten" voraus. Kombinationen zwischen *cult movements* und *client cults* unter dem „Dach" ein und derselben Gruppe sind denkbar, etwa im Sinne eines organisatorisch verdichteten Zentrums mit überdurchschnittlich engagierten Mitarbeitern mit größerer Nähe zum „Meister" und einer mehr oder weniger diffusen Peripherie, in der Anhänger ohne nennenswerte Bindung an die „eigentliche" Organisation von autorisierten Repräsentanten der Bewegung betreut werden. Da es sich um idealtypische Klassifizierungen handelt, läßt sich auch sonst teilweise über eine genauere Zuordnung einzelner Bewegungen streiten.

Neben diesen beiden Hauptkategorien wird in phänomenologisch begründeter Kürze noch auf „institutionelle" Verfestigungen des Esoterik-*audience* eingegangen. Ein *audience* ist ein indirekter, weitgehend unpersönlicher Zusammenhang von Individuen mit gemeinsamen Interessen an spirituellen Themen und Produkten. Entsprechend gestimmte Personen sind Käufer einschlägiger Waren, Leser von typischen Publikationen oder Teilnehmer an Wochenendkursen. Auf diese Weise konstituieren sie im Austausch mit Inhabern städtischer „New Age"-Läden, Verlegern, Workshop-Veranstaltern oder Betreibern von esoterischen, inhaltlich nicht dezidiert festgelegten Einrichtungen in ländlicher Umgebung den sogenannten „Lebenshilfe- und Psychomarkt".

Mit diesen drei Kategorien sind aus dem Gegenstandsbereich nach „oben" hin „klassische" christliche Sondergemeinschaften ausgeschlossen. Nach „unten" hin ist eine Grenze gegenüber der in Ostdeutschland ohnehin nur höchst marginal ausgeprägten und intentional nicht religiös konstellierten Jugendszene des „Okkultismus und Satanismus" gezogen.

So gegliedert, werden die Ergebnisse von Recherchen zusammengefaßt, die sich neben dem Rückgriff auf wissenschaftliche Sekundärquellen aus der Auswertung von hauptsächlich drei Materialgruppen ergeben haben. Es handelt sich dabei erstens um relevante behördliche Stellungnahmen, zweitens um verfügbare Verlautbarungen erklärter *cult*-Gegner sowie drittens um Eigenangaben der zur Debatte stehenden Gruppen. Dieses Streuung entspricht der von Richardson, Balch und Melton (1993) aufgestellten Forderung nach einer „mehrdimensionalen" Zusammenschau perspektivisch disperater Quellen, wenn es um gesellschaftlich umstrittene Religionsgemeinschaften geht.

Im Anschluß an die Darstellung der Ergebnisse erfolgt im zweiten Teil die Interpretation der skizzierten „alternativ-religiösen" Situation in den neuen Bundesländern.

II. Zur Präsenz und geographischen Ausbreitung alternativer Religiosität in Ostdeutschland

II.1 Institutionelle Verfestigungen im Phänomenbereich von „cult movements"

Ginge es nach dem dominanten öffentlichen Meinungsbild, dann müßte es nach der Wende vor allem der Scientology Church gelungen sein, sich organisatorisch in Ostdeutschland zu etablieren. Das trifft jedoch schon für die Zeit bis etwa 1993 nur bedingt, später noch weniger zu. 1990 soll kurzfristig eine Kontaktadresse in Erfurt bestanden haben (vgl. Kirchner 1990: 2). Auch ein vom Thüringer Ministerium für Soziales und Gesundheit im April 1993 gemeldetes Dianetik-Zentrum in Suhl wurde kurz darauf wieder geschlossen (vgl. Kleine Anfrage des Abgeordneten Neumann (CDU), Drucksache 1/2188, 23.4.1993). Ansonsten gilt für Thüringen: „Die Scientology-Organisation hat [...] bisher kaum Einfluß ausgeübt. Bekannt sind etwa 10 Privatpersonen, die regelmäßig an scientologischen Fortbildungen teilnehmen" (vgl. Arbeitskreis 'Sekten' (Religions- und Weltanschauungsgemeinschaften) in Thüringen e.V., 1997).

Ebenso undramatisch stellt sich die Situation in Sachsen dar. Dort war 1990 in Dresden der Scientology-Kirche e.V. gegründet worden (Leipziger Volkszeitung, 10.12.1996). Dieser richtete im Jahre 1993 für nur wenige Monate ein „Missions-Zentrums" ein (Freie Presse Chemnitz, 31.1.1997) Nachdem der Verein 1995 sogar die Löschung aus dem Telefonbuch (Leipziger Volkszeitung, 28.8.96) veranlaßt hatte, wurde im Oktober 1996 offiziell bestätigt, daß der e.V. keinerlei Tätigkeit mehr entfalte. Andere Einrichtungen der Scientology-Organisation oder Aktivitäten von Scientologen seien nicht bekannt, hieß es im gleichen Kontext (Antwort des Sächsischen Staatsministeriums für Kultus auf eine Kleine Anfrage des Abgeordneten Gerhard Hartmut Götzel, CDU-Fraktion, Drucksache 02/4330). Die 1997 erfolgte Pressemeldung, das Dresdner-Zentrum solle wieder eröffnet werden, erwies sich als unzutreffend. Wenn sich über Dresden hinaus in Sachsen überhaupt eine weitere lokale Scientology-Gruppe identifizieren läßt, dann nur in dem Sinne, daß es in Leipzig einen nach außen hin unscheinbaren, quantitativ kaum zu Buche schlagenden informellen Kreis von Scientology-Praktizierenden geben soll (Antwortschreiben der Scientology-Sprecherin Sabine Weber, 17.1.1998). In Sachsen-Anhalt ist Scientology zu keinem Zeitpunkt im Sinne eines regionalen institutionellen Ablegers in Erscheinung getreten (vgl. Antwortschreiben des zuständigen Ministeriums, 17.7.98.).[2]

---

2   Vgl. weiterhin den Fragenkatalog der „Ständigen Interministeriellen Arbeitsgruppe Scientology-Organisation der Bundesregierung". Beantwortet durch: das Ministerium des In-

"Alternative Religiosität" in Ostdeutschland

Auch aus Brandenburg liegen keine Meldungen über organisatorische Verfestigungen der Gruppe vor. Lediglich für fünf Monate, zwischen Oktober 1992 und Februar 1993, bestand als einzige Scientology-Niederlassung in Mecklenburg-Vorpommern ein Dianetik-Büro in Schwerin (vgl. Informationsbroschüre über Sekten und Weltanschauungsgruppierungen 1995: 15.). Mit Blick auf Berlin heißt es vielsagend:

„Der Berliner Verein 'Scientology Kirche Berlin e.V.' betreibt sein Gewerbe in seinem *bescheidenen* Sitz in Friedenau. Die Bedeutung des Berliner Vereins mit seinen ca. 200 aktiven Mitgliedern ist für Deutschland vergleichsweise gering einzuschätzen" (vgl. Senatsverwaltung für Schule, Jugend und Sport 1997: 38; Hervorhebung F.U.).

Dieses Urteil wurde von der verantwortlichen Senatsbeauftragten an anderer Stelle mit den Worten bekräftigt: „Man wird bei den 200 Leuten, die Scientology aktiv in Berlin hat, nicht sagen können, daß es einen ungeheuren Zulauf von Ostberlinern gab" (Junge Welt, 27.10.1997).

Zwischen Dezember 1991 (Berliner Kurier, 12.12.1991) und Anfang 1992 (Märkische Oderzeitung, 18./19.Januar 1992) machte ein Plan der *TM-Bewegung* Schlagzeilen, der den Bau einer „Maharishi Stadt der Unsterblichkeit" in der Nähe von Beeskow bzw. zwischen Ahrensdorf und Glienicke vorsah. 10 000 Personen sollten diesen Ort bewohnen. Zur Ausführung dieses Vorhabens kam es nicht, allerdings sollen sich im Kontext dieser Aktivitäten etwa 100 TM-Praktizierende aus Westdeutschland in einem ehemaligen FDJ-Ferienheim im brandenburgischen Wendisch-Rietz vorübergehend einquartiert haben. Die Außenwirkung dieser Gruppe war allerdings gering. Innerhalb von sechs Monaten soll lediglich ein Meditationskurs für vier Anwohner, darunter die Frau des Bürgermeisters von Wendisch-Rietz, abgehalten worden sein (Bild Zeitung, 25.01.1992). „Konventionelle" TM-Zentren wurden nur in Halle (Antwortschreiben Ministerium für Arbeit, Frauen, Gesundheit und Soziales des Landes Sachsen-Anhalt, 17.7.98), im Vogtland (Sächsischer Landtag, 2. Wahlperiode, Drucksache/1920, 1996) und in Schwerin etabliert und bestehen offenbar bis heute. Ein TM-Lehrer ist regelmäßiger, zwar ohne feste Räumlichkeiten, dafür aber – wie der Arbeitskreis „Sekten" in Thüringen formuliert – mit einer „Stammkundschaft" in einer Größenordnung zwischen 15 bis 30 Personen in Erfurt und Eisenach tätig, aber – wie bewertet wird – „ziemlich erfolglos", (vgl. Arbeitskreis 'Sekten' 1997; Weidenkaff 1998). Unabhängig davon sollen – den Eigenangaben der TM-Bewegung zufolge – in den bestehenden Zentren, aber örtlich

---

nern, das Ministerium der Justiz, das Ministerium der Finanzen, das Ministerium für Wirtschaft und Technologie, das Ministerium für Wohnungswesen, Städtebau und Verkehr, das Kultusministerium, das Ministerium für Arbeit, Soziales und Gesundheit (Federführung) des Landes Sachsen-Anhalt. Das Papier, mit Sicherheit vor dem 14.1.97 erstellt, ist nicht datiert.

auch losgelöst von diesen, bis 1997 etwas mehr als 1300 Personen in die Transzendentale Meditation unterwiesen worden sein (Antwortschreiben der TM-Trägergesellschaft Samhita-GmbH, Februar 1998).

Örtliche Gruppen der *Vereinigungskirche* in den neuen Bundesländern haben sich nur in ganz wenigen Fällen etablieren können. Unklar ist – wie vom Evangelisch-Lutherischen Landeskirchenamt Sachsen im Herbst 1992 angegeben wurde – ob die Vereinigungskirche tatsächlich im Vogtland ein ehemaliges Betriebsferienheim als Schulungszentrum erworben und zeitweilig genutzt hat. Gleichfalls fraglich ist, ob ein im Januar 1995 von der Presse behaupteter „Club Regenbogen" in Dresden (Wochenpost, 12.1.95) bestanden hat, denn aus einer Selbstauskunft der Vereinigungskirche vom Februar 1998 geht hervor, daß man über keinerlei Einrichtungen in Ostdeutschland verfügt. Folgt man zudem den von der Gruppe genannten Zahlen, dann wird verständlich, warum im gleichen Atemzug die Möglichkeit der weiteren Expansion höchst pessimistisch eingeschätzt wird. Neben 30 Mitgliedern im Großraum Berlin sollen noch drei Personen in Leipzig, fünf in Dresden sowie ein Mitglied in Jena wohnen. Während die Mitglieder in Leipzig aus dem Westen zureisten, sind fünf weitere Personen, die nach 1990 in den neuen Ländern gewonnen werden konnten, in ein altes Bundesland verzogen oder im Ausland verheiratet (Antwortschreiben der Vereinigungskirche Frankfurt/Main, Februar 1998).

Das von den Räumlichkeiten her renommierteste *ISKCON*-Projekt wurde in Weimar realisiert (Kahl 1995: 63 ff.). Dort bauten Mitglieder aus Heidelberg 1990 zunächst ein Haus zu einem Zentrum um, kurz darauf erwarb man eine dreistöckige Villa, in die man umzog. Die Renovierungsarbeiten waren noch nicht abgeschlossen, da gingen aber bereits spürbar die zunächst etwas mehr versprechenden Besucherzahlen zurück. Ab 1993 wurde auch die „Kerngemeinde" kleiner. Von ursprünglich zehn oder elf Personen lebten 1995 nur noch vier oder fünf im Tempel. Ende September 1995 fand dort dann auch die letzte größere Veranstaltung statt. Heute besteht in Weimar nur noch eine private Kontaktadresse. Dort sollen zweimal im Monat religiöse Veranstaltungen mit einem Kern von vier Personen stattfinden. Ähnlich wie in Weimar wurde das 1990 in Leipzig eingerichtete ISKCON-Zentrum zunächst recht gut besucht. Dann nahmen die Zahlen jedoch kontinuierlich ab. Auch die eigentliche personelle Trägerschaft der Niederlassung, eine WG, wurde kleiner. 1995 lebten nur noch drei bis vier Mitglieder im Zentrum, das deshalb aufgegeben wurde. Parallel zu Ablegern in Westberliner Bezirken gibt es eine 15-köpfige Gruppe in Ostberlin. Gegebenenfalls findet sich auch das Ehepaar, das ISKCON-Angaben zufolge in Potsdam als Ansprechpartner für Interessenten zur Verfügung steht (Antwortbrief des ISKCON-Sprechers Dasavatara Dasa, 5.2.98.), zu den Treffen dieser Berliner Gruppe ein. Spätestens seit 1995 gibt es auch einen Kreis in Dresden. Die Größe des Zirkels wurde Anfang des Jahres 1997 von der Lokalpresse auf 30

Personen veranschlagt (vgl. Morgenpost Dresden, 30.1.1997). Dieser Zahl widerspricht die aktuellere Eigenangabe, nach der Anfang des Jahres 1998 lediglich acht Personen zur dortigen Gemeinschaft gehörten. Die Gruppe heißt bei ihren Treffen aber „Interessierte" willkommen, so daß der Kreis wohl zahlenmäßig nach oben hin flexibel ist. Ort der Zusammenkünfte, die einmal im Monat von einem regelmäßig aus Westdeutschland zureisenden ISKCON-Mitglied betreut werden, ist eine Privatwohnung (vgl. Kahl 1995: 62ff.). Private Kontaktadressen bestehen auch in Greifswald und in Schwerin. Es ist bezeichnend für die karge Gesamtsituation der Hare-Krishna-Bewegung in Ostdeutschland, daß selbst diese Anschriften als „Informationszentren" ausgegeben werden.

Die wenigen Zentren der *Osho-Bewegung* – so die Auskunft eines Sprechers (Antwortbrief des Sprechers der Osho-Bewegung, Christian Gambke, 28.2.1998) – entstanden in der Regel dort, wo ein individueller Wohnortwechsel von West nach Ost, etwa bedingt durch Zurückgabe von Familienbesitz, vorgenommen wurde. Die Niederlassungen sind entweder Informations- oder Meditationszentren. Adressen der erstgenannten Art fungieren als Anlaufstellen für Interessenten. Sie sind keine Orte einer gemeinsamen spirituellen Praxis. Für diesen Typus findet sich ein Beispiel in Frankfurt/Oder, zwei weitere bestehen in Mecklenburg-Vorpommern. Daneben existieren in Ostdeutschland noch drei Meditationszentren, und zwar das Osho Meditation Center in Templin, das Osho Nishabda Meditation Center in Vieregge sowie das Osho Manjusha Meditationszentrum im sächsischen Höckendorf, mit regelmäßigen Programmen inklusive Wochenendkursen. Letzerem ist eine WG im nahegelegenen Dorfhein angeschlossen. Die Wirkung der drei Meditations- und der beiden Info-Zentren in Westberlin auf ein Ostberliner Publikum dürfte eher gering sein. Große Zuwächse sind laut „Sekten"-Bericht des Berliner Senats in den letzten Jahren dort nicht zu verzeichnen gewesen (Senatsverwaltung für Schule, Jugend und Sport 1997: 25) Entsprechend sieht auch ein Sprecher der Osho-Bewegung keine „nennenswerte Ausstrahlung" dieser Einrichtungen „in den Osten hinein"(Antwortbrief des Sprechers der Osho-Bewegung, Christian Gambke, 28.2.1998).

In der Presse war außerdem von vorübergehenden organisatorischen Verfestigungen zweier weiterer Gruppen mit hinduistischem Hintergrund die Rede. Den Anhängern *Satya Sai Babas* wurde 1994 eine Kontaktadresse oder ein Treffpunkt in der Leipziger Holzhäuser Straße nachgesagt (vgl. Leipziger Volkszeitung, 9.12.94). Die Dresdner Gruppe von *Sant Thakar Singh* soll sich 1994 am Postplatz eingerichtet haben (Super Illu, 10.11.94) und 1997 in eine Baracke in der Marienstraße umgezogen sein (Morgenpost Dresden, 30.1.1997).

II.2 Institutionelle Verfestigungen im Phänomenbereich von „client cults" und des Esoterik-audience

Mit Blick auf alternative Heilverfahren werden wiederholt *Bruno Gröning-Freundeskreise* genannt, die sich regelmäßig etwa in Mecklenburg-Vorpommern (Antwortbrief der Sektenbeauftragten des Landes Mecklenburg-Vorpommern, Frau Dr. S. Hermes, 30.4.98), Sachsen-Anhalt (Antwortschreiben des Ministeriums für Arbeit, Frauen, Gesundheit und Soziales des Landes Sachsen-Anhalt, 17.7.98) oder Berlin (Senatsverwaltung für Schule, Jugend und Sport 1997: 31) treffen. In den weiteren Kontext der Esoterik gehören die *Schule der 108 Schritte* in Gutenfürst, das *Ontosophische Modell zur Förderung ganzheitlicher Lebensqualität und Gesundheit* im Schloß Brandenstein im thüringischen Ranis (Welt am Sonntag, 30.10.94) sowie ein Bauernhof von Vertretern der *Yamagishi-Bewegung* in der Gemeinde Braunsrode (Religio-Infodienst 2/93). Zahlenangaben sind in all diesen Fällen nicht verfügbar.

Verglichen mit der Situation in Westdeutschland ist ein *Esoterik-Markt* im engeren Sinne in den neuen Bundesländern nur geringfügig ausgeprägt. In Berlin wird dieser Mangel aufgrund des reichhaltigen Angebotes in den westlichen Bezirken der Stadt zum Teil kompensiert. Nach Beobachtungen der „Sekten"-Beauftragten des Senats scheinen entsprechende Veranstaltungen dem Bedürfnis Ostberliner Kreise nach Souveränität und Durchsetzungskraft entgegenzukommen (Antwortschreiben der Senatsbeauftragten Frau Rühle, 2.4.1998). Auch in der Esoterik-Szene Mecklenburg-Vorpommerns beginnen sich nach Aussage der dortigen „Sekten"-Beauftragten im Kultusministerium allmählich einheimische Personen zu etablieren und sich z.B. im Kontext von Esoterikmessen der Öffentlichkeit zu präsentieren. Auch die Existenz von Esoterikläden in Schwerin und Rostock, der Institution *Spirale 7* oder restaurierte Gutshäuser mit Esoterikangeboten im ländlichen Raum sollen diesen Trend bestätigen (Antwortbrief der Berliner Sektenbeauftragten des Landes Mecklenburg-Vorpommern, Frau Dr. S. Hermes, 30.4.1998). Demgegenüber läßt ein regelmäßiger Blick in die nach Regionen aufgegliederte Aufstellung einschlägiger Angebote in der Zeitschrift „Esotera" die bereits 1993 ähnlich gezogene Schlußfolgerung zu (vgl. Pollack 1997), daß die Esoterik-Szene in Ostdeutschland nach außen hin wenig Profil zeigt. Das den Monatsheften im Innenteil eingegliederte „Kursbuch" mit dem Anspruch, „mit über 300 Anzeigen die umfangreichste Übersicht über esoterische und spirituelle Veranstaltungen und Kursangebote in Deutschland, Österreich, der Schweiz und zahlreichen weiteren Ländern in aller Welt" zu sein, führte beispielsweise im Februar 1998 mit Blick auf die neuen Bundesländer lediglich folgendes aus: Je eine Anzeige bezog sich auf Veranstaltungen in Dresden, Chemnitz und Halle. Dazu kamen zehn weitere Angebote in relevanten Postleitzahlbereichen inklusive Berlin, die unter der Sammelru-

"Alternative Religiosität" in Ostdeutschland

brik „Reiki" aufgelistet waren. Im Gegensatz dazu fanden sich im allgemeinen Teil 120 Kurse und unter der Kategorie „Reiki" mindestens 55 Seminare, die für einen westdeutschen Veranstaltungsort angekündigt waren.

II.3 Kommentierung

Bei der obigen Zusammenstellung handelt es sich nicht etwa um willkürlich ausgewählte Beispielfälle, sondern um die repräsentative Darstellung der tatsächlichen Sachlage des „alternativ-religiösen Sektors" im eingangs kategorial eingegrenzten Sinne. Damit ergibt sich, daß unter dem Blickwinkel von Gruppenzugehörigkeiten bzw. Frequentierungen von mehr oder weniger „institutionalisierten" einschlägigen Angeboten nicht von einer nennenswerten Verbreitung alternativer Religiosität in den neuen Bundesländern gesprochen werden kann.

Sofern es den um Einfluß bemühten Gruppen überhaupt gelungen ist, in den neuen Ländern konkreter Fuß zu fassen, fällt die Bilanz überwiegend dürftig aus. Den einzigen „Ausreißerwert" stellen die gut 1300 ostdeutschen Teilnehmer von TM-Kursen dar, welche die betreffende Organisation selbst angegeben und die Zahlen chronologisch nach Jahren aufgeschlüsselt hat. Dabei zeigt sich, daß der Höhepunkt bereits im Jahre 1990 lag. Damals konnte man in allen neuen Bundesländer einschließlich Ostberlin 360 Meditationseinführungen verbuchen. Diese Zahl wurde danach in keinem Jahr mehr erreicht. Die bisherige Talsohle wurde im Jahre 1995 mit lediglich 70 Kursteilnehmern durchschritten. Relativierend ist weiterhin die geringe Gruppenbindung der meisten TM-Praktizierenden anzumerken. Ihre Verweildauer, meist an der Peripherie der Organisation, dürfte zudem auch in Ostdeutschland nicht unbedingt vom allgemeinen Durchschnitt einer etwa zweijährigen Beteiligung an einer alternativ-religiösen Bewegung abweichen (Murken, in: Endbericht der Enquete-Kommission „Sogenannte Sekten und Psychogruppen" 1998). Als aussagekräftigerer Indikator für das tatsächliche Maß an Institutionalisierung der TM-Gesellschaft ist deshalb wohl eher die Tatsache zu werten, daß sich bis 1997 lediglich drei Personen aus Ostdeutschland zum TM-Lehrer haben ausbilden lassen (Antwortschreiben der TM-Trägergesellschaft Samhita-GmbH, Februar 1998). Insofern kann man den Schluß ziehen, daß sich eine selbsttragende ostdeutsche TM-,,Szene" nicht konstituiert hat.

Der Scientology Church, ohne ein einziges Zentrum vor Ort und nur durch informelle Kreise vertreten, können maximal 40-50 Personen zugerechnet werden. An dieser Tatsache führen auch früher datierte Medienberichte über wirtschaftliche Aktivitäten von wenigen Einzelpersonen nicht vorbei, die stets pauschal mit *der* Scientology Organisation gleichgesetzt wurden. Ähnlich frustrierend stellt sich die Situation für die Vereinigungskirche dar. Selbst wenn man alle Berliner Mitglieder einrechnet, hat diese Gemeinschaft lediglich 39 in Ostdeutschland lebende Anhänger. Die schon in den Anfangsjahren nur zweistellige Zahl von Tempel- und WG-Bewohner als aktiver Kern der ISKCON waren überwiegend aus dem Westen zugereist und kehrten bis circa 1995 mehrheitlich dorthin zurück. Seither dürfte sich das quantitative Ausmaß von Anhängern, die nicht bloß gelegentliche Besucher von Vorträgen, geladene Gäste bei einem vegetarischen Essen oder Bezieher von Info-Material sind, auf maximal 25 Personen eingependelt haben. In den gleichen Größenordnungen dürften sich auch die ostdeutschen Osho-Sannyasis bewegen und damit in etwa der zusammengerechneten Zahl der Anhänger einerseits von Sai Baba und andererseits von Thakar Singh entsprechen.

Was die verbleibenden Gruppen betrifft, so ist nur mit Blick auf die Bruno Göring-Freundeskreise eine etwas größere, jedoch im „Rahmen" verbleibende Mitgliedschaft anzunehmen. Wie schwach zumindest auf der Anbieterseite das Esoterik-*audience* in den neuen Bundesländern ausgeprägt ist, wurde bereits angesprochen.

III. Interpretation

Die Beantwortung der Frage, warum alternativ-religiöse Phänomene in Ostdeutschland so wenig Resonanz finden, greift bereits vorliegende Erklärungsmuster auf. Ergänzend ergeben sich jedoch einige, bislang weniger deutlich herausgestellte Aspekte. Die Gliederung der entsprechenden Überlegungen erfolgt in Anlehnung an die Metapher des „religiösen Marktes" mit seinen beiden Komponenten „Anbieter" und „Adressaten". Entsprechend werden zunächst Bedingungen auf seiten der Gruppen reflektiert. Danach wird über die Verfaßtheiten der ostdeutschen Bevölkerung im Blick auf die fehlende Akzeptanz alternativ-religiöser Orientierung nachgedacht.

III.1 Defizite auf seiten der alternativ-religiösen Bewegungen

III.1.1   Fehlende institutionelle Anschlußmöglichkeiten

Auf das Faktum, daß sich in der DDR so etwas wie eine alternativ-religiöse Szene nur in vagen Ansätzen herausgebildet hatte, wurde verschiedentlich verwiesen (vgl. Daiber 1995: 169), jedoch nicht im Sinne einer erschwerenden Bedingung für die nach der Wende in Ostdeutschland aktiv werdenden Gruppen. Tatsächlich gab es circa ein Dutzend Absolventen heimlicher TM-Kurse in Kleinmachnow (Deine Gesundheit, 12/1990: 4), ein paar Bhagwan-

Anhänger in Dresden, Thüringen und Ostberlin (Konstanzer Südkurier, 6.7.1991), Schüler von Babaji und Sai Baba (Neue Zeit, 23.11.1990), ISKCON-Zirkel in Berlin-Köpenick, Leipzig, Dresden und Chemnitz (Kahl 1995: 61), einen „dünnen" Zweig der Vereinigungskirche (Krüger, Senator für Jugend und Familie, in: Abgeordnetenhaus von Berlin. 12. Wahlperiode. Drucksache 12/459: 1026) und sogar einen „einsamen" DDR-Bürger, der in der internen Statistik der Scientologen als Teilnehmer eines Dianetik-Fernkurses zu Buche schlug. Auch von der Existenz eines Bruno-Göring-Freundeskreises wird berichtet (Wochenpost, 3/1995: 32). Einige dieser Zusammenhänge dürften zum Zeitpunkt des Mauerfalls noch vorhanden gewesen sein, und dann bestand hier und da für Gruppenvertreter aus dem Westen ggf. die Möglichkeit, an bestehende soziale Netze anzuknüpfen. Institutionelle Strukturen ersetzten diese Kontakte jedoch nicht, so daß es auch für die bevorteilteren Bewegungen wohl doch ein kompletter und somit energie- und kostenaufwendiger Neuanfang in Ostdeutschland war. Vielleicht verkehrten sich aber nach der Wende sogar vorher funktionierende Beziehungen zwischen „Schwestergemeinden" sogar in ihr Gegenteil, weil nun konkret zwei unterschiedliche alternativ-religiöse Stile aufeinandertrafen. So war es zumindest in Berlin, wo ein Hare-Krishna-Kreis aus den Osten auf eine ISKCON-Gruppe aus dem Westen stieß und grundsätzlichere Differenzen einem Zusammenschluß im Wege standen (vgl. Walter 1994). Es wäre interessant zu wissen, wie sich der Vereinigungsprozeß für andere „bilaterale" Gruppen dargestellt hat.

III.1.2 Defizitäre Werbeaktivitäten

Als ein zweiter, stärker zu gewichtender Grund des Scheiterns alternativreligiöser Bewegungen in den neuen Bundesländern sind die weitgehend defizitären Werbeaktivitäten der betreffenden Gruppen zu sehen. Zwar ist es richtig, daß von den Vertretern einzelner Organisationen zeitweilig ein außergewöhnlicher Einsatz erbracht wurde, wenn es – wie etwa im Falle der ISKCON – galt, in einem Info-Bus auf einer Werbetour durch ostdeutsche Städte unterwegs zu sein. Es stimmt auch, daß insbesondere von der Scientology Church teilweise ein erheblicher materieller Aufwand, z.B. beim Verteilen hoher Auflagen von Flugblättern oder beim Versenden von – im Wortsinne – Massendrucksachen, betrieben wurde. Ebenso ist der Hinweis korrekt, die TM-Bewegung habe sich durch eine zur besten Sendezeit im Fernsehsender DFF plazierte „30minütige Selbstdarstellung" am 24. September 1990 (Main Post, 13./14.10.1990) Vorteile mit Blick auf Bemühungen verschafft, sich in Ostdeutschland zu etablieren. Aber man sollte demgegenüber nicht verkennen, daß die „alltägliche" Öffentlichkeitsarbeit der Bewegungen einen überwiegend sporadischen und punktuellen Charakter gehabt hat. Das gilt – entgegen anderslautenden Vermutungen – nicht erst ab 1992 bzw. 1993, sondern – zum Teil überdeutlich erkennbar (vgl. z.B. Barz 1993: 39) – auch schon für den vorangegangenen Zeitraum. Zudem gehen nicht nur landesbehördliche Einschätzungen davon aus, daß sich die Besucherzahlen bei anberaumten Vorträgen – wenn sie nicht ganz ausfielen – in vielen Fällen deutlich in Grenzen hielten. Die Behauptung, es habe insbesondere in den Jahren nach der Grenzöffnung „massive" Anwerbungsversuche alternativ-religiöser Bewegungen gegeben, erscheint dann auch im Zusammenhang gesehen unglaubwürdig.

III.2 Kontraproduktive Bedingungen auf seiten der Adressaten

III.2.1 Distanz gegenüber alternativer Religiosität aufgrund mangelnder religiöser Dispositionen und des Fehlens eines gegenkulturellen „cultic milieu"

In der relevanten religionssoziologischen Literatur herrscht Übereinstimmung darüber, daß der Mißerfolg alternativ-spiritueller Gruppen wesentlich auf eine verbreitete *allgemeine* religiöse Indifferenz in den neuen Bundesländern zurückzuführen ist. Dieses Desinteresse, das historisch begründet (vgl. Schmidtchen 1997: 150 ff.) und alltagsweltlich durch die Plausibilitätsstruktur eines „naturalistischen Weltbildes" (vgl. Die gottlosen Deutschen 1997: 28) abgestützt ist, wird von Pollack als „innere Säkularisierung" (Pollack 1996: 696) großer Teile der ostdeutschen Bevölkerung charakterisiert. Diese so bezeichnete weltanschauliche Disposition beschränkt sich nicht auf eine bloße Kirchenferne oder eine Distanz gegenüber dem Christentum, sondern ist als „religiöser 'Abbruch'" (Pickel 1995: 532) bzw. als „tiefe Entfremdung vieler Ostdeutschen von *allen* religiösen Fragestellungen" (Mitarbeiter der EZW Fincke zitiert in: Leipziger Volkszeitung, 1.8.96) zu verstehen. Neuspirituelle Offerten laufen in den neuen Bundesländern demnach ins Leere, weil mehrheitlich kein Unterschied zwischen Kirchlichkeit und alternativer Spiritualität gemacht wird, sondern religiöse Optionen insgesamt als „fremd" empfunden werden (Pollack 1996a: 83).

Der Abstand sowohl gegenüber konventioneller Kirchlichkeit als auch gegenüber unkonventioneller Religiosität hat tieferliegende Ursachen, die sich wie folgt charakterisieren lassen: Folgt man Kehrer, dann entstehen auf Transzendenz abzielende Bedürfnisse nicht selbstverständlich im Sinne einer „natürlichen" Reaktion auf „biologisch" vorgegebene Anlagen. Vielmehr wird „Religion [...] erlernt, wie andere kulturelle Fähigkeiten und Fertigkeiten auch" (Kehrer 1994: 121). Dazu bedarf es jedoch entsprechender Sozialisations- und sozialer Diskursbedingungen bzw. eines geistigen „Klimas" (Pollack 1996b: 607), in dem religiöse Sozialisation zumindest in dem Sinne gelingt, daß einer ausreichenden Zahl von Angehörigen der nachfolgenden Generation eine religiöse Disponiertheit erhalten bleibt. Unter dieser Minimalbedingung verweisen alternative religiöse Orientierungen auf die Existenz sozial vermittelter spiritueller Motivationslagen, die nicht mehr befriedigend von den konventionellen Angeboten erreicht werden[3] und sich deshalb innovative bzw. unkonventionelle Wege suchen (vgl. Nelson 1984). Als Umkehrschluß ergibt sich, daß die Wahrscheinlichkeit einer Verbreitung neuer religiöser Bewegungen in dem Maße sinkt, in dem nicht nur traditionelle religiöse *Inhalte* in ihrer Geltung zurückgedrängt werden, sondern – wie in der DDR – auch die familiären und gesamtgesellschaftlichen Voraussetzungen zur Herausbildung einer *religiösen Disponiertheit* weitestgehend entfallen.

Im Rückblick auf die genuine Phase der alternativen Religiosität, also auf die Zeit gegen Ende der sechziger, zu Beginn der siebziger Jahre in den USA und Westeuropa, läßt sich noch eine weitere These entwickeln: Der damalige tatsächliche „Boom" besagter Bewegungen, vor allem in ihren asiatischen Varianten, hatte sich unter den Vorzeichen einer spezifischen Grundstimmung aufgebaut. Er war in der gegebenen Form nur möglich, weil sich in der betreffenden Generation erstens eine grundsätzliche Verweigerungshaltung gegenüber den Institutionen, Wirtschaftsformen, Interaktionsmustern und Werten der Industriegesellschaft breit gemacht hatte und es zweitens zu einer „Orientalisierung" okzidentalen Denkens (Campbell 1997) als Folge eines symbolisch entsprechend eingebetteten Konsums halluzinogener Drogen gekommen war. Die eigentliche Trägerschaft dieses Aufbegehrens entstammte einer existentiell ausreichend gesicherten Mittelschicht (Barker 1993: 239).

Es ist offensichtlich, daß sich diese genuine Welle inzwischen abgebaut hat. Dennoch kann man behaupten, daß einige der Gruppen und deren Ausläufer den ursprünglichen gegen*kulturellen* Impetus zumindest abgeschwächt bewahrt haben (Heelas 1996: 29ff.). In diesem Sinne bedienen die entsprechenden Bewegungen nach wie vor einen Teil derjenigen, die sich – befreit vom unmittelbaren Druck der materiellen Existenzsicherung, aber in Distanz gegenüber okzidentalen Standards – im Sinne der Motivationshierarchie von Maslow (1970) postmaterialistischen (Inglehardt 1977) Fragen der Transzendenz und Spiritualität zuwenden. Diese Konstellation spricht dafür, daß für einen „Boom" bestimmte gesellschaftliche, längerfristig wachsende Konstellationen gegeben sein müssen, die sich in Ostdeutschland schon aus zwei Gründen nicht einfach wiederholen lassen: Zum einen hat die Wende Lebensziele produziert oder gesteigert, die einem Interesse an einer postmaterialistischen Spiritualität den Weg verstellen. Zweitens hat sich in der DDR – anders als in den USA und Westeuropa – auch deshalb kein asiatisch-konnotiertes „cultic milieu" (vgl. Campbell 1972) als „ideologischer" Unterbau für

---

3 So argumentiert auch Barz mit Blick auf die geringe Ausprägung des Okkultismus in den Neuen Bundesländern (vgl. Barz 1994: 21 ff., insbesondere 25).

ein *audience*, für *client cults* und für *cult movements* herausbilden können, weil der quasi selbstverständliche und inflationäre Zugang zu halluzinogenen Drogen mit ihrer Schlüsselfunktion für die Bewußtseinsreligiosität Asiens (vgl. Usarski 1989) nicht gegeben war.

III.2.2 Argumente im Widerspruch zur Kompensationsthese

Öffentliche Warnungen vor einer flächendeckenden „Sekten"-Invasion in Ostdeutschland verbanden sich öfter mit der Metapher vom Sinn-„Vakuum" der Bürger der ehemaligen DDR und dem daraus resultierenden Bedürfnis nach einer „klaren", ggf. religiösen Orientierung. Dieser – wie Schmidtchen formuliert – „abenteuerliche Mythos" (vgl. Schmidtchen 1997: 13.) ist nicht haltbar. Akuter als eine ideologische Sinnleere, sofern überhaupt vorhanden, ging gerade in der Anfangszeit unter der ostdeutschen Bevölkerung offenbar die Sorge um Integration nicht nur in materieller Hinsicht (Pollack 1996b: 609), sondern auch in einem übergeordneten Sinne des lebensweltlichen Heimischwerdens in der „erweiterten" BRD um. Dazu bemerkte Helmut Obst im Jahre 1991:

„Zu einem geistig-religiösen Aufbruch, wie er nach der friedlichen Revolution vom Herbst 1989 erwartet wurde, ist es in der Breite der Bevölkerung nicht gekommen. Heute dominieren eindeutig die Fragen des individuellen wirtschaftlichen Überlebens und dort, wo dies gesichert erscheint, das Bestreben, eine Entschädigung für den in der Vergangenheit auferlegten Konsumverzicht zu erlangen" (Obst 1991: 198).

Ein differenzierterer Widerspruch gegenüber der Vakuums-These setzt einerseits bei der von Stenger (1998) vorgeschlagenen Differenzierung zwischen „kultureller Konversion" und „religiöser Konversion" und andererseits bei den von Stark (1996) vorgenommenen Überlegungen zu den ideellen „Aufwendungen" an, die bei einem Beitritt zu einer alternativ-religiösen Bewegung von einem „Konvertiten" zu leisten sind. Folgt man der Wortwahl Stengers, dann stellt sich eine Konversion als ein „nachhaltiger Wandel der Wirklichkeitsordnung" dar. In diesem Sinne kommt es zu einer Umstrukturierung des weltanschaulichen Repertoires des betroffenen Individuums. Anthropologisch bzw. wissenssoziologisch betrachtet, gestaltet sich eine „kulturelle Konversion" weitaus dramatischer als eine „religiöse Konversion". Idealtypisch gedacht, impliziert erstere das Verlassen der angestammten Relevanzstrukturen. Damit wird das routinisierte, psychophysisch entlastende „habitualisierte Rezeptwissen" hinfällig und komplementär die Integration in ein differentes „Sinnuniversum" notwendig, deren Abläufe und impliziten Logiken sich einer „selbstverständlichen" Orientierung widersetzen. Demgegenüber bedingt die „religiöse Konversion" eine subjektive Verschiebung der Relevanzstrukturen innerhalb des gewohnten gesamtkulturellen Rahmens. Mit Stark sei betont, daß auch bei der möglichen Entscheidung für eine „religiöse Konversion" kulturelle „Güter" zur Disposition stehen,

"Alternative Religiosität" in Ostdeutschland

welche die Kapazität des betreffenden Individuums durchaus übersteigen können. Das gilt um so mehr, je stärker die öffentliche Präsenz, die Inhalte oder der Stil einer religiösen Gruppe mit jenen Erwartungen, Einstellungen und Handlungsmustern kollidieren, die langfristig über die Sozialisation verinnerlicht wurden und somit zum angestammten lebensweltlichen Repertoire gehören. Entsprechend ist denkbar, daß dem Kandidaten das bei einem Gruppenbeitritt aufzuwendende „kulturelle Kapital" als zu hoch und die „Offerte" deshalb nicht mehr als „lukrativ" erscheint.

Unter diesen Denkvoraussetzungen liegt in Umkehrung der „Vakuums-These" die theoretische Einschätzung nahe, daß die Bereitschaft zum Anschluß an eine unkonventionelle religiöse Gruppe entscheidend vermindert ist, wenn Individuen – wie im Falle der ostdeutschen Bevölkerung angesichts des Vereinigungsprozesses – in eine gesamtgesellschaftliche Umbruchssituation gestellt sind, die den Beteiligten bereits als solche einen überdurchschnittlich hohen, wenn nicht sogar an die „Substanz" gehenden Einsatz „kulturellen Kapitals" abverlangt. Deutlicher formuliert: Wer sich als ehemaliger DDR-Bürger erst einmal an die westdeutsche Alltagswirklichkeit gewöhnen muß, löst seine lebensweltlichen Integrationsprobleme sicher nicht dadurch, daß er gleich noch eine zweite „Konversionshürde" nimmt und sich für eine hinduistische Gruppe mit eindeutig indischem Erscheinungsbild erwärmt, die schon in der alten Bundesrepublik von der gesellschaftlichen Mehrheit als „kultureller Fremdkörper" wahrgenommen wurde. Ein solcher Schritt ist schon deshalb unwahrscheinlich, weil in den Neuen Ländern ein erhöhter Konformitätsdruck wirksam ist, bzw. – um mit Pollack zu sprechen – eine „typisch ostdeutsche Ausrichtung auf die Normalität", deren Kehrseite eine „verbreitete Abneigung gegenüber allem Auffälligen, Extravaganten, Bunten und Exzentrischen" ist und die Angebote im Feld von „Meditation, Yoga, Theosophie, Mystik oder New Age" von vornherein suspekt erscheinen läßt (Pollack 1996b: 609).

Auch gegen das verschiedentlich von einigen Sekten-Verantwortlichen in Modifikation der Vakuums-These gebrauchte Bild des „Drehtüreffektes" läßt sich Spezifisches einwenden, zumal die Metapher einen Zulauf speziell zu konversionsaufwendigeren, d.h. geschlosseneren Gruppen (vgl. Konstanzer Südkurier, 06.07.1991) wie etwa der Vereinigungskirche (vgl. Deine Gesundheit, 12/1990: 4) unterstellt. Die These impliziert, eine gesteigerte „Sekten"-Gefährdung ergebe sich aus dem Bedürfnis nach Wiederholung der „weltanschaulichen Totalbindung" an die Staatsideologie der DDR (vgl. Deutscher Bundestag, 12. Wahlperiode, Ausschuß für Frauen und Jugend. 14. Ausschuß, Protokoll Nr.13., 9. Oktober 1991: 93), wenn auch unter veränderten inhaltlichen Vorzeichen. Das ungefähr meinte der evangelische „Sekten"-Verantwortliche Haack, als er mit Blick auf die ostdeutsche Bevölkerung formulierte:

"Wenn sie sich einmal auf einen Führer, eine Partei, eine Sekte eingelassen haben, können sie zwar von einem Guru enttäuscht werden, aber wenn sie sich abwenden, gehen sie nicht in die Freiheit. Sie fallen gleich auf den nächsten rein, weil sie ihr Grundkonzept nicht geändert haben" (Leipziger Volkszeitung, 26./27.1.1991).

Diesem "Kurzschluß" wurde bereits verschiedentlich widersprochen, etwa mit Verweis auf die Ähnlichkeit des Vorgehens bestimmter Gruppen mit der verhaßten Stasi und der gerade deshalb verstärkten *Ablehnung* solcher Bewegungen (vgl. exemplarisch Der Spiegel 45/1991: 146). Theoretisch interessanter ist ein Argument, das z.B. bei Abel anklingt, wenn er von der „Instinktsicherheit" der Ostdeutschen gegenüber den Verlockungen geschlossener Weltbilder als Ergebnis einer jahrzehntelangen Erfahrung mit dem DDR-Regime spricht (Neues Deutschland, 21.08.1996). Tatsächlich kann man im Rückgriff auf das Instrumentarium der von Berger und Luckmann vertretenen Wissenssoziologie und im Widerspruch zur Rede vom „Drehtüreffekt" hypothetisch annehmen, daß sich im Prozeß der Vereinigung in Ostdeutschland ein erhöhtes „Meta-Bewußtsein" für die prinzipielle Relativität gesellschaftlich konstruierter Wirklichkeiten herausgebildet und damit auch die Bereitschaft oder gar die „Fähigkeit" zu „commitment" vermindert hat – sei es in Form staatlicher Loyalität, sei es in Form absolut setzenden religiösen Glaubens.

IV. Schlußbemerkung

In der ZDF-Sendung „Die religiöse Invasion in die DDR" vom 1.8.1990 verlautete aus höheren Kreisen der Ostberliner Kirchenleitung auf eine entsprechende Frage des Moderators, „daß die Sekten noch nicht so deutlich erkennbar geworden sind, für uns – in unseren Kirchen, sondern mehr uns vom Westen signalisiert worden ist, daß die Sekten hierher kämen und wir mit ihnen zu tun bekämen". Bei dieser Sachlage ist es im wesentlichen geblieben, sowohl was die Präsenz einschlägiger, wie auch immer titulierter Gruppen betrifft, als auch was die von West nach Ost verlaufenden Belehrungen in Sachen „'Sekten'-Gefahr" angeht. Während sich die über größere Strecken vergebliche Suche nach stichhaltigeren Belegen für die Existenz der in Rede stehenden Bewegungen in den neuen Ländern dann auch als ausgesprochen aufwendig erweist, blühen in ostdeutschen Medien, behördlichen Sachstandsberichten und Landtagsdebatten die ad-hoc Spekulationen über eine irgendwie doch vorhandene oder auf irgendeine Weise zumindest bevorstehende und mutmaßlich problematische alternativ-religiöse Welle. Vor diesem Hintergrund bleibt zu hoffen, daß die oben dargelegten und interpretierten Ergebnisse nicht nur auf einen fruchtbaren religionssoziologischen Boden fallen, sondern auch der mit Blick auf konkrete Fakten überwiegend dürftigen öffentlichen Diskussion mehr Substanz verleihen.

Literatur

Abgeordnetenhaus von Berlin, 12. Wahlperiode, 13.Sitzung, 12.9.1991. Drucksache 12/459, 1991. Große Anfrage der Fraktion der CDU und der Fraktion der SPD über den Stand der Entwicklung und des Einflusses von sogenannten Jugendsekten und pseudotherapeutischen Gruppen in Berlin in den letzten zwei Jahren, 1026-1030.
Antwort des Sächsischen Staatsministeriums für Kultus auf eine Kleine Anfrage des Abgeordneten Gerhard Hartmut Götzel, CDU-Fraktion, zum Thema 'Scientologen im öffentlichen Dienst". Drucksache 02/4330. Die Antwort ist datiert auf den 28.11.1996.
Antwortbrief der Berliner Sektenbeauftragten des Landes Mecklenburg-Vorpommern, Frau Dr. S. Hermes, 30.4.98.
Antwortbrief des ISKCON-Sprechers Dasavatara Dasa, 5.2.98.
Antwortbrief des Sprechers der Osho-Bewegung, Christian Gambke, 28.2.1998.
Antwortschreiben der Scientology-Sprecherin Sabine Weber, 17.1.98. München.
Antwortschreiben der Senatsbeauftragten Frau Rühle, 2.4.98.
Antwortschreiben der TM-Trägergesellschaft Samhita-GmbH, Februar 1998.
Antwortschreiben der Vereinigungskirche Frankfurt/Main, Februar 1998
Antwortschreiben des Ministeriums für Arbeit, Frauen, Gesundheit und Soziales des Landes Sachsen-Anhalt, 17.7.98.
Arbeitskreis 'Sekten' (Religions- und Weltanschauungsgemeinschaften) in Thüringen e.V.: Thüringen aktuell 1997 (aktualisiert im Juli 1998). Überblick zum Wirken und Auftreten von Religionsgemeinschaften in Thüringen (ohne Großkirchen, Freikirchen, 'freie Gemeinden' und Jüdische Landesgemeinde).
Barker, Eileen, 1993: Neue religiöse Bewegungen. Religiöser Pluralismus in der westlichen Welt, in: Bergmann, J. et al.: Religion und Kultur, Sonderheft 33 der Kölner Zeitschrift für Soziologie und Sozialpsychologie. Opladen, 231-248.
Barz, Heiner, 1993: Postsozialistische Religion am Beispiel der jungen Generation in den Neuen Bundesländern. Teil 3 des Forschungsberichts „Jugend und Religion" im Auftrag der Arbeitsgemeinschaft der Evangelischen Jugend in der Bundesrepublik Deutschland. Opladen.
Barz, Heiner, 1994: Jugend und Religion in den neuen Bundesländern, in: Aus Politik und Zeitgeschichte, B38, 21ff.).
Berliner Kurier, 12.12.1991: Gefährliche Sekte zieht nach Brandenburg.
Bild Zeitung, Berlin 25.1.1992
Campbell, Colin, 1972: The Cult, the Cultic Milieu and Secularisation, in: Hill, M., (Hg.): A Sociological Yearbook of Religion in Britain, Bd. V. London, 119-136.
Campbell, Colin, 1997: A Orientalização do Ocidente: reflexões sobre uma nova teodicéia para um novo milênio, in: Religião & Sociedade 18, 5-22.
Daiber, Karl-Fritz, 1995: Religion unter den Bedingungen der Moderne. Die Situation in der Bundesrepublik Deutschland. Marburg.
Deine Gesundheit 12/1990: Interview mit Pfarrer Thomas Gandow, 4.
Der Spiegel 45/1991: „Powervolle Wesen", 141-146.
Deutscher Bundestag. 12. Wahlperiode. Ausschuß für Frauen und Jugend. 14. Ausschuß, Protokoll Nr.13. Stenographisches Protokoll über die 13.Sitzung des Ausschusses für Frauen und Jugend am Mittwoch, dem 9.Oktober 1991, 14.00 Uhr, Bonn, Bundeshaus, Sitzungssaal NH 2302 [Vorsitz: Abgeordnete Dr. Edith Niehuis (SPD)] Einziger Punkt der Tagesordnung: Nichtöffentliche Anhörung 'Jugendsekten', 93.

Die gottlosen Deutschen. Wie Ost- und Westdeutsche über höhere Wirklichkeiten denken, in: Psychologie heute, 6/1997.
Fragenkatalog der „Ständigen Interministeriellen Arbeitsgruppe Scientology-Organisation der Bundesregierung". Beantwortet durch das Ministerium des Innern, das Ministerium der Justiz, das Ministerium der Finanzen, das Ministerium für Wirtschaft und Technologie, das Ministerium für Wohnungswesen, Städtebau und Verkehr, das Kultusministerium, das Ministerium für Arbeit, Soziales und Gesundheit (Federführung) des Landes Sachsen Anhalt. [Das Papier, mit Sicherheit vor dem 14.1.97 erstellt, ist nicht datiert].
Freie Presse Chemnitz, 31.1.1997: Scientology wirbt in Sachsen neue Anhänger.
Hardin, Bert, 1990: Commitment, in: Cancik, H. et al., (Hg.): Handbuch religionswissenschaftlicher Grundbegriffe, Bd.II. Stuttgart et al., 199-203.
Heelas, Paul 1996: The New Age Movement. Oxford.
Inglehardt, Ronald, 1977: The Silent Revolution. Princeton.
Junge Welt, 27.10.1997: Sientology goes east?
Kahl, S., 1995: Die ISKCON (Internationale Gesellschaft für Krishna-Bewußtsein) in Deutschland unter besonderer Berücksichtigung Thüringens, Universität Jena (Wissenschaftliche Hausarbeit, Lehramt an Regelschulen, Fach Religionslehre).
Kehrer, Günter.: Die Religion in der Menschheitsgeschichte, in: Schiefenhövel, W. et al. (Hg.): Gemachte und gedachte Welten. Der Mensch und seine Ideen. Beiträge aus dem Funkkolleg „Der Mensch – Anthroplogie heute". Stuttgart et al., 121-143.
Kirchner, H., 1990: Sekten und Psychokulte in der Ex-DDR, in: Deine Gesundheit 12, 2-3.
Kleine Anfrage des Abgeordneten Neumann (CDU) und Antwort des Thüringer Ministeriums für Soziales und Gesundheit: Neureligöse Bewegungen, Psychokulte und Okkultismus in Thüringen. Drucksache 1/2188, 23.4.1993
Konstanzer Südkurier, 6.7.1991: Moon statt Marx
Kultusministerium Mecklenburg-Vorpommern, (Hg.) 1995: Informationsbroschüre über Sekten und Weltanschauungsgruppierungen. Schwerin.
Leipziger Volkszeitung, 1.8.96: Zuspruch für Sekten im Osten geringer als erwartet.
Leipziger Volkszeitung, 10.12.1996: Scientology-Sekte in Sachsen kaum aktiv.
Leipziger Volkszeitung, 26./27.1.91: „Sie wollen nur Geld und Macht".
Leipziger Volkszeitung, 28.8.96: Scientology-Sekte faßt in Ostdeutschland nicht Fuß.
Leipziger Volkszeitung, 9.12.94: Hinduistische Kulte.
Main Post, Würzburg, 13./14.10.1990: Sekten missionieren den Osten.
Märkische Oderzeitung, 18./19.Januar 1992: Das Licht am Ende des Hinterkopfes
Maslow, Abraham, 1970: Motivation and Personality. New York.
Morgenpost Dresden, 30.1.1997: Sekten-Terror: An den Schulen fängt es an.
Murken, Sebastian, 1998: Soziale und psychische Auswirkungen der Mitgliedschaft in neuen religiösen Bewegungen unter besonderer Berücksichtigung der sozialen Integration und psychischen Gesundheit (Auftrag Enquetekommission), in: Deutscher Bundestag, Referat Öffentlichkeitsarbeit (Hg.): Endbericht der Enquete-Kommission „Sogenante Sekten und Psychogruppen". Neue religiöse und ideologische Gemeinschaften und Psychogruppen in der Bundesrepublik Deutschland. Bonn.
Nelson, G.K.: Cults and New Religions, 1984: Towards a Sociology of Religious Creativity, in: Sociology and Social Research: 69, 301-325.
Neue Zeit, 23.11.1990: „Sekten gab es früher bei uns nicht".
Neues Deutschland, 21.8.96: Scientology. Ostdeutsche sind instinktsicherer.
Obst, Helmut, 1991: Auf dem Weg in den weltanschaulichen Pluralismus. Zur geistig-

"Alternative Religiosität" in Ostdeutschland

religiösen Lage in den neuen Bundesländern, in: Materialdienst der EZW 7, 193-205.
Pickel, Gert, 1995: Dimensionen religiöser Überzeugungen bei jungen Erwachsenen in den neuen und alten Bundesländern der Bundesrepublik Deutschland, in: Kölner Zeitschrift für Soziologie und Sozialpsychologie 47, H.3, 516-534.
Pollack, Detlef, 1996a: Individualisierung statt Säkularisierung? Zur Diskussion eines neueren Paradigmas in der Religionssoziologie, in: Gabriel, Karl, (Hg.): Religiöse Individualisierung oder Säkularisierung. Biographie und Gruppe als Bezugspunkte moderner Religiosität. Gütersloh, 57-85.
Pollack, Detlef, 1996b: Zur religiös-kirchlichen Lage in Deutschland nach der Wiedervereinigung, in: Zeitschrift für Theologie und Kirche 93, Heft 4, 586-615.
Pollack, Detlef, 1997: New Religious Movements in East Germany, in: Borowik, Irena, (Hg.): New Religious Phenomena in Central and Eastern Europe. Kraków, 293-300.
Religio-Infodienst, 1993. Heft 2.
Richardson, J.T./Balch, R./Melton, J.G., 1993: Problems of Research and Data in the Study of New Religions, in: Religion and the Social Order, Bd. 3B, 213-229.
Sächsischer Landtag. 2. Wahlperiode. Drucksache/1920, 1996: Große Anfrage der CDU-Fraktion. Thema: Sektenaktivitäten im Freistaat Sachsen, eingegangen am 10.10.95, ausgegeben am 17.01.1996. Antwort des Sächsischen Staatsministers für Kultus.
Schmidtchen, Gerhard, 1997: Wie weit ist der Weg nach Deutschland. Opladen 1997.
Senatsverwaltung für Schule, Jugend und Sport, (Hg.), 1997: „Sekten". Risiken und Nebenwirkungen. Informationen zu ausgewählten neuen religiösen und weltanschaulichen Bewegungen und Psychoangeboten. Berlin.
Stark, Rodney/Bainbridge, William Sims, 1979: Of Churches, Sects and Cults: Preliminary Concepts for a Theory of Religious Movements, in: Journal for the Scientific Study of Religion 18, 117-131.
Stark, Rodney/Bainbridge, Williams Sims, 1996: Religion, Deviance & Social Control. London/New York.
Stark, Rodney: Why Religious Movements Succeed or Fail: A Revised General Model, in: Journal of Contemporary Religions 11, 133-146.
Stenger, Horst, 1998: Höher, reifer, ganz bei sich. Konversionsdarstellungen und Konversionsbedingungen im 'New Age', in: Knoblauch, Horst et al., (Hg.): Religiöse Konversion. Systematische und fallorientierte Studien in soziologischer Perspektive. Konstanz, 195-222.
Super Illu, 10.11.1994: Warnung! Neue Sekte verhext Eltern und Babys.
Usarski, Frank, 1989: Asiatische Religiosität als alternativkulturelles Phänomen. Überlegungen zu Bedingungen der Rezeption östlichen Gedankenguts im Kontext einer säkularisierten Umwelt, in: Rudolph, K./Rinschede, G., (Hg.): Beiträge zur Religion/Umwelt-Forschung I. Berlin, 87-102.
Walter, Roland, 1994: Sekten gab's in der DDR nicht... Hare Krishna im Osten, in: Telegraph 1.
Weidenkaff, I., 1998: LAG Kinder- und Jugendschutz Thüringen e.V., Erfurt: Neureligiöse Bewegungen, Weltanschauungsgemeinschaften, Psychogruppen und Okkultismus. Eine aktuelle Bestandsaufnahme für Thüringen (Stand 1998). [Manuskript].
Welt am Sonntag, 30.10.1994: Spiritisten kaufen Schloß in Thüringen für eine Mark.
Wiese, Leopold von/Becker, Howard, 1932: Systematic Sociology. New York.
Wochenpost, 12.1.1995: Extra: Sekten im Osten. Invasion des Glaubens, 32-37.
Zinser, Hartmut, 1993: Moderner Okkultismus als kulturelles Phänomen unter Schülern und Erwachsenen, in: Aus Politik und Zeitgeschichte, B41-42/199.

Ina Schmied

Jenseits der Grenze

Todesnäheerfahrungen in Ost- und Westdeutschland

Wenn die Beiträge des vorliegenden Bandes auch unter der Frage zusammengefaßt werden können, wie Religion im Gebiet der ehemaligen DDR von den dramatischen politischen und sozialen Veränderungen betroffen ist, so scheint sich der folgende Aufsatz und das in ihm behandelte Thema der sogenannten Nahtod-Erlebnisse auf den ersten Blick als etwas bizarr davon abzuheben. Betrachtet man jedoch diese besondere Art Grenzerfahrungen jeweils als Ausdruck eines individuellen symbolhaften Erlebens von Transzendenz, so bereitet ihre Subsumierung unter religiöse Erfahrungen weniger Schwierigkeiten. Allerdings eröffnet sich ein weiteres Problem, wenn man bedenkt, daß viele Berichterstatter ihre Nahtod-Erlebnisse selbst nicht als religiös einstufen. Dieser Umstand ist besonders bei ostdeutschen Nahtod-Berichten anzutreffen.

Fakt ist, daß der Anteil der Kirchenmitglieder an der Gesamtbevölkerung im Westen mehr als doppelt so hoch ist wie in den östlichen Bundesländern.[1] Die Beobachtungen der Religionssoziologie ergeben zudem, daß mit den veränderten politischen Bedingungen nach der „Wende" der zunächst erwartete religiöse Aufschwung ausblieb und ein eher gegenteiliger Trend in Form von Kirchenaustritten und fehlendem Vertrauen in religiöse Institutionen bzw. deren Vertreter zu vermerken ist.

Es scheint jedoch eine typische Sichtweise der deutschen Religionssoziologie (etwa im Gegensatz zu amerikanischen Arbeiten) zu sein, daß auch dreißig Jahre nach Luckmanns These von der „Unsichtbaren Religion" ihr Forschungsgegenstand noch immer vorschnell mit „kirchlicher Religion" gleichgesetzt und dadurch der Blick auf moderne Entwicklungen versperrt wird. Erst in jüngerer Zeit richten vermehrt Pluralisierungs- und Individualisierungsmodelle, wie sie beispielsweise von Pollack vertreten werden, ihren religionssoziologischen Blick auf ein breiteres Spektrum außerhalb kirchlicher Religiosität, und es wird erkennbar, „daß sich eine gewisse Religiosität in Ostdeutschland also auch außerhalb der Kirche findet" (Pollack 1998: 243).

Todesnäheerfahrungen, d.h. Berichte von Menschen, die in Todesnähe schwebten, 'zurückgeholt' wurden und anschließend außergewöhnliche Erlebnisse schilderten, dienen uns sozusagen als empirischer Zugriff auf eine

---

1 So z.B. Statistisches Jahrbuch der Bundesrepublik, vgl. auch die Beiträge in diesem Band.

Form unsichtbarer Religion, also etwas, was offensichtlich von institutionalisierter Religion losgelöst ist. Bei diesen Erlebnissen handelt es sich um zutiefst individuelle (und innerliche) Erfahrungen, deren Eigenheit ein institutionen- und kirchgangsorientierter Religionsbegriff nicht gerecht würde. Andererseits ermöglichen die individuellen Todesnäheberichte einen Zugriff auf kulturelle und symbolische Sinnwelten, indem die Berichterstatter auf bestimmte Todes- und Jenseitsmodelle ihrer Herkunftsgesellschaft Bezug nehmen. Deren Funktion ist universell, auch für Atheisten: Der Tod muß legitimiert werden, denn „der Mensch muß auch nach dem Tode signifikanter Anderer weiterleben können" (Berger/Luckmann 1980: 108).

Welche Interpretationen tragen nun die Betroffenen an ihr Erlebnis, an die Erfahrung des eigenen Todes heran? Unterscheiden sich diesbezüglich die Schilderungen der Sterbeerlebnisse im 'religiöseren' Westdeutschland von den Nahtod-Erfahrungen der Ostdeutschen? Diese Fragen stehen im Mittelpunkt des folgenden Beitrags, der sich auf die Ergebnisse eines empirischen Forschungsprojekts zur „Struktur und Verbreitung von Erfahrungen in Todesnähe" stützt.[2]

1. Die Struktur- und Universalitätshypothese der Todesnäheforschung

Der Beginn der wissenschaftlichen Auseinandersetzung mit Todesnäheerfahrungen kann auf das Ende des 19. Jahrhunderts datiert werden. Als eine der frühesten systematischen Abhandlungen über Nahtod-Erlebnisse gilt die des Schweizer Geologen Albert Heim aus dem Jahre 1892. Aus einer großen Anzahl von Berichten abgestürzter Bergsteiger, die nur mit knapper Mühe dem Tode entronnen waren, leitet Heim (1882) ein Grundmuster solcher Todeserfahrungen ab, welches lediglich graduelle inhaltliche Unterschiede aufweist und sich durch Lebensrückschau, Schmerzfreiheit, friedvolle Gefühle und nicht zuletzt durch ein Fallen in einen blauen Himmel auszeichnet.

Obwohl weitere, einzelne Arbeiten über dieses Phänomen bereits früher veröffentlicht wurden (z.B. Kübler-Ross 1969, dt. 1971; Noyes 1972), erwuchs das nicht nur wissenschaftliche Interesse an Todesnäheerfahrungen erst wieder in den sechziger und siebziger Jahren des 20. Jahrhunderts. Den unmittelbaren Anstoß für diese Popularisierung gab der ameri-

---

2 Das Projekt „Struktur und Verbreitung von Erfahrungen in Todesnähe" wurde durch die finanzielle Unterstützung des Instituts für Grenzgebiete der Psychologie und Psychohygiene e.V. mit Sitz in Freiburg ermöglicht und unter der Leitung von Hans-Georg Soeffner und Hubert Knoblauch an der Universität Konstanz durchgeführt. An dieser Stelle danke ich insbesondere Hubert Knoblauch und Bernt Schnettler für ihre Hilfe und Unterstützung.

kanische Arzt und Psychiater Raymond A. Moody mit der Veröffentlichung seines viel beachteten Werkes „Life after Life" (1975).[3]

Seine Analyse beruht auf circa 150 Interviews mit Personen, die nach der Feststellung ihres klinischen Todes reanimiert wurden bzw. lebensbedrohliche Gefahren überlebt hatten. Aus diesen Daten entwickelte er – aufgrund einer auffallenden Ähnlichkeit zwischen den Berichten – ein idealtypisches Modell, welches die allen Erfahrungen gemeinsamen Elemente enthält und diese zudem in einer typischen zeitlichen Abfolge (Sequentialität) beschreibt. Demnach erscheint es den Sterbenden, als ob sie ihren Tod bzw. ihr Sterben miterlebten; sie können sich ihrer reellen Umgebung jedoch nicht bemerkbar machen. In dieser Zeit erleben sie so außergewöhnlich erscheinende Dinge wie das Verlassen ihres leiblichen Körpers, das Wahrnehmen eines besonderen Lichts, das Hören von Geräuschen, Stimmen oder Musik, die Begegnungen mit religiösen oder mythischen Wesen oder den Seelen Verstorbener. In der Regel sind diese Erlebnisse mit friedvollen Gefühlen und angenehmen Empfindungen verbunden, was dazu führt, daß die Erfahrungen auch im nachhinein einen großen Eindruck bei den Betroffenen hinterlassen und nicht selten anhaltende Einstellungsänderungen, die das religiöse Gefühl der Person oder ihre positive und immaterielle Lebenseinstellung betreffen, hervorrufen (Moody 1975).

Diese Auffassung macht das Thema neben den Medien auch für die traditionellen Kirchen sowie esoterische oder spiritistische Vereinigungen interessant. Ihre Vertreter glauben – gerade wegen der inhaltlichen und strukturellen Gleichheit der Erfahrungen –, in den Berichten der Erfahrenden den Beleg für ein Fortleben nach dem Tode zu finden. Wenn Moody sich auch selbst von dem Anspruch distanziert, mit seinen Ausführungen den Beweis für ein Leben nach dem Tod zu erbringen, so wird doch das Interesse der Leute gerade dadurch hervorgehoben, daß die Berichte der 'Beinah-Toten' als Botschaft einer jenseitigen Welt verstanden werden können. In diesem Sinne kommentiert die bekannte Sterbeforscherin Elisabeth Kübler-Ross im Vorwort der deutschen Ausgabe von „Life after Life": „Forschungsarbeiten wie diese hier, welche Dr. Moody in seinem Buch vorlegt, werden vielen Menschen Aufklärung bringen und das bestätigen, was uns seit zwei Jahrtausenden gesagt wird – daß es ein Leben nach dem Tode gibt" (Moody 1977: 9).[4]

In der Folge gingen an Moody anschließende Untersuchungen dann auch mehrheitlich von der Annahme aus, daß Todesnäheerfahrungen ein universelles, gleichstrukturiertes und kulturunabhängiges Muster mit wiederkehrenden Inhalten und Motiven aufweisen, die in den Erlebnisberichten der

---

3 Moody war auch derjenige, der den Begriff der „Near-Death Experience" (NDE) prägte und die Todesnäheforschung etablierte.
4 Moody selbst war in seiner Interpretation etwas zurückhaltender. Allein der englische Originaltitel „Life after *Life*" (Moody 1975) verweist darauf, daß er die Erlebnisse nicht pauschal als Beweis für ein Leben *nach dem Tod* deutet.

Jenseits der Grenze

Erfahrenden entdeckt werden (Osis/Haraldsson 1977; Noyes/Kletti 1977; Grof/Halifax 1977; Ring 1980; 1982; 1984; Grosso 1981; Sabom 1982; Lundahl 1982; Grey 1985).

So stützen sich die Ergebnisse der meisten Arbeiten in der Regel allein auf die in den Erfahrungen auftretenden *Motive*, denen der Status von objektiven (manchmal sogar verifizierbaren) Ereignissen zugestanden wird. Das Problem bei der bisherigen Erforschung von Todesnäheerfahrungen besteht hauptsächlich darin, daß einzelne individuelle Erlebnisse kategorisch zusammengefaßt werden und somit ein methodisches Artefakt erzeugt wird, das mit der Betonung einer universellen Struktur das spirituelle Interesse der Menschen anspricht. Nicht zuletzt liegt darin der Grund, weshalb dieses Modell von Wissenschaft und Medien gleichermaßen unterstützt und transportiert wird. Die Beiträge, deren große Menge zudem das gesteigerte mediale Interesse an diesen Phänomenen widerspiegelt, nehmen sich in etwa so aus und stützen jeweils die Behauptungen der Todesnäheforschung von der strukturellen und universellen Gleichheit sämtlicher Erfahrungen:

„Durch die modernen Wiederbelebungstechniken werden immer mehr Menschen, die in Todesnähe schweben, zurückgeholt. Ihre Erlebnisberichte gleichen sich auf erstaunliche Weise. Menschen aller Kulturen und aller Zeiten durchlaufen die gleichen Erfahrungen. Die Standardsequenz ist Schwebegefühl, Loslösung vom Leib, Friedensgefühl, Musik, eine neblig-bläuliche Welt, der Tunnel, ein Licht, andere Wesen, Erfahrung einer raumzeitlosen Einheit und totales Wissen, Rückkehr, Depression darüber, und Beginn eines neuen Lebens. Wir müssen uns fragen, ob es sich um reale Welten oder um imaginäre Bilder handelt. Aber dies ist nicht so wesentlich in Anbetracht der Tatsache, daß die 'Zurückgekehrten' offenbar eine Art Psychotherapie durchgemacht haben, denn sie ändern anschließend ihr Leben und entwickeln eine neue Haltung gegenüber der Welt und ihrem eigenen Dasein" (Bildungshaus Schloß Puchberg bei Wels (Oberösterreich), Kurskalender 1998/99).

2. Todesnäheerfahrungen im Spiegel der Kulturen

Solche Behauptungen stehen jedoch im krassen Widerspruch zu den leider seltenen kultur- und sozialwissenschaftlichen Ansätzen innerhalb der Todesnäheforschung sowie eigenen Beobachtungen.[5] Als Beispiel sei der Bericht eines jungen Mannes aus Sachsen angeführt, der sein Erlebnis, das als Folge eines schweren Arbeitsunfalls auftrat, folgendermaßen schildert:

---

5   Bereits im Vorfeld der hier vorgestellten Untersuchung führte Hubert Knoblauch im süddeutschen Raum etwa 20 Interviews zu Todesnäheerfahrungen durch. Die Berichte der Betroffenen unterschieden sich inhaltlich in auffälliger Weise. In kaum einem Bericht ließ sich das medial vermittelte, standardisierte Bild der Nahtod-Erfahrungen wiedererkennen. Vielmehr leben die Erzählungen von ihren individuellen Eigenheiten, die zudem mit gewissen sozialen Faktoren (Religiosität der Befragten) in auffälliger Weise zusammenzuhängen schienen.

„Ich war sieben Tage an einer Maschine für Blutwäsche angeschlossen. Da ist es passiert. [...] Traum vom Kampf von guten und bösen Körperviren im Körper, wo fast die bösen des Körpers gesiegt hätten, doch auf einmal war der Anführer getötet worden und es wurde hell, so daß die Guten ihre Arbeit erledigen konnten. Am nächsten Morgen ging es mir bedeutend besser. Es war ein besonderes Ereignis, was mich lange noch beschäftigt hatte."

Trotz offensichtlicher Unterschiede setzte sich innerhalb der Todesnäheforschung die Annahme durch, daß es sich bei Nahtod-Erfahrungen um ein einheitliches Schema handeln müsse, das über geschichtliche Entwicklungen und kulturelle Unterschiede hinweg *Konstanz* aufweise, und daß die berichteten Inhalte universell nachweisbar seien. Doch diese Universalitätshypothese ist nicht länger haltbar, wenn man sich auf die Suche nach historischen und ethnologischen Spuren begibt. Genauer gesagt, läßt sich anhand historischer und kulturvergleichender Untersuchungen die Annahme belegen, daß Nah-Todeserlebnisse von sozialstrukturellen und kulturellen Merkmalen nicht unabhängig sind. Die Annahme lautet dann, daß die nachweisbar unterschiedlichen Erlebnisinhalte außergewöhnlicher Erfahrungen von der jeweiligen Kultur der Erlebenden determiniert werden (McClennon 1994). Solche kulturellen Unterschiede lassen sich vor allem hinsichtlich der verschiedenen Elemente und Motive in den Erlebnisberichten beobachten. So unterscheiden sich beispielsweise Nahtod-Erfahrungen in indianischen Kulturen deutlich von der universellen Struktur des beschriebenen Standardtyps (Hallowell 1940). Zudem finden sich bei spezifischen religiösen Gemeinschaften, wie etwa den Mormonen, völlig andere Formen und Motive als die des Moodyschen Universaltypus (Lundahl 1981-82). Auch die Deutungen der jeweiligen Erfahrungen unterliegen klaren kulturellen Einflüssen, wie etwa der Vergleich zwischen amerikanischen und maoistisch geprägten chinesischen Todesnäheerfahrungen deutlich macht (Kellehear 1996).

Schließlich finden sich auch prägnante Unterschiede zwischen einzelnen Nahtod-Erfahrungen *innerhalb* einer Gesellschaft: Bereits historisch zeigt sich beispielsweise innerhalb westlicher Kulturen ein deutlicher Rückgang traditionell „höllischer" Inhalte (Zaleski 1995). So bedeutete beispielsweise der Tod nach der christlichen Vorstellung im Mittelalter noch eine Art Statusübergang in ein jenseitiges ewiges Leben. Sinn und Bedeutung des Lebens waren nicht im Diesseits begründet, das irdische Leben wurde vielmehr als eine Art Probezeit angesehen, aufgrund derer den Menschen (je nach ihrer Bewährung im Diesseits) letztendlich ihr Platz im Jenseits (Paradies oder Hölle) zugewiesen wurde. Dabei existierten über das Jenseits nicht nur vage Vorstellungen, sondern es entwickelte sich im Laufe des Mittelalters ein detailreiches, präzises und mit dem Diesseits kohärentes Jenseits*system*. Grundsätzlich, so die Vorstellung, erwartete die Menschen im Jenseits eine Zeit voller Qualen, die Chance auf Verschonung von jenseitigen Qualen wurde als äußerst gering angesehen. Aus diesem negativen Jenseitsbild heraus erklärt sich die Mehrzahl der *höllischen* Beschreibungen in den mittelalterlichen Visionen.[6]

---

6   Einen ausführlichen historischen Überblick über antike und mittelalterliche Jenseitsreisen

Jenseits der Grenze 333

Wenn auch inhaltlich alle Visionen symbolhaft den Tod und die Rückkehr ins Leben beschreiben, so unterscheiden sich doch die mittelalterlichen durch ihre massiv christliche Ausprägung, die nun einmal für die Moderne keine endgültige Bindungskraft mehr besitzt. Die Unterschiede beziehen sich hauptsächlich auf das gewandelte Bild Gottes und des Todes:

„Vorbei ist es in den modernen Überlieferungen mit dem qualvollen Tod, mit dem mitleidlosen Jüngsten Gericht, den Torturen des Fegefeuers und dem höllischen Martyrium, das die mittelalterlichen Visionen beherrscht; das moderne Jenseits ist ein vergleichsweise ansprechender Aufenthaltsort, eine Demokratie, eine Stätte kontinuierlichen Lernens und ein Garten unirdischen Entzückens" (Zaleski 1995: 15).

3. Sozialistisches Jenseitsmodell?

Solche Kulturvergleiche zeigen, daß nicht nur die Inhalte von Nahtod-Erfahrungen durch die Muster geprägt werden, welche die jeweilige Gesellschaft und Kultur bereithalten, sondern auch ihre Deutung unterliegt sozialen und biographischen Einflüssen wie zum Beispiel individueller Religiosität, Weltbild oder Einstellungen zu Leben, Tod und Jenseits. Zudem verweisen diese Überlegungen auf den bisher vernachlässigten Einfluß sozialer und kultureller Faktoren bei der Analyse solcher Erfahrungen. Die Annahme einer homogenen und universalen Struktur sämtlicher Erfahrungen kann nicht aufrechterhalten werden, wenn man davon ausgeht, daß es sich bei Todesnäheerfahrungen um *kulturell geprägte Erfahrungsberichte* handelt.

Dementsprechend stellt sich für unsere Untersuchung die Frage, ob sich solche objektiven Einflüsse in ost- und westdeutschen Nahtod-Berichten nachweisen lassen, denn bekanntermaßen unterscheiden sich die westlichen und östlichen Bundesländer im Hinblick auf Religion, Kirchlichkeit und Volksglauben ihrer Bewohner in massiver Weise. Zugespitzt ließe sich die Frage auch so formulieren: Gibt es so etwas wie die sozialistische (sprich atheistische) Todesnäheerfahrung?

Da Sterben und Tod auch immer eine gesellschaftliche Angelegenheit sind, ist der Umgang mit dem Tod nicht zuletzt ein aufschlußreiches Kennzeichen jeder Kultur (Lavrin 1996). Trotz sozialistischer Staatsdoktrin, die in der Vergangenheit dazu geführt hat, daß der überwiegende Anteil der Bevölkerung der ehemaligen DDR sich als Atheisten bekennt, stellt sich doch die Frage, wie der Umgang mit 'großen Transzendenzproblemen', die in erster Linie eine existentielle denn eine gesellschaftspolitische Dimension enthalten, in 'areligiösen' Gesellschaften erfolgt.[7]

---

liefert P. Dinzelbacher (1985; 1989; 1991).
7   Die Bezeichnung „große Transzendenzen" stammt von T. Luckmann und bezieht sich auf

Der Bereich der 'großen Transzendenzen' meint in Anlehnung an Luckmann (1991) die Art von Erfahrungen, und dazu gehört auch der Bereich der Sterbeerlebnisse, die sich dann einstellen, wenn die Routinen des Alltags zusammenbrechen. Solche Erfahrungen werden in der Regel als unmittelbare Äußerungen der Wirklichkeit des 'heiligen' Bereichs aufgefaßt. Und der *Sinn* dieser außergewöhnlichen Erfahrungen hat seinen Sitz „in diesem 'anderen', 'heiligen' Wirklichkeitsbereich" (Luckmann 1991: 96).

In diesem Sinne könnte man die Vermutung anstellen, daß sich in den Berichten ostdeutscher Nahtod-Erlebnisse nachweisen ließe, daß trotz ideologischer und staatssozialistisch verordneter Dogmen gewisse religiöse Transzendenzmodelle Bestand hatten und haben. Deren 'Unsichtbarkeit' verschwindet, wenn die Routinegewißheiten des Alltags in Frage gestellt werden und sich Grenz- und Krisensituationen offenbaren (vgl. Berger/Luckmann 1980).[8] Daß der Tod eine oder besser: *die* Grenzerfahrung par excellence darstellt, bedarf keiner besonderen Erwähnung; schließlich wird dem einzelnen über das Erleben des Todes seiner Mitmenschen und dem Wissen von seiner eigenen Endlichkeit die wohl deutlichste Grenze seiner Existenz aufgezeigt.

Wenn auch bekanntermaßen der 'Heilige Kosmos' aus der Weltsicht der ehemaligen DDR-Gesellschaft ausgegrenzt war und ein atheistisches Denken den Alltag bestimmte, so weisen empirische Befunde auf ein möglicherweise ganz spezielles Verhältnis der Ostdeutschen zum Tod hin. So kann Denz (1998) feststellen, daß Ostdeutschland zwar von „der Mitgliedschaft her ein unkirchliches, vom Glaubensgebäude her ein unchristliches und von der Selbstbeschreibung her ein extrem unreligiöses Gebiet. [ist]" (Denz in diesem Band: 81), andererseits jedoch höhere Werte als vergleichbare Länder (etwa Tschechien, Estland, Lettland) aufweist, was subjektive Überzeugungen und den Glauben an eine Wiedergeburt betrifft. Er vermutet, daß sich im Hang zum Reinkarnationsglauben eine besondere Beziehung der Ostdeutschen zum Tod offenbart, die sich zudem in der gesteigerten Nachfrage nach religiösen Bestattungsritualen auch bei Nichtkirchlichen äußert.

Die These, daß sich in den Berichten über Todesnäheerfahrungen auch im Osten kulturelle und religiöse Einflüsse erkennen lassen, könnte sich demnach in den ostdeutschen Erlebnisberichten überprüfen lassen. Bevor wir uns jedoch den Daten im einzelnen widmen, soll zunächst der Frage nachgegangen werden, welchen besonderen Erkenntnisstil Todesnäheerfahrungen aufweisen und inwiefern überhaupt von religiösen Erfahrungen gesprochen werden kann. Wie bereits erwähnt, erscheint diese Frage vor allem dann von Interesse, wenn die Erlebnisse von den Betroffenen selbst als nicht religiös angesehen werden.

Dinge, die in der Alltagswelt nie unmittelbar, sondern generell nur „als Verweis auf eine andere, außeralltägliche und als solche nicht erfahrbare Wirklichkeit" erfaßt werden (Luckmann 1991). Der Tod muß hier dazugezählt werden.

8 Vgl. auch den Beitrag von Kersten Storch in diesem Band über die Funktion des christlichen Glaubens bei Kontingenzbewältigungen.

4. Erkenntnistheoretischer Hintergrund: Todesnäheerfahrungen als transzendente Erfahrungen

Theoretisch wird ein religionssoziologischer Ansatz verfolgt, der vor anthropologischen und phänomenologischen Prämissen davon ausgeht, daß außeralltägliche Erfahrungen, in die Todesnäheerlebnisse verortet werden können, durch kommunikative Handlungen konstruiert werden, daß also Inhalte und Deutungen von Todesnäheerfahrungen auf kommunikative und kulturelle Konstruktionsprozesse zurückzuführen sind (Knoblauch 1998).

Aufgrund ihres besonderen Erfahrungsstils können zunächst analytisch Nahtod-Erfahrungen in Abspaltung von 'gewöhnlichen' Erfahrungen (der Alltagswelt) in den *Bereich außeralltäglicher Erfahrungsbezirke* situiert werden. Für die (Todesnähe-)Erfahrung selbst bedeutet dies, daß die Erfahrungsmodalität, die in der Erfahrung aufgetretenen Bilder und Motive sowie die dabei empfundenen Emotionen vom Bereich der Alltagswelt so sehr verschieden sind, daß sie im Nachhinein als 'außeralltäglich', d.h. weit von der Normalität entfernt, erscheinen. Doch so außergewöhnlich und irreal die Inhalte der Erfahrungen auch scheinen mögen, für die Berichterstatter handelt es sich um eindeutig objektive und als real erlebte Erfahrungen, die ihnen den subjektiven (und damit evidenten) Eindruck vermitteln, ihr eigenes Sterben erlebt zu haben.

Doch für die unmittelbare Erfahrung in diesem anderen Wirklichkeitsbereich gibt es keine vorgefaßten Deutungssysteme. Für die Betroffenen und auch für diejenigen, die die Berichte hören, wachsen Sprache und Erfahrung zusammen „und werden naiv in eins genommen: Die Tradierung und Speicherung von Erfahrung wird für die Erfahrung selbst gehalten" (Soeffner 1991: 66). Zu ihrer Erfassung müssen wir diese besonderen Erfahrungen in die Sprache und Begriffe des Alltags 'übersetzen'. Dieser Aspekt macht das Dilemma der Nah-Todesforschung aus, indem die Berichte der Betroffenen über die Sterbeerfahrung als die Erfahrung selbst behandelt werden. Da bei kommunikativen Prozessen immer eine Zeitstruktur zugrunde liegt (Anfang, Ende usw.), erscheint es den Forschern nicht nur, als ob die Berichte die Erfahrungen identisch widerspiegelten, sondern sie glauben zudem, eine gewisse sequentielle Struktur zu erfassen, die allerdings nicht in der Erfahrung selbst, sondern auf deren Versprachlichung beruht. Ähnliche Vorstellungen treffen für die Deutung der Erfahrung als unmittelbarer Ausdruck eines religiösen Erlebens zu. So interpretiert Schröter-Kunhardt (1990; 1993) die Nahtod-Erfahrung als Beleg für eine biologische bzw. natürliche Veranlagung religiösen Erlebens des Menschen, die in solchen Grenzsituationen am deutlichsten zum Vorschein komme. Nach seiner Vorstellung ist das Nahtodes-Erlebnis als religiöses Erfahrungsmuster im Gehirn veranlagt und kann bei Bedarf aktiviert werden. In Krisensituationen wie dem drohenden

Lebensende führten die so ausgelösten Erlebnisse zu Angstabbau, Schmerzstillung und Stimmungsaufhellungen, d.h. zu Mustern, die in jeder Erfahrung wiederzufinden seien.

Aus der Perspektive einer phänomenologisch orientierten Soziologie muß eine derartige Schlußfolgerung als äußerst fragwürdig angesehen werden, denn dabei wird übersehen, daß wir es mit einer ganz besonderen subjektiven Erfahrung zu tun haben, die sich durch einen vom Alltagserleben veränderten spezifischen Erkenntnisstil der Wahrnehmung auszeichnet. Der Punkt, auf den es hier ankommt, ist, daß es 'andere' Wirklichkeiten als die des täglichen Lebens gibt und Erfahrungen, deren Logik sich nun einmal mit der 'normalen' Wirklichkeit (Nomos) nicht vereinbaren lassen. Charakteristisch für solche Grenzsituationen ist – wie in den Berichten ersichtlich – das Heraustreten aus der alltäglichen Wirklichkeit, wie sie für gewöhnlich definiert wird. Das tägliche Leben verliert seinen Wirklichkeitsaspekt an einen anderen Zustand: die „Normalität" wird abgeschüttelt und die Relevanzsysteme alltäglichen Handelns und alltäglicher Erfahrung werden weitgehend ausgeschaltet. Nach der Rückkehr in die Wirklichkeit des täglichen Lebens können diese Erfahrungen ausschließlich als Erinnerungen an eine andere Wirklichkeit abgerufen werden und in die 'normale', die Alltagssprache übersetzt, als Hinweise gedeutet und in Symbole gefaßt, verarbeitet werden (Schütz 1971).

Wenn wir davon ausgehen, daß Todesnäheerfahrungen empirisch nur indirekt zugänglich sind und nur darüber erfaßt werden können, daß über sie berichtet wird, so beinhaltet dies die theoretische Annahme, daß die Kommunikation außeralltäglicher Erfahrungen nur durch Reflexion und Rekonstruktion der Erfahrenden in der Alltagswelt und durch die in der alltäglichen Wirklichkeit zur Verfügung stehenden sprachlichen Mittel und Deutungssysteme erfolgen kann. Diese Überlegungen verweisen auf ein kommunikatives Paradox (Schütz 1971), da sich Todesnähe-Erfahrende in dem Dilemma befinden, über etwas zu berichten, das sie nicht genau wiedergeben können, weil ihnen nichts anderes als die Sprache des Alltags zur Verfügung steht.

Diese Auffassung enthält die Voraussetzung, daß eine begriffliche und analytische Unterscheidung zwischen der unmittelbaren Erfahrung und dem Bericht über die Erfahrung sinnvoll und notwendig ist. Robert Kastenbaum (1996) zum Beispiel trennt kategorisch zwischen der paranormalen Erfahrungsebene, die das Individuum erfährt, und dem erst danach produzierten Bericht über die Erfahrung. Das heißt jedoch nicht, daß Todesnäheerfahrungen kein Gegenstand empirischer Erforschung sind – als Erfahrung sind sie *real* –, aber sie belegen *nicht*, daß die menschliche Seele den biologischen Tod überlebt. Für Kastenbaum besteht eine große Kluft zwischen der direkten Erfahrung des (paranormalen) Sterbeerlebnisses und dem Bericht darüber, der Erinnerungen, Interpretationen, Vermutungen und möglicherweise sogar freien Assoziationen unterliegt. Bei der empirischen Analyse von Todesnäheerfahrungen muß dieses Problem Berücksichtigung finden.

Jenseits der Grenze

5. Fragestellung und Methode

Unter Einbeziehung dieses theoretischen Hintergrundverständnisses verfolgte das hier vorgestellte Forschungsprojekt gleich mehrere inhaltliche Ziele. Zunächst fiel auf, daß allgemeingültige Aussagen über die Verbreitung des Phänomens fehlen. Zwar sind Nahtod-Erfahrungen nicht zuletzt durch ihre Medienpräsenz vor allem in jüngerer Zeit äußerst populär geworden, nur selten hingegen finden sich konkrete Angaben über die Häufigkeit des Auftretens solcher Erfahrungen. Zudem sind die wenigsten, meist amerikanischen Untersuchungen, die sich mit der Erfassung von Nahtod-Erfahrungen beschäftigen, schon allein wegen der verschiedenen religiösen Landschaften, nicht ohne weiteres auf die bundesdeutschen Verhältnisse übertragbar.[9]

Wie viele Personen der Bundesrepublik berichten also generell über solche Erlebnisse? Und wie steht es in diesem Zusammenhang mit dem Verhältnis ost- und westdeutscher Nahtod-Erfahrungen? Bestätigen sich bei einer entsprechenden Anzahl an Berichten die anfänglichen Beobachtungen, daß die Inhalte dieser Erfahrungen nur wenig mit den bisher von (hauptsächlich amerikanischen) Forschern beschriebenen Modellen gemeinsam haben? Und wenn sich Unterschiede in ost- und westdeutschen Erfahrungsberichten ausmachen lassen, inwiefern können diese als Ausdruck kultureller und gesellschaftlicher Einwirkungen interpretiert werden?

Konkret wurden von uns innerhalb einer (teil)standardisierten repräsentativen Untersuchung 2.000 Personen aus Ost- und Westdeutschland befragt. Entsprechend dem Forschungsinteresse enthielt der Fragebogen mehrere inhaltliche Schwerpunkte, zum Beispiel die Beschreibung des Erlebnisses selbst, Inhalte, Ursachen, Deutungen sowie mögliche Folgeeffekte für die Betroffenen.

---

9   Es soll angemerkt werden, daß eine solche Untersuchung für Deutschland noch nicht vorliegt. Sowohl was das repräsentative Vorgehen als auch die soziologische Analyse betrifft, findet man keine vergleichbare Studie. In den USA wurde 1981/82 von Gallup/Proctor eine Untersuchung zu Sterbeerfahrungen durchgeführt, die sich eines repräsentativen Auswahlverfahrens bediente. Sie ermittelten für Grenzerfahrungen eine Verbreitung von circa 15 Prozent bei der erwachsenen amerikanischen Bevölkerung, wobei spezifische Erfahrungen in der Nähe des Todes *mit außergewöhnlichen Erlebnisinhalten* von circa fünf bis acht Prozent berichtet wurden (Gallup/Proctor 1982). Im Gegensatz dazu bedienen sich die meisten Studien über Todesnäheerfahrungen bewußter Auswahlverfahren, die eine Verallgemeinerung der Daten nicht zulassen. So werden, unter Annahme der These, daß Nahtod-Erfahrungen kategorisch mit dem klinischen Tod zusammenhängen, nur solche Personen befragt, von denen diese Diagnose vorher bekannt war.

6. Todesnäheerfahrungen in Ost- und Westdeutschland: Empirische Befunde

Drei Hauptergebnisse sollen vorweggenommen werden: Erstens zeigt sich bezogen auf das Auftreten und die Häufigkeit von Todesnäheerfahrungen eine Unabhängigkeit von soziostrukturellen Merkmalen, aber auch von kirchlichen Faktoren und der Religionszugehörigkeit. Dagegen zeigt sich zweitens eine Abhängigkeit der Erfahrungsinhalte von bestimmten Merkmalen, die sich besonders im Ost-West-Vergleich offenbaren. Drittens kann eine universelle Struktur im Sinne des Moodyschen Standardtyps nicht beobachtet werden. Doch trotz individueller Unterschiede heben sich bestimmte Typen von Erfahrungen voneinander ab, deren systematischer Bezug zur Herkunft der Berichterstatter (Ost- bzw. Westdeutschland) und der damit verwobenen (religiösen) Weltanschauung auffallend ist. Im folgenden sollen die Ergebnisse im einzelnen und unter dem Hauptaspekt des Ost-West-Vergleichs vorgestellt werden.

6.1 (Nicht)Einflüsse auf die Verbreitung von Nahtod-Erfahrungen

Bezogen auf das Auftreten des Phänomens vermitteln die Daten folgendes Bild: Insgesamt gaben *4 Prozent* der je etwa 1.000 Befragten in Ost und West an, ein Todesnäheerlebnis gehabt zu haben. Überraschend erscheint dabei die gleich große Anzahl ost- und westdeutscher Nahtod-Erfahrungen. Überhaupt ergab die statistische Analyse eine Unabhängigkeit des Auftretens von Todesnäheerfahrungen von bestimmten auch religionssoziologischen Merkmalen. So haben Faktoren wie Alter, Geschlecht, Konfessionszugehörigkeit und Kirchlichkeit als auch die Herkunft der Befragten (bezogen auf alte und neue Bundesländer) *keinerlei Einfluß auf die Verbreitung* von Nahtod-Erfahrungen.

Das Sample unserer Teilstichprobe mit 82 Berichterstattern (dies entspricht vier Prozent der Befragten) setzt sich wie folgt zusammen: 42 Personen, die eine Todesnäheerfahrung hatten, stammen aus West-, 40 aus Ostdeutschland. Sowohl in West- als auch in Ostdeutschland befinden sich darunter je gleich viele Frauen und Männer (je 21 Männer und Frauen im Westen und je 20 im Osten der Bundesrepublik).[10]

Wie erwähnt, stellt sich das Auftreten von Todesnäheerfahrungen als unabhängig von formalen religiösen Faktoren (z.B. der Konfessionszugehörigkeit) dar. Tabelle 1 zeigt diese Unabhängigkeit des Auftretens von Nahtod-Erlebnissen von der Konfessionszugehörigkeit der Befragten, wobei angemerkt werden kann, daß die Verteilung der formalen Religionszugehörigkeit

---

10 Ebenfalls keine Unterschiede in Bezug auf das Vorkommen von Todesnäheerlebnissen zeigen sich bei der Analyse der regionalen (Regionen, Bezirke, Orte) und sozialstrukturellen Faktoren (z.B. Bildung und Schichtzugehörigkeit).

Jenseits der Grenze

in unserer Gesamtstichprobe mit Ergebnissen anderer Untersuchungen identisch ist (z.B. Pollack 1998).[11] Bezogen auf die Unterschiede von ost- und westdeutschen Personen mit Todesnäheerlebnissen zeigt sich bei der Konfessionszugehörigkeit ein der Gesamtstichprobe entsprechendes Bild, welches die Unabhängigkeit des Auftretens von Nahtod-Erfahrungen von der Religionszugehörigkeit und Herkunft belegt, wobei allerdings darauf hingewiesen sei, daß die Unterschiede nicht signifikant sind (Tabelle 1).

Tabelle 1: Todesnäheerfahrungen nach Ost- und Westdeutschen und Konfessionszugehörigkeit (in %; in Klammern der Anteil der Konfessionen in der Gesamtstichprobe):

	evangelisch	katholisch	evang. Freikirche	andere christliche	nicht christlich	keine Religion	TNE[1] gesamt
West n=1029	42,8 (41,5)	38,1 (38,2)	4,7 (3,8)	2 (1,55)	- (0,19)	9,5 (14,77)	2,04
Ost n=1015	27,5 (22,46)	5,0 (2,89)	- (1,38)	2,5 (0,20)	- (0,49)	65 (72,6)	1,96

1 TNE = Todesnäheerfahrung

Faßt man die Konfessionen zusammen und dichotomisiert die Befragungspersonen nach Konfessionslosen und Kirchenmitgliedern, ergibt sich folgendes Bild: Der Anteil aller Personen mit Todesnäheerfahrungen liegt bei den Konfessionsangehörigen mit 4,5 Prozent nur gering über dem Durchschnitt, und auch bei den Konfessionslosen liegt er mit 3,4 Prozent nur marginal unter dem Durchschnitt (zumal ein Chi²-Test kein signifikantes Ergebnis brachte). Auch der Ost-West-Vergleich bringt keine Klärung. Von den 42 Personen mit Todesnäheerfahrung aus Westdeutschland sind 90 Prozent zumindest formelle Kirchenmitglieder. Damit liegen sie nur wenig über dem Anteil von circa 85 Prozent aller Befragten aus dem Westen. Die ostdeutschen Befragten mit einer Todesnäheerfahrung gehören zu 35 Prozent einer Kirche an, bei allen ostdeutschen Befragten waren es circa 28 Prozent.[12]

6.2 Ausnahme: Wissen und Kenntnis über das Phänomen

Zeigen sich noch im Hinblick auf sozialstatistische und religionssoziologische Variablen keine Zusammenhänge, so fällt ein anderes Merkmal auf, das zumindest indirekt mit der Verbreitung von Todesnäheerfahrungen in Zu-

---

11 Demnach liegt in unserer Untersuchung der Anteil der Konfessionsangehörigen in Westdeutschland bei etwa 85 Prozent (41,5 Prozent Protestanten, 38,2 Prozent Katholiken), die Konfessionslosen bewegen sich bei etwa 15 Prozent. Auf dem Gebiet der ehemaligen DDR ist der Anteil der Konfessionslosen fast fünfmal so hoch (ca. 73 Prozent), Protestanten liegen bei 22,5 Prozent, Katholiken bei unter drei Prozent.
12 Auch ein Vergleich der Kirchenverbundenheit von Personen mit und ohne Nahtod-Erfahrungen erbrachte keine signifikanten Unterschiede.

sammenhang stehen könnte. Interessanterweise sind bei den Personen unserer Stichprobe, die eine Todesnäheerfahrung hatten, die Kenntnisse über das Phänomen größer als bei denen, die keine hatten. Es wäre falsch, diesen Zusammenhang als banal zu interpretieren in dem Sinn, daß eine derartige Erfahrung automatisch zu einer Beschäftigung und Information mit dem Phänomen hinleiten würde. Selbst wenn aufgrund der Frageformulierung nicht ersichtlich ist, ob das Wissen und die Kenntnis über Todesnähe der eigenen Erfahrung vorausgeht oder Folge derselben ist, ist doch interessant, daß sich ein generelles und statistisch signifikantes höheres Informationsniveau in Westdeutschland feststellen läßt. Vor allem die Rezeption von mehr Engagement erfordernden Informationsquellen (Vorträge, Seminare, das Lesen spezieller Bücher) ist im Westen generell häufiger und möglicherweise Ausdruck eines größeren Interesses an religiös und spirituell anmutenden Erscheinungen.

Damit läßt sich die Feststellung, daß mehr Menschen in Westdeutschland mit dem Thema Nahtod-Erlebnisse vertraut sind, als kultureller Faktor interpretieren, der für die Vorstellungen, Inhalte und möglicherweise die Verbreitung von Todesnäheerfahrungen bedeutsam ist. Das nachweislich höhere Wissen in den westlichen Bundesländern kann sicherlich darauf zurückgeführt werden, daß das Phänomen in den verschiedenen Medien seit geraumer Zeit präsent ist und folglich unter größeren Teilen der Bevölkerung bekannt wurde. Allerdings muß bei dieser Überlegung insofern eine Einschränkung vorgenommen werden, die sich indirekt auf die Verbreitungsrate bezieht. Inhaltlich wird in den Medien nämlich ein sehr spezielles Bild von Todesnäheerfahrungen vermittelt, welches sich am vorgestellten Modell des Moodyschen Standardtyps der Erfahrungen orientiert und suggeriert, daß sich sämtliche Todesnäheerlebnisse gleichen. Nicht zuletzt basiert dessen Popularität auf der Betonung einer universellen Struktur, die den möglichen (religiös geprägten) Gedanken an ein Fortleben nach dem Tode vorstellbar erscheinen läßt. Insofern ließe sich hypothetisch die Frage formulieren, ob nicht der Anteil an westdeutschen Todesnäheerfahrungen höher ausgefallen wäre, wenn wir uns bei der operationalen Erfassung des Phänomens dieses (im Westen) populären und gleichzeitig überformten Modells bedient hätten.[13]

Die geringere Bekanntheit von Todesnäheerfahrungen unter der ostdeutschen Bevölkerung ist dagegen vermutlich eine direkte Nachwirkung des generell ungleich schwierigeren Zugangs zu Informationen über außeralltägliche und „okkulte" Phänomene und dem daraus resultierenden geringeren Verbreitungsgrad des Wissens von diesen Phänomenen. Man könnte auch die allgemein bekannte starke Diesseitsbezogenheit in der ehemaligen DDR bzw.

---

13 Die Filterfrage für die Ermittlung der Todesnäheerfahrungen bezog sich jedoch explizit auf den subjektiven Eindruck, den eigenen Tod erlebt zu haben, ohne daß bekannte Motive wie etwa Tunnel- oder Lichterfahrungen erwähnt wurden. Die Abfrage bestimmter und aus der Nahtod-Literatur bekannter Motive erfolgte erst in einem zweiten Schritt und war zur Überprüfung der Struktur- und Universalitätshypothese gedacht.

der sozialistischen Gesellschaft als einen möglichen Grund für den geringeren Bekanntheitsgrad unter den Ostdeutschen ins Feld führen.

6.3 Einflüsse auf die Inhalte der Erfahrungen I: Die Motive

Was die Betonung kultureller Einflußfaktoren betrifft, zeigt sich bei den berichteten *Inhalten* der Todesnäheerfahrungen ein gänzlich anderes Bild. Als ein zentrales Ergebnis der Untersuchung gilt nämlich die Feststellung, daß die *Inhalte* der Erfahrungen in Abhängigkeit von Herkunft (Ost/West), Geschlecht und Religion der betroffenen Personen variieren.[14] In standardisierter Form waren im Fragebogen verschiedene Motive vorgegeben, die in solchen Erfahrungen üblicherweise auftreten können (Tabelle 2).[15]

Tabelle 2: Auftreten einzelner Motive nach Herkunft, Geschlecht und Konfession

Motive der Todesnäheerfahrung	West	Ost	Mann	Frau	klos	Kmgl.	TNE gesamt
wunderbares Gefühl	60	40	44	56	57	46	50
Lebensfilm	43	45	49	39	43	44	44
Gefühl einer Welt böser Mächte	17	10	17	10	17	13	13
Tunnel	31	45	39	37	53	29	38
geistig hellwach gewesen	67	63	61	68	63	65	65
Out-of-body experience	38	23	34	27	23	35	31
Licht	50	30	32	49	40	40	40
himmlische Welt	45	30	29	46	40	37	38
schreckliches Gefühl	29	60	49	39	50	40	44
Eindruck, gestorben zu sein	29	23	20	32	27	25	26
Gefühl, in einer anderen Welt zu sein	55	40	44	51	47	48	48
Sehen oder Spüren von Verstorbenen	12	20	17	15	20	14	16
noch lebende Pers. gesehen o. gespürt	31	33	32	32	33	31	32
nichtirdische Wesen gesehen o. gespürt	12	10	10	12	10	12	11
Total N	42	40	41	41	30	52	82

Bei den Angaben handelt es sich um die relativen Anteile in den einzelnen Gruppen (in %). Mehrfachantworten waren möglich.

klos = konfessionslos; Kmgl. = Kirchenmitglied; TNE = Todesnäheerfahrung;

Zunächst kann festgestellt werden, daß sich entgegen der gängigen Annahme nicht alle Erfahrungen durch das Auftreten immer gleicher Motive beschreiben lassen. Bezogen auf die emotionale Ebene zeigen die Ergebnisse sogar eine fast

---

14 Diese Feststellung bezieht sich auf nachweisliche Tendenzen; statistisch signifikante Zusammenhänge konnten nicht nachgewiesen werden, was nicht zuletzt damit zusammenhängt, daß die Gruppen sehr gering mit Fällen besetzt sind.
15 Die Motive wurden aus bestehenden Untersuchungen zu Todesnäheerfahrungen übernommen. Sie finden sich bei Moody (1975), Ring (1980) und Greyson (1984) wieder und dienen zudem der Überprüfung der Strukturhypothese, d.h. der Annahme, daß Todesnäheerfahrungen sich durch das Auftreten gleicher Inhalte und Motive charakterisieren lassen.

gleich große Menge derjenigen, die negative oder „höllische" Erfahrungen erlebten und damit einem als positiv charakterisierten Standardtyp widersprechen. Reflektiert man allerdings, daß diese 'negativen' Erfahrungen sehr viel häufiger von Ostdeutschen berichtet werden, so verweist dieser Aspekt auf kulturelle Einflußfaktoren und kann möglicherweise mit dem geringeren Bekanntheitsgrad des 'typischen' Todesnäheerlebnisses unter der ostdeutschen Bevölkerung in Zusammenhang gebracht werden.[16] Außerdem finden sich – im Gegensatz zu einer universellen Grundstruktur – nur wenige Gemeinsamkeiten in den Motiven der ost- und westdeutschen Erfahrungen. Während die Westdeutschen eher angenehme Gefühlslagen und religiös-transzendente Inhalte beschreiben, sind die Erfahrungen der Ostdeutschen negativ emotional und durch neutralere, abstraktere bzw. weniger transzendente Motive, wie etwa Tunnelerfahrungen, gefärbt.

Wenn auch, wie nachgewiesen wurde, der Anteil der Personen mit Todesnäheerfahrung in Abhängigkeit zur Religionszugehörigkeit kaum variiert, läßt sich doch umgekehrt feststellen, daß die religiöse Ausrichtung der Befragten, die im Osten klar geringer ist, einen Einfluß auf die Form bzw. Inhalte der Erfahrung hat. Dieses Ergebnis bestätigt sich auch in den ausführlichen Erlebnisberichten und in den Deutungen der Erfahrungen durch die Betroffenen.

6.4 Einflüsse auf die Inhalte der Erfahrungen II: Die Erfahrungsberichte

Durch die Feststellung, daß sich ost- und westdeutsche Todesnäheerfahrungen in Bezug auf bestimmte Inhalte unterscheiden, soll keineswegs der Eindruck entstehen, daß sich die Todesnäheerfahrungen über gewisse kulturelle Muster endgültig charakterisieren lassen. So facettenreich, wie sich die Erlebnisberichte zeigen, muß zunächst generell konstatiert werden, daß es *die* Todesnäheerfahrung nicht gibt. Davon auszugehen, daß sich typische ost- und typische westdeutsche Motive zeigen, stützt zwar die Kulturhypothese und die Annahme, daß die Erfahrungen gesellschaftlichen Einflüssen unterliegen, lenkt jedoch davon ab, daß es schon ein großes Glück wäre, fände man identische Erfahrungen innerhalb einer Kultur. Diese Feststellung beruht auf der qualitativen Auswertung der uns vorliegenden Erlebnisberichte.[17]

Zunächst muß festgehalten werden, daß sich die Berichte untereinander sowohl formal-strukturell als auch inhaltlich unterscheiden.[18] Nichtsdestotrotz

---

16 60 Prozent der ostdeutschen Personen mit Todesnäheerfahrungen hatten ein „schreckliches Gefühl", während es bei den westdeutschen nur knapp 30 Prozent waren.
17 Der Fragebogen enthielt für die Befragten die Aufforderung, ihr Todesnäheerlebnis möglichst ausführlich niederzuschreiben, was auch von der überwiegenden Mehrheit getan wurde. Diese Berichte bildeten die Datenbasis für die in diesem Kapitel vorgeführte Analyse der inhaltlichen Struktur der Erfahrungen.
18 Die formale Unterscheidung richtet sich auf die unterschiedliche stilistische Wiedergabe des Berichtes. Bei der qualitativen Interpretation wurde der Schwerpunkt auf die Rekon-

Jenseits der Grenze

lassen sich, jenseits der prinzipiellen Individualität, bestimmte *Typen* von Erfahrungsberichten ausmachen, wobei auch hier der systematische Bezug zu sozialstrukturellen Einflüssen, insbesondere der Herkunft aus Ost- bzw. Westdeutschland und der damit verwobenen (religiösen) Weltsicht, auffallend ist. Bezogen auf diese Unterschiede sollen an dieser Stelle zwei Typen vorgestellt werden, die sozusagen als gegensätzliche Idealtypen ost- und westdeutscher Jenseitsvorstellungen fungieren können.[19] Der westdeutsche Typus „Erlebte Jenseitigkeit" enthält nämlich im Gegensatz zum ostdeutschen Pendant explizit religiöse Beschreibungen dieser jenseitigen Welt mit biblischen Inhalten und eindeutiger christlicher Symbolik.[20] Aus den ostdeutschen Berichten lassen sich dagegen Typen bilden, deren Beschreibungen sich zwar ebenfalls auf Erscheinungen und Wesen sonderbarster Art beziehen, die aber ohne explizit religiöse Motive und Symbole auskommen. So lehnt sich beispielsweise der „szenisch-surreale Typus" weniger an christliche Motive als vielmehr an moderne mediale Formen an, wie man sie etwa aus Horror- oder Science-fiction-Filmen kennt.[21]

6.5 Von religiösen und atheistischen Deutungen der Erfahrungen

„Mehr als die Hälfte der Deutschen glaubt nicht an ein Leben nach dem Tod. 53 Prozent sind der Meinung, daß das Ende ihres irdischen Daseins auch der Endpunkt ihrer Existenz sei" (Frankenpost (Hofer Anzeiger), 3. Juli 1997). So die Ergebnisse einer Emnid-Umfrage unter 2000 Bundesbürgern aus dem Jahr 1997. Zur gleichen Zeit fanden die Interviews unserer Studie über Sterbeerlebnisse statt. Wie interpretieren dieses Berichterstatter, also diejenigen, deren eigene „Todesreise" Inhalt ihrer außergewöhnlichen Erfahrung war, ihre Wahrnehmung? Wie erklären sie sich ihr Erlebnis und welche 'Jenseitsvorstellungen' werden für die Deutung des Erlebten herangezogen? Und selbst wenn solche außergewöhnlichen Erlebnisse, wie sie hier behandelt werden, oftmals mit religiösen Vorstellungen – z.B. dem Gedanken an ein Leben nach dem Tod oder die Unsterblichkeit der menschlichen Seele – verbunden sind: verleihen die Betroffenen ihren Erfahrungen wirklich in jedem Fall eine explizit religiöse Bedeutung?[22]

---

struktion der „Geschichte" gelegt, die natürlich in engem Zusammenhang mit der Darstellungsform steht.
19 Insgesamt konnten wir acht Typen rekonstruieren, die jedoch nicht durchgängig auf Ost-West-Unterschiede hinauslaufen. Mit diesen können wir jedoch nachweisen, daß nicht die gemeinsame Struktur von Todesnäheerfahrungen im Vordergrund steht, sondern deren große Variationsbreite.
20 Ein Beispiel: „Ich war in einer anderen Welt. Es war wie im Paradies mit himmlischen Wesen, die wie Engel aussahen."
21 Ein Beispiel: „Jemand erschlägt mich, trennt mir den Kopf ab und versenkt diesen Kopf im Körper. So kopflos werde ich von mehreren jungen Männern auf Schultern irgendwohin – in ein mir beschreibbares Haus getragen."
22 Diese Frage ist um so interessanter, da in Teilen der Bevölkerung, wie etwa in den neuen

Unsere Vermutung, daß diese subjektiven Deutungen der Todesnäheerfahrungen mit den jeweiligen Erlebnisinhalten in Verbindung stehen, bestätigte sich. Entsprechend den neutraleren und weltlicheren Motiven der ostdeutschen Todesnäheerfahrungen zeigt sich ein Übergewicht der Ostdeutschen bei den nichtreligiösen Deutungen, während die 'gläubigeren' Westdeutschen ihre Sterbeerfahrungen eher religiös interpretieren (Abbildung 1).

Abbildung 1: Subjektive Deutungen der Todesnäheerfahrung (in Prozent, Mehrfachantworten; n= 82)

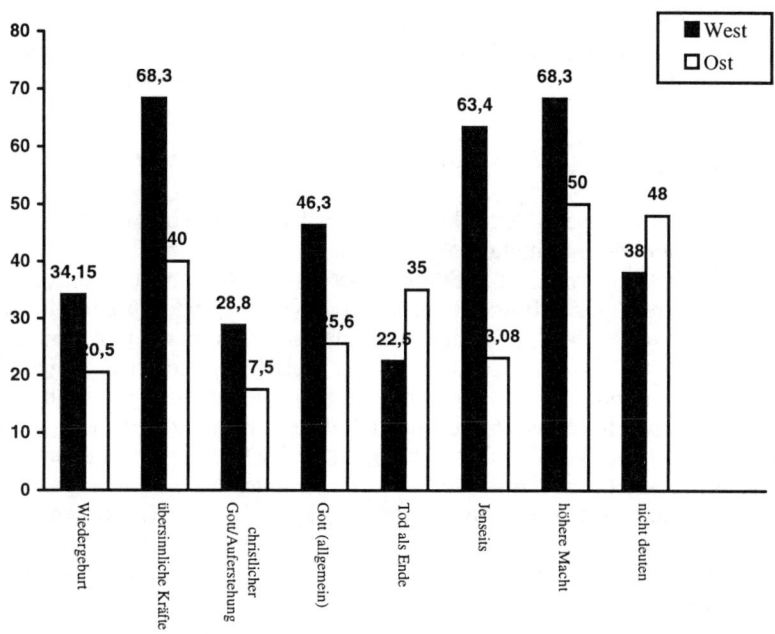

Abbildung 1 vermittelt die Bandbreite der Interpretationen der Betroffenen von ihrer Todesnäheerfahrung. Dabei finden sich auf der einen Seite diejenigen, die der festen Auffassung sind, ihr Erlebnis beziehe sich auf eine – wie auch immer geartete – jenseitige Welt, und sich entweder zu spezifisch christlichen (christlicher Gott, Auferstehung der Toten etc.) oder aber 'neureligiösen' Deutungen, wie sie die Parapsychologie, Esoterik oder Reinkar-

---

Bundesländern, entsprechende Deutungsangebote gar nicht vorliegen.

Jenseits der Grenze 345

ationslehren beinhalten, bekennen.²³ Demgegenüber stehen die 'Agnostiker' und 'Atheisten', d.h. diejenigen, die eine religiöse Interpretation ihrer Erfahrung ablehnen und sie ins Diesseits einordnen bzw. gar nicht deuten können. Nicht selten läßt sich diese 'Unfähigkeit' auf die mangelhafte Kenntnis und Wissen über das Existieren solcher Phänomene zurückführen, ein Umstand, der nicht zuletzt von bestimmten gesellschaftlichen Bedingungen abhängig ist. So kann zum Beispiel die Feststellung, daß es dem Sozialismus der ehemaligen DDR gelungen ist, religiöse und spirituelle Themen aus dem öffentlichen Diskurs zu verbannen (Jagodzsinski 1997), angeführt werden, um sowohl die Überzahl der diesseitigen Deutungsmodelle bei den Ostdeutschen als auch den (wenn auch nur in geringem Maße) höheren Anteil an ostdeutschen Personen mit Todesnäheerfahrungen zu erklären, die ihre Erfahrung nicht deuten können.

7. Todesnäheerfahrung als religiöse Erfahrung – auch in Ostdeutschland

Trotz aller Betonung der kulturellen Unterschiede zwischen Ost- und Westdeutschen finden sich auch in ostdeutschen Nahtod-Berichten Hinweise, die auf religiöse Kenntnisse, Glaubens- und Überzeugungssysteme schließen lassen.

Quer zu den verschiedenen Typen zeigt sich – wenn auch in leichten Abwandlungen – ein immer wiederkehrendes Merkmal, das als herausragendes Element mehr oder weniger sämtlicher Erfahrungen gegenwärtig ist und sich auf den besonderen, nichtalltäglichen Erkenntnisstil dieser Erfahrungen bezieht. Es handelt sich dabei um die schockartig hereinbrechende subjektive Erkenntnis, unmittelbar dem eigenen Tod und dem drohenden Lebensende gegenüber zu stehen. Wir finden hier die Beschreibung des Umstands, daß die Interviewten zu der *subjektiven Überzeugung* gelangen, unmittelbar dem eigenen Tode gegenüberzustehen, was in der Folge dazu führt, entsprechende Vorstellungen, Wissensbestände und Deutungsmuster über den Tod (bzw. das, was danach kommt) auf das eigene Erlebnis zu übertragen. Wie alle Erfahrungen werden nämlich auch Todesnäheerfahrungen in einen sinnhaften Kontext gestellt. Der situative Kontext, der die Erfahrung als subjektive Erfahrung des drohenden Lebensendes (Todesbegegnung) verstehbar macht, drängt danach, automatisch dasjenige Wissen zu aktualisieren, das mit dem *Tod* in Verbindung gebracht wird. So führt die subjektive (und zunächst einmal immanente) Erfah-

---

23 Der von Denz (1998) erwähnte Umstand, wonach sich in der ehemaligen DDR im Vergleich zu anderen nichtreligiösen Gebieten ein höherer Reinkarnationsglaube bemerkbar macht, läßt sich, wie die Ergebnisse zeigen, nicht auf den Ost-West-Vergleich übertragen.

rung in nicht wenigen Fällen dazu, einen Bezug zu transzendent-religiösen Vorstellungen über Jenseits, Gott oder Religion allgemein herzustellen, Dingen also, die mit dieser „Grenz"-Erfahrung bekanntermaßen (d.h. sozial und kulturell vermittelt) in Verbindung gebracht werden. Die individuelle Erfahrung wird von den Betroffenen dann als dermaßen evident angesehen, daß eben manchmal auch überzeugte Atheisten ins Zweifeln kommen, wie es abschließend das folgende Beispiel einer ostdeutschen Interviewpartnerin verdeutlicht, die ihre Nahtod-Erfahrungen so kommentiert:

> „Ich hab gedacht, vielleicht ist das da oben doch *der*, daß es da was gibt. Ich bin nicht kirchlich erzogen, ich war auch nie in der Kirche [...] Aber für mich selber hab ich gesagt immer [...] daß da vielleicht doch oben noch was is. So wie ich's *gesehen* hab."

Literatur

Berger, Peter/Luckmann, Thomas, 1980: Die gesellschaftliche Konstruktion der Wirklichkeit: Eine Theorie der Wissenssoziologie. Frankfurt am Main.
Denz, Hermann, 1999: Postmodernisierung von Religion in Deutschland. Ost-West-Vergleich im europäischen Kontext (in diesem Band).
Dinzelbacher, Peter, 1985: Mittelalterliche Visionen und moderne Sterbeforschung, in: Kühnel, Jürgen, (Hg.): Psychologie in der Mediävistik. Göppingen, 9-49.
Dinzelbacher, Peter, 1989: An der Schwelle zum Jenseits. Sterbevisionen im interkulturellen Vergleich. Freiburg.
Dinzelbacher, Peter, 1991: „Revelationes". (Typologie de sources de moyen âge occidental, 57). Turnhout (Belgien).
Frankenpost (Hofer Anzeiger), 3.7.1997: Deutsche über das Leben nach und vor dem Tod.
Gallup, George/Proctor, William, 1982: Adventures in Immortality: A Look beyond the Threshold of Death. London.
Grey, Margot, 1985: Return from Death: An exploration of the Near-death experience. London.
Greyson, Bruce, 1984: The Near-Death Experience Scale: Construction, Reliability and Validity, in: Greyson, Bruce/Flynn, Charles, (Hg.): The Near-Death Experience: Problems, Prospects, Perspectives. Springfield, 45-60.
Grof, Stanislav/Halifax, Joan, 1977: The human encounter with death. New York.
Grosso, Michael, 1981: Toward An Explanation Of The Near-Death Phenomena, in: Journal of the American Society for Psychical Research 75, 37-50.
Heim, Albert, 1892: Notizen über den Tod durch Absturz. Jahrbuch des Schweizer Alpenclub 27, 327-337.
Jagodzinski, Wolfgang, 1997: Religiöser Wandel in Westeuropa: Fehlt das Angebot oder sinkt die Nachfrage? Vortrag anläßlich des Fakultätskolloquiums der Universität Mannheim (Wintersemester 1996/97*).*
Kastenbaum, Robert, 1996: Near-Death Reports: Evidence for Survival of Death?, in: Bailey, Lee/Yates, Jenny, (Hg.): The near-death experience: a reader. New York, 245-264.
Kellerhear, Allan, 1996: Experiences Near Death: Beyond Medicine and Religion. New York.
Knoblauch, Hubert, 1998: Transzendenzerfahrungen und symbolische Kommunika-

tion: Die phänomenologisch orientierte Soziologie und die kommunikative Konstruktion der Religion, in: Tyrell, Hartmann/Krech, Volkhard/Knoblauch, Hubert, (Hg.): Religion als Kommunikation. Würzburg, 147-186.

Kübler-Ross, Elisabeth, 1969: On Death and Dying. London (dt. 1971: Interviews mit Sterbenden. Stuttgart).

Lavrin, Alexander, 1996: Homo Sovjeticus en Rendezvous mit dem Tod, in: Barloewen, Constantin von, (Hg.): Der Tod in den Weltkulturen und Weltreligionen. München, 344-359.

Luckmann, Thomas, 1991: Die unsichtbare Religion. Frankfurt am Main.

Lundahl, Craig, 1982: The Perceived Other World In Mormon Near-Death Experiences, in: Omega 12/4, 319-327.

McClenon, James, 1994: Wondrous Events: Foundations of Religious Belief. Philadelphia.

Moody, Raymond A., 1975: Life after Life. Atlanta (dt. 1977: Leben nach dem Tod, Reinbek).

Noyes, Russell, 1972: The Experience Of Dying, in: Psychiatry 35, 174-183.

Noyes, Russell/Kletti, Roy, 1977: Depersonalization In Response To Life-Threatning Danger, in: Comprehensive Psychiatry, 18 (Juli/August), 375-384.

Osis, Karlis/Haraldsson, Erlandur, 1977: At the Hour of Death. New York.

Pollack, Detlef, 1998: Bleiben sie Heiden? Religiös-kirchliche Einstellungen und Verhaltensweisen der Ostdeutschen nach dem Umbruch von 1989, in: Pollack, Detlef/Borowik, Irena/Jagodzinski, Wolfgang, (Hg.): Religiöser Wandel in den postkommunistischen Ländern Ost- und Mitteleuropas. Würzburg, 207-252.

Ring, Kenneth, 1980: Life at Death: A scientific investigation of the Near-Death Experience. New York.

Ring, Kenneth, 1982: Frequency and Stages of the Prototypic Near-Death Experience, in: Lundahl, Craig R., (Hg.): A Collection of Near-death Research Readings. Chicago, 110-159.

Ring, Kenneth, 1984: Heading toward Omega: In Search of the Meaning of the Near-Death Experience. New York.

Sabom, Michael, 1982: Recollections of Death: A Medical Investigation. New York.

Schröter-Kunhardt, Michael, 1990: Erfahrungen Sterbender während des klinischen Todes. Eine Brücke zwischen Medizin und Religion, in: Zeitschrift für Allgemeinmedizin 66, 1014-10021.

Schröter-Kunhardt, Michael, 1993: Das Jenseits in uns, in: Psychologie heute 20/6, 64-69.

Schütz, Alfred, 1971: Über die mannigfaltigen Wirklichkeiten, in: Schütz, Alfred: Gesammelte Aufsätze. Bd. 1: Das Problem der sozialen Wirklichkeit. Den Haag, 238-298.

Soeffner, Hans-Georg, 1991: Zur Soziologie des Symbols und des Rituals, in: Oelkers, Jürgen, (Hg.): Das Symbol – Brücke des Verstehens. Stuttgart/Berlin/Köln.

Statistisches Jahrbuch für die Bundesrepublik Deutschland. Wiesbaden.

Zaleski, Carol, 1995: Nah-Todeserlebnisse und Jenseitsvisionen vom Mittelalter bis zur Gegenwart. Frankfurt.

Harald Wagner

Religionen und Religiosität –

Begriffliche Überlegungen und empirische Untersuchungen zum Wandel der Religiosität in der Oberlausitz und in Nordböhmen

„Die Vergangenheit ist nicht tot, ja sie ist nicht einmal vergangen."
(William Faulkner)

1. Vorbemerkungen: Das Verschwinden der Religion Problemanzeige

Die *neue Unübersichtlichkeit* der Moderne scheint Kontingenzbewältigung *als Religion* zur unerschöpflichen Ressource aller menschlichen Gesellschaften werden zu lassen. Und gerade für Ostdeutschland – wie für alle postkommunistischen Länder – ist im letzten Jahrzehnt ein besonders großes Maß an Turbulenz, Unübersichtlichkeit und – darauf zurückweisend – an Orientierungslosigkeit der Menschen charakteristisch geworden. Trotzdem führt dieses Besondere an Kontingenz weder zur Revitalisierung des Christentums noch zum Hereindrängen anderer religiöser Bewegungen. Kann dieser ausbleibende religiöse Aufschwung mit ‚religiöser Unsensibilität' erklärt werden? Hier soll eine andere Perspektive eingenommen und daraus abgeleitet Ergebnisse vorgestellt werden. Als Deutungsschemata werden religiöse Schichtungen, kollektives Gedächtnis und politische Religion herangezogen. Die theoretischen Erörterungen werden eng mit regionalen Bezügen verwoben, um sich gegenseitig kritisch zu ergänzen. Beginnen möchte ich mit einem kurzen Bericht zum Kontext meiner Erörterungen:

2. Zeit und Ewigkeit: das Kloster St. Marienstern

Unter dem Titel „Zeit und Ewigkeit" öffnete das Zisterzienserinnenkloster „St. Marienstern" in Panschwitz-Kuckau bei Kamenz in der Lausitz erstmals seit 750 Jahren seine inneren Pforten. In einer 128 Tage dauernden Landesausstellung wurde dem interessierten Publikum Gelegenheit gegeben, sich mit einer einzigartigen religiösen Tradition und Geschichte vertraut zu machen. Die Resonanz war überwältigend. Hatten die Veranstalter auf eine Be-

Religionen und Religiosität 349

sucherzahl von ca. 100.000 gehofft, so konnten über 300.000 Besucher und Besucherinnen empfangen werden. Neben internationaler Beachtung – so war dies dem amerikanischen Magazin TIME eine Doppelseite wert (TIME vom 24. August 1998: 50f.) – überrascht besonders das Interesse der Ostdeutschen, gerade auch des nicht konfessionell gebundenen Teils der Bevölkerung. Aus einem Fragebogen, der allen Besuchern und Besucherinnen angeboten und der auch von den meisten ausgefüllt wurde, kann abgelesen werden, daß circa drei Viertel der Besucher und Besucherinnen aus Sachsen kamen, daß offensichtlich die meisten keiner Konfession angehörten und daß bei allen eine erstaunliche Offenheit für die religiösen Inhalte der Ausstellung bestanden hatte. Das Hauptinteresse galt dem Leben der Nonnen, was an dem häufig geäußerten Wunsch abzulesen war, noch mehr von ihrem Leben in der *Abgeschiedenheit* zu erfahren.

Nach der Legende geht die Gründung des Klosters auf Bernhard III. von Kamenz zurück. Demnach habe er nach einer wunderbaren Errettung aus Lebensgefahr 1248 das Kloster gestiftet und an der Unglücksstelle errichten lassen. Da er seine Rettung der „Hilfe der Jungfrau Maria zuschrieb, vertraute er das Kloster ihrem Schutz an (daher auch der Name ‚Marienstern')" (Die Zisterzienserinnen-Abtei St. Marienstern 1997: 2). Trotz aller Widerfahrnisse wie Kriegen, Besetzungen, Änderungen der Konfession des Umfeldes und politischer Benachteiligung konnte sich dieses Kloster über die Jahrhunderte erhalten und einen nachhaltig positiven Einfluß auf die Umgebung ausüben.

Nun einige Bemerkungen zur Region: Die Lausitz – deren Name sich aus der Stammesbezeichnung eines einst ansässigen slawischen Stammes herleitet – liegt im Herzen Europas. Während der Völkerwanderung in den ersten nachchristlichen Jahrhunderten war dieses Gebiet zwischen Neiße und Elbe von fast allen germanischen Stämmen Richtung Westen verlassen worden. Im fünften und sechsten Jahrhundert drangen verstärkt slawische Stämme ins Land ein und siedelten besonders in den Flußniederungen. Von kämpferischen Auseinandersetzungen ist nichts bekannt, offensichtlich konnten die Slawen neben den noch verbliebenen germanischen Stämmen friedlich bestehen. Gegen Ende des ersten Jahrtausends setzte die Ostexpansion fränkischer und später deutscher Fürstentümer ein. In blutigen Auseinandersetzungen wurde das Land erheblich verwüstet und entvölkert. Erst später führte dies zu einer wirklichen Besiedelung durch deutsche Bauern und Handwerker, denn „am Anfang kam die Verwaltung"[1]. Dies scheint friedlich verlaufen zu sein, und die Menschen beider Stämme begannen eine Koexistenz, die einmalig für Deutschland blieb: Bis heute haben sich die Sorben als ein Volk mit eigener Sprache und Kultur erhalten, das nicht zu einem größeren Volk außerhalb Deutschlands gehört. Obwohl das beeindruckend klingt, so erfährt dies aus sorbischer Sicht doch eine andere Bewertung:

---

1 Wie es vom Ausstellungsführer allen Besuchern und Besucherinnen mitgeteilt wurde.

„Im 10 Jh. wurde (der) sorbische Mikrokosmos immer mehr [...] eingeschlossen [...] und schließlich ‚eingemeindet'. Bei Kämpfen gegen die Slawen verdiente deutsche Veteranen wurden mit Landbesitz belohnt, den man natürlich aus dem früheren Besitz der Slawen abzweigte. Und mit allen Mitteln versuchte die deutsche christliche Kirche, die Naturreligion der Sorben möglichst spurenlos verschwinden zu lassen. *Diese drei Dinge – politische Botmäßigkeit, schrumpfender Lebensraum, christliche Religion – bestimmten fortan die sorbischen Geschicke*" (Oschlies 1991: 13; Hervorhebung H. W.).

Neben dieser ethnischen Eigenheit begegnet man in der Lausitz einer konfessionellen Besonderheit. So wird von einer vorweggenommenen „Ökumene" berichtet: Im Gebiet des Zisterzienserinnenklosters „St. Marienstern" bestand eine abgestimmte Zusammenarbeit der Katholiken und Protestanten (Ausstellungsmaterial auf der Sächsischen Landesausstellung 1998 im Ausstellungsteil „Vielfalt und Toleranz"). So ist dokumentiert, daß die (katholische) Äbtissin auch die evangelischen Pfarrer in ihr Amt einführte und daß hinwiederum die ansässigen evangelischen Geistlichen die neue Äbtissin zu ihrer Einführung beglückwünschten. In der praktischen Zusammenarbeit ging es mitunter so weit, daß alle Taufen durch die Evangelischen und alle Beerdigungen durch die Katholischen durchgeführt wurden. Nebenbei bemerkt: Die nahe gelegene Stadt Kamenz ist der Geburtsort Lessings, des Verfassers der Ringparabel, eines einprägsamen Sinnbildes für Toleranz unter den Religionen.

3. Religion und Religiosität – theoretische Erörterungen zu Stratigraphie und kollektivem Gedächtnis

Die Kontroversen um Religion, Religiosität und Pseudomorphosen des Religiösen werden durch die jeweiligen Interessen und Perspektiven der AutorInnen beeinflußt. Somit scheint es mir angebracht, den eigenen Standpunkt zu markieren: Das hier verfolgte Interesse besteht darin, mittels einer *weiten, inhaltlich offenen Perspektive* alle Phänomene in die Analyse aufnehmen zu können, die eventuell als religiös qualifiziert werden könnten. Besondere Beachtung soll dabei die Differenz erfahren, die zwischen einer *Religion* als System und der *tatsächlichen Frömmigkeit* besteht, wie sie faktisch vorzufinden ist. Der Fokus meines Beitrages liegt auf der Schnittstelle zwischen dem Prozeß der Überlagerung, Integration und Verdrängung von Religionen und dem Prozeß der Aneignung dieser Religionsangebote bzw. Religionsgebote durch die Menschen.

a. Stratigraphie des Religiösen

Mit dem *terminus technicus* „Stratigraphie" ist der Versuch gemeint, zu Schichtung und Überlagerung von Religionen in einem geographischen und

Religionen und Religiosität

sozialen Raum konzeptionelle Aussagen zu machen. Angeregt wurde ich dazu durch die Diskussionen auf einer Tagung der CIVITAS Gesellschaft in München aus dem Jahre 1984 (Koslowski 1985), die nach dem Vortrag des afrikanischen Theologen Ntumba Tshiamalenga (vgl. Tshiamalenga 1985: 198-226) einsetzten. Tshiamalenga hatte in seiner Analyse zu Mythos und Religion in Afrika den Begriff der Doppelreligion verwendet. Gemeint war damit das Nebeneinanderbestehen eines traditionellen Ahnenglaubens und des Christentums bzw. des Islam in seiner Heimat. In der anschließenden Diskussion (vgl. Koslowski 1985: 227-248; 281ff.) wurde dieser Gedankengang aufgegriffen und kontrovers diskutiert, aber eher mit dem Unterton, daß damit eine fruchtbringende Fragerichtung eingeschlagen werden könnte (Krings in Koslowski 1985: 295):

„Hat die europäische Gesellschaft als solche überhaupt eine religiöse Dimension? Wenn ja, was ist es für eine Religion, die sie hat? Sollte eine solche Religion da sein, dann stellt sich eben das Problem, von dem Tshiamalenga gesprochen hat, nämlich das Problem der Doppelreligion. Doppelreligion bedeutet: Fortbestehen des allgemeinen Ahnenkultes auch in den christlichen Bevölkerungen. Sonntags Christ, am Werktag der Ahnenkult, so hieß es. Bei uns ist nicht der Ahnenkult, aber möglicherweise sind es andere Kulte, die gepflegt werden. [...] Mir scheint, die Frage nach der religiösen Dimension der Gesellschaft als solcher wirft die Frage der Doppelreligion auf. Aus der Sicht möglicher Doppelreligion heraus könnte sich dann auch die Frage nach der Funktion der christlichen Religion für unsere Gesellschaft in einem neuen Licht stellen."

Bemerkenswert scheint mir auch eine Anmerkung zu sein, die Odo Marquard in einem Zwischenruf zum Ausdruck brachte, da sie explizit eine Wertung der Doppelreligion enthält (Marquard in Koslowski 1985: 297):

„Wir Menschen sind nicht so gut gestellt, daß wir es uns leisten könnten, irgendeine Positivität in der Wirklichkeit zu übersehen: man muß Sinn behalten für die – wie Hegel sagte – ‚Rose im Kreuz der Gegenwart', anders gesagt: man muß den Sinn für Positivitäten pflegen, gerade weil es mies geht. Wir dürfen z.B. auch nicht die Positivität übersehen, die in der Doppelreligion liegt, um mich hier auf die These von Tshiamalenga zu beziehen."

Da aber die Ausführungen auf dieser Tagung zur Doppelreligion notwendigerweise spontan und damit vage geblieben waren, möchte ich nun versuchen, weiterführende Orientierungen zusammenzutragen. In einer ersten Annäherung möchte ich auf eine Position verweisen, wie sie sich aus dem Blickwinkel einer der großen Weltreligionen ergibt. Ich beziehe mich entsprechend des gewählten Kontextes auf das Christentum. So findet sich in Friedrich Heilers Werk „Die Religionen der Menschheit in Vergangenheit und Gegenwart" folgendes Zitat: „Die Frömmigkeit der Massen ist unveränderlich wie Wasser in den Tiefen des Meeres; sie wird von den Oberströmungen weder mitgerissen noch erwärmt" (Cumont zitiert in Heiler 1962: 694).

Heiler hebt in diesem Zusammenhang hervor, daß immer eine Volksfrömmigkeit bestanden habe, die durch das Christentum zwar überlagert, nicht aber nachhaltig modifiziert werden konnte. Gekennzeichnet sei diese in den Tiefen wirkende Frömmigkeit u.a. durch verschiedene Formen stofflicher Magie, Umzüge mit Götterbildern und personaler Heiligenverehrung mit daraus sich ergebendem Pantheon. Zum Teil seien diese Glaubensformen regelrecht ins kirchliche Leben integriert worden, besonders im Katholizismus, zum Teil seien sie geduldet aber auch hart verfolgt und bekämpft worden. Eine materialreiche Darstellung unter dem Titel „Aberglaube – Sitten – Feste germanischer Völker" von Reinsberg-Düringsfeld – auf die hier leider nicht ausführlicher eingegangen werden kann – macht deutlich, daß im Festkreis des Jahres noch zahlreiche Bestandteile ‚heidnischer' Vorstellungen anzutreffen sind.

Diese rein beschreibende Ebene wird in etlichen neueren Studien überwunden und mit speziellen analytischen Fragestellungen erweitert. So bietet beispielsweise eine von Vrijhof und Waadenburg herausgegebene Veröffentlichung (1979) eine Reihe von Analysen und Interpretationen zum Verhältnis von offizieller und populärer Religion. Hier wurde versucht, Erscheinungen und Berichte, wie sie bei Heiler und Reinsberg-Düringsfeld begegnen, zu systematisieren. Auf diese Weise konnte die Koexistenz und enge Verflechtung von „konstitutiv-institutionalisierten" mit „semi-institutionalisierten" über „para-institutionalisierten" bis hin zu „anti-institutionalisierten" Formen der Religion veranschaulicht werden. Wenn diese Erscheinungsbreite im historischen Wandel betrachtet wird, entsteht ein Bild – hier bezogen auf das Spätmittelalter – unterschiedlicher aber interdependenter Stränge:

Abbildung 1: Entwicklungsschema zur Beziehung offizieller und populärer Religion im Spätmittelalter (nach Frijhoff 1979: 94)

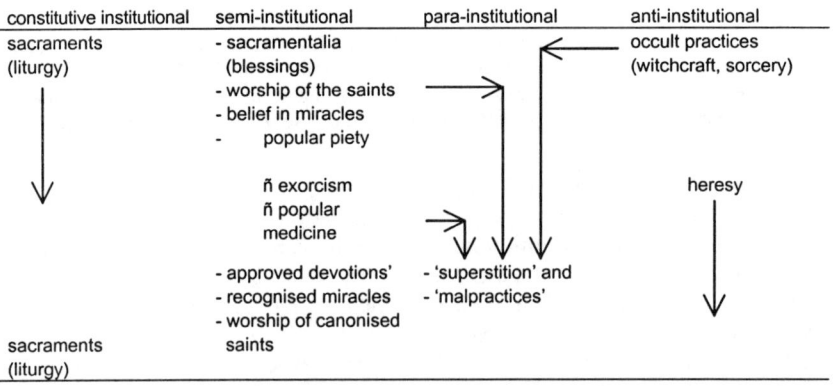

Da begegnet zuerst die wandlungsresistente Dimension der Schriftreligiosität der Sakramente und Liturgie. Dann erscheint das weite Feld vielfältiger gegenseitiger Beeinflussung, Überformung, Legitimation und Ausgrenzung in unterschiedlichen Weisen der Institutionalisierung zwischen semi- und para-institutionalisierter Frömmigkeit. Schließlich taucht noch das Feld der Anti-

Religionen und Religiosität 353

Institutionalisierung auf, welches aber nicht völlig ausgegrenzt bleiben muß, sondern zumindest in para-institutionalisierten Formen der Volksfrömmigkeit präsent sein kann. In diesem generalisierenden Evolutionsschema wird zumindest deutlich, daß unterschiedliche Bereiche von unterschiedlichen Wandlungsprozessen ergriffen werden (können), daß also bestimmte Formen und Inhalte unterschiedlichen Institutionalisierungszugriffen ausgesetzt sind. Wenn die bisherige Klassifikation sich auf die organisationsbezogene Perspektive konzentriert hatte, so wird in der holländischen Studie auch die Sicht der Betroffenen analysiert (Frijhoff 1979: 94). In dieser Einstellung erscheint die Doppelpräsenz als Unterscheidung zwischen *operativer* Religion und *offizieller* Religion. Die Unterscheidung zwischen beiden wird nicht als ontologische Differenz angesehen. Die Unterscheidung und Zuordnung wird einzig und allein aus dem *Offizialisierungsprozeß* erklärt. Damit ist ausgedrückt, daß immer bestimmte Bestandteile aus der Menge aller Religiosität eines Volkes bzw. einer Gruppe als offiziell anerkannt werden, während andere in die vorher beschriebenen weiteren Institutionalisierungsebenen abgedrängt werden. Dieser Offizialisierungsprozeß stellt somit eine Machtausübung dar. Die Menschen hinwiederum müssen zwar auf diese Institutionalisierung reagieren, aber sie sind damit längst nicht zur völligen Anpassung oder Orthopraxie gezwungen. Sie entscheiden selbst, welche Formen sie für sich als relevant ansehen und welche sie praktizieren, d.h. hier: welche operative Religion sie sich zu eigen machen. Zu-eigen-machen bedeutet Auswahl, situative Anwendung und individuelle bzw. gruppenspezifische Nutzung der offiziellen Religion. Letztlich entsteht dadurch eine wandlungsreiche Dialektik zwischen „offizieller" und „populärer" Religion (vgl. Vrijhof 1979: 217-243), die das reale Erscheinungsbild des Glaubenslebens moderner[2] Gesellschaften ausmacht.

Als Zwischenresümee möchte ich einige Hinweise auf mögliche Übertragungen in den Kontext zusammenstellen. Wir müssen für Ostdeutschland voraussetzen, daß sich unterschiedliche Schichtungen religiöser Sinngehalte abgelagert haben. Diese *Ablagerung* ist allerdings nicht als statisches und unverbundenes Übereinander zu verstehen, sondern es ist davon auszugehen, daß vielfältige Übernahmen, Integrationen, gegenseitige Deutungen, aber auch Abdrängung ins Verborgene bzw. regelrechte Diskriminierung und Verfolgung kennzeichnend waren. Dieser Prozeß besitzt eine *vordergründige Dimension der Machtausübung*, d.h. es kann in der Geschichte relativ genau nachgezeichnet werden, welche Glaubensformen als legitim anerkannt waren und welche benachteiligt, verboten und/oder verfolgt wurden. Für konkrete Regionen wie die Lausitz ist dabei gut nachvollziehbar, wie allein dieser Offizialisierungsprozeß jeweilige Glaubensformen zur allgemeinen Anerkennung und Befolgung empor hob bzw. in die Illegitimität hinabstürzen ließ. Dieser offiziellen Seite stand immer eine damit *verbundene*, keineswegs

---

2 Ihre volle Ausprägung wird auf das 17. Jahrhundert datiert (vgl. Frijhoff 1979: 93).

aber dadurch *determinierte* Form der Aneignung der Menschen gegenüber. Religion stand damit in einem mehrdimensionalen Spannungsfeld zwischen Tradition, Herrschaft und praktizierter Volksfrömmigkeit. Aber es wurde auch deutlich, daß darauf geachtet werden muß, *wie* konkrete Menschen bzw. Gruppen Eigentraditionen – auch im Sinne von Regionalismus – revitalisieren, um der Komplexität moderner Gesellschaften standhalten zu können. Im empirischen Teil soll darum vorgeführt werden, wie sich diese jeweiligen Interdependenzen erhalten haben bzw. noch jetzt auswirken.

b. Kollektives Gedächtnis als kommunikatives und kulturelles Gedächtnis

An dieser Stelle angekommen, muß der Frage nachgegangen werden, *wie* dieser Prozeß der Ablagerung im Sinne von Übernahme, Integration, gegenseitiger Deutung, Abdrängung und Verfolgung zu erklären ist. Ich möchte zu diesem Zweck auf die Konzeption des *kollektiven Gedächtnisses* eingehen, wie sie erstmals von Maurice Halbwachs (vgl. Halbwachs 1985) vor einem dreiviertel Jahrhundert entwickelt wurde. Ich werde mich weitestgehend auf die durch Jan Assmann weitergeführte Diskussion zum *kulturellen Gedächtnis* (vgl. besonders Assmann 1997)[3] beziehen.

Die zentrale These bei Halbwachs besteht in der Hervorhebung der „sozialen Bedingtheit des Gedächtnisses" (35). So ‚habe' zwar das Kollektiv selbst kein Gedächtnis, darüber verfügten nur Menschen. Aber das Kollektiv bestimme das „[...] Gedächtnis ihrer Glieder. Erinnerungen auch persönlichster Art entstehen nur durch Kommunikation und Interaktion im Rahmen sozialer Gruppen" (36). Wichtig ist, daß bereits das Erleben „im Hinblick auf andere, im Kontext sozial vorgegebener Rahmen der Bedeutsamkeit" (36) stattfindet. Weiterführend kann damit gesagt werden, daß nur solche Inhalte im Gedächtnis der Menschen verbleiben, die einen kollektiven Rahmen zu ihrer Erinnerung vorfinden. Ist dieser Rahmen nicht gegeben, so „wird genau das vergessen, was in einer solchen Gegenwart keinen Bezugsrahmen mehr hat" (36).

Denken und Erinnern beruhen auf Erinnerungsfiguren, d. h. es müssen bestimmte Veranschaulichungen gegeben sein, damit Erfahrung und Begriff zusammenfinden und Bestand erhalten. Drei Merkmale sind für diese Erinnerungsfiguren bestimmend:

(a) *der konkrete Bezug auf Zeit und Raum*: Einerseits braucht das Gedächtnis selbst Orte, es „tendiert zur Verräumlichung" (39). Andererseits ist jede Gruppe, die sich konsolidieren will, bestrebt, „sich Orte zu schaffen und zu sichern, die nicht nur Schauplätze ihrer Interaktionsformen abgeben, sondern Symbole ihrer Identität und Anhaltspunkte ihrer Erinnerung" (39).

---

3   Die nachfolgenden Überlegungen und Zitate finden sich sämtlich in Assmann 1997, wobei im Text mit einer Zahl in Klammern die Seitenzahl angegeben wird.

Religionen und Religiosität

(b) *der konkrete Bezug auf eine Gruppe*: Im Hinblick auf die Handlungssubjekte ist zu sagen, daß das Kollektivgedächtnis an seinen Trägern haftet und nicht beliebig übertragbar ist: „Wer an ihm teilhat, bezeugt damit seine Gruppenzugehörigkeit. Es ist [...] identitätskonkret. Das bedeutet, daß es ausschließlich auf den Standpunkt einer wirklichen und lebendigen Gruppe bezogen ist" (39).

(c) *die Rekonstruktivität als eigenständiges Verfahren*: „Damit ist gemeint, daß sich in keinem Gedächtnis die Vergangenheit als solche zu bewahren vermag, sondern daß nur das von ihr bleibt, ‚was die Gesellschaft in jeder Epoche mit ihrem jeweiligen Bezugsrahmen rekonstruieren kann'" (40). Der sich wandelnde Bezugsrahmen innerhalb einer bestimmten Gesellschaft ist also entscheidend dafür, ob bestimmte Inhalte überhaupt rekonstruiert und erinnert werden können; genauer noch: bereits die Vergangenheit wird „fortwährend von dem sich wandelnden Bezugsrahmen der fortschreitenden Gegenwart her reorganisiert" (41). Somit operiert das Kollektivgedächtnis sowohl nach vorn in die eigene Zukunft als auch zurück in die Rekonstruktion der Vergangenheit. Eine für uns maßgebliche Besonderheit dieser Rekonstruktivität besteht darin, daß Traditionen „nur gegen Traditionen, Vergangenheiten nur gegen Vergangenheiten austauschbar" (42) sind. Es ist also nicht möglich, daß die Gesellschaft neue Ideen übernimmt und an die Stelle ihrer Vergangenheit setzt, „sondern sie übernimmt die Vergangenheit anderer als der bisher bestimmenden Gruppen" (42).

Jan Assmann erweitert nun dieses Konzept von Halbwachs mit der Unterscheidung zweier Formen der kollektiven Erinnerung, dem *kommunikativen* und dem *kulturellen Gedächtnis* (vgl. dazu besonders Assmann 1997: 48ff.). Das kommunikative Gedächtnis beruht auf der direkten kommunikativen Erinnerungsarbeit lebender Menschen. Diese Form des Gedächtnisses reicht 80 bis 100 Jahre zurück, also die biblischen drei bis vier Generationen. Das kulturelle Gedächtnis dagegen muß von spezialisierten Traditionsträgern verwaltet werden und versucht darüber hinaus, feste Objektivationen symbolischer Kodierungen bzw. Inszenierungen in Wort, Bild oder Tanz zu erreichen. Komplementär dazu ergibt sich die Frage, wie die Gruppe (das Volk) Anteil am kulturellen Gedächtnis erlangt. „Die Antwort lautet: durch Zusammenkunft und persönliche Anwesenheit. [...] Für solche Zusammenkünfte müssen Anlässe geschaffen werden: die Feste" (56). Festen und den dabei praktizierten Riten fallen mehrere Aufgaben zu. Einmal müssen sie in ihrer ständigen Wiederkehr – möglichst am gleichen Ort – für die „Vermittlung und Weitergabe des identitätssichernden Wissens" (57) sorgen. Damit sind sie weiterhin entscheidend für die „Reproduktion der kulturellen Identität" (57). Letzteres verhilft wiederum der Gruppe zu Kohärenz in Zeit und Raum. Idealtypisch kann die Festzeit der Alltagszeit gegenüber gestellt werden:

„In der Festzeit [...] weitet sich der Horizont ins Kosmische, in die Zeit der Schöpfung, der Ursprünge und großen Umschwünge [...]. Die Riten und Mythen umschreiben den Sinn der Wirklichkeit. Ihre sorgfältige Beachtung, Bewahrung und Weitergabe hält – zugleich mit der Identität der Gruppe – die Welt in Gang" (56).

Und weiter:

„Das Fest beleuchtet den im Alltag ausgeblendeten Hintergrund unseres Daseins, und die Götter selbst frischen die zur Selbstverständlichkeit abgesunkenen und vergessenen Ordnungen wieder auf. [...] (Wobei klar sein sollte), daß es nicht zwei Ordnungen gibt, die Ordnung des Festes und die Ordnung des Alltags ... die beziehungslos nebeneinanderstehen. Es gibt ursprünglich nur eine Ordnung, die als solche festlich und heilig ist und die orientierend in den Alltag hineinwirkt" (58).

Interessant lesen sich die Abhandlungen bei Halbwachs, die er explizit zur Religion ausführt. Ihm war bereits damals die Vorstellung einer Überlagerung und vielfältigen Mischung, Integration und Ausgrenzung verschiedener Religionen vertraut. Entsprechend seines Ansatzes galt seine besondere Aufmerksamkeit dem Wandlungsprozeß von Religion. Dabei war seine Grundthese, daß wenn sich die Menschen zu neuen Religionen ‚erhoben‘, die neuen Ideen „in einem bereits bestehenden Rahmen von Glaubensvorstellungen ... ihren Platz finden" (Halbwachs 1985: 247) mußten. In einer regelrecht als *Gesetz des kollektiven Denkens* beschriebenen Passage heißt es dann:

„[...], daß es [scil.: das kollektive Gedächtnis] die ihm von der Vergangenheit überkommenen Riten und Glaubensgehalte nicht verschwinden lassen kann, sondern sie vom Standpunkt seiner gegenwärtigen Auffassung aus systematisiert. So verändert eine mythologische Interpretationsarbeit immer mehr den Sinn, wenn nicht die Form der alten Institutionen" (Halbwachs 1985: 248).

Schließlich äußert sich Halbwachs auch zu den Handlungssubjekten dieser Wandlungsprozesse:

„Man steht in der Tat manchmal vor unvorhergesehenen Renaissancen und Gegenstößen alter Glaubensgehalte. Die neuen Religionen können diejenigen, die sie überlagert haben, nicht gänzlich ausschalten, und zweifellos strengen sie sich dazu auch nicht an. Sie bemerken wohl, daß sie selbst nicht alle religiösen Bedürfnisse der Menschen erfüllen, und sie sind übrigens stolz darauf, daß sie die noch lebendigen Teile der alten Kulte verwenden und sie mit ihrem Geist durchdringen. Es kommt jedoch vor, daß die sozialen Umstände sich in dem Sinne ändern, daß neue Bedürfnisse zutage treten, die alle diejenigen Bedürfnisse in sich aufnehmen, die die offizielle Religion bis dahin zurückgedrängt hat. Man muß sich übrigens nicht vorstellen, daß es sich dabei tatsächlich um ein Wiederauferstehen der Vergangenheit handelt, und daß die Gesellschaft die halberloschenen Formen alter Religionen irgendwie aus ihrem Gedächtnis hervorzieht, um aus ihnen Elemente des neuen Kultes zu machen. Vielmehr bleibt irgend etwas von diesen Religionen außerhalb der Gesellschaft bzw. auch in *denjenigen ihrer Teile, die dem System der etablierten Religion weniger stark ausgesetzt waren*, außerhalb des ‚Gedächtnisses‘ der Gesellschaft selbst übrig, da sie ja nur das behält, was sich ihren gegenwärtigen Institutionen eingegliedert hat; es verbleibt also *in anderen Gruppen, die weiterhin geblieben sind, wie sie einstmals waren, d.h. die zum Teil noch in den Trümmern der Vergangenheit leben*" (Halbwachs 1985: 248f.; Hervorhebungen H.W.).

Ich hoffe, daß ich im folgenden zeigen kann, daß die Anwendung der Denkfigur des kollektiven Gedächtnisses eine wesentliche Erklärungskraft zur Situation in Ostdeutschland bereitstellen kann.[4]

---

4   Ich möchte an dieser Stelle nicht weiter auf die momentane Diskussion um das kollektive Gedächtnis eingehen. Auf eine interessante Einarbeitung des kulturellen Gedächtnisses bei Klaus-Peter Jörns (Jörns 1997: 26) möchte ich aber zumindest verweisen: In seiner

4. Religion und Pseudomorphosen des Religiösen

An dieser Stelle scheint es mir notwendig, etwas zur Unterscheidung von Religion, Religiosität und Pseudomorphosen des Religiösen einzufügen. In besonderer Weise möchte ich mich dabei auf das Phänomen der *politischen Religion* beziehen. Zur Begriffsbestimmung sei zuerst hervorgehoben (vgl. dazu besonders Linz 1996: 130ff.), daß politische Religionen zu unterscheiden sind von *politisierten Religionen*, von Religionen also, die sich zu politischen Zwecken gebrauchen oder mißbrauchen ließen, wie vielleicht der Katholizismus in Spanien unter der Diktatur Francos. Kennzeichnend ist, daß diese Religionen bereits vor dem totalitären Regime bestanden haben und normalerweise den Zusammenbruch des politischen Systems überleben – wenngleich häufig unter großem Schaden. Demgegenüber treten politische Religionen erst mit dem konkreten politischen System bzw. der politischen Bewegung auf, und mit dem Zusammenbruch dieser Systeme sind sie verschwunden. Interessanterweise wird in der Debatte eine Ausnahme in Betracht gezogen: Es ist dies die ehemalige DDR, besonders hinsichtlich der Weiterführung der Jugendweihe – diese Position vertritt zumindest der Totalitarismusforscher Juan Linz (1996: 132). Von ihm möchte ich auch eine Orientierungsdefinition übernehmen:

„Die politische Religion stellt ein komplexes und vielseitiges Phänomen dar, ein Glaubenssystem bezüglich Autorität, Gesellschaft und Geschichte. Sie liefert eine ‚Weltanschauung', die einen Anspruch auf eine Wahrheit erhebt, die mit anderen Konzeptionen, auch mit den existierenden religiösen Traditionen, unvereinbar ist. Dieses Glaubenssystem wird von der Säkularisierung von Personen, Orten, Symbolen, Daten und von der Entwicklung von damit verbundenen Ritualen unterstützt" (Linz 1996: 130).

Daraus läßt sich bereits ableiten, daß einerseits politische Religionen andere Äquivalente verdrängen bzw. gar zu zerstören trachten und daß andererseits die etablierten Religionen sie als militant antireligiös *erleben*. Letzteres macht es verständlich, daß in diesem Diskurs die VertreterInnen der großen Religionssysteme politische Religion häufig nur als Pseudomorphosen der Religion anerkennen, wohingegen Politik- und Kulturwissenschaftler eine Einstufung als Religion für möglich und mitunter nötig erachten. Eine diesbezügliche Stellungnahme werde ich nach der Analyse des empirischen Materials vornehmen.

Untersuchung zum Glauben der Menschen heute, mit dem Titel „Die Neuen Gesichter Gottes", sieht er nämlich eine andere Pointe. Er schreibt, daß heute wohl kaum noch von *einem* kollektiven Gedächtnis auszugehen sei, bestenfalls noch von *multikulturellen Kurzzeitgedächtnissen*. Nicht überzeugend für mich ist demgegenüber die Behauptung (Hahn 1998: bes. 343f.), daß sowohl bei Halbwachs als auch bei Assmann die Dimension des „sozialen Gedächtnisses" nicht bemerkt worden sei. Meines Erachtens wird aber gerade unter Einbeziehung der Theorie Jack Goodys auf diese Dimension verwiesen, wobei es natürlich richtig ist, daß sie hätte deutlicher herausgearbeitet werden können. Insofern sind Hahns Ausführungen von weiterführender Bedeutung.

Hier an dieser Stelle sei aber noch darauf aufmerksam gemacht, daß dieser Prozeß nicht so einlinig verläuft, wie es Linz hier dargestellt hat. Es ist gerade im Falle der politischen Religion davon auszugehen, daß Offizialisierungsprozeß und differente Institutionalisierung ineinander greifen und zu je spezifischen Schichtungen führen, die dann charakteristisch für eine konkrete Gesellschaft sind.

5. Soziale Integration und der Aspekt der kollektiven Ritualisierung von Außeralltäglichem – Ergebnisse empirischer Untersuchungen[5]

Im folgenden Abschnitt möchte ich einige empirische Materialien vorstellen, um den regionalen Bezug weiter auszuführen[6] und Anschlüsse zum theoretischen Teil herzustellen. Die empirischen Materialien selbst möchte ich entsprechend des Dreiweltenmodells von Jürgen Habermas strukturieren (vgl. dazu ausführlicher Wagner 1996 und natürlich Habermas 1985). Die Angemessenheit dieser Herangehensweise in der empirischen Sozialforschung wurde bereits von Heiner Legewie vorgeführt (vgl. Legewie 1987), so daß ich auf die weitere Entfaltung der Methodik verzichten kann. Aus Platzgründen bin ich zusätzlich auf eine inhaltliche Beschränkung angewiesen. Die folgenden empirischen Beispiele beziehen sich darum ausschließlich auf die Dimension der „sozialen Welt". Im Bereich der sozialen Welt (vgl. dazu ausführlich Habermas 1985: II., 214f.) sind die Prozesse zur sozialen Integration verortet. Bezüglich der strukturellen Komponenten der Lebenswelt ergeben sich dabei folgende Funktionen: Hinsichtlich der Kultur gilt es, über kollektive Identitäten zu verläßlichen Obligationen und einem Kernbestand von Wertorientierungen zu gelangen. Hinsichtlich der Gesellschaft sind über intersubjektiv anerkannte Geltungsansprüche legitim geordnete interpersonelle Beziehungen zu ermöglichen. Und hinsichtlich der Persönlichkeit ist über Bereitstellung von Mustern sozialer Zugehörigkeit die Integration des einzelnen zu erreichen. Dagegen sind bei Dysfunktionalität und Krisenerscheinungen Verunsicherung der kollektiven Identität im Bereich der Kultur, Anomie im Bereich der Gesellschaft und Entfremdung für die Person die Folgen.

---

5   Grundlage dieses Kapitels bilden die Ergebnisse eines Seminars zum Kulturvergleich mittel- und osteuropäischer Länder an der Evangelischen Fachhochschule für Sozialarbeit Dresden im Sommersemester 1997. Verwendete Methoden waren narrative Interviews, teilnehmende Beobachtung und rekonstruktive Verfahren. Die Analyse selbst orientiert sich an der Grounded Theory, wie sie von Glaser und Strauss entwickelt wurde (vgl. beispielsweise Strauss/Corbin 1996).
6   Im Sinne von Gräb (1990: 268): „Denn sowenig es die religiöse Selbstdeutung unabhängig davon gibt, daß sie in dem Selbstverhältnis, das wir sind, vollzogen wird, so sehr bedarf sie kulturell manifester Gestaltungsformen, um sich in ihnen zur Darstellung zu bringen und sich von ihnen anregen und formieren zu lassen."

Religionen und Religiosität 359

Obligationen, legitim geordnete interpersonelle Beziehungen und soziale Zugehörigkeit müssen ständig in der Lebenswelt reproduziert werden. Die Form dieser Reproduktion sind kommunikative Prozesse. In der Sprache der Theorie des kollektiven Gedächtnisses bedeutet dies, daß Rahmen geschaffen werden müssen, damit Erfahrung und Begriff zusammenfinden. Dies beruht auf Erinnerungsfiguren, denen bestimmte Merkmale eignen. Im folgenden soll an drei Formen der Ritualisierung von Außeralltäglichem genau dieser Bezug hergestellt werden, ein Bezug, der sich ergibt aus der Reproduktion der sozialen Integration mit konkretem Zeit-Raum-Bezug, mit konkretem Bezug auf eine Gruppe und mit der jeweiligen Form der Rekonstruktivität. Die ausgewählten Rituale sind allesamt bedeutsam für die Region der Lausitz/Nordböhmen. Jedes soll mit seiner Praxis und Eigenlogik auf bestimmte Aspekte hinweisen, d.h. sie haben hier nicht beweisende, sondern deiktische Funktion. Zwei von ihnen (A. und B.) sind spezielle Rituale, die in dieser Ausprägung nur hier auftreten, während das dritte (C.) für ganz Ostdeutschland charakteristisch ist. Mit dieser Auswahl soll somit die Besonderheit hervorgehoben werden, aber gleichzeitig das Eingebundensein in größere Zusammenhänge. Es handelt sich dabei um das Osterreiten (A.), Ostern in Nordböhmen (B.) und die Jugendweihe (C.).

A. Osterreiten – Transformation eines vorchristlichen Fruchtbarkeitskultes in einen christlichen Brauch zum Identitätserhalt und zur Mission

In der Karwoche kann man seit einigen Jahren wieder in der Tagespresse die Routen der Osterreiter der sorbischen Oberlausitz nachlesen. Tausende von Besuchern und Schaulustigen finden sich am Ostermorgen ein, um diesen Brauch zu beobachten. Das Osterreiten (vgl. im folgenden besonders Salowoski 1992; Fascyna/Matschie 1996) war zu Zeiten über ganz Deutschland verbreitet. In der Lausitz hat es faktisch ohne – nennenswerte – Unterbrechung die Jahrhunderte überdauert. Die Vorbereitungen auf das Fest beginnen bereits Wochen vorher. In dieser Zeit müssen Pferde auch in der weiteren Umgebung gefunden und ihr termingerechter Antransport in die Lausitz organisiert werden. In den letzten Tagen wird jede Hand gebraucht, die Pferde müssen geschmückt, ihr Haar muß geflochten und das Zaumzeug muß poliert werden. Dann am Ostersonntag werden die Männer in einem jeden Haus festlich mit Gehrock und Zylinder gekleidet, die speziellen Gesangsbücher werden ihnen von den Frauen in den Taschen verstaut, und zum Schluß segnet das weibliche Oberhaupt der Familie Reiter und Pferde mit Weihwasser. Die Männer reiten zu den Stellplätzen, und dann setzt sich der Troß in Bewegung. Stolz werden die mitgeführten Kirchenfahnen, die Kreuze und Statuen des Auferstandenen den Menschen am Wegesrand präsentiert. Während des Rittes werden die Lieder aus den Liederheftchen gesungen und Gebete gesprochen. Diese eindrucksvolle Prozession erreicht ihren Höhepunkt, wenn in den Dörfern, die durchritten werden, dreimal der Friedhof mit Gesang umrundet wird: Die Osterbotschaft von der Auferstehung Jesu Christi und derer, die an ihn glauben, wird in die Welt getragen. Die Reiter werden in den Gemeinden gebührend empfangen und in den Häusern beköstigt. Am Abend, wenn sie nach Hause zurückgekehrt sind, formieren sie sich nochmals im Kreise der Familie am Hauskreuz und gedenken ihrer verstorbenen Ahnen.

Das Osterreiten ist zweifellos aus vorchristlichen Fruchtbarkeitskulten entstanden, worauf heute der Flurumritt der Gemeinde Ostro einen direkten Hinweis bietet. Mittlerweile ist die Integration ins katholische Glaubensleben vollkommen gelungen. An der heutigen Praxis kann somit abgelesen werden, wie es der Kirche gelungen ist, einen vorchristlichen Brauch in ihr eigenes Raum-Zeit-Gefüge (Ostern) aufzunehmen. Komplementär dazu hat das Festhalten an diesem Brauch die sorbische Identität wesentlich gestärkt. Über die Jahrhunderte kann gut verfolgt werden, wie das Osterreiten als öffentlichkeitswirksamer Brauch umkämpft war: Verbote, Einschüchterungen, Handgreiflichkeiten auf beiden Seiten, Eingreifen der faschistischen Geheimen Staatspolizei und der Versuch, diesen Brauch als folkloristische Narretei abzuqualifizieren, konnten aber ihr Ziel nicht erreichen. In diesem Zusammenhang spielt das eingangs erwähnte Kloster St. Marienstern eine bedeutende Rolle. War also am Anfang berichtet worden, daß das „germanische Christentum" dazu beigetragen habe, die sorbische Kultur zu bedrängen und zu beschneiden, so kann nun konstatiert werden, daß gerade diese regional geprägte Integration sorbischer Bräuche und christlicher Religion wesentlicher Faktor bei der Erhaltung der sorbischen Identität und einer einmaligen Selbständigkeit eines nichtgermanischen Stammes in Deutschland war. Auch gegenüber den politischen Religionen, dem Nationalsozialismus und dem Stalinismus, erwies sich gerade diese Symbiose als tragfähig und öffentlichkeitswirksam. Die konkurrierenden Ansprüche der politischen Systeme und ihrer Ideologien konnten innerhalb der sorbischen Kultur möglicherweise auch deshalb so gut abgewiesen werden, weil hier die Religion keinen abgegrenzten Bereich darstellt. Bei Befragungen äußerten sich der Tendenz nach viele Sorben dahingehend, daß sie keine Unterscheidung treffen könnten oder wollten, ob es sich z.B. um christliche oder sorbische Bräuche handle. Und das Osterreiten nimmt unter all den Ritualen wohl eine herausragende Stellung ein, als Praxis und als Symbol. So stellt es heute eine Möglichkeit dar, christliche Religion öffentlich erfahrbar und kommunizierbar zu machen.

B. Ostern in Nordböhmen – ungebrochene rituelle Bewältigung von Frau- und Mannsein

Wer Ostern in einem Dorf Nordböhmens verbringt, kann einen eigenartigen Brauch erleben: Am Abend des Ostersonntag ist es üblich, daß sich die Dorf-

Religionen und Religiosität 361

bevölkerung zu einem Volksfest zusammenfindet, heute schlicht als Party oder Diskoveranstaltung durchgeführt. Sollte jemand auf der Suche nach Spuren alter Osterbräuche sein, wird er womöglich enttäuscht das Unterfangen an dieser Stelle abbrechen. Sollte aber der eine oder die andere aufmerksam der weiteren Dinge harren, wird er/sie bemerken, daß vor Mitternacht alle (jüngeren) weiblichen Gäste die Feier verlassen.

Die Weiterführung dieses Brauches liegt auf dem nächsten Tag, denn der Ostermontag bildet den eigentlichen Höhepunkt des Osterfestes: An diesem Tag nehmen die Jungs (und junge unverheiratete Männer) eine Rute (z.B. aus Weide geflochten) und gehen damit (mitunter nach Beendigung des Gottesdienstes) zu den Häusern der Mädchen (und der unverheirateten jüngeren Frauen). Sie kommen dabei immer in Gruppen, welche sich an den Schulklassen orientieren. Sie klopfen an, und es muß ihnen geöffnet werden. Dann stürmen die Jungs mit ihren Ruten auf alle (jüngeren, unverheirateten) Mädchen/Frauen im Hause zu und schlagen diese (das geschieht eher vorsichtig). Die Mädchen haben bunte Bänder zur Hand, um jeden Jungen, von dem sie geschlagen wurden, ein Band an die Rute zu knüpfen. Dann müssen die Mädchen die Jungs bewirten. Während der Bewirtung ist es üblich, sich ausführlich zu unterhalten. Dies kann allerdings nur so lange ausgedehnt werden, bis die nächste Gruppe kommt, dann muß die vorhergehende Gruppe Jungen verschwinden. Am zeitigen Vormittag kommen üblicherweise die kleineren Jungen und im Laufe des Tages – bis weit in die Nacht hinein – die größeren ‚Jungs'. Es können auch Jungen aus anderen Orten kommen, sie tun dies aber entweder zeitig am Vormittag oder dann spät in der Nacht. In manchen Gebieten werden die Mädchen auch mit Wasser besprizt bzw. sogar richtig ins Wasser eingetaucht.

Mädchen/Frauen, die nicht besucht werden, sind beleidigt, denn sie haben auch alles vorbereitet und fühlen sich nicht beachtet. Am nächsten Tag ist es in manchen Gegenden üblich, daß die Mädchen, mit Kochlöffeln bewaffnet, die Schläge der Jungs heimzahlen können.

Man begegnet auch noch folgender Variante: Die Mädchen machen sich am Ostersonntag heimlich aus, in welchem Haus sie die Nacht im Verborgenen verbringen wollen. Dort schließen sie sich dann ein und die Jungs müssen sie suchen. Haben diese das Haus in der Nacht gefunden, wird ihnen nicht geöffnet. Sie müssen also sehen, wie sie hineingelangen (wie ein Dieb). Ist es ihnen gelungen, dann tragen sie zu Beginn (selbst gedichtete) Lieder und Verse vor. Die Dauer ist dabei unbestimmt. Es baut sich somit eine große Spannung auf, denn wenn sie diese Vorträge beendet haben, stürmen sie auf die Mädchen ein und schlagen sie unvermittelt, hier aber wirklich derb. Sollte es den Jungs nicht gelingen, das Haus zu finden bzw. hinein zu gelangen, dann wäre das die größte Schande für die Jungen und eine Beleidigung für die Mädchen.

Soweit zur Vorstellung dieses Brauches. Welche Hinweise und Deutungsmöglichkeiten auf die Situation von Religion und Religiosität können daraus gewonnen werden? Fügt sich dieser Ritus ein in andere lebendige Formen des Brauchtums, die auch religiöse Dimensionen enthüllen? Ostern ist hier ausgerichtet auf die *Beziehung zwischen Mann und Frau*. An dieser Stelle soll nicht weiter auf die Inhalte des Mann- und Frauseins eingegangen werden,[7] sondern allein die *Bedeutung* für das Verhältnis von Religion und Religiosität bedacht werden.

Bräuche und Rituale sind nur in ihrem jeweiligen Kontext zu verstehen. Nordböhmen blickt auf eine wechselvolle Geschichte zurück. In politischer Hinsicht hat diese Region unter wechselnden Machteinflüssen zu leiden gehabt. Dies bedeutete zugleich eine Beeinträchtigung der jeweiligen religiösen Situation. So sind über die Jahrhunderte mehrere tiefgreifende gegenläufige Offizialisierungsprozesse über das Land gegangen. Aus dieser Beobachtung ergibt sich meine These, daß oftmalige und tiefgreifende Offizialisierungsprozesse die Glaubwürdigkeit aller daran beteiligten Religionen beeinträchtigt. Für Nordböhmen neige ich demzufolge zu der Annahme, daß der oft erbarmungslose Kampf zwischen den christlichen Konfessionen dem Gedanken des Christentums selbst nachhaltig geschadet hat.[8] Dies führte auf der anderen Seite dazu, daß vorchristliche Religionsformen im Volksglauben ungebrochen lebendig sind. Für mich war es in diesem Zusammenhang beeindruckend, mit welcher Ernsthaftigkeit gerade das oben geschilderte Ritual noch heute in den Dörfern durchgeführt wird. Selbst unsere tschechischen Studentinnen, die bereits einige Jahre im Ausland leben, versuchen um jeden Preis, am Ostermontag in ihrem Heimatdorf zu sein.

C. Jugendweihe – „normales" Initiationsritual

Ich möchte an dieser Stelle dieses Ritual weder ausführlich beschreiben noch inhaltlich analysieren. Mir geht es eher darum, die momentane Bedeutung dieses postkommunistischen Rituals anzudeuten. Ich beziehe mich im folgenden hauptsächlich auf Studien von Ehrhart Neubert (1994; 1996). Neubert berichtet, daß nach kurzer Stagnation in den Jahren 1990/91 sehr bald eine regelrechte Renaissance der Jugendweihe einsetzte. Bereits in den direkt darauffolgenden Jahren konnten die Veranstalter ihre Organisationsstruktur festigen und die Teilnehmerzahlen erheblich steigern. Der Inhalt der Feier

---

7 Als Anmerkung sei wenigstens auf einige Stichworte verwiesen: aggressives Agieren-Müssen des Mannes; generelle Bereitschaft der Frau; Männer treten in Bünden auf, Frauen warten dagegen im eigenen Haus oder als gesamte Frauengruppe. Dennoch: wessen Anbändeln erfolgreich ist, bleibt eine zweiseitige Sache; nach dem Erfolg der Männer wird ihnen dieser *heim*-gezahlt (im Heim wieder abgegolten). Christliche Bezüge sind hier nicht herleitbar (gilt als heidnischer Brauch, von der Kirche eher abgelehnt); bei der Variante mit Wasser wäre zu sagen: Es wird sinnbildlich (in Metaphern) gesprochen: Mädchen sind wie Blumen, sie müssen allzeit ‚gegossen' (gepflegt, umsorgt?) werden.
8 Man vergleiche im Kontrast dazu das über Jahrhunderte katholische Polen.

paßte sich rasch den neuen Begebenheiten an, so daß sich der atheistisch-‚humanistische' Charakter erhielt, Bezüge zum SED-Staat und zur Arbeiterbewegung aber verschwanden. Tragende Gruppen kamen hauptsächlich aus der Lehrerschaft. Unterstützung fanden diese in den Schulen, der lokalen Presse und in vielen Ämtern. Mitstreiter und Konkurrenten tauchten in Gestalt westdeutscher Freidenker im sich entwickelnden Marktgeschehen auf.

Für die meisten Jugendlichen und ihre Eltern ist es mittlerweile wieder selbstverständlich, diese Form des Passageritus zu wählen. Da die Anbieter auf dem Dienstleistungsmarkt mit einer Ware auftreten, bedeutet deren Kauf die Realisierung eines eigenständigen Aktes persönlicher Freiheit und nicht wie bis 1989 einfach eine subalterne Anpassung. Es entstand eine relativ große Disparität der Formen der Jugendweihe, aber alle orientieren sich letztlich noch an der Praxis des konfirmierenden Handelns und der Konfirmation. So begegnen jugendgemäße Programme, die vor der Weihe stehen und inhaltlich auf diese hinwirken sollen. Die Feierstunde selbst zeichnet sich durch eine oft schwülstige Fülle symbolhafter Handlungen wie pathetische Musikstücke, die Überreichung eines Buches, gelöbnishafte Sprachakte, Gemeinschaft stiftende Inanspruchnahmen und Öffentlichkeit erheischende Zurschaustellung aus.

Die Bewertung dieser Institution ist kontrovers: Erstaunen und Empörung bestimmen das Bild auf seiten der Amtskirche, während unspektakuläre Anerkennung in fast allen Teilen der Bevölkerung vorherrscht. Bei einer differenzierten Sicht, wie sie Neuberts Studien zweifellos darstellen, begegnet man mehreren Aspekten. Einerseits wird auf die Genese der Jugendweihe verwiesen, die ohne den Bezug zur Konfirmation überhaupt nicht vorstellbar sei. Weiterhin werden Argumentationen von Karl-Heinrich Bieritz (1992) übernommen, welche die rituelle Dimension dieser Weihe verdeutlichen. In diesem Zusammenhang werden die Implikation von Sinnüberschuß, Selbsttherapie, Kontingenzbewältigung und Ordnungsfunktion für den Alltag hervorgehoben. Trotz dieser differenzierten Sichtweise fällt die Bewertung bei Neubert vernichtend aus: Die Träger sind Ostalgisten und Anpaßler, die Jugendlichen und ihre Familie sind – als Spätwirkung des totalitären SED-Regimes – mental noch nicht zur Freiheit bereit (vgl. dazu besonders Neubert 1994: 44ff). Für die freiheitlich-demokratische Grundordnung könne dann besonders der totalitäre Inhalt und die dahinterstehende Weltanschauung zur Gefahr werden. Neubert kommt von dieser Einschätzung zu folgender Warnung (Neubert 1994: 58):

„Mit fortschreitender Pluralisierung der geistigen Landschaft Ostdeutschlands ist es höchst wahrscheinlich, daß eines Tages auch rechtsextreme und neonazistische Anbieter auf dem Markt erscheinen. Deren Neigung zum Ritual [...] würde auch den Passageritus besetzen können."

Neubert versucht deutlich zu machen, warum es den Anbietern der Jugendweihe gelingt, so viele Abnehmer für ihre Dienstleistung zu finden. Wesentliche Stichworte in seiner Argumentation bilden dabei die Marktanpassung der Jugendweihe und die orientierungsbedürftigen Jugendlichen, denen der Sinn für Religion „gründlich ausgetrieben" worden sei. Sein erkenntnisleitendes Interesse besteht nun offensichtlich darin, wie diesem Dilemma durch kirchliches Handeln angemessen und erfolgreich begegnet werden könne. Dem kann hier zwar nicht weiter nachgegangen werden, aber ein Gedankengang aus diesem Zusammenhang soll noch angeführt werden. Meines Erachtens bietet er die Möglichkeit, seine Interpretation mit der hier im Vortrag vertretenen Position zu verbinden. Resümierend zum momentanen kirchlichen Handeln führt Neubert aus, daß deren bisherige Praxis den potentiellen (?) Konfirmationsteilnehmern etwas abverlange, „was sie nicht leisten können, nämlich außerhalb gesellschaftlicher Kommunikation zu leben" (Neubert 1994: 81). Wenngleich sich meine Positionsbeschreibung nicht exklusiv aus der Perspektive kirchlichen Handelns ergibt, so gelangt sie genau zu diesem Punkt der nicht erlebten Kommunikation bzw. Interaktion.

Über weite Strecken kann ich mich der Situationsschilderung Ehrhart Neuberts anschließen. Ich möchte aber in Anwendung meines theoretischen Konzepts einige Akzente der Interpretation anders setzen. Wenn Neubert hervorhebt, und dies mit deutlich abwertender Zielrichtung vornimmt, daß die Jugendweihe lediglich die christliche Konfirmationspraxis kopiere, dann wird damit ja nur ein überall geläufiges Geschehen angesprochen. Die Geschichte der Religionen ist eine Geschichte von Übernahmen, Umdeutungen und Besetzung von Orten, Zeiten und Ritualen. Politische Religionen mögen hierbei in besonderer Weise involviert sein, aber auch sonst ist keine ‚reine' Religion denkbar. Eine weitere Akzentsetzung betrifft das Phänomen, daß nach der politischen Wende keine nennenswerte Rückbesinnung auf christliche Positionen zu verzeichnen war. Nach der Theorie des kollektiven Gedächtnisses wird deutlich, daß durch die Zurückdrängung der Konfirmation aus dem öffentlichen Leben sowohl Wissensbestände nicht weitergegeben werden und somit auch nicht verstanden werden können, als auch deren identitätsstiftender Charakter auf binnenkirchliche Bezüge reduziert bleibt. Heute stehen Jugendliche der *zweiten* Generation ohne Verständnis und gelebten Bezug auf kirchliche Rituale an der Schwelle zum Erwachsenwerden. Rituale erweisen sich aber offensichtlich als hilfreich bzw. als notwendig, um diese krisenhafte Lebensphase erfolgreich durchlaufen zu können. Erfahrungen der Sozialisationsforschung und Jugendsozialarbeit[9] unterstützen diese Sichtweise und entkräften ritualkritische Stimmen wie sie Neubert anführt. Es ist wenig überzeugend, Rituale als Ersatz oder gar Abweisung für Nachdenken und Argumentation zu verstehen und sie als Gegensatz zu einer kommunikativen Praxis zu sehen.[10] Diese weiterführende Interpretation enthebt davon, eine defizitäre Entwicklungsstufe der Ostdeutschen annehmen zu müssen, sondern sie lediglich in einer *spezifischen*, nicht aber in einer abnormen Situation befindlich zu erkennen. Den Menschen muß kein mentaler Defekt noch eine bislang ungekannte Religi-

---

9   Aus der Fülle des Materials sei hier lediglich auf Thiersch (1995: 232ff.) verwiesen.
10 Zum Beispiel Neubert mit Bezug auf W.-D. Bukows „Kritik der Alltagsreligion" (Neubert 1996: 82; 86f.).

onslosigkeit bescheinigt und dann erklärt werden. Dagegen ist mit Recht zu fragen, wie die *Gleichgültigkeit* gegenüber christlicher Religion bzw. anderen religiösen Sinnanbietern zu erklären ist. Offensichtlich reicht dabei der Rekurs auf Mentalität und Markt nicht hin, sondern es ist – soweit ich das sehe auch im Sinne Detlef Pollacks (Pollack 1994: zusammenfassend 443ff.) – davon auszugehen, daß hier die Wirkungsweise des politischen Systems *als politische Religion*[11] dafür verantwortlich zu machen ist. Als weiterer Gewinn der hier vorgetragenen Sichtweite kann die Funktion von Gruppen erklärt werden, die den in der sogenannten Wende erfolgten Offizialisierungsprozeß überstehen konnten. Die Besonderheit des Offizialisierungsprozesses von 1990 kann auf folgende Formel gebracht werden: Das Interpretationsmonopol der kommunistischen Staatsreligion wurde gebrochen, allerdings ohne damit eine Verfolgung und wesentliche Benachteiligung von deren Trägern und Inhalten einzuleiten.

Der hier gewählte theoretische Ansatz zur Stratigraphie und zum kollektiven Gedächtnis kann meines Erachtens gut erklären, daß die Jugendweihe in Ostdeutschland zum normalen Initiationsritual werden konnte und eine hohe kontextuelle Akzeptanz erfährt. Anders gesagt: es wäre bei dieser Sichtweise höchst erstaunlich – und *somit erklärungsbedürftig* –, wenn es anders stünde.

6. Schlußfolgerungen

Abschließend möchte ich innerhalb von drei Problemkreisen einige Schlußfolgerungen zusammenstellen. Ich werde dabei so verfahren, daß ich mit einer thematischen Zusammenfassung beginne und diese dann am konkreten Material exemplifiziere:

A. Vergangenheit und gegenwärtiges Handeln

Das Konzept des kollektiven Gedächtnisses setzt das Verhältnis von Gegenwart und Vergangenheit als interdependent. *In Richtung auf die Gegenwart* erklärt dies die *Grenzen des Kommunizierbaren*, d.h., daß heute nur das kommuniziert werden kann, wofür in der Vergangenheit ein Bezugsrahmen geschaffen wurde. Dieser Bezugsrahmen beruht auf vergangener Kommunikation. *In Richtung auf die Vergangenheit* erklärt dieser Theorieansatz, daß

---

11 Ich bin mir nicht sicher, inwieweit diese *Erweiterung* von Pollack getragen wird; möglicherweise würde er zu einer begrifflichen Unterscheidung neigen (vgl. dazu Pollack 1997).

die Vergangenheit nur als das existiert, als was sie momentan rekonstruiert wird. Die Formen, in denen das vonstatten geht, sind Vergegenständlichung (Text), Handlungsfolgen (Ritual) und Erinnerung (Gedächtnis).[12]

Auf die zur Diskussion stehenden Bezüge läßt sich daraus folgendes ableiten und konkretisieren: Die hinlänglich bekannten Prozesse der Zurückdrängung christlicher Inhalte in der DDR hinsichtlich Weltdeutung, identitätsstiftender Handlungen und Selbstvergewisserung aus der Öffentlichkeit und aus den meisten Familien führten zur Zerstörung des Bezugsrahmens zur Wahrnehmung, zum Verständnis und zur (kritischen) Anwendung christlicher Religion. Ja, selbst das Verständnis für außerchristliche Religionen ist (vgl. dazu Pollack in diesem Band: 294ff.) nur noch bei denen anzutreffen, die als „kirchlich" bzw. „christlich" gelten können. Somit – und darin besteht der komplementäre Aspekt meiner Argumentation – ist es dem politischen System gelungen, *seine politische Religion* fest zu verankern, und zwar sowohl als Weltdeutung in kanonischen Texten, als identitätsstiftende Rituale und als persönliche Selbstvergewisserung. Der Aspekt identitätsstiftenden Handelns kann meines Erachtens am Beispiel der Jugendweihe gut nachvollzogen werden. Den Aspekt der persönlichen Selbstvergewisserung kann man sehr gut aus dem Beitrag Heiner Meulemanns ablesen. Besonders wenn er darlegt, daß die moralische Striktheit in der DDR nicht im herkömmlichen Schema „religiöser Bindung" (positiv wirkend) und Bildungsniveau (negativ wirkend) aufgehe, sondern daß hier „neue säkulare Begründungen" (Meulemann in diesem Band: 138) zu beachten seien. Meiner vorläufigen Interpretation nach handelt es sich dabei nicht um säkulare Begründungen, sondern um Begründungen, die der politischen Religion der DDR geschuldet sind. Bei ihrem ‚religiösen Gehalt' handelte es sich wesentlich um eine aufklärerisch-wissenschaftsgläubige Grundorientierung, die also eher positiv mit einem ‚höheren Bildungsniveau' (im Sinne eines positivistisch-technokratischen Naturwissenschaftsverständnisses) korrelierte. So gesehen, stützen die Untersuchungen, die Heiner Meulemann hier vorlegt, deutlich meine Interpretation.

B. Offizialisierungsprozeß, Operationalisierung und Stratigraphie

In der von mir vorgestellten religiösen Stratigraphie wird davon ausgegangen, daß aktuelle Formen von Religion untrennbar von ihren Vorgängerinnen sind. Mehr noch: das kollektive Gedächtnis kann nicht *beliebig* Glaubensinhalte verschwinden lassen, sondern es kann sie nur neu systematisieren und

---

12 Es sei an dieser Stelle angemerkt, daß enge Bezüge zur *Selbstreferentialität* kognitiver Systeme der konstruktivistischen Gedächtnisforschung bestehen. So heißt es beispielsweise bei G. Roth, daß Selbstreferentialität besage, „daß das Gehirn die Kriterien, nach denen es seine eigene Aktivität bewertet, selbst entwickeln muß, und zwar aufgrund früherer innerer Bewertungen der Eigenaktivität" (zitiert bei Schmidt 1993: 383).

Religionen und Religiosität

mit neuen Bezügen – auch aus anderen Traditionen – erweitern. Dabei ist das kollektive Gedächtnis angewiesen auf bestimmte Erinnerungsfiguren, die gekennzeichnet sind durch konkrete Bezüge auf *Zeit und Raum*, auf *lebendige Gruppen* und durch *Rekonstruktivität* als eigenständiges Verfahren. Diese Systematisierungsprozesse *erscheinen* zugleich als differente Institutionalisierungen ihrer Bestandteile in Offizialisierungsprozessen. Offizialisierungsprozesse markieren dabei tiefgreifende Wandlungs- bzw. Austauschprozesse. Mit Institutionalisierungen wird darüber hinaus auf ein auf Kontinuitäten gerichtetes Geschehen verwiesen, wie es beispielsweise als Kanonisierung, als Abfolge theologischer Entwürfe und als Modernisierungsprozeß begegnet. Institutionalisierungen stellen somit Anpassungsprozesse an gesellschaftliche Entwicklungen dar. Offizialisierungsprozesse dagegen greifen tiefer, sie bedeuten in der Regel harsche Zäsuren und – so meine These – beschädigen die Idee der jeweils beteiligten Religionen bzw. Konfessionen, was zur Revitalisierung bereits längst überwunden geglaubter religiöser Bestandteile führen kann. Offizialisierung und Institutionalisierung geben einen Möglichkeitsrahmen für persönliche Glaubensformen vor.

In der Konkretisierung für das Untersuchungsgebiet lassen sich folgende Offizialisierungsprozesse der Lausitz stichwortartig benennen: Stammesreligion, Christianisierung, Konfessionskämpfe nach dem Muster *cuius regio, eius religio*, Toleranzedikte, politische Religion des Faschismus, politische Religion des Stalinismus und Wende zurück zur Volkskirche. Damit ist aber noch wenig gesagt über die jeweilige Schichtung im Sinne der differenten Institutionalisierung. Diese läßt sich allerdings an konkreten Ritualen bzw. religiösen Praktiken ablesen. Die hier vorgetragenen Beispiele – Osterbräuche und Jugendweihe – sollten veranschaulichen, daß dabei höchst unterschiedliche und vielleicht auch unerwartete Bestandteile ans Licht treten. Komplementär dazu wäre nun auf die jeweiligen Aneignungen der Individuen, d.h. auf die persönliche Anwendung von Praktiken bzw. Teilnahme an kollektiven identitätsstiftenden Handlungen zu untersuchen. Dies war im vorliegenden Beitrag nicht beabsichtigt, es soll aber zumindest auf den Beitrag von Hartmann verwiesen werden, in dem er die beiden Aneignungsmöglichkeiten *Opportunismus* und *Opposition* herausstellt (Hartmann in diesem Band: 290).

C. Politische Religion *in der DDR?*

Meine Herangehensweise war durch ein weites Verständnis von Religion gekennzeichnet. Jetzt, am Ende meines Aufsatzes, möchte ich nochmals der Frage nachgehen, ob gerechtfertigter Weise von politischer *Religion* in der DDR gesprochen werden kann. Meines Erachtens ist es für Erkundungsprozesse durchaus sinnvoll, das Suchraster relativ grob zu gestalten, um die Ergebnisse nicht a priori einzuengen. Dies enthebt aber nicht von einer Angemessenheitsprüfung für die gefundenen Bestände von Religiosität. Ich beziehe mich zu diesem Zweck auf das von Pollack vorgestellte Modell, d.h. auf das Doppelkriterium zur Kontingenzbewältigung mittels gleichzeitigem Bezug auf Transzendenz und Immanenz:

„Die Spezifik der religiösen Lösung des Kontingenzproblems besteht [...] darin, daß sie mit der Unterscheidung von Immanenz und Transzendenz arbeitet, und zwar so, daß durch die Bezugnahme auf Transzendenz die religiösen Sinnformen eine kontingenzbewältigende, kontingenzausschaltende Qualität gewinnen, durch die gleichzeitige Bezugnahme auf die Immanenz aber auch wieder Konkretheit, Anschaulichkeit und Kommunikabilität erlangen" (Pollack in diesem Band: 298).

Somit stellt sich die Frage, ob für die politische Religion der DDR Kontingenzbewältigung in der „Gleichzeitigkeit von Transzendenz- und Immanenzbezug" charakteristisch war. Meines Erachtens läßt sich relativ schlüssig nachweisen, daß die politische Religion der DDR diesem Kriterium gerecht werden konnte. Der Anschaulichkeit halber möchte ich dabei zuerst auf die marxistische Hochreligion verweisen, wie sie von Ernst Bloch anspruchsvoll formuliert wurde (Bloch 1968).[13] Er hatte es auf die eindrückliche Formel „Transzendenz ohne Transzendieren" gebracht. Gemeint war damit ein Überschreiten der Alltagsbezüge, der gegebenen Sozial- und Gesellschaftsstruktur *und* der Spanne eines Menschenlebens ohne außerweltliche Transzendenz dazu annehmen zu müssen. Bei Bloch war dies zweifelsohne als religiöse Qualität gemeint. Wenn man diese Ebene der marxistischen Hochreligion verläßt, ist es aber keinesfalls so, daß damit diese Vorstellung nicht mehr begegnet. Gerade in narrativen Interviews konnten wir immer wieder feststellen, daß diese utopische Grundorientierung durchaus Grundlage persönlicher Sinnstiftung war und noch ist. Dort taucht sie z. B. mit den Worten auf: „Mein Leben hat dann Sinn, wenn ich Spuren für spätere Generationen hinterlassen konnte."[14] Soviel zur Seite der Transzendenz. Wie aber steht es nun um die Gleichzeitigkeit von Immanenz? Ich sehe diese in erster Linie in den konkreten und äußerst pragmatischen Moralvorschriften, wie sie in den *Zehn Geboten der sozialistischen Moral* symbolisch – und dem Christentum nachgezeichnet (!) – vorliegen.

Dem Kriterium Kontingenzbewältigung im gleichzeitigen Bezug auf Transzendenz und Immanenz genügte die politische Religion der DDR offenbar. Es scheint somit angebracht, hier tatsächlich von Religion zu sprechen. Als jemand, der dieses System selbst erlebt hat, kann ich dabei ein starkes Gefühl des Unwohlseins nicht unterdrücken. Sollten nicht doch flankierende Kriterien herangezogen werden, die deutlich machen, daß es sich letztlich doch nur um eine pseudomorphose Erfüllung der Kriterien handelt? Klaus-Peter Jörns beispielsweise geht davon aus, daß eine Trennlinie zu ziehen sei, „wo die einen ein

---

13 Zur Auseinandersetzung mit der marxistischen Hochreligion in Gestalt der Religionskritik vgl. hinwiederum Gollwitzer (1974).
14 Vgl. dazu auch die Beiträge hier im Band von Heiner Meulemann (Beispiel zum Einstieg) und Ina Schmied.

transzendentales Gegenüber glauben, das weder Setzung noch Konstrukt ist, sondern wirkliches Subjekt, und wo die anderen ein subjekthaftes Gegenüber nicht kennen" (Jörns 1997: 23). Damit wäre zwar endlich ein Ausschlußkriterium gefunden, denn genau ein solches Gegenüber, ein Subjekt, mit dem kommuniziert werden kann, kann im Marxismus wirklich nicht ausgemacht werden. Die Anerkennung dieses Kriteriums führt aber in andere Dilemmata, z.B. würde damit der Buddhismus nicht länger als Religion anerkannt werden können.

Erfolgversprechender erscheint mir darum ein anderer Weg zu sein, der mit dem Stichwort *Herstellung von Ungleichzeitigkeit* umschrieben werden kann. Dieses Kriterium bewegt sich noch in der Richtung von „Gleichzeitigkeit von Transzendenz und Immanenz", setzt aber meines Erachtens andere und zusätzliche Akzente. Dieses Kriterium wird von Jan Assmann in folgender Weise entwickelt (vgl. Assmann 1997: 84ff., auch mit Bezug auf Marcuse 1967): Das Wesen der Religion scheine in der Herstellung und Vermittlung von Gleichzeitigkeit zu bestehen, indem es mit dem Modus des Festes und sakraler Riten eine andere Zeit schafft, die der Zeit des Alltags entgegen gesetzt ist, aber dennoch in seiner Ordnung auftaucht. Die Pointe besteht nun darin, daß damit der *Eindimensionalität* des Denkens widersprochen wird. Religion liegt – im Gegensatz zu Pseudomorphosen der Religion – genau dann vor, wenn die Logik des Alltags, im Sinne der innerweltlichen Zweckrationalität, nicht absolut gesetzt wird, sondern zur Weltdeutung eine davon unterscheidbare, aber dennoch interdependente Dimension der Logik voraussetzt. In der Anwendung dieses Kriteriums wird eine Einstufung der politischen Religion der DDR unter Pseudomorphosen der Religion gerechtfertigt, denn trotz aller Transzendenzvorstellungen, bleiben diese doch immer im innerweltlich rationalen Herstellungsmodus verhaftet.

Literatur

Assmann, Aleida/Harth, Dietrich, (Hg.) 1991: Mnemosyne. Formen und Funktionen der kulturellen Erinnerung. Frankfurt am Main.
Assmann, Jan, 1997: Das kulturelle Gedächtnis. Schrift, Erinnerung und politische Identität in frühen Hochkulturen. München.
Bieritz, Karl-Heinrich, 1992: Gegengifte. Kirchliche Kasualpraxis in der Risikogesellschaft, in: Die Zeichen der Zeit 46, 3-10.
Bloch, Ernst, 1968: Atheismus im Christentum. Frankfurt am Main.
Fascyna, Hanka/Matschie, Jürgen, 1996: Sorbische Bräuche. Bautzen.
Frijhoff, 1979, in: Vrijhof, Peter Hendrik/Waadenburg, Jacques, (Hg.) 1979.
Gollwitzer, Helmut, 1974: Die marxistische Religionskritik und der christliche Glaube. Hamburg.
Gräb, Wilhelm, 1990: Institution und Individuum. Überlegungen zur Diagnose der modernen Religionskultur, in: Pastoraltheologie 79, 255-269.

Habermas, Jürgen, 1985 (1981): Theorie des kommunikativen Handelns. Band 1: Handlungsrationalität und gesellschaftliche Rationalisierung; Band 2: Zur Kritik der funktionalistischen Vernunft. Frankfurt/M.

Halbwachs, Maurice, 1985 (1925): Das Gedächtnis und seine sozialen Bedingungen. Frankfurt/M.

Heiler, Friedrich, 1962: Die Religionen der Menschheit in Vergangenheit und Gegenwart. Stuttgart.

Jörns, Klaus-Peter, 1997: Die neuen Gesichter Gottes. Was die Menschen heute wirklich glauben. München.

Koslowski, Peter, (Hg.) 1985: Die religiöse Dimension der Gesellschaft. Religion und ihre Theorien. Tübingen.

Legewie, Heiner, 1987: Interpretation und Validierung biographischer Interviews, in: Jüttemann, Gerd/Thomae, Hans, 1987: Biographie und Psychologie. Berlin, 138-150.

Linz, J. Juan, 1996: Der religiöse Gebrauch der Politik und/oder der politische Gebrauch der Religion. Ersatzideologie gegen Ersatzreligion, in: Maier, Hans, (Hg.) 1996: I., 129-154.

Luckmann, Thomas, 1993: Die unsichtbare Religion. Frankfurt/M.

Marcuse, Herbert, 1967: Der eindimensionale Mensch. Studien zur Ideologie der fortgeschrittenen Industriegesellschaft. Darmstadt/Neuwied.

Maier, Hans, (Hg.) 1996: „Totalitarismus" und „Politische Religionen". Konzepte des Diktaturvergleichs. 2 Bde. Paderborn et al.

Neubert, Ehrhart, 1994: Die postkommunistische Jugendweihe – Herausforderung für kirchliches Handeln, in: Begegnungen 4/5, 34-86.

Neubert, Ehrhart, 1996: „gründlich ausgetrieben". Eine Studie zum Profil und zur psychosozialen Situation von Konfessionslosen in Ostdeutschland und den Voraussetzungen kirchlicher Arbeit (Mission), in: Begegnungen 13.

Oschlies, Wolf, 1991: Die Sorben – slawisches Volk im Osten Deutschlands. Bonn.

Pollack, Detlef, 1994: Kirche in der Organisationsgesellschaft. Zum Wandel der gesellschaftlichen Lage der evangelischen Kirchen in der DDR. Stuttgart/Berlin/Köln.

Pollack, Detlef, 1997: Enttäuschungssichere Selbsttäuschung der Moderne. Individualisierung statt Säkularisierung? – ein religionssoziologischer Einspruch, in: Frankfurter Rundschau vom 10.6.1997, 18 (Forum Humanwissenschaften).

Reinsberg-Düringsfeld, Otto Freiherr von, 1898: Das festliche Jahr. In Sitten, Gebräuchen, Aberglauben und Festen der Germanischen Völker. Leipzig.

Salowski, Martin, 1992: Osterreiten in der Lausitz. Bautzen.

Schmidt, Siegfried J., 1993: Gedächtnis – Erzählen – Identität, in: Assmann, Aleida/Harth, Dietrich, (Hg.): Mnemosyne, 378-397.

Strauss, Anselm/Corbin, Juliet, 1996 (1990): Grounded Theory. Grundlagen qualitativer Sozialforschung. Weinheim.

Thiersch, Hans, 1995: Lebenswelt und Moral. Beiträge zur moralischen Orientierung sozialer Arbeit. München.

Tshiamalenga, Ntumba, 1985: Mythos und Religion in Afrika heute, in: Koslowski, Peter, (Hg.) 1985, 198-226.

Tyrell, Hartmann/Krech, Volkhard/Knoblauch, Hubert, (Hg.) 1998: Religion als Kommunikation. Würzburg.

Vrijhof, Peter Hendrik/Waadenburg, Jacques, (Hg.) 1979: Official and popular religion. Analysis of a theme for religious studies. The Hague/Paris/New York.

Wagner, Harald, 1996: Lebenswelt und Glaube. Kritik der Lebenswelttheorie und ihre Übertragung auf den Gemeindeaufbau. Frankfurt/M. et al.

Monika Wohlrab-Sahr

Kommentar

Die religiöse Lage in Ostdeutschland ist – im Vergleich zu Westdeutschland, aber auch im internationalen Vergleich – so exzeptionell, daß sie geradezu dazu herausfordert, religionssoziologisch genauer unter die Lupe genommen zu werden und einige der Annahmen „großer Theorien" zur religiösen Entwicklung und zum Einfluß von Religion in modernen Gesellschaften auf diesem Prüfstand zu messen. Dabei wird unweigerlich das Problem aufgeworfen, wie „große Theorien", die in ihrer empirischen Fundierung oft zu wünschen übrig lassen, in Forschungsfragen operationalisiert werden können und ob diese Operationalisierung dann noch den Kern dessen trifft, worum es in den Theorien ging. Und man hat es überdies mit dem Problem zu tun, daß es popularisierte Fassungen großer Theorien gibt, die sich ihrerseits nur noch sehr locker an den Vorbildern orientieren. Säkularisierungstheorien und die mit ihnen verbundenen Vorstellungen einer Privatisierung der Religion teilen zweifellos dieses Schicksal. Es sind aber gerade diese Theorien, die sich bei dem Versuch anbieten, die ostdeutsche Situation zu erklären.

Der Beitrag Detlef Pollacks nimmt Bezug auf die These einer zunehmenden Individualisierung von Religion, die Pollack als Kern der Religionssoziologie Thomas Luckmanns, wie sie etwa in dessen Buch „Unsichtbare Religion" (1991) entfaltet wird, betrachtet.

Pollack bringt gegen diese These einen empirischen Einwand vor: Für den Osten Deutschlands treffe die Annahme einer zunehmenden Individualisierung von Religion nicht zu. Christliche und außerchristliche Religion korrelierten hier in hohem Maße, während sich diese Formen im Westen Deutschlands weiter ausdifferenzierten. Pollack bietet dafür folgende Erklärung an: In dem Maße, wie sich die Gesellschaft säkularisiert, so nimmt er an, bilden die unterschiedlichen Dimensionen von Religion eine Einheit.

Ich will zunächst auf den empirischen Befund eingehen, der hier präsentiert wird, und anschließend auf die theoretische Anbindung eingehen, die Pollack dabei vornimmt, insofern er sein empirisches Vorgehen ja als Operationalisierung der Theorie Luckmanns begreift.

Zunächst zum Befund und der dafür angebotenen Erklärung: In dem Maße, wie sich die Gesellschaft säkularisiert, bilden die unterschiedlichen Dimensionen von Religion eine Einheit. Das hieße: In den dem Maße, wie der Religion grosso modo die gesellschaftliche und kulturelle Unterstützung verloren geht, teilt sich die Bevölkerung in die Minderheit derjenigen, die in irgendeiner Form religiös sind – ob christlich, kirchlich oder ‚neureligiös' – und in die Mehrheit derjenigen, die mit Religion – egal in welcher Form – nichts mehr anfangen können.

Ich halte diesen Befund für ausgesprochen interessant, insofern er auf etwas hinweist, das etwa in den ökonomischen Kritiken an der Säkularisierungstheorie, wie sie von seiten der neueren amerikanischen Religionssoziologie vorgebracht werden, unterbelichtet bleibt: daß es nämlich neben der Frage der bloßen Vielfalt des religiösen Angebots weitere – kulturelle – Momente gibt, welche die religiöse Lage mit bestimmen und die Perzeption von Religion sowie die Wahrnehmung religiöser Angebote mit beeinflussen. Eine zentrale Rolle spielt hierbei, inwiefern Religion in einem gesellschaftlichen Kontext öffentliche Unterstützung erfährt oder nicht. Unterschiedliche Grade der Säkularisierung wären dann auch in dieser Hinsicht zu betrachten: nicht allein auf der Ebene individueller Glaubensüberzeugungen und -praktiken, sondern auch auf der Ebene der kulturellen, politischen und institutionellen Einbettung des Religiösen. Der Verweis auf die bloße Breite des religiösen Angebots in den USA im Unterschied zur stärker monopolistischen religiösen Struktur in Europa kann hier nicht überzeugen. Ökonomische Theorien religiöser Beteiligung erfassen zwar ein Moment der religiösen Lage, sind aber insgesamt in ihrer soziologischen Erklärungskraft zu schwach.

Allerdings stellt sich die Frage, ob die Gegenüberstellung von Westdeutschland und Ostdeutschland, die Pollack hier vornimmt, zwingend ist. Er selbst hat an anderer Stelle in Bezug auf Westdeutschland ähnlich argumentiert (Pollack 1996). Die Frage wäre also, ob es sich hier wirklich um einen Kontrast handelt oder ob das ostdeutsche Profil lediglich schärfer ausgeprägt ist und Westdeutschland als „formal-kirchliches und wenig christliches Land" sich in eine ähnliche Richtung bewegt.

Damit komme ich zur Frage der theoretischen Anbindung. So interessant der von Pollack für Ostdeutschland vorgebrachte Befund und so plausibel die Erklärung ist, die er dafür anbietet, so kann dies doch meines Erachtens nicht als empirischer Einwand gegen die These betrachtet werden, die Luckmann in seinem Buch „Die unsichtbare Religion" entfaltet. Luckmanns These ist, daß heute kein verpflichtendes Modell der Religion mehr zur Verfügung stehe und demzufolge der einzelne aus einer Vielzahl von Themen letzter Bedeutung auswählen könne (und müsse), die er in einer privaten Konstruktion, die sowohl ihre Themen aus der Privatsphäre bezieht als auch von Personen aus dem unmittelbaren Nahbereich unterstützt wird, zusammenbaue. Als zentral sieht Luckmann dabei den Themenkomplex individueller Autonomie mit den Hauptthemen Selbstdarstellung, Selbstverwirklichung, Mobilität, Sexualität und Familie an. Luckmann bezeichnet dies als neue Sozialform der Religion, die unabhängiger von institutionellen Vorgaben und „diesseitiger", synkretistisch und biographienäher sei als das „offizielle Modell" von Religion. Er spricht daher in diesem Zusammenhang auch von der Schrumpfung von Transzendenz.

Einmal unterstellt, diese neue Sozialform von Religion würde sich tatsächlich aus dem Fundus neureligiösen und magischen Gedankenguts bedienen, so sagt Luckmanns These zunächst einmal nichts darüber aus, ob dieser Vorgang innerhalb oder außerhalb der Kirchen stattfindet. Das „offizielle Modell" der Religion könnte also im Prinzip auch von innen her unterminiert werden, indem sich Elemente „unsichtbarer Religion" innerhalb der Kirchen breit machen. Insofern widerspricht der Befund Pollacks, daß vor allem in Ostdeutschland christliche und außerchristliche Religiosität stark korrelieren, der These Luckmanns nicht. Man könnte ihn sogar umgekehrt als Bestätigung von Luckmanns These interpretieren, nämlich als Indiz für eine tendenzielle Abkehr von einem verpflichtenden Modell von Religion, mit dem Unterschied, daß die Annäherung an neureligiöses/magisches Gedankengut, die ein gewisser, freilich kleiner Teil der Bevölkerung vollzieht, einmal eher im kirchlichen Umfeld (Ostdeutschland), ein anderes Mal eher unabhängig davon (Westdeutschland) stattfindet.

Wesentlicher scheint mir aber, daß Luckmann dort, wo er von subjektiven Systemen letzter Bedeutung spricht, charakteristischer Weise nicht von „alternativer" Religion redet, sondern vom Themenkreis individueller Autonomie. Es geht ihm also um eine Sakralisierung des Individuums und nicht primär um neureligiöse Praktiken. Daraus resultiert für eine empirische Untersuchung von Luckmanns These, daß man sich im Grunde eher mit Formen der Biographisierung befassen müßte als mit der Mitgliedschaft in neureligiösen Gruppen bzw. der Nutzung esoterischer Angebote.

Wollte man daher in der Luckmannschen Perspektive Religiosität in Ost- und Westdeutschland vergleichen, müßte man fragen, was denn jeweils die subjektiven Systeme letzter Bedeutung sind und in welchem Maße sie sich vom „offiziellen" Modell der Religion unterscheiden. Die Frage wäre also z.B., ob auch in Ostdeutschland die subjektiven Systeme letzter Bedeutung um den Themenkreis individueller Autonomie zentriert sind oder ob es andere Themen gibt, die dabei im Vordergrund stehen. Angesichts der häufig wiederholten Klage um einen Gemeinschaftsverlust nach der Wende liegt hier die Frage nahe, ob die „unsichtbare Religion" im Osten Deutschlands möglicherweise stärker um den Fokus von Gemeinschaft (und damit verbunden: von Arbeit) kreist. Eine Religionssoziologie in der Perspektive Luckmanns müßte sich jedenfalls Fragen dieser Art zuwenden.

Was Pollack also zeigen kann, ist, in welcher Weise in Ostdeutschland (im substantiellen Sinne) alternativreligiöse Vorstellungen mit einer relativen Nähe zum „offiziellen Modell" von Religion verkoppelt sind. Er leistet damit einen Beitrag zur Präzisierung der Säkularisierungstheorie, indem er zeigt, daß in einem Kontext, in dem die kulturelle Einbettung von Religion weitgehend zerstört ist, die verstärkte Pluralisierung des religiösen Angebots nur dort noch auf eine gewisse Resonanz stößt, wo ein religiöser Rahmen überhaupt noch gegeben ist: nämlich in den Kirchen. Er testet und widerlegt allerdings nicht die Grundannahme des Luckmannschen Modells der „unsichtbaren Religion".

Wolfgang Jagodzinskis Analyse der religiösen Entwicklung in der DDR und in Ostdeutschland nach der Vereinigung verdeutlicht ebenfalls die Besonderheit der ostdeutschen Situation, insofern hier weltweit der größte Prozentsatz an „Areligiösen" – definiert als solche, die weder an Gott noch an ein Weiterleben nach dem Tode glauben – zu finden ist. Bei einem Großteil der Bevölkerung bestand 1990 offenbar kein Bedürfnis nach Religion in diesem Sinne mehr. In den zehn Jahren seit der Wende hat sich dies nicht entscheidend geändert. Jagodzinski kommt auf diesem Hintergrund zu einer differenzierten Einschätzung der ökonomischen Theorie der Religion, wie sie zur Zeit in den USA verbreitet ist. Zurückzuweisen ist angesichts des Beispiels Ostdeutschland die Annahme einer konstanten Nachfrage nach Religion. Unterstrichen wird bei Jagodzinski auch der Einfluß religiöser Sozialisation, der in der ökonomischen Theorie ebenfalls strukturell unterbelichtet bleibt. Interessant ist allerdings der Hinweis darauf, daß – vor allem in den jüngeren Generationen – der Anteil derjenigen gestiegen ist, die in der Beantwortung der „religiösen" Fragen unsicher sind, sich also nicht eindeutig atheistisch äußern. Hier scheint sich also eine mögliche Öffnung gegenüber religiösen Fragen zu vollziehen, die allerdings von den Akteuren im religiösen Feld – vor allem von den Kirchen – offenbar kaum genutzt werden kann. Dies kann zumindest als ein gewisser Indikator dafür angesehen werden, daß die Nachhaltigkeit von Entkirchlichungsprozessen, wenn auch zunächst politisch forciert, letztlich doch auch von den Akteuren im religiösen Feld mitproduziert wird. Die Frage nach Prozessen sozialer Schließung in den kirchlichen Milieus drängt sich hier auf.

Wenn man nun anschließend an Luckmanns Überlegungen über das Schicksal „offizieller Modelle" von Religion weiterdenkt, kann man die zentrale These des Beitrags von Heiner Meulemann dahingehend zusammenfassen, daß an die Stelle des offiziellen christlichen Modells der Religion in der DDR erfolgreich ein sozialistisches Modell gesetzt wurde. Obwohl dieses durch Repression durchgesetzt wurde, so die These, sei es doch nicht äußerlich geblieben. Die Bevölkerung habe nicht nur den verordneten Atheismus übernommen, sondern auch die damit verbundene und in ihm fundierte neue Moral. Meulemann spricht hier von einem Glauben an ein Jenseits im Diesseits.

Empirisch operationalisiert wird diese These über das Merkmal moralische Striktheit, die – so Meulemann – die Ostdeutschen von den Westdeutschen nachhaltig unterscheide. Zwar verliere nach dem Ende der Repression diese Moral ihre institutionelle Basis und insofern vermindere sich die Differenz zwischen den Landesteilen. Sie löse sich aber nicht auf, vor allem dann nicht, wenn man verstärkende oder abschwächende Einflüsse wie Kirchenbindung oder Bildung kontrolliert.

In der Sprache Thomas Luckmanns formuliert, hieße dies: Während im Westen die kirchlichen Systeme „letzter Bedeutung" an Einfluß verloren und damit auch die „strikte Moral", vor allem im Bereich der Werte, zurückging, wurde im Osten Deutschlands ein neues offizielles System letzter Bedeutung institutionalisiert, nämlich ein säkularreligiöses, dessen Nachwirkungen heute noch spürbar sind, die aber perspektivisch nachlassen werden, da ihnen die institutionelle Stütze fehlt.

Der empirische Befund, den Meulemann vorlegt, ist eindrücklich und die dafür vorgelegte Erklärung aus einer religionssoziologischen Perspektive hoch interessant. Die Frage, die sich allerdings aufdrängt, ist, ob die Feststellung der Differenzen zwischen Ost- und Westdeutschland im Hinblick auf moralische Striktheit ausreicht, um daraus auf die Wirkung einer „neuen Religion" im Sinne eines „verpflichtenden Modells" zu schließen.

Denkbar wäre ja auch eine Erklärung, die nicht mit der Durchsetzung eines „neuen verpflichtenden Modells", sondern eher mit der stärkeren Beharrung von etwas Altem argumentiert. So könnte das Überleben moralischer Striktheit vor allem im Bereich der Werte mit dem Fehlen von Einflüssen zu tun haben, die in den westlichen Gesellschaften moralische Striktheit unterminiert haben. So etwa mit dem Fehlen sozialer Bewegungen, die sich außerhalb der traditionellen Institutionen – und das heißt nicht zuletzt: außerhalb der Kirchen – formierten und sich durch demokratischere Formen der Öffentlichkeit auf einer breiteren Ebene Gehör verschaffen konnten. Dies macht in einer religionssoziologischen Perspektive insofern einen relevanten Unterschied, als „moralische Striktheit" dann nicht auf die Etablierung einer „neuen" säkularen Religion, sondern auf das Fehlen anderer Einflüsse zurückzuführen wäre.

Auch Michael Terwey befaßt sich mit dem Thema der Säkularisierung und verbindet dies mit dem von Durkheim entlehnten theoretischen Konzept der Anomie. Wenn Kirchenbindung Anomie eindämmt und in Ostdeutschland Kirchenbindung deutlich niedriger ist als im Westen und zudem die unsichere wirtschaftliche Lage anhält, ist zu erwarten, daß Anomie zunimmt.

Wie bei Säkularisierungstheorien stellt sich auch beim Anomiekonzept das Problem der Operationalisierung. In seinem Buch „Der Selbstmord" hatte Durkheim Anomie – einen Zustand der gestörten Ordnung – für den Bereich der Wirtschaft an zwei entgegengesetzten Fällen verdeutlicht. Der eine Fall ist der der Deklassierung. Unter diesen Umständen sind Menschen gezwungen, ihre Ansprüche herabzusetzen und ihre Bedürfnisse einzuschränken, ohne daß ihnen Gelegenheit gegeben würde, sich an die neuen Bedingungen allmählich anzupassen. Der zweite Fall ist der des plötzlichen Anwachsens von Macht und Reichtum, also das Phänomen der Neureichen.

Dieser Fall impliziert, daß unter den veränderten Lebensbedingungen das Modell, an dem sich bisher die Bedürfnisse artikulierten, nicht mehr adäquat ist. Man weiß plötzlich nicht mehr, welche Bedürfnisse angemessen und welche „maßlos" sind. Das gemeinsame dieser beiden Fälle – und das macht bei Durkheim den Kern von Anomie aus – ist ein Aus-dem-Gleichgewicht-Geraten von Ansprüchen und Gelegenheitsstrukturen. Anomie in diesem Sinne wird nach Durkheim beschränkt durch all das, was ein solches Aus-dem-Gleichgewicht-Geraten unter Kontrolle hält: In seiner Perspektive sind das etwa Berufsverbände, Familie, die „weibliche Natur", sämtliche Institutionen sozialer Kontrolle und nicht zuletzt Religion.

Die Operationalisierung von Anomie im ALLBUS, die Terwey übernimmt, erfaßt – wenn überhaupt – dann nur die eine Seite des Durkheim'schen Konzeptes, nämlich den negativen Bereich. Generell aber scheint mir die Frage, ob insbesondere das Item „Die Situation der einfachen Leute wird nicht besser, sondern schlechter" tatsächlich die subjektiv erlebte Diskrepanz von Gelegenheitsstrukturen und Bedürfnissen erfaßt. Dies dürfte jedenfalls nur dann zutreffen, wenn die Befragten sich selbst mit den „einfachen Leuten" identifizieren. Andernfalls könnte man den genannten Satz auf verschiedene Weisen fortsetzen, die wohl kaum Zukunftsfurcht signalisieren. Etwa: „... aber ich gehöre glücklicherweise nicht zu den einfachen Leuten", oder: „...aber die Gruppe der einfachen Leuten ist insgesamt so klein geworden, daß die gesellschaftliche Stabilität nicht bedroht ist", oder: „...aber unsere demokratischen, wohlfahrtsstaatlichen Institutionen sind stark genug, das abzufedern".

Dieser Einwand scheint mir vor allem deshalb naheliegend, weil Terwey in seinem Papier darauf hinweist, daß die Befragten dort, wo sie ihre eigene Situation beurteilen sollen, diese gerade nicht negativer beurteilen. Man kann dies sicherlich, wie Terwey es tut, als „Angstlücke" interpretieren: die aktuelle Situation gäbe demnach keinen Grund zur Angst, die antizipierte Zukunft allerdings durchaus. Man könnte allerdings auch vermuten, daß die Antworten zur Zukunft der „einfachen Leute" auf eine ganz andere Ebene zielen, die mit der Einschätzung der eigenen Zukunft letztlich nichts zu tun hat. So könnte darin indirekt eine Ablehnung gegenüber den tragenden gesellschaftlichen Institutionen und Parteien zum Ausdruck kommen, denen man die Verantwortung für die Zukunft der „kleinen Leute" zuschreibt, ohne daß man zugleich um die eigene Zukunft fürchtet. Wenn bei den Kirchentreuen die Zustimmung zu diesem Item schwächer ist, könnte dies auch mit dem größeren Vertrauen in die Institutionen des (demokratischen) Staates zusammenhängen, auf das Jörg Jacobs in seinem Papier hingewiesen hat. Aber das ist – zugestandenermaßen – lediglich eine Spekulation. „Kleine Leute" jedenfalls sind im deutschen Sprachgebrauch gerade nicht „average people". Es sind die, die „denen da oben" gegenüberstehen. Dieser Assoziationshorizont wird vermutlich nicht ohne Effekte bleiben.

Ehrhart Neubert

Kirche und Konfessionslosigkeit

Kommentar

Nach dem Umbruch 1989 waren alle, die zur religiösen Situation in Ostdeutschland arbeiteten, zunächst auf relativ wenig empirisches Material angewiesen. Es konnte nicht ausbleiben, daß die Überlegungen zum Thema auch spekulative Elemente enthielten. Zudem war die Diskussion in Ostdeutschland auch davon geprägt, daß kirchlicherseits theologische Urteile die Analyse beeinträchtigten. Inzwischen gibt es sehr viel empirisches Material und viele Einzelstudien zur Konfessionslosigkeit in Ostdeutschland. Vielfältiger und differenzierter sind auch die methodischen Zugänge geworden, die sich inzwischen besser auf die ostdeutsche Lage eingestellt haben.

Das ist durchaus auch an den hier vorgestellten und von mir zu kommentierenden Arbeiten zu spüren. Ich wäre überfordert, wollte ich diese Arbeiten im einzelnen kritisch durchsehen. Notgedrungen kann das nur sehr verkürzt geschehen und nicht alle Aspekte der vorgestellten Arbeiten würdigen. Ich beschränke mich darum auf einige Thesen, die die Ergebnisse und Analysen des Phänomens Konfessionslosigkeit aufnehmen. Und – dies hängt mit meinen eigenen Interessen zusammen – ich möchte in einigen Punkten versuchen, nach den Schlußfolgerungen der religionssoziologischen Analysen für die kirchliche Arbeit zu fragen.

1. Ostdeutsche Konfessionslosigkeit als Erbe der DDR

Die empirischen Befunde zeigen, daß die ostdeutsche Konfessionslosigkeit vorrangig ein Ergebnis der Kirchen- und Religionspolitik der SED ist. Das gilt auch dann, wenn andere, vor allem historisch bedingte Faktoren ebenfalls eine Rolle spielen (vgl. Pollack in diesem Band: 294f.). Das Profil ostdeutscher Konfessionslosigkeit ist jedenfalls in wesentlichen Aspekten durch einen gesellschaftspolitisch organisierten Traditions- und Kulturbruch geprägt. Das wird besonders im Vergleich von Konfessionslosigkeit zwischen Ost- und Westdeutschland deutlich. Auch im Westen waren historisch bedingte Faktoren der Entkirchlichung wirksam, ohne auch nur eine vergleichbare Entkirchlichung zu verursachen. Es handelt sich offensichtlich um zwei charakteristisch verschiedene Phänomene, die nur partiell und in Bezug auf die formale Kirchenmitgliedschaft Ähnlichkeiten aufweisen. Dies wirkt sich im gesellschaftlichen Stellenwert von Konfessionslosigkeit aus. Gerd Pickel hat herausgearbeitet, daß sich im Gegensatz zu Westdeutschland „in Ostdeutschland die Norm der Konfessionslosigkeit etabliert" (Pickel in diesem Band: 233) hat. Damit ist eine wichtige Voraussetzung der Reproduktionsfähigkeit christlicher Religiosität eingeschränkt. Das gesellschaftliche Umfeld stabilisiert die Konfessionslosigkeit. Nicht nur die Eltern, sondern wichtige Multiplikatorengruppen wie Lehrer, Journalisten, Angestellte des öffentlichen Dienstes oder Kommunalpolitiker sind mit Sicherheit Gruppen mit einem besonders ausgeprägten konfessionslosen Bewußtsein.

Hinzu kommt noch die bislang oft unterschätzte Selbstorganisation von Konfessionslosen in Konfessionslosen- und Freidenkerverbänden, humanistischen Vereinen, Jugendweiheanbietern, Zusammenschlüssen von Trauerrednern, Kulturvereinen und anderes mehr. Sie erreichen über ihre Dienstleistungen eine große Zahl von Ostdeutschen. So kommt es auch zu einer Traditionsbildung Konfessionsloser, die durch mentale Differenzen gegenüber dem Westen begünstigt wird. Zu dieser Traditionsbildung gehört auch die Entwicklung eines atheistischen Bekenntnisses unter dem Anspruch eines universalen Humanismus. Für Ostdeutsche ist solches sehr plausibel, denn die Humanisten „fragen und forschen nach den Geheimnissen der Welt und des Universums. Sie gehen davon aus, daß weder in der Natur noch in der Ferne des Kosmos eine göttliche Kraft das menschliche Sein bestimmt" (Humanistischer Verband Deutschlands 1994: 5).

2. Wie religionslos sind Konfessionslose?

Ostdeutsche Konfessionslose sind weithin gegen kirchliche und christliche Ansprüche immunisiert. Im Osten ist die Ablehnung von Kirche und Religion grundsätzlicher und generalisierter (Pickel in diesem Band: 232ff.). Hier ist Konfessionslosigkeit schon in der zweiten und dritten Generation verankert und beruht nicht mehr auf individuellen Entscheidungen, wie dies in Westdeutschland noch häufiger der Fall ist. Außerdem sind die Zugänge zur christlichen Religion verstellt, da es faktisch nur ein kritisches oder mit negativen Urteilen belastetes Wissen gibt. Dies wirkt sich auch in der Ablehnung von außerchristlicher Religiosität im Osten aus. Detlef Pollack hat in seinem Beitrag gezeigt, daß für Konfessionslose „christliche Religiosität und alternative religiöse Rituale und Lehren einen zusammenhängenden Komplex" bilden, „dem sie [...] fremd gegenüberstehen" (Pollack in diesem Band: 307).

In diesem Sinne beschreibt Pollack das abgrenzende Selbstverständnis und die Sichtweise Konfessionsloser auf religiöse Phänomene. Damit ist aber auch ein methodisches Problem aufgezeigt. Das Selbstverständnis Konfessionsloser, in dem tradierte Urteile enthalten sind, muß nicht unbedingt Auskunft über ihren tatsächlichen religiösen Habitus geben. Ist also die Immunisierung gegenüber Religion möglicherweise nur auf das bezogen, was sie selbst als religiös qualifizieren? Sind sie nicht vielleicht tief in das verstrickt, was Religion sozial und kulturell leistet?

Die Genese ostdeutscher Konfessionslosigkeit beruht schließlich nicht oder nur in einem geringen Maße auf einer rationalen Aufklärung, wie das die gängigen Säkularisierungstheorien voraussetzen. Die konkrete Entkirchlichung in Deutschland speiste sich aus idealistischen und freireligiösen Alternativen. Sie bekam in diesem Jahrhundert Auftrieb durch die Mystifizierung des Nationalen im NS-Staat und durch die ethisch legitimierte „politische Religion" des Kommunismus. Im letzteren Fall läßt sich gut nachweisen, wie das Pollack mehrfach getan hat, daß die Entkirchlichung durch die repressiven Kampagnen in der DDR angeschoben wurde. Aber zugleich haben die Kommunisten in der DDR nicht nur Traditionen abgeschnitten, sondern auch neue eingerichtet. Seit Mitte der fünfziger Jahre haben sie in ihrem Sinne erfolgreich die kirchlichen Angebote durch eine kompensatorische Strategie ersetzt. Abgesehen vom metaphysischen Geschichtsbild, das sich in Staatskunst und -kultus sowie der sozialistischen Ikonographie niederschlug, wurden rituelle Angebote für den Lebenszyklus, den Jahreskreis und die „ständische" Gliederung der Gesellschaft unterbreitet. In dieser systematischen Vorgehensweise fand dies nur in der DDR statt. Das ist möglicherweise ein Hinweis dafür, warum sich die Kirchen in Ostdeutschland, im Unterschied zu anderen ehemals kommunistisch beherrschten Ländern, nicht erholen konnten.

Bedeutet Konfessionslosigkeit letztlich auch Religionslosigkeit? Der Schwierigkeiten eines sehr weiten Religionsbegriffs, wie er von Thomas Luckmann verwendet wird, bin ich mir bewußt. Doch bleibt die Frage: Was trat an die Stelle von Religion/Religiosität/Kirchlichkeit in der DDR und was hat sich von diesem Äquivalent oder Surrogat erhalten? Um hier der Theoriedebatte zu entgehen, will ich auf das anschauliche Beispiel der NachwendeJugendweihe verweisen.

3. Fallbeispiel Jugendweihe

Unter Konfessionslosen wirken Teile der sozialistischen Ersatzreligion nach. Diese sind in der Regel durch den neuen sozialen Kontext verändert. An der Jugendweihe lassen sich besonders gut Kontinuität und Diskontinuität zeigen. In der DDR war die Jugendweihe nur auf seiten der Anbieter ein Ideologiekonstrukt, das zur Verdrängung der Konfirmation und zur sozialistischen Integration etabliert wurde. Die Annahme der Jugendweihe durch die Bevölkerung erfolgte aber durch die private Rezeption des Ritus. Diese hat sich nach dem Zusammenbruch des sozialistischen Kosmos erhalten und konnte durch die Konfirmation nicht wieder besetzt werden. Die Stabilität der Jugendweihe in Ostdeutschland führt Albrecht Döhnert auf deren „lange Tradition" auch vor der DDR-Zeit, die „organisatorische Kontinuität" seitens der Veranstalter und die „lebensweltliche Verwurzelung der Jugendweihe in den Biographien der heutigen ostdeutschen Elterngeneration" zurück (Döhnert in diesem Band: 237). In seiner Untersuchung wird deutlich, daß die Teilnahme an der Jugendweihe vorwiegend durch „familiäre Tradition und soziale Anpassung" (Döhnert in diesem Band: 256) motiviert ist. Das liefe allerdings ins Leere, wenn die Jugendweihe nicht auf komplexe Weise soziale und kulturelle Bedürfnisse Ostdeutscher abdecken würde. Sie ermöglicht eine soziale und kulturelle Zuordnung zum ostdeutschen Milieu und sichert familiäre Kontinuität im gesellschaftlichen Wandel.

Wenn auch die Jugendweihe aus dem Blickwinkel kirchlicher Rituale, etwa der Konfirmation, sinnentleert oder gar verarmt erscheint, illuminiert sie mit einer Fülle von traditions- und marktvermittelten Bildern die Biographien einzelner und die Familiengeschichten. Döhnert zeigt, daß schon in der Entscheidung für die Jugendweihe eine „der wenigen Entscheidungssituationen" für die Jugendlichen gegeben ist, „in denen sie sich einmal religiös bzw. weltanschaulich positionieren müssen." (Döhnert in diesem Band: 256). Das lenkt den Blick auf die Anbieter der Jugendweihe. Sie stützen die Jugendweihe zunächst institutionell, freilich nicht mehr als Funktionsträger des Staates, sondern als Dienstleister auf dem Markt. Darüber hinaus legitimieren diese die Jugendweihe mit der Begründung, sie sei ein Passageritus zur Lebenswende, die in das Leben, die Gemeinschaft der Erwachsenen oder schlechthin in die Gesellschaft einführe. Damit ist aber ein weltanschaulicher Anspruch verbunden, der freilich von vielen Jugendweiheteilnehmern gar nicht reflektiert und nicht durchschaut wird.

Tatsächlich hat die Frage Bedeutung, ob die Jugendweihe als Passageritus auf anthropologischen Gegebenheiten beruht oder ob solche Riten lediglich an kulturelle Kontexte gebunden sind und situationsbedingt aufleben oder auch aufgegeben werden können. Harald Wagner steuert dazu eine interessante These bei. Er sieht analog der permanenten Übernahme- und Überformungsgeschichte in der religiösen Tradierung in der modernen Jugendweihe eine Revitalisierung archaischer vorchristlicher Riten (vgl. Wagner in diesem Band). Sicher scheint, daß Volksreligiosität und rituelle Verfahren eine relative Stabilität gegenüber den ursprünglich in sie eingetragenen Sinnzusammenhängen und Bedeutungen haben. Im Fall der Jugendweihe ist dies eingetreten, da sie die Konfirmation beerbt hat. Wenn nur formale Aspekte des eigentlichen Ritus und die häusliche und familiäre Feier betrachtet werden, unterscheidet sich eine Konfirmation in Westdeutschland oder in manchen Regionen im Osten von einer Jugendweihe in Ostdeutschland kaum. Eine Entsprechung liegt auch vor, wenn einige soziale Funktionen von Jugendweihe und Konfirmation isoliert betrachtet werden. Sie können beide sozialisierend wirken und auch Sozialisationsprozesse stützen. Eine Sichtweise, die Konfirmation als „religiös" und Jugendweihe als „weltlich" qualifiziert, reicht auch nicht aus. Damit wäre nicht hinreichend erklärt, warum die Jugendweihe den Platz der Konfirmation einnehmen kann. Wenn die Jugendweihe lediglich ein nichtreligiöses Ereignis wäre, müßte dies auch für die soziale und kulturelle Praxis der Konfirmation gelten. Die Konfirmation wäre dann nur als kirchlicher Akt und nicht in seiner Rezeption religiös definiert. Damit wäre nicht nur die soziale Funktion von Religion vernachlässigt, sondern auch das der Religion innewohnende Konzept, soziale Funktionen zu transzendieren. Gerade das gelingt auch der Jugendweihe. Ihr „religiöser" Charakter verlangt nach einer spezifischen Qualifizierung.

Der Schlüssel zum Verständnis der Jugendweihe liegt in der Zuschreibung, die sie erfahren hat und erfährt. Die Legitimitätsgrundlage der Jugendweihe ist die Konstruktion einer Tradition der Passageriten, die von archaischen Kulten über Firmung, Konfirmation, freireligiöse Jugendweihe bis zur gegenwärtigen Jugendweihe als Krönung einer humanistischen Emanzipation reicht. Der NS-Staat und die DDR hätten diese Tradition lediglich mißbraucht. Allerdings sind Zweifel angebracht, ob die Jugendweihe als Passageritus in einer „universale[n] menschheitliche[n] Initiationstradition" (Döhnert in diesem Band: 256) steht bzw. ob es überhaupt eine solche gibt. Döhnert sieht dafür in der Jugendweihe keine Anhaltspunkte. Die Zuschreibung durch die Anbieter hat aber nichts mit der Realität zu tun. Sie enthält einen weltanschaulichen Anspruch.

In einer gerade erschienenen Arbeit hat Andreas Meier aus der Entwicklungsgeschichte der Konfirmation und der Jugendweihe seit dem 18. Jahrhundert den aus dem deutschen Idealismus herrührenden universalistischen Anspruch analysiert. „Hinter der legitimierenden kulturgeschichtlichen Erklärung der Weihe verschanzen sich die Protagonisten der Jugendweihe, um ihr eine menschheitliche Bedeutung zu geben, die in der Realität nirgendwo nachweisbar ist [...] In eine pluralistische Welt integriert keine Feier. Der menschheitliche Anspruch der Jugendweihe als Lebenswendefeier ist mit ihr unvereinbar" (Meier 1998: 94).

Eine solche Sichtweise macht den (ersatz-)religiösen Charakter der Jugendweihe transparent. Die hohe Akzeptanz der Nachwendejugendweihe wäre danach nicht nur auf die genannten Faktoren zurückzuführen, sondern auf relativ stabile Restbestände der politischen Religion. Damit zeigt sich in der Weihe erneut die deutsche Vorliebe zur Transzendierung von Gemeinschaft, Volk oder Menschheit, für die das Individuum geweiht werden kann, um an deren Sendung zu partizipieren. Ob, wie Andreas Meier vermutet, damit zugleich ein Machtanspruch verbunden ist, soll dahin gestellt werden. Jedenfalls ist die Jugendweihe, auch wenn ihr universalistischer Anspruch banalisiert rezipiert wird, derart weltanschaulich aufgeladen, daß bei aller Kontinuität ein entscheidender kulturgeschichtlicher Bruch zu konstatieren ist. Die Jugendweihe repräsentiert eine zur christlichen Tradition konkurrierende Religiosität.

Das Unbehagen vieler Kirchenleute an der Jugendweihe wurzelt in der Wahrnehmung dieser Konkurrenz einer modernisierten politischen Religion. Leider wird aber dieses Unbehagen fast nur an der DDR-Geschichte der Jugendweihe und dem Ärgernis einer geschichtsvergessenen Wiederbelebung festgemacht. Eine tiefer ansetzende Kritik wäre wünschenswert.

4. Konfessionslose im gesellschaftlichen Wandel

Die Alltagsrelevanz des christlichen Glaubens wird durch das Phänomen der Konfessionslosigkeit nicht tangiert. Bei vielen soziologischen Erhebungen spielt die Frage nach der Alltagsrelevanz von Religion eine große Rolle. Daß Konfessionslose und auch Kirchenferne in dieser Hinsicht keine oder nur abwehrende Aussagen machen, ist so selbstverständlich wie Schimmel weiß sind. In der Fragestellung verbirgt sich möglicherweise aber ein theoretischer Ansatz, der auf ein Säkularisierungstheorem fixiert ist, wonach sich Rationalität und Religion gegenseitig ausschließen.

Möglicherweise ist es fruchtbarer, nach der Leistung von Religion zur Bewältigung des Alltags zu fragen. In diesem Sinne verstehe ich den Versuch von Kersten Storch, die Bedeutung des christlichen Glaubens zur Bewältigung von kritischen Lebenssituationen in einem Vergleich von Lebensstrategien eines Christen und eines Konfessionslosen zu zeigen. Das Beispiel der Bewältigung des für zahlreiche Menschen schwierigen gesellschaftlichen Transformationsprozesses mit seinen Belastungen und Risiken ist besonders geeignet, da der Wandel politische, ökonomische, soziale, kulturelle und weltanschauliche Dimensionen hat. Gerade die Unvorhersehbarkeit und die Komplexität dieses Geschehens verlangten nach individuellen Strategien, die nicht eingeübt werden konnten. Auch gab es keine Instanzen, die die kritischen Situationen in ihrer Vielschichtigkeit kompensieren konnten.

Der Vergleich fällt eindeutig zugunsten des Christen aus. Während der Konfessionslose die „Veränderungen nur als Bedrohung seiner Identität erleben" kann und seine „biographisch aufgeschichteten, persönlichen Ressourcen" keine „ausreichenden Bewältigungskompetenzen zur Verfügung" stellen, verfügt der Christ trotz früherer Einschränkungen über eine „im bisherigen Biographieverlauf erworbene geistige und handlungspraktische Autonomie", die „von den davon Betroffenen als persönliche Ressource für die Bewältigung der veränderten Lebenssituation aktiviert werden [kann]." (Storch in diesem Band: 273f.).

Bei diesem Beispiel geht es nicht um einen Rollentausch zwischen einem früher Benachteiligten und einem früher Bevorteilten. Und es geht auch nicht um den erreichten sozialen Standard. Vielmehr bilden die größere Autonomie des Christen und die Defizite bei der autonomen und selbst verantworteten Lebensgestaltung des Konfessionslosen die kategorialen Differenzen zwischen christlichem Glauben und der Bindung an die politische Religion des Sozialismus ab.

Natürlich ist dieses Beispiel, daß auch durch andere Erhebungen bestätigt wird, nicht wie eine mathematische Formel zu behandeln, die beliebig operationalisiert werden kann. Aber es verweist darauf, daß Ost-Konfessionslosigkeit nichts mit der Emanzipation von Religion zugunsten eines Autonomiegewinnes des Individuums gemein hat. Da die kommunistische Gesellschaftspolitik eine entstrukturierte Gesellschaft und tendenziell entsubjektivierte Individuen hinterließ, geraten die Konfessionslosen in einen Regelkreis sich selbst verstärkender Zwänge. Lehnten sie früher die christliche Religion aus einem „Wissen" von der Überlegenheit der politischen und weltanschaulichen „Vernunft" ab, ist sie für ihn heute Synonym für die Bedrohung seiner Identität. Daß die Kirchen nach 1989 bisweilen als „Sieger" und damit auch Mitverursacher sozialer und persönlicher Krisen erlebt werden, kann darin seine Gründe haben. Der nostalgische Rückgriff Konfessionsloser im Osten auf Verhaltensmuster und Orientierungen aus der DDR-Zeit ist darum auch immer Ausdruck einer Ratlosigkeit, die trotzig ins Positive gewendet wird.

5. Kircheneintritte, wohin?

Die außerordentliche Stabilität ostdeutscher Konfessionslosigkeit nach 1990 steht zweifellos in einem Zusammenhang mit der schwierigen Verarbeitung des politischen und gesellschaftlichen Wandels. Allerdings handelt es sich dabei nicht um eine Einbahnstraße. Kulturell und geschichtlich vermittelte Phänomene können sich zwar in günstigen Rahmenbedingungen stabilisieren und reproduzieren, erhalten sich aber nicht durch einen Determinismus, der sie von Situation und Umwelt abkoppelt. Das gilt auch für die ostdeutsche Konfessionslosigkeit. In einer Untersuchung von Kircheneintritten nach 1990 hat Klaus Hartmann gezeigt, daß die Hinwendung zur Religion bzw. der Kircheneintritt zur Lösung biographischer Konfliktlagen beitragen kann.

Die Fallbeispiele demonstrieren die veränderten Bedingungen der durchgehaltenen Kirchenmitgliedschaft in der DDR und des heutigen Entschlusses, Kirchenmitglied zu werden. In der DDR spielte neben individueller Selbstbehauptung auch die Bewahrung von Traditionen und das Bekenntnis zur einzigen weltanschaulichen Alternative eine Rolle. Heute ist der Kircheneintritt eine individuelle Entscheidung, deren autonomer Charakter zugleich auch eine Distanz zu kirchlichen Ansprüchen bedeuten kann.

Wenn die Entscheidung für die Kirchenmitgliedschaft auf individuelle

Orientierungen und durchaus verschiedene Motive zurückgeht, pluralisiert sich auch die Kirchlichkeitsrolle. Die unterschiedlich gelagerten Bezüge zur Kirche fordern deswegen eine Dynamisierung und Pluralisierung kirchlicher Angebote. „Die Kirche muß heute mit der funktionalen Differenzierung fertig werden" (Hartmann in diesem Band: 291). Dies scheint bislang allerdings noch nicht der Fall zu sein. Im schlimmsten Fall könnte ein Eintrittswilliger feststellen, daß die Kirche gar nicht auf seine religiöse Frage reagiert.

Die Kommunikation zwischen der Kirche und den für Religion aufgeschlossenen Menschen hat offenbar heute im Osten noch zufälligen Charakter. Daraus ergibt sich, daß „die Anknüpfung an die Institution Kirche nicht über den Kernbereich der Kirche erfolgt, sondern über mehr oder weniger zufällige Kontakte, über die kirchliche Verbundenheit der Mitglieder der eigenen Familie, die Politik oder auch über die Musik" (Hartmann/Pollack 1997: 189). Die Kirchen müßten darum auch darauf achten, was Konfessionslosen zufallen kann und wie Religion zugänglich wird.

6. Zugänglichkeit von Religion

Obwohl Konfessionslosen überwiegend der Zugang zur christlichen Tradition biographisch versperrt und mental blockiert ist, leben sie nicht in einer kulturell total entchristlichten Umwelt. In Ostdeutschland gibt es die Erfahrung von 1989 mit der herausragenden Rolle der Kirchen. Die Kirchen sind öffentlich präsent. Trotz der Minorisierung sind Berührungen mit Gemeinden und Christen unvermeidbar, Elemente christlicher Tradition sind in Architektur und vielen Kulturzeugnissen sichtbar, Christliches wird über die Medien, selbst noch in der säkularisierten Konvention und der Werbung, verbreitet. Die deutsche Sprache lebt von biblischen Metaphern. Trotz aller Verfremdung und trotz aller Versimplifizierung sind auch Konfessionslose mit diesem heterogenen Feld überkommener Kultur konfrontiert.

Doch was Konfessionslose davon wahrnehmen, wie sie diese sinnfälligen Zeugnisse einer christlichen Kultur verarbeiten, ist bislang kaum aufgearbeitet. Nicht nur die Kirchen, sondern auch die methodisch distanzierte Religionssoziologie hat es bisher weithin versäumt, systematisch die christlich-religiösen Restbestände zu inventarisieren und nach ihrer Bedeutung zu fragen. Im protestantischen Bereich wurden seit eh und je die Volksfrömmigkeit und die Äußerungen christlicher Volksreligion unterschätzt oder gar verdächtigt.

Die Theologen beteiligten sich an der Rationalisierung und Ethisierung religiöser Mythen, Bilder und Traditionen. Dies geschah gegen das protestantische Kirchenvolk und die kirchlich Unverbundenen. Jahr um Jahr füllen diese, sogar Konfessionslose, die Kirchen zu Weihnachten, um sich dort

Kirche und Konfessionslosigkeit

einem Mythos auszusetzen. Dabei nehmen sie in Kauf, daß der Weihnachtsmythos zum Asylbewerberproblem herunterkommt und ihnen zu verstehen gegeben wird, daß sie eigentlich selbst Fremde an diesem Ort sind. Auch Kirchen sind für manchen Stadtteil und für dörfliche Gemeinschaften identitätsstiftend, während der Pfarrer und seine Kerntruppe viel lieber in einen nüchternen Zweckbau umziehen möchten. Unverwüstlich flattern die Engel durch die Köpfe von Konfessionslosen, während ihnen in der Theologie nur ein bescheidener sozialethischer Platz angewiesen wurde. Möglicherweise erweisen sich katholische Gemeinden als stabiler, weil die dort angesiedelten Frömmigkeitsformen nicht unentwegt mit einer Rationalität belästigt werden, die ohnehin zur Spontaneität religiöser Erfahrungen keine Erklärung bieten kann.

Religiöse Erfahrung braucht kulturelle Medien, Sprache, Bilder, Wissen, auch wenn die Erfahrung nicht mit diesen Medien identisch ist. Wenn diese Medien nicht mehr zur Verfügung stehen, können Erfahrungen auch nicht mehr als religiös identifiziert werden. Allerdings genügt es nicht, die religiösen Bausteine regellos in der kulturellen Landschaft zu verteilen. Sie müssen auch kommuniziert, bedacht, gefeiert und erinnert werden. Ina Schmied hat am Beispiel von Todesnäheerfahrungen gezeigt, wie abhängig die Inhalte und Deutungen solcher Erfahrungen von kulturellen Einflüssen sind. Dabei konnte sie auch nachweisen, daß sich die Verknappung des religiösen Wissens in Ostdeutschland auf die Inhalte und Deutungen solcher Erfahrungen auswirkt. So lassen sich u.a. „Typen bilden, deren Beschreibungen sich zwar ebenfalls auf Erscheinungen und Wesen sonderbarster Art beziehen, die aber ohne explizit religiöse Motive und Symbole auskommen" und sich beispielsweise eher an „moderne mediale Formen an[lehnen], wie man sie etwa aus Horror- oder Science-fiction-Filmen kennt" (Schmied in diesem Band: 343). Wenn Todesnäheerfahrungen „Folge kommunikativer und kultureller Konstruktionsprozesse" (Schmied in diesem Band: 335) sind, zeigt sich schon an diesen Motiven, von welcher Qualität eine Kommunikation ist, die diese Bilder in Grenzsituationen produziert.

Die Zugänglichkeit christlicher Motive, Inhalte und Deutungspotentiale kann durch die Kirchen gefördert und betrieben werden. Da das empirisch Beobachtbare des Religiösen seine Grenzen hat, kann die Verarbeitung christlicher Angebote durch Individuen nicht mehr kontrolliert und kanalisiert werden. Wenn es versucht würde, versiegten die Quellen des Religiösen. Damit ist aber auch schon nach dem Anteil der Kirchen am Verlust christlicher Religion gefragt.

7. Kommunikationsstörung zwischen Kirche und Gesellschaft: Rückblick

In Konfessionslosigkeit spiegelt sich immer auch eine Kommunikationsstörung zwischen der Gesellschaft und der Kirche, ihren Erwartungen an die Mitglieder sowie ihrer Theologie und ihren Angeboten wider. Konfessionslosigkeit kann darum nicht allein als Bewegung aus der Kirche betrachtet werden. Zugleich macht sie die Bewegung der Kirche aus der Gesellschaft deutlich.

Konfessionslosigkeit in Ostdeutschland ist ein Ergebnis der Verdrängung der Kirchen aus Gesellschaft und Öffentlichkeit. Auf diesen Verdrängungsprozeß mußte kirchenpolitisch reagiert werden. Nach den harten Jahren in den beiden ersten DDR-Jahrzehnten setzte sich eine Kirchenpolitik durch, die auf einen Status quo im Verhältnis zwischen Staat und Kirche angelegt war und auftretende Konflikte minimieren sollte. Dies schlug sich in der Integrationsformel „Kirche im Sozialismus" nieder. Hier soll es offen bleiben, ob dies wirklich die immer wieder behaupteten Entlastungseffekte gebracht hat. Sicher ist aber, daß mit dieser Kirchenpolitik die gesellschaftliche Ausgrenzung nicht aufgehalten wurde.

Die Kirchendiplomatie hielt in einem asymmetrischen Dialog nur zum Schein zusammen, was in Wirklichkeit unvereinbar war, den Anspruch des durch die Kirche verkündeten Evangeliums und den Anspruch eines totalitären Regimes. Da es um ein Nebeneinander, wenn nicht gar um ein Miteinander, von Sozialismus und Kirche ging, waren der Verwechslung von Gesellschaft und Staat Tür und Tor geöffnet. Das minderte die Konfliktbereitschaft. Nur Minderheiten unter den Christen haben diese Konflikte ausgetragen. An den Brennpunkten der Auseinandersetzung, die die Reproduktionsfähigkeit der Kirchen, ihren Erhalt und das Nachwachsen der jüngeren Generation hätte sichern können, geschah nichts. Das sogenannte „gute Staat-Kirche-Verhältnis" änderte nichts daran, daß das Bildungssystem der DDR ein entscheidender Faktor der Entkirchlichung war.

Die Zwangslage der Kirche darf nicht unterschätzt werden, insofern hat eine nachholende Schelte des kirchenpolitischen Ansatzes seine Grenzen. Aber deutlich ist auch, daß der verinnerlichte Druck auf die Kirchen zu fast reflexartigen Rückzügen aus der Gesellschaft geführt hat. Es entstand die paradoxe Situation, daß die Kirche den sozialen, kulturellen und politisch engagierten Gruppen in der Kirche Handlungsräume beschnitt und ihre öffentliche Wirkung beschränken wollte. Die offizielle Kirche verstand ihre Lebensäußerungen, sieht man von den öffentlichen Akklamationen ab, „nur zum innerkirchlichen Dienstgebrauch", wie ein obligatorischer Aufdruck auf jedem vervielfältigten Papier hieß.

Der Verdrängungsprozeß mußte von der Kirche theologisch und geistlich verarbeitet werden. Die eingetretene Hilflosigkeit, der rasante Mitgliederschwund und das Kirchensterben wurden aber nicht einmal betrauert. Die Entkirchlichung wurde theologisch legitimiert. Es handelte sich um eine Verinnerlichung der Unterdrückung mit theologischen Mitteln. Es kam zu einer Idealisierung der Minderheitskirche gegenüber der angeblich theologisch fragwürdigen Volkskirche. Dies ist schon insofern prekär, weil alle strukturellen Reformen fehlschlugen und nur dort noch nennenswertes kirchliches Leben erhalten blieb, wo sich die theologisch delegitimierte und von den offiziellen kirchlichen Leitbildern abweichende Volkskirche erhalten konnte.

Außerdem kam es zu einer theologischen Qualifizierung der „Säkularisierung". Im (irrigen) Anklang an Dietrich Bonhoeffer wurde die kommunistisch überformte und entmündigte Gesellschaft als die mündige qualifiziert. So leitete eine Arbeitsgruppe beim Ausschuß „Kirche und Gesellschaft" des BEK 1974 aus der „Annahme des Menschen und seiner Welt durch Gott" eine Akzeptanz des „Verweltlichungsprozesses" ab, der als „Naturrechtsdenken, Individualismus, Rationalismus und schließlich dialektischer Materialismus" erscheine. Letzterer sei die „radikalste Ausprägung des neuzeitlichen Säkularisierungsprozesses". So erscheine der „Sozialismus in seinem Grundanliegen im Horizont der freisetzenden Annahme der Welt durch Gott in Jesus Christus" (Demke et al. 1994: 253f.).

8. Auszug der Kirche aus der Religion

Konfessionslosigkeit kann nicht allein als Abschied ihrer Mitglieder von christlicher Religion betrachtet werden. Zugleich macht sie den Abschied der Kirche von der Religion deutlich.

Mit dieser These ist möglicherweise ein allgemeines Problem des Protestantismus angesprochen. In der DDR erfuhr dies aber eine Zuspitzung. Da eine gründliche Analyse fehlt, können hier nur beobachtete Tendenzen benannt werden. Unter dem Einfluß der Theologie von Karl Barth wurde schon begrifflich Religion abgelehnt, was zum Übergewicht einer theologischen Formelsprache führte. Die konsistenten Formen der Volksfrömmigkeit wurden nicht positiv inventarisiert und lediglich unter dem Bekenntnisaspekt bewertet. Nur in Randgruppen, wie der charismatischen Bewegung, entwickelte sich eine originäre Spiritualität. Das Kirchenmitglied wurde zum Bekenntnis aufgerufen und oft überfordert. Dominant war eine Theologie der globalisierten sozialethischen Appelle. Die sozialethische Interpretation von Schuld höhlte die Schlüsselfigur der evangelischen Theologie, die Rechtfertigungslehre, aus. (In Gestalt der Kollektivschuld paßte dies auch in die Legitimationsmuster der SED, nämlich Antifaschismus und Sozialismus). Gemeinschaftliche Modelle von Kirche und Gemeinde hatten Vorrang vor der religiösen Aufwertung individueller Lebensentwürfe. Nationale, kulturelle und traditionell konfessionelle Identitäten wurden zugunsten eines ethisierten und politisierten Ökumenismus relativiert. Außerdem wurden Elemente der marxistischen Religionskritik in die Theologie eingeschleppt. Hier soll nur ein Textbeispiel diese Tendenzen belegen. Der Bischof von Berlin-Brandenburg Albrecht Schönherr schrieb 1976:

„Eine Mehrheitskirche protestantischer Prägung begegnet unausweichlich, nämlich als staatstragende politische Überzeugung und Weltanschauung, dem Marxismus-Leninismus. Der Marxismus versteht sich [...] als emphatische Mündigkeitserklärung der Welt durch sich selbst. In der Internationale heißt es: 'Uns hilft kein Gott, kein höheres Wesen [...]'. Für diese Begegnung gilt: 1. Die Kirche hat weder Veranlassung noch das Recht, in Angst um ihre Existenz zu leben. 2. Auch die säkularisierte Welt ist keine Welt ohne Gott. Gerade der Gottlose, der Gott als Feind ernst nimmt, ist dem wirklichen Gott unter Umständen näher als ein selbstgenügsames Kirchenglied, das von Gott lediglich die Erfüllung seiner religiösen Bedürfnisse erwartet" (Schönherr/Bonhoeffer 1976: 373).

Was hier theologisch anspruchsvoll – dieses kann Schönherr nicht abgesprochen werden – klingt, bedeutet kirchenpolitisch eine einseitige, duldende Hinnahme des grundsätzlichen Konfliktes durch die Kirche. Zugleich drückt sich darin eine schwerwiegende theologische Delegitimierung von Kirchlichkeit und Religiosität des „selbstgenügsamen Kirchengliedes" mit „religiösen Bedürfnissen" aus.

Auch wenn derartige theologische Erklärungen nicht generell bis in die praktische kirchliche Arbeit durchschlugen bzw. wegen ihrer Verfremdung der tatsächlichen Verhältnisse nicht greifen konnten, verstellten sie doch ein konzeptionelles Handeln zur Selbstbehauptung und bremsten Aktivitäten, die die passive Hinnahme der Verhältnisse hätten kompensieren können.

9. Selbstblockaden nach 1989

Die Wahrnehmung von Konfessionslosigkeit und der Umgang mit ihr nach 1990 durch die Kirchen war von den Deutungs- und Verhaltensmustern der DDR-Zeit bestimmt. Diese Prägung erschwerte die Annahme der neuen gesellschaftlichen Rolle und führte zu einer Reihe von Selbstblockaden. Die Diskussionen um den Religionsunterricht, die Soldatenseelsorge, die Kirchensteuern nach 1990 offenbarten die mangelnde Vorbereitung auf den gesellschaftlichen Pluralismus und die Chancen der offenen Gesellschaft. Weithin wurde wie in früheren Zeiten zwischen Staat und Gesellschaft nicht unterschieden.

Nötig wäre es, diese Blockaden aufzubrechen und durch die Vermittlung der christlichen Tradition in den Medien, den Schulen und Ausbildungsstätten, der Bundeswehr, der Polizei, in der Lehrerschaft, in kulturellen Bereichen, im Freizeit- und Dienstleistungsbereich, in den Kommunen, in Datennetzen, in der Wirtschaft, den Parteien und anderen Interessengruppen die

Kirche und Konfessionslosigkeit

nötigen kulturellen Voraussetzungen für die Kommunikation mit Konfessionslosen zu schaffen und so Begegnungen von Konfessionslosen mit der christlichen Tradition zu ermöglichen. Erfahrungen mit der Nachfrage nach dem Religionsunterricht oder der Soldatenseelsorge zeigen, daß eine solche Kommunikation gelingen kann.

Eine neue Verhältnisbestimmung der Kirchen zu ihrer Umwelt setzt aber auch eine Selbstverständigung über die Rolle von Religion und Kirche als wesentliche Komponente der europäischen Zivilisation voraus. Ist das zukünftige Europa ohne Christentum überhaupt denkbar? Und wie verortet sich der deutsche Protestantismus innerhalb der europäischen Vielfalt? Das von Deutschland stark geprägte zwanzigste Jahrhundert reagierte mit antichristlichen totalitären Fundamentalismen auf einen Liberalismus, der einen übersteigerten Rationalitätsglauben mitlieferte. Die Kirchen waren darin verstrickt und sind geschwächt aus diesem Prozeß hervorgegangen.

Gibt es noch einmal eine Perspektive für die Kirchen? Könnten sie nicht die Stützen der Individuen werden, die ihre Freiheit und ihr Menschenrecht behaupten wollen und zugleich Orientierungen brauchen? Und haben sie nicht dazu ein kostbares Gut, für dessen Verwaltung sonst niemand Erfahrungen hat – die christliche Religion? Doch solche weiträumigen Überlegungen sind hier nicht Thema.

10. Mission - Angebote in und für die Freiheit

Da durch den Traditionsbruch und die neuen gesellschaftlichen Vermittlungen eine auf Restauration der Volkskirche zielende Strategie nur bedingt greifen kann, könnte zur Behebung der strukturellen Unangepaßtheit eine Angebotsstruktur entwickelt werden, die die religiöse Kompetenz der Kirchen zum Tragen bringt. Zu fragen wäre, ob die in den Kirchen verbreitete politische und sozialethische Zivilisations- und Kapitalismuskritik der Entwicklung und Entfaltung einer religiösen Kompetenz förderlich ist. Die religiösen Angebote müßten auf dem „Markt" zugänglich sowie für individuelle Entscheidungen und Optionen für eine Kirchenmitgliedschaft offen sein, sie aber nicht voraussetzen.

Die Angebote der Kirchen sollten zunächst auf eine religiöse Alphabetisierung zielen. Im weiteren Sinne wären Bildungsangebote nötig, um verfestigte Urteile und Vorurteile gegenüber dem Christlichen aufzulockern. Bildung sollte die Voraussetzungen für eine Verständigung über die eigene Kultur schaffen. Angebote zur seelsorgerischen und rituellen Lebensbegleitung könnten Stützen für die risikovolle Biographiegestaltung sein und zur Freiheit befähigen. Das könnte schon durch die Absenkung der Zugangsschwellen für Kasualien und andere kirchliche Angebote erreicht werden.

Begünstigend für die Annahme religiöser Angebote könnte eine gewisse Entkopplung von traditionellen kirchlichen Strukturen sein. 1994 habe ich den Vorschlag unterbreitet, auf das Bedürfnis in Ostdeutschland nach ritueller Lebensbegleitung für konfessionslose Jugendliche mit einem kirchlichen Angebot zu reagieren. Eine Jugendsegnung unterhalb der Schwelle der bekenntnisorientierten Konfirmation/Firmung sollte Zugänge schaffen und vollständig offen für mögliche nachfolgende Entscheidungen sein (vgl. Neubert 1994). So weit ich übersehe, entspricht diesem Vorschlag ein Unternehmen des katholischen Dompfarrers Reinhard Hauke in Erfurt. Er hat für vierzehn ungetaufte konfessionslose Jugendliche eine „Feier der Lebenswende" als „ein alternatives Angebot zur Jugendweihe" ausgerichtet. Die Feier, im Erfurter Dom abgehalten, ist liturgisch klug durchgestaltet und schließt mit einem Jugendsegen (vgl. Material des Katholischen Dompfarramtes St. Marien Erfurt 1998). Sie überfordert die Jugendlichen nicht mit einem Bekenntnis, für das aufgrund der atheistischen Sozialisation noch die Voraussetzungen fehlen. Diese Feier hält die religiöse Entscheidung offen und bricht die Fixierung auf die atheistische Jugendweihe auf. Inzwischen gibt es in Brandenburg in zwei Orten auch Vorbereitungen für eine evangelische Jugendfeier.

Missionarische Strategien im spezifischen Kontext Ostdeutschlands sollten aber nicht von dem Irrtum ausgehen, die Kirche könne generalstabsmäßig ein Rechristianisierungsprogramm planen und umsetzen. Eine Verchristlichung kann nur in den Bewegungsgesetzen der offenen und freiheitlichen Gesellschaft in Gang kommen. Darum müssen gelungene Ansätze für die Kommunikation von Kirche und Gesellschaft, die sich bislang nur in kleinen Teilbereichen in der Nachfrage nach christlicher Religion zeigen, sensibel wahrgenommen, multipliziert und in ein Verhältnis zur Kirche gebracht werden. Die Kirche würde in diesem Falle von denen lernen, die sie zu belehren hat. Aber das ist gar nicht neu.

Literatur

Demke, Christoph et al., (Hg.) 1994: Zwischen Anpassung und Verweigerung. Dokumente aus der Arbeit des BEK in der DDR. EVA Leipzig.

Döhnert, Albrecht, 1999: Jugendweihe zwischen Familie, Politik und Religion. Eine empirische Studie zum Fortbestand der Jugendweihe in Ostdeutschland (in diesem Band).

Hartmann, Klaus, 1999: Wider den Strom. Kircheneintritte in Ostdeutschland. Über den Zusammenhang von Religion, Lebensgeschichte und Zeitgeschichte vor der Wende und danach (in diesem Band).

Hartmann, Klaus/Pollack, Detlef, 1997: Motive zum Kircheneintritt in einer ostdeutschen Großstadt. Eine kirchensoziologische Studie. Abschlußbericht, For-

schungsstätte der Evangelischen Studiengemeinschaft, März 1994: Humanistisches Selbstverständnis. Berlin.
Material des Katholischen Dompfarramtes St. Marien Erfurt 1998, Domkapitular Dr. Reinhard Hauke, Stichwort: Feier der Lebenswende – ein alternatives Angebot zur Jugendweihe. Erfurt.
Meier, Andreas, 1998: Jugendweihe – Jugendfeier. Ein deutsches nostalgisches Fest vor und nach 1990. München.
Neubert, Ehrhart, 1994: Die postkommunistische Jugendweihe – Herausforderung für kirchliches Handeln, in: Begegnungen 4/5. Berlin.
Pickel, Gerd, 1999: Konfessionslose in Ost- und Westdeutschland – ähnlich oder anders? (in diesem Band).
Pollack, Detlef, 1999: Der Zusammenhang zwischen kirchlicher und außerkirchlicher Religiosität in Ostdeutschalnd im Vergleich zu Westdeutschland (in diesem Band).
Schmied, Ina, 1999: Jenseits der Grenze. Todesnäheerfahrungen in Ost- und Westdeutschland (in diesem Band).
Schönherr, Albrecht/Bonhoeffer, Dietrich, 1976, in: Zeichen der Zeit 10.
Storch, Kersten, 1999: Kontingenzbewältigungen – Eine qualitative Untersuchung zum Zusammenhang von Konfessionalität bzw. Konfessionslosigkeit und der Bewältigung des kritischen Lebensereignisses „Wende" (in diesem Band).
Wagner, Harald, 1999: Religionen und Religiosität – Begriffliche Überlegungen und empirische Untersuchungen zum Wandel der Religiosität in der Oberlausitz und in Nordböhmen (in diesem Band).